중국식 현대 국가 구축의 길

現代國家構建的中國路徑

중국식 현대 국가 구축의 길
-지방에서 찾은 시도적 해답
(원제 現代國家構建的中國路徑—源自地方的嘗試性解答)

초판 1쇄 인쇄 2026년 1월 5일
초판 1쇄 발행 2026년 1월 15일

지은이 허둥항賀東航
옮긴이 호세전胡世前·김해령金楷昤
펴낸이 이대현

편집 이태곤 권분옥 임애정 강윤경
디자인 안혜진 최선주 김다윤
기획/마케팅 박태훈
펴낸곳 도서출판 역락
주소 서울시 서초구 동광로46길 6-6 문창빌딩 2층(우06589)
전화 02-3409-2055(대표), 2058(영업), 2060(편집) FAX 02-3409-2059
이메일 youkrack@hanmail.net
홈페이지 www.youkrackbooks.com
등록 1999년 4월 19일 제303-2002-000014호
字數 518769字

ISBN 979-11-7396-210-3 93340

現代國家構建的中國路徑—源自地方的嘗試性解答

중국식 현대 국가 구축의 길

—지방에서 찾은 시도적 해답

허둥항賀東航 지음
호세전胡世前·김해령金楷昤 옮김

역락

現代國家構建的中國路徑——源自地方的嘗試性解答
By 賀東航

"中華社會科學基金" 資助
이 도서는 중화학술외국어번역사업(22WZZA001)에 선정돼
중국사회과학기금(Chinese Fund for the Humanities and Social Sciences)의
지원을 받아 번역 출판되었습니다.

추천의 글 1

이 책의 저자인 허둥항 교수는 오늘날 중국 정치학계에서 활력 넘치고 창의적이며, 눈에 띄는 성과를 거둔 중견 학자이다.

허 교수는 학부에서 박사 과정까지 모두 역사학을 전공했으며, 졸업 후 샤먼대학교 강단에 섰다. 그는 박사학위 논문의 결론에서 정치학의 현대 국가 구축 이론을 다루었다.

'공작새가 동남쪽으로 날아가다(孔雀东南飞)'로 상징되는 시대적 흐름을 거슬러, 그는 아름다운 샤먼대학교를 떠나 학문적 이상을 좇아 가족과 함께 우한에 있는 화중사범대학교로 이주하여 박사후 연구를 이어갔다. 화중사범대학교에 부임한 뒤 그는 정치학 분야에서 학문적 역량을 빠르게, 또 왕성하게 발휘하며 두각을 나타냈다.

국가의 농업세 폐지는 수억 명의 농민의 삶과 직결된 중대한 사안이었지만, 당시에는 이론적 근거와 설명이 충분하지 않았다. 나는 이러한 상황에서 현대 국가 구축 문제에 더욱 관심을 가지게 되었다. 이 과정에서 농업세 폐지를 현대 국가의 기본적 요구라는 관점에서 이해하게 되었으며, 이를 현대 국가 구축의 시각에서 바라보게 되었다. 아직 도입 단계에 머물던 당시의 현대 국가 이론은 중국 현실과 결합하여 풀어야 할 많은 이론적·실천적 과제를 안고 있었다. 박사후 연구원으로서

이 문제의 가치를 매우 예리하게 알아챈 허 교수는 스스로 적극적으로 연구하는 한편 나의 박사 과정 학생들과도 함께 연구 토론하며 현대 국가 구축의 관점에서 여러 편의 논문을 발표했다. 「중국 현대 국가의 구축과 성장—지방에서 얻은 시도적 해답(中國現代國家的構建與成長—緣自地方的嚐試性解答)」이 바로 허 교수가 박사후 연구원으로서 세상에 발표한 첫 보고서이다.

화중사범대학교에 부임한 뒤 허 교수는 현장 조사에 착수하였다. 열정적이고 민첩한 감각을 지닌 그는 국가가 대규모 집체 산림 재산권 제도(集體林權制度) 개혁을 추진할 때 선두에 서서 적극적으로 참여하였으며, 중국 사회과학기금 중대프로젝트(國家社科基金重大項目)인 「중국 집체 산림 재산권 제도 개혁 연구(中國集體林權制度改革研究)」에도 선정되어 일련의 중요한 성과를 거두었다. 이 연구는 국가 주관 부처의 큰 관심을 끌었고, 당시 원자바오(溫家寶) 국무원 총리는 그의 연구 보고서에 직접 회시(回示)를 내리기도 하였다. 화중사범대학교에 부임한 지 채 5년이 되지 않아 그는 조교에서 박사생 지도교수로 성장하였으며, 중국 사회과학기금 중대프로젝트의 수석 전문가로서 '둥항의 속도'라 불릴 만한 비약적 발전을 이루어냈다. 이는 그의 끊임없는 노력의 결실이다. 학문은 물살을 거슬러 올라가는 배와 같아, 나아가지 않으면 도태되기 마련이다. 젊은 학자들은 그와 같이 끊임없이 연구해야 한다. 높은 곳에서, 그리고 최전선에서 각고의 노력을 해야 하며, 많은 교류와 깊은 사고를 해야 한다.

2010년 이후, 중국의 정치학은 큰 변화를 겪었다. 첫 번째 변화는 일반적인 제도 연구에서 제도의 역사적 근원으로의 전환으로, 이는 역사 정치학의 등장에 직접적인 영향을 미쳤다. 높은 수준의 역사학 교육을 받은 그는 정치학으로 전향하면서 역사학과 정치학을 모두 아우를 수 있는 선천적인 이점을 갖추게 되었다. 그는 역사 정치학의 관점에서 「복선형 성장: 새로운 중국 국가 건설의 경험, 특징 및 중대한 도전—역사 정치학적 고찰(複線性的成長: 新中國國家建設的經驗、特徵與重大挑戰——項曆史政治學的考察)」과 같은 관련 논문을 여러 편 집필했다.

일찍이 지방의 발전에 관심을 가졌던 그의 박사 논문 제목은 「지방사회, 정부와 경제 발전: 푸젠 남부의 한 현급 도시의 정치 사회학적 고찰(地方社會、政府與經濟髮展: 對福建南部一座縣級市的政治社會學考察)」이다. 박사후 연구원으로서 작성한 보고서 역시 정치학적 특징을 띠며, 지방의 발전을 현대 국가 건설의 맥락에서 조사해 '당이 이끄는 국가(黨領導國家)'를 중국 국가 구축의 본질적 특징으로 제시하였다. 그의 꾸준한 연구의 결실인 이 책은 역사 정치학 연구의 선구적인 작품이 될 것이다.

중국 정치학의 두 번째 큰 변화는 초기의 도입과 소개 단계를 넘어 중국의 실제 상황을 반영하고, 중국적 경험을 요약하여 독자적인 이론을 구축해 낸 것이다. 이 점에서 허 교수는 한발 더 앞서 나아가고 있다. 2011년, 콩판빈(孔繁斌) 교수와 함께 『중국사회과학(中國社會科學)』 2011(5)에 발표한 「공공 정책 집행의 중국 경험(公共政策執行的中國經驗)」이라는 논문에서 '고위 추진—계층적 거버넌스—다중 속성 거버넌스(高位推動—層級性治理—多屬性治理)'가 공공 정책 집행의 중국 경험이라고 제시하였다. 이 논문은 중국 경험을 요약한 정치학의 선도적인 작품으로, '고위 추진'이라는 개념은 지금도 널리 사용되고 있다. 이 개념은 중국의 공공 정책 수립과 집행의 특징을 매우 정확하게 요약한 '중국의 거버넌스'의 중요한 표현이다. 이후에도 그는 중국 정치학 이론을 구축하는 데 앞장섰으며, 콩판빈 교수와 다시 손을 잡고 『중국사회과학(中國社

會科學)』2019(4)에 발표한 「중국 공공정책 집행의 정치적 힘—최근 20년간 농촌 산림 개혁 정책 분석을 바탕으로(中國公共政策執行中的政治勢能—基於近20年農村林改政策的分析)」를 통해 '정치적 잠재력(政治勢能, policy potential energy)'이라는 개념이 널리 퍼졌다. 또한 현대국가의 핵심 능동자인 정당의 '당의 지도력 체계(領導力繫)'라는 개념도 제시했다. 중국 경험에서 비롯된 이 모든 개념들은 중국 경험에 대한 이론적 요약이자 표현으로 중국 정치학에서 특히 중요한 것이다. 개념은 규범성과 전파력을 갖춘 지식의 가장 기본적인 단위이다. 어떠한 의미에서 정치학 지식 생산의 중요한 기능은 개념을 창조해 내는 것이다. 중국 정치학이 세계 학술의 무대에 자리 잡고 국제적 영향력을 행사하려면 경험에서 독창적인 개념을 끌어올리고 창조할 수 있느냐가 중요한 지표이다. 나는 그동안 허 교수가 기울인 노력이 성과를 거두어 '둥항 브랜드'를 만들어 내기 시작한 것이 매우 기쁘다.

이제 '속도'뿐만 아니라 '고도'가 원대한 포부를 지닌 학자들에게 더욱 귀중한 의미를 지니게 되었다. 학문이라는 하늘에서 더 높이 비상하기를 기대한다.

2021년 7월 12일

徐勇

추천의 글 2

나와 허 교수는 연구 관심사와 샤먼대학교에서의 수학 경험 덕분에 알게 된 지 벌써 10년이 넘은 사이다. 남부와 북부라는 거리상의 이유로 직접 만날 기회는 많지 않았지만, 그는 늘 참신한 연구 아이디어와 현장 조사에서 얻은 새로운 발견을 기꺼이 공유해 주었으며, 내가 연구 과정에서 난관에 부딪힐 때마다 따뜻한 마음으로 도움을 아끼지 않았다. 이러한 학문적 교류를 통해 나는 많은 것을 배울 수 있었고, 이는 '견문이 넓은 벗을 사귀라(友多聞)'는 공자의 가르침에도 부합하는 것이었다.

복잡하고 심각한 변화 과정에 놓여 있는 현대 중국의 정치와 사회에 의해 형성된 정치학적 스타일은 매우 탐구적인 성격을 띤다. 현재 국가 거버넌스 현대화의 여정에 오른 중국 학계에서는 다양한 관찰 시각과 분석 틀을 형성했으며, 방법론 또한 나날이 발전하고 있다. 국가 구축 이론은 설명력과 분석력이 강한 분석 틀 중 하나이다. 그 이유는 크게 세 가지이다. 첫째, 현대 국가를 세우는 것은 중국 정치 발전의 기본 목표이다. 국가의 제도화와 지속 가능한 국가 능력은 한 국가의 정치 발전 정도를 가늠하는 핵심 기준이다. 이러한 인식은 '국가 거버넌스 체계 및 거버넌스 능력의 현대화(國家治理體繫和治理能力現代化)' 전략의 제안으로 더욱 비교 가능해졌고, 중국의 국가 구축은 세계적인 국가 구축의 맥락에서 살펴봄으로써 '이것 아니면 저것(非此即彼)'이라는 일부 불필요한 이분법적 대립을 피할 수 있게 되었다. 둘째, 국가 구축 이론은 과정 구조와 능동자를 잘 결합하여 분석의 종합성과 동태성을 보장한다. 국가 구축은 역사적 과정으로, 정당, 정부, 사회, 시장 등 다양한 능동자와 관료 체제 수립, 국가 능력 수립, 국가 정당성 수립 등을 모두 아우른다. 국가 구축의 내용과 주체 분석을 통해 분석 틀의 포괄성과 종합성이 향상되었다. 셋째, 분석의 층위성을 갖춘 국가 구축 이론은 다양한 수준의 분석 단위에 적용될 수 있다. 이는 중국과 같이 권력 집중적이고, 행정이 다층적인 국가에서는 특히 활용이 용이하다. 연구자는 향진(鄕鎮)부터 현, 시, 성, 그리고 중앙 부서에 이르기까지 파악한 자원과 연구 관심사에 따라 분석 단위를 선택할 수 있다. 이러한 분석 단위는 각각의 고유한 특징이 있지만, 모두 국가 체계의 구성 요소로서 '일엽지추(一葉知秋)'의 역할을 할 것이며, 각 요소마다 국가 구축의 기본 공통성을 반영할 것이다. 지역적 연구는 이론적 틀의 보편성을 해치지 않고, 오히려 일반적인 분석과 판단을 심화하고 검증하여 지역 지식의 축적이 일반 지식으로 전환될 수 있도록 일조한다. 이러한 연구만이 다양한 분석이 꽃 피우는 '백화제방(百花齊放)'과 일반 이론의 뿌리가 깊어지는 '근심엽무(根深葉茂)'한 발전을 보장할 수 있다.

나의 박사 학위 논문은 국가 구축 이론을 분석 틀로써 내 고향인 라이위안현(淶源縣)을 분석한 것으로, 중국에서 이 이론적 틀을 소개하고 적용한 초창기 논문 중 하나이다. 이 논문 덕분에 허 교수와 인연을 맺게 되었고, 논문을 쓰며 그와 깊이 있는 질문을 주고받던 시간이 새삼 생각난다. 오늘날 국가 구축 이론의 해석력과 분석력을 인지하게 된 학자들이 점차 늘어나 더 많은 문제 영역에 적용하여 많은 가치 있는 학술적 성과를 내고 있다. 허 교수의 『중국식 현대 국가 구축의 길—지방에서 찾은 시도적 해답(現代國家構建的中國路徑—源自地方的嚐試性解答)』은 그 중에서도 매우 중요한 작품이 될 것이다. 이 책은 그가 수년간 쌓아온 연구의 대표적 성과라고 할 수 있다.

그가 푸젠성 진장(晉江)을 연구 '장소'로 선택한 것은 아마도 그에게 매우 익숙한 곳이기 때문일 것이다. 내가 샤먼대학교에서 공부하던 무렵, 그는 오토바이를 타고 진장을 누비며 겪은 조사 경험과 인맥을 통해 수집한 많은 자료, 중요한 지역 관료들과의 인터뷰 등을 이야기해 주었다. 그리고 내가 조사차 진장에 갔을 때, 현지 친구들을 소개해 주기도 했다. 현장 조사 경험이 있는 모든 학자들은 새로운 연구 '장소'에 발을 내딛는 경험이 있을 것이다. 일반적으로 더 익숙한 장소를 선택하고 동창을 포함한 다양한 인맥을 통한다면 '장소'에 가까워지는 데 드는 시간을 크게 줄여 빠르게 신뢰를 쌓을 수 있다. 진장이 거친 100여 년의 발전 과정을 명확하게 그려내고, 합리적이고 설득력 있는 분석과 해석을 할 수 있었던 것은 그가 그곳에서 수년간 머물며 풍부한 자료를 축적해 왔기 때문이다.

동남부 연해에 위치해 있는 진장은 푸젠성 남부의 지역적 특색이 강하며, 근대 이후의 발전은 국가 전체의 발전과 밀접한 관련이 있다. 1920~1930년대에 진장의 경제 사회 발전은 이미 중국에서 선도적인 위치를 차지하고 있었다. 중화인민공화국이 설립된 이후 진장은 다른 지역과 마찬가지로 경제 사회의 급격한 변화를 겪었다. 진장은 타이완과의 접경 지역으로 국가의 대규모 건설 투자가 많지는 않았지만, 오히려 민간 경제를 중시한다는 장점을 유지할 수 있었다. 개혁개방 초기부터 활발한 민간 상업 활동을 지원한 지방 정부의 노력으로 빚어낸 화교 자본의 활성화와 민간 경제를 핵심으로 한 '진장 경험'은 지방 경제 발전의 성공 모델이 되었다. 진장의 발전은 근대 이후 중국 국가 구축의 혁혁한 성과를 보여주는 사례라고 할 수 있다. 성공적인 사례 분석 통해 국가 구축 과정을 논하는 것은 다양한 발견과 유익한 논의의 장을 마련해주었다. 물론 각 지방 사례에는 고유한 특징이 있다. 그것은 바로 지방성이다. 국가 구축에 있어 지방성은 그 조건이자 대상이다. 허 교수는 남부 연해 도시로서 진장의 지방성은 종족 역사, 상공 문화, 화교 자원으로 나타난다고 보았다. 이는 개혁 개방 초기에 상공업 경제 발전의 길에 들어선 진장이 민간 경제 발전의 기적을 만들어 낼 수 있었던 중요한 이유이다. 또한, 지방성은 현대 국가 구축을 형성하는 중요한 조건 중 하나이기도 하다.

이 책의 분석에는 세 가지 뚜렷한 특징이 있다.

첫째, 장기적인 포지셔닝으로 진장에서 발생한 국가 구축을 근대 이후, 특히 1978년 개혁 개방 이후에 집중했다. 이러한 분석은 역사적 깊이를 더해주며, 현대 변화의 역사적 기인을 보다 효과적으로 드러낼 수 있다. 역사 대국인 중국은 근대 이후 정치적으로 중대한 단절적 변화가 여러 차례 있었지만, 역사는 계속 계승되고 있으며 '경로 의존성(路徑依賴)' 효과가 뚜렷하게 나타난다. 분석의 시간 범위를 조금 더 확장한다면 연구자의 분석에 어려움이 더해지지만, 자료를 적절히 활용한다면 해석의 힘이 보다 강해진다.

둘째, 시장과 사회 발전에 대한 충분한 분석을 제시하였다. 국가 구축의 핵심은 국가와 시장, 국가와 사회의 관계를 잘 처리하는 것이다.

국가, 시장, 사회가 상대적으로 안정된 구도를 형성하고 각자의 기능과 역할을 발휘해야만 현대 국가 구축이 효과적이고 지속 가능할 수 있다. 이 책은 시장 경제 발전이 정부의 기능 완비와 능력 향상에 미치는 영향을 분석하고, 지방 민간 사회 발전이 정부—사회—기업 간 관계 조정에 미치는 영향을 살펴보았다. 진장 경제와 사회의 빠른 발전을 통해 허 교수는 시장과 사회의 힘이 국가 구축 과정과 결과에 미친 영향을 더욱 명확하게 그려낼 수 있었다. 이는 경제가 발달한 지역을 연구 '장소'로 선택한 장점이기도 하다.

셋째, 이 책은 여러 문제에 대해 매우 가치 있는 분석을 하였다. 예를 들어, 제7장의 합법성 구축에 관한 연구는 지방 합법성 내용의 변화에서 출발하여 지방 합법성과 국가 합법성의 관계에 관해 논의하고, 합법성을 뒷받침하는 담론과 정치적 실천 간 불일치의 결과를 분석한다. 또한 제9장에서는 국가 구축의 본질인 '정당이 이끄는 국가(政黨領導國家)'와 그 특징을 정리하고, 국가 구축이 마주한 기회와 도전 과제를 매우 시사적이고 통찰력 있게 분석한다.

이 책을 읽으며 나 자신을 되돌아보게 되었다. 혼란스러운 시대 속에서 자격을 갖춘 학자가 되기 위해서는 초심을 잃지 않고 학문에 정진하며, 연구를 심화하고 자기 한계를 넘어서는 노력이 필요하다. 이를 위해 나는 앞으로도 계속해서 허 교수에게 가르침을 청하고 배움을 이어갈 것이다.

2020년 12월 1일

楊雪冬

역자의 글

이 책의 저자인 허둥항(賀東航) 교수는 현재 중국 정치학계에서 가장 창의적이고 비약적인 성과를 거두고 있는 중견 학자 가운데 한 사람이다. 그는 최근 수년간 수많은 독창적인 정치학 개념을 제시하여, 세계 학술 무대에서 중국 정치학이 확고히 자리 잡는 데 크게 기여하였다. 정치학을 전공하고 또 정치학을 주된 연구 분야로 삼아 온 나는, 중국 정치학의 최신 학술 동향에 오랫동안 깊은 관심을 가져왔다. 허 교수의 저서가 출간되자마자 갈증을 해소하듯 단숨에 읽어 내려가며 많은 깨달음을 얻었고, 그의 정치적 감수성과 학문적 깊이에 감탄하여 책을 손에서 놓을 수 없었다.

'2022년도 중국사회과학기금 중화학술외국어번역프로젝트 추천 주제 목록(中華社會科學基金中華學術外譯項目推薦選題目錄)'에 원서가 포함된 것을 보았을 때, 이 훌륭한 책을 세계에 널리 알려 중국식 현대화 이론의 제안과 성공적인 실천의 이해를 도와 중국에 대한 이해를 높이는 동시에 중국 학술의 국제적 영향력을 강화하여 중국 소프트 파워의 새로운 영광을 만드는 데 기여하고자 일말의 망설임도 없이 외국어 전문성과 전공의 강점을 살려 한국어로 번역하기로 결심했다.

원서는 2022년도 중국사회과학기금 중화학술외국어번역프로젝트의 유일한 한국어판 중점 프로젝트로, 그 학술적 가치와 국제적 홍보 가치가 매우 높다. 나라의 기대에 부응하고자 나를 비롯한 프로젝트팀의 구성원 모두는 피나는 노력을 기울였다. 이 책을 번역하는 과정은 현대 국가 구축의 중국적 경로 전체를 이해하는 귀중한 시간이 되었으며, 교정 과정은 국가 거버넌스 현대화 속에서 중국이 겪어 온 모든 단계를 깊이 배우는 기회가 되었다. 위대한 역사적 변화인 '중국의 거버넌스'와 소통하며 얻은 성과와 기쁨은 이루 다 말할 수 없다. 번역을 진행하면서 나 자신의 전문 지식이 얼마나 얕은지를 절감하였고, '책에서 배운 지식이 필요할 때 비로소 부족함을 한탄한다(書到用時方恨少)', '나이가 들어서야 배우지 못한 것을 후회한다(白首方悔讀書遲)'는 옛 성현의 가르침을 다시금 깊이 되새기게 되었다.

이 책의 한국어판 출판에 앞서 우선 나와 함께 번역에 참여한 다롄외국어대학교 한국어대학의 김해령 교수(한국인)께 감사드린다. 매우 풍부한 번역 경험에 엄격한 학문적 태도를 갖춘 김해령 교수는 중국의 정치학 관련 전문 용어를 보다 정확하고 자연스럽게 한국어로 번역하기 위해 수많은 자료를 찾아보았고, 여러 권위 있는 전문가와 학자들에게도 조언을 구했다. 김해령 교수는 강의를 하는 바쁜 가운데에도 1년 반 동안 체계적으로 원서 번역과 교정 작업을 진행하며 큰 노력을 기울이셨다. 그녀의 헌신적인 프로 정신에 놀라움과 경의를 표한다. 이 점은 '역자의 후기'에서도 엿볼 수 있을 것이다. 김해령 교수의 성실함과 엄격함, 꾸준함이 없었다면 이 책의 한국어판이 이렇게 순조롭고 빠르게 독자들과 만날 수 없었을지도 모른다.

중국과 한국의 정치 제도가 다르기 때문에 현대 국가 구축의 경로도 크게 다르다. 나의 연구 분야가 현대 국가 구축이 아니었던 관계로 관련 전문 지식이 다소 미흡한 점도 있었다. 어려움이 있을 때마다 원저자에게 조언을 구했고, 나와 김해령 교수, 그리고 중국의 한국어 전문가, 한국의 중국 문제 전문가들과 여러 차례의 논의와 검토, 수정을 거쳤지만, 저자의 본의를 곡해한 번역은 없는지 다소 염려가 된다. 이 점에 대해 원저자와 독자 여러분의 너른 양해와 지적을 부탁드린다.

원저자 허둥항 교수의 아낌없는 도움에도 감사드린다. 번역을 하며 어려움에 부딪히거나 조언이 필요한 부분이 있을 때마다 바쁘신 가운데에도 인내심을 가지고 자세하고 쉽게 설명해 주신 덕분에 원서의 내용을 보다 정확하게 이해하고 파악할 수 있었다. 이렇게 훌륭한 스승이 계셔 주셔서 감개무량할 뿐이다.

베이징대학교 출판사 해외협력부의 장나(張娜) 선생님께도 감사드린다. 이 책이 2022년도 중국 사회과학기금 중화 학술 외국어 번역 프로젝트로 선정될 수 있었던 것은 장 선생님의 공이 크다. 신청 서류 정리부터 원저자와 해외 출판사와의 협력 출판 의향서 체결, 프로젝트 선정 이후 연구 계획 수립과 준비 작업 등 모든 과정에서 장 선생님은 물심양면으로 도움을 주셨다. 장 선생님께서 심혈을 기울여 주신 덕분에 한국어판이 세상에 빛을 볼 수 있었다. 그리고 한국 독자들께 책을 선보일 수 있도록 애써주신 도서출판 역락 이대현 사장님, 이태곤 이사님, 안혜진 팀장님을 비롯한 출판사 관계자 여러분께 깊이 감사드린다.

내가 몸을 담고 있는 동북재경대학교(東北財經大學校)에도 감사드린다. 우리 대학은 언제나 조직적이고 과학적인 연구를 중시하며, 다양한 노력을 통해 이를 실현하고 있다. 또한 나의 한국어 관련 학술 성과를 높이 평가하며 중·한 학술 교류를 아낌없이 지원해 주었다. 아울러 프로젝트의 성공적 채택을 위한 제도적 지원까지 마련해 준 덕분에 나는 중국사회과학기금 중화학술외국어번역프로젝트에 도전하고자 하는 동기와 열정을 한층 더 키울 수 있었다.

공공 관리 학문의 교육과 연구에 종사하는 대학교수로서, 나의 지식과 외국어 전문성을 토대로 더 많은 우수한 중국 학술 성과를 외국어로 번역하여 세계에 널리 알리고자 한다. 이를 통해 세계가 중국을 보다 폭넓고 깊이 이해하도록 돕고, 중국 이야기를 널리 전하며 중국의 목소리가 세계 곳곳에 울려 퍼지게 하는 데 작은 보탬이 되고자 한다.

2025년 늦가을에

동북재경대학교에서

胡世前

차례

제1장

서론

동남부 연해의 한 지역적 사례를 중심으로 다룬 이 책은 한 세기가 넘는 시간 동안 중국 현대 국가가 거쳐온 국가 전환 과정에서 나타난 복잡한 사회 및 정치 현상을 '국가 구축(國家構建)' 이론으로써 분석하였다. 1장의 주요 내용은 다음과 같다. 첫째, '국가 구축'과 혼동하는 개념인 '민족 국가(民族國家)', '현대 국가(現代國家)', '국가 건설(國家建設)' 등을 정리하고 분류하였다. 둘째, 구미(歐美)·러시아 모델의 실천 과정 및 중국과 서양 이론을 바탕으로 분석 관점을 제시하였다. 또한, 중국의 현대 국가 성장을 복선성(複線性)을 지닌 현지화 국가 구축 과정으로 보고, 관료 기구(핵심 능동자를 포함하는 정당), 국가의 능력, 합법성 기초 및 시민 사회 등 중국 현대 국가 구축의 네 가지 요소를 중점적으로 분석함으로써 중국 현대 국가의 전반적인 상황을 다루고자 하였다. 마지막으로 국가 구축 과정을 보다 보다 깊이 있고 맥락적으로 살펴보기 위해 국가 차원에서의 조직 구조와 형태, 국가 구축의 권력 상호작용과 변천 과정을 살펴볼 수 있는, 그리고 뛰어난 접근성과 관찰성도 갖춘 현급(縣級)[1] 분석 단위를 중시적 수준(meso-level, 中觀層次)으로 삼았다. 이로써 국가 차원에서의 조직 구조와 형태를 통해 국가 구축의 권력 상호 작용과 변천 과

1 역자주: 현재 중국 행정구역 체계는 성급(省級), 지급(地級), 현급(縣級), 향급(鄉級) 행정구의 4단계 피라미드 구조로 구성되어 있으며, 지급 행정구에는 지구(地區), 지급시(地級市), 자치주(自治州), 맹(盟)이 있다.

정을 살펴볼 수 있으며, 뛰어난 접근성과 관찰성도 갖추고 있다. 이 책은 중국 동남부 연해의 현급 도시인 푸젠성(福建省) 진장시(晉江市)의 사례를 중심으로 역사 정치학적 분석법, 구조기능적 분석법, 사례 연구법 및 제도적 분석법을 사용하여 종적·횡적으로 심층 분석을 진행하였다.

제1절 연구 관련 문제

1. 주제 선정에 관하여

현대 국가(modern state) 또는 민족—국가(nation—state)는 오늘날 인류가 만들어 낸 가장 효과적인 정치 조직 단위이다.[2] 현대 국가 구축은 국가, 정당, 사회 및 시장 관계의 합리화를 끊임없이 모색하는 지속적인 역사적 과정이다. 이러한 지속성은 단일 민족 국가의 발전 과정에서뿐만 아니라 많은 민족 국가 변천 과정에서의 공시성과 통시성에서도 드러난다.[3] 따라서 국가 구축은 여러 국가의 현대화 과정을 검토하는 하나의 관점이자 출발점이라고 볼 수 있다. 현대 국가 구축이 학계 및 필자의 오랜 연구 과제가 된 데에는 다음과 같은 이유가 있다.

첫째, 현대 국가는 현대 사회 과학의 기본 분석 단위 중 하나이다. 하나의 분석 단위로써 현대 국가 구축은 정치 권력의 분배 또는 제도적

2 Robert Gilpin, 『세계 정치의 전쟁과 변혁(世界政治中的戰爭與變革)』, 武軍 외(역), 中國人民大學出版社, 1994, p.122-123.

3 寧騷, 『민족과 국가-민족관계와 민족정책의 국제비교(民族與國家—民族關系與民族政策的國際比較)』, 北京大學出版, 1995, p.171; 楊雪冬, 『시장 발달, 사회 성장 및 공권력 구축—현을 미시적 분석 단위로(市場發育、社會生長和公共權力構建—以縣為微觀分析單位)』, 河南人民出版, 2002, p.6; 李强, 「포스트 만능 체제하의 현대 국가 구축(後全能體制下現代國家的構建)」, 『戰略與管理』, 2001(6).

틀의 설정이다. 또한, 그 범위 내에서의 독특한 역사, 문화, 국민을 배경으로, 다원적 관계인 역사와 현실, 국가와 정당, 국가와 사회, 국가와 시장의 복선적 상호작용 속에서 다른 민족, 국가와는 구별되는 독특한 현대 국가의 형태를 구축한다. 이에 따라 현대 국가 연구는 단순히 정치학이라는 학문적 지식 체계에만 국한되지 않고, 정치학, 사회학, 역사학, 민족학 등 여러 분야 학문의 주목을 받게 되었다. 다시 말해 현대 국가 구축에 관한 연구는 정치학 지식 체계는 물론 사회 과학 지식 체계의 구축에도 영향을 미쳤다.

둘째, 국가 구축은 정치학 분야의 중요한 분석 경로이다. 신제도주의와 회귀국가(return to the state, 回歸國家) 학파의 이론이 등장한 것처럼, 정치학 연구의 어젠다와 아이디어, 그리고 그 성과는 변천 과정에서 패러다임 전환의 핵심적 동인으로 작용한다. 이러한 이론들의 등장으로 행동주의 혁명 이후, 사회에 지나친 관심을 기울인 나머지 의식적으로든 무의식적으로든 현대 국가에 대한 고찰을 등한시했던 연구 경향을 반성하고, '국가'와 그 중시적(meso, 中觀的) '제도' 수준을 연구의 초점으로 다시 고려하게 되었다. '현대 국가 구축'이라는 어젠다는 바로 이 과정에서 생겨난 것이다. 국가 자주성, 정당 건설, 관료 계층제(官僚科層制)의 성장, 국가 역량의 구축과 공공재정 등 제반 문제들은 국가 구축의 함의와 지평을 한층 더 풍부하고 깊이 있게 만들었다. 이처럼 현대 국가 구축 연구는 전반적인 정치학 학문의 발전 과정과 함께 성장했다.

셋째, 중국 현대 국가 구축 연구는 서양 이론과 중국 경험의 융화를 모색하고자 했다. 현대 국가 이론은 보편적이고 현대적인 특성과 가치를 지니고 있는 한편, 초기 서양 현대 국가 구축을 경험적 기반으로 삼았다. 또한, 현대 국가의 성장은 각국의 독특한 역사적, 사회적 맥락에 근간을 두고 있으며, 역사적 단계에 따라 국가 구축의 사명과 경로, 그리고 그 의미가 달라진다. 고대 중국은 '조숙한' 현대 국가의 형태를 띠었고 '조숙한' 중앙집권은 거대한 관료 체계를 구축해 냈다. 많은 현대 국가의 탄생 논리와 달리 러시아 10월 혁명의 영향을 받은 중국은 20세기 초에 비로소 '당의 영도 제도 체계(黨的領導制度體系)'에 진입하여 새로운 현대 국가 거버넌스 모델의 장을 열게 되었다. 이 책은 현대 국가 구축을 매개로 서양의 현대 이론과 중국의 현지화 실천을 유기적으로 결합해 중국 현대화 과정을 살펴보는 중요한 관점이자 시발점으로 삼았다.

2. 관련 개념

중국 칭화대학(清華大學) 정치학과 양쉐둥(楊雪冬) 교수의 저서 『시장 발달, 사회 성장 및 공권력 구축—현을 미시적 분석 단위로(市場發育、社會生長和公共權力構建—以縣為微觀分析單位)』를 살펴보면, 그는 '국가 정권 건설(國家政權建設)', '국가 건설(國家建設)', '국가 발전(國家發展)' 등의 개념과 자주 혼용되는 '국가 구축' 개념의 사용에 대한 학계의 혼란을 예리하게 알아차렸다. 그는 이 현상이 학술 번역에 존재하는 중국과 서양의 맥락적 차이, 그리고 서양 국가의 구축 개념 자체에 대한 의견 차이에서 비롯된 것으로, "실제로 이러한 혼란은 중국만의 것이 아니다. 이러한 개념을 만든 서양 사회과학계에서도 아직 일관된 견해가 없다. 민족국가를 표현하는 여러 표현(nation-state, national state, nation state)이 있다는 것이 이를 뒷받침한다"[4]라고 주장하였다. 이러한 개념들이 번갈아 나타

4 楊雪冬, 『시장 발달, 사회 성장 및 공권력 구축—현을 미시적 분석 단위로(市場發育、社會生長和公共權力構建—以縣為微觀分析單位)』, 河南人民出版, 2002, p.7.

나는 이면에는 학술적 분석 틀과 표현 어휘의 차이가 숨겨져 있다. 학술사와 개념사적 관점에서 그 이유를 깊이 파고들기 위해서는 중국 학계에서 생각하는 국가 구축이 생겨난 시대적 배경과 이론적 논리는 무엇인가에 주목해야 할 것이다.

일반적으로 국가 구축 분야 이면의 학문적 틀의 변화는 중국 정치학 주류 패러다임의 발전과 밀접한 관련이 있다. 개혁개방 이후 중국 내 정치학은 학문 재건을 시작하였고, 현대화된 이론적 체계와 분석 도구는 1980년대의 학문적 흐름을 주도하였다. 1990년대 상반기에 걸쳐 국가—사회의 이원적 분석 프레임이 쟁점이 되면서 국가—사회관계에서의 '국가' 연구도 회귀하였고, 관련 번역서와 선행 이론이 도입되어 소개되었다. 이로써 현대 국가 연구는 학계의 관심을 받게 되었다. "학계에서는 이러한 변화를 '현대화'라고 일컫기도 한다. 국가 건설은 이러한 변화의 정치적 측면이다. 현대 민족 국가를 만들어 내는 국가 건설은 사회 공동체 정치 현대화의 주요한 측면을 반영하고, 현대 민족 국가의 형성은 국가 건설의 현대화 방향을 규정한다"[5]라는 설명을 통해 그 이유를 짐작할 수 있다. 번역상의 문제도 있겠지만, 그 이면에는 중국 학자들의 현대화 이론 시각과 오랜 기간 형성된 국가 건설, 국가 정권 건설, 현대화 국가에 관한 학문적 담론으로 'state-building'을 이해한 것이다. 1990년대 중반에 들어서자 국가와 시민 사회 이론은 시민 사회를 현대 국가의 핵심 변수로 고려하여, 발전 논리의 관점에서 현대 국가 건설 문제를 사고하는 경향이 생겨났다.

21세기에 들어서 중국에서는 신제도주의 연구 열풍이 일기 시작했으

---

5 李默海, 「중국 국가 건설의 역사, 특징과 시사점(中國國家建設的歷史、特點與啟示)」, 『延安大學學報(社會科學版)』, 2006(2).

며, 학계에서 다룬 국가 자주성과 국가 제도에 관한 논의는 국가 지향성을 더욱 공고히 하고 국가 구축 관련 담론을 확장시켰다. 일부 학자들은 이러한 전환을 중국 정치학의 '회귀국가'로 요약하였다.[6]

중국 현대 국가의 성장사를 객관적으로 해석하기 위해서는 먼저 국가 구축(state-building, 國家構建)과 관련된 개념의 함의를 명확히 한 후, 그 지식 틀을 활용해 중국의 장(Chinese fields, 中國場域) 실천을 설명할 필요가 있다.

(1) 민족 국가

'민족 국가'라는 개념은 유럽 민족 국가가 형성한 역사적 맥락 하에서 이해할 필요가 있다. 중세 유럽에는 통일된 정치 공동체가 존재하지 않았다. 15~16세기 유럽은 생산력의 급속한 발전과 함께 경제적 관계가 확대되면서 동일한 지역, 언어, 생활 방식 및 문화 풍습을 공유하던 민족들은 통일된 주권의 정치 조직으로 결속되기를 원하였다. 통일된 주권은 사법, 조세, 행정과 같이 국가 내부에서 통일된 정치 통제 및 행정 관리 메커니즘의 확립으로 나타난다. 따라서 국가 기능을 수행하면서 봉건 귀족, 교회와 같은 공개적이거나 잠재적인 적대 세력을 제거하여 권위의 기반을 공고히 하고, 통치 질서를 확립하는 효과적인 국가기구(state apparatus, 國家機器)가 필요하게 되었다. 이렇듯, 명확한 경계, 엄격한 사회적 통제 및 국가 행정력이 사회 전면에 침투하고 감시하는 '정치 공동체(政治共同體)'가 등장하였다.[7] 이 정치 공동체는 대외적으로 '국

6 徐勇, 「회귀국가와 현대 국가의 구축(回歸國家與現代國家的建構)」, 『東南學術』, 2006(4).

7 Anthony Giddens, 『민족-국가와 폭력(民族-國家與暴力)』, 胡宗澤·趙力濤(역), 生活·讀書·新

가 주권(國家主權)'으로 표현되며, 베스트팔렌 조약(peace of westfalen)의 체결은 바로 민족 국가 주권 역사의 시작인 것이다. 따라서 '민족 국가'의 개념은 '국가 주권'과 밀접한 관련이 있음을 알 수 있다.

민족 국가의 핵심 요소는 민족이다. 인류학과 민족학의 지식 체계를 바탕으로 베네딕트 앤더슨(Benedict Anderson)은 "민족은 '상상의 정치공동체'로, 본질적으로 유한하면서도 주권을 누리는 공동체로 상상된다"라고 정의하였다.[8] 즉, 민족은 어떻게 한정된 공간에서 사회·정치·경제 활동을 하는 총체로 상상되는 동시에 독립된 주권을 가지는 존재라고 상상되는가이다. '민족'이라는 개념은 유럽의 계몽운동과 프랑스 대혁명이 신성한 교권(教權)에 큰 영향을 미치던 시기와 맞물려 등장했다. 왕성하게 전개된 종교적 다원주의는 민족과 자유, 주권국가에 발전의 기회와 공간을 마련하였으며, 시공간적으로 현대 국가의 부상과도 긴밀히 연결되어 있다. 민족은 고유한 역사와 문화적 특성이 있지만, 태초부터 지니고 있는 강력한 정치적 속성으로 민족과 국가를 연결할 수도 있다.

유럽 역사의 객관적인 발전 과정을 살펴보면, 현대 국가의 성장사는 전통 국가에서 절대주의 국가로, 나아가 민족 국가로 변화하는 과정이었다. 그 과정에서 자본주의와 공업주의, 그리고 현대 전쟁은 주요한 동력이었으며, 민족은 전쟁 동원의 주체가 되기도 하였다. 전통 국가의 '변경(frontiers, 邊陲)은 있지만, 국경(borders, 國界)은 없는 상태'는 정치

知三聯書, 1998, pp.146-147.

8 Benedict Anderson, 『상상의 공동체: 민족주의의 기원과 확산(想象的共同體: 民族主義的起源與散布)』, 吳叡人(역), 上海人民出版社, 2005, p.6.

중심 행정 통제 능력의 한계를 근본적으로 반영하는 것으로, 정치 기관의 구성원들은 현대적 의미의 통치를 할 수 없었다. 절대주의 국가 주권의 확립은 민족 국가의 성장을 촉진했다. 국가는 영토의 완전성과 상호 간 경계의 명확한 정의를 비롯해, 내부의 통합과 관료 및 재정체계의 수립을 실현하였다. 또한, 사회 감시 능력은 전례 없는 발전을 거두었으며, 안정적인 범위와 비교적 명확한 세금 원천으로[9] 생계 재정에서 민족 국가의 공공 재정으로의 전환을 실현하였고, 국내외에서 독립적으로 역할을 수행할 수 있는 능력을 갖추게 되었다. 이 과정에서 장소 정체성(地方性認同), 지역 정체성(地域認同), 그리고 민족 정체성(族群認同)이 민족 국가 정체성으로 전환되기 시작했다. 그 후 현대 국가의 중앙집권, 분리화(국가와 종교의 분리, 국가와 군주 개인의 분리, 국가와 다른 사회 집단의 분리), 강제성, 합법성(合法性), 관료제화 및 시민권의 강조와 같은 기본적인 특징이 나타났다.[10] 그러나 현대 국가 구축은 민족 국가의 성장과 마찬가지로 서구 선진국의 초기 발전 과정에서만 나타났다. 세계 현대 국가 구축에 내재한 다원화의 가능성으로 인해 이를 후발 개발도상국으로 직접 확장하기는 어려웠기에, '민족 국가'의 개념은 보다 넓은 시공간적 관점에서 이해할 필요가 있다.

(2) 현대 국가

16세기 이후 유럽에서 나타난 사회경제 여건의 변화, 사회정치이론

---

9 Anthony Giddens, 『민족-국가와 폭력(民族-國家與暴力)』, pp.117-126.

10 羅燕明, 「국가의 개념(國家的概念)」, 吳惕安·俞可平(主編), 『당대 서방 국가의 이론 평론 분석(當代西方國家理論評析)』, 陝西人民出版社, 1994, pp.154-156.

의 발달과 함께 정치 권력의 집약적 표현 형식인 국가도 끊임없이 변화하였고, 중앙집권화, 분리화, 강제성, 합법성, 관료제화 등이 점차 가장 전형적이고 강력한 근현대 국가의 형태가 되었다.

막스 베버(Max Weber)는 현대 국가의 제도적 특징을 설명하면서 행정, 사법, 세금 및 폭력에 대한 합법적인 독점을 현대 국가의 제도적 핵심으로 보고, 현대 국가 정권의 합법성 문제를 체계적으로 제기하였다.

현대 국가는 발전 단계에 따라 그 형태가 달라지지만, 일반적으로 이성화, 공공성, 그리고 시민권은 현대 국가의 오랜 생명력이자 가치이다. ① 이성화: 이성화의 실현 과정으로 이해될 수 있는 현대 국가는 비교적 자주적 지위와 독립 의지를 지닌 능동적 주체이다. 아울러 국가는 '계산' 능력을 갖추고 있으며, '비용—수익'을 국가 행위의 주요 원칙으로 삼는다. 이러한 이성은 행정관료 체제의 도움으로 실현되며, 이는 곧 막스 베버가 의미하는 현대 국가이다. 또한 국가는 제도화되고 절차화되었다. ② 공공성: 현대 국가의 공공성은 역사 발전 과정에서 점진적으로 실현된다. 첫째, 현대 국가는 공익의 대표자이자 보호자의 모습으로 나타나며, 그 권력은 공동체를 구성하는 사람들에게 부여받은 것이다. 둘째, 현대 국가의 재정은 공공성을 가지고 있다. 수입은 주로 세금에서 나오며 지출 방향도 사회 안전과 국민의 사회 복지를 향상시키기 위해 공공 건설 및 공공 서비스에 사용되는 공공성을 지닌다. 현대 국가의 공공성은 개인 이익의 합법성에 대한 인정을 전제로 한다는 점을 강조할 필요가 있다. ③ 시민권: 현대 국가는 시민권을 가지고 있다. 시민권은 기본적 권리(fundamental rights), 정치적 권리(political rights), 사회적 권리(social rights)로 나눌 수 있으며, 이 세 가지 권리는 단계적으로 발전해 온 것이지, 단번에 성취된 것은 아니다. 선거를 통해 시민의 의지와 정치 참여를 표현하는 것은 시민의 권리이다. 새뮤얼 헌팅턴(Samuel Huntington)은 시민들이 동원되었든 자율적으로 참여하였든, 공적 사안에 참여하고 직접적으로 영향을 미치는 것을 정치 현대화의 구현으로 보았다. 그러나 서양 현대 국가 발전사에서 선거식 민주주의가 광범위하게 받아들여졌기 때문에 외부에서는 '현대 국가'를 '민주 국가'로 인식하기도 했다.

(3) 국가 구축

국가 구축은 현대 국가의 구체적인 시공간적 상황에서 구축되는 과정이다. 현대 국가의 함의와 정신은 보편적이고 향유적이지만, 국가마다 다른 경제 사회 구조의 정치적 환경과 역사적 유산 차이 때문에 후발 국가 구축은 민족성과 현지성을 더 많이 드러낸다.

이 책에서 '국가 건설'과 '국가 정권 건설'의 개념이 아닌 '국가 구축(國家構建)'이라는 개념을 채택한 이유는 다음과 같다. 첫째, 중국어 맥락에서 '국가 건설'은 국가적 차원의 대규모 프로젝트나 인프라 구축을 의미한다. 그리고 '국가 정권 건설'은 국가의 권력기관 구축을 더욱 강조하는 개념으로, 국가 흡수 능력(NAC), 합법성, 사회적 기반, 그리고 정치와 시장, 민족과 민주, 자주성과 합법성, 국가와 사회, 국내와 국제 등과 같은 현대 국가 내부의 다차원성과 복선성을 상대적으로 소홀히 한다.[11] 둘째, '국가 건설'이라는 개념을 사용하면 '민주 건설'이 국가 구축

---

11 楊雪冬, 『시장 발달, 사회 성장 및 공권력 구축-현을 미시적 분석 단위로(市場發育、社會生長和公共權力構建—以縣為微觀分析單位)』, 河南人民出版社, 2002, p.16; 慕良澤·高秉雄, 「현대 국가 건설: 다차원적 시각의 논평(現代國家構建: 多維視角的述評)」, 『南京社會科學』, 2007(1).

의 주요 목표이자 유일한 판단 기준으로 여겨지기 쉽다. 결국 가치 판단의 딜레마에 빠져 중국 현대 국가 성장의 제도적 건설과 성취를 간과할 수 있다. 그리고 '국가 정권 건설'이라는 개념은 행정관료 체제와 계층제(科層制) 범주로 한정하여 연구의 시야를 좁힐 수도 있다. 또한, 정부 이론, 거버넌스 체계 등 공공관리 학문 연구 범주에만 국한되어 국가 구축에 있어서의 정당 역할 및 국가와의 관계에 관한 논의를 피하고, 보다 전면적인 제도 체계와 행동가로서 정당의 중요한 역할을 간과할 수도 있다.[12] 이 책은 '국가 구축'이라는 개념으로써 권력의 중앙 집중화, 강제적인 국가화, 관료 체계의 계층화와 분리화라는 동태적·통시적 과정을 설명하고자 한다. 이 과정의 본질은 핵심 능동자인 정당이 이끄는 현대 국가의 성장사이며, 이 과정에서 국가 권력은 국가와 사회, 시장 간의 관계 합리화를 위해 역사의 흐름을 조정하고자 끊임없이 모색한다. 이상의 내용을 바탕으로 이 책은 더 넓은 범주와 다양한 차원에서 중국의 현대 국가 구축 실행을 분석하고, 보다 심층적이고 전반적으로 국가 구축 이론을 살펴볼 것이다.

제2절 국가 구축의 실천 모델과 관련 연구

2절에서는 국가 구축의 실천 모델과 관련 문헌을 살펴보고 연구하였다. 특히, 현대 국가는 서양에서 시작된 것이므로 구미, 중국 현대 국가가 구축한 문헌을 중심으로 분류하고 정리하였다. 중국은 유구한 국가

12 賀東航·孔繁斌, 「공공 정책 집행의 중국 경험(公共政策執行的中國經驗)」, 『中國社會科學』, 2011(5).

거버넌스 전통을 가진 '조숙한' 국가이기 때문에 현대 국가의 시작(또는 전환)은 서양 현대 국가의 성장과는 다르다. 또한, 개념, 핵심 문제, 연구 방법 및 가치 체계 등 여러 측면에서 서양과 중국 학계가 현대 국가 구축을 바라보는 시각도 매우 상이하다. 중국과 서양의 현대 국가 구축 관련 연구 문헌을 함께 다룬다면 이 책의 연구 주안점이 흐려져 문헌 검토와 분류가 어려워지기 때문에 구분하여 정리하는 것이 중국 현대 국가의 현지적 특성을 더 명확하게 보여줄 수 있을 것이다.

1. 역외국가가 구축한 구미 모델과 러시아 실천

(1) 유럽 현대 국가의 시작

전통 국가, 절대주의 국가에 이어 등장한 국가 형태인 현대 국가의 특징은 바로 사법과 재정을 비롯한 관료 기구의 상시화와 전문화이다. 조직학적으로 유럽 국가들은 중세 봉건 왕국에서 중앙집권적이자 효율적인 거버넌스 체제의 국가 형태로 변모하였다. 다른 국가의 조직과 경쟁하는 과정에서 효율적이고 지속적으로 사회적 동원을 할 수 있다는 것이 이 국가 거버넌스의 중요한 제도적 강점이다. 그 판단 기준은 국가 권력의 중앙 집중화이며, 특정 개인이나 통치 집단에게 집중될 수 있다. 또한 국가 권력은 사회 및 시장 관계와의 합리화를 지속적으로 추구한다. 전통 국가와 현대 국가의 경계는 국가 조직 능력의 차이에 따른 것이다.

중세 후기 유럽으로 거슬러 올라가면, 생산성의 향상과 상품무역의 발달로 사회·경제적 구조에 큰 변화가 일어났으며, 국왕과 봉건 영주들은 영토와 도시를 쟁탈하기 위해 전쟁을 일으켰다. 전쟁은 민족—국가 형성의 주요 원동력이 되었다. 전쟁은 국가를 만들었고, 국가는 전쟁을 만들어 냈다. 군사적 대결과 전쟁의 예상치 못한 결과들로 인해 유럽 국가 발전 과정에서 여러 주요한 특징들이 생겨났다.[13]

전쟁 과정에서 국가 구축의 핵심 능동자인 군주들은 점차 권력을 손에 넣었다. '군주론(君主論)'은 이 시기 군주에게 권력을 집중시키고자 하는 요구에 부응하는 것이었다. 현대 국가 성장의 관점에서 볼 때 프랑스 부르봉 왕조의 절대 군주제야말로 17~18세기의 '모범국가'였다. 그러나 제후들로 이뤄진 봉건 체제 속에서 정치적 파편에 불과했던 도시공화국은 유럽 대륙 경쟁에서 독자적으로 독립과 안보 문제에 대처하기 어려웠다. 따라서 현대 국가를 건설하기에 소규모 도시 공화국은 중앙집권적 왕정 체제보다 강력하고 효과적이지 않았다.[14] 전쟁에는 대량의 물적 자원과 상비 병력이 동원되어야 하므로 군주를 핵심으로 하는 확고한 재정 제도와 상비군 제도가 수립되어야 한다. 기본적인 국가 제도가 구축되어야만, 국가는 일반적인 침투 능력을 갖추게 되고, 통치자 역시 실질적인 영토 통제 권한을 진정으로 얻을 수 있게 된다.

현대 국가의 탄생 과정에서 교회가 종속적인 위치로 물러나는 한편 왕권이 전면으로 나서게 되었다. 그리고 중세의 위계질서도 와해되어 많은 자본을 장악한 부르주아 계급(中产阶级, 중산계급)과 같은 신흥 사회 계급이 정치 권력의 편의성과 수단성을 얻으면서 다원화된 정치의 막이 열리게 된 것이다.

---

13 Anthony Giddens, 『민족-국가와 폭력(民族-國家與暴力)』, 胡宗澤·趙力濤(역), 生活·讀書·新知三聯書, 1998, pp.65-68.

14 Samuel P. Huntington, 『사회 변화 중의 정치 질서(變化社會中的政治秩序)』, 王冠華 등(역), 生活· 讀書·新知三聯書店, 1989, p.124.

17세기 유럽에서 국가의 통일은 영지 분봉제(enfeoffment system, 分封制)의 소멸과 귀족정치의 와해를 의미하였고, 군주가 정치 권력의 중심이 되었다. 그리고 각국의 단일한 권위가 이전에 존재했던 여러 권위를 대체하게 되었다. 17세기 유럽 대륙에서는 여러 계층에 흩어져 있던 권력이 빠르게 군주에게 집중되었고, 각국의 군주들은 정권을 독점하고 의회 소집을 중단하였다. 17세기 초 서유럽의 포르투갈에서 북유럽의 핀란드에 이르기까지, 그리고 영국 제도(The British Isles)의 아일랜드에서 중앙 유럽의 헝가리에 이르기까지 서양의 기독교 국가에는 계급 회의라는 정치 의사 기구가 존재했다. 그러나 17세기 말에 이르러 대부분의 계급 회의는 폐지되거나 권력이 크게 약화되었다.

프랑스에서는 1615년에 마지막으로 국가 계급 회의가 열렸다. 17세기 스페인 왕국에서는 22개의 지방 의회 중 6개만이 활동을 이어 나갔다. 그중 카스티야 왕국의 의회는 금지되었고 아라곤의 의회는 필리프 2세에 의해 금지되었으며, 올리바리(Olivares)는 오랜 혈투 끝에 카탈루냐(Cataluña)를 평정하였다. 포르투갈에서는 1697년에 마지막 계급 회의가 열렸고, 나폴리 왕국의 의회는 1642년에 활동을 중단하였다. 17세기 초, 합스부르크 왕조는 보헤미아, 모라비아, 실레시아의 계급 회의 권력을 약화시켰다. 덴마크와 헝가리는 각각 1665년과 1687년에 세습왕권을 확립하였고, 17세기 말 찰스 11세는 스웨덴에서 전제정치(專制政治)를 재건하였다.[15] 1700년 무렵, 전통적인 분권제(分權制, 또는 봉건제)가 유럽 대륙에서 자취를 감추면서 현대주의자이자 현대 국가 창건자인 군주가

---

15 F. L. Carsten, *Princes and Parliaments in Germany From the Fifteenth to the Eighteenth Century*, Oxford University Press, 1959, pp.436-437.

대승을 거두게 되었다.[16]

군주 주권과 현대 국가의 부상으로 영토 내 구성원들은 명확한 경계를 확립했으며, 민족 형성의 실질적인 기반을 마련하여 민족—국가를 빠르게 갖추어 나갔다. 찰스 틸리(Charles Tilly)를 비롯한 학자들이 유럽의 경험에서 미루어 보듯 국가 구축은 민족 구축보다 앞서 있다. 앤서니 기든스(Anthony Giddens)도 국가가 주권 내 영토를 통일적으로 행정 통제를 해야만 민족이 존재할 수 있다고 주장하였다. 그러나 민족과 민족주의의 탄생은 역으로 국가 정체성(國家認同感)을 더욱 공고히 하여 현대 민족 국가를 만들어 냈다. 영국의 경우 현대 국가로 부상한 후, 국가 정체성을 재인식하면서 정부에 대한 호감을 느끼게 된 앵글로색슨족은 납세로써 정부의 대외전쟁을 지원하여 훗날 '해가 지지 않는 제국'이 될 수 있는 토대를 마련하였다.

유럽은 민족—국가 구축 과정에서 봉건제와 귀족정치의 역사가 저물고, 정치 권력의 합리화와 구조적 분리에서 진전을 거두었지만, 권력이 고도로 집중된 군주는 정치 참여에 있어 어떠한 양보도 하지 않으려 했다. 절대주의 국가 시기, 절대 군주제는 국가와 사회 사이에서 찰나의 균형만 유지했을 뿐, 대다수 대중은 정치 권력을 누려볼 수 없었다. 경제적 성장과 함께 부르주아 계급은 더 큰 정치 권력을 얻기를 원했고, 이에 따라 군주권(君主權) 제한을 골자로 한 민주항쟁은 국가 구축의 핵심안이 되었다. 18세기 정치 철학이 널리 퍼지면서 전통적인 국가와 달리 현대 국가의 효과적인 공권력 운영은 대중의 동의를 얻어야만 통치

---

16 Samuel P. Huntington, 『사회 변화 중의 정치 질서(變化社會中的政治秩序)』, 王冠華 등(역), 上海人民出版社, 2008, pp.98-106.

의 합법성을 얻을 수 있다고 인식되었다. '명예혁명' 이후 점차 정권을 장악한 영국 부르주아 계급은 책임 내각제를 수립하기 시작했으며, 의회제와 선거제도를 개선했다. 이때부터 영국은 입헌군주제 국가가 되었다. 1789년 프랑스 혁명은 절대주의 군주 통치를 타파하고 부르주아 계급이 통치권을 가지는 기반을 마련하였다. 1789년은 유럽 역사의 전환점이었다. 계몽운동과 프랑스 대혁명의 시련을 거치면서 루소의 인민주권 사상이 빠르게 유럽에 퍼져 유럽 사회 사상의 주류가 되었다. 19세기부터 유럽의 민주 제도에 대의제(代議制), 정당제도, 선거제도 및 민주주의에 부합하는 여러 자유제도가 잇달아 도입되었다.[17]

그러나 이 단계의 민주주의 역시 일반 대중은 여전히 상응하는 정치적 권리를 획득하지 못한 채, 부르주아 계급과 상류 귀족만이 누리는 민주주의에 머물렀다. 이는 '왕권의 독재'에서 '자본의 독재'로의 전환에 불과하였다. 배링턴 무어(Barrington Moore)는 민주주의의 발전을 두고 "밀접하게 연관된 세 가지 과제를 완수하려는 지난한 과정으로, 그 길은 아직 끝나지 않았다. 그 세 가지 과제라 함은 첫째, 독단적인 통치자를 구속하는 것이고, 둘째, 공정하고 합리적인 원칙으로 임의적인 규칙을 대체하는 것이며, 마지막으로 규칙을 제정할 때 하층계급을 위해 일정한 몫을 쟁취해 내는 것이다"라고 주장하였다.[18] 19세기 이후 유럽 국가 대중의 투쟁 목표였던 통치권 공유 투쟁으로 인해 대중의 정치 참여

---

17 戴輝禮, 「현대 국가 구축과 민주화에서의 유럽 경험과 시사점(現代國家構建與民主化中的歐洲經驗及其啟示)」, 『國際關系學院學報』, 2010(1).

18 Barrington Moore, 『독재와 민주주의의 사회적 기원: 현대 세계 형성 과정의 지주이자 농민(專制與民主的社會起源: 現代世界形成過程中的地主和農民)』, 王苗·顧潔(역), 上海譯文出版社, 2013, p.428.

폭이 넓어졌다. 영국의 경우를 살펴보면, 1832년 선포된 개혁 법안에 따라 의원의 출마 자격 기준이 낮춰졌고 유권자 수가 배로 늘어났으며, 1867년에 또 두 배로 늘어났다. 1884년에는 성인 남성이, 이어서 1918년에는 30세 이상의 여성이 선거권을 획득하게 되었으며, 1928년에 모든 성인 영국 시민의 보통선거권이 실현되었다. 프랑스와 독일은 각각 1848년과 1871년에 남성에게 보통선거권이 주어졌으며, 유럽 국가의 여성이 선거권을 획득하게 된 것은 20세기 이후이다.

시장경제, 국가—사회 분야를 바탕으로 한 입헌 민주정치는 고대 국가의 농경 문명, 전제 체제(專制體制)의 전통적인 국가 통치 형태와는 확연히 다른 모습이었다. 새로운 국가 구조가 영국에서 등장한 이후, 세계적인 확장성과 적응력을 갖추게 되었다.[19] 한 세기가 넘는 민주화 운동을 거쳐 유럽 대다수 국가들이 민주—국가를 구축함으로써 공권력의 등장과 운영 면에서 기본적인 민주화를 이루게 되어 자유민주 국가로 전환되었다.[20]

유럽 국가 구축의 역사를 살펴보면 현대 민족 국가의 수립에서부터 유럽 국가들의 근대화 행보가 시작되었음을 알 수 있다. 진정한 의미의 민족 국가가 수립된 후에는 경제 중심의 시대로 접어들었다. 경제가 충분히 발전하고 시장이 육성된 후, 부르주아 계급은 명확한 재산권 관계, 자본 보호 권리, 민중의 기본권 보호를 요구하였다.

---

19 C. A. Bayly, 『현대 세계의 탄생(現代世界的誕生): 1780-1914』, 於展·何美蘭(역), 商務印書館, 2013, pp.11-22.

20 戴輝禮, 「현대 국가 구축과 민주화에서의 유럽 경험과 시사점(現代國家構建與民主化中的歐洲經驗及其啟示)」, 『國際關系學院學報』, 2010(1).

(2) 러시아 현대 국가의 시작

러시아가 후발 개발도상국인 점과 축적된 외부 압력, 문화적 전통 및 과정 선택이 서구와 다르다는 점을 고려하여 러시아의 현대 국가 구축을 별도로 간략하게 정리하겠다. 무엇보다도 중국은 현대 국가 구축 과정에서 러시아가 수립한 레닌(Lenin)식 정당 모델을 참고하여 현대 국가를 건설하기 시작했기 때문에 이를 분리하여 분석할 필요가 있다.

17세기부터 18세기까지 유럽에서는 봉건주의가 차츰 무너지고 자본주의 공업이 왕성하게 일어나고 있었지만, 여전히 유럽 정치 경제 체제의 경계선에 있었던 러시아에서는 구(舊) 왕족과 귀족의 권력이 차르(황제)의 중앙집권 강화를 억제하고 있었다. 문벌 제도의 존속으로 왕족 가문은 중앙과 지방의 중요한 관직을 거의 독점하였고, 교회는 국내 최대의 봉건 토지 소유자였다. 또한, 내부 분열로 러시아는 주변 유목 민족의 침공을 자주 당하게 되었다.[21] 이에 따라 '서양으로부터의 학습' 또는 '서구화'가 러시아의 주요 안건이 되었다.

1700년, 표트르 대제(Pyotr 대제)는 서구의 율리우스력(Julian calendar)을 따르도록 하고, 동방정교회의 전례 달력(Eastern Orthodox liturgical calendar, 東正教曆法)은 더 이상 사용하지 말 것을 명령하였다. 1700년 나르바 전투에서 러시아가 참패하자 표트르 대제는 유럽식 러시아 육군 육성 체계를 구축하여 징병제 시대를 열었다. 표트르 대제의 통치가 막을 내릴 무렵 러시아 정규군은 25,000명에서 20만 명으로 늘어났고, 10만 명 규모의 비정규군으로 강력한 해군을 만들어 육·해군의 지휘 관리와 후방

21 張宗華, 「18세기 러시아 개혁과 귀족(18世紀俄國改革與貴族)」, 武漢大學 박사학위논문, 2005, p.38.

지원 체계를 점차 정비해 나갔다. 러시아가 20년 넘게 이어진 북방전쟁에서 스웨덴을 물리치고 발트해 항구를 차지한 것은 군사력 증강 덕분이었다. 남쪽에서는 아조프 요새와 바쿠(Baku)를 점령하고 아조프해와 카스피해의 관문을 장악하였다. 표트르 대제의 사후, 공식적으로 '러시아 제국'을 선포한 러시아는 주권 국가를 수립하였다.

이 시기에 러시아의 계급제는 군주제에서 전제정치 체계로 변화하기 시작하였다. 18세기의 잦은 전쟁은 왕권과 중앙집권을 강화하는 계기가 되었고, 러시아 관료 체제도 성장시켰다. 왕권은 관료 제도의 수립과 함께 강화되었다. 귀족 보야르 두마 왕권의 억압을 타파하기 위해 표트르 대제는 차르의 최고 기관인 원로원을 설립하여, 외교, 해군, 육군, 재정, 수공업 공장, 세습 영지, 종교 사무 등 12개 부서를 산하에 둔 정무 감독제도를 시도하였다. 그리고 '관등표(table of ranks, 官秩表)'를 공포하여 문벌(門閥)의 한계를 타파하고, 능력에 따라 임용하였으며 공로에 따라 관직을 주었다. 또한, 최초로 일반 대중이 국가를 위해 복무하면 귀족의 지위를 얻을 수 있도록 하였다. 이와 같은 조치들이 러시아 관료 체계의 기반을 마련하였다.

1775년 예카테리나 2세가 공포한 「전러시아제국 지방행정법령」은 성(省)·현(縣)급의 2급 체계로 과거의 성(省)·주(州)·현(縣)급의 3급 관리 체계를 대체하였고, 모든 지방은 중앙의 모델을 채택하여 원로원의 감독을 받도록 규정하였다. 니콜라이 1세는 러시아의 관료제도를 한층 더 완비하고, 성서(省署, 중앙 관청)라는 체계적 기관을 설치하였다. 지방에서는 부서 분업에 따라 행정·경찰, 재정, 사법 등 기본적 운영 체계를 확립하였다. 나아가 그는 표트르 대제가 창설한 위원회의 영향력을 약화시키는 대신, 차르의 권력을 더욱 강화하였다. 18세기 이후 차르가 러시아 정교회의 최고 교주도 맡으면서 주교회는 차르의 통치를 받는 관료 기구가 되었고 관료 구조도 달라졌다. 18세기가 '귀족의 시대'였다면 19세기에는 더 많은 중소 관리들이 관료 기구에 진출하게 된 것이다. 19세기 초에는 귀족과 성직자, 중소 관리의 후손이 중앙기구에서 14등급 이상 관리의 67%를 차지했지만, 19세기 중반에는 80%에 달하게 되었다.[22] 관료 체제의 발전과 비(非)귀족 관리들의 활발한 정계 진출은 러시아의 왕권을 공고히 했다.

러시아에서 귀족과 왕권의 갈등은 유럽의 중심 국가와 마찬가지로 오랫동안 국가 발전을 좌우하였고, 러시아 민간 사회는 이와 함께 성장하였다. 19세기 중반 이후 러시아에서 민권사상(民權思想)이 대두되면서 사람들은 차르 전제 체제의 종식과 민주적 권리의 쟁취를 요구하였다. 이에 러시아 민간 사회의 기본 요소라 할 수 있는 수많은 사회봉사단체와 비판적 사상을 지닌 사회단체, 자유로운 언론, 독립적 사회여론, 정당 의회 등이 등장하였다.[23] 이 시기에 유럽에서 등장해 러시아로 전파된 마르크스주의 세력은 19세기 중반부터 20세기 초까지의 러시아 현대 국가 구축 과정을 이끌었다. 1917년 2월 혁명으로 인해 로마노프 왕조가 무너지고 군주 전제 정치의 막이 내려졌다. 이후 러시아에는 러시아 임시정부(러시아 공화국)와 소비에트 정권이 공존하게 되었다. 그해 10월, 레닌이 이끄는 볼셰비키당이 정국을 장악해 임시정부를 전복하

---

22 Walter M. Pintner, The Evolution of Civil Officialdom, 1755-1855, in Don Karl Rowney & Walter M. Pintner(eds.), *Russian Officialdom: The Bureaucratization of Russian Society from the Seventeenth to the Twentieth Century*, University of North Carolina Press, 1980.

23 Б. Н. Миронов, 「19~20세기 초 러시아 시민 사회의 발전(19~20世紀初俄國公民社會的發展)」, 張廣翔·鐘建平(역), 『社會科學戰線』, 2011(1).

고 소련을 수립하면서 볼셰비키당은 전능한 정당으로써 국가와 사회를 전면적으로 이끌었다. 이로써 '당치제(黨治制)'라는 새로운 정치 체제[24]의 시작과 함께 러시아 현대 국가 구축은 새로운 장을 열게 되었다.

2. 국가 구축에 관한 외국 학계의 학술적 회고

1960년대부터 국가 구축 문제에 서양 학자들이 주목하기 시작하면서 독점 메커니즘, 시민권, 전쟁, 이데올로기 등 다양한 관점에서 논의가 전개되었다. 이러한 논의 가운데 대표적인 견해는 다음과 같다.

(1) 독점 메커니즘과 국가 구축

대표적인 학자인 독일의 노르베르트 엘리아스(Norbert Elias)는 국가의 형성 과정이 문명화된 사회 발생의 실체라고 주장하였다. 현대 국가는 안정적인 중앙 정권을 핵심으로 하는 반면, 중앙 정권의 구축은 문명화된 사회의 발생을 조건으로 한다. 첫째, 경제의 분화로 계층이 귀족, 농민, 도시 시민으로 분화되었다. 그리고 세분화된 분업과 교환의 확대로 인해 다양한 기능과 계층 간의 의존도가 증가하였고, 도시와 농촌이 점차 더 긴밀하게 연결되면서 국가 형성의 경제적, 사회적 기반이 마련되었다. 둘째, 화폐경제가 자연경제를 대체하고 중앙 재정에 재정적 및 군사적 기회를 끊임없이 제공했으며, 폭력 독점과 조세 독점을 통해 토지 독점을 공고히 하여 '국가' 메커니즘을 실현하였다.

노르베르트 엘리아스의 주장에 따르면, 현대적 의미의 국가 형성은

---

24 A. Avtorkhanov, 『소련 공산당 야사(蘇共野史(上))』, 晨曦 등(역), 湖北人民出版社, 1982, pp.1-2.

'국가 메커니즘'과 군사 및 경제적 독점을 특징으로 하는 '독점 형성 메커니즘'에 의존하며, 제후국 간의 경제와 군사 경쟁은 전쟁과 합병의 수렁에 빠지게 하고, 결국 독점(농단)을 초래한다. "더 큰 사회적 단위 내에서 상호 의존을 통해 더 큰 사회적 단위를 형성하는 더 작은 사회적 단위는 이미 존재하는 독점으로부터 방해받지 않는 상대적으로 균형 잡힌 사회적 힘을 가지고 있으며, 사회적 힘의 기회를 위해 자유롭게 경쟁할 수 있다. 다시 말하자면, 생활과 생산 수단을 우선시한 경쟁으로 인해 큰 가능성이 나타난다. 누군가는 승리하고 누군가는 패배하게 되면 점차 더 소수의 사람들이 더 많은 기회를 차지하게 되고, 많은 수의 사람들이 경쟁에서 도태되면서 더 소수의 사람들에게 의존하게 될 것이다".[25] 독점 메커니즘에서 군사와 재정 독점 모두 중요한 것으로 다른 독점권을 유지하기 위한 전제 조건이자 기초이다. 따라서 군사적, 재정적 또는 경제적 독점 지위를 상실하게 된다면 다른 독점은 유지되기 어려워지고 국가는 붕괴된다. 독점 메커니즘의 형성, 사회적 기능 분업 네트워크에 대한 국왕의 의존도 증가와 함께 다양한 계층 집단의 최고 '조율자'인 중앙 정권에 대한 의존도가 높아져 왕권 메커니즘(royal mechanism, 國王機制)이 점차 구축되었다. 따라서 현대 국가 구축은 국가가 폭력, 조세, 토지 측면에서 농단(壟斷) 또는 독점(獨占)을 하는 과정으로 이해될 수 있다.

25 Norbert Elias, 『문명의 과정: 문명의 사회적 기원과 심리적 기원에 관한 연구(文明的進程: 文明的社會起源和心理起源的研究)』, 王佩莉·袁誌英(역), 上海譯文出版社, 2009, p.330.

(2) 시민권과 국가 구축

이 분야의 대표적인 학자인 영국의 마셜(T. H. Marshall)과 독일의 벤딕스(Reinhard Bendix)는 '시민 자격(citizenship, 公民資格)'에 주안점을 두고 시민권의 건전성(健全性)과 국가 제도화 기구 성장 간의 관계와 현대 국가 구축의 사회적 기반을 분석하였다. 마셜은 시민권이란 공동체의 완전한 구성원 자격으로,[26] 이를 얻기 위해서는 공민적 권리(civil rights, 公民權利), 정치적 권리(political rights, 政治權利), 사회적 권리(social rights, 社會權利)의 지지가 필요하며, 이 권리들은 모두 국가의 성장과 관련이 있다고 보았다. 공민적 권리는 개인의 자유를 보장하기 위해 필요한 다양한 권리로 구성되며, 신체의 자유, 언론·사상·신앙의 자유, 재산권, 유효한 계약의 체결권 및 공정한 권리 등이 포함된다.[27] 이러한 권리는 현대 법률 체계(하드웨어 및 소프트웨어 두 가지 측면 포함)에 의해 보장되어야 하며, 법원은 시민의 법적 권리 실현을 보장하는 기관이다. 정치적 권리는 선거권과 피선거권을 포함한 정치 권력의 행사에 참여할 권리를 의미한다.[28] 이 권리는 아직 현대 선거 체계의 개선과 발전이 필요하며, 관련 기관으로는 의회와 지방정부가 설립한 위원회 기관이 있다. 사회적 권리란 '적정 수준의 경제적 복지와 안정으로부터 사회적 유산을 충분히 공유하고, 사회의 보편적 기준에 따라 문명화된 삶을 누릴 수 있는 권리 등 일련의 권리'[29]를 의미하며, 이와 밀접한 관련이 있는 기관으로는 교육기

---

26 T. H. Marshall & Anthony Giddens et al., 郭忠華·劉訓練(編), 『공민 신분과 사회 계급(公民身份與社會階級)』, 江蘇人民出版社, 2008, p.8.

27 상게서, p.10.

28 상게서, p.11.

29 彭宗峰, 「사회 권리의 흥망성쇠와 서구 시민권의 논리적 변화 - T. H.마셜 시민권 이론

관과 사회봉사기관 등이 있다.

마셜은 시민권을 취득하는 데 필요한 세 가지 권리가 각각의 고유한 원칙에 따라 각자만의 속도로 발전한다고 보았다. 초기에는 이러한 권리들이 모두 지역 공동체에서 개인의 지위에 의해 결정되었으나, 유럽 사회·경제의 발전과 함께 지역 공동체가 붕괴되기 시작하자, 새롭게 등장한 국가 조직과 기관이 그 기능을 대체하기 시작하였다. 영국의 사례를 예로 들면, 왕립 법원은 시민의 권리를 보호하였고, 의회는 정치적 권리 실현의 장을 제공했으며, 빈곤구제 기관은 사회적 권리를 보장하였다. 그러나 이 세 가지 권리의 발전은 동시적으로 이루어진 것이 아니며, 서로 다른 단계를 거쳐 성숙한 현대 국가의 다양한 제도 속에서 분화되었다.

18세기에는 일련의 개혁 법안을 통해 국민의 신체·신앙·언론의 자유 등이 보장되어 법적 권리가 크게 발전하였다. 정치적 권리의 형성은 공민적 권리가 충분히 발전한 19세기에 시작되었다. 정치적 권리는 이미 모든 사람이 누리고 있는 지위를 강화하기 위한 새로운 권리를 만들어 내는 것이 아니라, 기존의 권리를 더 많은 사람에게 부여하고자 형성되었다. 20세기 중반 복식투표(plural vote, 復式投票)의 폐지는 정치적 권리의 완전한 확립을 상징하는 것이다. 공공 기초 교육의 발전에서 시작된 사회적 권리는 20세기 이전에는 시민권과 분리되어 있었다. 20세기가 되어서야 공민적 권리와 정치적 권리만큼 중요한 지위를 얻어 시민권의 일부가 되었다. 이 세 가지 권리의 발전에는 권리에 대한 정의와 보호

을 단서로(社會權利興衰與西方公民身份邏輯嬗變—以T. H.馬歇爾公民身份理論為線索)」, 『寧夏社會科學』, 2020(5).

권한이 점차 국가에 집중된다는 공통적인 특징이 있다. 이 세 가지 권리에 발맞춰 국가는 법원, 대의 기관(代議機關), 사회 서비스 기관, 학교의 4가지 기본적인 제도화된 기관을 구축했다. 이는 시민권의 건전성이 국가의 사회경제적 기능의 발전 및 국가의 제도화된 기구의 성장과 정비례한다는 것을 보여준다.[30]

독일의 학자 벤딕스도 『국가 건설과 시민권(Nation Building and Citizenship)』에서 서구, 러시아, 일본, 인도를 대상으로 이 주제에 대해 다루면서 국가 구축 과정이 정부와 시민 간의 긍정적인 상호작용 과정이라고 강조하였다. 이 과정에서 국가의 합법성이 확립되고, 국가에 대한 시민의 정체성도 강화되는 것이다.

(3) 자본, 강제, 역할 전환 및 국가 구축

이 관점의 대표적인 학자는 자본주의의 확장과 민족 국가, 국가의 국제 체제 성장 관점에서 국가 구축을 연구한 미국의 찰스 틸리(Charles Tilly)이다. 틸리의 해석에 따르면 봉건시대의 서구 각국은 다원적 사회 권력의 중심, 군사적 의무를 매개로 한 왕과 귀족 간의 특수한 권리·의무 관계, 그리고 귀족과 농민 사이의 종속적 보호와 예속 관계와 같은 문제에 공통적으로 직면해 있었다. 약 천 년 전부터 서구는 지속적으로 경제가 성장하기 시작하였다. 1050~1250년에 도시의 등장과 함께 나날이 확대된 상공업의 규모, 과거의 자연 경제를 점차 대체한 화폐 경제는 국왕의 권력 확장을 위한 매개체를 제공하였고, 현대 국가 형성의

30 T. H. Marshall & Anthony Giddens et al., 郭忠華·劉訓練(編), 『공민 신분과 사회 계급(公民身份與社會階級)』, 江蘇人民出版社, 2008, p.9.

결정적 요소인 왕권을 핵심으로 하는 새로운 권력 조직이 등장하게 되었다.

화폐의 출현으로 국왕은 토지가 아닌 화폐로 부하들의 군사적 의무 이행을 보상하기 시작하였고, 귀족 군사 집단과의 봉건적 예속 관계에서 점차 벗어나게 되었다. 화폐경제는 봉건주의자와 농민 사이의 봉건적 종속 관계도 점차 해소해 나갔다. 이에 따라 국왕은 상비군을 보유할 수 있었으나, 군사적 기능을 담당하던 왕권은 자원 추출 능력을 크게 강화할 필요가 있었다. 이러한 상황을 타개하기 위해 국왕은 자원 추출의 수단을 개발하고, 이에 따른 재정 정책과 제도를 마련하였다. 이러한 과정이 바로 국가 정권 건설 과정이다. 틸리는 '추출된 자원을 거래하는 과정에서 국가 건설자들은 강제적으로 자원을 추출하는 한편 보호와 사법적 조정, 때로는 생산과 분배에 대한 임무를 수행해야 한다. 그리고 강제권 행사자는 획득한 토지와 물질, 그리고 국민을 스스로 관리해야 하며, 자원의 추출, 물질, 서비스, 소득의 분배 및 분쟁 해결에 개입해야 한다'고 주장했다.[31] 다시 말하자면, 귀족을 대신해 국가가 직접적인 국민 통제권을 얻는 승리를 거뒀지만, 그 대가를 치러야 한다는 것이다.

자원을 추출하는 과정에서 자원을 손에 쥐게 된 계층 가운데 부르주아 계급은 새로운 보편적 조세에 끊임없이 저항하는 한편 자원을 가지고 국왕과 거래하면서 왕권을 견제하였다. 이와 같이 거대한 국가 관료 기구를 만들어 전례 없는 방식으로 사회에 진출한 왕권은 자원 활용

31 Charles Tilly, 『Coercion, Capital and European State, A. D. 990-1992』, Wiley-Blackwell, 1992, p.22.

의 극대화를 도모하면서 시민권을 통치의 새로운 합법적 기반으로 받아들일 수밖에 없었다. 또한, 국왕은 지방 세력(地方權威)과 권력 경쟁을 할 때면 시민의 이익 증진과 수호 역할을 국가가 수행하도록 했다. 협상 과정에서 관료 체계로 대표되는 새로운 행정 권력의 전국적인 수립과 시민권의 확립 및 확대가 현대 국가 건립의 보편적 원칙이 되었다. 이 양자(兩者) 모두 새로운 국가 구조의 기초가 되어 궁극적으로 정부의 예산과 관료 체제를 확장하여 새로운 국가 조직방식을 이루어 냈다.

(4) 국가 권력, 능력, 자주성 및 국가 구축

대표 학자로는 마이클 만(Michael Mann), 테다 스코치폴(Theda Skocpol), 프랜시스 후쿠야마(Francis Fukuyama)가 있다.

마이클 만은 자신의 저서인 『사회권력의 원천(社會權力的來源)』에서 '사회권력'이란 민족과 지역을 지배적 틀에 통합하는 국가의 능력이라고 밝혔다.[32] 그리고 권력 원천인 권력의 '병참학(logistics, 後勤學)'을 바탕으로 경제적 권력(생산적인 노동, 교환, 소비 과정에서 생기는 권력), 정치적 권력(집중화·규범화·제도화된 규정과 사회생활을 통제하는 과정에서 생기는 권력), 이데올로기적 권력(합법적 규범 등 실천적 성과를 통제하는 과정에서 생기는 것으로 통치를 위해 설득하는 독특한 권력), 군사적 권력(집중된 강제적인 폭력을 통제하고 운용하는 과정에서 생기는 권력)의 네 가지 유형으로 권력을 구분하였다.[33] 마이클 만에 따르면 국가는 이 네 가지 권력으로 국내 사회를 통제하고

32 Michael Mann, 『사회권력의 원천(社會權力的來源(第一卷)』, 劉北成·李少軍(역), 上海人民出版社, 2007, p.31.

33 상게서, pp.28-36.

국가 간 관계를 처리한다. 유럽 근대 이후의 정치 발전은 사실상 이 네 가지 구조적 기반을 구축하는 과정이었다. 전쟁과 행정 비용을 부담하기 위해 국가는 법률과 같은 수단으로 세수의 안정과 성장을 보장하여 시민 사회와의 조율을 강화해야 했다. 귀족과 부르주아 계급의 엘리트들은 행정 체계에 흡수되어 국가의 일부가 되었다. 국가의 권력 능력에 대한 도전인 전쟁으로 인해 민족 의식과 민족 정체성을 함양하고 국경을 명확히 할 수 있었다. 마이클 만의 가장 큰 공헌은 국가 권력을 전제적 권력(despotic power, 專斷性權力)과 기반적 권력(infrastructural power, 基礎性權力)의 두 가지 유형으로 구분한 것이다. 전제적 권력이란 국가가 대중 사회와 통상적이고 제도적인 의사소통을 할 필요가 없이 일련의 행위를 할 수 있는 권한을 부여받은 것을 의미한다. 기반적 권력이란 국가가 대중 사회에 침투하여 전 분야에 걸쳐 군수를 보급하는 방식으로 정치적 의사결정을 관철하는 능력을 의미한다. 기반적 권력은 모든 산업 사회에서 발전하고 끊임없이 강해진다. 정상적인 현대 국가라면 국가의 전제적 권력은 지속적으로 약해지는 반면, 국가의 기반적 권력은 지속적으로 강해져야 한다. 현대 국가 구축 이론에 마이클 만이 기여한 중요한 공헌은 현대 국가 구축에서 자유주의 능력을 공정하게 평가하고, 자유주의 국가가 약국(弱國)일 수도, 강국(强國)일 수도 있으며, 전제적인 국가가 약국에 무능할 수도 있다는 점을 강조한 것이다.

테다 스코치폴이 제시한 '국가는 잠재적 자율성을 가지고 있다'는 관점은 국가 구축 이론에 중요한 공헌을 하였다.[34] 스코치폴에 따르면 잠재적인 자주성을 가진 활동가인 국가가 추구하는 이익은 지배계급의

34 Theda Skocpol, 『국가와 사회혁명: 프랑스, 러시아, 중국의 비교분석(國家與社會革命:對法國、俄國和中國的比較分析)』, 何俊誌·王學東(역), 上海人民出版社, 2007, p.25.

요구와 모순될 수도 있으며, 독립적으로 목표를 추구하는 능력은 국가 조직이 지닌 강제력과 국내외의 다른 강력한 이익집단과의 관계에 의해 결정된다. 국가의 '잠재적 자율성'이라는 표현은 이후 다른 학자들에게 큰 영향을 미쳤으며 현대 국가 구축을 동태적으로 이해하는 데에도 도움이 되었다.

프랜시스 후쿠야마는 마이클 만의 학문적 관점을 바탕으로 국가 활동 범위와 국가 능력에 대한 이차원적 분석 틀을 제시하며 "국가 역량은 국가 기능보다 더 중요하다…(중략)…증거에 따르면 국가 제도의 힘은 넓은 의미에서 기능 범위보다 더 중요하다"라고 주장하였다.[35] 따라서 현대 국가 구축의 목표는 국가의 활동 범위는 작아야 하지만 국가의 능력은 강해야 한다는 것이다. 후쿠야마는 자신의 저서 『국가 구축: 21세기 국가 거버넌스와 세계 질서』의 서두에서부터 민주화 등 여러 목표를 추진하는 과정에서 무엇보다도 현대 국가 건설을 우선시해야 한다고 주장했다. 현대 국가는 질서, 안전, 법률 및 재산권을 제공하는 능력을 갖췄기 때문에 현대 정치 경제의 부흥을 가능하게 한다. 현대 국가 체제의 건설은 언제라도 간과해서는 안 되는 것이며, 정부 인력과 기구를 얼마나 감축할지에 관한 논의가 문제 해결의 '만능 열쇠'도 아닌 것이다. 중요한 것은 정부의 능력과 역할 범위, 그리고 법치와 감독의 유무이다. 이어서 그는 "국가 구축은 기존 국가 시스템을 강화하는 동시에 새로운 국가 정부 제도를 구축하는 것이다"[36]라고 언급하였다.

---

35 Francis Fukuyama, 『국가 구축: 21세기 국가 거버넌스와 세계 질서(國家構建; 21世紀的國家治理與世界秩序』, 黃勝强·許銘原(역), 中國社會科學出版社, 2007, p.19.

36 상게서, p.1.

후쿠야마는 후속 연구에서 이 관점을 구체화해 효과적인 정치 제도의 세 가지 구성 요소인 강한 국가, 법치, 민주적 책임을 제시하였고,[37] 이 세 가지 구성 요소의 유래와 포스트 산업화된 현대 세계가 어떻게 발전하고 상호작용하는지를 연구하였다.[38]

(5) 고도의 감시, 자본주의 기업, 공업 생산, 폭력의 집중화와 국가 구축

대표 학자는 앤서니 기든스(Anthony Giddens)이다. 그는 막스 베버(Max Weber)가 묘사한 현대 국가 특징에 따라 국가의 발전 형태를 전통 국가(traditional state) 시대, 절대주의 국가(absolutist state) 시대, 민족—국가(nation—state) 시대로 구분하였다. 베버가 생각한 현대 국가의 특징에는 일련의 제도 또는 기구로 표현됨, 특정 영토를 경계로 함, 합법적으로 폭력을 사용하는 권리 독점[39] 등이 있었다. 이를 바탕으로 앤서니 기든스는 전통 국가에서 민족—국가 형태로 변하는 과정에서 이러한 특징이 단계적으로 나타난다고 주장했다. 전통 국가 시대에는 정부의 행정 통제가 도시에만 국한되어 있었고, 국가 상징체계와 종교는 일반 대중의 민속(民俗)과는 상당한 거리가 있었으며, 정부의 감시력이 약했기에 전통 국가는 아직 '권력 용기(power container, 權力集裝器)'[40]가 아니었다. 국가는 '변

37 Francis Fukuyama, 『정치 질서의 기원: 전인류시대부터 프랑스 혁명까지(政治秩序的起源: 從前人類時代到法國大革命)』, 毛俊傑(역), 廣西師範大學出版社, 2014, pp.19-21.

38 Francis Fukuyama, 『정치 질서와 정치의 쇠락: 산업혁명에서 민주적 세계화로(政治秩序與政治衰敗: 從工業革命到民主全球化)』, 毛俊傑(역), 廣西師範大學出版社, 2015, pp.3-16.

39 John A. Hall & G. John Ikenberry, *The State*, University of Minnesota Press, 1989, pp.1-2.

40 역자주: 기든스에 따르면 할당적 자원과 권위적 자원은 개인 행위자에 의해 소유되는 것이 아니라, 체계의 생산과 재생산 과정에서 행위자에 의해 사용되는 사회 구조들의 특징으로 모든 사회에는 이 두 가지 자원들이 집중되는 중심인 '권력 용기'가 반드

경(frontiers, 邊陲)'은 있지만 국경(borders, 國界)은 없었으며, 군사력에 대한 독점도 없어서 많은 군사력이 군벌과 민간 세력에 의해 통제되었다. 행동 규범적 면에서 많은 규칙은 귀족 계층에게만 유효한 것이었고, 일반 대중에게는 제약이 없었다.[41] 16~17세기에 절대주의 국가의 형태로 등장한 현대 국가는 민족—국가의 등장을 위한 초석을 다졌으며, 영토의 구역(疆域)에 대한 개념과 주권성(主權性)을 제공했다. 19세기 유럽에서는 민족—국가가 대거 등장하였다. 많은 수의 기구로 구성된 국가의 행정 권위자는 이 기구들을 이끌고 조정할 뿐만 아니라 통치하에 있는 특정 지역의 국민과 사회 조직을 위한 결정을 내렸으며, 필요한 경우 자의로 무력을 사용하였다. 행정력, 시민관, 세계화에 힘입어 20세기에 비로소 민족—국가의 할당적 자원(allocative resources, 配置性資源)과 권위적 자원(authoritative resources, 權威性資源)이 증가해 민족—국가로서 효과적인 감시 체제, 자본주의 기업, 산업 생산 및 폭력의 중앙 집중화라는 4가지 제도적 클러스터를 구축하게 되었다.

3. 유럽 현대 국가 구축의 일반적인 결론

이상의 문헌을 바탕으로 유럽 국가들이 구축한 길을 살펴보면, 국가 구축의 근본은 '권위와 자원을 집중하여 강한 국가를 구축하고, 정치적 안정과 국가의 에너지 생산 증대 및 행정적 효율성을 실현하는 과정'이다. 필자는 현대 국가 구축을 통해 현대화로 향하고자 하는 국가에는

시 필요하다(서울시립대학교 도서인문학연구소 아카이브, http://iuhuos.cafe24.com/bbs/board.php?bo_table=dic&wr_id=71, 권력용기로서의 공간).

41 Anthony Giddens, 『민족-국가와 폭력(民族-國家與暴力)』, pp.4-5.

네 가지 기본적인 특징이 있다고 생각한다.

첫째, 현대적 의미의 중앙정부는 전통적인 봉건 국가, 제국, 부족 및 가족사회에서 발전한 민족 국가이자 주권 국가로, 전국을 효과적으로 통치할 수 있으며, 국가 정책과 행정명령의 시행을 통해 국가 법률의 영향력이 사회 기층(基層) 단위까지 미치도록 한다. 이러한 특징이 없다면 어느 나라도 진정한 의미에서의 현대 국가라고 할 수 없다. 국가의 기본 권력이 파편화되고 원자화된 수천 개의 사회 단위에 분산된다면 시장경제가 갖추어야 할 국가시장과 생산의 사회화를 이룰 수 없고, 현대 시민의식도 확립할 수 없다. 봉건영주 국가와 도시 국가는 국가가 갖춘 능력과 재원을 취하여 중앙정부의 실질적인 행정 능력을 매우 제한된 범위에 머물게 하였다. 이와 같은 사회는 현대 국가를 탄생시킬 수 없다. 현대 민족 국가를 건설하는 것은 현대화를 위한 유럽 국가의 첫걸음으로, 통일된 프랑스, 이탈리아, 독일이 없었다면 어떠한 현대화나 산업화도 없었을 것이다.

둘째, 현대 국가의 첫 단계를 현대 민주와 법치, 그리고 인권의 척도로 평가하기란 어려운 일이다. 군주는 유럽 국가 구축의 첫 단계에서 핵심 능동자 역할을 수행했다. 과거 독일이 수백 개의 도시국가로 분열되어 있을 당시, 각 도시 국가의 독자적 통화와 관세 정책은 현대적 시장경제의 발전은 물론, 국가적 통일시장과 관세동맹의 형성을 크게 제약하였다. 유럽은 수차례의 국내 통일 전쟁과 국제 전쟁을 거쳐 현대 민족 국가의 경계를 형성하였다. 독일의 30년 전쟁, 잉글랜드와 스코틀랜드의 전쟁, 유럽 대륙에서 벌어진 나폴레옹의 전쟁, 이탈리아의 통일 전쟁, 독일 철혈재상(鐵血宰相) 비스마르크(Bismarck)의 통일전쟁 모두 유럽의 현대 민족 국가를 만들어 낸 중요한 전쟁이다. 특히 나폴레옹의 유럽 대륙 전쟁으로 심하게 분열되고 파편화되었던 유럽 각지의 도시 국가와 봉건영주 세력이 소탕되었고, 「나폴레옹 법전」과 현대 국가의 관리 시스템이 각지에 전해졌다. 또한 점령당한 각국의 민족주의 정서가 의도치 않게 자극되면서 발발한 유럽 전역의 근대적 민족 국가 전쟁을 통해, 다수의 유럽 국가들이 통일 민족 국가로 도약하게 되었다. 이에 따라 국가 현대화의 첫 번째 단계에서 군주의 전제적 권력은 크게 강화되었고, 핵심적 능동자로서 민중을 이끌어 봉건 영주의 일방적 분할 체제를 극복하고, 전국적 차원의 중앙정부 거버넌스를 실현함으로써 현대 민족 국가를 수립할 수 있었다. 이러한 과정이야말로 각고의 노력을 요하는 현대 국가 구축의 첫 단계였던 것이다.

셋째, 민족 국가가 확실히 확립되어야 경제 중심 시대로 진입할 수 있다. 후발 개발도상국은 국가의 역량과 자원을 동원하여 강력하고 현대적인 관리 국가를 건설해야 한다. 또한 시장경제의 발전을 촉진하고 전국 통일시장(national united market, 全國統一市場)을 육성하며, 국가는 현대산업에 집중하여 기존의 속도를 뛰어넘는 산업화와 급속한 경제 성장을 달성해야 한다. 이러한 단계에 놓인 개발도상국과 시장경제 전환국가(economies in transition, 過渡經濟國家)는 강력한 국가적 경제 통제 능력과 지속 가능한 재정을 확보해야만, 통화 변동과 취약한 민족 산업의 붕괴를 방지할 수 있다.

넷째, 경제와 시장이 충분히 발전하고 육성된 후에는 자본의 권리와 국민의 기본권을 보호하기 위해 반드시 재산권 관계를 정의하고, 법적 형식을 통해 재산권과 시민권을 보호해야 한다. 그리고 국가, 사회, 시장 관계 및 여러 사회 시스템의 기본 관계를 정의하기 위한 양호하고 독립적인 사법 시스템을 구축해 궁극적으로 기능 분화를 실현하는 현대 사회를 만들어야 한다. 이것이 현대 국가의 사회적 토대이다.

이상의 네 가지 기본적인 특징은 시간상 지속적이고 복선적으로 나타나지 않고 동시다발적으로 나타날 수도 있다. 예를 들면 민족 국가를 세우는 동시에 경제를 발전시키고 헌법과 법률을 제정할 수도 있다. 그러나 이 단계의 핵심 임무는 통일된 현대 국가를 형성하는 것으로, 전쟁이 한창인 시기에 국가가 다른 목표를 시행하고 고려하기는 어렵기 때문에 경제 건설과 법률 제정 모두 답보 상태에 그칠 가능성이 크다. 이와 마찬가지로 경제 현대화를 추진하면서 인권과 시민권 보호에도 주의를 기울일 수는 있지만, 사회적 생산력 수준이 낮은 상황에서는 인권, 법치, 민주와 같은 더 높은 수준의 사회적 목표를 달성하기 어려울 것이다. 사회 전반은 기능적으로 분화된 사회로 나아가고 있었지만, 여전히 상당한 차이가 존재했고, 이 단계의 핵심 목표는 생산력 향상과 급속한 경제 발전, 그리고 국민 생활 수준의 대폭적인 향상이었다. 이러한 목표가 점진적으로 실현되면 네 번째 기본 특징인 현대 국가 구축을 위한 사회적 역량을 키울 수 있는 것이다.

제3절 중국 국가 구축에 관한 중국의 학술적 관점 및 이 책의 이론적 관점

현대 국가로 발전하는 과정에서 세계 각국은 유사한 임무를 수행하고, 공통된 요소를 구축했으며, 동일한 이념을 공유하였다. 그러나 각국은 저마다 상이한 역사적 경험과 발전 경로를 지녔기에, 자국만의 고유한 색채를 드러냈다.

서양의 침략 전까지는 '조숙한 국가'로 오랫동안 전통 국가 시대에 있었던 중국은 자급자족하는 자연경제, 엄격하고 완전한 관료 체제, 유교적 정통사상(正統思想)으로 황권(皇權) 통치의 장기적 안정을 위한 토대를 마련하였다. 그러나 1840년 아편전쟁 이후 외부 세계의 현대적 충격으로 인해 중국의 국가 구축과 제도적 역량의 위기가 여실히 드러나게 되었다. 존망 위기에 처한 민족과 국가를 구하기 위해 사회 각계각층이 활로를 모색하기 시작하였다. 개량(改良)이나 혁명을 제창하든, 중국의 전통적인 사상과 학문을 바탕으로 서양의 선진 기술을 도입하는 '중체서용(中體西用)' 또는 '전면 서구화(全盤西化)'를 주장하든 간에 그들의 목표는 궁극적으로 군사에서부터 경제, 정치, 문화에 이르기까지 서양의 모델을 배움으로써 서양과 유사하거나 동등한 현대 국가를 만들어 새로운 합법성을 구축하고 내부적으로 사회적 모순을 조정해 서양 열강에 대항하는 것이었다. 1901년 청나라 정부는 '신정(新政)' 개혁을 통해 최초로 정치, 경제, 문화, 교육 및 군사 분야에서 서양을 모델로 한 제도 개혁을 이뤄냈으며, 이는 중국 '현대 국가' 구축의 시작이라고 볼 수 있다. 현대 국가로 가는 100년의 과정에서 복잡한 국가 전환은 중국 학계의 오랜 주요 연구 쟁점이자 뜨거운 관심사였다. 계속해서 중국 현대 국가 구축 연구에 관한 학계의 몇 가지 주요 관점을 살펴보겠다.

1. 중국 국가 구축에 관한 중국의 학술적 관점

(1) 공공성설

유럽의 국가 구축 과정을 깊이 연구한 장징(張靜)은 권력이 기층(基層) 분할 시스템에서 중앙으로 이동하여, 중국 국가 정권 건설의 권력 이동 문제가 해결된 것으로 보이지만, 실질적으로는 거버넌스 역할과 그 관계의 제도(규칙) 변화 문제라고 보았다. 이러한 의미에서 중국의 국가정권 건설을 통해, 국가는 주권을 상징하는 새로운 조직으로 형성되었다고 볼 수 있다. 또한, 공공재를 제공하고 공공재산을 관리하며, 공공사회서비스를 제공하는 국가 조직으로 거듭나기 위한 공공조직으로서의 성질이 변하게 된다.

장징은 공공기구의 역할, 관계, 원칙의 변화 및 이 같은 변화를 공고히 하기 위한 일련의 관련 제도 구축 등 '국가' 자체의 성질 변화가 국가 정권 건설이 성공적으로 권력을 집중하는 기본 원인이라고 지적했다. 공공기구의 역할과 시민제도와의 관계가 대표하는 공공성(公共性) 원칙은 국가 구축이 갖고 있는 규범적 함의이다. 따라서 현대 국가는 완전한 현대 법치 규칙을 갖추고 있어야 하며 공공 서비스의 제공자가 되어야 한다.[42]

공공성은 중국 국가 구축에 있어 사회 현대화 전환이 필요로 하는 것이자 요소 구축 과정에서 국가가 따라야 할 원칙이기도 하다. 그러나 중국 현대 국가의 내재적 본질과 그 정신만을 드러내는 추상적인 장징의 공공성설(公共性說)로는 중국 현대 국가 구축에 영향을 미치는 구체적 요인과 구성 요소를 온전히 파악하기 어렵다.

(2) 재정국가설

중국의 현대 국가 구축이 단순히 '민주화'만을 이룬 것은 아니다. 왕사오광(王紹光)과 마쥔(馬駿)은 재정적 관점에서 중국 현대 국가 구축의 또 다른 요소를 밝혀냈다. 왕사오광은 중국의 현대 국가 구축에서 필

42 張靜, 『현대 공공 규칙과 향촌 사회(現代公共規則與鄉村社會)』, 上海書店出版社, 2006, p.48.

요한 여러 측면에서의 제도 수립 과정 가운데 재정 제도가 의심할 여지없이 매우 중요한 연결 고리라고 보았다. 어떠한 형태의 현대 국가이든 그 활동은 재정적인 뒷받침이 없이는 불가능하기 때문이다. 국가장치(國家機器 ,state apparatus)의 운영에는 자금이 필요하며, 정책 수립은 본질적으로 자금을 분배하는 것이고 정책을 시행하려면 자금을 보장해야만 한다. 이러한 의미에서 어떻게 자금을 조달하고 지출할 것인가는 재정적인 문제지만, 현대 국가의 거버넌스 문제이기도 하다. 각각의 재정 제도는 일반적으로 각국의 거버넌스 제도와 연관이 있다. 국가가 돈을 인출하고, 나누고, 사용하는 방식을 바꾼다면 국가가 일하는 방식을 크게 바꿀 수 있을 것이다.[43]

따라서 재정 제도의 전환은 중국 현대 국가 구축에 있어 매우 중요한 것이다. 현대 재정 제도 구축을 통해 능력 있고 책임감 있는 국가를 건설하는 것은 중국 현대 국가 건설의 가장 기본적인 목표이다. 왕사오광에 따르면 근대 이후 서양 국가에서 생겨난 두 가지 의미 있는 재정 제도 전환에 따라 국가가 재정을 흡수하고 지출하는 방식이 변하였고, 서양 현대 국가가 성장을 이루게 되었다. 제1차 재정 제도 전환은 '영지국가(領地國家)'에서 '조세국가(稅收國家)'로의 전환[44]이고, 제2차 재정 제도 전환은 '조세국가'에서 '예산국가(預算國家)'로의 전환이다.[45] 전자(前者)는

---

43 張長東, 「조세와 국가 구축: 개발도상국의 정치 발전에 관한 연구(稅收與國家建構: 發展中國家政治發展的一個硏究視角)」, 『經濟社會體制比較』, 2011(3).

44 Joseph A. Schumpeter, The Economics and Sociology of Capitalism, in Jüijrgen G. Backhaus(ed.), *Navies and State Formation: The Schumpeter Hypothesis Revisited and Reflected*, LIT Verlag, 2012, pp.99-140.

45 王紹光, 「조세 국가에서 예산 국가로(從稅收國家到預算國家)」, 『讀書』, 2007(10).

국가가 재정 수입을 흡수하는 방식을 근본적으로 변화시켰고, 후자(後者)는 국가의 재정 자원 사용 방식에 근본적 변화를 가져왔으며, 국가 재정의 수입과 지출 관리 전반을 재구성하였다. 재정 제도의 성공적인 전환과 함께 이 국가들은 현대 국가로 나아가기 시작했다. 이렇듯, 국가의 권위, 효율, 대응 및 책임은 현대 국가의 재정방식과 모두 밀접한 관련이 있다.[46]

왕사오광과 마쥔은 1978년 경제체제 개혁 이후 중국이 '자체 생산국가(自產國家)'에서 '조세국가'로 점차 전환했다고 보았다. 1999년 예산 개혁이 시작되면서 중국은 '예산국가'로 나아가기 시작했지만, 예산 국가로 변모하는 과정에는 여전히 많은 난관이 기다리고 있었다. 이를 극복하기 위해서는 예산 감독을 시급히 강화하고, 집중통일(集中統一) 또한 지속적으로 개선해야 한다. 그래야만 현대적 예산 제도를 기존 국가 거버넌스 구조에 적용하여 정책 입안자와 관리자의 의사결정 및 행동 방식을 점진적으로 변화시키고, 현대 국가 구축의 궁극적 발전을 위한 토대를 마련할 수 있다.[47]

재정국가설은 재정 전환과 현대 국가 구축 사이의 밀접한 관계를 보여주고 강조한다. 그러나 현대 국가는 지향성과 복합적 요소가 매우 다층적으로 존재하기 때문에, 단일한 지향적 설명만으로는 현대 국가의 상황을 전면적으로 드러내기 어렵다.

---

46 Deborah Bräutigam, Odd-Helge Fjeldstad & Mick Moore(eds.), *Taxation and State-Building in Developing Countries: Capacity and Consent*, Cambridge University Press, 2008, pp.34-63.

47 王紹光·馬駿, 「예산 국가로 향하며-재정 전환과 국가 건설(走向「預算國家」—財政轉型與國家建設)」, 『公共行政評論』, 2008(1).

(3) 5요소설

양쉐둥(楊雪冬)은 핵심 능동자, 효율적인 전문 관료 조직, 지속 가능한 재정, 전면적인 합법성 및 시민 사회가 중국이 구축한 5가지 요소라고 보았다.[48] 그 중 핵심 능동자는 주로 정책 결정자와 집행자를 뜻하며, 특히 정당은 현대 정치에서 중요한 역할을 수행한다. 효율적인 전문 관료 조직은 사회적 분업에 대한 정치적 수요뿐만 아니라 국가의 합리화도 모두 만족시킬 수 있다. 지속가능한 재정만이 국가의 군사 기능과 행정 관리 기능을 지탱할 수 있고, 전면적인 합법성만이 국가에 대한 국민의 믿음과 지지를 뒷받침하고 유지할 수 있다. 그리고 시민 사회는 국가 자체의 제도적 구성이 아니라 국가 구축 과정의 기본 요소이며, 국가와는 상호의존적이며 동시에 상호참조적 관계를 형성한다.

양쉐둥에 따르면 중국의 현대 국가 구축은 국가·사회·시장 간의 관계 합리화를 끊임없이 모색하는 지속적인 역사 과정으로, 기본적인 목표는 국가의 합리화와 민주화를 이루는 것이다. 하지만 현대 국가의 구축과 운영에 대한 외국 학계의 견해는 대부분 유럽 국가들을 주로 참고한 것으로, 유럽의 단일한 경험에 기반한 이론을 맹목적으로 이상화하고 일반화하는 것은 비유럽권 국가가 지닌 특수성을 무시할 수 있다.

계속해서 그는 서양 국가 구축 이론을 변증법적으로 이해하고 이론의 현지화 문제도 다루었지만, 안타깝게도 현대 국가 현지화 이론을 체계적으로 마무리 짓지는 못했다. 중국의 현대 국가 구축에는 생각해 볼 만한 몇 가지 문제가 여전히 남아 있다. 예를 들어, 국가 제도의 '조숙

---

48 楊雪冬, 『시장 발달, 사회 성장 및 공권력 구축-현을 미시적 분석 단위로(市場發育、社會生長和公共權力構建—以縣為微觀分析單位)』, 河南人民出版, 2002, p.230.

성(早熟性)'으로 인해 중국의 현대 국가 구축은 일종의 국가 전환 과정으로 규정될 수 있다. 유구한 문화와 국정 운영의 경험을 가진 중국의 현대 국가 구축에 관한 연구는 역사의 연속성 측면에서 해답을 찾아야 한다. 또 다른 예로, 후발국가의 따라잡기와 민족 부흥의 사명 때문에 조직 성과와 거버넌스 성과는 중국의 현대 국가 구축에서 항상 최우선 위치를 차지하고 있다. 심지어 입증된 합법성의 수준에까지 도달하였으며, 이는 중국 현대 국가 제도의 성과를 평가하는 핵심 지표 가운데 하나이다.[49]

2. 이 책의 연구 설계

현대 국가 구축의 보편성과 통시적 정리를 통해 현대 국가 구축은 정치 권력과 경제 발전, 그리고 사회 구조가 상호작용하는 복잡한 과정임을 알 수 있다. 중국의 현대 국가 구축 과정을 살펴보면, 전통 사회의 와해, 서양 식민주의의 침입, 군벌들의 혼전(混戰), 민주주의 혁명, 사회주의 건설에서부터 개혁개방에 이르기까지 불과 100여 년의 짧은 시간 동안 겪은 이 모든 과정을 단일한 단서와 관점으로 완벽하게 표현하기란 매우 어려운 일이다. 이 책은 중국과 외국 학자들이 분석한 내용을 정리하여 단계별로 중국 현대 국가 구축에 큰 영향을 미친 요소들을 찾아내고 이를 분석하여 중국 현대 국가 구축의 과정과 특징을 조사하고자 한다. 그 주요 내용은 '하나의 본질(一個本質)', '두 집단 간의 관계(兩組

49 賀東航, 「'대일통' 거버넌스와 중국 정치의 내생적 진화의 길('大一統' 治理與中國政治的內生性演化之路)」, 『中央社會主義學院黨報』, 2021(4).

關系)', '4대 요소(四重要素)'이다. '하나의 본질'은 '당도국(黨導國)'[50]의 특징을 의미하고, '두 집단 간의 관계'는 각각 국가와 시장의 관계, 국가와 사회의 관계를 뜻하며, '4대 요소'는 국가 능력 요소, 국가 조직 요소(관료 기구), 국가의 가치 요소(합법성) 및 국가의 사회적 요소(사회적 기반)를 의미한다.

(1) 중국 현대 국가가 구축한 '하나의 본질'

기존의 연구들은 주로 서양 국가 건설 이론을 기반으로 군사, 관료, 재정, 시민 사회 및 민족주의 측면에서 현대 국가 건설을 논의하는 데 치중하였으며, 그 과정에서 중국 현대 국가에서 정당이 수행한 역할은 간과되었다. '당도국(黨導國)' 체제는 중국 현대 국가의 가장 중요한 본질적 특징이자 서구 현대 국가 구축과 구별되는 근본이다.

중국 현대 국가 구축에서의 '당도국' 체제 형성에 대해 논의하려면 두 가지 질문에 답해야 한다. 첫째, 어떻게 정당이 마침내 중국 현대 국가 구축의 주도적 세력이 되었는가? 둘째, '당도국'식 국가 구축의 핵심 특징은 무엇인가?

후발국가인 중국은 국가 구축 과정에서 거대한 정치·경제·군사적 압력에 직면하였으며, 전통적 정치체제로는 공시적(共時性) 도전에 효과적으로 대응하기 어려웠다. 그러나 정당만이 현대 정치가 요구하는 정치 참여와 정치적 경쟁의 문제를 해결할 수 있었기에, 20세기 초 제3세계 지역의 현대 국가 구축 과정에서 정당은 중요한 정치 세력이자 핵심적

---

50 역자주: 당도국(黨導國)이란 '당이 이끄는 국가(黨領導國)'의 줄임말이다. 중국 현대 국가가 구축한 제도 운용 메커니즘으로, 중국공산당이 현대 국가 건설 전반을 이끈다는 의미이다. 본문에서는 '당도국'으로 표기하겠다.

능동 주체로 부상하였다.

중국 현대 국가 구축 과정에서 정당은 항상 중요한 책임자였다. 20세기 초 중국 현대 국가가 출범했을 때, 쑨원(孫中山)은 '당으로 나라를 세우고, 당으로 나라를 가르치며, 당으로 나라를 다스린다(以黨建國、以黨訓國、以黨治國)'라는 이념을 제시하면서 정당을 통한 현대 국가 건설을 염원했다. 많은 정당들의 경쟁 속에서 중국의 공산당과 국민당은 점차 더 큰 힘을 가진 정당이 되었다. 국민당은 당으로써 나라를 다스리는 '이당치국(以黨治國)'을 시도했지만, 효과적으로 중앙정부의 권한을 지방기관으로 이양하지도, 권력을 집중시키지도 못하였고, 다양한 사회 세력(지주, 군벌, 재벌)을 개혁하지도, 국가 건설 자원을 신속히 흡수하지도 못하였다. 또한, '군(軍)을 중시하고 조직(組織)을 경시했던' 국민당은 파벌 갈등을 봉합할 수 없었고, 결국 '약세 독재당(弱勢獨裁黨)'으로 전락하여 중국 국가 건설을 이끌 수 없게 되었다. 반대로 중국공산당이 핵심적 능동 주체로 성공적으로 자리매김할 수 있었던 이유는 사회 기층과 긴밀한 연계를 형성하고, 당 지부를 기본 단위로 하는 조직 건설을 강화하였으며, 단계적이고 체계적인 분업 조직 체계를 구축함으로써 마르크스-레닌주의를 성공적으로 중국화했기 때문이다. 중화인민공화국 건국 이후 건설 및 개혁 과정에서 국가 정권의 재건과 관료 체제의 구축, 엘리트의 흡수 및 전환, 계획 경제와 시장경제의 제도적 배치, 그리고 사회관리제도의 수립 모두 중국공산당 고위층에서 추진되어 당의 권위를 보장하는 과정이었다.[51] 새로운 시대에 진입한 후 중국은 국가 건설과 발전의 수요에 발맞춰 집권당의 역할을 재정의하고, 보다 효

---

51 賀東航·孔繁斌, 「공공 정책 집행의 중국 경험(公共政策執行的中國經驗)」, 『中國社會科學』, 2011(5).

과적인 당정(黨政)의 상호작용 모델인 '당의 전면적 영도(黨的全面領導)'[52]를 모색하여 국가 지도력에 대한 당의 제도적 기반인 '당의 영도 제도 시스템'을 강화하였다. 따라서 현재까지도 '당의 영도'는 중국 현대 국가 구축의 가장 본질적인 특징이다.

(2) 중국 현대 국가가 구축한 '두 집단 간의 관계'

① 국가와 시장의 관계

현대 국가 구축 과정에서 시장은 무시할 수 없는 요소이다. "자율적 시장은 어떠한 발전도 두 집단의 서로 다른 공동 이익이라는 모순된 충돌에 갇혀 있게 한다. 국가는 사회 조직과 자연 자원을 위해 행동하라는 대중의 압력에 응해야 하며, 보편적이고 사회적인 이익을 대표하여 시장에 대항해야 한다. 또 다른 한편, 시장은 억압적이지만, 사회 전체의 물질적 기반이 되었다. 시장 원칙에 의해 형성되고 조직된 새로운 문명의 존속(存續) 여부는 시장 자체의 존속에 달려 있다. 시장경제의 발전 과정에서 국가는 항상 이 두 가지 모순된 추진력의 결합체였다".[53] 어떠한 의미에서 중국의 현대 국가 구축은 국가와 시장의 관계를 조정하고 국가 권력 운영의 이성화(理性化)를 촉진하는 과정이라고 할 수 있다.

② 국가와 사회의 관계

현대 국가 구축은 국가와 사회, 시장 관계의 합리화를 지속적으로 모

---

52 賀東航·胡榮濤, 「'당의 전면적 영도'와 새로운 시대 중국 현대 국가 건설 연구("黨的全面領導"與新時代中國現代國家建設研究)」, 『國外理論動態』, 2018(3).

53 Karl Polanyi, 『대전환: 우리 시대 정치와 경제 기원(大轉型: 我們時代的政治與經濟起源)』, 馮鋼·劉陽(역), 浙江人民出版社, 2007, p.183.

색하는 역사적 과정이다. 일반적으로 시장경제는 발전 과정에서 주체성, 평등성, 참여성을 갖춘 현대 시민을 형성하고 정부 운영과 구별되는 민간 사회를 생성(또는 분리)한다. 권력의 집중 및 분산과 민간 사회의 발달은 현대 국가 구축의 두 가지 중요한 과정이기 때문에 이 비정부적이고 자율적으로 운영되는 민간 사회는 현대 국가 구축의 근간이 되는 것이다. 시장경제의 발전과 민중 권리의식의 각성, 그리고 인터넷 공개 게시판의 등장으로 중국 국가와 사회의 관계는 새로운 양상을 띠게 되었다. 특정 발전 단계에서 현대 국가를 규제하는 힘은 사회에서 나온다. 사회세력의 독립과 성장은 중국 정치생활에 존재하던 기존의 권력 구도를 크게 변화시켰고, 당국일체(黨國一體)의 일원화된 권력 구도로부터 당의 지도력을 핵심으로 하여 당, 국가, 사회의 삼자(三者)가 상호작용하는 삼차원적 권력 구조로 전환시켰다. 이에 따라 중국 정치 발전의 동력 구조는 단일 세력에서 다원 세력으로 전환되었고, 경제, 사회 및 지방정부의 이익 추구와 발전 기대는 점차 중국 정치 발전을 촉진하는 중요한 추진력이 되었다.[54]

(3) 중국 현대 국가가 구축한 '4대 요소'

첫째, 국가 능력은 중국 국가 구축의 중요한 요소이다. 국가 구축 과정은 지속적인 공권력의 침투, 국가와 사회의 자원 교환, 빈번하고 긴밀한 상호 연결로 이루어지는 과정이다. 국가 능력은 이 과정에서 목표와 의지, 그리고 계획을 현실로 전환시키는 국가의 실천 능력으로, 다

---

54 林尚立, 「민주적 성장: '개체적 자주'에서 '사회적 공평'으로-2005년 중국 정치 발전의 의의 해석(民主的成長: 從"個體自主"到"社會公平"一解讀2005年中國政治發展的意義」, 『毛澤東鄧小平理論研究』, 2006(3).

음과 같이 세 가지 능력으로 나눌 수 있다. ① 정권의 흡수 능력: 국가는 사회로부터 자원, 특히 세금을 흡수하여 국가 기능의 실현, 국가 기구의 운영 및 국가 의지의 관철을 물질적으로 보장해야 한다. ② 국가의 강제력: 사법기관·법 집행기관·교도소와 같은 시스템을 포함하며, 전시 상황에서는 국가의 주권과 영토를 수호하고, 비전시 상황에서 대내적으로는 사회질서 유지, 대외적으로는 방위와 억제의 역할을 수행한다. ③ 정부의 집행력: 안정적인 질서에 기반을 둔 현대 중국 국가는 공공 정책을 통해 정부 관리, 경제 발전 및 사회 건설을 실현해야 하며 강력한 정책 실행력으로 정부 기능과 의지의 실현을 보장해야 한다. 정부의 집행력은 일상 수행 능력과 중대한 정책 집행 능력의 두 가지 측면에서 살펴볼 수 있다.

둘째, 중국이 구축한 조직 요소는 선진국의 관료 기구와 훈련된 전문 관료 조직이다. 막스 베버는 일찍이 관료제의 관료 기구를 높이 평가했다. 그는 전문화, 계층제, 규칙화, 비인격화 및 기술화를 특징으로 하는 관료제 조직은 조직 운영의 엄격성과 안정성, 그리고 합리화를 보장할 수 있으며, 그 중 관료 집권적(官僚集權的) 행정 조직은 관료제 조직의 전형(典型)으로 가장 이상적인 조직 형태라고 보았다.[55] 외국 학계에서는 전통 사회 시기의 중국을 '관료제 제국(官僚制帝國)'이라고 부르기도 한다.[56] 중국은 이 역사적 시기에 엄격한 관료 선발, 파견 및 평가 메커니즘을 구축했으며, 이렇게 형성된 거대한 관료 집단은 중앙의 황권(皇權)

55 Max Weber, 『경제와 사회(經濟與社會(第二卷上冊))』, 閻克文(역), 上海人民出版社, 2010, pp.1113-1114.

56 Samuel N. Eisenstadt, 『제국의 정치 체제(帝國的政治體制)』, 沈原·張旅平(역), 江西人民出版社, 1992, p.2.

과 사회 사이를 잇는 중요한 사회 구조가 되었다. 1901년, 현대 국가 건설을 시작하면서 중국은 과거 황권 통치와 사회 전환으로 인해 무너진 관료 체제를 재구축해야만 했다. 1980년대, 경제와 시장 발달, 사회 분업의 심화, 국가 권력의 침투로 진정한 현대적 의미의 관료제 관료 기구의 재건이 점차 더 중요해졌다. 관료 기구는 신속하고 효과적인 정치적 의사결정의 수행과 중국 사회의 질서를 보장할 뿐만 아니라, 현대 중국 사회의 수요에 부합하기 위한 합법적이고 규범적인 권력을 사용할 수 있다.

셋째, 합법성은 중국 국가 구축의 가치 요소이다. 합법성은 반드시 공통된 인식(共同認可)을 기초로 해야 한다. 베버에 따르면 합법성에는 전통주의형, 법리형, 카리스마형의 세 가지 유형이 있다. 역사적으로 모든 합법성은 이 세 가지 유형이 서로 다른 정도로 혼합되어 있는 형태이다. 현대 국가에서 정치 권력의 유효성에 의해 결정되는 합법성은 정부가 국가 문제를 효과적으로 관리할 수 있는지 여부를 포함한 중국 현대 정치의 기본 특징 중 하나로, 그에 상응하는 내적 의식과 정서적 지원이 필요하다. 이것이 바로 중국 국가가 구축한 합법성의 기반이다. 즉, 중국 현대 국가 통치의 안정성, 정책 시행의 효율성 및 사회의 건전한 통합은 정책과 정부, 그리고 대중의 정권에 대한 인식과 지지를 발판으로 해야 한다. 이를 위해서는 정권에 대한 대중의 인정과 민족에 대한 애정을 고취하는 이데올로기적 선전(宣傳)이 필요하며, 현대 국가 정부의 역할을 기대하는 대중의 요구에도 부응해야 한다. 그리고 합법성 건설은 이데올로기적 교화의 수준에 머물지 말고, 정부의 실천에 깊이 녹아들어야 한다. 중국에서 국가의 합법성 건설은 당의 합법성 건설과 매우 유사한 성질을 띤다. 따라서 국가 정권의 합법성을 실현하기 위해서는 인민을 근본으로 하고, 당의 이데올로기, 지도자의 매력, 경제적 이익 등에서 비롯된 국가 정권의 합법성 건설을 보완해야 할 것이다.

넷째, 민간 사회는 국가가 구축한 사회적 요소이자 국가 정권과 정부 조직으로부터 상대적으로 독립적이고 자주적인 민간 역량이며, 민간 사회는 시장경제의 기반이다. 시장경제가 해체와 구축을 거듭한 끝에, 자급자족적 자연경제를 극복하고 사회·경제 생활에서 주도적 지위를 확립할 때, 비로소 시민 사회도 발전·성장하여 점차 정치 국가의 제약에서 벗어나 독자적 활동 영역을 확보하고, 마침내 정치 국가를 견제할 수 있을 만큼 강해질 것이다.[57] 무엇보다 중요한 것은 시장경제의 공정한 거래에서 비롯된 계약적 관계는 민간 사회의 내재되어 있던 계약적 관계와 공공정신(公共精神)으로 이어질 것이며, 이렇게 각 사회구성원의 행동적 선택을 제약하던 내재적 공공정신과 합리적인 규칙은 민간 사회를 더욱 발전시킬 수 있다. 공공조직이나 공공정신과는 무관하게 민간 사회의 발달은 현대 국가를 형성하는 중요한 요소임은 틀림없는 사실이다. 그 예로 먼저, 비정부적·자주적·합법적인 민간 조직과 사회 기구의 발달은 사회의 자주 영역을 확장하고 국가 개입의 범위를 좁힐 수 있다. 그리고 사회 공공 정신의 발달은 국가와 사회의 관계를 조정하고, 국가의 기능을 재정의하여 시민과 사회의 보호자이자 봉사자, 그리고 감독자가 될 수도 있다.

요약하자면, 국가 관료 기구, 국가 능력, 국가의 합법성 및 국가의 사회적 기반은 중국 현대 국가 구축의 구성 요소로, 이는 과거 서양의 경험을 토대로 중국 국가 구축이 거쳐온 역사와 현실 속에서 찾아낸 것들

---

57 伍俊斌, 「시장경제와 시민사회에 대하여(論《市場經濟與公民社會》)」, 『湖北社會科學』, 2009(9).

이다. 계속해서 4절에서는 지방 국가의 연구 분석 단위에 중점을 두고 민국(民國) 시기, 중화인민공화국 건국 후 사회주의 건설 30년의 시기, 개혁개방 시기의 세 단계에서 위의 네 가지 구성 요소의 형성과 구축된 국가 형태를 통시적으로 분석하겠다.

제4절 분석 단위와 지방 국가의 연구 관점 제시

1. 중국 현대 국가에서 구축한 분석 단위: 현(縣)을 중시적 분석 단위로

현대 중국 국가 구축 연구는 거시적, 중시적, 미시적 세 가지 측면에서 접근할 수 있지만, 거시적 또는 미시적 측면에서 접근하면 딜레마에 빠지기 쉽다. 거시적 측면(국가)에서 중국의 국가 구축 연구의 문제점은 다음과 같다. 첫째, 거시적으로 현대 중국의 정치 생태를 연구하면 자료나 이데올로기, 또는 다른 요인들의 제약을 받기 쉬우며, 정태적인 법리적 분석과 묘사에 쉽게 치우치게 된다. 결과적으로 연구가 너무 이상적이거나 정치 철학의 가치 판단에만 그쳐 중국이 구축한 실제 모습을 보여줄 수도 없고 실증적 사례 분석도 부족해진다. 둘째, '관어(官語)'를 쉽게 사용할 수 있다. '관어'는 국가의 각종 정책을 전달하고 관철하는 행정 시스템의 정치적 담론과 정치 텍스트를 뜻한다. 그러나 연구에 이러한 정책적 담론을 사용한다면 해석식 연구 방식에 빠지거나 일부 선구적 연구의 정설(定說)을 반복하는 데 그치게 된다.

그리고 미시적 수준(최소 행정단위인 마을(村莊))에서 중국 현대 국가 구축을 연구한다면, 비공식 제도의 범주에 속하는 농촌에는 기본적인 규모인 국가 기구조차도 없기 때문에 이를 통해 국가 구축 상황을 직접 관찰할 수 없다는 문제가 생기게 된다. 이에 마을(村莊) 중심인 미시적 연구에서 향급(鄉級)과 현급(縣級)으로 공간적 시야를 넓혀 논의하는 방법을 채택하는 경우도 있었다. 그러나 이 같은 방법은 국가 구축과 마을의 서사를 효과적으로 연결하기 어려워 연구 대상의 교차와 전환이 무질서해질 수도 있다.[58]

따라서 현(縣)이라는 중시적 수준을 분석 단위로 삼으면, 중국 현대 국가 구축의 이론적이고 현실적인 과제적 요구를 효과적으로 수행할 수 있다.

첫째, 역사적으로 현(縣)은 중국에서 가장 안정적이고 변동 폭이 작은 하위 성급 행정 단위였다. 진나라가 중국을 통일하고 전국적으로 지방을 통치하기 위한 통치체계인 군현제(郡縣制)를 시행한 이후, 현은 중국의 기층(基層) 정권 조직이자 지역이 되었다. 2,000년 이상의 제국—관료—집권체제를 거치면서 왕조전쟁과 외세(外勢)에 의한 수차례의 파괴로 현의 기본 정치 구역과 명칭에는 다소 변화가 있었지만, 그 행정적 지위는 매우 안정적이고 거의 변화가 없는 특이한 안정성을 보였다. 현재 전국 2,000개 이상의 현급 행정 단위 중 일부 현은 여전히 진한(秦漢) 시기와 같은 이름으로 불린다. 가장 완전한 국가 체제로서 항상 통치자의 관심을 받아온 기층 수준의 현은 체제 전반의 안정적인 존재를 위한 기본 구성 요소이다. 오랫동안 중국은 '황권이 현까지 미친다(皇權止於縣)'라는 전통을 계승하여 지방에서는 향신(鄉紳, 지방 유지) 자치(自治)를

58 賀東航, 「농촌정치학 연구 방법의 문제점—〈악촌정치〉에 대한 학문적 성찰 農村政治學研究方法諸問題—對〈嶽村政治〉的學術反思」, 鄧正來(主編), 『중국서평(中國書評(第三輯)』, 西師範大學出版社, 2005, p.6.

시행했다.[59] 따라서 현은 중국 국가 정권 체계에서 가장 완전한 기층 단위이자, 2,000년이 넘는 긴 세월 동안 중국 전통 정치에서 가장 기본적이고 중요한 통치 단위였다. 국가 정권 체계에서 일정한 인구와 지리적 규모, 그리고 완전한 정치 및 행정 기능을 갖춘 현은 국가 행위의 일관성과 제도의 통합성을 여실히 보여 주었다. 국가 통치에서 중앙정부와 기층 사이에 위치한 '현(縣)'은 기층사회를 직접적으로 상대할 뿐 아니라, 국가 통치와 관리의 이미지를 좌우하기도 한다. 이와 관련해 '군과 현을 잘 다스려야 천하가 안정된다(郡縣治, 天下安)'라는 말이 전해진다.

둘째, 국가 구축의 틀에서 현은 가장 포괄적인 미시적 단위이다. 현의 인구와 지역 규모가 결정하는 직무의 개선과 행위의 제도화는 지방 국가가 역할을 수행할 수 있는 충분한 조건을 제공한다. 현은 국가와 사회의 교차점에 있으며 미시 사회 조직과는 보다 직접적인 연관성이 있다. 전반적인 정치 체제에서 중간다리 역할을 하는 현은 체제 전반의 운영과 변화를 보다 전면적으로 반영하고, 국가와 사회의 상호작용을 보다 집중적으로 드러낸다고 할 수 있다. 국가는 다층위적 조직체로 구성되어 있다. 현급 층위에서 국가의 세 가지 기본 요소는 영토와 인민, 그리고 권력임을 알 수 있다. 따라서 현급 층위를 통해 1901년 이후 중국 현대 국가 구축의 역사적 변천, 조직 건설 및 기능 변화를 명확하게 살펴볼 수 있다.[60]

---

59 역자주: 향신 자치는 민중의 위탁에서 온 것이 아니라, 정부의 위탁에서 온 것이고, 정부가 주민을 다스리는 도구로 사용되었으며, 정부의 정령(政令)을 받아 향촌 사무를 관리했다. 이러한 의미에서 향신 자치는 집권 행정 아래에서의 일종 토착 자치로 볼 수 있다(박대헌, 중국 일반지방자치제도에 관한 헌법학적 연구, 서울대학교 박사학위논문, 2017, p.29).

60 楊雪冬,『시장 발달, 사회 성장 및 공권력 구축-현을 미시적 분석 단위로(市場發育、社會生長和公共權力構建—以縣為微觀分析單位)』, 河南人民出版, 2002, pp.52-53.

마지막으로 근대 이후 지방자치 개념과 제도의 도입과 함께 정치시스템 전반에서 현의 위상을 중시하기 시작하면서 현대 정치의 근간으로 여겨졌다. 1978년 이후의 분권(分權)과 시장화로 인해 1급 이익 주체(利益主體)로서 현의 자의식을 되살아났으며, 이익 극대화를 위한 공간과 지원 마련 등 각 현의 노력을 통해 현은 제도 혁신의 중요한 단위가 되었다. 이를 경제학, 정치학, 공공행정학 분야의 학자들은 심도 있게 연구하였다. 예를 들어, 개혁개방 이후, 응용경제학 분야에서는 줄곧 중국의 현역(縣域)이 지닌 경제 기능과 역할을 주목하였고, 특히 자원의 통합 및 조직 수준에서 현을 활발한 경제 주체로 평가하였다.[61] 그리고 공공행정학 분야는 현 1급(縣一級)의 행정 구조와 운영 메커니즘에 주목했고,[62] 정치학 분야에서는 시장, 분세제(分稅制)[63] 개혁, 정부 역할, 정치 발전, 법률 체제 및 현을 '정치 실험장'으로 사용하는 구체적인 개혁안 등 현의 기능과 역할에 대해 더 깊이 논의하였다. 쉬융(徐勇)은 '강한 현

---

61 陳錫文, 『주식합작제: 농촌경제의 새로운 경영 조직 형태(股份合作制: 農村經濟新的經營組織形式)』, 農業部農村經濟研究中心; 中國農村發展信托投資公司(編), 『중외학자가 농촌을 논하다(中外學者論農村)』, 華夏出版社 1994, p.270.

62 周慶智, 『중국의 현급 행정 구조와 그 운영-W현의 사회학적 고찰(中國縣級行政結構及其運行—對W縣的社會學考察)』, 貴州人民出版社, 2004, p.9.

63 역자주: 분세제(分稅制, system of tax distribution)란 각 급 정부예산의 행정사무권에 따라 각 급 정부 간에 지출 범위를 구분하고, 각종 세목의 성질에 따라 각급 정부 간에 수입 원천을 구분함과 동시에 중앙정부의 하부 지방정부에 대한 이전지출을 통하여 서로 다른 지역의 공공서비스가 균형을 이루도록 조정하는 재정관리 체제를 말한다(김경환 등, 중국의 지방세 제도, 한국 지방세연구원, https://www.kilf.re.kr/cmm/fms/PDF.do;jsessionid=E6749BC72BAAD911C872FD1C38C2BB00?atchFileId=FILE_0).

에 권한을 확대하는 체제 개혁(强縣擴權)’[64]을 제안하였다.[65] 이어서 위젠룽(於建嶸), 차이융페이(蔡永飛)는 지방 자치 원칙에 따라 현역(縣域) 정치를 수립하고 분권(分權) 원칙에 따라 현역 사법에 상호 견제와 균형 체제를 수립할 것을 제안하였다.[66] 우궈광(吳國光), 쩡융녠(鄭永年), 차이샤(蔡霞), 추젠궈(儲建國), 허둥항(賀東航)은 국가 정치 개혁이 현 정부 개혁에서부터 시작되어야 한다고 제안하였다.[67]

2. 지방 국가 연구의 관점 제시

거시적 분석 틀과 학제 간 연구 관점의 확립을 기반으로 한 현역(縣域, 현급 단위) 정치 연구는 주목할 만한 성과를 거두었지만, 전반적으로 현(縣) 정부 개혁의 연구 설계를 여전히 답습한 까닭에 연구에 많은 어려움이 여전히 남아 있었다.[68]

---

64 역자주: ‘강한 현에 권한을 확대하는 체제 개혁(强縣擴權)’이란 일종의 권력 이양(權力下放)으로, 현(縣)의 경제 발전을 촉진하기 위해 지급시(地級市)에 귀속되어 있던 경제 및 사회 관리권을 경제력이 강한 현에게 부여하는 것이다.

65 徐勇, 「국가화와 지방성의 배경하에 있는 쌍방향형 현역 거버넌스 개혁 國家化與地方性背景下的雙向型縣域治理改革」, 『探索與爭鳴』, 2009(11).

66 於建嶸·蔡永飛, 「현 정부 개혁은 중국 개혁의 새로운 돌파구(縣政改革是中國改革新的突破口)」, 『東南學術』, 2008(1).

67 吳國光, 「‘현정 중국’-분권에서 민주화로 가는 개혁(“縣政中國”—從分權到民主化的改革)」, 『經濟管理文摘』, 2008(2); 鄭永年, 「현 정부 소재지 개혁은 한시가 급하다(縣治改革刻不容緩)」, 『東方早報』, 2009년 6월 16일(A22); 蔡霞, 「현 정부 개혁을 출발점으로 한 국가 정치 개혁(以縣政改革為切入點啟動國家政治改革)」, 『東南學術』, 2010(1); 儲建國·賀東航, 「현 정부 거버넌스: 제2기 현대화와 현 정부 발전(縣政治理: 第二期現代化與縣政發展)」, 『經濟管理文摘』, 2008(2).

68 王國紅, 「우리나라 현역 거버넌스의 곤경과 혁신(我國縣域治理的困境與創新)」, 『科學社會主義』, 2010(5).

현재 중국의 정치학 연구는 거시적 정책과 제도를 탐구하는 동시에, 농촌·공장·주민위원회·학교와 같은 저차원적이고 미시적 단위를 분석하는 등 양극화된 양상을 보이고 있다. 그러나 이 두 가지 차원의 연구에는 다소 어려움이 따른다. 미시적 분야를 살펴보면, 1990년대 이후 농촌에 관한 지역적 지식이 학계의 뜨거운 쟁점으로 부상하면서 일부 정치학자들이 연구에 착수하였다. 그러나 농촌에서 발생하는 여러 현상은 그들의 주전공 영역이 아니었기에, 향촌(鄕村) 사회를 보다 정확히 해석하고 분석하기 위해서는 인류학, 사회학, 지역사회경제사 등의 학문적 도움을 필요로 했다.[69] 농촌 연구 분야에서 정치 관계, 정치 행위, 정당 정치, 정치 체계, 정치 문화 및 정치적 발전과 같은 정치학 자체의 학문적 원리는 유용하지 않았다. 그리고 농촌은 '비공식 제도(非正式制度)'[70]의 범주에 속하기 때문에 '공식 제도(正式制度)' 연구에 능한 정치학자는 자신의 장점을 살려 지속적인 연구를 이어가기 어려웠다. 더구나 장기간의 거시적 연구 경향으로 인해 이론적 연역에 치중하였고, 서양 담론의 영향을 받아 그 이론으로 중국 현상을 설명하려다 보니 중국의 자체적 담론이 결여되어 있었다.[71]

따라서 이 책은 정치학 연구의 중시적 수준에서 지방 국가 연구의 관

69 吳毅·李德瑞, 「농촌 정치 연구의 20년 진화와 전환 - 공공 학술 운동의 부상과 종말(二十年農村政治研究的演進與轉向—兼論一段公共學術運動的興起與終結)」, 『開放時代』, 2007(2).

70 역자주: 공식제도란 정부에 의해 법제화된 규칙, 사적기관에서 명문화되고 채택된 규칙, 그리고 법에 근거하여 작동하는 공적·사적 조직 등을 포괄한다. 반면 비공식 제도란 사회적 행동에서 나타나는 불문율을 반영하며 공식 법체계 밖에서 작동한다(법질서의 경제적 함의, 한국 법제연구원, https://www.klri.re.kr/).

71 賀東航, 「현재 중국 정치학 연구의 딜레마와 새로운 시야(當前中國政治學研究的困境與新視野)」, 『探索』, 2004(6).

점을 제시하고 현급 연구 영역으로 시야를 넓혔다. 현을 연구 대상으로 삼고 있지만, 지역적 연구에 보다 중점을 두고 지역사를 연구 범위에 포함시켜 통시성과 공시성을 결합시키고자 하였다. 국가 구축 이론을 적용한 연구 방법은 '현(縣)'을 지방 국가로 간주하고, 현역(縣域)에 대한 국가 역량, 지방 국가와 사회의 관계, 지방국가의 합법성에 관한 연구를 수행함으로써 현역 자치 연구를 뒷받침할 기초적 정치학 이론의 근거를 마련하고자 하였다. 즉, 이 책은 현역 연구에서 국가적 요소를 탐색하기 위해 현역의 경제·사회·정치 연구를 통합하고자 하였다. 이는 현역 정치에 기초한 전통적인 연구 범위를 넘어서는 것이며, 거시적 연구와 미시적 연구 역시 함께 포괄하고자 한 것이다.

이 책은 많은 학자들의 이론적 시사점을 바탕으로 지방 국가를 연구적 관점으로 선택하였다. 양쉐둥은 자신의 저서 『시장 발달, 사회 성장 및 공권력 구축—현을 미시적 분석 단위로』에서 '지방 국가(地方國家)'의 개념을 최초로 제안했지만, 심층적이고 체계적인 연구는 이뤄지지 않았었다.[72] 쉬융은 '접점 정치(接點政治)'[73]의 개념을 제시했으며,[74] 공공관

---

72 楊雪冬, 『시장 발달, 사회 성장 및 공권력 구축-현을 미시적 분석 단위로(市場發育、社會生長和公共權力構建—以縣為微觀分析單位)』, 河南人民出版, 2002, p.39.

73 역자주: 오늘날 정치 체계 전반에서 불균형해진 '정치적 압력'과 사회적 갈등이 집중적으로 반영되는 집단적 사건(群體性事件)은 '정치적 압력'에 가장 취약한 '접점(接點)' 부분에서 발생하기 쉽다. 정치적 관점에서 보면, 현 정부는 상급 기관과 지방 기층, 중앙 지도자와 지방 거버넌스, 권력 운영과 모니터링 간의 중간다리 역할을 하는 '접점'이며, 사회적 관점에서 보면, 현은 도시와 농촌, 전통과 현대, 중심과 변두리의 '접점' 부분으로 집단적 사건이 발생하기 쉽다(徐勇, 2009(6) 참조).

74 徐勇, 「'접점 정치' 농촌 집단 사건의 현 지역 분석 - 분석 프레임워크 및 몇 가지 사례(「接點政治」農村群體性事件的縣域分析——一個分析框架及以若幹個案為例)」, 『華中師範大學學報(人文社會科學版)』, 2009(6).

리 학자는 현역 거버넌스에 관한 연구를,[75] 인류학자도 미시적 차원에서 국가의 존재를 살펴보고자 하였다. 예를 들어, 왕밍밍(王銘銘)은 푸젠(福建) 남부에 있는 시촌(溪村)이라는 사구(社區, 구(區) 아래의 행정 단위) 역사의 서술과 분석에서 '사구 문화의 기억(社區文化的記憶)'과 '국가 발명 역사(國家發明歷史)'라는 복잡한 권력 구조 관계를 밝혀냈다.[76] 그들의 연구를 통해 필자는 지방 국가를 중심으로 지역적 연구를 수행할 수 있는 연구적 시야를 갖출 수 있었다.[77] 실천적 측면에서 살펴보면, 1970년대 말 국가가 '권리 이양 및 이익 양도(放權讓利)' 전략을 시행하면서 현은 1급(級) 이익 주체(主体)로서의 자의식이 되살아났고, 독립적인 행동 패턴이 생겨나 학계도 새로운 학문적 '돌파구'를 찾게 되었다.

시기적 측면에서는 1949년부터 1978년까지 중앙정부는 각급 지방정부의 이익 주체 지위를 제도적으로 인정하지 않았지만, 필자는 중앙정부를 대신하여 더 많은 직무를 수행했던 당사의 지방 각급 정부를 '지방 등급(地方層級)'이라고 칭하겠다. 1978년 이후 국가의 계획적인 권한 위임과 시장의 발전에 따라 이익 주체로서 지방정부 지위가 점차 제도적으로 명확해졌다. 첫째, 자기 이익 추구의 제도적 보장 측면에서 지방의 각급 정부는 명확한 제도적 인정을 받았다. 둘째, 행위 역할과 행위 인식 측면에서 지방의 각급 정부는 점차 더 능동적인 성격을 띠게 되었다. 셋째, 행위적 측면에서 점차 더 능동적이고 독립적으로 변한

---

75 楊華·袁松,「행정 청부 제도: 현 거버넌스의 논리와 메커니즘 - 화중의 한 성 D현의 고찰(行政包幹制: 縣域治理的邏輯與機制—基於華中某省D縣的考察)」,『開放時代』, 2017(5).

76 王銘銘,『커뮤니티 과정: 계촌한인 가족 사례 연구(社區的歷程: 溪村漢人家族的個案研究)』, 天津人民出版社, 1997, p.176.

77 賀東航,「현재 중국 정치학 연구의 딜레마와 새로운 시야(當前中國政治學研究的困境與新視野)」,『探索』, 2004, p.6.

지방 각급 정부는 각지 정부의 행위 특징과도 차이가 더 분명해졌다.

거버넌스를 촉진하는 지방정부의 두 가지 주요 내용은 다음과 같다. 첫째, 정부 구조를 개선하고 정부 관리 모델을 바꿔 정부의 효율성을 향상시키는 것이다. 횡적으로는 입법, 사법 및 집행 부서의 권력 균형과 제재를 강조하고, 종적으로는 직권과 경제권의 합리적인 분할 및 정부 부서 내 계층제의 구조적 합리성을 강조한다. 둘째, 행정 효율성과 개방성을 높인다. 통일된 업무 창구 설치, 사무의 중앙집중화, 접수·상담·발급 절차의 일원화를 시행하는 동시에, 접수와 심사를 분리하고 분산식 처리 방식을 중앙집중식으로 전환하며, 밀실 행정을 투명한 공개적 업무로 탈바꿈함으로써 권력 메커니즘 속에서 지역 자율성을 제고한다. 향진 대표(鄕鎭長) 주민추천·주민선거제(public recommendation and public election, 公推公選), 부녀자 대표대회(婦女代表大會) 직접선거제, 행정 승인권 개혁, 사회갈등 조정센터 설립부터 정무 공개에 이르기까지 모두 변화하는 경제사회와 정치 현실에 적응하기 위한 지방 국가의 거버넌스 노력을 반영한다.

위의 관점을 바탕으로 이 책은 복잡한 관계 네트워크를 구성하는 4가지 분석 단위인 지방 국가와 중앙 국가, 지역 사회와 글로벌 체계 간의 관계를 분석할 것이다. 지방 국가의 정책 수립과 실현은 사실상 네트워크 안에 있는 다양한 사회, 정치 및 경제적 이익 집단의 조정 노력과 성과에 달려 있다. 지방 국가가 핵심적이고 적극적인 역할을 수행하려면 이 관계 네트워크에서 영역의 경계를 뛰어넘어 참여하는 모든 조직과 이익을 최대한 연결하고, 협력·조정의 운영 메커니즘을 강화하여 지역 거버넌스의 질을 향상시켜야 한다.

지방 국가라는 분석 틀을 통해 지역적 공간을 넓힘으로써 지방 정치 구조와 그 변화에 관한 연구에 보다 완벽한 정치 운영의 시공간을 제공할 수 있다. 또한 통시적 변화 연구에서 고려해야 할 모든 행위자가 참여하도록 하여 지방 정치의 생태적 구조를 더 잘 표현하고, 정치 변화의 지역적 논리를 더 명확하게 인식할 수 있다. 지방 국가 연구 관점의 수립은 정치학과 다른 학문의 융합, 중국 지역 정치 연구에 관한 정치학자들의 상상력 증진, 표현 어휘의 신장, 연구 시야의 확장에 도움이 된다. 또한, 정치학 연구자들을 정치학 실증연구로 이끌어 수집한 기초자료를 토대로 현대 중국 지방 정치의 현실을 실질적으로 드러낼 수 있도록 한다.

3. 사례연구 지역에 관한 설명

푸젠성 동남쪽 해안에 위치한 진장은 동쪽으로는 타이완 해협, 서쪽으로는 난안시(南安市), 남쪽으로는 진먼(金門)과 바다를 사이에 두고 있으며, 북쪽으로는 취안저우시(泉州市)와 인접해 있다. 겉보기에는 평범한 연해의 현급도시이지만, 진장은 눈에 띄는 민간 경제 성과를 거두었고, 국가·시장·사회 간의 긍정적 상호 구조를 촉진하였다. '진장의 경험'을 어떻게 이해할 수 있을까? 이 현역(縣域)에서 이뤄낸 중국 현대 국가의 구축과 성장을 어떻게 봐야 할까? 이 사례를 깊이 살펴보기 전에 기본적인 지리, 행정, 경제 환경, 역사적 특징 및 발전 현황을 간략하게 설명할 필요가 있다.

(1) 지리환경, 역사, 행정구역의 변동

진장의 육지 면적은 649㎢, 해역 면적은 957㎢, 해안선의 길이는 121km이다. 삼면이 바다인 진장은 항구와 섬, 그리고 암초가 많으며,

대륙에 가깝고 갯벌과 천해(淺海)가 넓게 펼쳐져 있다. 진장은 지질학적으로 '푸젠성 동부지역 연안 칼레도니아 융기지대(Caledonian uplift zone, 閩東濱海加里東隆起帶)'의 구조에 속하며 세 가지 주요 지형은 대지, 평야, 구릉이다. 그 중 대지 면적은 57.50%, 평야는 35.60%, 구릉은 6.90%를 차지한다. 이 지역에서 가장 큰 농업 지역은 북동쪽에 위치한 진둥(晉東) 평원으로 면적은 약 58㎢이다. 도시의 지세는 약간 계단 모양으로 북서쪽에서 동남쪽 해안으로 기울어져 있다.

그리고 진장은 역사적으로 이민과 이주가 빈번했는데, 서진(西晉) 말기와 당(唐) 말기, 그리고 북송에서 남송으로(兩宋) 이어지는 시기의 세 차례에 걸쳐 그 규모가 가장 컸다. 이 세 차례의 대규모 이주 외에도 상업 무역, 관료 활동, 선교 및 생계를 위해 진장으로 이주한 이민자들이 있었다. 특히 송나라와 원나라 때 취안저우(泉州)는 해외 교통과 무역이 발달했었고, 외국과 외지의 많은 상인들이 사업차 취안저우와 진장에 장기간 거주하였다. 1980년대 이후 민영기업의 급속한 발전과 함께 전국 각지의 외래인구(外來人口)가 진장으로 유입되었으며, 수년간 푸젠성 경제력 1위를 차지한 진장은 100만 명이 넘는 외래인구를 수용하였다. 외래인구가 가장 밀집한 천다이진(陳埭鎭)의 경우, 상주 인구는 약 7만 6천 명에 불과하지만 외래인구는 30만 명을 넘어섰다.[78]

역사적으로 진장의 행정 구역은 많은 변화를 겪었다. 진장은 당 개원(開元) 8년(720)부터 청나라까지 취안저우 주부(州府)의 관아 주둔지였다. 1951년, 진장현(晉江縣)을 관문으로 구획하여 취안저우시(泉州市)를 설립

78 孫虹, 「교향 진장 도시화의 새로운 길 모색: 외래인구의 진정한 도시 유입(僑鄉晉江探城鎮化新路: 讓外來人口真正融入城市)」, http://www.chinanews.com/hr/2014/08-30/6546575.shtml, 2020년 9월 9일 방문.

하였고, 진장현 정부는 칭양진(青陽鎭)으로 이전했다. 따라서 이 책에서는 '진장(晉江)'을 대신하는 표현으로 '진취안(晉泉)'이라는 표현이 종종 등장할 것이다. 1949년부터 1985년까지 진장은 진장, 후이안(惠安), 융춘(永春), 더화(德化), 안시(安溪) 및 취안저우시를 관할하는 진장 특별구(晉江專區)의 관할 하에 있었다. 1986년 초, 진장 특별구 행정 부서가 폐지되면서 진장은 취안저우 지급시(地級市)의 관할로 지정되었다. 1988년에 원래 진장현에 속했던 스시(石獅), 한장(蚶江), 융닝(永寧), 상지(祥芝)의 4개 향(진)이 진장에서 분리되어 스시시(石獅市)로 독립했다. 1992년 3월 6일, 진장은 공식적으로 현을 폐지하고 시를 세웠다.[79]

(2) 특수한 지방 전통과 민영 경제의 발전

바다에 인접한 편리한 운송 조건과 부족한 경작지라는 특수한 환경 속에서 형성된 진장 현지인들의 고유한 생존 방식은 초기에는 외부 환경에 영향을 미치는 경제적 수단에 불과했으나, 점차 다른 지역과 구별되는 진장만의 지역적 전통을 형성하였다.

첫째, 해양형 상공(商工) 문화이다. 오랫동안 '사람은 많고 땅은 협소한' 지역적 문제가 심각했던 진취안(晉泉) 사람들은 생계유지를 위해 드넓은 바다를 이용한 생계유지 수단을 개척하였고, 연해 조건을 해외 무역으로 발전시켜 해양 상업 문화 전통을 형성하였다. 환경을 극복하기 위한 진장인(晉民)들의 투쟁으로 진취안 지역의 상업적 환경이 조성되었고 전통적인 상공문화도 갖추어졌다. 전시 상황에서 독특한 해양 상공문화를 형성해 영리하고 유능한 장사 수완과 넓은 시야를 갖추는 것

79 본 책의 진장에 관한 논술도 진장의 행정구역 변화에 따라 구체적인 변화가 있다.

은 진장인들이 주를 이뤘던 옛 취안저우 사람들에게 있어 하나의 도전이었다. 역사의 연장선상에서 1978년 개혁개방 이후 옛 진취안 사람들은 과거의 잠재력을 크게 발휘하게 되었다.

둘째, 완전한 가족적 전통이다. 진취안 지역은 가족 제도가 비교적 완전한 모습으로 유지되는 지역 중 하나로 많은 연구자들이 이 점에 주목하였다.[80] 사회생활에서 진장 사람들은 강한 뿌리 의식을 가지고 있으며, 가족 공유제와 사당, 그리고 선산을 중심으로 한 가족 제사 형태, 가족과 친족을 네트워크로 하는 사회적 교환 관계를 형성하여 사회, 정치, 경제 및 문화 전반을 가족화하였다. 가족제도 부흥의 관점에서 1970년대 이후 진장 민간 경제 발전 과정에서 나타난 민영기업(民營企業)의 성장을 이해할 수 있으며, 양자(兩者) 간의 시간적 중첩은 이러한 사고를 더욱 합리화시킨다.

마지막으로 교향(僑鄕)[81]의 사회적 구조이다. 화교는 일반 지역과는 차별화되는 진장 지역 사회 구조만의 중요한 특징이다. 해외 이민자들은 장기간에 걸쳐 원래 삶의 터전이었던 진장에서 귀국한 화교와 가족들로 구성된 대규모 집단을 형성하였다. 청나라 때 수많은 진장 사람들이 해외로 나가기 시작한 이후, 이민의 절정기가 몇 차례 있었다. '청나라 초기 전쟁이 극심할 때 형은 남으로, 동생은 북으로…(중략)…여송(呂宋, 현재의 필리핀) 밖으로 뿔뿔이 흩어졌다(清初戰爭日煩之時, 兄南弟北……奔走呂

80 왕밍밍(王銘銘)의 「중국 농촌사회 공조 연구 계획(中國農村社會互助研究計劃)」현장조사에 따르면 가족과 민간 의식(儀式)이 간쑤(甘肅), 안후이(安徽), 장쑤(江蘇), 윈난(雲南) 등지에서보다 푸젠(福建)에 더 많은 영향을 미치는 것으로 나타났다(王銘銘, 『사회인류학과 중국 연구(社會人類學與中國研究)』, 生活·讀書·新知三聯書店, 1997, pp.285-287).

81 역자주: 교향(僑鄕)은 해외에 거주하고 있는 화교의 가족이나 귀국한 교포가 많이 사는 지역을 가리킨다.

宋外夷).'[82]

중화인민공화국 수립 후에도 여전히 많은 화교와 가족들이 친지 방문, 취업 등 다양한 이유로 해외에 거주했었다. 특히, 근대의 진장 해외 이민 추세에서 가장 눈에 띄는 점은 해외에 거주하는 진장인의 대다수가 동남아시아 국가에 집중되어 있다는 것으로, 필리핀이 가장 많고 인도네시아, 말레이시아, 싱가포르 순으로 많이 거주하는 것으로 나타났다. 1987년 진장현(晉江縣) 화교 사무실 통계에 따르면 4개국에 거주하는 진장 화교와 중국인은 모두 865,000명으로, 전체의 90% 이상이 집중되어 있었다.[83] 그들은 개혁개방 초기에 진장의 민영 경제 발전에 중요한 자금을 지원하였다.

(3) 관할하는 각 향진

2015년까지 진장은 13개의 향진(鄕鎭)과 6개의 가도(街道)로 구성되어 있었으며 향진마다 고유한 경제적 이점이 있었다.

도시 지역인 칭양진(靑陽鎭)은 시 경계의 북쪽에 위치하며, 13개의 주민위원회와 24개의 촌(村)위원회를 관할하고 있다. 총면적은 27.8㎢, 인구는 132,200명이고, 주요 산업은 무역, 식품, 의류, 농업 기계 수리 등이다.

시 경계 중앙부에 위치한 뤄산진(羅山鎭)은 30개 촌 위원회를 관할하며, 총면적은 52.40㎢, 인구는 116,600명(우량종 벼 재배 및 보급지인 양종창(良種場)의 1,200명 포함), 주요 산업은 식품, 농업, 자동차 및 오토바이 매매이다.

---

82 『금정 이씨 족보(金井李氏族譜)』

83 吳泰, 『진장화교지(晉江華僑誌)』, 上海人民出版社, 1994, p.3.

유구한 전통 문화, 발전한 경제, 상업무역의 요충지로 유명한 안하이진(安海鎮)은 시 경계의 남서쪽에 위치해 있다. 5개의 주민위원회와 36개의 촌 위원회를 관할하며 총면적은 69.22㎢, 거주 인구는 약 20만 명이고, 핵심 기간 산업은 식품, 기계 및 제지업이다.

유서 깊은 도자기의 고향으로 유명한 츠자오진(磁竈鎮)은 시 경계 북서부에 위치했으며 25개 촌(단지)을 관할한다. 총면적은 56㎢, 호적 인구는 약 10만 명, 상주 외래인구는 5만 명 이상이다. 주요 산업은 건축 세라믹으로 전국 5대 건축 세라믹 생산 기지이자 건축 세라믹 시장 중 하나이다.

시 경계 북동부에 위치한 천다이진(陳埭鎮)의 총면적은 38.4㎢, 후이족(回族) 21,000명을 포함한 총인구는 38만 명을 넘는다. 주요 산업은 신발 산업으로 2,500개 이상의 기업 중 90% 이상이 신발 산업 및 신발 자재 생산에 종사하고 있으며 연간 생산량은 7억 켤레 이상으로 '중국의 신발 도시(中國鞋都)'로 유명하다.

시 경계 남쪽 해안 구릉지에 위치한 둥스진(東石鎮)은 지리적 위치가 우수한 푸젠성 남부의 주요 화교촌이자 고대 문화 마을이다. 5개의 주민 위원회와 29개의 촌 위원회를 관할하며, 육지 면적은 65㎢, 해안선 길이는 28km, 상주 인구는 105,500명이다. 수출 지향 경제산업이 주를 이루며 방직 의류, 하드웨어·자동차 부품, 우산 제조, 식품 가공이 4대 기간 산업이다.

선후진(深滬鎮)은 시 경계 동남쪽 해안의 돌출부에 위치해 있으며 삼면은 바다에, 한면은 산에 둘러싸여 있다. 해안선의 길이는 18km이며 대(對) 타이완 소규모 무역 시범지구이자 타이완 선박의 정박지이다. 7개의 주민 위원회와 12개의 촌 위원회를 관할하며 총면적은 33.46㎢,

상주 인구는 13만 명 이상이다. 주요 산업은 어업, 의류 생산 등이며 '국가 섬유 인재 양성 기지(國家紡織人才培訓基地)'이자 '중국의 유명한 속옷 마을(中國內衣名鎭)'이다.

진징진(金井鎭)은 푸젠성-타이완(閩臺) 무역항으로 시 경계 동남부에 위치해 있으며 해안 돌출부와 진먼(金門)과의 거리는 5.1 해리에 불과하다. 2개의 주민 위원회와 20개의 촌 위원회를 관할하며 토지 면적은 56.7㎢, 상주 인구는 10만 명이고, 12만 명의 해외 화교, 홍콩 및 마카오 화교가 있다. 주요 산업은 의류 생산, 해양 양식 등이며 푸젠성 최초의 '소도시 종합 개혁 건설 시범 마을(小城鎭綜合改革建設試點鎭)'이자 '종합 실력 100대 마을(綜合實力百强鎭)'이다.

진장 하류 남안과 시 경계 북쪽에 위치한 츠뎬진(池店鎭)은 24개 촌 위원회를 관할하며 총면적은 23.88㎢, 상주인구는 56,000명, 외래인구는 15만 명 이상이다. 푸젠성의 대표적인 교향(僑鄕)으로 해외에서 거주하고 있는 화교를 비롯해 총 5만 명 이상의 타이완, 홍콩 및 마카오 교포가 있다. 주요 산업은 신발, 의류, 수산물 시장 등이다.

네이컹진(內坑鎭)은 시 경계 서부의 저산구릉(低山丘陵) 지대에 위치해 있으며, 안하이(安海), 츠자오(磁竈), 관차오(官橋) 등 주위 여러 진(鎭)들과 접해 있다. 28개 촌 위원회를 관할하고 총면적은 47㎢, 인구는 69,000명, 주요 산업은 농업과 세라믹 건축 자재 산업이다.

시 경계 중남부에 위치한 융허진(永和鎭)은 24개 촌 위원회를 관할하며 면적은 49.67㎢, 상주인구는 68,000명 이상이다. 주요 산업은 석재 산업으로 진장시의 주요 석재 생산지인 동시에 지속적인 화석 산업 정비를 통해 하드웨어와 자동차 부품, 인쇄 포장 및 기계 제조로 산업이 전환되고 있다.

룽후진(龍湖鎭)은 진장 동남쪽 해안에 위치한 진난(晉南)의 주요 교통 중심지이다. 42개 촌 위원회를 관할하고 총면적은 63.9㎢, 상주인구 100,900 명으로 '교향 중의 교향(僑鄕中的僑鄕)'으로 알려져 있다. 주요 산업은 직물 의류, 금속 지퍼, 플라스틱 장난감이며 진장시 직조 산업의 집적지(聚集區)이다.

잉린진(英林鎭)은 진먼(金門)과 바다를 사이에 두고 마주 보는 시 경계 남쪽 해안에 위치해 있으며, 20개의 촌 위원회를 관할한다. 총면적은 29.8㎢, 총인구 10만 명 이상에 상주 인구는 46,300명이고 진장의 주요 교향 중 하나이다. 푸젠성의 주요 의류 가공 기지이자 원자재의 유통지로 일찍이 '중국 캐주얼 의류의 유명 마을(中國休閑服裝名鎭)'이라는 칭호를 수여받았다.

시 경계 북서부에 위치한 쯔마오진(紫帽鎭)은 8개 촌 위원회를 관할하고 인구는 1.54만 명, 총면적은 20.4㎢이다. 쯔마오산(紫帽山)과 쯔시(紫溪), 쯔후(紫湖) 두 개의 주요 저수지 등 산과 물에 둘러 싸여 있다. 주요 산업은 과수림, 관광, 세라믹 건축 자재 등이다.

시 경계 동남부 해안 평야에 위치한 시빈진(西濱鎭)은 진장 중심 도시 계획 통제 구역으로 1개의 주민 위원회와 2개의 촌 위원회를 관할한다. 총면적은 2.1㎢, 상주 인구 1,688명, 외부 유동 인구 7,500명으로 성에서 가장 작은 향진이다. 주요 산업은 제지, 신발 제조, 특수 신발 자재, 섬유 등으로 '전국 100대 녹지 및 조림(造林) 우수마을'이라는 칭호와 함께 '성 100대 향진(省百强鄕鎭)'에서 4위를 차지했다.

(4) 진장의 발전과 국가 구축

이상의 내용을 통해 진장의 민간 경제 성장은 지역의 특수한 경제적,

사회적 구조와 밀접한 관련이 있음을 알 수 있다. 그렇다면 진장의 발전에서 국가 구축은 어떠한 역할을 했을까? 진장 민간 경제의 부상이 지역 사회 구조와 가족 문화가 만들어 낸 필연적인 결과일뿐, 국가와는 무관하다고 생각하는 시각도 있다. 심지어는 국가의 부재가 오히려 진장의 경제 성장에 충분한 성장 공간을 제공한 것이라고 믿는 시각도 있다.

그러나 필자는 진장에서 장기간 현장조사를 하면서 '2차 창업' 단계에 진입한 후 일궈낸 진장의 급속한 경제, 사회 발전의 이면에는 정부의 손길이 곳곳에 미쳐 있었음을 발견했다. 정부 업무량의 급격한 증가와 관료 체제 기구 및 인력의 증가는 기구의 규모가 팽창한 것이 아니라 경제, 사회 발전에서 현대 국가 역할의 실질적 요구에 적응한 것이었다. 현대 국가 체제 구축에 관해 이론학계가 축적한 지식에는 여전히 중요한 내용들이 누락되어 있다. 이론과 현실 사이의 팽팽한 장력(張力) 때문에 필자는 '진장 경험'에 계속 관심을 갖고 국가 구축 지식 시스템을 사용하여 평범하지만 특별한 '진장 모델'에 주목할 수 있었다.

제5절 연구 방법과 자료 설명

학술 연구를 수행하기 전에 무엇보다 중요한 것은 적절한 연구 방법을 결정하고, 신뢰할 수 있는 자료를 수집하는 것이다. 이 책은 다양한 관점에서 '국가 구축'을 연구하면서 학제 간 연구(정치학, 사회학, 역사학, 인류학 등) 방법을 흡수해 사료(史料), 정부 문서, 지역 신문 및 홍보 자료를 수집 및 해석하는 한편 현장 인터뷰 및 조사를 통해 연구 자료를 취합하였다.

1. 연구 방법

(1) 역사 정치학 분석법

'중국 현대 국가 구축'이라는 연구 주제는 방법론적 측면의 문제를 우선적으로 다루지만, 이러한 정치 발전의 시공간적 중첩성에 관한 주제의 경우, 역사 정치학 연구 방법을 사용해야 한다.

역사 정치학 분석법은 특정한 역사적 배경에서 사물의 발전 과정에 따른 정치 현상의 변화를 연구하는 연구 방법이다. 모든 정치 현상의 발생과 발전에는 역사적 뿌리와 발전 법칙이 있다. 따라서 정치 현상을 연구하고 법칙을 발견하기 위해서는 다음과 같이 역사적으로 고찰한 정치 현상의 발전 법칙을 해석하여 미래 방향을 예측해야 한다. 우선, 정치 현상을 상응하는 역사적 환경에 두고 고찰하고 분석해야 한다. 즉, 정치 현상 이면의 역사적 배경을 연구해 그 발생과 존재의 역사적 원인을 찾아내야 한다. 계속해서, 역사적 인과관계에서 찾은 정치 현상의 본질과 발전 법칙을 두 가지로 나누어 살펴봐야 한다. 하나는 정치적 현상과 특정 역사적 조건에서 여러 사회적 요인 간의 인과적 연관성을 횡적으로 분석하는 것이고, 다른 하나는 서로 다른 역사적 조건에서 정치 현상 간의 인과관계를 종적으로 분석하는 것이다. 마지막으로, 새로운 역사적 관점에서 정치 현상을 인식해야 한다. 모든 정치 현상은 시대의 산물이며, 시대의 발전은 끊임없이 변화하는 과정이므로 과거사에만 얽매여 현재나 미래의 시대상을 간과해서는 안 된다.

중국 정치의 발전을 재인식하기 위해서는 방법론적인 측면에서 개선이 필요하며, 이를 바탕으로 중국 정치의 시공간적 중첩성을 재인식해야 한다는 양쉐둥의 주장에 필자 역시 전적으로 동의하는 바이다. 중국 현대 국가 구축 100년사에 관한 연구는 추후 검증할 역사적 존재를 재건하는 '구상 과정(構思過程)'이기 때문에 이 과정에서 연구자의 학문적 사유 습관(思維習慣)과 철학적 소양이 매우 중요한 역할을 한다. 지금까지 철학 사회과학 연구의 사고 패러다임은 17세기 이후 형성된 근대 고전 물리학의 철학적 사유를 전제 조건으로 하고 있다. 이 전제 조건의 핵심은 사물에는 확정성, 실재성, 국소성이 있어야 한다는 것이다. 예를 들어, 확실성이란 우리가 물체의 속도와 위치를 측정할 수 있는 것을 의미하며, 실재성 또는 객관성이란 사물의 존재가 관찰자에게 의존하지 않고 자연의 섭리에 따라 움직인다는 것을 의미한다. 그리고 국소성은 서로 멀리 떨어져 있는 두 장소나 사물이 순간적인 원거리 작용(action at distance, 超距離作用)을 할 수 없다는 것을 의미한다. 이로써 중국 현대 국가 연구의 지식 스펙트럼에서 많은 학자들이 중국 현대 국가의 변천 과정에 선형(線性) 발전 모델을 적용하는 것을 이해할 수 있다.[84]

고전물리학과는 달리 양자역학의 등장과 확률론이 과학 연구에 널리 사용됨에 따라 개연성 있는 인과결정론과 선택론은 현대 과학 연구의

84 예를 들어, 정용넨(鄭永年)은 민주 정치의 확립과 자본주의 경제사회 발전 사이의 역사적 논리를 탐구했고, 중국도 이러한 논리에 따라 필수적이고 기초적인 국가 건설을 먼저 진행한 후, 대규모로 민주화를 추진하여 민주 정치 요소를 수용할 수 있는 강력한 정권 기구를 건설해야 한다고 주장했다(鄭永年, 「정치 개혁과 중국 국가 건설(政治改革與中國國家建設)」, 『戰略與管理』, 2001(2)). 쉬융(徐勇)은 중국의 현대 국가 구축이 민족 국가에서 민주 국가로의 비동기적이고 불균형한 과정이라고 지적했다(徐勇, '회귀국가' 및 현대 국가 건설("回歸國家"與現代國家的建構), 『東南學術』, 2006(4)). 리후이(李輝)와 청우(成武)는 중국 현대 국가 구축의 3단계론으로 민족 국가의 진정한 확립, 경제 중심 시대 형성, 인민의 기본권 보장을 제시하였다(李輝·成武, 「국가 건설 이론과 중국의 현대 국가 구축(國家構建理論與中國的現代國家構建)」, 『福建行政學院學報』, 2008(4)). 예번첸(葉本乾)은 중국의 현대 국가 구축이 '민족—국가', '민생—국가', '민주—국가'를 실현하는 경로를 따라야 한다고 보았다(葉本乾, 「현대 국가 건설의 균형 분석: 3차원 관점(現代國家構建中的均衡性分析: 三維視角)」, 『東南學術』, 2006(4)).

중요한 사고방식이 되었다. 또한, 과학 연구는 사물 발전의 개연성, 다양성, 상대성 및 모호성에 더 많은 관심을 기울여 공시태(synchrony, 共時態)의 구조적 분석을 강조하였다. 양자 미시 세계의 주요한 특징은 비확정성, 주관성 및 즉각적인 원거리 작용(瞬時超距作用)이다. 양자역학 탄생의 중요한 지표 중 하나인 하이젠베르크(Werner Karl Heisenberg)가 제시한 불확정성 원리(uncertainty principle, 不确定性原理)에 따르면 양자 세계에서는 입자 하나의 위치와 속도를 동시에 알 수 없다. 입자의 정확한 위치를 알아내고자 하면 속도를 측정하는 능력을 잃게 되고, 그 반대의 경우도 마찬가지이다. 불확정성을 지닌 입자 위치는 미시 세계에서의 입자 움직임이 거시세계에서의 물질과 매우 다르다는 것을 보여준다. 불확정성은 두 가지 요인에서 비롯된다. 첫째, 측정 행위는 불가피하게 어떠한 사물을 교란시켜 그 상태를 변화시킬 수 있다. 둘째, 양자 세계는 구체적이지 않으며, 입자의 상태는 확률을 기반으로 한다. 하여금 언제나 다른 가능성을 수용하도록 이끌며, 이를 통해 독창성의 수준을 한층 고양시킬 수 있다. 근본적으로 '보편적 법칙'이나 '보편적 가치'가 아닌 확률적 법칙을 통해서만 확정성의 의미가 아닌 사물의 발전을 대하는 과정에서의 양자이론 가능성을 이해할 수 있다.[85]

사회과학은 인류와 자연세계와의 관계를 연구하는 중요한 과학적 체계로 양자이론이 현대 사회과학의 연구영역에 반영되면서 '양자사회과학(quantum social science, 量子社會科學)'[86]이 등장하였고, 양자역학 이론

85 Reid Hastie & Robyn M. Dawes, 『불확실한 세계의 이성적 선택 - 판단과 결정 심리학(不確定世界的理性選擇—判斷與決策心理學(第2版))』, 謝曉非·李紓等(역), 人民郵電出版社, 2013, p.336.

86 Emmanuel Haven & Andrei Khrennikov, *Quantum Social Science*, Cambridge University

의 공식과 개념으로 사회과학의 광범위한 분야의 문제를 연구하게 되었다. 그리고 양자역학 이론과 사회과학을 상호보완적으로 응용하면서 철학, 심리학, 경제학, 금융학, 의사결정학, 인류학, 행동학, 역사학, 정치학, 사회학과 같은 사회 분야의 복잡한 문제를 재고할 수 있게 되었다. 현대 사회과학 연구에 따르면 인간이 상상할 수 없는 내재적 불확정성을 가지고 있는 사회 현상은 독립적인 것이 아니고 인간의 인지 및 의식과 서로 얽혀 있는 것이다. 관찰자의 입장이 아닌 사회적 현상에 직접 참여하면 그 안에는 관측할 수 없는 많은 미시적 요소가 있음을 알 수 있다. 이는 인간이 확정적이고 고정적인 논리적 추론의 사고방식이 아닌, 확률적 인과성, 불확정성, 비국소성을 핵심으로 한 표상적(representation, 表征的) 사고방식을 확립할 필요가 있음을 의미한다. 이러한 관점은 인간이 양자역학 이론을 통해 복잡한 사회 현상을 깊이 탐구하고 그 내재적 법칙을 찾는 데 새로운 개념과 근거를 제공하였다. 예를 들어 미국의 정치학자 알렉산더 웬트(Alexander Wendt)는 자신의 저서 『양자적 마음과 사회과학: 물리, 사회 존재론의 통합(quantum mind and social science: unifying physical and social ontology)』에서 인간 사회 현상의 파동성, 주기성, 이행성(transition, 躍遷性), 상태 중첩성(superposition, 態疊加性), 얽힘성(entanglement, 糾纏性) 등 양자적 특성을 지닌 파동 함수(wave function, 波函數)를 제시하였다.[87]

중국 현대 국가 구축의 역사를 연구하는 과정에서 정치학자의 역사

Press, 2013, p.55.

87 Alexander Wendt, *Quantum Mind and Social Science: Unifying Physical and Social Ontology*, Cambridge University Press, 2015, p.3.

분석 능력은 매우 중요한 역할을 한다. 과거에는 고전물리학의 영향으로 순수한 인과결정론이 과학적 인식에서 주도적 역할을 했기 때문에 일부 정치학자는 선형적 역사관을 각기 다른 국가의 복잡한 형태 변천 과정에 기계적으로 적용시켰다. 1920년대 이후, 양자역학이 등장하고 확률론이 과학 연구에 널리 사용되면서 가장 중요한 사고방식이 된 개연성 있는 인과결정론과 선택론은 공시태의 구조적 분석을 강조하였다. 1960년대 인문사회과학계에 포스트모더니즘 사상이 대두되면서 정치사 연구는 발전 가능성, 다양성, 상대성 및 모호성에 보다 주목하게 되었다.

중국의 국가 구축은 역동적인 과정으로 다단계적, 다차원적 특징을 가지고 있다. 과거에 일부 정치학자들은 역사적 현상에서 정치적 문제를 분리한 뒤, 이를 비역사적이고 정태적인 방식으로 분석하였다. 그러나 이와 같은 방법은 '중국 국가 구축'과 같이 역사, 문화 및 지리와 관련된 범주를 연구하기에는 부적절하다.

중국은 현대화와 시장화에서 선두를 달리고 있는 서양 국가들과 국가 구축 과정 면에서 큰 차이를 보인다. 서구 현대 국가 구축에서 현대화와 시장화로 인해 발생하는 문제들은 기본적으로 순차적이고 지속적인 양상을 띤다. 그러나 현대 국가 구축 과정에서 중국이 맞닥뜨렸던 수많은 문제들은 공시적이어서 시의적절하지 않게 동시에 발생하는 경우가 많았다. 또한 중국의 현대 국가 구축은 모방에서 비롯된 것이다. 이에 이 책은 세밀하고 역동적이며 본격적인 발전 모습을 보여주기 위해 선험적(先驗的)인 단순한 정태적 분석 방법 대신, 상세하고 동태적인 분석방법을 사용하여 독자를 위한 열린 독서의 장을 마련하였다. 특히 정치 발전을 보다 잘 이해할 수 있는 폭넓은 시야를 가질 수 있도록 현대 국가 구축의 분석 단위인 '현(縣)' 차원에서의 동태적 묘사로 다양한 역량의 상호작용을 보여주고자 한다.

(2) 구조기능주의 분석 방법

현대 사회 과학에서 중요한 이론적 분파인 구조기능주의에 따르면 사회는 일정한 구조를 가진 전체적인 시스템으로 각각의 하위 시스템과 특정 요소로 구성되며 각 하위 시스템과 요소가 수행하는 사회 전체에 필요한 기능은 사회 전체를 존속시킨다.

가브리엘 알몬드(Gabriel A. Almond)는 기존의 구조기능주의에서 흡수한 여러 사회학자들의 관련 이론적 자원을 바탕으로 구조기능주의 방법을 정치학 분야에 적용하여 정치학에서 구조기능적 분석을 개척하였다. 자신의 저서인 『개발도상 지역의 정치』에서 최초로 구조기능주의 연구 방법을 정치학에 적용함으로써 구조기능주의 분석 방법을 개발하였다.[88]

가브리엘 알몬드는 정치 구조를 체계, 과정, 그리고 정책의 세 가지 측면으로 구분하였다. 체계 구조는 정치 구조를 유지하거나 변경하는 조직과 기구로, 특히 정치적 사회화와 정치적 고용 및 정치적 커뮤니케이션 기능을 수행하는 조직과 기구가 해당된다. 과정 구조는 이익 관계 표현 및 통합, 정책 수립 및 시행을 포함하는 조직 및 기구이고, 정책 구조는 외교, 국방, 조세, 교육, 복지와 같은 정책 수립 및 시행 기능을 수행하는 조직과 기구를 의미한다.

---

88 *Gabriel*·A·Almond & James S. Coleman, 『개발도상 지역의 정치(發展中地區的政治)』, 任曉晉·儲建國·宋臘梅(역), 上海人民出版社, 2012, pp.15-17.

구조는 정치 체계의 구성 요소이다. 모든 정치 조직은 뚜렷한 정치적 목적을 가진 구조이며 유권자, 정부, 정당, 관료, 입법기관 및 이익집단 모두 구조에 속한다. 역할들의 조합인 구조는 서로 관련 있고, 상호작용하는 다양한 역할들로 구성되어 있으며, 정치 구조를 설명하는 것은 다양한 역할 간의 연결을 설명하는 것이다.

정당은 지도자와 적극적인 참여자, 그리고 일반 구성원과 같은 역할들로 구성된 보다 복잡한 정치 구조이다. 중국 현대 국가 정치 시스템의 체계, 과정, 정책의 세 가지 측면에서 중국공산당의 영향을 알 수 있다. 당은 정치적 사회화, 정치 커뮤니케이션, 이익 관계 표현 및 통합, 엘리트 모집에서 중요한 역할을 할 뿐만 아니라 정책 수립, 시행 및 피드백에서도 그 영향력이 점차 커졌다. 구체적으로 정당은 정치적 사회화를 통해 정치적 태도, 정치적 가치, 정치적 기능을 대중에게 전하고, 정치 공동체의 정치적 인식을 촉진하며, 정치적 커뮤니케이션('정치적 의사소통'이라고도 함)을 통해 엘리트와 대중에게 특정한 방식으로 메시지를 보내면서 정치적 의사소통 과정에도 영향을 미친다. 인터넷 정보 시대에 정치적 통치는 정보 수집과 저장 및 전달을 아우르는 방대한 의사소통 과정이다.

정치학에서 구조기능주의 분석 방법은 주로 정치 구조 및 기능을 분석하여 정치 운영의 법칙성을 밝히는데 적용되며, 특정한 정치적 현상, 행동 패턴, 시스템의 특정한 기능을 설명하는 것이 주된 임무이다. 구조기능주의 분석 방법에 따르면 전체는 서로 관련된 부분들로 구성되어 있으며, 각 부분 사이 및 각 부분은 전체에 영향을 미치고 작용한다. 중요한 것은 그 안의 동태적 균형(動態平衡)이다. 구조는 기능과 밀접한 관련이 있으며 모든 구조에는 고유한 기능이 있다. 정치 구조의 차이는 이익 관계 표현 및 통합, 정치적 의사소통, 정책 수립 및 시행 등 측면에서의 정치적 기능 차이로 이어질 수 있다. 따라서 구조기능주의 분석 방법을 사용하면 정치 현상을 종합적이고 체계적으로 이해할 수 있다.

현대 국가 구축에서 국가 정권 구조는 입법·행정·사법 기관 간의 권력 관계, 중앙과 지방 간의 권력 관계, 정당 구조 및 시민정치 문화 구조를 포함하는 최고의 권력 구조이다. 이렇듯, 다양한 정치 조직과 정치 시설 간의 관계를 연구해야만 국가 구축 문제를 체계적으로 이해할 수 있다.

중국 국가 구축은 내부구조적 요인과 외부구조적 요인의 상호작용에 의해 추진된다. 외부구조적 요인에는 현(縣)과 각 상급 기관 간의 관계, 현(縣) 간의 관계 및 글로벌 변화에 의한 영향이 포함된다. 내부구조적 요인은 현지의 역사 및 문화 전통, 경제 발전 수준, 교육 수준, 지도자와 관리의 자질, 능력 및 행동을 포함하며 현 내부로부터 파생된 힘을 의미한다. 외부적 요인은 기본적인 제도 틀과 발전 방향을 제시하고, 내부적 요인은 중국 국가가 구축하는 구체적인 경로와 형태를 결정하는 역할을 한다. 중국공산당의 지도력은 중국 현대 국가 구축의 역사적 흐름에서 생겨났으며, 1949년 설립된 중화인민공화국이 바로 당 지도력의 상징이다. 우리는 내부적 구조와 외부적 구조에서부터 구조기능주의와 역사적 분석 방법을 결합하여 중국 국가 구축 과정을 종합적으로 살펴봐야 한다.

국가·정부·사회에 대한 정당의 리더십 구조는 단번에 형성된 것이 아니라, 단계적으로 국가 정권 건설로 확산되어 재정과 행정 체계, 공공기관, 사회조직, 나아가 농촌사회 영역에까지 스며들게 된 것이다. 역사적 변화의 궤적을 살펴보면, 당의 지도력이 국가 건설 및 발전과는 서로 충돌하지 않음을 알 수 있다. 예를 들어, 당 소조(小組) 지도 체제는 부서 간의 장벽을 허물고, 지방에서 국가 정책이 더 효율적으로 시행되게 한다. 개혁개방 이후 시장경제의 성장, 사회 조직의 다양화와 함께 현대 국가의 안정적인 건설과 지속가능한 발전 실현을 위한 당의 지도력이 더욱 중요해졌다.

그러나 구조기능주의 분석 방법에는 몇 가지 한계점도 존재한다. 정당과 현대 국가 간 상호작용의 진화적 맥락, 형태, 내재된 논리와 같이 매우 복잡한 정치 과정인 국가 구축의 내용을 구조와 기능의 상호관계로 단순화하는 방법을 사용해 설명하는 데에는 분명 한계가 있다. 또한 국가 구축은 변천 과정이지만, 구조기능주의 분석 방법은 정태적 분석을 강조하고, 사회 변화에 대한 해석력이 부족하며 거시적 해석에 보다 적합한 까닭에 이 책에서는 사례연구 방법과 미시적 연구 방법도 채택하여 이를 보완하고자 하였다.

(3) 사례 연구 방법

사례 연구(case study)는 객관적 세계의 전형적인 특징을 가진 사건을 실제로 묘사하고 이론적으로 분석하는 방법이다. 정치학 연구의 주된 내용은 특정 국가 또는 주제에 있는 여러 요소 간의 상호작용, 진화 및 파생된 특정 상황을 조사하고 이를 바탕으로 이론적인 추론을 하는 것이다.[89] 사례 연구는 사회학, 인류학 역사학 등 인문 사회과학 분야에 자주 사용된다. 다양한 정치학 연구 방법 가운데 가장 먼저 사용되었음

---

89 周忠麗, 「비교정치학 연구의 사례 방법: 특징, 유형 및 응용(比較政治學研究中的個案方法:特征、類型及應用)」, 『比較政治學研究』, 2011(1).

에도 불구하고 이를 전문적으로 다룬 문헌의 수가 많지 않으며. 아렌드 레이프하트(Arend Lijphart)의 '비교 정치학과 비교 방법'과 같은 비교정치학 연구에서 그 사례를 찾아볼 수 있다.[90]

일반적으로 사례 연구는 순수한 기술적 주제 연구, 내부 비교적 사례 연구 및 비교 인식을 가진 사례 연구의 세 가지 유형으로 나뉜다. 사례 연구는 '무슨 일이 일어났는가? 어떻게 발생했는가? 기존 이론으로 설명할 수 없는 특성은 무엇인가? 새로운 이론을 요약할 수 있는가?' 등과 같은 질문에 답해야 한다. 사례 연구의 과정은 이와 같은 문제의 해답을 찾는 실질적인 과정으로, 의미 있는 사례 식별, 사례의 맥락에 대한 심층적인 묘사, 사례의 다양한 요소 분석, 결론 도출과 기존 이론에 대한 지지 또는 발전 또는 부정, 보편성 검증과 같은 연구 단계가 필요하다.[91]

사례 연구 방법은 전형적인 사례에 대한 심층적이고 세밀한 연구로, 사례 관련 자료 수집부터 그 발생과 발전 경위 설명, 사례의 다양한 요소 분석 및 결론 도출까지 수행하는 연구 방법이다. 정치학 연구에서 사례 연구의 대상은 무작위로 표본을 얻는 것이 아니라, 연구의 필요에 따라 특정 연구 대상을 선택한다. 그 후에 심층 묘사를 통해 정치학 지식 체계를 해석하고 정치 발전을 예측한다. 전술한 바와 같이, 모순과 도전으로 가득한 정치 활동인 현대 국가 구축을 구조기능주의 분석 방법으로 분석하기에는 한계가 있다. 그러나 동남부 해안의 진장 현급시

---

90 王敬堯、周鳳華, 「정치학 연구의 사례 방법(政治學研究中的個案方法)」, 『社會主義研究』, 2003(2).

91 彭興業, 「비교정치학 연구의 사례별 방법 분석(比較政治學研究中的個案方法探析)」, 『政治學研究』, 1998(2).

(縣級市)를 사례로 들어 사례 연구 방법에 따라 실증 조사연구를 한다면, 새로운 상황과 문제점에 대한 인식을 심화하여 발전 규칙을 해석하고 이론적 혁신을 이룰 수 있을 것이다.

사실, 대부분의 이론은 사례 연구에서 파생되었다. 사례 연구는 검증된 이론에 대한 신뢰를 강화하거나 약화시킬 수도, 기존의 이론을 보완하거나 개선할 수도 있다. 사례의 다양한 환경 요인에 관한 연구를 통해 현대 국가 이론으로는 설명할 수 없는 이상 현상을 찾을 수 있으며, 중국의 거버넌스 방식을 비교하고 깊이 이해할 수도 있다. 이로써 중국 정치 발전이 지닌 독특한 이론과 실천적 가치를 이해하고 현지화된 이론과 개념을 구축할 수 있을 것이다.

(4) 제도 분석 방법

서양 정치과학의 수많은 연구 패러다임 가운데 가장 오래되고 활발히 사용되는 것은 제도주의적 연구 과정이다. 정치과학이 등장하기 전까지만 해도 정치학 논의는 대부분 정치 제도에 관한 문제를 다루었다.

체계적인 표현방식으로, 분석 도구보다는 정치 이론 연구의 독특한 시각으로 받아들이는 것이 적합한 제도적 분석 방법은 정치학의 몇 가지 핵심 이론과 경험 문제를 언급하였다. 구(舊)제도주의는 정태적 제도 측면의 정치 기구와 법률 조항에 지나친 주의를 기울인 반면 실제 정치 과정에서 어떻게 적용되는지는 간과했으며, 정치 활동의 주체인 인간의 심리와 동기에 관한 연구도 등한시하였기에 후대 학자들은 이를 일종의 형식주의 연구로 평가하였다. 규범적인 분석에 중점을 둔 구제도주의는 경험적 측면을 소홀히 하여 정치학의 과학화를 방해하였다. 반면, 신제도주의(new institutionalism, 新制度主義)는 이론의 엄격성과 논리의 일관성을 위해 노력하는 한편 다른 학과의 개념과 용어, 그리고 이론을 많이 참조하였다. 또한, 정치 제도가 지닌 상대적인 자주적 특성과 제도적 배치가 정치 생활에 미치는 역할을 중시했고, 정치 제도가 정치 행위를 이끈다고 주장하였다. 제도 분석 방법은 비교 정치학 및 국제 관계 연구에 널리 사용되었다. 다른 정치 연구 방법과 비교해 제도적 분석 방법의 장점은 분명하다. 현대 정치학에서 제도주의의 발전을 '패러다임 혁명'으로 요약한 것은 제도 분석 방법이 현대 사회의 정치적 문제를 분석하는 강력한 수단이라는 것을 의미한다.

국가, 정부, 민주, 정의와 같은 구제도주의 분석의 일부 메타개념은 정치학의 '헌정적 의제(根本性議程)'이자 국가 건설이 해결해야 할 '핵심 의제'로 자리매김한다. 현대 국가 구축의 관점에서 관련 정치 이론을 반추하고 정태적 개념을 뛰어넘어 역사적 배경과 지식의 원천을 살펴보면, 초기 국가가 주요 정치적 어젠다에 직면했을 때 모색한 방식을 찾아내어 후발 개발도상국의 현명한 방식 선택과 정치 체제 설계에 도움이 될 것이다.

1960년대부터 등장한 새로운 제도 분석법은 신제도주의 정치 과학의 중요한 부분이 되었다. 신제도주의자들은 제도 자체의 변혁과 그 비교에 주안점을 두고 제도의 내부 구조와 네트워크 연결, 제도의 발생과 변화, 제도 간의 비교, 평가, 이식(移植) 및 수정을 중점적으로 분석하였다. 신제도주의의 세 가지 학파인 역사적 제도주의, 합리적 선택 제도주의, 사회학적 제도주의는 국가 이론적 관점에 차이가 있다. 역사적 제도주의는 국가 문제를 분석할 때 각 사회 집단 간 권력의 제도적 분배가 불평등하다고 가정한다. 그리고 합리적 선택 제도주의는 보다 실용적이거나 이성적인 관점에서 국가를 분석한다. 또한, 사회학적 제도

주의는 국가 발전에 문화가 매우 중요한 영향을 미친다고 주장한다.[92]

현대 국가 구축은 '현대성'을 세계에 널리 보급하는 데에 있어 필수적인 요소이다. 모든 국가는 글로벌 프레임워크(framework) 내에서 구축된다. 이는 국가 구축에 보편적인 규칙과 기본 시스템적 요소가 있음을 의미하며, 많은 비서양 국가들은 이 같은 '현대적 제도'를 제도 구축 과정에서 반드시 모방하고 배워야 한다. 또한, 국가 구축은 현지적 특성도 가지고 있으며 제도를 구현하는 방식도 상이하다. 특히 1978년 이후, 중국의 분권과 시장화는 1급 이익 주체로서 현(縣)이 지닌 자의식을 회복시켰을 뿐만 아니라, 모든 지역이 자체적 이익을 극대화할 수 있는 공간과 지원을 제공하였다. 이로써 현은 경제 발전과 시스템 혁신의 중요한 단위가 되었다. 이 책은 제도 분석 방법을 사용하여 전환 기간 동안의 국가 제도 변화를 연구하고, 조사를 통해 수집한 지방 제도 변화에 관한 풍부한 자료를 분석하였다.

2. 자료에 관한 설명

(1) 관련 사료 및 문서

진장의 발전 전모를 이해하기 위해서는 지난 한 세기에 걸친 사회·경제 발전의 역사적 흐름을 파악할 필요가 있다. 이를 다룬 사료에는 진장시 지방지 편찬위원회(地方誌編纂委員會)가 편찬한 『진장시지(晉江市誌(上, 下)』, 『진장연감(晉江年鑒, 1996-2015)』(총 20권), 중국 인민정치협상회의(人民政治協商會) 푸젠성 진장현(시)위원회 문사(文史) 자료 작업팀이 편찬

---

92 蔣雅文, 「신제도주의에서 국가 이론의 논쟁과 발전(新制度主義中國家理論的爭論與發展)」, 『生產力研究』, 2004(12).

한 『진장 문학사 자료(晉江文史資料)』(내부 발행), 중국공산당 진장현위원회 조직부 등이 편찬한 『중국공산당 푸젠성 진장현 조직사 자료(中國共產黨福建省晉江縣組織史資料)(1927년 1월 1일~1987년 12월)』, 중국공산당(中共, 이하 중공) 진장시위원회 당사연구실(晋江市委党史研究室)과 진장시 기록보관국(晉江市檔案局)이 편찬한 『중공 진장현 지방사 대사기(中共晉江縣地方史大事記)』(1919년 5월~1992년 4월), 중공 진장시위원회 당사연구실에서 편찬한 『중공 진장시 지방사 대사기(中共晉江縣地方史大事記)(1992년 3월~2002년 4월)』, 『중공 진장 지방사 특별집필(中共晋江地方史专题汇编)』, 쑹구이선(宋桂選)이 편집한 『현(시) 시정록·진장권(縣(市)施政錄·晉江卷)』 등이 있다.

진장시 기록보관소(晉江市檔案館)는 90,809 卷(冊)의 동급 기관, 단체, 기업 및 기관의 기록물을 보관하고 있으며, 성(현)급 기록보관소 중 상위권 규모의 소장량을 자랑하는 성급 기록보관소이다. 그 중 민국 시기 문서는 11,316 권(卷)이 있다. 필자는 진장시 기록보관소가 소장하고 있는 1930년부터 2000년까지의 일부 공식 및 민간 기록 보관소 목록을 확인하고 정리하였다. 2000년부터 2005년까지 중공 진장시위원회 역사연구실과 진장시 기록보관소(晉江市檔案館)(局)가 자체적으로 편찬한 『진장 중요 문헌 선집(晉江重要文獻選編)』 세트는 지금까지 제4 집(輯)까지 편찬되었다. 1949년부터 1966년까지 진장지위(晉江地委), 중공 진장현위(中共晉江縣委), 진장현정부(晉江縣政府), 인민대표대회(人大), 정치협상회의(政協) 및 인민무장부(人民武裝部)의 중요한 문서와 자료가 수록되어 있으며 최초로 공개된 많은 내용들은 1949년부터 1966년까지의 지방 국가 정권 건설을 이해하는 데 풍부한 역사적 자료를 제공한다.

(2) 정부의 공식 서면 자료

정부의 공식 서면 자료에는 다양한 정책과 규정, 문서, 평가, 공지, 요약, 작업 보고, 통계 자료 등이 있다. 필자는 1978년 이후 진장 지방정부의 관련 정책 및 규정을 자세히 수집하였다. 간단했던 첫 번째 정책 문서부터 비교적 완전한 짜임새를 갖춘 현재의 문서까지 40여 년이 넘는 시간 동안 정책 및 규정 체계는 꾸준히 발전해 왔으며, 진장의 정치·경제·사회 발전 단계마다 응축된 주요 내용들은 정부의 성장 과정을 분명히 드러낸다. 기타 공식 문서 자료에는 매년 정부 정책 시행 상황(브리핑, 요약), 다양한 문제 분석(내부 참조, 공지, 보고 등), 중요한 역사적 사건 및 정부 관리 체제의 형성 과정(승인 문서 등)이 명확히 기록되어 있다. 이밖에 통계 자료에는 연감(年鑒)과 각 과국(科局)의 관련 통계 보고서가 있다.

(3) 지역 신문과 지역 통신

지역 신문으로는 중공 진장시위원회의 기관지인 『진장 경제보(晉江經濟報)』, 진장 교민 연합(晉江僑聯)이 주관하는 『진장 교향보(晉江僑鄉報)』 등이 있으며, 주로 진장 지방정부의 활동에 관한 내용을 다룬다.

(4) 공개된 홍보물

최근 몇 년 동안 진장 지방정부는 다양한 홍보 자료를 인쇄 및 배포했다. 이렇게 공개된 홍보물에는 중공 진장시위원회 선전부(中共晉江市委宣傳部)가 편찬한 「사상의 해방, 발전의 가속화, 노력의 솔선수범으로 기본적인 현대화 실현(解放思想、加快發展、努力率先基本實現現代化)」, 「중국 진장(中國晉江)」, 진장시 지방세무국(晉江市地方稅務局)이 편찬한 『효능 건설 시리즈 총서(效能建設系列叢書)』, 중국공산당 취안저우시(泉州市)위원회 판공실이 편찬한 「경제 발전의 뒷심을 키워 경제 발전에 박차를 가하자(增强經濟發展後勁,加快經濟發展步伐)」, 중공 진장시위원회 조직(中共晉江市委組織)이 편찬한 「덩샤오핑 이론 체험 소감(學習鄧小平理論心得體會)」, 「'3가지 대표' 중요 사상 학습 독본("三個代表"重要思想學習讀本)」, 「과학발전관을 견지해 조화롭고 새로운 진장을 창조하자(堅持科學發展觀創造和諧新晉江)」, 「시진핑의 '진장' 경험(習近平的"晉江經驗")」, 중공 진장시위원회 판공실(中共晉江市委辦公室)이 주편(主編)한 『해방사상 대가담(解放思想大家談)』이 있다. 그밖에 다양한 팜플렛, 약식 보고서, 시사 소식지, 기념책자, 회의 공지 등 기념적이고 한시적인 홍보물들이 있다.

(5) 조사 노트

1997년부터 필자는 진장에 직접 방문해 자료를 수집하였고 인터뷰 자료, 기록, 관찰 경험, 회의록, 특별 조사 및 사례 조사 자료 등 현장 조사를 기반으로 많은 조사 노트를 작성했다. 그리고 지역 정치 엘리트(현·시·향 정부 부서 공무원)를 대상으로 한 짜임새 있는 인터뷰 내용을 설계했다. 그들 중 다수는 40년이 넘는 시간 동안 진장에서 급격한 변화를 겪은 정책 입안자이자 참여자로, 지방 국가의 구축·개발 및 변화를 이해하는 데 많은 중요한 정보를 제공하였다. 필자는 다양한 신분의 정치 엘리트 20여 명을 인터뷰하고 10만 자 이상의 사례 자료를 정리했으며, 자료의 일부를 인용해 분석하였다. 주로 정부 기관의 공식 행사, 사적인 커뮤니케이션이 이뤄지는 비공식 장소, 또는 무심코 관찰한 상황이나 현상에서 많은 노력을 기울여 얻은 조사 노트는 많은 자료 가운데 필자에게 있어 가장 가치 있는 자료라고 할 수 있다.

(6) 기타 자료

기관 사무 매뉴얼, 책임 문서, 직무 책임 목표 평가 양식, 현(시) 정부 및 관련 과학 부서의 주요 기록 등이 기타 자료에 포함된다.

제2장

지방 국가 구축의 토대:
사회 및 문화 구조적 분석

국가 구축은 특정 사회 및 문화 구조를 기반으로 하므로 지방 국가 구축에 대해 논하려면 우선 지방 차원에서 국가가 지닌 사회적 및 문화적 특징에 주목해야 한다. 이 책의 조사 대상인 진장의 사회적 및 문화 구조적 특징은 해양형 상공(商工) 문명과 가족제도, 그리고 교향(僑鄉) 사회에서 뚜렷하게 나타난다. 모험을 즐기고, 수완이 뛰어나며, 진취적인 진취안(晉泉) 사람들의 성향은 해양형 상공 문명에서 비롯된 것이다. 혈연, 지연, 업연(業緣)으로 뭉친 종족(宗族) 조직은 고대부터 푸젠성 남부[1]의 강력한 기층 조직 단위로, 근대 이후 진장의 기층(基層)이 어떻게 변화하였는지를 이해할 수 있는 단서를 제공한다. '연쇄 이민(chain-migration, 連鎖移民)'의 역사가 낳은 교향형 사회 구조는 진장의 현대 경제 발전에 귀중한 자원을 제공하였으며, 동남부 해안이라는 공간적 이점에 의해 결정된 진장의 지방 국가 구축 경로 선택과 발전 방향은 현대 중국 국가 구축의 '축소판'이다.

1 역자주: 푸젠성의 남부 지역(閩南, 민난)에는 샤먼(厦门), 취안저우(泉州), 장저우(漳州), 푸톈(莆田) 4개 도시가 있다.

제1절 지연성 문화의 형성—해양형 상공 문명

영국의 역사학자 아널드 J. 토인비(Arnold J. Toynbee)는 『역사의 연구(A Study of History)』에서 문명(즉, 문화)의 기원·성장·쇠퇴·해체의 원인과 메커니즘을 중심으로 문명의 흥망성쇠를 연구하고, 인류 문명의 미래와 운명을 전망하였다. 토인비는 환경에 대한 '도전과 응전(Challenge & Response)'이 문명의 발생과 성장을 촉진하는 계기라고 보았다. 지역 문명은 수많은 어려움을 극복한 후에야 탄생한다. 이러한 도전에 맞서기 위해 지역 주민들이 끊임없이 투쟁하고 노력해 왔다. 이렇듯 문명은 '도전과 응전'의 과정에서 생겨났으며, 도전과 응전이 바로 문명 발생의 법칙인 것이다. 인류가 문명을 창조할 수 있었던 것은 온갖 어려운 도전에 맞서 성공적인 응전을 했기 때문이다.[2]

상술한 바와 같이 큰 사회든 작은 사회든 문화의 변화와 발전은 특정한 지리적 및 사회적 환경과 관련이 있다. 중화 문명은 대하(大河) 유역의 농경 문명에 속하지만, 중국의 지역적 차이로 인해 농경 문명과 유목 문명 외에도 중국 연안 지역에는 해양 문명이 광범위하게 존재한다. 일반적으로 연해 지역 문명의 형성은 생계 방식, 자연 생태 환경(해안 지질, 수리(水理), 기상), 경제 발전 정도, 국가 정치의 파급력 강도, 사회 생산력과 자연 요인이 지역 문명에 미치는 영향 등 몇 가지 요인의 영향을 받는다. 예를 들어 고대 그리스 문명의 요람이었던 펠로폰네소스반도는 높은 산과 험준한 고개의 마이나(Maina) 산악지대에 가로막혀 서쪽 바다로 통상무역을 발전시키면서 고대 그리스 도시국가들의 중요한

---

2 Arnold J. Toynbee, 『역사의 연구(歷史研究(上冊)』, 曹末風 등(역), 上海人民出版社, 1986, p.109.

경제적 활로가 되었다. 이로 인해 고대 그리스 문명의 시작점이 바다와 밀접한 관련이 있게 되었다.[3]

그러나 농업에 적합하지 않은 연해 생태 환경이라고 해서 해양 문명을 반드시 발전시킨다고 볼 수는 없다. 이 지역 집단의 역사적 활동과 문화적 선택이 관건인 것이다. 바다에서 비롯된 고대 그리스 문명의 시작과 번영은 제한된 공간에 얽매인 농경 문명을 성공적으로 타개하였고, 나아가 항해 무역의 역사를 발전시켰다. 고대 그리스 문명의 관용성(tolerance, 容忍性), 다원성, 개방성의 영향을 받은 후대 르네상스 운동을 벌인 유럽인들은 이 정신으로 중세 교회의 굴레를 벗어나 유럽의 새로운 국가 형태와 핵심적 가치 체계를 구축했다.

이 책에서 다루고 있는 중국 연해의 진장으로 눈을 돌리면 더욱 생생함을 느낄 수 있다. 진장의 상공 문화의 배경을 이해하려면 머나먼 바다와 강을 능숙하게 항해했던 민월(閩越)[4]의 선대(先代)로 거슬러 올라가야 한다. 일찍이 먼 옛날부터 진장 사람들은 유리한 지리적 이점을 살려 문화적 특성을 축적하고 역사의 선택과 발전의 기회를 기다렸다. 중원(中原)에서 보는 민월은 속세와 떨어진 '방외의 땅(方外之地)', '전염병의 고향(瘴癘之鄉)', '우거진 나무에 인적이 드물고 범과 표범, 원숭이만으로 가득한 폐허(茂木深翳, 小離人跡, 皆虎豹猿猱之墟)'였다.[5] 열악한 생활 환경과 항해 경험 속에서 민월인들은 모험심과 운명에 맞서는 도전 정신, 그리

---

3 郭誌超, 「돌사자 굴기의 역사문화관(石獅崛起的歷史文化觀)」, 高銘群(主編), 『돌사자 상공 문화 연구(石獅商工文化研究)』, 廈門大學出版社, 1995, p.288.

4 역자주: 진한(秦漢) 시기 푸젠성(福建省) 북부와 저장성(浙江省) 남부에 분포했던 월족(越族)에 속하는 부족 또는 부족이 거주한 지역을 의미한다.

5 『순희삼산지·권 33·사관류일(淳熙三山誌·卷三十三·寺觀類一)』

고 민첩하고 용맹한 성격을 길렀다. 서진(西晉) 영가의 난(永嘉之亂)[6]으로 중원이 혼란스러워지자 푸젠으로 들어오는 이민자가 증가하기 시작했고, 당나라 시기에는 많은 중원 사람들이 푸젠에 유입되었다. 점진적인 이민으로 점차 융화된 민월인과 그 후손들은 취안저우(泉州)를 비롯한 푸젠의 여러 지역에서 번성하였다. 당나라 이후 진장에서는 인구는 증가하는 반면 토지 자원은 부족해지는 모순이 점차 심각해졌다. 『구당서·권 40·지 20(舊唐書·卷四十·誌第二十)』에 따르면 천보(天寶, 742~755) 시기에 취안저우에는 23,086호(户, 가구)에 총 160,295명이 거주하고 있었다. 『원화군현도지(元和郡縣圖誌)』에 따르면 원화(元和, 806~820) 당시 취안저우에는 35,571호(户)가 있었다. 북송(北宋) 원풍(元豐) 시기에 취안군(泉郡)의 인구는 20만 호(户) 이상에 이르렀고, 이는 전국 8대 주군(州郡)에 속하는 규모였다.

산간벽지였던 진취안 지역을 일컬어 '사람이 많고 척박한 골짜기의 취안저우에는 농사지을 땅이 없다(泉州人稠山谷瘠, 雖欲就耕無地辟)'[7]라고 기록되어 있다. 많은 이주민이 생계를 위해 푸젠성 남부 지역으로 유입되던 상황에서 좁은 국토에 과도한 인구가 밀집하는 모순적 상황은 점차 심화되었고, 생계 유지를 위해 진취안 사람들은 경제 모델을 변경해 경제 작물을 개발해야만 했다. 당시 취안저우의 상황에 대해서는 '논을 개량해 사탕수수를 심는 사람이 종종 있었다(往往有改稻田種蔗者)'[8]라는 기록과 용안(龍眼)의 재배에 대해서는 '현마다 재배하며 군에서 특히 왕성

6 역자주: '영가의 난'은 서진(西晉) 회제 영가(永嘉) 5년(311년)에 유연(劉淵)의 아들 유총(劉聰)이 흉노군을 이끌고 서진의 수도인 낙양(洛陽)을 함락시킨 난을 일컫는다.

7 (清) 懷蔭布(修), 『천주부지·권 20(泉州府誌·卷二十)』의 「풍속지(風俗誌)」.

8 (明) 黃仲昭(修纂), 『팔민통지·권 26(八閩通誌·卷二六)』의 「물산(物產)」.

하게 재배한다(諸縣皆有,郡中尤盛)'[9]라는 기록이 있다. 대마, 뽕나무, 목화, 리치(荔枝, 여지)의 재배와 담배밭과 남전(藍田, 쪽밭)으로 논을 개량하는 것 모두 흔한 일이었다. 당시 진취안 지역 농업 생산 구조의 주요한 특징이라면 경제 작물의 비율이 비교적 높았다는 점이다.

경제작물의 발전은 사회경제 분야의 내부 분업의 발전을 의미하며, 공업 원료나 소비 원료가 된 농산물은 상품화되어 수공업과 상업을 발전시켰다. 송나라 때 취안저우의 직물업(織物業)은 비단이 많이 생산되던 쓰촨(四川), 장쑤(江蘇), 저장(江浙)과 함께 유명하여 '취안저우의 견직물은 쓰촨과 항저우의 견직물에 못지 않다(綺羅不減蜀吳春)'라는 말이 있을 정도였다.[10] 제도업(制陶業)의 경우, 취안저우 지역에서 발견된 당(唐)·오대(五代)·송(宋)·원(元)나라 시기의 가마터는 100개 이상으로 그 중 진장, 난안(南安), 더화(德化), 안시(安溪)에 가장 많이 분포되어 있다.[11]

수공업의 발전으로 진취안 지역에서는 '부자는 위로는 장쑤(江蘇)에, 아래로는 광둥(廣東)에 있으며, 배와 수레가 닿는 곳 모두 넉넉하게 살아갈 수 있다. 가난한 자는 등이나 어깨에 짐을 지고 골목마다 돌아다니며 무역을 할 수 있다. 쌀을 사거나 생선이나 소금을 사고파는 등 갖은 궂은 일을 한다.…(중략)… 물엿, 전병, 리치, 감귤, 복숭아, 자두, 양매(楊梅), 사탕수수를 파는 상인들이 오고 가고, 거리마다 가득한 소리는 아침부터 저녁까지 멈추지 않는다. 이렇듯 상인들로부터 벗어날 수 없었다(富者上吳下粵, 舟車所至, 皆可裕生涯。貧者背負肩挑, 裏巷遍招, 亦堪資貿易。而屯

9 (宋) 真德秀, 『진문충공문집·권 15(真文忠公文集·卷十五)』의 「신상서성걸조치수포해도(申尚書省乞措置收捕海盜)」.

10 (清) 懷蔭布(修), 『천주부지·권 19(泉州府誌·卷十九)』의 「물산(物產)」.

11 許清泉, 「송원 취안저우 도자기의 생산(宋元泉州陶瓷的生產)」, 『海交史研究』, 1986(1).

糴稻谷, 鬻販魚鹽, 種種有之。…… 其小者如賣餳, 賣餅, 賣荔, 賣柑, 賣桃李, 賣楊梅, 賣甘蔗者, 熙來攘往, 聲滿街衢, 朝暮不息, 總之不離乎商賈者近是)'[12]라는 기록이 있다.

물론 진취안 사람들에게 있어 경제를 발전시키는 가장 유리한 조건은 드넓은 바다를 이용하여 새로운 생존의 길을 찾는 것이었다. '바다 가까이 사는 사람들이 다시 돛을 높이 올리고 축로(舳艫)를 쌓은 후, 빠르게 노를 저어 갑자기 나타났다 사라지는 안개와 풍랑 속에서도 편안히 지내며, 두려워하지 않았다. 취할 것들이 많았으니 과거에는 자연히 그러했다(瀕海之民, 又復高帆健艫, 疾榜擊汰, 出沒於霧濤風浪中, 習而安之, 不懼也。趨利之多, 自昔為然).'[13] 또한, 진취안 사람들은 연안(沿岸) 조건을 최대한 활용하여 해외 무역을 발전시켰다. 당나라 때 취안저우 항구는 중국 대외무역의 주요 항구 중 하나로, '윈산과 바이웨 사이의 길에는 세계 각지의 상인들로 붐볐다(雲山百越路, 市井十洲人)'[14]라는 기록과 같은 모습이 연출되었다. 송나라 때 조선업의 발달과 정부의 허가로 진취안 사람들은 배를 타고 외국으로 건너갔다. 이를 두고 '취안저우 남쪽 바다는 끝없이 넓고 아득하며, 해마다 배를 만들어 외국을 드나 들었다(州南有海浩無窮, 每歲造舟通異)',[15] '선박 상인의 수는 해마다 늘어나, 배는 20여 척에 달했고, 외국에서 들여온 화물과 금지품이 태산을 이루었다(舶商歲再至, 一舶連二十艘, 異貨禁物如山)'라고 기록되어 있다.[16] 원나라까지 취안저우 항

---

12 (淸) 周學曾 등(纂修), 『진장현지·권 72(晉江縣誌·卷七十二)』의 「풍속지(風俗誌)」, 福建人民出版社, 1990, p.1754.

13 상게서.

14 (唐) 張循之, 『송천주이사군지임(送泉州李使君之任)』.

15 (宋) 謝履, 『천남가(泉南歌)』.

16 (宋) 晁補之, 『계늑집(雞肋集)』.

구는 광저우(廣州) 항구를 대체해 중국 최대의 무역항이 되었으며, 매년 취안저우 항을 통해 10개 이상의 국가와 지역이 중국과 무역을 했다. 당시 취안저우에 상주하며 장사를 하던 많은 아랍인과 페르시아인 가운데 일부는 현지에 여러 세대에 걸쳐 거주하면서 한족과 결혼하여 점차 한족화되었지만, 이슬람 신앙과 생활 풍습을 계속 유지하고 있었다. 그중 남송(南宋)부터 원나라에 이르기까지 해외 무역에 능통하기로 유명했던 아랍인 푸씨(蒲氏) 가문은 많은 해선(海船)과 재산을 보유하고 있어 진취안 지역과 중국 남동부 해안 지역의 부유한 해상(海上) 상인 중 하나가 되었다. 소위 '토생 번객(土生蕃客)' 또는 '반남번(半南蕃)'[17]이라고 불렸던 이들은 후에 진취안 후이족(回族)의 조상이 되었다. 이 '반남번' 상업문화는 진취안 상공 문화의 형성과 발전 과정에서 일부 영향을 미쳤다. 이 시기에 마조(媽祖)[18] 신앙과 같은 민속 문화가 정부의 인정을 받았으며, 이국적인 민족과 종교 문화도 지방정부에 의해 전면 수용되었다. 이에 당시 진취안 지역은 전면적으로 다원화된 문화 양상을 띠게 되었다. 이곳에서는 다양한 인종의 외국인 여행객과 이뤄지는 경제적, 사회적 교류는 물론, 종교문화의 다양성이 공존하는 열띤 분위기를 느낄 수 있었다. 세계적으로 개방적인 지역이 된 진취안에 아랍, 인도, 유럽 등 전 세계의 사람들이 모여들었다. 마르코 폴로는 여행기에서 '웅장하고 수려한 자동성(zai-tun, 剌桐城, 현 취안저우)[19]에 도착하여…(중략)…자

17 역자주: 토생 번객(土生蕃客)이란 사업 목적으로 중국에 정착한 아랍인 또는 페르시아인을 의미하며, 반남번(半南蕃)이란 외국인과 현지인들이 결혼하여 낳은 혼혈아를 의미한다.

18 역자주: 마조(媽祖)란 중국 동남부 지역에서 신봉하는 항해 안전의 수호신을 일컫는다.

19 역자주: 당나라 말기에 '동성(桐城)'이라 지칭했던 취안저우는 일찍부터 이곳을 오가며 비단무역을 했던 아라비아 상인들이 취안저우의 비단을 자이투니(Zaituni)라 불러서 세

동(취안저우)은 세계 최대 항구 중 하나로, 상인들이 여기로 운집하여 화물을 산더미처럼 쌓는 모습은 분명 상상조차 하기 어려운 일이다.'라고 기록하였다.[20]

명·청 시기에 정부는 해금(海禁) 정책[21]을 엄격히 시행했다. 그러나 해금 정책은 진장의 해안 경제를 원천 봉쇄하지는 못 하였고, 현지인들은 무역 금지 조치를 피해 위험을 무릅쓰고 바다로 떠났다. '일단 경계가 엄해져서 출항할 수 없게 된다면 곧장 그 생계가 끊기고 만다. 건장하고 능력이 있는 자들이라면 아무 대책 없이 곤궁해지려 하지 않을 것이다(一旦戒嚴不得下水, 斷其生活, 若輩悉健有力, 勢不肯博手困窮).'[22] 명(明)나라 때부터 취안저우 진장현 경내의 선후만(深滬灣)의 샹즈(祥芝), 융닝(永寧), 선후(深滬), 푸취안(福全) 항구, 웨이터우만(圍頭灣)의 진징(金井), 웨이터우(圍頭), 스징(石井), 안하이(安海) 항구에서 민간 무역이 크게 발전했다. 그 중, 안하이 항은 불법 해상 무역의 발달로 푸젠성 남부지역의 중심지가 되었다.[23] 조정의 통제가 비교적 약했던 지역에 위치한 안하이진(鎭)은 점차 자유롭게 장사할 수 있는 공간을 갖추었고, 소상인부터 대규모 상인까

계에 '자이툰(Zaitun: 宰桐)'이라는 이름으로 알려지게 되었다. 마르코 폴로를 비롯한 저명한 여행가들이 취안저우를 자이툰으로 기록한 것은 모두 비단에서 생겨난 아라비아식 이름을 답습한 것이다(홍정선 교수의 중국문명 기행(22), https://luxmen.mk.co.kr/view.php?sc=51100004&cm=Column&year=2015&no=943937&relatedcode=000100154&searchEconomyHosu=60).

20 Marco Polo, 『마르코폴로 여행기(馬可波羅遊記)』, 陳開俊 등(역), 福建科學技術出版社, 1981, p.192.

21 역자주: 해금 정책은 민간인의 출항과 외국 상인의 통상을 금지하는 통상 수교 거부 정책으로, 그 목적은 해적과 밀수 단속, 사회 안정을 보장하는 것이었다.

22 (明) 茅元儀(輯), 『무비지·권 214(武備誌·卷二一四)』의 「복건사이(福建事宜)」(清道光版).

23 王銘銘, 『지나간 번영: 옛 도시의 역사 인류학적 고찰(逝去的繁榮: 一座老城的歷史人類學考察)』, 浙江人民出版社, p.162.

지 모두 이곳에 자리를 잡았다. 그중 가장 유명한 것은 명나라 말기의 바다 상인 정지룡(鄭芝龍) 부자를 주축으로 한 무리로, 그들은 안하이에 둥지를 틀고 해상 밀무역을 조종하여 중앙정부에 대항하였다. 이에 진장의 안하이 항구는 중국 동남 해안의 민간 상인들이 해외 무역에 종사하는 중심 항구가 되었다. 안핑(安平) 상인은 강남(江南) 일대에서 사 모은 생사(生絲), 도자기, 설탕, 직물, 과일 등을 멀리 떨어진 동서양 국가들에 판매하였고, 돌아오는 길에는 대량의 은, 후추, 향신료, 상아, 보석을 운반하였다. '무릇 인간 세상의 소유자는 없는 것이 없고 시장에 들어서기만 하면 순식간에 모든 것이 갖추어지는구나(凡人間之所有者, 無所不有, 是以一入市, 俄頃皆備矣).'[24]

당시 사람들은 안핑의 상인을 이렇게 평가하였다. "남자들은 성년이 되면 글공부를 포기하고 돈을 벌러 전국 방방곡곡을 돌아다닌다. 바람과 파도를 헤치며 북쪽으로는 허베이(河北), 남쪽으로는 저장(浙江), 동쪽으로는 광둥(廣東), 서쪽으로는 쓰촨(四川)으로 장사를 하러 바람과 파도를 헤치며, 외국인이 없어진 폐허가 된 섬의 이점을 취하였다. 가까이 있으면 일년만에, 멀리 있으면 수년 후에야 돌아오거나, 나라를 떠나 돌아오지 않고 타향을 집으로 삼아 지냈다. 집안일은 부인이 전담하며, 이러한 풍습이 대체로 일반적이다(丈夫子生及已笄, 往往廢箸鬻財, 賈行遍郡國。北賈燕, 南賈吳, 東賈粵, 西賈巴蜀, 或沖風突浪, 爭利於海島絕夷之墟。近者歲一歸, 遠者數歲始歸, 過邑不入門, 以異域為家。以內之政, 婦人秉之, 此其俗之大都也)."[25] 청나라 때

---

24 安海誌修編小組, 『안해지·권 12(安海誌·卷十二)』의 『해항(海港)』, 1983년 인쇄본, p.123.

25 (明) 李光縉, 『경벽집·권 4(景璧集·卷四)』의 『사모침유인수서(史母沈孺人壽序)』, 福建省文史研究館(編), 江蘇廣陵古籍刻印社, 1996.

진장 안핑의 상인들은 '행교(行郊)'[26]라고 불리는 다양한 조직을 만들어 상공업에 종사하면서 안핑 항구의 경제를 발전시켰다. 아편 전쟁 이후, 중국 내부 정치의 격동 속에서도 안핑은 새로운 현대식 소규모 공장 설립, 도로 건설, 선박 운송 운영, 상업과 여행의 활성화 및 풍부한 상품 구비 등 왕성한 경제 활동을 계속 유지하였다.

해외 무역의 발달과 함께 진취안 사람들의 해외 이민 추세가 강화되었다는 점은 주목할 만하다. 명·청 시기에 인구 증가와 토지 자원의 부족, 정부의 해금정책(海禁政策)으로 인해 '기꺼이 맞서 싸우는(敢拚)' 민풍(民風)으로 특징지어지는 진취안 상인들은 속수무책으로 상황을 지켜보기만 한 것이 아니라, 불법적이면서도 민간적인 방식을 통해 여송(呂宋, 현 필리핀의 루손섬)과 미크로네시아의 제도 등지에서 새로운 시장을 개척하였다. 그들 중 일부는 '바람과 파도를 헤치며 외국인이 없어진 폐허가 된 섬의 이점을 취하였다. 가까이 있으면 일년만에, 멀리 있으면 수년 후에야 돌아오거나 나라를 떠나 돌아오지 않고 타향을 집으로 삼아 지냈다(或沖風突浪, 爭利於海島絕夷之墟, 近者歲一歸, 遠者數歲始歸, 以異域為家)',[27] '형은 남으로, 동생은 북으로…(중략)…여송(呂宋) 밖으로 뿔뿔이 흩어졌다(兄弟南北……奔走呂宋外夷)'라는 기록과 같이 지냈고,[28] 또 다른 이들은 더 나은 삶을 찾아 타이완으로 향했다. 기록에 따르면 타이완에는 장저

26 행교(行郊)는 상품 도매 집산지의 상인들이 맺은 동맹 조직이다. 주요 기능은 공동 이익과 우호 유지, 상인 간의 분쟁 중재, 정부와 상인 간의 소통 강화를 통해 산업의 건전한 발전을 도모하는 것이다. 상업 무역 외에도 '행교'는 군량(軍糧) 운송, 사원 설립, 도로 및 다리 건설, 이재민 구호 등 정치 및 사회적 기능도 수행하였다.

27 (明) 李光縉, 『경벽집·권 4(景璧集·卷四)』의 「사모침자유인수서(史母沈子孺人壽序)」, 福建省文史研究館(編), 江蘇廣陵古籍刻印社, 1996.

28 『금정 이씨 족보(金井李氏族譜)』.

우(漳州)와 취안저우(泉州) 출신이 60~70%를 차지할 정도로 많았다.[29] 처음에는 어쩔 수 없는 선택이었지만, 이후 사회적 풍조가 되어 진장 지역의 현대 경제 발전에서 중요한 자원적 이점이 되었고, 지역 사회와 정치 구조에 지대한 영향을 미쳤다. 20세기 전반, 사회 불안, 경제 침체, 생태 악화로 인해 많은 수의 진취안 사람들이 해외로 이주하였다.[30] 통계에 따르면 해외 진취안 출생의 화교는 1920년 5만여 명, 1930년 약 15만 명, 1940년 26만 명으로 추산된다.[31] 많은 진취안 사람들이 해외로 이주하여 생계를 유지했다. 서구의 종교 개혁 후 정도의 차이는 있지만, 개신교 윤리와 자본주의 정신에 모두 영향을 받았으며 향토(鄕土) 의식으로 인해 고향과 밀접한 관계를 유지했다. 이렇듯 진장의 현대화 과정에서 서양의 제도와 사상 문화가 진취안 지역에 일찍이 도입되었다.

요약하자면, 수천 년 동안 환경에 대한 도전과 진나라 사람들의 응전(應戰) 속에서 진취안 지역에는 상업적 사회 환경이 조성되었고, 중원의 농경 문명과는 다른 해양형 상공 문명을 구축해 냈다. 진취안 사람들은 강한 모험심과 영민하고 뛰어난 경제적 수완에, 대외(對外) 비즈니스를 경험하며 넓어진 시야를 통해 농업 문화와는 다른 성격을 갖추게 되어 새로운 외국 문물을 보다 쉽게 수용하게 되었다. 현실은 역사의 연장선상에 있다. 중국이 2000년대에 들어선 후, 현대 국가 구축 과정에서 비즈니스 정신과 역사적 잠재력을 발휘하여 적응성, 유연성, 혁신성이라

---

29 連橫, 『타이완 통사(臺灣通史(上冊))』, 商務印書館, 2010,p.129.

30 진장 사람들이 해외로 나가 생계를 도모한 이유, 관련 자료 및 상황에 대해서는 뒤에 자세히 서술하겠다.

31 泉州市華僑誌編纂委員會(編), 『취안저우시 화교지(泉州市華僑誌)』, 中國社會科學出版社, 1996, pp.7-8.

는 이 지역만의 다중적인 특성을 형성하게 된 것이다.

제2절 진취안 지역의 종족 전통과 국가

중국 남부 지역에서 전통적인 가족 제도가 발전하고 완벽하게 갖춰진 지역 중 하나라는 점에서 학계는 진취안(晉泉) 지역에 주목하였다. 진취안 지역의 민가 정문 오른쪽 현판에는 오늘날까지 명망 있는 가문의 성씨(姓氏)와 선조들의 혈통이 새겨져 있다. 각 성씨를 예로 들면, 왕씨(王氏)의 '개민전방(開閩傳芳)', 이씨(李氏)의 '농서연파(隴西衍派)', 진씨(陳氏)의 '영천연족(穎川衍族)', 증씨(曾氏)의 '용산연파(龍山衍派)', 임씨(林氏)의 '구목전방(九牧傳芳)', 정씨(鄭氏)의 '형양연파(滎陽衍派)', 장씨(莊氏)의 '금수전방(錦繡傳芳)', '노국전방(魯國傳芳)', '연릉연파(延陵衍派)', '온릉연파(溫陵衍派)', '학산연파(鶴山衍派)' 등으로 이는 지역 사회 생활의 족원(族源) 의식을 보여준다. 청(淸) 건륭판(乾隆版) 『천주부지·권 20·풍속(泉州府誌· 卷二十·風俗)』에서는 진취안 일대의 조상 숭배 풍조를 다음과 같이 묘사하였다. '조상에게 제를 지내 예를 표하고 반드시 정성을 다 해야 한다. 많은 종족과 말단 관리들은 사당을 짓고 제전(祭田)을 만들어 어려운 시절에도 풍성하게 차려 제사를 지냈다. 아래로는 상인과 백성에 이르기까지 집에는 감실(龕室)을 만들어 웅장하고 화려하게 꾸미고 대청에 조상의 위패와 신상(神像)을 모셔 조상을 먼저, 신을 나중에 기렸다(祀先之禮, 必極其誠。百人之族, 壹命之官, 即謀置祠宇祭田, 霜露歲時, 非豐潔不薦。下至市井小民, 家設主龕, 務求宏麗, 凡廳事位置, 必先祖而後神).'

초기 푸젠성 남부 연안을 개발한 대부분의 중국인들은 서진(西晉) 시기 영가의 난(永嘉之亂), 당나라 말기, 오대(五代), 북송(北宋) 말기 등 다양한 역사적 시기에 중원으로 건너온 이민자들의 후손들이었다. 그들은 가족과 고향의 친지들을 이끌고 강남(江南)으로 이주하였고, 전쟁이라는 열악한 환경과 교통의 어려움 앞에서도 더욱 서로를 돕고 의지하며 혈연과 친족 관계를 다졌다. 그들은 푸젠성 남부의 강기슭에 모여 살며 혈연에 중시하는 전통 풍습을 형성했다. 『진장시지(晉江市誌)』에는 '성씨로 그 기원을 살펴보면, 멀기도 가깝기도 하다. 중원에서 이주한 것은 그 선후(先後)가 분명하다. 자손은 적은 수에서 많은 수로 번성하였다. 진장 가문은 대부분이 모여 살며 현(縣) 전역의 수천 개 마을에 적게는 수백 명, 많게는 수만 명이 살고 있다. 족보 수정하기, 종묘 짓기, 제사 지내기, 항렬 분명히 하기, 씨족의 족장 세우기 등 일련의 과정을 거쳐 시조가 등장한 이후, 결혼과 같은 대사(大事)에는 서로 협력하였으며, 신을 맞이하거나 전투에 임해야 하는 경우에도 뜻을 함께하였다. 이로써 점차 가문과 마을, 혈연과 지연이 합쳐진 향족(鄉族)이 되었다(按姓氏考其來源, 有遠有近, 從中原遷來, 有先有後, 子孫繁衍, 由少到多。晉江家族, 多系聚族而居, 全縣上千個鄉村中, 多則萬人, 少則數百人。始祖創業以後, 即修族譜、建宗祠、設祭祀、明輩序、立族長。婚姻大事, 家家相助, 迎神械鬥, 鄉鄉相應, 遂成為家庭與鄉里聯結、血緣與地緣合併的鄉族)'[32]라고 기록되어 있다.

명나라 이후 중국의 종족 조직은 큰 변화를 겪었다. 사당(祠堂) 건축 및 추제(追祭)에 관한 규제를 철폐하고, 종족 관계의 정치적 강화, 종족의 통제와 제재에 더욱 중점을 두게 되면서, 종족은 봉건 통치를 수호하는 기층 사회 조직으로 변하였다.[33] 당시 국가는 국가 기층 행정 조직

---

32 晉江市地方誌編纂委員會(編), 『진장시지(晉江市誌(上))』, 上海三聯書店, 1994, p.93.

33 李文治, 『명대 종족제의 구현 형식과 그 기층 정권의 역할—봉건적 소유제는 종법종족

의 어떠한 기능을 종족이 수행하는 것을 승인하였다. 예를 들어 전세(田稅) 독촉, 치안 유지, 호구·결혼·전답에 관한 사무 처리, 구타·욕설·도박 등 민사 분쟁 및 경미한 형사 사건은 종족이 처리했다. 종족은 징세 행정이 실시한 이갑제도(裏甲制度)[34]에서도 중요한 역할을 했다. 이러한 상황은 푸젠성 남부 지역에서도 뚜렷하게 나타났다. 명나라와 청나라의 사회적 변화 과정에서 종족적 혈연 네트워크는 사회 기층 조직에서도 중요한 구성요소가 되었다. 불안정한 사회, 빈번한 인구 이동, 느슨해진 지역 통제의 상황에 처했던 당시 푸젠성 남부 지역은 효과적인 지역 기층 통제 시스템의 구축, 사회 조직을 이용한 지역 사회 질서의 유지, 민중의 행동 규제가 시급히 해결해야 할 문제였다. 그렇다면 어떤 사회 조직을 활용해야만 지방 질서를 재정비할 수 있었을까? 공식적인 정치체계는 이용할 수 있는 제도적 자원을 제공하지 못했기 때문에 향민 사회의 고유한 사회 조직인 종족을 이용할 수밖에 없었다.

명나라 초기에 정부는 푸젠성 남부에 농업을 중시하고 상업을 억제하는 '중농억상(重農抑商)' 정책을 시행했다. 확대되는 향촌 사회를 통제하기 위해 정부는 고대 종법제도(宗法制度)[35]를 민간에 보급하려고 했다.

제 발전 변화의 최종 근원(明代宗族制的體現形式及其基層政權作用—封建所有制是宗法宗族制發展變化的最終根源)』,『中國經濟史研究』, 1988(1).

34 역자주: 이갑제도(裏甲制度)는 기층 조직을 위한 행정제도로 명나라 시기에 호구, 징집, 부역, 조세를 조사 및 확인하기 위해 실시한 황책제도(黃冊制度)의 일환으로 시행되었다.

35 역자주: 종법제도(宗法制度)란 고대의 귀족 세습 통치를 유지하고자 하는 제도이다. 씨족 사회의 부계 가부장제에서 발전한 것으로, 세습 통치를 위해 왕족과 귀족이 혈연에 따라 국가 권력을 분배하였다.

당시 농촌 인구의 증가와 제한된 자원 사이의 모순이 두드러지면서 마을 간에 치열한 경쟁이 벌어졌다. 제한된 생존 자원을 두고 경쟁하기 위해 모든 성씨(姓氏)가 큰 규모의 일족과 많은 머릿수로 서로 경쟁을 하였고, 지방 자립과 자위(自衛)의 필요에 의해 국가 이데올로기였던 종법제도가 민간에 흡수되어 변하면서 가족촌의 세력이 급속도로 커졌다. 그 결과 가족공유제의 형성, 사당과 종묘를 중심으로 한 가족 제사 형태의 등장, 가족 및 족친 중심의 네트워크로써의 사회적 교환관계의 발전으로 나타났다.

명 가정(嘉靖) 시기에 왜구가 침입했을 때, 모든 종족들은 방어를 위해 보루를 쌓고 향병(鄉兵)을 훈련시켰다. 취안저우부(泉州府) 관할 지역에서는 민간에 의해 설립된 성보(城堡)를 주로 '채(寨)'라고 불렀다. '군(郡)의 동남쪽은 바다와 도이(島夷, 중국 동쪽 근해의 섬)에 접해 있고, 진(晉)·남(南)·동(同)·혜(惠) 등 모든 마을은 성채를 쌓아 왜구의 침략을 대비했다 …(중략)… 가정(嘉靖) 말년에 왜구가 넘쳐나자 촌락의 백성들은 성채를 견고히 하면서 강해졌다(郡東南瀕海, 接跡島夷, 晉、南、同、惠諸邑築寨皆為備倭……嘉靖季年, 倭寇充斥, 村落之民多以寨堅人強得免).'[36] 이는 한편으로는 집단으로 거주하던 종족의 군사 방위 능력과 향족 조직의 응집력을 강화하기 위함이었다.

청나라 초기, 해금 및 민간 선박의 출항을 금하는 천계(遷界) 정책에 휘말린 푸젠성 남부 해안 지역의 많은 가족들은 살 곳을 찾아 떠돌아야 했다. 그러나 청 정부가 천계 정책의 철회를 선언한 후, 대부분의 종족이 재건되기 시작했다. 많은 족장들은 동족(同族)을 달래며 사당을 재

---

36 『주비유지(朱批諭旨·十六冊)』, 清光緒十三年上海點石齋縮印本, p.67.

건하고, 조상의 묘를 손질하였다. 또한, 족보를 손보고, 가산(家産)을 다시 축적하여 푸젠성 남부 일대의 가족 조직을 다시 회복할 수 있었다. 예를 들어, 진장 룽후(龍湖) 관아에서 시씨(施氏) 가문의 시랑(施琅, 청나라의 해군 제독)은 타이완을 평정한 공을 인정받아 한때 명성을 날렸다. 그는 갖은 수단으로 같은 가문의 망명자들을 다시 모아 푸젠성 남부 일대에 시씨 가문의 강력한 세력을 다시 확립했다.[37] 오늘날까지도 시씨 가문의 종친은 진장에서 여전히 강력한 영향력을 가지고 있으며, 지방정부에서 중요한 위치를 차지하고 있다.

이렇듯, 명나라 중기 이후, 종족 조직은 항상 푸젠성 남부 사회의 기층(基層) 운영 메커니즘에서 효과적인 구성요소이자 종족을 보호하기 위한 견고한 장벽이었다. 푸젠성 남부 지역은 농지의 15% 이상을 가족이 공유하였으며, 일부 대가족은 논밭을 비롯해 산림, 주택, 부지, 차입 자본, 상공업 자본, 수리(水利) 및 교통과 같은 공공시설을 보유하였다. 가족 조직은 족전(族田), 학전(學田), 의창(義倉), 의전(義田), 사창(社倉), 의도(義渡), 의집(義集), 사세(私稅), 사아(私牙)[38]를 관리하였으며, 현지의 논밭,

37 鄭振滿, 『명·청 푸젠 가족 조직과 사회 변천(明清福建家族組織與社會變遷)』, 湖南教育出版社, 1992, pp. 179-180.

38 역자주: 족전(族田): 종족이 공유하는 경작지, 학전(學田): 학교를 세우는 데 쓰였던 나라 소유의 논밭, 의창(義倉): 자연재해에 대비해 공공의 곡물을 보관하기 위한 곳간, 의전(義田): 가족 또는 마을의 극빈자를 구제하기 위한 토지 자산, 사창(社倉): 기근에 대비하여 곡식을 비축하는 창고, 의도(義渡): 마을의 권력자나 부자가 만든 나루터, 의집(義集): 마을의 어려운 가정을 돕기 위한 바자회의 일종, 사세(私稅): 국가의 공식적인 세금이 아니라 제사, 사당 설립, 가족 구성원의 빈곤 구제, 교육 지원 등의 목적으로 가족 내에서 자체적으로 징수하는 세금, 사아(私牙): 시장에서 판매자와 구매자를 협상하고 거래를 중개하며 수수료를 받는 중개인 또는 중간상을 의미한다.

산림, 교통, 마을, 광물, 방앗간 등에 임의대로 영향을 미칠 수 있었다.[39]

푸젠성 남부 지역의 가족 조직은 가족제도의 구성 기반에 따라 혈연 관계에 기초한 세습식 종족, 지연 관계에 기반한 종속식 종족, 이해관계에 기반한 계약식 종족 등 세 가지 기본 유형으로 나눌 수 있다.[40] 가족 조직은 일반적으로 먼저 분가(分家)를 통해 세습식 가족을 형성한 후, 문중 간의 양극화와 재결합을 통해 점차 종속식 또는 계약식 가족을 형성하며 발전해 나갔다. 이는 푸젠성 남부 지역 가족 조직의 특징 중 하나이다. 또한, 가족(향족) 조직의 일반적인 발전은 가족 조직의 정치화와 지역화를 촉진하였다. 많은 가족들은 지역 사회 및 커뮤니케이션 네트워크도 적극적으로 확장하고 '족친(族親) 관계'를 구축하여 당시 사회, 정치, 경제 및 문화를 전면적으로 가족화했다. 이는 푸젠성 남부 가족 조직의 또 다른 중요한 특징 중 하나이다. 명나라와 청나라 시기에 다양한 초가족(超家族) 사회 조직은 실제로 가족 조직을 기반으로 했거나, 특정 종족 조직의 연합 형태였다고 볼 수 있다. '상위 계층인 사대부 사이에서는 붕당(朋黨)으로 발전했고, 하위 계층인 민중 사이에서는 고른 재산 분배를 목표로 다른 성씨를 아우르는 회당(會黨) 조직으로 변모하였다. 상공인과 농민 사이에서는 회관(會館) 및 동업 조합(行會)으로 발전하여 자신의 산업과 지역 소집단의 고른 발전을 보호하였다…(후략)….'[41] 이러한 종족 조직의 발전은 전통적인 친족 관계의 울타리를 넘어선 것으로 포용성과 가소성(可塑性)이 두드러진다. 이때 '종족관계

39 楊國楨·陳支平, 「명·청 푸젠 토보보론(明清福建土堡補論)」, 傅衣凌·楊國楨(主編), 『명·청 푸젠 사회와 향촌 경제(明清福建社會與鄉村經濟)』, 廈門大學出版社, 1987, pp.17-29.

40 鄭振滿, 『명·청 푸젠 가족 조직과 사회 변천(明清福建家族組織與社會變遷)』, p.62.

41 傅衣凌, 『명·청 사회경제 변천론(明清社會經濟變遷論)』, 人民出版社, 1989, p.45.

(宗族關系)'는 그 의미론적 의미를 초월하여 종족 내 사촌 관계를 비롯해 종족 외 혼인 관계로 맺어진 친척 관계, 그리고 혈연, 친연(親緣), 지연의 세 가지 관계에 속하는 준(準)친연 관계를 포함한다. 종족 조직은 해당 지역의 강력한 기층 통제 세력이 되었다.

그러나 19세기 중반부터 서구 세력의 영향으로 중국의 전통적인 경제 형태가 크게 바뀌면서 종족 조직이 생존에 의존하던 경제적 기반이 무너지기 시작했다. 1901년 이후 서구 정치사상과 문화사상이 계속 유입되면서 새로운 국가 모델을 수립해야 한다는 목소리가 커졌다. 20세기 전반 현대 국가의 중앙 통제력을 강화하고자 하는 사상의 흐름에 따라 기층 통제력으로서 종족 조직의 합리성이 관념적으로 흔들리기 시작했고, 국가주의와 국민의 자주성이 사회 건설의 1차 목표로 부상했다.[42] 이 과정은 중화인민공화국 건국 이후 약 30년간 지속되었고, 1978년 개혁개방 이후 진장 종족의 전통이 빠르게 회복되었다. 현지에 가족 공장과 가족 기업이 대거 등장하여 지역 경제 발전을 촉진하였으며, 시장, 사회 및 공권력과 새로운 상호작용 모델을 재구성하게 되었다.

제3절 교향형 사회구조에서의 화교와 국가

이른바 교향형(僑鄉型) 사회란 장기적이고 대규모의 해외 이민으로 형성된 일종의 특수한 커뮤니티로 다음과 같은 특징을 지닌다. 첫째, 화

42 張侃, 「종족에서 국가까지: 중국공산당 초기 기층 정권 건설—1929~1934년 민서 간남을 중심으로 한 고찰(從宗族到國家: 中國共產黨早期的基層政權建設—以1929~1934年的閩西贛南為中心的考察)」, 『福建論壇(人文社會科學版)』, 2002(5).

교(華僑), 화인(華人), 귀교(歸僑), 화교 가족[43]이 많고, 둘째, 경제적·문화적·사상적으로 해외와 매우 밀접한 관련이 있다. 셋째, 남아있는 본적지의 사람들은 화교들이 부치는 송금과 투자금에 의지했고, 상품 경제가 상대적으로 발달하였다. 넷째, 지역 사회의 문화와 교육 수준이 상대적으로 높았다. 진장의 사회 구조를 살펴보면 전형적인 교향형 사회였음을 알 수 있다.

진장의 경우, 지역사회의 생태 환경 제약 및 지속적인 악화, 잇따른 자연재해가 해외 이민이라는 행위의 '추진력'이 되었다. 그중에서도 생태 환경의 악화와 자연재해가 지역사회에 미친 영향은 전방위적이고 다층적이었다. 생태 환경이 악화되는 과정에서 많은 사회적 요인과 그 요인 간에는 억제형·확대형의 긍정적·부정적 피드백 작용 및 커플링 영향(Coupling Effect, 耦合作用)이 항상 동반되며, 사람들이 감당할 수 있는 한계치를 넘어서는 자연재해는 일부 지역에서 일련의 연쇄 반응을 일으켜 사람들의 생존 방식을 바꿀 수도 있다.

역사적으로 진장은 여러 차례 이민의 절정기를 겪었다. 첫 번째는 청나라 초기에 진장 연안과 진먼(金門), 샤먼(廈門), 타이완에 주둔하면서 청나라에 대항하던 정성공(鄭成功)을 마을 사람들이 따른 것이 그 시작이다. 정성공 부대와 연안 지역 주민들의 결속을 끊기 위해 청나라 조정은 차례로 해금(海禁)과 민간 선박의 출항을 금하는 천계(遷界) 정책을

43 역자주: 화교(華僑)는 엄격한 법적 개념으로 해외에 거주하는 중국 시민권자를 뜻한다. 화인(華人)은 보다 포괄적인 의미로 외국 국적을 가졌지만, 원래 중국 국민이었던 자와 그 후손을 의미한다. 귀교(歸僑)는 귀국하여 정착한 화교(華僑)를 뜻하며, 화교 가족은 화교 및 귀국한 화교의 배우자를 비롯한 혈연관계의 가족 및 친족을 의미한다(https://www.gqb.gov.cn/news/2021/0918/52188.shtml).

시행하였다. 이에 진장 연해의 마을들은 큰 피해를 보게 되었고, 많은 이들이 생계를 위해 고향을 떠나 해외로 향했다. 지방지, 족보, 묘비 등 산발적인 자료에서 관련 내용을 정리할 수 있었다. 『안해지(安海誌)』에 기록된 '병신년(丙申, 1656)에 마을이 파괴되었다', '신축년(辛醜, 1661)에 국경을 옮겼다'와 같은 엄혹한 조치에 의해 '안하이는 쇠퇴하고 황폐해졌다. 항구는 문을 닫았고 백성들은 이리저리 떠돌아니게 되었으며, 상인은 파산하여 집을 잃게 되었다. 그중 바다에서 무역하던 이들은 생계를 위해 남양을 떠돌아다녔으나, 나중에는 화교 상인이 되었다.'[44]

『금정이씨족보(金井李氏族譜)』에는 '청나라 초기 전쟁이 한창일 때 형은 남으로, 동생은 북으로…(중략)…여송(呂宋) 밖으로 뿔뿔이 흩어졌다(清初戰爭日熕之時, 兄南弟北……奔走呂宋外夷)'라고 기록되어 있다. 강희(康熙) 시기에 해금 정책이 다소 완화되자 샤먼(厦门) 항에 다시 새바람이 불게 되었지만, 생계를 위해서 또는 거주하고자 해외로 향하는 진장 사람들은 계속 늘어났다. 안하이 링수이촌(靈水村) 오씨(吳氏) 가문의 서로 다른 두 갈래 족보 기록에 따르면 강희(康熙) 후기부터 도광(道光) 시기까지 200명 이상이 생계를 위해 해외로 떠났다. 싱가포르가 개항한 지 3년째 되는 도광(道光) 원년(元年)(1821)에 진장 사람들의 첫 번째 범선이 샤먼(廈門)에서 싱가포르로 운항하면서 진장 사람들이 싱가포르로 이주하기 시작하였다.

근대 진장 이민의 역사적 배경을 살펴보면 첫째, 근대 공업의 발전에 따른 일부 전통 수공업의 경쟁력 상실 및 농촌 경제의 파탄으로 인해 많은 진장 사람들이 해외로 나가 생계를 꾸리게 되었다. 또한, 민간

44 安海誌修編小組, 『안해지(安海誌)』, 1983년 인쇄본, p.134.

금융 표회(民間金融標會)[45]가 매우 성행하였고, 그 이자율도 높아 중압감을 견디지 못한 많은 이들이 빚을 피해 해외로 떠났다.[46] 둘째, 강한 종족 문화로 인해 진장 지역에서는 산림, 수리(水利), 지역 및 풍수 문제를 두고 대규모 전투가 자주 발생했다. 특히 민국 시기에는 종파 간 다툼이 매우 심각했다. 이 같은 대규모 전투는 빈번히 발생하였고, 수년 또는 수십 년 동안 지속되기도 하여 무고한 사람들이 해외로 피난을 떠났다.[47] 셋째, 낡고 제대로 보수하지 않았던 해안이 결국 무너져 바닷물이 침수하자, '십계삼수(十季三收)'[48]로 대표되던 진장 천타이(陳埭) 일대 등 많은 농민들이 생계를 위해 해외로 떠났다.[49]

20세기 전반, 진장에는 또 다른 해외 진출의 절정기가 찾아왔다. 민국 초기와 1940년대는 중국 현대 국가 구축의 초창기로 진장 역시 불안정한 정치와 계속된 군벌들의 전쟁을 피할 수 없었다. 1910년부터 1930년까지 폭풍처럼 거세게 일어난 민군(民軍)은 각자 자신의 이름을 앞세우고, 누구를 지배하거나 누구에게 예속되지도 않은 채 서로 싸웠다. 진장의 군벌에는 '호법군(護法軍)', '정국군(靖國軍)', 그리고 추후에 광둥성에서 푸젠성으로 들어온 '동로토적군(東路討賊軍)', 저장군(浙軍), 푸젠

45 역자주: 표회(標會)란 촌과 지역 단위에서 자체적으로 자금을 조달하기 위해 형성된 민간의 비공식 금융제도이다.

46 吳泰(主編), 『진장 화교지(晉江華僑誌)』, p.29.

47 蔡堅毅, 「근대 진장의 해외 이주민의 역사적 이유와 특징(近代晉江海外移民的歷史原因及特點)」, 莊國土(主編), 『中國僑鄉研究』, 廈門大學出版社, 2000, pp.232-233.

48 역자주: 십계삼수(十季三收)란 열 번의 농사철 동안 세 번만 풍작을 거둘 수 있는 기회를 의미한다.

49 1997년 4월 천다이진(陳埭鎮) 시벤촌(溪邊村)에서 이뤄진 차이이젠(蔡堅毅)의 인터뷰 자료 참조, 인터뷰 응답자 D. S G(당시 75세).

의 군벌 천궈후이(陳國輝) 등이 있었다. 진장에서 그들이 서로 병탄(倂呑)하자 많은 사람들은 도적 떼와 징집을 피해 남양(南洋, 청나라 시기 장쑤(江蘇) 이남의 해안 지역)으로 도망쳐 스스로를 보호했다. 예를 들어, 금정갱서촌(金井坑西村)에서는 지방 군벌 천궈후이와 도적 떼의 괴롭힘으로 마을 전체 인구의 80% 이상이 타향으로 떠나야 했고, 그중 많은 사람들이 생계를 위해 남양으로 도망쳤다.[50] 1949년 전후 정권이 교체되었고, 국가 정책을 이해하지 못한 일부 사람들은 해외로 떠났다. 1947년과 1952년 사이 필리핀에 관광 및 친척 방문 목적으로 입국한 사람은 2,745명, 학생 신분으로 입국한 사람은 1,500명이었다. 이들 중 다수는 진장 출신으로 스스시(石獅市) 일대에서만 3,000여 명이 관광객 또는 학생 신분으로 필리핀에 입국했다.[51] 1940년대 후반부터 1950년대 초반까지 진장 사람들의 출국지는 주로 홍콩 지역으로, 대부분이 홍콩 노스포인트(north point, 北角)에 모여 살았기 때문에 '소진장(小晉江)'이라고 불렸다.[52] 통계에 따르면 1955년부터 1959년까지 국가 출입국 부서의 승인을 받아 진장에서 홍콩과 마카오로 간 사람은 16,834명으로 연평균 3,367명이었다. 1960년부터 1965년까지는 총 12,350명이 홍콩과 마카오에 갔고, 연평균 2,058명이었다.[53] 1976년 이후 진장 사람들의 이민은 다시 절정에 달했다. 1979년에만 2,396명이 홍콩으로 출국했고 여권 소지자 중

---

50 吳泰(主编), 『진장화교지(晉江華僑誌)』, p.31.

51 吳誌輝, 「스스시 화교 출국 사화(石獅華僑出國史話)」, 中國人民政治協商會議福建省晉江縣委員會文史資料委員會(編), 『진장문사자료선집(晉江文史資料選輯)(第三輯)』, 泉州晚報印刷廠, 1987.

52 吳泰(主编), 『진장화교지(晉江華僑誌)』, pp.229-230.

53 상게서.

80%인 7,055명이 동남아 각국으로 출국하거나 홍콩에 체류하고 있었다.[54] 1980년대까지 홍콩과 마카오에 체류했던 진장 사람들은 대략 30만 명으로 홍콩 전체 인구의 6%를 차지했다.[55]

진장 사람들의 해외 이민 과정은 '연쇄 이민'이라고 불리는 독특한 특징이 있었으며, 혈연과 지연에 기반한 이민 네트워크를 형성하였다. 동족이나 동향인이 해외에 정착한 이후, 아버지가 아들을 건사하고, 형이 동생을 끌어 오는 것처럼 친척, 친구, 이웃이 교민 거주지에서 서로 도우며 함께 발전해 나갔다. 이렇게 본적지의 가족 조직을 새로운 이주지로 옮겨 놓은 것이 이민 사회의 큰 특징이었다. 진장의 마을마다 해외에 있는 사람들은 대부분 종친회나 향우회를 조직하였다.[56] 해외에 널리 퍼져 있던 이들 진장 출신 종친회와 향우회는 화교 가족의 정을 나누고 서로 도왔으며, 무엇보다도 본적지의 뿌리와 끈끈하게 연결되어 있어 고향에 늘 보답하고자 했다. 그들은 해외에서 열심히 생활하면서 약간의 여윳돈이 생기면 '비(신)은(批(信)銀)'[57]을 송금하여 가족을 부양하고 집을 지었다. 제1차 세계대전 후 동남아시아 사회경제 환경의 큰 변화와 함께 해외에서 거주하는 교포들의 전반적인 경제 여건이 개선되고 향상되었고, 진장으로의 해외 송금은 그 이후로도 계속되었다. 1920~30년대까지 연평균 화교의 송금액은 1,000만 은원(銀元)[58]이상이었

---

54 吳泰(主編),『진장화교지(晉江華僑誌)』, pp.229-230.

55 자료 출처: 1987년 푸젠성 교민 조사 자료.

56 賀東航, 「지방정부와 진장 민영 경제의 부상(地方政府與晉江民營經濟的崛起(1970~1990년)」, 『南洋問題研究』, 1999(1).

57 역자주: 화교들이 중국의 가족에게 보내는 송금 문서 또는 서신을 의미한다.

58 역자주: 은원(銀元)은 15세기~19세기에 사용된 세계의 주요 유통 화폐 단위이다.

고, 1930년에는 2,500만 은원을 넘어서며 최고액을 기록하였다. 현(縣) 전역의 70~80%를 차지했던 화교 가족들은 적게는 일부, 많게는 전액을 화교 송금에 기대어 생활했다.[59] 화교 송금의 지원으로 크게 발전한 진장 경제에서 화교 송금업(批(信)銀業), 금은 장신구업, 포목 백화업, 건축 자재업이 특히 발달하여 비(非)교향형 지역과는 다른 진장 지역만의 경제 형태를 조성하게 되었다. 그리고 해외 화교들은 진장의 산업 발전에 투자도 많이 하였다. 1913년, 안하이(安海) 출신의 재일교포 천칭지(陳淸機)는 안하이에 민난 오토바이도로 주식유한회사(閩南摩托車路股份有限公司)를 설립했다. 1919년에 그는 푸젠성 최초의 민영 자동차도로 회사인 민난취안안 민간자동차도로 주식유한회사(閩南泉安民辦汽車路股份有限公司)를 설립하기 위해 자금을 모았다. 그 이후로 해외에 체류 중인 많은 진장인들이 교통 산업에 투자했다. 1931년까지 현에 236km 길이의 도로 16개를 갖추면서 도로 교통 네트워크가 초기에 구축되어 교향의 경제 발전을 추진하였다. 교통 산업 외에도 민국 시기의 진장 화교 기업은 상업, 방직, 전기, 가죽, 제지, 정미(精米), 주조(酒造), 담배·그릇·솥·비누·초 제조업, 벌목업, 광업, 부동산, 개간업 등 많은 산업으로 뻗어 나갔다. 또한, 화교 실업(實業)의 설립은 지역 경제를 근대화시켰다.

민국 초기의 정치적 혼란 속에서 푸젠성 남부 출신의 화교들은 국경을 지키고 주민들을 안정시키기 위해 교향의 무장 자위 조직 구축에 크게 힘썼다. 취안저우 교외의 수더우향(樹兜鄕)을 예로 든 『향사(鄕史)』의 기록을 살펴보면, 민국 6년(1917) 4월에 융춘(永春)에서는 민군(民軍)이 와서 취안저우 북군(北軍)을 공격한다는 소문이 무성했다. 장바오치(蔣報

59 吳泰(主編), 『진장화교지(晉江華僑誌)』, p.107.

企), 장바오차(蔣報察), 장카이위안(蔣開遠), 장바오룽(蔣報籠)과 같은 마을의 부유한 화교 가문들은 향민을 모집하여 진난연향 보위단(晉南聯鄉保衛團)을 설립했다. 이 자위 민병단(鄕團)은 진장과 난안(南安) 두 현(縣)에서 활동했으며, 실질적인 군사 동맹의 성격을 띠었고 모든 자금은 수더우향(樹兜鄕)에서 책임졌다.

해외 화교들은 고향의 정치 현대화에도 큰 공헌을 했다. 민국 초기, 위안스카이(袁世凱)는 독재 통치를 시도했고, 쑨원(孫文)은 2차 혁명과 호법 운동(護法運動)[60]을 일으켰다. 이에 푸젠성 남부 화교는 적극적으로 광저우 군정(軍政)이 북양 군벌(北洋軍閥)을 축출하는 것을 지지했다. 1918년 초, 쑨원은 귀국한 화교인 린주미(林祖密)를 민난군 사령관으로 임명하였다. 이어서 1922년에는 린썬(林森)을 푸젠성 성장(省長)으로 임명했지만, 민군 지도자 장전(張貞) 등이 연이어 반대하자 쑨원은 '푸젠성 해외 화교 동지들은 푸젠성 성장을 자초(子超, 린썬의 자(字))가 맡기를 많이 기대하고 있다'라는 내용의 서한을 보냈고, 이에 많은 군사를 거느렸던 지방 실권자들은 뜻을 굽힐 수밖에 없었다.[61] 이렇듯, 푸젠성 남부의 해외 화교들의 정치적 성향이 화교들의 정치 발전에 영향을 미쳤음을 알 수 있다.

1920~30년대에는 푸젠성 남부에 주둔한 민군이 서로 충돌하고 군대의 기강이 무너지면서 교향(僑鄕)의 사회경제적 질서가 심각하게 어지러워졌다. 1924년, 진장 출신의 필리핀 화교 리칭취안(李清泉), 왕취안셩

---

60 역자주: 호법 운동(護法運動)이란 쑨원이 일으킨 북양 군벌(北洋軍閥)을 반대하는 운동이다.

61 林凡, 「민난군 사건과 린주미의 죽음(閩南軍事件與林祖密遇害)」, 福建省政協·泉州市政協·漳州市政協文史資料委員會(編), 『민난 민군: 푸젠 민군 사료 선집(閩南民軍: 福建民軍史料選編)』, 福建人民出版社, 1995, pp.1-7.

(王泉笙) 등은 '남양민교구향회(南洋閩僑救鄕會)'를 조직하여 해외 화교가 교향 사회의 문제에 함께 개입하고 지역 정치를 개선할 것을 장려하였다. 1928년 진취안 출신의 필리핀 화교가 난징 국민정부에 강력히 요구한 '민정(閩政) 개혁' 가운데 '토비(土匪) 군대 해체 및 노동자로의 전환'은 민군 출신의 지방 군벌을 직접적으로 겨냥한 것이었다. 1931년 송호(淞滬, 상하이의 옛 이름) 항일 전쟁 후, 푸젠의 화교들은 19로군(路軍)의 푸젠 입성 운동을 시작했다. 이에 필리핀, 싱가포르, 말레이반도 등지에 거주하던 중국인들도 19로군에게 '고향을 구해 달라(拯救桑梓)'면서 푸젠성 입성을 반겼고, 비적(匪賊)의 일망타진과 지방 정치 쇄신을 기대했다. 1932년 6월, 푸젠 국내외 민중단체 대표 합동회의(福建海內外民眾團體代表聯席會議)가 홍콩에서 개최되어 19로군의 푸젠성 입성 환영과 같은 고향을 구제하는 법안들을 통과시켰다. 회의 후 추대된 화교 대표는 광저우로 가서 차이팅카이(蔡廷鍇, 19로군 군단장) 등을 만나 19로군의 푸젠행 관련 문제를 협의하였다. 19로군이 푸젠에 입성한 즉시 민난의 군벌 천궈후이(陳國輝)를 처형했고, 푸젠 지방정부를 개편하여 해외 화교들을 초청해 정치에 참여하도록 했다.[62]

이러한 일련의 정권 변동 속에서도 화교들은 늘 자신들이 생각하는 '혁명'의 편에 섰다. 그러나 '혁명'에 대한 이해의 차이 때문에 서로 다른 파벌로 나뉘게 되었다. 일부는 헌정(憲政)의 일체성을 수호하는 성향을 띠는 한편 다른 일부는 지역 정의(正義)를 대표하는 세력을 지지하는 성향을 보였으며, 또 다른 일부는 공산당원이 되어 항일 유격전에 적극

62 王銘銘, 『지나간 번영: 옛 도시의 역사 인류학적 고찰(逝去的繁榮: 一座老城的歷史人類學考察)』, pp.345-349.

적으로 참여하였다. 푸젠성 남부 지역에서 무장 투쟁을 해온 중공(中共) 특수부대는 해외에서 돌아온 화교들의 적극적인 참여와 해외에서 체류 중인 화교들의 재정적 및 정신적 지원도 받았다.

정당의 직접 참여 방식에 따라 각기 다른 형태의 혁명에 참여하는 것은 20세기 전반 중국 현대 국가 구축에 화교가 미친 영향 중 하나이다. 더 넓은 관점에서 볼 때 당시 화교는 교향 지역의 권력과 담론 구조에서 비교적 독립적인 공간을 개척하였기 때문에 연해 지역에서 매우 중요한 영향력을 지닌 정치 세력이었음을 알 수 있다. 이러한 정치적 영향력은 화교들이 특수한 독립적인 신분으로써 정치적 견해를 제시하는 방식에서도 드러났다.

'푸젠성 변혁(閩變)' 기간 동안 화교 대표단이 19로군을 만나 정치 개혁 강령(綱領)을 제시한 것이 그 대표적인 예이다. 19로군과 화교, 이 군정(軍政) 세력 간의 관계는 단순히 지지를 보내고 지지를 받는 관계가 아니라, '공정(公正)'으로 대표되는 민간 세력과 군정 권위 간의 양방향적 상호작용 관계였다. 또한, 여러 임시 정권과의 교류 과정에서 화교 집단은 지역사회와도 연대를 이루면서 초월적인 관계를 형성하였다. 화교 집단은 지역 공익에 투자하면서 지역사회에서 다수의 사회 세력을 결속시켰고, 그들 중 일부는 지역 권세가와 손잡아 '향족주의(鄕族主義)' 성향을 갖게끔 했다. 이러한 미묘한 관계는 일종의 제도적 혁신의 작용을 하였고, 지역 사회가 서구의 현대 국가 관념과 사상을 능동적으로 받아들이도록 하는 중개자 역할을 수행하였다.[63]

---

63 王銘銘, 『지나간 번영: 옛 도시의 역사 인류학적 고찰(逝去的繁榮:一座老城的歷史人類學考察)』, pp.362-364.

제3장

현대 국가 구축의 시도

(1901~1949)

1901년부터 1949년까지 진장은 중국의 다른 광활한 지역과 마찬가지로 국가 존망의 갈림길에 처해 있었다. 전통적인 제국—관료 집단 체계의 붕괴를 맞닥뜨린 국민들은 국가 변혁의 시급함을 크게 느꼈고, 이는 청나라 말기와 민국 정부가 주도하는 현대 국가 구축을 모색하는 최초의 계기가 되었다. 이는 특히 진장에서 시작된 전문화된 지방정권 조직과 계층화된 조직 구조 및 운영 메커니즘으로 나타났다. 국가 권력 구조의 하향식 파생(向下衍生)과 함께 지속적으로 향상된 현급(縣級)의 재정 흡수 능력은 재정과 조세 구조를 정비하고 규범화하고자 하였다. 이에 발맞춰 현대성의 상징인 새로운 교육과 의료 보건 체계도 구축되고 개선되기 시작하였다. 그러나 현대 국가 구축을 추진하던 민국 정부는 이념적 혼란, 수많은 파벌, 지방 세력의 할거(割據)에 대한 미숙한 대응 등 내부적 문제에 직면하였을 뿐 아니라 일본 제국의 침략까지 받으면서, 국가 권력이 지방 정체성에 효과적으로 침투하기 어려워졌다. 이러한 요인들로 인해 민국 정부가 주도하는 현대 국가 구축은 힘겨운 시도에 그치게 되었고, 제도화 구축의 미비와 함께 결국 실패로 끝나고 말았다.

제1절 현대 민족 국가 관념의 시작 배경

현대 민족 국가의 관념이 예로부터 존재했던 것은 아니다. 전통적 관념에서 국가는 주로 조정이나 왕실 등을 의미했으며, 문화적 정체성이 최우선적 지위를, 민족과 영토의 구역(疆域)이 부차적 지위를 차지하였다. 이에 대해 량치차오(梁啓超)는 "중국인들은 여전히 '천하'의 존재는 인식하면서도, '국가'의 존재는 자각하지 못하고 있다. 우리나라는 예로부터 통일되어 작은 오랑캐들이 주변을 둘러싸고 있다. 오랑캐들은 제도도 없고, 정치 체제도 없기에 국가가 되지 못하였다. 우리 백성들도 오랑캐들을 평등한 국가로 보지 않고 있는 까닭에 우리 중국은 수천년 동안 항상 독립적인 형국에 처해 있다(中國人向來不自知其國之爲國也。我國自古壹統, 環列皆小蠻夷, 無有文物, 無有政體, 不成其爲國, 吾民亦不以平等之國視之, 故吾中國數千年來, 常處於獨立之勢)"[1]라고 지적한 바 있다. 레머(C.F.Remer)도 "이제 중국 제도를 구체적으로 살펴봐야 한다…(중략)…국가주의는 민간의 가족 제도와 그 지방의 의식 속에서 사라진 지 이미 오래다. 조정에서 국가주의는 천자(天子)가 천하를 다스린다는 정치적 주장에 의해 오랫동안 묵살되어 왔다"[2]라고 언급한 바 있다. '현대 민족 국가', '주권 국가'는 근대 이후의 개념인 것이다. 현대 민족 국가의 네 가지 요소인 영토, 인구, 주권, 정권은 국가의 가장 중요한 특징이라고 일반적으로 인식된다. 계속해서 중국 현대 국가의 국가 정체성과 민족 정체성의 형성 과정을 정리하겠다.

---

1 梁啓超, 『飮冰室文集點校(第二集)』 중 「中國積弱溯源論」, 雲南教育出版社, 2001, p.671.

2 C.F.Remer, 『외국인의 중국 투자(外人在華投資)』, 蔣學楷·趙康節(역), 商務印書局, 1957, p.27.

1840년 이후, 중국에 들어온 서구열강들이 불평등조약으로 중국 정부를 압박해 근대 국가 모델과 국제 관계 구축의 길에 들어서던 과정에서 근대 국가관은 기존에 있던 '천하관(天下觀)'을 대체하게 되었다. 이러한 국가관의 주요 내용은 '각 개인에게 있어서 국가의 개념이 있음을 알고 있다(對於壹身而知有國家)', '조정에게 있어서 국가의 개념이 있음을 알고 있다(對於朝廷而知有國家)', '다른 민족에게 있어서 국가의 개념이 있음을 알고 있다(對於外族而知有國家)', '전 세계에 있어서 국가의 개념이 있음을 알고 있다(對於世界而知有國家)'이었다.[3] 이는 서구열강의 침략으로 큰 충격과 도전을 받게 된 중국이 '민족 국가'라는 개념을 분명히 깨닫게 된 지식의 원천이기도 하다. 이는 기든스(Giddens)가 "민족—국가가 생겨나면서 비로소 '국제'라는 용어가 충분한 의미를 지니게 된 것은, 민족—국가가 엄격하게 서로 구분되는 특징을 가지고 있기 때문이다. 이에 따라 '외부적' 다중 관계에 비해 '내부적' 관계도 매우 특별한 형태를 지니게 되었다"라고 언급한 바와 같다.[4] 중국의 민족 국가 관념은 민족 위기에 대처하는 과정에서 형성되었으며, 민족 관념은 현대 국가 관념의 기폭제이자 수단이 되었다. 이는 유럽의 민족 국가 구축과는 확연히 구분되는 것이다.

그러나 당시 첫걸음을 뗀 현대 민족 국가 관념에는 모순된 부분이 있었다. 어원학적 의미에서 '민족 국가'는 민족과 국가가 중첩되는 것으로, '모든 민족은 국가를 건설해야 한다'는 것을 의미한다. 중국과 같은 다민족 국가에게 있어 이와 같은 관점은 분명 잠재적인 분열 위험성이

---

3 李華興·吳嘉勛(編), 『량치차오 선집(梁啓超選集)』, 上海人民出版社, 1984, p.218.

4 Anthony Giddens, 『민족-국가와 폭력(民族-國家與暴力)』, p.210.

있다. 따라서 쑨원, 양두(楊度), 장타이옌(章太炎) 등은 '중화민족(中華民族)'의 개념을 여러 번 강조하였다. 그러나 전통적인 당시의 인식에서 상술한 '중화민족'은 모두 한족을 의미하는 것이었다. 당시 쑨원이 제시한 '만주족을 타도하고, 중화를 회복하자(驅除韃虜, 恢復中華)'라는 혁명 목표가 바로 혈연을 기반으로 한 서양의 민족주의였다. 신해혁명의 승리 후, 쑨원과 황싱(黃興) 등은 곧 혈연으로만 구분 짓는 민족의 개념이 매우 편협하다는 것을 깨달았다. 이에 '중화민족'의 개념은 한족(漢), 만주족(滿), 몽골족(蒙), 후이족(回), 장족(藏) 등 5개 민족이 공존하는 개념으로 확대 발전하였다.

서양 민족과 경쟁하기 위해서는 중국이 민족을 통합하고 강력한 질서를 구축해야 한다는 것을 가장 먼저 인식했던 량치차오는 자신의 저서에서 "대민족주의란 무엇인가? 그것은 외국의 모든 민족에 있어서 국내 본토와 국경지역의 모든 민족들을 하나로 합쳐 대중화민족(大中華民族)을 일구는 것이다(大民族主義者何?合國內本部屬部之諸族以對於國外之諸族是也)"[5]라고 처음으로 언급하였다. 나아가 "한족, 만주족, 몽골족, 후이족, 장족이 하나의 민족을 이루어 전 세계 인류의 3분의 1을 차지해 오대륙을 손아귀에 거머쥐어야 한다(合漢、合滿、合蒙、合回、合苗、合藏, 組成壹民族, 提全球三分有壹之人類, 以高掌遠跖於五大陸之上)"[6]라고 주장하였다. 이렇게 량치차오는 '중화민족(中華民族)'이라는 개념으로 자국 내 모든 민족을 아우르고자 하였다. 또한 중국과 서양 문화 사이의 접점을 찾아 양

---

5 梁啓超, 『음빙실합집(飮冰室合集)(第2冊)』 중 「정치학 대가 블룬칠리의 학설(政治學大家伯倫知理之學說)」, 中華書局, 1989, p.75-76.

6 상게서, p.76.

자 간에 존재하는 모순을 균형 맞추고자 했다. 그는 '민족'이라는 단순한 개념을 대체하기 위해 '국민(國民)'이라는 개념을 사용하기 시작했다. '국민'이라는 개념은 국가와 민족을 연결하는 가교와 같은 것이었다. 그 후 얼마 지나지 않아 5·4운동에서 국민혁명에 이르기까지, 지식인 이론에서 사용되던 '중화민족', '중국', '국민' 등 개념들이 사람들에게 깊이 스며들어 모든 중국인이 자아정체성 인식과 민족 의식을 각성하는 계기가 되었고, '중국'이라는 개념도 현대화되기 시작했다.

중국 동남부 연해의 진장에는 청나라 왕조와 외국 제국주의의 이중 억압을 가장 일찍이, 가장 격렬하게 경험했던 수많은 해외 교포들이 있었다. 청나라 말기에 들어서 중국이 서양 열강에게 위협을 받게 되자 신분이 매우 복잡했던 해외 화교들은 점차 '중국인'이라는 자아정체성을 인식하게 되었다. 청 왕조의 내부적 억압과 제국주의의 외부적 억압에 저항하고 혁명해야만 현대 민족 국가를 만들 수 있다는 것을 깨닫게 된 것이다.[7]

혁명의 무대에서 푸젠성 남부 화교의 첫 등장은 1853년 일어난 민난소도회(閩南小刀會)[8] 봉기로 거슬러 올라간다. 소도회 봉기 행렬의 주축이었던 해외 화교들은 이후 쑨원이 이끄는 반청(反淸) 혁명운동의 든든한 후원자가 되었다. 국내외의 이중 억압을 모두 겪고 있던 해외 화교들은 자연스레 현대 국가 구축을 위한 혁명의 동력 중 하나가 되었고,

---

7 王銘銘, 『지나간 번영: 옛 도시의 역사 인류학적 고찰(逝去的繁榮: 壹座老城的歷史人類學考察)』, pp.266-267.

8 소도회(小刀會)는 천지회(天地會)의 분파로, 청나라 때 주로 해외 화교 사회에서 활동하다가 청나라 말기에 푸젠성 남부 교향(僑鄕)으로 돌아왔다. 민남소도회(閩南小刀會)의 봉기는 화교와 화교의 본토 가족(僑屬)들이 이끄는 반청(反淸) 봉기로서, 중국 근대사에서 특별한 상징적 의미가 있다.

신해혁명의 준비 과정에서 핵심적인 역할을 수행하였다. 신해혁명의 반청 세력은 유학생, 화교, 회당(會黨)의 세 부류가 주축이 되었고, 그중 화교는 회당과 매우 밀접한 관계가 있었다. 당시 상황에서 쑨원은 홍문회당(洪門會黨)을 탈바꿈하기 위해 간단하고 신속한 방법을 취하였다. 일반 대중 사회단체와 달리 화교들의 비밀결사를 통해 연결된 조직적인 대중 단체였던 홍문회당은 '비밀과 질서를 지키고 약속을 중시하는(守秘序、重然諾)' 특징을 띠었으며, 특히 지도자의 명령을 잘 따랐다. 1904년 쑨원은 홍문치공당(洪門致公堂, 해외 홍문회(洪門會)의 전신)의 의뢰를 받아 「치공당중정신장요의(致公堂重訂新章要義)」의 초안을 작성하고, 치공당(致公堂) 당규(黨規)를 개정하여 '북방 소수 민족 퇴치, 중화 회복, 민국 창설, 토지 소유권 균형(驅除韃虜, 恢復中華, 創立民國, 平均地權)'을 치공당의 취지로 삼았다. 이 16자 강령의 첫 두 구절은 회당 슬로건인 '반청(反淸, 청나라 타도)' 내용과 상통하며, 세 번째 구절인 '민국 창설(創立民國)'은 기존의 회당 슬로건인 '복명(復明, 명나라의 복원)'이 폐기되었음을 뚜렷이 드러내는 것이자, 봉건 군주 독재체제였던 청 왕조를 수복한 후, 중국에 현대 국가를 건설하겠다는 혁명 목표를 확고히 한 것이다. 훗날 이 16자는 동맹회의 총칙에 그대로 새겨졌다. 이는 현대 국가 건설에 대한 해외 화교들의 염원을 담은 것으로, 조용히 부상한 독립적인 정치 세력은 화교의 권익을 보호하는 정당 조직을 만들고 육성하기 시작했다.

신해혁명 전날 밤, 푸젠성 남부 지역의 화교들은 동맹회, 광복회, 홍문치공당 등의 반청(反淸) 조직에 적극 참여하여 모금 활동을 전개하고, 고향으로 사람을 보내 봉기를 도모하였다. 푸젠성 남부 지역 신해혁명의 주요 지도자들은 모두 인도네시아, 싱가포르, 미얀마 등지에서 귀국한 혁명당원들로, 샤먼(廈門) 및 취안저우(泉州) 등지에 봉기를 계획하는 비밀 기관을 만들었다. 우창(武昌) 봉기가 발발한 이후, 샤먼이 푸젠성 남부에 위치한 관계로 광복 운동은 남양(南洋)의 화교들이 이끌어야만 했다.[9] 신해혁명 기간 동안, 푸젠성 남부의 화교, 귀국한 화교, 그리고 그들의 가족이 미친 영향은 매우 크다. 화교들은 다양한 방법으로 국내외 통치에 저항하였고, 현대 민족 국가 정권 수립의 이상(理想)을 널리 퍼뜨렸다. 그들의 영향을 받은 지방 엘리트들은 '화이(華夷)' 문화에 관한 단순한 논쟁을 현대 민족 국가 관념으로 전환시켰으며[10], 중국 본토 주민들의 현대 국가 관념을 일깨워 중화 민족의 일원으로서의 정체성 인식을 강화시켰다.

전반적인 위기 속에서 '국가와 민족'을 정체성으로 삼는 민족주의가 형성되었다. 그 과정에서 국가의 가치가 필연적으로 개인 및 다른 공동체의 가치를 초월할 수밖에 없다는 점에 주목해야 한다. 이는 20세기 이후 국가 권력의 확장에 이념적 기반을 제공하고 국가 구축을 주도한 사상이긴 했지만, 현대 국가의 자유민주 의식과는 많든 적든 간에 존재했던 장력(張力) 때문에 당시 자유주의가 주류를 이루지는 못했다. 당시 국내 정세와 제국주의 침략의 영향을 받은 자유주의자들은 자유주의에 입각해서 현대 국가 구축을 위한 실질적으로 효과적인 방안을 제시할 수 없었다. 1930~40년대 항일전쟁은 14년간 이어졌고, 계속된 내전과 대외전쟁의 협공 속에서 자유주의자들은 소외되었다. 전반적인 국

---

9 王振邦, 「샤먼·장저우·취안저우·융안 광복 기략(光復廈門漳泉永紀略)」, 中國人民政治協商會議福建省泉州市委員會文史資料研究委員會(編), 『취안저우 문사 자료(泉州文史資料(第九輯))』, 1981, p.38.

10 王銘銘, 『지나간 번영: 옛 도시의 역사 인류학적 고찰(逝去的繁榮: 壹座老城的歷史人類學考察)』, pp.334-335.

내 정세는 온 민족의 단결을 요구했지만, 국민당의 일당 독재에 유리한 현대 국가 건설 관련 정치적 주장들이 대두하면서 자유주의 국가 건설 계획이 실현되지 못하였다. 20세기 전반 중국의 현대 국가 구축 계획은 복잡성, 가변성, 굴곡성을 특징으로 하였다.

제2절 현대 관료 체제의 초기 형태

1901년 청나라가 시행한 '신정(新政)'을 시작으로 서양 국가를 모델로 한 중국의 전면적인 개혁이 시작되었다. 1905년 이후 청나라는 '예비입헌(預備立憲)', '관제 제정(厘定官制)', '책임 내각제(責任內閣制)' 등의 조치를 시행했다. 첫 번째 국가 구축의 제도적 시도는 결국 실패로 끝났지만, 청나라 말기에 진행된 일련의 개혁들로 중국 현대 국가 구축이 시작되었다.

중화민국이 수립된 후 지방 제도는 더 복잡해지고 변화가 잦아졌다. 민국 시기에 채택된 제도들은 서구 부르주아 국가 제도와 청나라 말기의 봉건 제도가 혼재한 것이었고, 두 제도가 병행된 민국 시기의 정치 제도는 상당히 혼란스러웠다. 또한, 현(縣)과 향(鄕) 등의 기층제도에서는 봉건적 성격이 더 강하게 남아 있었다. 향의 보장(保長)은 종종 노인이나 명망 있는 사람이 맡았으며, 족장(族長)을 겸하는 경우도 있었다. 이렇게 그들은 지주(地主)이자 지역의 권위 있는 사신(士紳, 이하 권세가) 및 족장으로서 현지의 정치 및 도덕 규범을 제정함으로써, 민국 시기 기층사회의 정치·종족·계급·윤리적 관계를 엄격히 통제하였다. 또한, 지방제도를 살펴보면, 기층으로 갈수록 차이가 좁혀지고 보수성이 짙어졌으며, 중앙 제도에 비해 개혁에 뒤처져 있었다. 그러나 지방 현급(縣級)

과 구급(區級) 정권 수립의 모색 및 발전과 함께 중국은 진정한 현대 국가 관료 체제 구축 단계에 진입하기 시작하였다.

1. 현대 국가 건설을 위한 정치적 담화

20세기 전반 동안 수차례 바뀐 정권 속에서도 가장 중요한 동원 구호는 '현대 민족 국가'를 일으켜 '중국을 일깨우자(喚醒中國)'는 것이었다.[11] 중화민국 베이징 정부(북양(北洋) 정부)에서 난징(南京) 국민정부에 이르기까지 국가 권력은 향촌에 깊숙이 스며들었다. 향촌 기층 정권의 행정화와 관료화를 실현하는 것은 정부 국가 건설 노력의 일관된 방향이자, 20세기 전반에 이뤄진 다양한 형태의 담론에서도 변하지 않는 진실이었다.

청나라 말기부터 국가 정권이 현에서 향촌으로 움직이는, 이른바 '정권 하향(政權下鄉)' 운동이 시작되었다. 통일된 권력의 중심에서부터 뻗어 나와 아래로 침투하게 된 정치 권력은 지리적 공간과 인구 집단 측면에서 그 영향의 범위가 계속 넓어졌고, 전체 영토의 인구는 물론 흩어져 있던 시골 마을에까지 광범위하게 침투되었다. 중국 국민당은 현대 국가 건설이라는 정치적 주장을 실현하기 위해 국민혁명 때부터 향촌의 호족에 반하는 정책을 채택했다. 국민당이 제정한 각종 지방 자치 관련 법령과 규정에서는 토호(土豪)와 악덕 지주를 제외한다고 명시되어 있었다. 난징 국민정부가 통일한 후에도 전통적인 정치 구조에서

11 John Fitzgerald, 『Awakening China: Politics, Culture, and Class in the Nationalist Revolution(喚醒中國: 國民革命中的政治、文化與階級)』, 李恭忠·李裏峰 등(역), 生活·讀書·新知三聯書店, 2004, p.455.

중국이 현대 국가가 되기란 어려운 일임이 자명해 보였다. 당시 '고위층과 하위층의 재건'이라는 임무에 직면한 중국 정부는 전능하고 효율적인 지방 기층 정권을 구축해 전면적 관료화로 지방 권세가의 지방 통제를 대체해야만 했다. 이 임무를 완수하려면 관련한 제도적 구조가 필요했다. 기본적으로 쑨원의 이념을 바탕으로 전개된 난징 국민정부 시기의 '정권 하향(政權下鄕)'은 향촌 정권을 강화하기 위한 것으로, 현(縣)·구(區)·향(鄕)을 포함한 향촌 사회에 완전한 기층 정권 체제를 구축하였다.[12] 또한, 국가 재정은 농업의 발전에 주로 의존했기 때문에 농촌으로 확대된 국가 권력은 국가의 흡수 능력을 향상시켜 궁극적으로 모든 분야에서의 국가 건설 능력을 강하게 만들어야 했다. 따라서 향촌을 개조하고 현대 국가 건설에 필요한 자금을 얻기 위해서 국가는 가능한 한 향촌 자원의 흡수 강도를 높여야만 했다.

1928년 이후, 난징 국민정부는 새로운 관료 기구의 일상적인 활동을 유지하고자 현대식 군대와 경찰대를 설립하였고, 새로운 형태의 국민교육을 시작하였으며 국가 정권의 지방 경제자원 추출을 강화하였다. 국민정부는 '지방 자치(地方自治)'라는 명분으로 국가의 흡수 능력을 높이기 위해 지방정부의 지원을 받았다. 사실 '지방 자치'는 지방 권력을 강화하기 위한 것이 아니라 국가의 흡수 능력과 국가의 지방 통제 능력을 향상시키기 위함이었다. 전반적인 과정에서 '국가 건설'과 '지방 자치'의 주장이 번갈아 등장했고, 청나라 말기의 정부와 민국 정부 시기 모두 '지방 자치'라는 명분으로 사실상 국가가 향촌 사회의 실천에 개

---

12 徐勇, 「현대 국가의 건설과 촌민 자치의 성장 - 중국 촌민 자치의 발생과 발전에 관한 설명(現代國家的建構與村民自治的成長—對中國村民自治發生與發展的壹種闡釋)」, 『學習與探索』, 2006, p.6.

입하였다.[13]

2. 민국 현급 정권의 계층화

민국 시기에는 국가가 현대화되면서 현급(縣級) 수준의 국가기관에 변화가 생겼고, 행정, 입법, 사법부로 분리되어 점차 분업화의 형태로 발전했다. 법원 기구의 등장을 예로 들면, 청나라 황제 퇴위 후 중화민국 정부가 공포한 「중화민국 임시 조약법(中華民國臨時約法)」에서 사법 독립에 관한 내용은 제6장 「법원(法院)」에 자세히 기록되어 있다. 구체적으로 제49조에는 '법원은 법률에 따라 민사소송 및 형사소송을 심판한다. 다만, 행정소송 및 기타 특별소송에 관해서는 법률로 정하지 않는다'라고 규정되어 있으며, 제51조에는 '법관의 독립 재판은 상급 관청의 간섭을 받지 않는다'라고 규정되어 있다. 제52조에는 '법관은 재임 중 감봉 또는 전직될 수 없다. 법에 따라 형을 선고받거나 해임되어야 하는 징계 처분이 아니면 해임되지 않는다. 징계 규정은 법률로 정한다'라고 규정되어 있다. 이로써, 근대 법치국가 사법제도의 기본 원칙이 기본적으로 갖춰져 있음을 알 수 있다.

또한 민국 현급 정권의 계층화 시행도 점차 더 표준화되고 개선되었다. 특히 1927년부터 1937년까지 난징 국민정부는 통치 기반을 세우고 공고히 하는 한편 지방의 각종 사업을 발전시키기 위하여 전국적으로 대규모의 지방 자치 운동을 전개하였다. 또한, '내정 쇄신, 헌정 토대 구

13 楊雪冬, 『시장 발달, 사회 성장 및 공권력 구축—현을 미시적 분석 단위로(市場發育、社會生長和公共權力構建—以縣為微觀分析單位)』, p.47.

축(刷新內政, 築憲政之初基)'[14]을 기치로, 현을 '자치 단위'[15]로 삼아 기층정권의 재통합을 도모하였다. 당시 쑨원은 현급 수준에서 현의회(縣議會)와 현장(縣長)을 조직하는 것을 구상했다. 현의회 의원은 민중에 의해 선출되고 현의회는 입법권을 가졌다. 또한, 현장도 민선(民選)에 의해 선출되며, 정한 법령에 따라 의회가 정부에 속하는 6개 행정국을 관할해야 했다. 중국 국민당이 '훈정(訓政)'을 통해 시행할 이 정책을 놓고 쑨원은 구체적인 단계를 수립하였다. 첫 번째 단계는 지방 자치 학교의 설립과 지방 자치 인재 양성이다. '지방 자치 학교를 설립하고 모든 현에서 입학생을 선발한다. 1~2년의 학업이 끝난 후에 지방 직무를 맡긴다.'[16] 두 번째 단계는 지방 자치 준비 및 일반 지방 자치의 시행이다. 이 단계에는 인구 조사, 토지 정리, 도로 정비, 교육 및 기타 지방 자치 업무 처리 등이 포함된다. 세 번째 단계는 지방 자치가 성과를 거둔 후에 직접 민권(民權)을 시행하는 것이다. 이와 같은 쑨원의 계획은 합리적이라고 할 수 있다. 난징 국민정부는 수립 후 10년 동안 쑨원이 구상한 목표에 따라 현 제도(縣制)를 보완하고 계획하기 시작했으며, 일련의 법령과 규정을 잇따라 공포하여 현(縣)의 법적 지위와 조직 구조를 확정 지었다.

이 시기 동남 연해에 위치한 진장현 정부 조직 구조의 대략적인 변화

---

14 「중국 국민당 제3차 전국대표대회 내정부 정치업무보고(中國國民黨第三次全國代表大會內政部政治工作報告)」, 秦孝儀(編), 『혁명 문헌(革命文獻)(第71輯)의 『항전 전 국가 건설 사료』(내정 측면)(『抗戰前國家建設史料』(內政方面)』, 中央文物供應社, 1977, p.1.

15 중국 국민당 제3차 전국대표대회(中國國民黨第三次全國代表大會)의 「정치 건설의 기초안 수립을 위한 지방 자치의 전략 및 절차 확정(確定地方自治之方略及程序以立政治建設之基礎案)」, 劉振東(編), 『현정 자료 총집(縣政資料匯編(上冊))』, 中央政治學校, 1939, p.138.

16 孫中山, 「상하이 다과회에서의 연설(在滬舉辦茶話會上的演說)」, 『쑨중산 전집(孫中山全集(第三卷))(1913~1916)』, 中華書局, 1984, p.330.

는 이와 같다. 1935년 '신현제(新縣制)' 시행 이후, 민정(民政)·재정·교육·건설·군사·사회 등 6개 부서와 회계실로 구성된 진장현의 기구는 점차 고정적인 성격을 띠게 되었다. 1936년 푸젠성 정부는 진장을 1등 갑종현(甲種縣)으로 지정했으며 현장 아래의 비서, 1과(壹科), 2과(二科), 3과(三科)에 각각 과장 1명을 배치하였고, 이밖에 경사(경찰 직급), 기사(技士, 工程師 아래의 직급), 장학사(督學), 통계관 1명 및 기장(記賬) 각 1명, 과원(科員) 5명, 사무원 3명, 임시직 직원(雇員) 9명, 정무경찰 12명 및 잡무(勤務) 10명으로 구성되었다. 이 밖에 독립보안 중대에는 장병 107명이, 현 정부 직속 경찰서 분소에는 경찰 194명이 근무하였다. 1940년에 현 경찰소(縣警察所)는 현 경찰국(縣警察局)으로 변경되었다. 1943년에는 현 정부의 기구가 더욱 개선되어 비서실, 민정과, 재정과, 교육과, 건설과, 군사과(이후 폐지되었지만, 1946년 9월 개편됨), 회계과, 군법실 등이 설치되었다.[17]

3. 진장 현급 정권 운영 메커니즘

민국 시기에 진장 현급 정권의 운영 메커니즘의 특징은 다음과 같다. 행정 측면에서 현급 정부의 기능이 이중 방향으로 균형 있게 발전하기 시작했다. 우선, 현급 정부는 중앙정부의 정부 강령(政令) 집행을 책임지고, 정책 시행의 기능을 계속 수행하였다. 그리고 지방 문제에 대한 현급 정부의 지도적 기능도 강화되었다.[18] 분업화와 계층화의 발전으로

17 晉江市地方誌編纂委員會(編), 『진장시지(晉江市誌(上))』, p.869.

18 일반적으로 지방정부에는 집행과 지도라는 두 가지 기능이 있다. 중국 전통사회에서 현급 정부는 중앙집권적 서비스를 강화하기 위한 것이기 때문에 지도적 기능은 집행적 기능보다 상대적으로 약했다.

현급 정부는 '집단 의사 결정 및 부서 집행(集體決策, 部門執行)'이라는 새로운 운영 형태를 보이기 시작했다. 그중 주된 행정 운영 방식을 살펴보면 다음과 같다.

(1) 현 정부 사무 회의

현 정부 사무 회의(縣政府辦公會)는 현장(縣長)을 비롯한 현 정부 각 부서의 과장과 국장이 참석하고, 현장을 의장으로 하여 현의 예산 결정, 공채(公債), 공공 재산 처분, 공공사업의 운영 및 관리, 현장의 임시 심의 처리 등을 주로 다룬다. 일반적으로 일주일에 한 번 열리는 현 정부의 정례 회의이다.

(2) 현 행정 회의

1928년 10월 국민정부의 훈령(訓令)으로 공포·시행된 「현 정부 행정 회의 규정(縣政府行政會議規程)」에 따라 현 행정회의는 1년에 두 번 개최되며, 시기는 현 정부가 결정하여 민정청(民政廳)에 등록한다. 회의에는 현장, 현 정부의 과장, 국장, 구장(區長), 지방단체장(또는 지방의 명망 높은 권세가)이 참석해야 한다. 현 행정 회의는 민의(民意)를 채택하기 위한 회의로 비교적 여유로운 성격을 띤다.

(3) 현 전역의 각 구 구장 회의

구는 현 산하에 설치된 자치 단위로 구공소(區公所, 구청)를 설치하고 구장(區長) 1인을 두어 구의 자치 사무를 관리한다. 구장은 구민(區民)이 선출하며 현 정부가 민정청(民政廳)에 보고하여 등록한다. 민선(民選) 실시 전에 민정청은 훈련 시험의 합격자 중에서 구장을 위촉한다. 이론상으로 구는 자치 단위이지만, 훈정 시기[19]에는 사실상 현의 하위 행정 단위였다. 구장은 인민들을 도와 지방 자치 준비를 지원하는 책임을 지는 한편 현 정부의 보좌진 역할 및 공문 전달 기관으로서의[20] 두 가지 기능을 갖추었다. 현의 지역 사무에 대해 논의하고 결정하기 위해 매월 개최되는 구장 회의에는 현장과 각 구의 구장을 비롯하여 현 정부 비서, 각 과(科)의 과장과 각 국(局)의 대표, 경찰대 대표, 지방 권세가 대표 등이 회의에 참석한다.

(4) 현 당정 담화회(縣黨政談話會)

이것은 중국 국민당과 정부 간의 관계를 조정하는 기구이다. 난징 국민정부가 1927년 9월 22일 공포한 「현 당부와 현 정부 간의 관계에 관한 규정(縣黨部與縣政府之關系條例)」에는 '현 당부는 현 정부에 대한 감독 권한과 권고의 책임이 있지만, 현 정부에 강제적으로 집행해서는 안 된다'라고 명시되어 있다.[21] 현 당정 담화회를 소집하는 것은 현 당부(縣黨部)와 현 정부(縣政府) 간의 관계를 잘 처리하기 위한 시도의 일환으로 이 자리를 통해 양측은 의견을 교환하고 합심하여 현 당치(縣黨治) 발전을

---

19 '훈정 시기(訓政時期)'는 쑨원이 제안한 '민국 수립(建立民國)' 절차의 두 번째 단계이다. 쑨원은 민국 수립 절차를 군정(軍政) 시기, 훈정(訓政) 시기, 헌정(憲政) 시기의 세 시기로 나누었다. 훈정 시기에 약법(約法)을 시행할 것을 주장하면서 정부는 훈련과 시험에 합격한 사람을 각 현에 파견하여 지방 자치를 준비하도록 하고, 인민에게는 민권 운용과 의무를 책임지는 훈련을 실시하였다.

20 內政部(編), 『구장(區長)(第8期)』의 『특별요건(特別要件)』, 1930, p.1.

21 福建省政府公報, 『현 당부와 현 정부의 관계 조례(縣黨部與縣政府之關系條例)(第2期)』의 『당무(黨務)』, 1927, pp.67-68.

도모한다. 회의 참석자는 현 당부의 감찰위원(執監委員), 현 정부 현장 및 국장으로 제한되며, 2주에 한 번씩 현 당부와 현 정부가 번갈아 개최하고, 담화회의 결과는 별도로 시행된다.[22]

그러나 초기 국민당의 창당으로 불거진 혼란에 국민당은 이론과 정치 실천 모두 '당화국가(黨化國家)' 체제 구축에 크게 뒤처져 있었다. 또한 쑨원의 국민당 당화국가[23] 구축은 그의 노년기에 이뤄진 정치적 비상조치로 볼 수 있으며, 장제스(蔣介石)의 국민당 당화국가의 강화는 시기에 따라 강약이 달라졌을 뿐, 단순히 안정만을 좇기에 급급한 조치에 불과하였다. 따라서 엄밀히 말하면 국민당은 중국 본토 집권 기간 동안 당화국가 구축이라는 정치적 임무를 완수하지 못했고 당과 정부 관계도 조화롭지 못했다. 현급 정부 수준에서는 특히 '당정 연계(黨政聯系)'가 어떤 의미에서는 '당국 체제(黨國體制)'의 일원성(壹元性)을 약화시켰다. 국민당 중앙위원회의 규정에 따르면 동급의 당부(黨部)와 지방정부는 수평적 관계이다. 지방 당부의 직권은 조직 발전, 당의(黨義) 선전, 지방자치의 기반 조성 외에 지방정부가 지방 자치를 추진하도록 지원하는 것이다. 또한, 지방정부는 구체적인 정무 업무를 책임지며 당과 정부는 분리되어 있고 서로 간섭하지 않는다. 극히 부족한 자원에 매우 제한적인 직권 범위, 그리고 현급 정부보다 매우 적은 인력을 갖춘 현급 당부

---

22 福建省政府公報, 『푸젠성 각 현 당정 담화회 방법(福建省各縣黨政談話會辦法)(第334期)』의 『특별 요건(特別要件)』, 1930, p.1.

23 현대 국가의 구축에서 당화 국가(黨化國家)는 민족 국가의 한 형태이지만, 전통과 현대가 공존하던 당시 중국에서 현대 국가 형태로서 당화 국가의 등장에는 역사적 타당성이 있었다. 일반적으로 현대 국가의 등장 과정에서 정치적으로 성숙한 정당은 개념 설계, 제도 제공 및 사회 동원 등 국가 구축을 다양하게 지원한다. 따라서 후발국가의 구축에서 정당은 종종 '민족 국가의 예비 학교'로 인식된다.

의 경우, 소속된 서기(書記)들도 비중이 크지 않아 현(縣) 행정장관의 부속품으로 전락하기 일쑤였고, '당국 체제(黨國體制)'의 지방 실천은 불협화음과 저항으로 가득했다. 예를 들어 1932년부터 1934년까지 상하이에서 일본 제품 불매 운동이 일어나자, 상하이 당부의 단호한 보이콧 움직임은 상하이 정부 정책과 충돌하였고 결국 당 관리들의 큰 패배로 막을 내렸다.[24] 이로써 중국 국민당은 정부 행정 인력에게 어떠한 전면적인 리더십 기능을 수행할 능력이 없었음을 알 수 있다.

(5) 현의 각종 전문 위원회 회의

이러한 회의는 주로 현에 국한된 특수한 문제 및 비상사태에 대응하기 위해 소집되며 일반적으로 현장(縣長), 현(縣) 정부 비서, 현의 각 과장, 국장, 현 당부, 경찰대, 관련 구의 구장, 사회단체 및 일부 지방 권세가가 참여하는 위원회 시스템을 채택한다. 진장현을 예로 들면, 1928년부터 1938년까지 진장현 조림 운동 위원회 회의(造林運動委員會會議), 진장현 기금조달회 회의(籌賑會會議), 진장현 현 정부의 군사 예산 조달 회의(縣政府籌商應付軍用款款項會議) 등이 잇따라 소집되었다.

4. 구급 정권의 수립

민국 시기의 구급(區級) 정권의 등장과 발전은 현대 중국 향촌 기층 정권 체계를 형성하는 데 중요한 역할을 했다. 중국 역사에서 역대 지방 제도는 수차례 변경되었지만, 현급은 변함없이 가장 기층의 지방 정권

24 陳明明, 「당치국가의 이유, 형태와 한계—중국 현대 국가 건설에 관한 토론(黨治國家的理由、形態與限度—關於中國現代國家建設的壹個討論)」, 『復旦政治學評論』, 2009(1).

이 되었다. 민국 시기에 이르러 현 아래에 구(區), 향(鄕), 진(鎭), 촌(村) 등의 지방 기층 행정 조직이 등장하기 시작했으며, 그중에서도 '구'는 가장 독특한 지위를 차지하였다. 비자연적이고 인위적인 행정단위로서 구의 수와 관할 인구 및 면적은 자주 변했으며, 그 변천 과정은 구급 조직의 생성, 구급 자치 구역, 구급 행정 구역의 세 단계로 나눌 수 있다.

신해혁명 이후 위안스카이(袁世凱)가 자신의 통치에 더욱 '합법성(合法性)'을 갖추기 위해 성과 현의 자치를 폐지하고, 1914년 12월 「지방 자치 시행조례(地方自治試行條例)」를 공포하여 전국적으로 '구(區)'를 단위로 한 소규모 자치를 실시하도록 규정한 것이 공식적인 구의 설정이었다. 모든 현에는 4~6개의 구가 있으며 구에는 1명의 구장과 6~10명의 자치위원이 있었다. 위안스카이 정권이 끝난 후에도 구의 설정은 유지되었고, 이는 민국 시기의 구급 조직 설정의 시발점이 되었다.

1921년 북양정부는 구 자치를 현과 시향(市鄕) 자치로 개편하고 구급 행정 체제를 폐지했다. 그러나 당시 국가는 사실상 분열 및 갈등 상태에 있었기 때문에 많은 성들이 성마다 독자적으로 법규를 제정하여 구급 체제를 계속 유지하였다. 예를 들어 위안스카이 시기와는 다르게 옌시산(閻錫山)[25]이 산시(山西)에 설계한 '자치구(自治區)'는 '자치'에서 '행정'으로 전환되어 정부가 파견한 향촌의 1급 행정 기관이 되었으며, 광활한 농촌을 감독하고 관리하는 역할을 수행했다. 기층 조직의 통제에 중점을 둔 이 체제는 상급 정부의 정책 결정을 효과적으로 시행하고 관료 정치의 영향을 현급 지역으로 확장할 수 있었다. 또한 해당 체제는 1928년 이후 난징 국민정부의 지방 제도에 큰 영향을 미쳐 나중에 전국

---

25 역자주: 옌시산(閻錫山, 1960~1983), 중국의 군벌 정치가.

적으로 형성된 현 이하 구(區) 설정의 초석이 되었다.

난징 국민정부가 수립된 후, 쑨원이 직접 제정한 「건국대강(建國大綱)」과 「지방 자치 개시 시행법(地方自治開始實行法)」의 규정에 따라 전국적인 지방 자치 시행이 발표되었다. 그리고 옌시산을 정부 내무부 장관(內政部長)으로 임명하고 산시(山西)의 구촌(區村) 제도[26]를 토대로 전국에 향촌 정권 체제를 구축했다. 이어서 1928년 9월, 국민정부는 「현 조직법(縣組織法)」을 공포했다. 이 법은 향촌이 현(縣), 구(區), 촌리(村裏), 간린(閭鄰)[27]의 4단계 자치제를 시행하도록 규정하였으며, 이후 촌리는 향진(鄉鎮)으로, 간린은 보갑(保甲)으로 개편되었다. 현 이하의 행정구역을 면적, 지형, 호구(户口), 교통, 경제 및 민속 등의 상황에 따라 4~6개 구(區)로 구분하였고, 구의 범위는 10~50개 향진이었다. 「현 조직법(縣組織法)」과 「현 조직 시행법(縣組織實施法)」에 규정된 절차에 따라 구를 구분한 후, 구장을 임명하고 구공소(區公所)를 조직하였다. 1929년, 국민정부는 「구 자치 시행법(區自治施行法)」을 공포했다. 1934년 이후, 국민정부는 구의 권력을 더욱 확대하고 강화했다. 구는 현 정부의 파견 및 통제 기관으로서 현 정부의 다양한 파견 업무를 완수해야 했으며, 그중 경비·치안 및 세금 징수가 가장 중요한 두 가지 기능이었다.

국민정부의 배치에 따라 1936년 진장현에는 4개 구(區), 120개 연보(聯

---

26 역자주: 구(區)는 도시지역의 행정단위를, 촌은 향촌지역을 대표하는 것이다. 구촌(區村) 제도는 중국에서 지방 자치와 행정을 조직화하는 데 사용되며, 도시와 농촌 지역의 특성에 맞게 운영된다.

27 역자주: '간린(閭鄰)'은 중국에서 지방 자치를 위해 사용되는 행정 구역 체계 중 하나이다. '간린'은 촌(村)보다도 작은 단위로 주로 시골 지역의 작은 마을이나 농촌 지역의 작은 거주지를 나타내며, 한 마을 내에서도 작은 동네나 지역을 구분하기 위해 사용되었다.

保), 1,167개의 보(保), 12,142개의 갑(甲)이 설치되었다.[28] 각 구에 설치된 경찰소(警察所)에는 총 111명의 경찰관이 구장의 지휘에 따랐다(구체적인 배치는 표 3-1 참조).

<표 3-1> 1936년 진장 구서(區署)와 보갑(保甲) 조직 개황[29]

구(區) 유형	구(區) 소재지	인원수				연보(聯保) 수	보(保) 수	갑(甲) 수	구 경찰소·경찰(警員) 수
		구장(區長)	구원(區員)	임시 사무직(雇員)	합계				
제 1구	현 정부 소재지(縣城)	1	4	4	9	42	474	4,645	12
제 2구	안하이(安海)	1	4	4	9	23	223	2,005	27
제 3구	스스(石獅)	1	4	4	9	45	387	4,691	56
제 4구	허스(河市)	1	4	4	9	10	83	801	16
현(縣)전역		4	16	16	36	120	1,167	12,142	111

1937년 이후, 국민정부는 계속 지방 행정을 조정하였다. 1939년 9월, 충칭(重慶) 국민정부는 지방 자치를 촉진하기 위해 「현 각급 조직 요람

28 역자주: '가까이 살면서 서로 도우고 지키자'라는 공동체 인식에 따라 10가구(户) 단위로 가까이 사는 주민들이 모여 연보(聯保)를 구성하였다. 10가구(户)가 1갑(甲)을, 10갑(甲)이 1보(保)를, 여러 보(保)가 연보(聯保)를 구성하였다. 이러한 제도는 경비, 방어, 보호 교육, 분쟁 조정, 법률 교육, 유동 인구 관리 및 상호 감시 및 상호 보증, 나아가 지역 사회의 안전과 질서를 강화하는 데 목적이 있다.

29 晉江市地方誌編纂委員會(編), 『진장시지(晉江市誌)(上)』, p.870.

(縣各級組織綱要)」을 공포하여 현 정부의 권한을 높이는 한편 구에 더 많은 행정 임무를 부여하였다. 이 당시의 구는 더 이상 정권의 행정 계층이 아니라, 현 정부의 보조 기관으로써 현 정부의 명령을 기층까지 관철시켜 국민정부의 지방 기층 통제를 강화하였다. 또한 난징 국민정부는 전국 각 성에 구장 훈련소, 자치 훈련소와 같은 훈련 기관을 설치하여 구급(區級)의 자치 인재를 전문적으로 양성했다. 국민정부의 각급 계층 정권 가운데 구급 인력의 자질이 가장 높았다는 점이 인상적이다. 구는 국가와 향촌 사회의 '접점'에 있었기 때문에 구급 정권은 광활한 향촌 지역을 통치하는 데 중요한 역할을 했다.[30]

사실, 20세기 전반에 국가 권력이 향촌으로 확장되는 과정에서 구급 정권은 매우 중요한 연결고리였지만, 그 지위는 자치에서 행정으로 변화를 여러 번 거친 끝에 결국에는 현(縣) 정부의 통치를 보조하는 현급(縣級) 지부 기관으로 확정되었다.

중국의 사회 저변에 현대 정치 구조를 조성한 축소판인 구급 정권 건설 과정은 국가와 사회 사이의 복잡한 관계를 반영하였다. 또한, 정부가 행정기구를 확장하기 위해 노력하는 과정이자 국가 역량이 사회 전반에서 천천히 확산되는 과정이었다.[31] 그러나 다양한 요인의 제약과 영향으로 인해 그 목표는 순조롭게 실현되지 못했다. 미국의 중국 사학자인 프라센지트 두아라(Prasenjit Duara)는 정권의 내향적 정교화(involution, 內卷化)[32]라는 개념을 들어 민국 시기의 지방정부는 자체적인 행정 능력

---

30 李巨瀾, 「민국 시기의 구급 정권 구축 약론(略論民國時期的區級政權建設)」, 『史林』, 2005(1).

31 John King Fairbank(編), 『케임브리지 중화민국사(劍橋中華民國史)(第二部)』, 章建剛 등(역), 上海人民出版社, 1992, p.56.

32 역자주: 내향적 정교화(involution, 內卷化)란 미국의 인류학자 클리퍼드 기어츠(Clifford

을 높여 재정 수입을 늘린 것이 아니라, 국민정부 부서기관과 세금 종목을 증설하여 수입을 늘리는 방식으로 외연(外延)을 확장하고자 했다고 설명했다. 이로써 국가 재정 수입을 크게 늘릴 수는 있었지만, 지방 토호 및 악덕 세력가와 같은 '영리형 중개인'들의 뇌물 수수와 횡령, 농민들에게 가혹한 세금을 부과하는 상황까지 초래하였다. 다시 말해, 농촌 사회의 질서가 근본적으로 흔들리며, 농민들이 더 큰 고통을 겪게 되었다고 할 수 있다. 정부가 세수를 늘려 민심을 잃은 것도 국민정부 기층 구급 제도 건설 실패의 중요한 원인 중 하나였다. 계속해서 이 문제에 대해 전문적으로 살펴보겠다.

제3절 민국 시기의 국가 흡수 능력 건설: 현대 재정 체제의 수립

국가 흡수 능력은 정부가 사회로부터 재정 자원을 얻는 침투 능력을 말하며, 현대 국가 구축의 중요한 요소이자 국가의 여러 다른 능력의 토대이다. 앨먼드(Gabriel A. Almond)는 '흡수 능력과 현대 국가는 쌍둥이와 같이 떼려야 뗄 수 없는 매우 가까운 사이다'라고 언급하였다.[33] 조지프 슘페터(Joseph Alois Schumpeter)도 '한 민족의 재정사(財政史)는 일반적인 역사의 기본 구성 요소이다'라며 '결국 한 민족의 정신, 문화 수준,

---

Geertz)가 제기한 이론으로, 하나의 사회 혹은 문화 형태가 일정한 성장 단계에서 하나의 확정된 형태에 도달한 후 성장을 멈추거나 다른 더 높은 차원의 형태로 전환할 수 없는 현상을 의미한다.

33 Gabriel A. Almond & Jr. G. Bingham Powell, *Comparative Politics: A Development Approach*, Little, Brown & Co., 1966, p.244.

사회 구조, 그리고 그 정책이 준비한 행위 등 이 모든 것은 물론, 더 많은 것들이 그것의 재정사에 반영된다'라고 자신의 견해를 밝혔다.[34] 영국, 독일, 프랑스 등 유럽 현대 민족 국가 구축 역사에서 국가 현대화는 재정 현대화와 줄곧 밀접한 관련이 있었다. 20세기 현대 국가 건설에서 충분한 흡수 능력이 없는 정부는 아무것도 할 수 없다. 특히 추월형(趕超型) 국가에서 정치적 목표를 달성하려면 국가가 충분한 자원을 동원할 수 있어야 한다.

따라서 국가(또는 지방)의 흡수 능력 향상을 위해 두 가지 측면을 고려해야 한다. 첫째, 재정과 지속 가능한 발전을 결합해야 한다. 지속 가능한 재정은 경제에서 비롯되며, 경제가 재정을 결정하므로 '큰 파이(pie)'를 만들어야 한다. 즉, 국가는 현대 경제 체계를 촉진 및 발전시키는 능력이 있어야 한다. 경제 '파이'를 크게 만들어야만 재정 '파이'가 보장되고, 국가 기능 수행과 공공재 제공에 사용되는 재정 자원이 보장되는 것이다. 둘째, 현대적인 재정 분권, 예산 및 지출 방법을 활용하여 경제와 사회 발전에 현대적인 공공 서비스를 제공하고 현대 재정 시스템을 구축해야 한다. 이 두 가지 모두 현대 국가 제도 구축을 위한 중심 과제이다.

1. 중앙 차원의 현대 재정 체제 수립

1901년 청(淸) 정부는 심각한 재정 적자에 대응하기 위해 공식적으로

---

34 Joseph Aloisius Schumpeter, The Crisis of the Tax State, trans, by Wolfang F. Stolper & Rechard A. Musgrave, in A. Peacock, W. Stopler, R., Turvey & E. Henderson(eds.), *International Economic Papers(No.4)*, MacMillan & Co. Ltd., 1954, pp.6-7.

'신정(新政)' 시행을 선언했다. '신정'의 주요 내용은 군수 조달, 신병 훈련, 상업 활성화, 산업 장려, 과거제도 폐지, 인재 육성 및 교육, 관제(官制) 개혁 및 공무집행 시정 등이었다. 그 첫 번째 내용은 재정 수입 증대에 관한 것이었다. 1903년 9월 7일, 청 정부는 상부(商部)[35]를 설립하여 공상 기업의 설립을 권장하였다. 이어서 「흠정대청상률(欽定大清商律)」, 「상회간명장정(商會簡明章程)」, 「철로간명장정(鐵路簡明章程)」, 「장려화상공사장정(獎勵華商公司章程)」, 「대청광무장정(大清礦務章程)」, 「공사주책장정(公司註冊章程)」, 「시판은행장정(試辦銀行章程)」 등과 같은 일련의 상공업 규정과 실업을 장려하는 방안들을 공포하였다. 이러한 새로운 제도와 규정들이 국제 표준에 따라 수립된 까닭은 청 정부가 '신정'의 틀에서 관리 제도를 현대화해야 하고 재정 관리가 일련의 통치제도 중 하나라는 것을 인식했기 때문이다. 국가 건설을 위해 청나라 정부는 국가 권위를 발휘하여 사회 질서를 안정시키고 사회 자원을 분배해야만 했다. 그리고 재정 및 조세 정책에 있어서는 더 이상 수입과 지출의 균형에 중점을 두는 것이 아니라, 재정 및 조세 정책의 레버리지(leverage)를 활용하여 국내외 사회 생산과 무역 관계를 조정해야 했다. 이는 '신정' 시행 당시 한 관리가 "세계가 발전함에 따라 정무의 범위는 점차 확대되었다. 즉 재정 지출이 날로 늘어나는 것은 모든 나라의 공통된 현상이다. 이 정사(政事)가 순탄치 않은 시기에 중국이 경쟁에서 살아남기 위해서는 내정(內政) 정비, 군비(軍備) 강화, 국채 상환, 실업(實業) 활성화 등 이

35 역자주: '상부(商部)'는 청나라 시기의 기관으로 상업과 관련된 일을 담당하는 부서였다. 상업, 외무, 관세 등과 관련된 사안을 다루며, 경제 발전과 상업 정책 수립에 관여했다. 상업의 발전을 촉진하고 국가 수입을 증대시키기 위해 중요한 역할을 했다.

모두가 시급한 대책이다"[36]라고 밝힌 바와 같다.

중화민국 건국 초기에 위안스카이 정부는 1913년 말에 농지세(田賦), 염세(鹽稅, 소금세), 관세(關稅), 이금세(厘金),[37] 광물세(礦稅), 부동산세(契稅), 아세(牙稅, 매매 중개세)[38] 및 기타 대종세(大宗稅, 벌크 상품세)와 징수 예정인 영업세, 소득세, 생산세, 인지세(印花稅)를 중앙정부에 귀속시키고, 소소한 세금 종류는 지방에 남겨주는 관련 재정 법안을 공포했다. 그러나 지방 군벌의 이익을 침해하게 된 재정 체제 개혁은 1914년에 중단되었다. 북양정부 시기에는 여러 지역에서 일어난 군벌들의 할거(割據), 이금(厘金) 제도의 부재, 매우 높았던 상업거래 비용 때문에 현대 재정 체제의 수립이 지체되었다. 이후 난징 국민정부는 유럽과 미국의 재정 및 조세 체제의 장점을 참고하여 당초의 낙후된 재정 체제를 구조적으로 개혁하였다. 국가와 지방의 세금 시스템이 완전히 구축되면서 중국의 현대적인 재정과 조세 체제의 초석이 마련되었다. 시장 체제에서부터 사법 체제, 그리고 정치 체제에 이르기까지 모두 현대화된 구조가 점차 구축되자 사회적 거래 비용이 절감되고 사회 경제적 효율성이 향상되었으며 경제 규모가 크게 증가했다. 1927년부터 1937년까지는 중국 국민 경제의 평균 성장률이 높은 수준을 유지하여 '황금 10년(黃金十年)'이

---

36 故宮博物院明清檔案部(編), 『청말 입헌 문서 사료 준비(清末籌備立憲檔案史料)(下冊)』, 中華書局, 1979, p.612.

37 역자주: 이금(厘金)은 청나라부터 중화민국 초기까지 중국이 징수한 상업세의 일종으로, 초기 세율이 1리(厘)로 1%에 해당했기 때문에 '이금'이라고 불렸다.

38 역자주: 당나라 시기 상품경제가 발전하면서 '牙儈', '牙郎', '牙人'라고 불리는 매매 합의를 전문으로 하는 중개인이 등장하였다. 그들이 운영하는 장소를 '아행(牙行)'이라 하였고, 이러한 중개 행위에 부과되는 세금을 자연히 '아세(牙稅)'라고 하였다. 청대에 이르러 아세는 중요한 세금 유형이 되었으며 아세 수입은 주로 지방 재정 수입, 즉 오늘날의 '지방세'에 사용되었다.

라 불리는 시기였다.

난징 국민정부의 재정 체제 개혁은 구체적으로 다음과 같은 몇 가지 측면에서 나타났다. 첫째, 1928년 농업세 개혁은 농지세(田賦)를 지방세로 분류함으로써 중앙 국가 재정 시스템의 흡수 능력을 감소시켰지만, 동시에 지방 재정 수입을 보강하여 지방 자치 통합 능력과 행동 능력을 강화하는 데 도움이 되었다. 둘째, 1929년 이후에는 염세 수입이 중앙정부로 귀속되었고 소금 관련 업무 구조의 일괄적 정비와 세율 일원화 등의 조치가 이루어졌다. 셋째, 1930년부터 대부분의 관세 자취권을 회수하고 금값에 따라 산정하게 되면서 관세 수입이 크게 늘어났다. 넷째, 1931년에 이금(厘金) 제도가 폐지되고 통일된 세금 제도가 확립되면서 시장 분할(market fragmentation, 市場條塊分割) 상태가 끝나고 상품 유통이 촉진되었다. 다섯째, 1933년부터 시행된 화폐제도 개혁은 은량(銀兩)[39] 폐지 및 은원(銀元) 채택에서부터 법정 화폐(法幣)[40] 도입까지 이루어졌다. 이는 화폐제도를 통일하고 국민정부의 경제 통제와 사회 통합 능력을 강화하는 것 외에도 경제불황 시기의 재정 적자 압력을 완화하고자 함이었다. 여섯째, 군비(軍費)와 정부 인프라 건설을 위해 공채(公債) 발행 규모를 크게 확대하였다. 1937년 7월까지 국가 부채 규모는 12억 6천만 달러에 달했다. 난징 국민정부는 1928년부터 1937년까지 약 116,000km의 도로 건설과 같은 현대적인 금융 수단을 통해 자본을 집중시키고 인프라 구축을 추진하였다. 그리고 현대 자본 시장의 운영을 통해 현대 금융 기업의 자본 축적을 촉진했다.

1928년부터 1949년까지 건설, 구국(救國), 쇠퇴의 세 단계를 거친 난징

---

39 역자주: 은량(銀兩)은 옛 화폐 단위이다.

40 역자주: 법정 화폐(法幣)는 국민정부가 발행한 유통화폐를 뜻한다.

국민정부는 그 기간 동안 북양정부 시절의 재정 체제 혼란으로부터 교훈을 얻고자 하였다. 1928년부터 난징 국민정부는 현대 민족—국가 모델 수립을 목표로 다양한 정치 및 경제 제도를 개선하고자 했기 때문에 제도 구축은 그 어느 시기보다도 중요하게 다루어졌으며, 혼란 속에서 질서를 바로잡고자 하는 노력도 강했다. 10여 년의 세월 동안 난징 국민정부는 현대적인 재정 및 금융 체제를 구축하여 국가 재정의 흡수 능력을 향상시켰다. 또한, 정부가 공공 서비스와 공공재를 제공할 수 있는 영역을 확대하여 시장 분할 문제를 일부 해결하였다. 그러나 제도의 구축과 건전한 발전에는 적절한 사회적 환경이 필요하다. 난징 국민정부 시기에는 다양한 사회 정치 세력 사이에 복잡한 갈등이 있었다. 특히 전쟁의 발발로 인해 국내외 환경이 매우 열악해졌으며, 국민정부가 충칭(重慶)으로 수도를 옮긴 후 통치 지역이 대서남(大西南)[41]으로 제한되어 현대 국가 제도의 설계는 실천 과정에서 좌절되고 말았다.

1945년 항일전쟁 승리 후 난징으로 돌아온 국민정부는 재정 흡수 능력이 지속되고 개선되기를 염원하였다. 현대 재정 체제에 기울인 국민정부 노력을 생각해 보면, 국민정부는 현대 재정 기구와 규정을 점진적으로 구축하고 개선하고자 시도했다. 그러나 이러한 정책들은 국민정부 정치 운영의 실패로 인해 일부만 시행되었다.

2. 현대 국가 구축 과정의 현급 재정: 진장을 예로 들어

1913년 북양 정부는 국세(國稅)와 토지세(地稅)를 나누는 「국가세 지방

41 역자주: 대서남(大西南)이란 서남부지역의 충칭시(重慶市) 쓰촨성(四川省), 구이저우성(貴州省), 윈난성(雲南省), 시장자치구(西藏自治區) 등 5개의 성·시·구(省·市·區)를 의미한다.

세법 구분 초안(劃分國家稅地方稅法草案)」을 공포했지만, 푸젠성은 이를 시행하지 않았다. 1916년 군벌 할거 상황에 처한 푸젠성의 재정 수입과 지출은 모두 군벌에 의해 결정되었으며, 재정 예산 관리 체제 역시 존재하지 않았다. 난징 국민정부가 수립된 후, 1928년 전국 제1차 재정 회의에서 「국가 수입 및 지방 수입 구분 표준안(劃分國家收入地方收入標準案)」과 「국가 지출 및 지방 지출 구분 표준안(劃分國家支出地方支出標準案)」이 통과되었고 관세, 염세, 인지세, 담배 및 주류세(煙酒稅), 토초세(土硝稅, 질산칼륨), 특별세 등을 국가세로, 토지세, 이금(厘金), 아세(牙稅), 도축세(屠宰稅), 부동산세(契稅) 및 당세(當稅)와 예정된 영업세를 푸젠성세(福建省稅)로 분류하였다. 1934년 국민정부는 제2차 전국 재정회의(全國財政會議)를 개최하여 「성·현 수지 기준(省縣收支標準)」과 「재정수지 체계법(財政收支系統法)」을 공포하고 중앙정부·성·현의 3급 재정을 시행하였다.

현의 재정이 법적으로 확립되면서 성과 현의 수입과 지출이 비율과 등급으로 나뉘어 관리되기 시작했다. 이에 따라 진장현은 예산을 편성하였고 현급 재정은 점차 개선되었다. 그리고 예산, 결산, 공금, 공공 재산의 수입과 지출 및 보관과 같은 재정 업무를 통합적으로 처리하기 위해 재무위원회(財務委員會)를 설립하였다. 1940년대에 푸젠성은 새로운 현 제도(新縣制)를 시행하였다. 「현 각급 조직 강요(縣各級組織綱要)」에 따라 현 1급 재정을 수립했으며, 향진(鄉鎮)의 재정수지를 현급 재정에 포함시켜 통일적으로 관리하였고, 중앙과 현급의 이중 재정 체제를 시행하기 시작했다. 국민당 중앙정부의 재정수지 체계 개정 정신에 발맞춰 푸젠성 성급 재정이 폐지되었고, 성급 예산에 속했던 기존의 모든 수입과 지출이 국가 예산에 편입되었다. 현과 향진에 지원하는 성고(省庫)의 보조금은 중앙정부의 승인을 받아 예산을 배분하였다. 원래 현, 구, 향보

(鄕保)에 속했던 모든 수입과 지출은 1942년부터 현 자치 재정 예산에 포함되었다. 이러한 조치는 점차 중앙 재정의 흡수 능력과 지배력을 강화시켰다. 항일전쟁 승리 후 난징 국민정부는 1946년 새로운 재정수지 구분을 시행하는 한편 중앙정부, 성(시), 현(시)의 3단계 재정 체제를 회복했으며, 향진(鄕鎭)의 재정은 여전히 현급 재정 관리에 포함되어 있었다.

(1) 민국 시기 진장현의 재정과 조세 분배

관련 자료가 부족하기 때문에 1934년부터 1937년까지의 자료만 예로 들어 살펴보겠다. 1934년, 진장의 재정과 조세 수입에는 현세(縣稅), 성세(省稅), 국가세(國家稅)의 세 가지 항목이 있었다. 구체적으로, 첫 번째인 현세는 농지세(田賦)로 정세(正稅)와 부세(附稅)로 나뉘며 총 22.7만 위안이었다. 그중 정세가 5만 위안, 부세가 5만 위안이었으며, 화세(花捐, 기녀세), 연극세, 인력거 면허증, 화물차 면허증 등 12.7만 위안의 지방 잡세(雜捐)가 있었다. 두 번째는 현에 있는 성의 세무국에서 징수하는 것으로, 17.3만 위안(영업세 8.4만 위안, 도축세 5.5만 위안, 주택세 3만 위안, 죽목세(竹木稅), 허가증세 등 포함)이었다. 세 번째는 국가세로 총 41.4만 위안(염세, 담배 및 주류세, 인지세, 설탕세(糖稅), 부동산세, 해산물세(海味稅) 등 포함)이었고, 성 정부가 징수하여 재정부에 전달하였다. 이상 세 항목의 세금을 합하면 총 81.4만 위안이 된다. 1935년에 진장현은 80.6만 위안의 세금을 징수했다. 그중 국세는 35.1만 위안으로 전체의 43.54%를 차지하였고(염세가 31.9만 위안으로 90.8%를 차지함), 성세는 29.5만 위안으로 36.65%(농지세, 영업세 위주로 각각 24.3%, 도축세는 19.5%를 차지함)를 차지하였다. 현지방세는 16만 위안으로 19.81%(그중 자치 경비는 1만 위안으로 6.4%, 자치 보조금은 0.6만 위안으로 3.9%, 공안비는 7.2만 위안으로 44.8%, 건설비는 2.4만 위안으로 15%, 교육비는

1.7만 위안으로 10.8%, 지방 보조금 분담액은 2.7만 위안으로 17.1%, 기타 0.3만 위안으로 1.9%)를 차지하였다. 1937년에는 중앙, 성, 현이 각각 3:2:5의 비율로 농지세를 징수하였다. 징수한 세금은 모두 중앙정부로 귀속되었으며, 공학량(公學糧)[42]은 할당량에 따라 50% 징수하여, 성과 현이 반반씩 균등하게 분담하였다.[43]

(2) 민국 시기 진장의 예산내 수입과 예산외 수입

진장현 지방 수입 항목에는 농지부가세(田賦附加), 부동산부가세(契稅附加), 중개부가세(牙稅附加), 도축부가세(屠宰稅附加), 공공 재산 수입, 학교 재산 수입, 기타 수입과 성급 지방 구청 경비 및 정치·교육 보조금이 포함되었다. 1935년 진장현은 새로운 회계 제도를 시행하고 예산을 편성하기 시작했다. 1936년 진장현의 예산 수입은 41만 위안이었고 수입 항목에는 농지부가세 14,112위안, 부동산부가세 1.2만 위안, 중개부가세 600위안, 도축부가세 1.26만 위안, 주택 및 택지세(房鋪宅地稅) 201,656위안, 잡비 38,957위안, 지방 재산 수입 5,940위안, 지방 사업비 4,080위안, 지방 행정 수입 55,678위안, 경상비(經常費) 수입 11,310 위안, 성급 국고(省庫) 보조비 17,496위안, 기타 보조비 35,390위안이 포함되었다. 그 중 주택 및 택지세가 가장 많아 전체 수입의 약 50%를 차지하였다. 그 후 현의 재정 수입 수치는 해마다 증가했다. 1941년 209.6만 위안의 경상 재정 수입(經常性財政收入) 가운데 세금이 193.5만 위안으로 92.3%, 행

---

42 역자주: '공학량(公學糧)'이란 지방정부의 교육 경비에 사용하기 위해 징수하는 세금을 의미한다.

43 晉江市地方誌編纂委員會(編), 『진장시지(晉江市誌)(上)』, p.700 (관련 수치 및 비율은 수정 없이 원 출처의 표현을 그대로 따랐음. 이하 같음).

정 수입은 4.8만 위안으로 2.3%를 차지했으며, 임시 수입은 83.2만 위안이었다. 1942년에 현 재정은 독립적인 1급 '자치 재정(自治財政)'이 되었다. 동년 7월에 현(縣)과 향(鄕)의 2급 재정으로 분할되었다. 현의 지방 독립세에는 주택세, 도축세, 영업 허가세(營業牌照稅), 사용 허가세(使用牌照稅) 및 행위 금지세(行爲取締稅)가 있었고, 중앙정부가 농지세, 유산세, 영업세, 인지세의 일부를 분배하였다. 향진 재정은 자치세(自治捐)가 주된 수입원이었다. 그해 현과 향의 경상 재정 수입은 548.6만 위안이었다. 1944년 3,050만 위안의 재정 수입 가운데 세금은 1,041만 위안으로 34.1%, 임시 수입은 1,124만 위안으로 36.9%를 차지했다. 1947년 현의 재정 수입은 67.8252억 위안(法幣)[44]이었다. 그중 세금 수입은 59.9011억 위안으로 전체 수입의 88%를 차지했으며, 수수료 수입은 4.626억 위안으로 6.8%, 생산 수입은 2.1566억 위안으로 3.1%를 각각 차지했다.[45]

민국 시기, 지방 재정의 예산외 자금(預算外資金)은 예산 및 회계 제도의 제약을 받지 않았다. 특히 항일전쟁이 시작된 후 전쟁은 현 정부의 취약한 재정적 토대를 크게 뒤흔들었다. 국민정부의 '항전 구국·동시 발전(抗戰救國·同時並進)'이라는 슬로건 아래에서 현의 재정 지출이 빠르게 팽창되어 기존의 수입 규모가 점차 분배하기에 부족해졌다. 각급 군정(軍政) 기관과 주둔부대는 자주 현 정부에 직접 자금을 요청하였고 이에 현 재정은 발등에 떨어진 불을 끄기에 바빴다. 향진 보갑(保甲)의 수입과 지출은 대부분 예산외에서 이루어졌으며, 주요 수입원은 할당(攤派)이었다. 예산외 수입의 팽창은 지속 가능한 재정 능력에 대한 현대

44 역자주: 법폐(法幣)란 1953년 이후 국민당 정부가 발행한 지폐를 의미한다.

45 晉江市地方誌編纂委員會(編), 『진장시지(晉江市誌)(上)』, pp.700-701.

국가 건설의 요구도 반영하는 것이었다.

(3) 민국 시기 진장의 재정 지출

현의 지방 지출은 지방 행정과 교육 지출의 두 가지 유형으로 나뉜다. 그중 지방 행정 지출에는 구청 경비, 공안 경비, 정무 경찰 경비, 재정 위원회 경비 등이 포함되며, 교육 지출에는 교육 행정비, 교육 사업비, 각종 교육 보조금 및 사설 학교의 장학금 등이 포함되었다. 민국 시기에 진장현의 지방 지출은 행정, 교육 및 보안 비용이 주를 이루었다. 계속해서 1935년부터 1948년까지의 자료를 예로 들어 살펴보겠다.

1935년 이전에 진장의 재정 지출 경비는 대부분 할당에 의존하였다. '현 지방 자금의 수입과 지출은 대체로 특수한 목적을 위한 자금의 성격으로 특정 수입은 특정 지출에서만 사용된다. 잉여나 부족한 자금 간에는 서로 보전(補塡)할 수 없다'는 기록[46]을 찾아볼 수 있다. 1935년에 현의 재정 지출은 16만 위안이었다. 그 중 행정 경비는 1.7만 위안으로 10.3%, 보안비는 9.9만 위안으로 62%, 교육비는 1.7만 위안으로 10.8%, 건설비는 2.4만 위안으로 15%를 각각 차지했다. 1936년 진장현은 예산 제도를 구축하였고 해당 연도에 41만 위안을 지출했다. 현 정부는 기층 정권을 강화하기 위해 구별로 서(署)[47]를 설치하고 보갑제도(保甲制度)를 시행했으며, 장정들을 훈련시켰다. 이로 인해 행정 경비가 25만 위안으로 크게 증가하여 전체 금액의 61%를 차지하게 되었다. 교육비는 7.9만 위안으로 19.2%, 건설비는 1.9만 위안으로 4.6%를 각각 차지했으며, 성

46 晉江市地方誌編纂委員會(編), 『진장시지(晉江市誌)(上)』, p.703.

47 역자주: 서(署)는 중국 지역 내 모든 행정 업무를 총괄적으로 담당하는 구급 행정기관으로 한국의 '청사'에 해당한다.

에서 총괄하는 보안 비용은 0.3만 위안으로 줄어들었다. 그밖에 위생비 0.5만 위안, 사법비 2.2만 위안, 예비비 1.5만 위안, 임시지출 1.3만 위안이 각각 지출되었다. 1940년 이전에는 진장현의 행정, 교육, 보안 지출이 비교적 안정적이었다가 점차 감소하기 시작했다. 1941년에 216.2만 위안의 재정 지출 가운데 행정 지출은 42.2만 위안으로 19.5%, 교육 및 문화 지출은 22.8만 위안으로 10.5%, 보안 지출은 34.7만 위안으로 16%, 기타 지출은 99.4만 위안으로 46%를 각각 차지했다. 1945년에 현의 재정 지출은 8.9136억 위안(元, 화폐 제도 개혁 이후의 측정 단위, 이하 동일)이었다. 그중 행정 지출은 6,886만 위안으로 7.7%, 교육비는 1,968만 위안으로 2.2%, 보안 지출은 9,383만 위안으로 10.5%, 생활 보조금 지출은 6.5988억 위안으로 74%, 경제 건설 지출은 528만 위안으로 0.6%를 각각 차지했다. 1947년에는 48.7864억 위안의 재정 지출 가운데 행정 지출은 3.7068억 위안으로 7.6%, 교육 및 위생 지출은 1.117억 위안으로 2.3%, 보안 지출은 1.1211억 위안으로 2.3%, 생활 보조금 지출은 38.8005억 위안으로 79.5%를 각각 차지했다. 1948년 현 재정 지출 예산은 219.286억 위안이었다. 그중 행정 지출은 15.6962억 위안으로 7.16%, 교육비는 12.2656억 위안으로 5.59%, 보안 지출 27.3714억 위안으로 12.5%, 생활 보조금 지출은 64.8839억 위안으로 29.6%, 예비금 28.9808억 위안으로 13.2%를 각각 차지하였다.[48]

1945년 이후 진장현 재정 지출의 절반 이상이 공무원, 교원, 경찰, 공공사업 노동자의 생활 보조금으로 사용되었다는 점이 눈에 띈다. 생활 보조금 지출의 대폭적인 증가는 이 기간 동안 국민정부의 현급 재정이

48 晉江市地方誌編纂委員會(編), 『진장시지(晉江市誌)(上)』, pp.703-704.

지역 경제 건설과 교육, 문화, 보건 사업 활동에 기울일 여력이 없었음을 반영하는 것이다.

(4) 민국 시기 진장의 재정 감리제도와 기구

상술한 바와 같이 국가 정권 건설에서 기본적이고 핵심적인 재정 제도는 국가 기능의 범위와 능력의 확립에 직접적인 영향을 미쳤다. 민국 시기에는 국가 권력의 손길이 향촌까지 미쳤으며, 현 재정 제도는 국가 권력의 확장을 크게 지원하기 시작했고, 재정 조세의 효과적인 보장에는 재정 감독제도와 기구가 필요했다. 1912년 진장현은 징수과(征收科)를 설립했다. 1914년에는 '징수국(征收局)'으로, 1917년에는 '재정관리국(財政管理局)'으로 명칭이 변경되었으며, 이후에도 명칭이 여러 차례 바뀌었다. 1940년에 이 기관은 현의 지방 재정 관리, 지방 금융 기관의 감독 및 관리, 현의 총추산, 예산 및 결산을 책임을 지는 '재정과(財政科)'로 변경되었다.

3. 민국 시기 현대 국가 구축 과정에서 현급의 재정 흡수 능력 평가

현역(縣域)의 정치가 현대화되면서 지방 재정 지출에 대한 수요도 계속 늘어났지만, 현의 지방 재정 기반은 강화되지 않았으며 지방 건설은 많은 자금을 필요로 했다. 현 재정 수입 중 비교적 안정적이고 신뢰할 수 있는 대규모의 재원(財源)이 농지세(田賦)뿐이었지만, 농지세는 현 지방 재정 소유로 완전히 귀속될 수 없었으므로 현급 재정 능력은 매우 제한적이었다. 또한, 현급 정부는 재정 징수의 효율성, 조세 감독 능력, 재정 수입의 안정성, 탈세 및 누세에 대한 처벌 측면에 모두 문제가 있었다. 안정적이고 고수익인 주요 세금 유형이 부족했던 민국 시기의 진장현은 지방 재정 수입이 극도로 부족했다(표 3-2 참조). 또한, 재정 수요의 압박과 제도화되지 않은 재정 징수 체계는 지방 군벌이나 정부가 임의로 징수를 확대할 수 있는 동력과 조건을 제공하였고, 그 결과 과중하고 잡다한 세금이 다수 발생하였다.

<표 3-2> 민국 시기 진장의 연간 세수액[49][50]

(단위: 만 위안(法幣))

민국 24년(1935)	민국 31년(1942)	민국 36년(1947)	민국 37년 상반기(1948)
합계 72.4	합계 574.2	합계 669,241.2	합계 4,413,152
염세 31 9	유산세 1.6	유산세 5,958.8	유산세 9,746
담배 및 주류세 1.4	회식 및 오락세 14.1	회식 및 오락세 20,743.1	회식 및 오락세 524,500
인지세 1.8	인지세 7.8	사용 허가세 5,204	사용 허가세 2,350
영업세 7.4	영업세 83.3	영업세 172,986	영업세 1,637,239
특종(特種)영업세 4.8	생선 기부세(魚捐)·과일 기부세(水果捐)·종이 기부세(紙捐) 23.9	사용 및 분해비 (支解費) 12,814	사용 및 분해비 20,147

49 晉江市地方志編纂委員會(編), 『진장시지(晉江市志)(上)』, pp.709-710.

50 역자주: '捐'은 백성이 국가에 자발적으로 기부금을 헌납하는 형식으로 국가가 징수했으며, 청나라 시기에는 세목(稅目)의 하나로 발전하여 '捐稅'가 되었다. '稅'는 과거부터 오늘날까지 국가가 공식적으로 규정하고 백성에게 강제로 징수하는 수입이다. 양자 간의 구분을 돕기 위해 본문에서는 '捐'을 '기부세'로 '稅'는 '세' 또는 '세금'으로 번역하겠다.

<table>
<tr><td>도축세
5.8</td><td>도축세 86</td><td>도축세
391559</td><td>도축세
1830158</td></tr>
<tr><td>점포세(鋪稅)
1.8</td><td>건축물
기부세(房捐)
15</td><td>건축물 기부세
58174.3</td><td>건축물 기부세 380320</td></tr>
<tr><td>자치비(自治費)
1</td><td>자치
기부세(自治捐)
299.7</td><td>처벌
유예금(罰鍰)
1,502</td><td>처벌 유예금
8692</td></tr>
<tr><td>공안비(公安費)
7.2</td><td>경비 기부세(警捐)
26</td><td rowspan="4">비고</td><td rowspan="4">1. 1935년 이후에는 완전한 자료가 부족하고 국세 수입도 전무하며, 향진 자치세 및 파견 기관의 수입 자료도 불완전함.

2. 1948년분의 건축물 기부세(房捐)는 6월 18일까지를 기준으로 하며, 이후에 추가된 내용은 포함되지 않았음.</td></tr>
<tr><td>교육비
3.3</td><td>미신 기부세(迷信捐) 및 처벌 유예금 8.2</td></tr>
<tr><td>건설비
2.4</td><td>국난 방위
기부세
0.6</td></tr>
<tr><td>보조비 및 기타 기부세 3.6</td><td>사용 허가세
8</td></tr>
</table>

위의 표에 나열된 세금 항목 외에도 민국 시기 진장현의 잡세(雜稅) 항목에는 공항세(飛機場捐), 보위단세(保衛團捐), 전신주세(電桿木捐), 면사세(綿絲捐), 어선세(魚船捐), 사탕수수 운반차세(蔗車捐), 사탕수수잎세(蔗葉捐), 혼인 증서세(婚書捐), 쌀 운반선세(外埠米船捐), 션후 융닝의 선박 수입 기부세(深滬永寧船進口捐), 융닝 영업자의 기부세(永寧業户樂捐), 해파리갓 기부세(海蜇皮捐), 기녀세(花捐), 유조차 기부세(油車捐), 연극 기부세(戲捐), 스스(石獅)의 도로청소 기부세(石獅清道捐), 안하이(安海)의 숙박업소 기부세(安海旅館捐), 유안(硫安, 유산암모늄) 기부세(樂輸捐), 식량 도로 통행 기부세(五谷途樂輸捐), 제사용 향과 지전 기부세(香楮捐), 악호 기부세(樂户捐), 위생 기부세(衛生捐), 음식점 기부세(菜館捐), 인력거 기부세(人力車捐), 인력화물차

기부세(人力貨車捐), 구호 특별 기부세(救濟特捐), 식당 기부세(食堂樂捐), 범선 보조비(帆船補助費), 해양경찰 보조비(水警補助費), 상회 보조비(商會補助費), 소방대 보조비, 전등회사 가로등비, 재정 보조비, 위생 보조비, 경찰 보조비, 토당(土糖) 상인 보조비, 성냥 상인 보조비, 션후 어선 보조비, 흡연 허가비, 흡연 제한 허가비, 치안 유지비, 의용장정 상비대 경비, 방호단 경비, 동원 감란(戡亂) 경비, 대동식당 경비, 긴급상황비, 매수인 및 매도인의 수수료, 전시 비상 지출, 통일 기부금, 식량 구제금, 공익저축, 군인 배식 차익, 수익 헌금, 명예 군인단 배식(榮譽軍人團隊夥食), 공공 도축장 잉여금, 보안 부가금, 공군미 손해 기부금(公軍米虧捐款), 주류 양조 금지 처벌 유예(酒類禁釀罰緩) 등이 있었다.

세금 징수 방식과 유효성 측면에서 민국 초기에 진장현은 물품세(物稅)를 징수하던 방식을 답습하여 관문을 세워 통행세를 징수하는 방식을 주로 취했다. 1942년 이후 물품세는 담배 공장 상주, 주류 판매상 검사와 같이 공장 상주식(駐廠) 징수,[51] 검사식 징수 및 출하식 징수의 세 가지 방식을 채택했다. 이밖에 영업세는 상회(商會)를 통해 할당(分攤)했고, 소득세는 주로 산업 추정치를 기준으로 징수했다. 국세국(國稅局)은 중앙정부의 파견 기관으로서 지방 정권에 종속되어 있지 않았으며, 유사시 현(縣) 정부에 협조를 요청하는 것은 '공문서 여행(公文旅行)'으로 끝나기 일쑤였다. 따라서 염세나 농촌에 흩어져 있는 토당세(土糖稅), 술누

51 역자주: 공장 상주식(駐廠) 세금 징수란 1950년대 물품세 징수를 위해 세무 당국이 공장에 직원을 파견하는 방식을 의미한다. 1950년 중국 재정부가 공포한 「물품세 잠정조례 시행규칙(貨物稅暫行條例施行細則)」 제26조에는 '세무 기관은 징수를 위해 대규모 생산을 하는 모든 공장 및 농장에 세금 징수원을 파견해야 하며, 생산 규모가 작은 경우에는 지역에 따라 징수원을 파견하거나 그룹을 구성하여 징수해야 한다.'라고 명시되어 있다.

룩세(酒曲稅) 등의 탈루가 잦거나, 농촌 소규모 상점의 영업세에 대한 적절한 조치도 이루어지지 않았다. 성세(省稅)의 경우, 1935년 이전에는 기본적으로 성 전역에서 재정적 부담을 지고(全省承包) 각 지방 당국에 나눠서 할당(輾轉分包)시켰지만, 이후 '통괄 처리(包辦)'에서 '위임 처리(委辦)'형식으로 변경되었다. 현(縣) 지방세 중에서 주민이 부담하는 건축물 기부세(房捐), 경찰세, 자치세 등은 보갑장(保甲長)이 징수하고 나머지 세금은 세연처(稅捐處)[52]에서 직접 징수했다. 향촌 도축세(鄉村屠宰稅), 연극오락세(戲劇娛樂稅) 등은 종종 청부(承包)하는 경우도 많아 탈세나 세금 징수자의 세금 횡령 등의 문제가 심각했다.[53]

민국 시기에는 전국의 다른 현들과 마찬가지로 진장현의 재정 수입에는 신뢰할 수 있는 대규모 세금 종류가 항상 부족했다. 1941년 이전에는 농지부가세(田賦附加)만이 거액이었고, 1941년 이후에는 중앙정부에서 배정한 세금 수입이 주요 수입원이었지만, 수입이 지출에 미치지는 못했다. 제2차 전국 재정 회의(第二次全國財政會議)는 성과 현 간의 농지세 분배 비율을 결정하는 한편 모든 지역에서 불합리한 과세를 폐지할 것을 요구하면서 현 재정이 한계에 부딪히게 되었다. 그 후 농지세는 다시 중앙정부에 속하게 되었고 현의 자치 재정 수입은 더욱 부족해졌다. 적자를 메우기 위해 지방 재정은 일반적으로 할당 방식을 채택하였다. 할당의 증가는 재정 수입의 불확실성 증가를 의미하며, 각급 정부 간의 밥그릇 다툼은 재정 수입의 불안정성을 더욱 심화시켰다. 당시 각

52 역자주: 세연처(稅捐處)는 중국의 조세 관련 기관으로, 세금 수입과 관련된 업무를 담당하고 국세와 지방세를 징수했다.

53 晉江市地方誌編纂委員會(編), 『진장시지(晉江市誌)(上)』, pp.731-732.

급 재정 간의 평등한 대화 메커니즘이 완전히 확립되지 않았기 때문에 상급 재정은 하급 재정을 종속적인 관계로 여겨 함부로 착취한 결과, 하급 재정은 안정적인 세원(稅源)과 효과적인 세금 종류를 갖지 못하였다. 이에 하급 재정은 상급 재정을 약탈자로 여기고 저항을 꾀하였다. 이렇게 재정 이익 다툼은 완전히 부정적인 방향으로 흘러갔다.

이를 통해, 민국 시기의 현대 국가 건설 과정에서 중앙 국가의 재정 흡수 능력의 증가는 지방 재정 흡수 능력의 약화로 이어질 수 있었으며, 국가 흡수 능력은 중앙정부와 지방 사이에서 정비례 관계가 아니었음을 알 수 있다. 또한, 현대 공공시설, 교육, 사회구제, 경찰 등 현대 국가 구축의 특징을 지닌 제도의 수립은 지방 재정에 큰 압박을 가하였다. 지방, 특히 현급 재정 흡수 능력의 약화로 다양한 비공식적인 할당(非正規的攤派)과 세금이 비정상적으로 많아졌다. 효과적인 현대 재정 시스템을 구축하지 못한 과거 중국의 실패는 국가 기층 정권의 '내향적 정교화(內卷化)'를 야기했다.[54] 이는 20세기 전반 현대 국가 정권 건설과 국가 흡수 능력 사이에 장력과 모순이 있었음을 반영하는 것이다.

제4절 국가의 영향 확대:
교육·위생·통신·교통의 근대화 건설

1. 교육: 현대 국민의 육성

현대 국가에서 보편적 교육이 필요하게 되면서 등장한 공공교육 제

54 Prasenjit Duara, 『문화·권력과 국가: 1900~1942년 화북 농촌(文化、權力與國家:1900—1942年的華北農村)』, 王福明(역), 江蘇人民出版社, 1996, p.66.

도는 교육 권리를 국가와 사회 속에서 재분배하는 현대 국가의 중요한 기능 중 하나이다. 공공교육은 가정 밖에서 이루어지며, 사회화된 조직의 형태를 통해 실시되는 고도로 전문화된 인재 양성 방식이다. 20세기에 들어서자 중국의 현대 국가 건설이 시작되었고, 국가는 '교육'을 부민강국(富民救國), 사회 개혁, 현대 국민 양성을 위한 중요한 요소로 인식하게 되었다. 이에 국가의 통일적인 계획하에 서양의 학교 교육제도, 교육사상 및 교육 내용을 모방하여, 현대적인 지식 전수와 현대 국민 양성을 목적으로 하는 새로운 형태의 의무교육이 진장에도 등장하기 시작하였다. 이러한 의무교육은 국가의 사회적 영향력이 계속 커지면서 현 정부의 중요한 내용이 되었다.

1912 년, 정부가 '임자학제(壬子學制)'[55]를 공포하면서 민간 교육을 장려하고 여성의 교육을 보장하는 한편 학교 설립을 위한 화교들의 투자도 권장하였다. 1922년 북양정부가 초등사범학교를 설립하면서 진장의 보통 초·중등학교도 발전하기 시작하였다. 항일전쟁 초기, 진장의 각 향(鄉)에는 중심국민학교가 따로 설치되었고, 민간과 공립, 그리고 간이 소학교(簡易小學)[56]를 합쳐 '중심국민학교(中心國民學校)' 또는 '국민학교(國

55 '임자학제(壬子學制)'는 1912년(임자년)에 민국정부 교육부에서 제정한 새로운 학제(學制)로, 초등 교육은 7년(초등 소학교 4년은 의무교육이고, 고등 소학교는 3년임), 중학 4년, 대학 예과 3년, 대학 본과 3~4년, 대학원은 기간이 정해져 있지 않았다. 그리고 사범·실업 교육은 별도의 체계를 갖추었다. 이 학제는 프랑스, 독일의 학제와 유사한 것으로, 일반 교육, 직업 교육, 사범 교육으로 구분되었다. 사범 교육은 완전히 공립이며, 학생들은 정부의 지원을 받았다.

56 역자주: 간이 소학교(簡易小學)는 6~12세의 취학 연령 아동을 대상으로 3년의 기간 동안 의무교육을 실시하는 학교 운영 형태의 일종이다. 중화인민공화국 건국 이후, 산간 지역, 경제적으로 낙후된 지역 및 변방의 소수민족 지역에서는 반나절만 수업하는 반일제(半日制) 소학교, 농업 소학교, 간이 소학교 등 다양한 형태의 학교가 운영되었다.

民學校)’라고 불렀다. 1945년 6월 항일전쟁의 승리가 임박했을 무렵, 국민정부 교육부는 총 25개의 조항으로 구성된 「국민학교 및 중심국민학교 규칙(國民學校及中心國民學校規則)」을 공포하였다. 1944년 「국민학교법(國民學校法)」 제24조에 따르면 국민학교는 각 보(保)에 1개교, 중심국민학교는 각 향(진)의 적절한 위치에 1개교를 설립하는 것이 원칙이었으며, 각 현(시)의 관할 교육행정기관에 속했다. 또한, 국민학교와 보(保) 사무처, 중심국민학교와 향(진)의 공공기관은 서로 긴밀한 연락 체계를 유지해야 했다. 국민학교와 중심국민학교는 보충교육, 학업 중퇴자의 민중교육, 성인반, 여성반과 같은 여러 기능도 갖추었다. 국민학교에서 가르치는 과목에는 국어, 상식, 산수, 음악 등이 있었다. 그 중 1~4학년의 교과목에는 단체훈련, 음악, 체육, 국어, 산수, 상식, 그림, 노동교육(勞作)이 있었으며, 5~6학년의 교과목에는 단체훈련과 음악, 체육, 산수, 국어, 사회(시민·역사·지리), 자연, 그림, 노동교육이 있었다.

일본으로 전파된 서양의 발전한 체제를 참고했던 초창기 중국 신식 교육의 특징은 국가 통제·표준화·전문화로, 지식과 자원 및 인력을 고등, 중등 및 초등 교육 기관으로 분배하였다. 다양한 학교는 연령과 학과에 따라 반을 나누었고 이후 미국 체제의 요소를 접목하였다.[57] 향촌 사회로 이러한 교육 체제 구조가 전파되면서 중국의 향촌 교육은 지방 사회에서 ‘면대면 공동체 기반 사회화(面對面的社區型社會化, 예: 사숙(私塾) 방식)’에서 국가가 조직하고 계획 및 통제하는 ‘사회화된 보편적 지식의

57 王銘銘, 「교육 공간의 현대성과 민간 관념—민태 3촌 초등교육의 역사적 궤적(敎育空間的現代性與民間觀念—閩臺三村初等敎育的歷史軌跡)」, 『社會學硏究』, 1999(6).

전파'로 변화하였다.[58] 교육의 사회 정치 기능도 전통적인 민중 교화에서 지역 인력 자원 개발, 사회 동원 및 새로운 정치적·윤리적 개념을 갖춘 국민을 육성하는 것으로 변모하였으며 국민의 독립적인 인격과 자유권 등의 개념을 특히 강조하게 되었다. 1946년에 발표된 「중화민국헌법(中華民國憲法)」 제3조에 명시된 '중화민국 국적을 가진 자가 중화민국 국민이다'에 따르면 국적을 가진 자만이 국민이며 국민의 권리와 의무를 가진다. 또한 이 법규는 만 20세 미만이거나 특정한 사유로 국민으로 인정되지 않는 경우에는 시민 자격을 갖지 못하며, 상응하는 시민권을 누릴 수 없다고 규정하였다.

진장의 국민학교는 학제(學制), 교과목 편성, 교재, 학비 및 교사진 임용 등 모두 정부의 규정에 따랐다. 국민학교는 소학교(小學)에 속하며, 1932년 국민정부 교육부의 규정에 따라 소학교의 학제는 초등 소학교(初小) 4년과 고등 소학교(高小) 2년인 4·2단계로 구성되었다. 정부가 의무교육으로 규정한 소학교 교육은 국가와 사회, 그리고 가정이 보장해야 하는 국민 교육이었다. 1912년, 진장현에는 31개의 소학교가 있었다. 1916년, 현의 전역에는 70개의 소학교와 2,419명의 학생이 있었다. 이 가운데 41개 초등 소학교의 학생 수는 1,787명이었으며, 29개 고등 소학교의 학생 수는 632명이었다. 1936년까지, 현 전역에는 현립 소학교 8개, 사립 완전 소학교 237개, 사립 초등 소학교 32개, 신설한 간이 소학교 80개를 합쳐 총 357개의 학교가 있었으며, 그중 당시 인가를 받지 않은 학교가 100개 이상이었다. 1944년까지 131개소 가운데 등록된 사립

58 Gilbert Rozman(編), 『중국의 현대화(中國的現代化)』, 國家社會科學基金'比較現代化'課題組(역), 江蘇人民出版社, 1988, p.526.

소학교는 64개에 불과했다. 그러나 정부는 중심국민학교와 국민학교를 증설해 공립학교를 78개로 늘렸다. 1945년까지 현에는 35,227명의 학생이 있었고 취학 연령 아동의 입학률은 26.7%였다. 항일전쟁 승리 후, 문을 닫았던 사립학교들이 잇달아 문을 열거나 새로 설립되었다. 1949년 현의 전역(현재의 취안저우시 제외)에는 201개의 소학교와 1,036개의 학급이 있었고 34,499명의 학생이 재학했으며 취학 연령 아동의 입학률은 20% 이상이었다.[59]

교과목 편성을 살펴보면, 1912년 초등 소학교 과정에는 수신(修身)·국문·산술·놀이·체조·그림·수공·노래·재봉이 있었고, 고등 소학교 과정은 수신·국문·산술·중화역사·중화지리·박물(博物)·이화(理化)·그림·수공·체조·놀이·재봉·외국어·농업·상업으로 구성되었다. 1918년, 진장은 소학교의 '국문(國文)'을 '국어(國語)'로 바꾸었다. 1923년 6월, 공포된 「신학제 과정 표준 개요(新學制課程標準綱要)」에 따라 고등 소학교와 초등 소학교에서 독경·강경(讀經·講經), 수신, 외국어 과목이 폐지되었다. 1928년 2월 「소학 잠정 조례(小學暫行條例)」가 공포되어 초등·고등 소학교에 삼민주의(三民主義), 동자군(童子軍, 소년군) 훈련 및 수공예 수업의 증설이 규정되었다. 1936년 정부는 소학교 교육과정 기준을 개정하여 초등 소학교의 사회와 자연 두 과목을 상식 과목으로 통합하고 위생 습관과 위생 지식을 시민훈련과 상식 과목으로 각각 통합했다.

같은 해에 진장현은 교육과 관련된 여러 문제를 연구하고 개선하기 위해 첫 번째 교육 연구회를 개최했다. 이어서 동년 11월에 889명의 회원을 중심으로 국민교육연구회(國民教育研究會)가 설립되어 월간 『진장현

---

59 晉江市地方誌編纂委員會(編), 『진장시지(晉江市誌)(下)』, p.1022.

국교 연구(晉江縣國教硏究)』를 발간했다. 1937년에 푸젠성은 간부 훈련단(幹訓團)을 설립하였고 진장현의 일부 중심 소학교 교장과 중학교 교사가 훈련에 참여했다. 1942년, 진장현에서 간부 양성반(幹訓班)을 개최하여 여름방학을 이용해 일부 소학교 교사들을 집중적으로 교육하였다. '(국민당) 당의(黨義)'와 '삼민주의'가 주된 학습 내용이었으며 훈련 참여 교사에 대한 검증 및 문화 시험을 실시하였다.

취학 연령인 아동은 누구나 교육을 받을 수 있다는 것이 현대 국민 의무교육의 취지였지만, 당시에는 이루기 힘든 일이었다. 현대 국민 교육의 주요 특징은 교육 내용의 획일화로, 획일화된 교육과 복장을 통해 지역 범위를 넘어서고 보편적 사회의 문화적 기준에 부합하는 '시민'을 양성하는 것이었다. 진장 국민학교의 교과목 편성은 전국의 다른 소학교와 일치하였다. 초등 소학교는 국어·산수·상식·노래·노동교육 등을, 고등 소학교는 국어·산수·자연·사회·음악·그림·체육·수공예 등의 교과목과 교재를 정부가 획일적으로 편찬하였다. 특히 이 시기에는 모든 학교에 공민(公民) 교과목이 개설되었고, 고등 소학교에서는 수신(修身, 후에 '공민(公民)'으로 변경), 초등 소학교에서는 삼민주의(三民主義, 후에 '당사(黨史)'로 변경)와 동자군(童子軍) 훈련 등이 개설되었다. 이와 같은 교육과정은 국민당이 주장하는 정치—윤리와 이데올로기를 학생들에게 주입하는 동시에 지방사회의 한계인 '민족', '사회', '국가', '민권', '민생', '권리', '의무' 등 현대 민족 국가의 권리 담론과 이러한 담론으로 구성된 거시적 정치 공간을 뛰어넘는 것이었다. 또한 초(超) 면대면 공동체 기반 사회화라 할 수 있는 학교 교육을 통해 보편적이고 표준화된 지식을 가슴 깊이 새긴 학생들이 심리적으로 마을과 거시적인 국가를 연결할 수 있도록 하였다. 또한, 획일적인 교육과정 편성과 교과서 편찬을 통해 국가의 대문화가 지역적 지식도 모두 아우르도록 했으며, 현대 교육을 통해 전국적으로 통일된 문화를 형성하고자 노력하였다.[60] 따라서 획일적인 국민교육은 과학, 기술, 문화라는 현대적인 보편적 지식을 마을에 도입함으로써 특수주의의 '지역적 지식(local knowledge, 地方性知識)'을 대체하는 한편, 문화와 심리적 공간에서도 국가와 마을 사회의 관계를 새롭게 '지역화(localization, 域化)'시킨 것이다. 이러한 '지역화' 과정에서 전통 국가와 하층 민간 사회 사이의 간극이 크게 줄어들었으며, 국가는 새로운 교육제도로써 현급 행정구역(縣域) 수준 이하의 농촌 사회에 현대적 통합, 개발 및 동원을 실현할 수 있게 되었다. 이렇듯, 교육 정책은 20세기 전반 현대 국가 건설을 위한 중요한 시정 수단이 되었다.

2. 위생: 국민 재건과 의료의 국가화

근대 이후 '동아시아의 환자(東亞病夫)'[61]라는 오명에서 벗어나기 위해 중국은 '신민(新民)'과 '신국(新國)'을 구축하는 기본적인 이데올로기를 형성하였다. '신민'이란 민족 전체가 집단의 건강을 보장한다는 것을 의미한다. '강대국 정책에서 가장 중요한 것은 강한 국민이다. 강한 국민을 만들기 위해서는 국민의 건강에 유의해야 한다. 민중이 건강한 신체를 가져야만 고상한 의지, 용감한 정신, 강한 패기, 투쟁하고자 하는 의지가 생긴다 …(후략)…(强國的政策, 首在强民; 强民的方法, 必須註意民眾的健

---

60 王銘銘, 「교육 공간의 현대성과 민간 관념-민태 3촌 초등교육의 역사적 궤적(教育空間的現代性與民間觀念—閩臺三村初等教育的歷史軌跡)」, 『社會學研究』, 1999(6).

61 周策縱, 『5·4운동: 현대 중국의 사상 혁명(五四運動: 現代中國的思想革命)』, 周子平 등(역), 江蘇人民出版社, 1996, p.22.

康。人民有了强壯的身體, 才有高尙的誌氣, 勇敢的精神, 雄厚的魄力, 奮鬥的決心……).’[62]

또한, ‘신국(新國)’은 국가가 국민의 신체 건강에 기본적인 책임을 져야 하며, 국민의 생명을 보호하는 것이 국가가 저버릴 수 없는 의무가 되었음을 강조하였다.

(1) 국민 위생 및 건강 개념의 등장

‘위생(衛生)’이라는 용어는 일찍이 중국 고문헌에 등장하였다. 그러나 현대적 의미의 ‘위생’ 개념은 일본에서 도입된 것으로, 관련 논의는 일본 정부의 위생 정책과 다양한 위생 기준에 영향을 미쳤다. 현대적 의미의 위생은 단순히 건강 보호를 의미하는 것이 아니라 국민의 일반적인 건강 보호를 책임지는 특별 행정 조직을 의미한다. 이러한 건강 보호 사업은 당시 완전히 새로운 사업이었다. ‘건강 문제는 분명 개인의 생리적 기능의 좋고 나쁨을 떠나 정부 정책의 중요한 과제로 전환되었다. 위생과 건강은 개인의 이익일 뿐만 아니라 대중의 전체 이익에 속하는 것이기에 국가가 보건 사업에 개입할 필요성이 높아졌다.’[63]

현대 위생 사상이 사람들에게 인식되기 시작하자마자 현대 의학의 성과를 기반으로 한 집단 건강 보호 개념은 현대 민족-국가의 논의 대상이 되었으며 ‘위생구국(衛生救國)’에 대한 다양한 견해들이 등장하였다. ‘한 나라의 성쇠와 민족의 흥망은 모두 국민의 강약(强弱)에 달려 있으며, 국민의 강약은 건강과 직결된다. 이렇듯 건강한 국민이 없으면

62 薛建吾, 『향촌 위생(鄕村衛生)』, 正中書局 1947, p.2.

63 劉士永, 『‘청결’, ‘위생’과 ‘보건’—일제시대 타이완 사회의 공중위생 관념의 변화(“淸潔”“衛生”和“保健”—日治時期臺灣社會公共衛生觀念之轉變)』, 『臺灣史硏究』, 2001(1).

건강한 민족도 없고, 건강한 국가도 없다(壹個國家的盛衰和民族的興替, 全看國民的强弱, 國民的强弱, 又全看註意健康與否。可知沒有健全的國民, 便沒有健全的民族, 便沒有健全的國家).'[64] '위생은 개인의 생명 보호뿐만 아니라 국가 사회의 안녕 유지에 특히 중요하다(衛生之事, 不但保全各個人之生命, 於保持國家社會之安寧尤爲緊要).'[65] 민족의 부흥과 국가의 번성은 위생과 밀접한 관련이 있었으며, 위생은 국민 정체성 구축의 중요한 영역이 되었다. 중국의 민족 기질은 더 이상 '아무 곳에서나 가래를 뱉고, 대소변을 보고, 긴 손톱을 기르는 등'으로 대표되는 것이 아니라, 국민 스스로 자신의 행위를 고쳐 새롭게 태어나게 되었다. '위생'이라는 매개체를 통해 국가와 국민은 새로운 관계와 의미를 얻었고 각자의 영역과 과제를 만들어 냈다.

1930년대 초반부터 진장의 현(縣) 정부는 어린이날에 현 위생원(衛生院)에서 6~10개월의 영유아를 대상으로 영유아 건강 대회를 개최했으며, 신체검사 및 평가 후 순위에 따라 포상하였다. 매년 개최된 이 대회의 참가자 수는 약 500명 정도였다. 1939년 푸젠성 위생처(衛生處)는 현의 위생원에서 교육생들을 훈련시키고 훈련에 참여하지 않을 경우 아이의 출산을 돕지 못하도록 제재하였다. 이에 진장현 위생사무소는 조산사가 교육생의 실습을 지도하는 훈련반을 운영하였다. 10명 이상의 아동 출산을 보조하면 졸업할 수 있었고, 성 위생처는 증명서와 조산 물품함을 수여하였다. 1기 훈련반에만 15명이 훈련을 받았다. 이러한 방식은 과거 자택에서 출산하거나 나홀로 출산하던 전통적인 출산 방식을 바꿔 신생아의 파상풍과 제대염(배꼽염)을 예방하고자 하는 노력의

64 薛鴻猷, 『향촌 위생(鄉村衛生)』, 中正書局, 1936, p.1.

65 '위생 연설(衛生講話)' 광고, 『盛京時報』 게재, 1911년 2월 28일 제5판.

일환이었다. 같은 해에 진장현 정부는 학교 위생 교사 강습반을 개최하였고 학생들에게 위생 및 건강 교육을 실시했다. 또한, 식품 위생 관리법을 제정하여 위생원에 위생 검사관을 배치해 식품 및 음식 산업에 위생 관리를 시행하였다.

위생 및 전염병 예방 시스템 구축 측면을 살펴보면, 1937년 푸젠성 정부는 진장에 검사과(檢驗科), 설치류 예방과(鼠防科) 및 설치류 포획팀(捕鼠工程隊)으로 구성된 푸젠성 남부 방역소(閩南防疫所)를 설립했다. 같은 해 4월, 동남 흑사병 예방 및 통제처(東南鼠疫防治處)는 첫 번째 검역소를 설립했다. 동시에 위생서(衛生署)는 의료 및 전염병 예방 총대(醫療防疫總隊)의 16번째 순회 의료팀을 진장에 파견했다. 이 세 기관들은 취안저우에서 서로 협력하며 업무를 처리했다. 지속적인 전염병 예방 및 통제를 위해 진장현이 설립한 현 확대 방역 위원회(縣擴大防疫委員會)는 현(縣) 위생원장 등 10명의 인원에 총무, 경비, 조사, 모금, 소독, 홍보, 처벌 등 7개의 부서로 구성했다. 그리고 충푸사(崇福寺)를 임시 격리 병원으로 지정하고 사·공립 병원장과 상공회의소 회장을 위원으로, 푸젠성 제4행정구 감독관(督察專員)과 현장을 각각 정주임과 부주임위원으로 임명하였다. 위원회에는 기술팀, 환경위생팀, 총무팀이 있었으며, 구체적인 업무는 흑사병 예방처, 경찰국, 위생원이 담당했다.

진장현 정부가 현 정부 금연과(戒煙科) 산하에 설립한 현 금연소(戒煙所)는 금연 업무를 담당하고 흡연자들을 수용할 병상을 마련했다. 1940년 12월에는 칭양(青陽)과 스스(石獅)에 금연 분점을 설립했다. 1941년 10월, 현 금연소는 현 위생원 소속의 '현 흡연자 금연 검사소(縣煙民戒煙調驗所)'로 이름을 바꿨다.

20세기 전반, 푸젠성 남부 교향(僑鄉)과 국민 위생 및 건강 의식의 형성 사이에는 밀접한 연관이 있었다는 점에 주목할 필요가 있다. 고향에 돌아온 화교들은 동시대 자신들의 거주국과 비교하여 중국의 의료와 위생 의식이 낙후되었음을 절감하면서, 국민 위생은 현대 문명의 중요한 상징이자 현대 민족 국가의 형성에서 매우 중요한 것임을 깨달았다. 이에 일부 화교들은 주거 환경, 신체 건강, 의료 구조 등의 위생을 포함한 현대 국가 위생관을 홍보하기 위해 노력했다. 이러한 노력은 푸젠성 남부 지역(진장 포함)의 현대 국민 위생 의식 형성과 체계의 최종적인 구축에 중요한 역할을 했다.[66]

(2) 현대 병원 체제의 구축

근대 이후 서양 의학이 들어오면서 현대 의학 체제는 점차 단순한 기술에서 나라를 구하는 사명을 띠게 되었다. 당시 빈번했던 전염병이 국가의 생명에 심각한 타격을 입히고 국가 주권에 위협이 되기도 하자 정부는 중의학의 '가정형 진료(家居式診療)'만으로는 민족의 전반적인 신체 기능을 건강하게 유지할 수 없다는 것을 깨달았다. 이에 난징 국민정부가 수립된 후, 서양의 현대 의학 시스템을 지원하는 정책을 채택하였고 서양 의학 시스템이 중국에서 빠르게 뿌리내려 발전하기 시작했다.

1920년대에 진장현에는 정규 대학과 중등 전문(中專) 의과대학을 졸업한 양의사(洋醫師)가 등장하기 시작했다. 그들은 비교적 체계적인 이론 지식을 바탕으로 임상 경험을 축적하여 점차 양의사 집단의 중추적인 세력이 되었다. 현(縣)의 위생원 원장에는 천제원(陳介文), 쉬청간(徐承

---

66 陳惠惠, 「천자경 선생의 국민 위생 사상과 실천 시론(試論陳嘉庚先生的國民衛生思想及實踐)」, 『世紀橋』, 2011(13).

幹), 커주광(柯主光), 딩징성(丁竟生), 천쉐펑(陳雪峰), 천스화(陳世華), 차이훙언(蔡鴻恩), 린궁젠(林公健), 쉬톈라이(徐天來), 린잉탕(林應棠), 린스칭(林世清), 저우밍푸(周明福) 등이 역임했다. 1936년 진장의 전역에는 64명의 여성 의사를 포함해 234명의 양의사가 있었고, 163개의 진료소가 있었다.

1936년 5월, 푸젠성 정부 의료 순회팀의 제4팀 제1분대(分隊)가 진장현에 설립되었고, 1937년 1월 진장현 위생원으로 개편되어 현 정부에 속하게 되었다. 위생원은 반궁 명륜당(泮宮明倫堂)에 있다가 장푸항(莊府巷)으로 옮겨졌고, 1938년 초에는 종루(鐘樓) 아래 둥제(東街) 남쪽으로 옮겨졌다. 같은 해 7월 현 위생원은 총무, 의료 및 방역, 위생 환경, 산모 및 영유아 위생, 위생 교육 등 5개 팀을 갖춘 현 위생 사무소로 변경되었고, 해외 화교를 위한 예방접종 증명서 발급 및 국경 검역과 장정들의 신체검사를 담당하였다. 또한 현 위생사무소는 둥스(東石)와 칭양(青陽)에 각각 1개의 위생소를 설립했다. 1939년 진장은 현립병원을 설립하여 현 위생사무소 직원이 겸임하도록 했으며, 부속기관으로는 투먼제(塗門街)에 있는 진료소와 둥제(東街)에 있는 금연소가 있었다. 1942년 '현 위생원(縣衛生院)'이라는 명칭을 되찾은 현 위생사무소는 파스(法石), 장린(張林), 네이컹(內坑)에 위생소를, 룽터우산(龍頭山) 허씨(許氏) 사원에 격리실을 설치하여 페스트, 뇌수막염, 콜레라 환자를 수용했다. 진장현 위생원은 1944년에는 화항 천주교당(花巷天主教堂)으로, 1946년에는 다시 난쥔항(南俊巷) 왕씨(王氏) 사당으로 이전했다. 1947년 진장현 정부는 신푸커우(新府口)의 쉬엔미아오관(玄妙觀)을 현 위생원의 영구적인 부지로 결정했다. 파견 기관을 살펴보면, 1937년에 진장현 위생원이 설립된 이후 허스(河市), 스스(石獅), 안하이(安海)에 위생 분원(分院)이, 둥스(東石), 칭양(青陽), 파스(法石), 네이컹(內坑), 비산(碧山), 다퉁(大同)에 위생소(衛生所)가 각각 설립되었다. 1947년에는 이 둘을 '위생소(衛生所)'라고 총칭하였고, 뤄시(羅溪), 잉린(英林), 마자(馬甲), 첸푸(前埔), 신뎬(新店) 위생소를 차례로 설립했다.

민국 시기에는 개인 개업의가 현 지역 의료 및 보건 인력에서 큰 비중을 차지했다. 1936년 진장현의 전역에는 163개의 양의사 진료소와 234명의 개업의가 있었다. 그리고 266개의 약국이 있었으며 그중 많은 수가 의사 역할도 병행하였다. 이러한 개인 개업의에 대한 일관적인 관리가 이루어지지 않았다. 중의사의 경우, 1934년부터 1939년까지 푸젠성 민정청(民政廳)은 개업한 중의사를 심사해 자격을 갖춘 사람에게 '중의사 증명서(中醫士證書)'를 발급했다. 1947년부터 1948년까지 이 심사는 고시원(考試院)에서 담당했으며, 합격자에게는 '중의학 시험 합격증서(中醫考試及格證書)'가 발급되었다. 1948년부터 1949년까지 이 심사는 절민고전처(浙閩考詮處)[67]에서 담당했고, 합격자에게는 '중의학 검사 합격증(中醫檢核及格證)'이 발급되었다.

민국 시기의 위생과 의료 사업 발전 상황을 살펴보면, 정부는 위생의료 기술과 제도의 구축과 발전을 더 이상 소수가 독점적으로 누리는 특권이나 복지가 아닌, 전 국민적인 문제로 인식하고 있었다. 의식의 변화 과정에서 새로운 서양식 의료 기술과 제도도 주목받으면서 '옛 의학을 없애고, 새로운 의학을 행하자(廢舊醫, 行新醫)'는 목소리가 날로 높아졌다. 이렇게 과학과 실험을 기반으로 공중위생에서 서양 의학이 거둔 성과가 대중의 건강과 직결되자 국가와 사회에서는 이를 높이 평가하기 시작했다. 또한, 서양 의학 내부의 계층화된 구조와 분과(分科) 체계

67 역자주: 저장성 및 푸젠성 고과 사무소.

도 현대 국가에서 구축한 관료제와 유사한 궤적을 그리고 있어 현대 정치에서 빠르게 수용되어 제도화된 실천 활동으로 전환되었다.[68]

3. 교통통신: 현대 국가의 영향력 확대

(1) 근대 통신사업의 수립

이 시기에는 다양한 현대 과학 기술 요소들이 동남 연해 지역에 유입되었다. 기술의 발전은 현대 국가 구축의 기본적인 원동력 중 하나이며 그 축적된 기술력의 향상은 국가 역량을 강화할 수 있다. 여기에서 '기술'은 폭넓은 의미로 해석될 수 있다. 현대 국가의 형성 과정에서 기술 혁신은 국가 영향력의 대중화와 심층화를 위한 발판이자 수단이다.

민국 시기에 진장현의 우편 네트워크가 구축되고 발전하였다. 청나라 말기에 설치된 진장과 안하이의 2개 우체국(郵局) 외에 스스(石獅), 진징(金井), 둥스(東石), 야커우(衙口)에 4개의 우체국과 신푸커우(新府口) 우체국(郵局) 지국이 차례로 문을 열었고, 이어서 현에는 총 59개의 우정(郵政) 대리소(우편 발송처 및 우편함 포함)가 설치되었다. 그 중 진장 우체국이 허스(河市), 펑저우(豐州), 칭양(青陽), 파스(法石), 상즈(祥芝), 천타이(陳埭), 푸차오(浮橋), 신차오터우(新橋頭), 팅뎬(亭店), 판산제(潘山街), 리우스(溜石), 타오위안푸(桃源鋪), 스쿠(石窟), 솽거우(雙溝), 싱푸(杏埔) 등 15곳을 관할하였다. 안하이(安海) 우체국은 롄허(蓮河), 스징(石井), 츠자오(磁竈), 다잉(大盈), 수이터우(水頭), 네이컹(內坑), 첸포제(錢坡街), 타오쉰(淘潯), 링수이(靈水), 쿠이샤(奎霞), 황산(黃山), 장린(張林), 원터우뎬(文門店), 잉둔(英墩), 시둥

68 胡宜, 『의사를 시골로: 현대 중국의 질병 정치(送醫下鄉: 現代中國的疾病政治)』, 社會科學文獻出版社, 2011, p.59.

(溪東) 등 15곳을 관할하였다. 진징(金井) 우체국은 션후(深滬), 웨이터우(圍頭), 잉린(英林), 우바오(伍堡), 탕둥(塘東), 컹볜(坑邊), 구안(古垵), 리우아오(溜澳) 등 9곳을 관할하였다. 스스(石獅) 우체국은 한장(蚶江), 융닝(永寧), 야커우(衙口), 탕스(塘市), 샤탕(沙塘), 중산제(中山街), 푸네이(浦內), 탄린(壇林), 강볜(港邊), 진샹(錦上), 천더우(岑兜), 푸룽(芙蓉), 르신제(日新街), 구이후(龜湖), 룬호우(侖後), 홍쿠(洪堀), 시천(西岑) 등 17곳을 관할하였다. 둥스(東石) 우체국의 관할은 스쥔(石菌), 광핑(廣平) 2곳이었다.[69]

1933년 진장현 정부는 전화선과 전화기를 설치했다. 1935년에 안하이 전보국(電報局)과 진장 전화국(電話局)이 설립되면서 장거리 전화가 최초로 개통되었다. 1948년 진장 우전국(郵電局)은 국제우편교환국이 되었다. 1949년 진장 우체국의 우편물에는 국내와 국제 두 종류가 있었다. 국내 우편물에는 서신, 엽서, 인쇄물, 무역계약서, 신문 도면, 상업 전단지, 등기 우편, 배달 증명 등기 우편 등이 있고, 국제 우편물에는 서신, 엽서, 인쇄물, 국제 소포, 보험부 우편(保價信函), 상자 등이 있었다. 우편물은 육상과 해상, 그리고 항공 운송의 세 가지 유형으로 운송되었다.

진장 향촌의 전화기는 1919년에 현지 화교인 향현(鄕賢)[70]이 일찍이 개설하였고, 시내 전화는 1921년에 설치되었다. 1933년 현 정부는 기금을 모아 각 구(區)와 진(鎭), 향(鄕)으로 통하는 전화선과 현 정부에 전화 교환실을 설치하였다. 1936년까지 현 정부는 설치된 40회선의 스웨덴식 교환기를 통해 시내 각 행정기관 및 칭양, 안하이, 스스, 허스, 난안현

---

69 晉江市地方誌編纂委員會(編), 『진장시지(晉江市誌)(上)』, pp.410-441.

70 역자주: 향현(鄕賢)이란 우수한 학문적 소양과 바른 품행으로 지역 주민에게 존경받는 사람을 뜻한다.

(南安縣) 정부와 직접 통화함으로써 전화 통신 네트워크의 기반을 마련할 수 있었다. 이 전화 시스템을 통해 난징 국민정부의 정치 명령이 진장현 정부에 신속하게 전달됐고, 이로써 지방과 국가 간의 결속은 더욱 강해졌다.

민간 차원에서 1921년 민난 취안안 민간자동차도로 주식유한회사(閩南泉安民辦汽車路股份有限公司)는 각 지점과의 신속한 연락을 하기 위해 당시 화폐 가치로 8.68만 위안을 투자하여, 독일 지멘스(siemens)의 20회선 자석식 전화 교환기 1대를 구입하고 회선을 설치했다. 1934년 가오환(高桓)이 현장(縣長)으로 재임하는 동안 현 정부는 도시의 다양한 기관과 소통하기 위해 40회선의 자석식 교환기 1대를 설치했다.

진장에 무선 전신국이 설립된 것은 1943년이었다. 융안(永安, 항일전쟁 당시 푸젠성 정부의 소재지)에 설치되어 성급 무선전송 센터와의 연락 통신으로 사용되었다. 1944년 7월, 진장현의 통신 업무는 '전신국(電信局)'으로 통합되었으며, 진장국(晉江局)은 5등 전신국이었다. 민국 시기에 진장의 우정국(郵政局)과 전신국은 현재의 취안저우시에 설치되었으며, 각각 성 우정관리국(省郵政管理局)과 현 건설과(縣建設科)의 관리를 받았다.

통신 수단의 현대화와 다양화로 더욱 원활해진 국가 전반의 정보 유통은 당시 국가의 통제력과 영향력을 지방과 기층 수준에까지 미치게 하여 현대 국가의 영향력을 확장하는 데 큰 도움이 되었다.

(2) 근대 교통업의 발전

지방 도로와 운송 체계의 현대화 구축 측면에서 지방정부는 지역 엘리트, 화교, 학교, 자선 단체, 농민, 상인 등의 세력과 협력하여 도로를 건설하였다. 취안저우(泉州)와 진장현(晉江縣)에 여러 도로 노선을 개통하고 자동차와 선박 운송 서비스를 구축하였으며, 근대화된 지방 도로 운송 체계의 초석을 마련하여 지역 간의 연결에 획기적인 영향을 미쳤다. 여러 위치에 있는 마을과 도시들이 연결되면서 전통 사회의 '역참(驛站)' 체계가 '교통' 체계로 변하였다.

재일 화교인 천칭지(陳清機)는 1913년에 민난 오토바이도로 주식유한회사(閩南摩托車路股份有限公司)를, 1919년에는 민난취안안 민간자동차도로 주식유한회사(閩南泉安民辦汽車路股份有限公司)를 각각 설립했고, 칭양(青陽)에 스스·수이터우(石獅·水頭)와 샤오잉링(小盈嶺)을 잇는 도로를 건설했다. 필리핀 화교 리원빙(李文炳) 등은 취안웨이 민간 자동차도로 회사(泉圍民辦汽車路公司), 스융한 민간 자동차도로 회사(石永蚶民辦汽車路公司), 취안관수이 자동차도로 회사(泉官水汽車路公司), 취안시 민간자동차도로 회사(泉溪民辦汽車路公司), 취안뤄 민간자동차도로 회사(泉洛民辦汽車路公司)를 설립했다. 또한, 지방정부는 노동자를 모집하여 허스(河市)부터 관터우(琯頭)까지 고속도로를 건설했다. 1923년 민간 자동차 회사가 도로를 건설한 후, 진장현 정부는 도로 관련 업무를 주도하여 도로 정책을 시정하기 시작했으며, 분산된 자체 운영에서 통합 운영으로 전환하였다. 1927년까지 진장현은 길이 285km의 도로를 16개 건설했다. 1928년부터 1934년까지 지방정부와 화교, 권세가들은 총 138km 길이의 도로를 9개 건설했다.

민국 시기에는 현 정부 건설과와 민정과(民政科)가 손을 잡고 여러 상업 및 산업 공회(公會)를 통해 진장현 운송 시장을 조정하거나 관리하였다. 1936년 4월, 진장현 정부는 취안저우에 푸샤 차량 사무소(福廈車務所)를 설립하여 취안룽(泉榕)과 취안샤(泉廈)의 자동차 운송 사업을 운영했다. 1937년 차량 사무소(車務所)가 폐지되고 푸젠성 자동차 관리 사무소

취안저우 지부(汽車管理處泉州分處)로, 이후에 다시 성 차량 관리 사무소 취안 사무처(省車管處駐泉辦事處)로 변경되었으며 취안저우 난샤오창(南校場) 근처에 차량 수리 공장이 설립되었다. 1940년, 진장현에 운송역(驛運站, 역참)을 설치했으며, 운송 노동자와 수단의 등록 및 편성을 통해 모든 민간 운송업체를 통제하고 운송 노선을 구분했다. 또한, 운임과 운송 서류 통일, 기차역 검사 등의 관리 수단으로 운송 시장을 관리 및 통제하였다. 이를 통해 진장 교통의 발전에 발맞춰 새롭게 등장하고 발전하게 된 관련 분야의 사회 업무량과 함께 공권력도 생겨났음을 알 수 있다.

항운업을 살펴보면, 민국 초기 진장에 등장한 상업 선박 운송 회사(업종)들은 외국 선박을 구매하거나 임차하여 공해(公海) 및 영해(領海) 운송에 종사했다. 이들 운송업체는 1937년 이후 공해 항로가 막히면서 잇따라 문을 닫게 되었다. 항일전쟁 승리 후 진장의 해운업이 회복되었고 선상(船商)들은 외국 선박 회사를 대거 설립하였다.

이렇듯, 민국 시기에는 다양한 현대적인 요소들이 동남 연해 지역에 잇따라 유입되었다. 이 과정에서 국가는 항상 중요한 참여자이자 적극적인 제작자의 역할을 수행했다. 특히 현대 교통과 통신 기술의 발전 과정에서 지방과 기층에 대한 국가의 통제 능력이 향상되었고, 국가와 민간 사회 사이의 거리가 좁아지면서 국가의 영향력도 확장되었다. 이렇게 기술이 확대되면서 새롭게 추가된 해당 분야의 정부 기구들은 국가 권력과 영향력을 적극적으로 추진하는 현대 기술의 역할을 반영했다.

제5절 국가 구축을 주도한 국민정부의 노력과 실패

국민정부는 현대 국가의 담론 체계를 구축하고, 현대적 관료 체제와 재정·조세체제를 확립했으며, 현대적 교육·위생·통신·교통 체계를 구축함으로써 국가 역량을 강화하고자 하였다. 그렇다면 국민정부의 노력은 결실을 맺었는가? 계속해서 정치 과정의 제도화를 위한 국민정부의 조치를 정리하고, 이 시기 현대 국가 구축 시도의 성과와 실패의 근원을 심층 분석하겠다.

1. 국민정부 주도의 국가 구축 노력과 논평

1949년 이전의 국가 구축 과정에서 국민정부는 정치 과정의 제도화를 위해 많은 노력을 기울인 끝에 행정 조직 구조의 규범화, 국가 흡수 능력 강화 및 공공 기능 재구축과 같은 눈에 띄는 성과를 거두었다.

(1) 현대 행정 계층제의 구축을 위한 시도 및 논평

국민정부의 관료 집단은 선발 시험 및 고과 평가제도(考銓考績制度)를 통해 형성되었다. 1929년 난징 국민정부는 수립 초기에 「고시법(考試法)」을 공포하고 각종 문관 시험을 시행했다. 이후 국민정부 고시원은 1938년 「비상시 특별시험 조례(非常時期特種考試條例)」를 제정·공포 및 시행하였다. 1940년에 국민정부 고시원은 인재 선발 경로를 더욱 넓히기 위해 특별 시험을 고용 기관에 위탁했다. 1931년부터 1945년까지 전국 고등고시 합격자는 2,467명, 일반고시 합격자는 3,158명이었다. 1938년부터 1945년까지 36,793명이 특별 시험에 합격했다.[71] 이 수치를 통

71 『심사 선발 법규(考銓法規)』의 「보통시험 합격 인원 규정(普通考試及格人員規程)」, 「임용 기관에 위탁한 특수 시험 방법 처리(委托任用機關辦理特種考試辦法)」; 吳鼎昌, 『중국국민당 제6차 전국대표대회 정치 총보고(中國國民黨第六次全國代表大會政治總報告)(1945년 5월)』, 中國第二

해 '9·18사변'부터 전쟁의 종식 전까지 시험에 합격해 국민정부가 채용한 문관의 수가 크게 늘어났음을 알 수 있다. 그러나 현대 국가 구축에 필요한 공무원의 수에는 여전히 못 미치는 숫자였다. 이에 국민정부는 1942년과 1944년에 「공무원 임용법 시행 세칙(公務員任用法施行細則)」을 두 차례 개정하였고, 전서부(銓敍部)[72]는 현직의 각급 행정 인력을 대상으로 심사를 실시했다. 전서(銓敍, 인사 임명)의 조건에는 졸업장, 업적, 경력, 문관 시험 성적 등이 포함되었다. 1941년부터 1945년까지 총 657,415명이 합격하였다.[73]

상술한 통계자료를 통해 국민정부가 항전 시기에 우수한 문관과 공직 후보자를 선발하고 평가하였음을 알 수 있다. 이는 국민정부의 현대 국가 구성 요소를 일정 수준 향상시켰고, 좋은 교육을 받고 유학까지 한 우수한 인재들은 국가 관료 체제에 유입되었다. 특히 경제, 과학기술, 교육 분야에서 우수한 교육을 받은 기술 인재들이 국방설계위원회[74], 자

歷史檔案館 소장.

72 역자주: '전서부(銓敍部)'는 민국 시기 국민정부의 '고시원(考試院)' 산하에 설치된 기관으로 문관, 법관, 외교관 등 공무원들의 임명, 승진과 같은 인사 관리 관련 문제를 관장하였다.

73 중국국민당 제6차 전국대표대회 정치 총보고(中國國民黨第六次全國代表大會政治總報告)』, 中國第二歷史檔案館 소장; 『지방 자치 실시방안 법규 총집(地方自治實施方案法規匯編)』의 「현 각급 조직 요강(縣各級組織綱要)」, 大東書局, 1947.

74 국방설계위원회(國防設計委員會)는 1932년 국민정부가 일본의 침략에 맞서 난징에 비밀리에 창립한 정부 군사 자문기구이다. 위원회의 주된 업무는 중국의 군사, 경제, 교통, 자원 및 기타 상황을 조사하는 것이었다. 군사, 국제, 경제, 재정, 원자재, 제조, 운송, 교통, 문화 교육, 인구 토지, 곡물, 전문 인력 조사의 총 8개 부서가 속해 있었다. 최초로 비교적 포괄적이고 체계적인 방식을 통해 당시의 중국 사회를 조사했으며, 중요한 광공업 기업도 몇 개 운영했다. 국방설계위원회의 첫 위원들은 총 39명이었다. 1934년에 국방설계위원회는 국제무역, 전기, 군비, 국방화학, 채광·야금, 변경(邊境) 등 전문위원

원위원회[75]와 같은 국민정부의 각급 부서에 진출하여 국제관계, 경제, 공상(工商), 교육, 과학기술 분야의 저명한 전문가와 학자들을 한자리에 모았다. 그들은 국가의 정치 개혁과 중요한 자원 조사에 참여하는 한편 국가 경제 발전계획을 설계하여 기술적 합리성이 국가 사회생활에서 발휘되도록 하여 당시 중국의 현대 국가 건설을 촉진하였다.[76]

현대 행정 계층체계 제도화에 있어 중요한 조건 중 하나는 기관과 관리의 권한과 책임을 명확히 하는 것이었다. 난징 국민정부 수립 초기에는 권한 구분이 매우 불완전했다. 현급 이하의 행정 수준에서는 행정권과 사법권이 분리조차 되지 않아 관리의 업무 분장 혼란이 가중될 것은 예상된 일이었다. 항일 전쟁 기간 동안 국민정부는 통합된 정권 조직의 민첩성을 높이기 위해 거대한 정권 조직의 권한과 책임을 명확히 하고자 노력했다. 첫째, 당과 정부(黨政)의 권한을 명확히 구분 지었다. 1938년 국민당 임시전국대표대회(臨時全國代表大會)에서 중앙층은 당이 정권을 장악하고 정부가 통치권을 행사한다는 것을 거듭 주지시켰다. 또한,

---

회를 포함하여 일부 위원을 추가로 임용했다. 이 위원들은 기본적으로 각계 저명인사이자 전문가였다.

75 1935년, 국민정부는 군사 기관을 조정하여 국방설계위원회(國防設計委員會)와 병공서 자원사(兵工署資源司)를 합병하여 '자원위원회(資源委員會)'로 개칭하고 국민정부 군사위원회에 소속시켰다. 1938년 3월, 자원위원회는 경제부에 소속되어 경제부 장관인 웡원빈(翁文灝)이 주임 위원으로, 첸창자오(錢昌照)가 부주임 위원으로 임명되었다. 1916년 3월, 자원위원회는 행정원(行政院)에 소속되었다. 자원위원회는 자원 조사 및 연구, 동원 및 개발에 주력하다가 점차 중공업의 주요 부서로 발전하여 강철, 동력, 기계, 화학 등의 기본 산업 분야에서 군사 산업과 관련된 산업 활동을 중심으로 발전하였다. 이 부서는 중국의 항전을 지원할 뿐만 아니라, 전쟁 이후 중국의 산업 현대화 기반을 마련하는 데 큰 역할을 하였다.

76 許紀霖·陳達凱主編, 『중국 현대화사(中國現代化史)(第壹卷):1800—1949』, 學林出版社, 2006, p.115.

성급 행정권은 정부에 속하며 당부(黨部)는 당과 정부 간의 연락 채널을 통해 정부 업무에 협조하였다.[77] 둘째, 사법권과 행정권을 구분했다. 1941년 국민당 제5기 9중전회(九中全會)[78]에서 지방 행정장관이 재판 등 사법 업무를 겸하던 당시 상황을 타파하고자 지방 법원을 설립하였다. 이때부터 중앙부터 현급까지의 사법 시스템이 구축되어 사법권과 행정권의 분리가 실현되었다. 셋째, 중앙과 지방 각급 정권의 권한이 분명해졌다. 1944년 국민당 제5기 12중전회(十二中全會)에서는 「중앙과 지방 행정 간의 관계안(確立中央與地方行政之關系案)」을 통과시켜 중앙정부와 성급 정부의 권력과 그 상호 관계를 명확하게 구분지었다. 이번 전체회의에서도 성, 현, 향진의 권리와 책임을 명확히 구분하는 결의안이 채택되었다.[79] 이로써 이론적으로 중앙정부와 각급 지방정부의 권한, 책임 및 상호관계에 대한 세부 지침이 결정되었다.

여기에서 특히 주목할 점은 당정(黨政) 권한의 확정이 당시 현대 국가 구축에 미친 영향이다. 현대 국가 건설을 진행할 때 난징 국민정부가 채택한 '당—국가 체제(黨國體制)'는 당내 결의에 그치는 것이 아니라, 국가 입법의 형태로 '당치(黨治)'에 법리적 성격을 부여하고자 하였다. 현대 국가 훈정시기(訓政時期)의 헌법 문서는 「중화민국 훈정시기 약법(中華民國訓政時期約法)」, 「중화민국 국민정부 조직법(中華民國國民政府組織法)」

77 『중국 국민당 역대 대표대회 및 중앙 전회 자료(中國國民黨歷次代表大會及中央全會資料)』의 「국민당 5기 8중전회 문서(國民黨五屆八中全會文件)」, 中國第二歷史檔案館 소장.

78 역자주: 9중전회(九中全會)는 중국공산당 중앙위원회 제9차 전체 회의(中國共產黨中央委員會第九次全體會議)의 약칭이다.

79 『중국 국민당 역대 대표대회 및 중앙 전회 자료(中國國民黨歷次代表大會及中央全會資料)』의 「국민당 5기 8중전회 문서(國民黨五屆八中全會文件)」, 中國第二歷史檔案館 소장.

및 「훈정강령(訓政綱領)」의 세 가지 법률 문서로 구성되었다. 그 중 「중화민국 훈정시기 약법」은 '당국체제(黨國體制)'의 법리를 형태화한 것으로 국민당의 '중앙통치권'을 공고히 했지만, 한편으로는 국민당과 정부, 그리고 국민의 경계를 명확히 규정하여 사실상 '당도국'의 전능한 형태를 부정하고 여러 도전 세력이 '당국체제'를 비판할 수 있는 허점을 남겼다. 또한, '당도국'의 효과는 주로 중앙정부, 도시, 그리고 정치적 수준에서 나타났다. 그러나 지방, 향촌 및 비정치적 수준에서는 '당국체제'가 구축되지 않아 '취약한 현대 국가 구축(弱勢現代國家構建)'의 특징이 드러났다.[80]

'계층적 책임제(分層負責制)'를 통해 각급 정권 기관 내에서 권한과 책임이 구분되었고, 그 원칙에 따라 정부 기관의 여러 기능 부서에 대한 국민정부의 권한과 책임도 명확하게 구분되었다. 중앙에서 성급 행정에 대한 모든 지휘와 감독은 행정원(行政院)의 명령에 따라야 했으며, 각 부회서(部會署)는 성급 정부 산하에 있는 청(廳)에 명령을 내릴 수 없었다. 당시 지방 군벌들이 중앙정부가 지방정부에 직접 명령을 내리는 것을 원치 않았기 때문에 이러한 규정이 마련되었다. 이러한 조치는 국민정부의 사회적 기반에서 유래한 것으로, 지방 세력이 중앙에 의도적인 영향을 미친 것이다. 법적 절차에 따라 부회서가 지도 및 감독해야 하는 사항들은 부회서가 자문 서한으로 성급 정부에 지침을 내릴 수는 있지만, 행정원의 명령과 충돌해서는 안 되었다. 또한, 동등한 기관은 각자의 역할을 수행하고 상호 간 책임을 전가해서도 안 되었다. 협력해야

80 陳明明, 「당치국가의 이유, 형태와 한계—중국 현대 국가 건설에 관한 토론(黨治國家的理由、形態與限度—關於中國現代國家建設的壹個討論)」, 『復旦政治學評論』, 2009(1).

할 사항이 있는 경우 관련 부서에서 협의 또는 공동 위원회를 구성하여 처리하며, 기관 하나를 '주관 기관(負責主辦之機關)'으로 지정하였다.[81]

(2) 국가 재정 현대화 구축을 위한 초기 시도

중화민국 수립 이후, 민국 정부는 전시(戰時) 재정 정책과 국가 신용 정책을 시행하는 한편 농지세 시정 및 상공업의 악세(惡稅) 폐지 등 관세 주권을 위해 노력했다. 특히 1927년 이후 난징 국민정부는 국가의 재정 경제를 바로잡기 위해 국가의 재정 및 조세의 수입·지출 체계와 관리 제도를 대대적으로 개혁하는 구체적인 조치들을 취하였고, 서양 현대 국가의 구체적인 관련 방법을 수용하여 현대 국가의 재정수지 시스템을 구축했다.

1928년 쑹즈원(宋子文)을 주축으로 개정된 「국가 수입·지방 수입 구분 표준안(劃分國家收入地方收入標準案)」은 염세, 관세(해관세(海關稅) 및 일반관세(常關稅)), 화물세(統稅), 인지세, 광물세 등 주요 상공업세를 국가 수입으로 지정하고, 농지세, 부동산세, 아세(牙稅), 당세(當稅)[82]와 같은 지방 징수에 적합한 세목을 지방 수입으로 지정했다. 이렇게 중앙정부는 법적 수단으로 전국 대부분의 재원을 집중시키는 한편, 지방에 유동적인 재원을 유지하면서 이전 지출(transfer payment, 轉移支付) 방식을 통해 지방 재정난을 해결하였다. 이로써 청나라 말기 이후 막대한 재권이 지방으로 분산되던 불리한 상황이 반전되었다. 북양정부의 재정개혁과 비교하자

81 『국민당 중앙 집행위원회 기록(國民黨中央執行委員會檔案)』(壹)(八), 中國第二歷史檔案館 소장.

82 역자주: 당세(當稅)란 전당포에 부과하는 영업세이다.

면 국민정부의 재정개혁은 부분적인 성공에 불과하다고 할 수 있다. 현대 정부의 직권(事權)과 재권(財權)의 대칭 원칙(相對稱原則)에 따라 국민정부는 중앙과 지방 재정수지의 구조를 조정하고 시행함으로써 중앙과 지방의 재정 관계를 단계별로 조율하여 오랜 기간 이어져 온 중앙과 지방 수지 구분의 갈등을 완화시켰다. 이 과정에서 중앙 재정난을 조속히 해결하는 데 도움을 주었으며, 국민정부가 전국적으로 재정을 통일하는 데 결정적인 역할을 하였다.[83]

국민정부의 경제부흥계획을 완수하기 위해 난징 국민정부가 개혁한 재정, 조세, 채무, 금융통화 관련 구체적인 내용은 다음과 같다. 첫째, 중앙정부 이하 기구들의 재권 통일, 지방 군벌의 정치적 제한, 경제적 수준에서 중앙의 통제력 강화를 통해 국민정부의 재정 지출을 해결했다. 둘째, 국가·성·현급 수준의 재정 제도, 예산 결산 제도를 구축했다. 그리고 세무 기관의 통합, 이금세(厘金稅) 폐지, 화물세(統稅) 개편, 국내외 채권 발행 및 자금 조달 등의 조치를 시행했다. 기본적으로 해관의 자주권을 회수하고 관세와 염세를 개혁하였으며, 소금에 관한 업무를 통일하였다. 그리고 '4행 2국(四行二局)'[84]을 핵심으로 하는 국가 금융 시스템을 구축했다. 이러한 변화는 중국 재정 체제의 현대화 과정에서 매우 중요한 단계였다.

이상의 중요한 변화를 통해 1927년부터 1937년까지 난징 국민정부는

---

83 張誌超 등, 「중국 재정 현대화 모델의 과정—민국 시기(1912~1937) 재정과 조세 개혁 문제 대화(中國財政現代化模式的歷程—民國時期(1912~1937)財稅改革問題對話)」, 『華北水利水電學院學報(社科版)』, 2007(3).

84 역자주: 4행 2국(四行二局)은 난징 국민정부 시절 국가 금융 시스템의 핵심이었다. 4개 은행에는 중국은행(中國銀行), 교통은행(交通銀行), 중국농민은행(中國農民銀行), 중앙은행(中央銀行)이 있으며, 2개국에는 우편저금환업국(郵政儲金匯業局)과 중앙신탁국(中央信托局)이 있다.

현대 재정 관리 체제의 기본 틀을 구축했으며 시정과 투자를 통해 중국은 점차 난징 국민정부가 기대하는 '통일화와 현대화'의 방향으로 발전하였다. 세금 개혁을 예로 들면, 난징 국민정부는 유럽과 미국이 현대 국가 세금 제도를 구축한 경험을 흡수하고, 구조적 개혁 법안을 채택함으로써 중국 현대 세금 제도 수립의 중요한 한 걸음을 내디뎠다.

자본주의 생산방식의 급속한 발전, 각급 정부의 지속적인 재원 확대, 수입 규모의 뚜렷한 증가, 각급 정부의 재정수지 규모 확대, 정부 부서의 인력 증가 등 현대 국가의 중요한 특징들로 인해 현대적 재정 예산 체계 구축이 절실해졌다. 난징 국민정부 수립 후 예산제도 개혁에도 노력을 기울였다. 예산 결산을 네 단계[85]로 나누어 시행하면서 중국의 현대 예결산 제도의 구축 과정이 본격적으로 시작되었다. 또한, 근대 국가 공공 재정 이론을 중심으로 근대 재정 사상 체계가 점차 갖춰져 국가 재정 관리의 합리화와 현대화에 암묵적으로 영향을 미쳤다.

전반적으로 1927년부터 1937년까지 중국 경제는 전쟁의 영향을 뒤로 하고 비교적 빠르게 성장했다. 그 기간 동안 전국적으로 총 3,795km의 철도와 약 109,500km의 도로망이 건설되었다. 1929년부터 1935년 6월까지 전국에 1,966개의 공업 회사가 등록되었으며 자본금은 56,039.4만 위안에 달했다. 1928년부터 1936년까지 중국 동북부를 포함한 현대 공업의 평균 성장률은 8.4%였다. 1936년 중국의 국민총소득은 257.98억 위안이었다. "1937년 중국의 재정제도는 10년 전의 혼란했던 국면에서 뚜렷한 변화를 이루었다. 몇 가지 심각한 결함과 약점이 여전히 존재하

85 네 가지 단계는 다음과 같다. (1) 중앙 및 각 성(省)의 세수입 범위 내에서 징수액 분배, (2) 각 성의 국가 세수입 분류 수 및 국가 비용 지출 분류 수 재무부에 보고, (3) 각 성의 보고에 따라 재무부가 국가 예산을 수집, (4) 중앙 및 각 성의 국가 세금에 대한 예산 편성.

지만, 정부 재정 등의 영역에서 매우 효과적인 활동을 할 수 있게 되었으며, 이는 수세대에 동안 중국에서 나타난 가장 강력한 정부이다".[86]

(3) 민간 사회 조직과 공공 공간의 성장

민국 시기에는 민간 사회 조직의 성장에 필요한 공공여론 공간, 사회 전파매체, 정치적 이념, 법률제도 환경이 모두 크게 발전했다. 이 시기의 민간 사회 세력은 민간 조직의 수적인 면에서나 공공분야의 성장세에서도 모두 두각을 나타내기 시작했고, 민간 사회 조직과 그 활동에 대한 국가의 권리 보호와 입법 관리 업무도 점차 형성되었다. 신해혁명 기간 동안 각지에서 공포된 약법(約法)들과 「중화민국 임시 약법(中華民國臨時約法)」은 기본법의 관점에서 단체 조직과 같은 다양한 자유권을 시민들에게 부여했다. 북양정부와 난징 국민정부에서도 국민의 다양한 자유권을 보장하기 위해 이와 같은 종류의 법률을 공포하였다.

관련 통계에 따르면 1927년부터 1949년까지 난징 국민정부 입법기관이 제정한 시민 사회단체 법률과 시행세칙은 「공회법 (工會法, 노동조합법)」, 「농회법(農會法)」, 「상회법(商會法)」, 「변호사법(律師法)」, 「의사법(醫師法)」, 「신문기자법(新聞記者法)」, 「조산사법(助產士法)」, 「약제사법(藥劑師法)」, 「합작사법(合作社法, 협동조합법)」, 「어회법(漁會法)」, 「공상 동업 공회법(工商同業公會法)」, 「교육회법(教育會法)」, 「자선단체 감독법(監督慈善團體法)」 등 28개에 달했다. 이는 민국 시기에 변호사, 교사, 기자, 언론인, 연예인, 의사, 회계사, 회계감사원 등과 같은 프리랜서 집단이 크게 발전

86 Arthur N. Young, 『1927년부터 1937년까지의 중국 재정 경제 상황(壹九二七至壹九三七年中國財政經濟情況)』, 陳澤憲·陳霞飛(역), 中國社會科學出版社, 1981, p.175.

했음을 보여주는 것으로, 일반적으로 이들 집단은 자신들의 사회단체를 조직하였다. 또한, 이는 민국 시기에 국가와 사회관계가 완전히 새롭게 전개되었음을 반영하는 것이다. 날로 발전하는 민간 사회 조직을 위해 난징 국민정부 시기에 중앙정부에서 공포한 규정은 70여 가지가 있었다.[87] 이러한 법률 제도는 당시 민간 사회의 발전을 보장하는 데 일정한 역할을 했다.

이 기간 동안 민간 대중 여론의 영역은 크게 확장되었으며, 이는 민간 사회 성장의 또 다른 상징이었다. 북양정부 시절, 중앙정부의 통제력이 약해지자 사회 환경이 완화되고 크게 개선되었다. 특히 신문화운동(新文化運動)과 5·4운동 시기는 현대 중국의 대중여론이 매우 왕성히 발전하던 시기로 '신보(申報)', '대공보(大公報)', '신문보(新聞報)', '동방잡지(東方雜誌)' 등이 사회 여론에서 매우 중요한 역할을 했다. 20세기 초 위안스카이(袁世凱)의 즉위와 5·4운동과 같은 중요한 정치적 사건이 발생할 때마다 민간 단체들은 전국적인 전보를 발표하여 정치적 입장을 표명했고, 이는 이 시기 대중 여론의 중요한 풍향계가 되었다. 이러한 간행물들은 비교적 독립적이고 냉철한 정치적 입장에 하층 시민 사회와 밀접한 공공성을 갖추고 있었다. 대중매체의 성격에 속해 독자적인 여론 공간을 형성했을 뿐만 아니라 현대 국가의 사회적 기반을 확장했다.[88] 파리 평화회의에서 대중여론의 발전은 정부 외교에도 영향을 미

87 鄭全紅·劉貞曄, 「제도 환경과 중국 시민 사회의 성장(制度環境與中國公民社會的成長)」, 『理論建設』, 2010(3).

88 劉增合, 「청 말기 공공여론의 확장에 관한 시론-대중매체에 입각한 고찰(試論晚清時期公共輿論的擴張—立足於大眾媒介的考察)」, 『江海學刊』, 1999(2); 劉增合, 「미디어 형태와 청 말기 공공 분야 연구의 확대(媒介形態與晚清公共領域研究的拓展)」, 『近代史研究』, 2000(2).

쳐 '외교—여론'에서 '여론—외교'로 전환되었다.[89] 난징 국민정부 수립 이후, 국민당의 일당 독재 제도(壹黨專政制度)가 대중 여론 공간에 정치적 압박을 가했음에도 불구하고 발전을 거듭한 결사 조직과 대중 매체들은 민간 사회의 발전을 크게 촉진했다.

지금과 다르지 않게 민국 시기에도 등록되지 않은 사회단체가 많았기 때문에 민간 사회 조직의 발전과 관련된 구체적인 수치를 정확하게 집계하기는 어려운 일이다. 1946년 국민정부 사회부의 통계에 따르면 등록된 민간 사회단체는 4.6만 개였다. 그중에는 농업조합, 노동조합, 어업조합, 상공업 단체, 자유업(프리랜서) 단체 등 4만 개 이상의 직업 단체가 있었다. 그리고 문화, 종교, 자선, 공익, 체육·보건, 여성 활동 등의 분야를 포함한 5,000개 이상의 사회단체가 있었다.[90] 이 수치는 등록된 단체만 해당될 뿐, 실제 민간 단체는 이보다 훨씬 많았을 것이다.

이로써 청나라 말기부터 민국 시기까지 민간 사회단체의 수적인 측면에서나 제도적·사회적 환경 측면에서 모두 중국 민간 사회는 최초의 등장부터 점진적으로 성장하는 단계로 발전했음을 알 수 있다.

(4) 민국 시기의 교육 및 위생 국가화의 성과

20세기 현대 국가의 구축은 행정 계층제와 재정 체제의 현대화, 그리고 시민 사회의 등장에서뿐만 아니라, 현대성을 상징하는 새로운 교육과 위생에서도 나타났다. 후자의 두 가지는 현대 국가에서 인류의 지식

---

89 朱英, 「근대 중국의 '사회와 국가'에 관한 연구 회고와 사고(近代中國的"社會與國家"研究回顧與思考)」, 『江蘇社會科學』, 2006(4).

90 徐秀麗, 「민국 시기 민간조직의 제도 환경(民國時期民間組織的制度環境)」, 俞可平 등, 『중국 시민사회의 제도 환경(中國公民社會的制度環境)』, 北京大學出版社, 2006, p.168.

과 지능이 드러나는 형태로, 현대 국가 구축과 서로 의존하고 뒷받침하는 존재이다.

민국 시기 중국의 교육체제는 서당과 같은 사립식에서 점차 정부 주도형으로 바뀌었고 국가 통제화, 표준화, 전문화의 성격을 띠기 시작했다. 그리고 지식·자원·인력을 초등·중등·고등 교육 기관에 분배하였으며, 각급 학교는 연령과 학과에 따라 학급을 구분하였다. 이에 따라 교육의 사회적·정치적 기능은 전통적인 민중 교화에서 지방의 인적 자원 개발, 사회적 동원 시행, 새로운 정치—윤리관을 가진 '시민(公民)' 양성으로 전환되었다. 이것이 현대 국민 의무교육의 취지이다. 당시 초등 소학교에서는 국어·산수·상식·노래·노동교육 등의 수업이, 고등 소학교에서는 국문·산수·자연·사회·음악·그림·체육·수공예 등의 수업이 각각 개설되었고, 교재는 정부에서 통일적으로 편찬하였다. 특히 이 시기에 '시민' 수업이 일괄적으로 개설되었다는 점에 주목해야 한다. 획일적인 교육과정 편성과 교재 편찬으로 인해 현대 국가의 이데올로기가 점차 지역적 지식까지 아울렀다. 그리고 현대 국가는 교육을 통해 마을 사회의 현대화 통합 및 동원을 실현하였으며, 국가와 하층 민간 사회 간의 거리가 가까워지고 좁혀졌다.[91]

민국 시기에는 새로운 민족 국가를 구축하기 위해 국민의 지력, 체력, 정신력이 전례 없이 중시되었다. 공공 위생 체계 구축을 중시한 국가는 현대 의학 시스템과 공공 위생 부서의 설립을 통해 국민의 생로병사에 더 많은 관심을 기울이는 한편 정권의 합법성을 얻었다. 이 기간

91 吳毅, 『변천하는 촌치(村治)의 권위와 질서: 20세기 촨둥 솽촌(川東雙村)의 표현(村治變遷中的權威與秩序: 20世紀川東雙村的表達)』, 中國社會科學出版社, 2002, p.136.

동안 국가와 지방정부는 개선된 위생 시설과 쓰레기 처리 시스템, 더 많은 공공 학교 및 현대 병원과 같은 새로운 기능을 추가하였다.[92] 국가와 일반 국민을 연결시킨 이러한 조치들은 다양한 형태로 국민을 규제하고 통제하였다. 현대 의학은 자격을 갖춘 국민을 양성하여 전체적인 국가 건설의 틀 안에 통합시킬 수 있었다. 또한, 국민의 건강을 보호하는 현대 국가의 '등장'은 사람들의 기대를 불러일으켰다.

2. 국민정부 주도형 국가 구축의 실패 원인

국민정부는 20세기 전반에 중국의 국가 구축을 주도하며 기울인 많은 노력들은 결국 물거품으로 돌아갔다. 외부의 경쟁 상대와 국난 위기 외에도 핵심 능동자인 중국 국민당의 정치 동원력 약화, 지방 세력 확대 및 행정 시스템 취약 등이 실패의 주요 원인이었다.

(1) 핵심 능동자의 딜레마- 이념적 혼란과 취약한 독재형 조직의 특징

미국 학자 새뮤얼 P. 헌팅턴(Samuel P. Huntington)은 "현대화가 진행 중인 여러 국가들에서는 권력과 권위의 공백이 존재하며, 매력적인 지도자의 인물이나 군사력으로 잠깐이나마 이 공백을 메꿀 수는 있다. 그러나 그 공백을 영원히 메울 수 있는 것은 정치 조직뿐이다. 현대화가 진행 중인 세상에서 정치를 누가 조직하느냐에 따라 미래가 달려 있다"[93] 라고 언급한 바 있다. 20세기 전반의 중국은 국가의 현대화를 추구하는

92 John Fitzgerald, 『Awakening China: Politics, Culture, and Class in the Nationalist Revolution(喚醒中國: 國民革命中的政治、文化與階級)』, p.57.

93 Samuel P. Huntington, 『사회 변화 중의 정치 질서(變化社會中的政治秩序)』, p.382.

한편 내부의 분쟁을 끊임없이 제거하고 외부 침략에 저항하였다. 이를 위해 핵심 능동자들은 고도의 정치적 동원력과 정치적 능력을 갖추어 정치적 통제를 강화해야만 했다.

구조적으로 볼 때 중국 국민당은 치밀한 조직과 고도의 응집력을 갖추지 못한 '취약한 독재 정당(弱勢獨裁政黨)'에 속하였다. 국민당 내부의 다양한 파벌은 자체적 역량을 약화시키고 그 기능의 강화를 저해하였다. 정부는 새로운 정책을 발표할 때마다 각 지역의 소규모 집단의 이익을 고려해야 했기 때문에 결과적으로 발표되는 정책들은 중앙 당부와 지방 당부 간의, 그리고 중앙 당부 내부 간의 경쟁의 결과물인 경우가 빈번했다. 군인 출신으로 당에서 입지가 좁았던 장제스(蔣介石)는 오히려 당권(黨權)의 확장을 막는 수단을 취하였고 이에 군권(軍權)이 당권보다 높아지는 특수한 형태를 띠게 되었다. 군사력을 사용하거나 체제 외부 조직을 이용해 당을 약화시키는 등 다양한 형태의 이중 경쟁 메커니즘(雙軌競爭機制)을 구축함으로써 당의 사무 업무는 후순위로 밀려났고, 기층 당무(黨務)는 정치나 군사 업무로부터 배제되거나 탄압받게 되었다. 이로 인해 국민당의 조직·선전·훈련 사업을 순차적으로 추진하기 어려워졌으며, 일부 성, 현의 당부(黨部)는 적기에 설립되지 못하였다. 또한 당원의 수를 맹목적으로 늘리고 광활한 향촌 사회를 간과했던 국민당에 의해 향촌의 기층 세력이 약해졌고, 행정 명령도 현 단위를 넘어 전달되기 어려워졌다. 그 결과 국민당은 전국적으로 강력한 영향을 미치는 집권당으로 성장하지 못했을 뿐만 아니라, 오히려 중국공산당 혁명을 위한 정치적 공간과 거대한 대중적 기반을 제공하게 되었다.

보다 깊이 살펴보면, 중국 국민당의 목표 이념은 항상 혼란스러웠다. 1923년 쑨원은 레닌식 정당의 조직 원칙과 체계를 도입한 후, 조직의 결속력과 전투력을 높이는 데 있어 지도자의 권력 장악에 중점을 두었지만, 목표인 '삼민주의(三民主義)'를 포기하지는 않았다. 1928년 국민당은 군정의 종식을 선포한 후 신속하게 '훈정(訓政)'을 추진하였고, '정치를 국민에게 돌려주자(還政於民)'를 요지로 하는 헌정(憲政) 단계로의 진입을 준비하였지만, 당과 국가, 그리고 국민의 이익을 어떻게 처리할 것인지라는 모순적인 딜레마에 빠졌다. 사실, 국민당의 행정 집행 방식은 짙은 중국 전통 정치 문화의 그림자 속에 헌정의 원칙과 레닌식 정당의 특징을 추구하는 '삼합일(三合壹)'의 특징을 가지고 있었다.[94] 그러나 전면적인 항전 시기에서 민족주의의 강한 목소리들로 인해 전쟁이라는 현실과 헌정의 미래 사이에서 길을 잃게 된 국민당은 현실적 이익과 전통적 정치 문화의 굴레에서 벗어날 수 없게 되어, 심각한 지대추구(Rent-seeking, 權力尋租) 행위와 구조적 부패의 경향을 초래하게 되었다. 이에 관료자본주의를 대표하는 정당으로 인식되면서 해방전쟁에서 패배해 당내 갈등이 심화되었고, 결국 중국 본토에서 국민당 통치의 합법성이 상실되고 말았다.

(2) 지방 세력의 무장화와 폭력적인 합법적 독점자로서 국가 간의 장력

중앙과 지방의 관계에서 지방 세력의 무장화와 폭력적인 합법적 독점자로서 국가 간의 장력은 당시 국민정부가 직면한 가장 큰 문제였다. 북양정부와 난징 국민정부 모두 지방의 치안 유지를 위해 「지방 보위

94 姬麗萍·鄒燦, 「중국 국민당 조직형태 해체의 새로운 시각—추이즈칭의 〈국민당 정치와 사회구조의 변천〉을 읽고(中國國民黨組織形態解構的新視角—讀崔之清主編〈國民黨政治與社會結構之演變(1905-1919)〉)」, 『安徽史学』, 2009(6).

단 조례(地方保衛團條例)」와 「보위단법(保衛團法)」을 공포하여 지방에 보위단과 같은 민간의 자위적 무장을 허용하였다. 또한, 이를 지방 자치의 범주에 포함시켜 양자(兩者)를 통합하여 추진하였다. 이에 구장(區長)과 향장(鄕長)은 보통 보위단의 구단장(區團長)이나 향단장(鄕團長)을 겸직하는 등 막강한 권한을 가지고 있었다. 이러한 민간 무장의 합법화가 지방 세력 무장화의 전제 조건이었음은 의심할 여지가 없다. 복잡하게 구성되어 있는 수많은 보위단의 구성원들은 종종 불법 조직이나 도적들과 얽혀 있었기 때문에 지방 무장세력이 사회 질서를 유지하던 기존의 기능은 많은 지역에서 거의 상실되었다. 이처럼 특수한 역사적 환경 속에서 국민정부에서 공들여 양성한 새로운 향신계층(鄕紳階層)들도 점차 무장화되고 악화되어 갔다.

지방 세력의 무장화와 할거 상태는 현대 중국 국가 구축 과정에서의 국가 능력을 크게 훼손해 약하게 만들었고, 그중에서도 국가 재정 흡수 능력에 가장 큰 영향을 미쳤다. 국민정부는 전능하고 효율적인 향촌 기층 정권을 수립하여 관료화로 향촌에 대한 지배권을 완전히 대체할 능력도 없었다. 지방 세력은 세금을 징수하는 국가가 의지하는 세력이자 사리사욕을 채우는 기생 세력이 되었다. 정부가 현서(縣署) 아래 향촌까지 자신의 세력을 확장하고자 만든 부속 기구는 취약하고 결함이 있는 체계로 정부가 더 큰 역할을 발휘하기 위한 공고한 기반을 구축하기에는 충분하지 않았다.[95] 다른 한편으로는 지방 권력층의 존재로 인해 국민정부는 향촌 자원의 흡수를 보장하면서 국가 정권은 농촌 지배권을 부여했다. 그러나 이로 인해 국가는 세금 징수를 제도화할 수 없게 되어

95 Gilbert Rozman, 『The Modernization of China(中國的現代化)』, pp.113-114.

갖은 명목으로 할당(攤派)하는 풍조가 초래되었다. 사실상 국가가 농민에게 부과하는 농지세 및 토지 부가세, 할당, 기타 세금과 같은 다양한 세금은 모두 지방 기층 정권 또는 향신(鄕紳)을 통해 징수된 것으로, 권력과 부의 보상을 받은 향신 계층은 영리형 중개인이 되었다.[96] 이러한 관점에서 볼 때 중국 국민당이 주도하는 현대 국가 구축은 합리적이고 제도화된 국가를 자주적으로 건설하기에는 어려운 상황이었다. 특히 중앙정부의 권위가 부족한 상황에서 지방 자치가 지속되고 있었기 때문에 결과적으로 현대 국가의 효과적인 거버넌스를 구축할 수 없었다.

(3) 취약한 관료 행정 체계

거대하고 효율적인 공무원 시스템은 국가의 독립성과 자주성을 유지하는 중요한 요소이다. 그러나 난징 국민정부는 완벽한 공무원 시스템이 항상 미비한 상태였다. 당시 기준에 따르면 인구 5~6억 명 규모의 대국에서 필요한 공무원의 수는 최소 100만 명 이상이었다. 그러나 1945년 봄까지 국가공무원 시험에 합격한 자는 6만여 명에 불과했고, '현장(縣長) 시험(내부 선발) 합격자는 217명에 그쳤다.'[97] 이렇게 큰 격차 때문에 국민정부는 '임용 기준을 완화'할 수밖에 없었고, 특히 기층 정권의 경우 더욱 완화해야만 했다. 공무원 수가 부족하고 질이 떨어지면서 정치적으로 심각한 부작용과 비효율성을 초래하여, 정권 기관의 업무의 질도 점차 낮아졌다. 공무원과 관료 체제의 무능으로 인한 국가의 침투

---

96 Prasenjit Duara, 『문화, 권력과 국가: 1900~1942년의 화북 농촌(文化、權力與國家: 1900~1942年的華北農村)』, p.238.

97 方旭紅, 「난징 국민정부의 현급 정권의 운영 메커니즘(南京國民政府縣級政權的運作機制; 1921~1937年)」, 『安徽史學』, 2005(2).

력 및 통제력 저하, 부족한 국가의 자주성, 취약한 정책 집행력 때문에 지방과 전통 세력의 간섭에 강력하게 대처할 수 없었다.

그러나 상술한 폐단들은 현대 국가의 정치 과정을 제도화하기 위한 국민정부의 노력으로 상당 부분 상쇄되었다. 항일전쟁에서 승리한 국민당의 당치(黨治)와 권위는 난징 국민정부 수립 이후 최고치에 달했지만, 국민당의 행정과 계층 체제는 이에 미치지 못했다. 또한, 국민정부는 내부적 문제와 역사적 한계로 인해 탄력적이고 효율적으로 운영되는 중앙집권적 현대 정권을 수립하지 못하였다.[98] 더 중요한 것은 난징 국민정부가 수립된 후 국내외 각 분야의 세력들이 끊임없이 도전했다는 것이다. 국내의 수많은 도전자 가운데 중국공산당이 가장 강력한 반대 세력이었다. 외부적으로 난징 국민정부는 일본으로부터 끊임없는 침략을 받았다. 항일전쟁이 발발하면서 사회정치적 초점이 이동함에 따라 현대 국가의 제도 설계는 사전에 설정된 단계에 따라 조직하거나 시행하기 어려운 경우도, 설계는 했지만 시행되지 않는 경우도, 그리고 설계를 했지만, 중단되거나 완전히 진행되지 않는 경우도 있었다. 또한, 지속 가능한 재정 지원의 부재로 1946년 해방 전쟁이 발발하자 난징 국민정부는 전면적인 재정 위기에 빠졌고 결국 정권이 무너지고 말았다.

국가가 구축한 사회적 기반은 크게 발전했지만, 강대국 수준의 현대 국가 구축을 뒷받침하기에는 턱없이 부족했다. 시간과 내용 면에서 모두 부족했던 사회 현대화로 인해 20세기 전반의 국가는 사회와의 관계가 항상 불안정한 상태에 처해 있었다. 사회를 대하는 국가의 태도는

---

98 許紀霖·陳達凱(編), 『중국 현대화사(中國現代化史(第壹卷): 1800~1919)』, pp.451-452.

시국이 안정되면서 완화되거나, 사회 동요와 전쟁으로 인해 엄격해지는 비정상적인 특징을 보였다. 이와 같은 어려움은 근대 중국의 자유주의와 민족주의에 항상 존재해 온 장력의 원천으로, 국민당은 양자 간의 균형을 이루지도 못하였다. 결과적으로 자유주의의 인정도, 민족주의의 지지도 받지 못하였다.[99] 중국공산당은 자유주의와 민족주의의 장력에서 벗어나 신민주주의 논리를 내세워 강력한 정권을 수립하였다. 이것이 바로 국민당과 공산당(國共) 양당이 중국의 현대 국가 정권 건설에서 거둔 성과가 서로 다른 가장 큰 이유이다. 1949년, 국가 구축의 사명을 중국공산당이 이어받으면서 중국의 현대 국가 구축은 의미 있는 발전의 길로 들어서게 되었다.

99 許紀霖·陳達凱(編), 『중국현대화사(中國現代化史(第壹卷):1800~1919)』, pp.515-518.

제4장

새로운 국가 정치 권력과 사회 구조 및 흡수 능력 구축 (1949~1978)

중화인민공화국의 탄생은 중국 현대 국가 구축을 이끌 역사적 사명이 중국공산당에게 있음을 선포한 것이다. 국민정부 당시 기존의 사회 구조를 근원적으로 바꾸지 않고, 오래된 엘리트들에 의존한 채 현대 국가 정권 수립을 시도했던 국민당의 국가 정권 건설은 난항을 겪었다. 중화인민공화국 수립 이후 중국공산당은 낡은 사회 구조와 사회 기반 시설 청산을 사명으로 삼고 과거와는 확연히 다른 경로를 취했다.

중국 동남 연해 지역의 진장을 예로 들어 살펴보면, 정치적 차원에서 중국공산당은 전통적인 지방 거버넌스 메커니즘과 지방 권력 구조를 와해시켰고, 중국공산당을 중심으로 기능이 비교적 완비된 행정관료 체제를 구축하였다. 그리고 사회적 차원에서는 토지 개혁과 자본주의 개조를 통해 사회관계를 재조정하였고, 단위제(單位制), 인민공사(人民公社), '공청부(工青婦)' 등 민중 조직을 만들어 사회를 통합, 조직 및 관리하는 한편 신정권의 선도적 가치 체계에 소련식 마르크스주의 이데올로기를 부여하였다. 그러나 신정권 내부의 관료제와 대중성 사이의 갈등을 운동으로 표출했던 '문화대혁명(이하 문혁)'으로 인해 사회 무질서와 국가 구축의 일시적인 정체가 초래되었다.

제1절 국가 구축 사명자의 교체

1. 근거지[1] 시기 신식 정권 건설을 위한 중국공산당의 시도

1931년 코민테른(Communist International, 共産國際)의 지지하에 중국공산당은 국민정부의 통치력이 약한 장시(江西) 중앙 소비에트지역[2]에 중화 소비에트공화국을 수립했다. 이것은 완전히 새로운 정권 체계로 두 가지 주요한 특징이 있다. 첫 번째 특징은 입법권과 행정권의 일치를 의미하는 '의행합일(議行合一)'의 대표회의제와 민주집중제(民主集中制)[3]의 조직 원칙이다. 루소가 최초로 제시했던 정권 조직의 형태인 '의행합일'은 파리 코뮌(Paris commune, 公社)에 의해 시도되었다. 그 본래 목적은 대의기관을 통해 행정 권력을 직접 행사하여 많은 민중들이 모든 국가 권력을 장악하도록 하는 것이었다. 중화 소비에트공화국 시기, 각급 소비에트 총회와 집행위원회는 입법권, 감독권, 행정권을 모두 갖춘 의사 기관이자 업무 기관이었다. 두 번째 특징은 중국공산당의 정권 지도력

---

1 역자주: 근거지는 일반적으로 군사 지휘의 중심지를 가리킨다. 1927년 8월 1일 난창(南昌) 봉기가 승리한 후 부대는 근거지가 없어 끊임없이 철수할 수밖에 없었다. 동년 9월 마오쩌둥의 추수 봉기(秋收起義) 이후 징강산(井岡山)에 붉은 혁명(紅色革命) 근거지를 세우자 뒤이어 산둥, 화중, 산시 등 여러 지역에 근거지가 세워졌다.

2 역자주: 중앙 소비에트 지역(中央蘇區, 蘇維埃區域)은 중앙 혁명 근거지(中央革命根據地) 또는 민간(閩贛) 소비에트 지역이라고도 한다. 주로 장시성(江西省) 남부와 푸젠성 서부에 있으며, 중국공산당이 제1차 국공(國共) 내전 기간에 세운 중국 전역의 가장 큰 혁명 근거지이자, 소비에트 운동의 중심 지역이었다. 또한, 중화 소비에트공화국 당·정부·군 수뇌부의 소재지였으며, 중국공산당으로부터 '전국 소비에트 운동의 본거지(全國蘇維埃運動的大本營)'로 평가받았다.

3 역자주: 민주집중제는 민주주의의 발전과 중앙집권제의 시행을 유기적으로 결합한 제도로 당의 조직에 대한 개인의 복종, 다수에 대한 소수의 복종, 상급 조직에 대한 하급 조직의 복종, 당 전국대표대회와 중앙위원회에 대한 관할 조직 및 당원의 복종을 비롯한 6가지 원칙이 있다.

을 부각한 것이다. 중화 소비에트공화국 시절, 중국공산당은 소비에트 지역의 유일한 합법 정당이었다. 중국공산당과 국가 행정 기관 사이에 지도자와 피지도자 관계가 형성되었으며, 중국공산당의 의지에 따라 행정 기관은 움직였다. 이러한 권력 구조는 레닌주의 정당의 건국 원칙이자 당시의 전시 상황에서 필요한 것이었다.

항전 기간 동안 중국공산당은 합법적인 지위를 얻었고, 소비에트 정권 시절과 같은 국민정부 군대의 포위와 공격을 겪지도 않았다. 이에 중국공산당은 편안한 환경에서 정권을 건설할 수 있었다. 산시(陝西)·간쑤(甘肅)·닝샤(寧夏) 등 항일 근거지 시기의 정권 건설은 다음과 같이 몇 가지 측면에서 제도적 혁신성이 두드러지게 나타났다. 첫째, 중국공산당은 기층사회를 보다 전면적으로 재구성하였다. 중국공산당이 농촌에 설립한 청년단, 부녀항일구국연합회(婦女抗日救國聯合會) 등 여러 현대적 의미의 대중 조직들은 전통적인 종족조직을 대체하였다. 또한 서로 다른 전략의 계급 투쟁을 통해 종족과 지주, 향신(鄕紳)에 의한 기층 정권 통제를 막아 기층 정권을 재건하였다. 둘째, 현지 실정에 따라 다양한 제도 모델을 설정하였다. 당의 항일통일전선(抗日統一戰線) 원칙하에 각 근거지는 현지 상황에 따라 지역적 특색을 지닌 정권 모델을 수립하였다. 셋째, '3·3제(三三制)' 정권 조직 원칙을 시행하였다.[4] 이것은 다양한 사회적 세력을 효과적으로 동원해 기본적인 정치적 합의를 이끌어낼 수 있는 제도적 혁신이었다. 넷째, '의행분리(議行分離)'와 중국공산당의 효율적인 지도력을 실현하였다. 중요한 점은 이 시기의 정권은 '의행합

---

4 1941년, 항일 근거지 정권 기구는 인력 분배에서 '3·3제(三三制)' 원칙을 시행하였다. 이 정책에 따르면 항일 민주정권과 여론기관의 구성원은 공산당원 1/3, 좌파 진보적 인사 1/3, 무당무파(無黨無派)와 기타 인사 1/3로 구성하였다.

일'이 아니라 '의행분리'였고, 정부 기구와 정권 기관에는 비당(非黨) 인사들이 대거 포진해 있었다는 것이다. 많은 사회적 세력이 정권에 참여한다는 전제하에 중국공산당은 더 많은 사회적 세력의 지지를 얻기 위해 선봉대의 역할을 함으로써 자신의 정책과 의도를 관철하여 효율적인 지도력을 실현하였다.

항전 기간 동안의 근거지 정권 건설에는 각자만의 고유한 특색이 있지만, 두 가지 공통점도 있다. 하나는 중국공산당이 직접 지도하는 지방정부 체제이고, 다른 하나는 '의행병렬(議行併列)' 및 민주집중제의 시행이다. 당시 항일 근거지 정권은 참의회(參議會), 정부, 법원으로 구성된 '양권반(兩權半)'[5] 정권이었다. 검찰 기관이 설립되지 않은 경우 관련 사법 업무는 고등법원이 담당했으며, 법원의 사법 권한 행사는 정치적 및 행정적으로 정부의 지도 아래에 있었다. 이 '양권반' 정권 체제의 가장 큰 특징은 각급 참의회의 설립이다. 참의회는 여론기관, 자문기관, 의정 기관이자 산시성(陝西), 간쑤성(甘肅), 닝샤(寧夏) 변경 지역 최고의 입법기관이자 권력기관, 그리고 감독기관이었다. 이 기구의 설치는 강한 포용력과 광범위한 대표성을 띠는 정권을 구축하고자 하는 중국공산당의 의지를 보여주었다.

항전 시기, 이 정권 체제에서 중국공산당은 핵심 능동자로서 지도력을 발휘했다. 특정한 상황에서 중국공산당은 소비에트 정권의 하향식(自上而下) 메커니즘을 통해 이 새로운 행정 가치 이념을 구현하여 새로운 중국 공공 행정 체계 구축을 위한 발판을 마련했다. 해방 전쟁 기간 동안 중국공산당은 화북 지역의 독특한 지리적 이점을 바탕으로 새로

---

5 역자주: 양권반(兩權半)이란 입법 및 행정의 독립과 사법의 '반(半)독립'을 의미한다.

운 민족 국가 정권 건설을 모색하기 위해 진차지(晉察冀)와 진지루위(晉冀魯豫)[6] 해방구에 화북 인민정부를 수립하고 정권 건설을 시도해 보았다. 그 가운데 기층 정권이 인민대표대회를 조직하고 정부위원회를 선출하였고, 이는 중국공산당이 점차 규범적이고 제도적인 기층 정권의 발판을 마련하고 있음을 보여주는 것이다.

2. 중화인민공화국의 수립

1949년 중화인민공화국이 수립되면서 중국은 주권 독립과 영토 통일을 이루었고, 사회 전반에 걸쳐 중앙의 권위를 확립했다. 이것은 아편전쟁 이후 불안정한 정세와 느슨해진 권위를 근본적으로 바꿔 정치 질서를 다시 세울 수 있는 기반을 마련했으며, 강한 민족 사명감을 지닌 현대 민족 국가로 중국을 빠르게 결집시켰다. 1949년 이후 국가의 합법성이 당의 합법성과 높은 수준으로 일치하면서 국가 구축은 당의 건설과 함께 진행되고 구체화되었다. 이러한 모델을 바탕으로 현대 국가 구축은 더욱 박차를 가했다.

이 기간의 국가 구축에는 두 가지 특징이 있다. 하나는 국가 제도의 점진적 완성이고, 다른 하나는 사회 경제 생활의 전면적인 전환이다. 국가 제도의 건설은 중국공산당의 지도하에 인민 민주주의 전제정치(人民民主專政)[7]를 중심으로 진행되었다. 당의 지도력은 중대한 문제의 의

6 역자주: 진차지(晉察冀) 지역은 항일전쟁시기 근거지 중 하나로, 산시성(山西省), 차하얼성(察哈爾省), 허베이성(河北省) 일대에 위치해 있었다. 진지루위(晉冀魯豫)는 산시(山西), 허베이(河北), 산둥(山東), 허난(河南)의 4개 중국 1급 행정구를 가리킨다.

7 역자주: 인민 민주주의 전제정치(人民民主專政)는 노동자 계급이 이끄는 것으로, 노농동맹을 바탕으로 민중에게는 민주주의를, 반동파(反動派)에게는 독재를 시행하는 국가제

사 결정뿐만 아니라 국가의 운영을 위한 주요 조직 기반, 관료 인력 및 조직 방법에서도 나타났다. 이에 1949년 이전 국민정부가 종종 비공식 조직에 의존하여 정책을 관철하던 한계를 완전히 벗어나 국가를 통제하는 당의 철저성(徹底性)과 행동의 효율성을 보장하였다.[8] 중국공산당의 지도로 '의행합일(議行合一)'과 다당(多黨) 협의·협력 등 기본적인 정치체제가 형성되었다. 1953년 중앙인민정부는 「중화인민공화국 전국인민대표대회 및 지방 각급 인민대표대회 선거법(中華人民共和國全國人民代表大會及地方各級人民代表大會選舉法)」을 공포하였다. 1953년 7월부터 1954년 5월까지 기층 인민대표대회 대표 선거가 전국적으로 실시되었다. 선거를 잠정적으로 실시하지 않는 소수의 지역을 제외하고 전국에서 기층선거를 실시하는 단위는 214,798곳, 선거에는 총 571,434,511명이 참여하였다. 등록 선거 유권자는 323,809,684명으로 만 18세 이상 인구의 97.18%를 차지했고, 투표에 참여한 사람은 278,093,100명으로 전체 등록 유권자의 85.88%를 차지하였다.[9] 기층 인민대표대회 대표가 보통선거를 시행했으며, 사회의 미시적 차원에 깊이 파고든 다양한 대중 조직도 잇따라 설립되었다. 이러한 제도적 혁신으로 인해 국가와 민중 간의 거리가 줄어 들었고, 단기간에 국가의 사회적 동원 능력이 향상되었으며, 신흥민족 국가 업무에 대중의 참여가 늘어나게 되어 정권의 합법성이 강화되었다.

또한, 국가의 사회 경제생활 개조는 계급 구조를 변화시키는 것에

도를 뜻한다.

8 A. Doak Barnett, Cadres, *Bureaucracy and Political Power in Communist China*,Columbia University Press, 1967, pp.132-133.

9 劉政, 「중국 사상 첫 대규모 보통선거(中國史上第一次規模龐大的普選)」, 『中國人大』, 2002(12).

서부터 시작되었다. 토지 개혁, 사회주의 상공업 개혁 등의 조치를 통해 중화인민공화국 건국 초기의 4단계 계급 구조(노동자 계급, 농민 계급, 민족 자산계급 및 소자산 계급)는 '일원이급(一元兩級)' 구조로 대체되었다. 그중 '일원(一元)'은 프롤레타리아(무산계급, 無産階級)를 의미하고, '이급(兩級)'은 노동자 계급과 농민 계급으로 나뉘며, 이 양자는 대립하는 것이 아니라 무산계급과는 다른 계급을 대표하는 것이다. 그리고 의심할 여지없이 이러한 '일원이급' 구조는 중국공산당 지도하의 인민 민주주의 독재와 서로 일치하는 것으로, 국가와 사회의 관계를 단순화해 국가 전반과 사회 전반을 일치시켰다. 이로써 기존의 다양했던 사회 구조가 높은 수준의 동질성을 띠게 되어 국가와 사회 간의 직접적인 충돌이 완화되었고, 사회 내부의 모순도 줄어들었다. 중국 사회의 계급 구조 변화는 전통적으로 혈연과 지연에 기반을 둔 소공동체(小共同體)의 경계를 허물었고, 소공동체 의식을 넘어선 계급의식[10]은 사회통합과 동원의 감정적 동력이 되어 민중의 국가 정체성을 크게 강화해 현대 국가 구축의 사회적 기반을 공고히 하였다.

3. 중국공산당의 진입과 옛 관료 기구의 인수: 진장의 실례

중화인민공화국 수립 이후 중국공산당의 독립적인 정치 권력을 통한 국가 정권 건설에는 필연적으로 전통적인 사회 구조의 개조와 전통적인 권위의 와해가 따랐고, 그 독립적인 정치 의지와 권력에 의한 사회통합과 사회자원 흡수 및 자원 배분으로써 단일 정치 핵심 및 권력 중

10 王滬寧, 『현대 중국 촌락의 가족문화—중국 사회 현대화에 관한 연구(當代中國村落家族文化—對中國社會現代化的一項探索)』, 上海人民出版社, 1991, pp.52-53.

심을 형성해야만 했다. 이를 위해서는 두 가지 문제를 해결해야 했다. 하나는 낡은 관료 기구를 인수해 새로운 관료 기구를 만드는 것이고, 다른 하나는 전통적인 엘리트 메커니즘과 지방 권력 구조를 와해해 새로운 권력 중심을 구축하는 것이었다. 이렇게 해야만 비로소 새로운 국가 관료 체제를 확립할 수 있었다.

진장의 상황으로 볼 때, 중국공산당 민중지대(閩中支隊)[11]의 취안저우 부대(泉州團隊)는 전쟁이 끝난 후 몇 년 동안 진장의 국민당 통치 지역에서 활약했으며, 그 기세는 상승세를 탔다. 1949년 4월, 해방군은 남하하여 양쯔장(揚子江) 이남의 각지에 이르렀다. 당시 민중지대 취안저우 부대는 안하이(安海鎮), 네이컹(內坑鎮), 허우시촌(後溪村)의 고택과 사당에 부대를 꾸리고 사찰에 머물며 때를 노려 국민당 진장현 자위대를 공격했다. 4월 4일은 타터우촌(塔頭村)의 '황후 마조(皇後媽祖)' 탄생일로 집집마다 손님을 초대해 연극을 보는데 그 규모가 수천 명에 달했다. 이 기회를 틈타 민중지대가 민중을 동원해 반란을 일으켰고 국민당 주둔군은 해변으로 후퇴하게 되었다.[12]

1949년 8월, 중국공산당 지하당이 국민당의 지방 군정 권력을 부분적으로 와해시켰고, 대규모의 병력을 등에 업은 해방군의 기세에 내몰린 푸젠성 남부 일대의 국민당 세력은 취안저우에서 점차 철수하기 시작했다. 그리고 민중(閩中) 유격대 취안저우 3개 중대의 안내로 취안저우 도심에 진입한 해방군 87사단(八十七師)은 타이완으로 탈출하지 않

11 역자주: '지대(支隊)'는 '團'(연대) 또는 '師'(사단)에 상당하는 군대 조직을 가리킨다.

12 王銘銘, 『지나간 번영: 옛 도시의 역사 인류학적 고찰(逝去的繁榮: 壹座老城的歷史人類學考察)』, p.357.

은 취안저우 국민당 경찰들의 투항을 받아들여 감옥을 개방하였다. 또한, 천옌롄(陳言廉)[13]의 부대를 본 사단에 편입시켜 1949년 9월 1일 취안저우 임시 인민정부를 설립했다. 같은 달, 취안저우 군관회(泉州軍管會), 경비사령부, 전원공서(專員公署),[14] 진장현 인민정부를 수립하여 민생 안정과 군사 관리를 도모했으며, 인민정부는 재정, 정무, 공안, 문화, 교육 및 비서의 5개 부서로 나누어 각각 전급(專級) 및 현급(縣級)의 기구·인력·공문·자재 등 업무를 인수 및 관할하였다.[15] 9월 3일, 인민해방군 제10군단(예페이(葉飛) 사령원 주관) 사령부는 취안저우에 진주(進駐)하여 민중 유격대와 합류했다. 9월 6일, 남하한 중국공산당의 간부들이 취안저우에 도착했다. 타이항구(太行區) 당 위원회 제1중대(中隊)와 화둥구(華東區) 당 위원회 제2중대 출신들로 구성된 두 개의 남하 간부 부대는 처음에는 해방군과 민중 유격대의 진장 전구(專區)[16] 군사 업무 협력이 주된 업무였다. 이어서 9월 9일, 진장현 인민정부가 수립되었고 중국공산당 푸젠성 위원회 제5지방위원회에서 현장(縣長)을 임명하였다. 그리고 현(縣) 인민정부는 비서실, 민정과, 재정 식량과, 건설과, 문화교육과, 전방지원사무처, 공안국, 세무 사무처, 지방세 징수처, 군사 관제(軍管) 우체국, 교통은행 등의 기구를 설립했다. 1949년 10월 중순, 두 개의 남하 간

---

13 천옌롄(陳言廉, 1909~1951), 자는 지겸(誌謙), 푸젠성 난안현(南安縣) 둥톈진(東田鎮) 출신이다. 1949년 1월, 국민당군 325사단 부사단장을 맡아 군대를 이끌고 진장현 경내에 주둔했다. 1949년 8월 19일, 900여 명을 거느리고 진장 안하이에서 봉기했다

14 역자주: '전서(專署)'라고도 라고 불리며 성, 자치구를 대표하여 소속된 현과 시를 관할하기 위해 설립한 파견기구이다. 1978년, '행정공서(行政公署)'로 개칭되었다.

15 中共晉江市委黨史研究室·晉江市檔案局(編), 『진장 중요 문헌 선집(晉江重要文獻選編: 第一輯(1919~1952年))』, 泉州鯉城冠亞彩印公司, 2000, p.6.

16 역자주: 전구(專區)란 성(1급 행정구)과 현(2급 행정구) 사이의 행정 구역 유형이다.

부 부대와 해방군, 지방 유격대(중국공산당 지하당 조직)가 집중적으로 회의를 열어 정부의 주요 직위를 배치하고 새로운 지방 정권을 수립했다. 당시 진장 전구의 토비(土匪)들이 아직 완전히 토벌되지는 않은 상태였지만, 1949년 10월 1일 베이징에서 수립된 신정권 체계에 완전히 편입되었다.[17] 1949년 11월, 제1차 각계인민대표대회(各界人民代表大會) 제1차 회의가 취안저우 페이위안(培元) 중학교에서 개최되었으며 300명 이상의 대표가 참석했다. 새로운 구(區)와 향(鄉)의 기층정부를 구축하기 위해 신정권은 모든 방면의 인력과 물적 자원을 신속하게 동원하여 오래된 기층 정권과 공립 학교를 인수하였다.

제2절 확립과 충격: 새로운 국가 관료제도의 모색(1949~1978)

1. 새로운 국가 관료제도의 모색과 특징(1949-1966)

중화인민공화국 수립 이후, 중국공산당은 우선 독립적인 정치 의지와 권력으로 정치를 통합하였다. 그리고 전통적인 엘리트 메커니즘과 지방 권력 구조를 와해시켜 단일한 정치 핵심과 권력 중심을 형성하였으며, 이를 바탕으로 새로운 관료 체제와 간부진을 구축하였다.

1949년 9월 중국공산당이 주도한 「공동강령(共同綱領)」은 각 민주당파를 중국공산당 주위로 결속시켜 중국공산당의 지도력을 받아들이게 했다. 이는 '중국 전역의 절대다수를 정치·군사·경제·문화 및 기타 각종 조직으로 조직하여, 구(舊) 중국의 방만하고 조직적이지 못한 상태를

17 王銘銘, 『지나간 번영: 옛 도시의 역사 인류학적 고찰(逝去的繁榮: 壹座老城的歷史人類學考察)』, p.359.

극복하기 위함이었다.'[18] 중화전국총공회(中華全國總工會), 중화전국부녀연합회(中華全國婦女聯合會), 중화전국청년연합총회(中華全國青年聯合總會)[19] 등 전국 단위의 조직과 새로 설립된 각종 산업조직과 협회와 같은 전국적인 사회 조직은 신속하게 관료화와 행정화를 이루었다. 또한, 당과 정부의 명령을 관철하고 사회 각계각층이 당의 지도력을 받아들이도록 당과 높은 수준으로 일치하는 조직과 관리 원칙을 구축하였다.

1950년 겨울, 농촌에서는 토지 개혁 추진을 통해 토지를 재분할하고, 농민협회를 설립하여 농촌의 낡은 체제를 완전히 무너뜨렸다. 그리고 도시에서는 국유화 정책을 추진하여 전통적인 소비성 상업 도시의 경제 체제를 와해시켰다. 새로운 정치 체제가 마련한 사회경제적 기반 위에서, 1954년에 확정된 「헌법(憲法)」에 따라 중국공산당의 조직 체계를 핵심으로 하고, 국가 관료 체계를 주체로 삼았다. 아울러 군대를 보장하고 이데올로기를 추진력으로 하는 제도 구조를 형성함으로써, 민족국가 정권의 새로운 3대 체계인 정당 체계·정부 체계·군대 체계를 갖추게 되었다.[20] 1949년부터 1966년까지 중국의 국가 관료 체제는 다음

---

18 中共中央文獻室, 『건국 이래 마오쩌둥 문고(建國以來毛澤東文稿)(第一冊)』, 中央文獻出版社, 1987, pp.11-12.

19 중화전국청년연합회(中華全國青年聯合會), 약칭 '전국청연(全國青聯)'은 중국공산당의 지도하에 중국 공산주의 청년단을 핵심 역량으로 하는 청년단체의 연합조직으로, 중국 민족 청년들의 광범위한 애국 통일 전선조직이다. 중화전국청년연합회의 원래 명칭은 '중화전국청년연합총회(中華全國青年聯合總會)'였다. 1919년 5월 4일부터 11일까지 베이핑(北平)에서 개최된 전국청년대표대회 제1차 회의에서 수립된 후, 1953년 6월에 '중화전국민주청년연합회(中華全國民主青年聯合會)'로 개칭되었다가 1958년 4월에 '중화전국청년연합회'로 다시 개칭되었다.

20 Maurice Meisner, 『마오쩌둥의 중국 및 포스트 마오쩌둥의 중국-인민공화국사(毛澤東的中國及後毛澤東的中國-人民共和國史)』, 杜蒲·李玉玲(역), 四川人民出版社, 1992, p.215.

과 같은 특징을 보였다.

첫째, 관리 주체의 이원화이다.[21] 행정 권력 자원과 권력 세력의 우위로 인해, 국가 정권 건설 과정에서 중국공산당은 관료 체제 구축의 결정적 요인이 되었다. 따라서 중국공산당의 권력은 자연스럽게 정치 체제로 확장되었고, 혁명가에서 정권의 지도자로 변모하게 되었다. 그리고 공공사무 관리에서 정부와 함께 실질적인 업무를 관리하면서 현대 국가 구축에서 비교적 특수한 공권력 체계인 당구(黨口) 관리 부서와 정부구(政府口)[22] 관리 부서의 이원 관리 구조를 형성하였다. 그러나 당의 핵심 지도자적 지위는 당과 정부간 지위와 역할의 불균형을 초래하였다. 1949년 중화인민공화국 건국 직후, 빠르게 등장한 '이당도정(以黨導政, 당을 통한 정치 지도)' 구조가 1950년대 중후반에 완전히 확립되었다.

둘째, 체제의 수직적 통치이다. 사회의 모든 계층과 산업을 통제하기 위해 새로운 국가 관료 체제는 계층과 산업을 기반으로 행정 수단을 통해 수직적으로 기능 부서와 산업 체계를 구분하였다. 체제와 산업은 고도로 동기화되어 있으며 일반적으로 산업마다 기능 부서가 설립되었다. 국가는 다수의 수직적 기능 부서를 통해 사회의 다양한 산업과 분야를 하나씩 통제해 나갔다.

셋째, 체제의 종적 및 횡적 결합(條塊結合)[23]이다. 행정 수단의 산업별

---

21 謝慶奎·燕繼榮·趙成根, 『중국 정부 체제 분석(中國政府體制分析)』, 中國廣播電視出版社, 1995, p.99.

22 역자주: '당구(黨口)'는 당의 조직, 선전, 통전(統戰), 정법(政法) 등 당의 사무 부서와 관련 업무자를 의미한다. 그리고 '정부구(政府口)'는 성 정부 부서, 시 및 현 정부 부서, 재정국, 국토국, 문광국, 체육국, 무역국, 교육국 및 인사 노동국 등과 같은 다양한 정부 부서를 의미한다.

23 역자주: '條塊'는 중국의 행정 관리에서 수직적·수평적 교차 조직구조 혹은 관계, 관리

구분 체제를 통해 중앙정부에서부터 성, 시, 현을 거쳐 기층까지 직결되었다. 종적 구조 측면에서 수직적 조직화와 행정조직의 계층화가 나타났으며, 행정 권한과 직책의 수직적 구분을 통해 계층적 종속과 피라미드식 계층 구조를 형성하였다. 횡적 구조 측면에서 각급의 정부는 종합 부서와 기능 부서로 나뉘며 완전하고 체계적인 평행 구조를 갖추었다. 국가는 계층화를 통해 전체 행정구역을 횡적 네트워크(塊塊)로 나누고, 각 계층에 해당하는 부서화를 통해 횡적 네트워크를 종적 네트워크화(條條)하여 평면적으로 '종적·횡적 결합' 체제를 구축했다.[24]

넷째, 단위제(單位制)의 구축이다. 국가의 수직적 관리 체제(條條體制)는 행정 기능의 구분을 전제로 한다. 또한, 사회 자체는 시장 유통과 사회화를 위한 서비스 능력이 크게 부족하기에, 국가 관료 체제 기능의 사회화로 도시 기층 민중의 생활, 고용 및 복지를 보장해야만 정권에 대한 민중의 정체성을 얻을 수 있었다. 이에 새로운 조직인 단위(單位)가 등장하였고, 국가 체제는 합법성에 대한 기층 민중의 수요를 충족시키기 위해 이러한 사회적 공공 기능을 수행하도록 하였다. 단위는 국가 체제에서 일정한 자원과 산물을 점유하는 기능적 사회 조직을 뜻하며, 이러한 자원과 산물의 분배를 통해 조직 내 민중에게 사회 서비스

방식을 의미한다. '條條'는 중앙과 지방으로의 수직적인 통합관계로 중앙과 지방 각급 정부 중에서 전문적으로 어떤 측면의 업무에 종사하는 직능 또는 부서를 가리키며, '塊塊'는 다양한 지역 내 수평적인 통합관계로 각 층급 정부를 지칭한다. 중국의 정치체계는 권위적인 한편 '條塊'로 분절(fragmented)되어 당정 지방기구 등 전체 체계를 관통하는 수많은 보고 라인과 관리 라인들로 구성되어 있다(김윤권 외, 2018, 중국의 국정운영에 관한 연구: 중앙과 지방정부 관계를 중심으로, 대외경제정책연구원, p.121; 김재관, 2005, 중국의 행정편제 개혁과정의 특징에 관한 연구, 국제 지역연구14(2), 1-37 참고).

24 馬翠軍, 「1949~1960 중국 국가 정권 구축의 정치사회학적 분석(1919~1960中國國家政權建構的政治社會學分析)」, 河南大學 석사학위논문, 2002, p.13.

및 경제적 보장을 전방위적으로 제공한다. 단위제는 국가 정권이 도시에 사회 통합과 국가 권위 세력을 침투시킨 결과로, 단위의 상급 기관이 중앙이든 지방이든 관계없이 모두 국가와 정부가 파견한 기관이므로 국가의 지휘를 반드시 따라야 했다. 취안저우의 비영리단위인 대학을 예로 들면, 지방 주재 중앙 비영리단위(화치아오(華僑) 대학 등)와 지방의 비영리단위(취안저우 사범전문학교 등)가 있으며, 모든 사무는 중앙 국가 또는 지방 국가의 처리에 따른다. 단위는 한 나라의 축소판으로 정치, 경제, 안전, 복지 등 모든 기능을 갖춘 조직이다.[25]

중화인민공화국 건국 초기에 이러한 '당도국(黨導國)' 관료 체제는 현대 국가 사회의 질서정연한 관리를 빠르게 이루어 거버넌스 성과를 거두었지만, 실천 과정에서 다음과 같이 몇 가지 문제점도 있었다.

첫째, 정치적 기능과 행정적 기능의 조화이다. 다시 말해, 중국공산당과 관료 체제라는 두 권력 체제 사이에서 어떻게 좋은 상호작용 메커니즘을 구축할 수 있는지에 관한 문제이다. 중국공산당은 레닌주의 정당 국가 관리 원칙과 중국의 국정(國情)을 접목해 종적으로는 '당 위원회(黨委)-지부(支部)' 제도 체계를, 횡적으로는 '당 위원회(黨委)—당 조직' 제도 체계를 실시하였다. 이렇게 상호보완적이며 포괄적인 '당의 이원화 제도 구조(黨的雙線制度架構)'를 취했으면서도, 집권당이 국가와 사회 통제를 전면적으로 강화함으로써 정치운동의 방식으로 체제 내에서 시행하기 어려운 정책을 추진할 수 있었다. 정치운동이란 대규모의 민중운동을 통해 관료 체제의 정상적인 절차를 돌파하여, 체제 자체로는 해결

25 李強, 「국가 능력과 국가 권력의 역설-왕샤오광, 후안강의 〈중국 국가 능력 보고서〉 논평(國家能力與國家權力的悖論 - 兼評王紹光、胡鞍鋼〈中國國家能力報告〉」, 『中國書評』, 1998(2)).

할 수 없는 문제들을 집중적으로 처리하고자 하는 시도이다.[26] 공식적인 국가 관료 기구의 규모와 권력이 계속 커지면서 중국공산당의 정치 및 이데올로기적 권위에 미묘한 변화가 생기기 시작했다.[27] 이러한 상황 속에서 체제 권력을 감독하고 구속하기 위해 문혁 시기에 '관료주의 반대(反對官僚主義)'라는 구호를 내세웠던 것처럼, 당의 지도자인 마오쩌둥 주석은 체제 밖에서 민중운동을 벌여 당이 국가 정권 건설의 주도적 지위를 확보하고자 하였다.

둘째, '종적 관리를 위주로 한 종적·횡적 네트워크 통합(以條爲主, 條塊結合)' 체제의 운영 모델에도 결점이 존재했다. 새로운 관료 체제의 특징은 수직적 지도 방식의 도입이다. 즉 지방정부의 기능 부서는 중앙 부서에 이르기까지 상급 정부의 해당 기능 부서에 대한 책임을 져야 했다. 중앙 부서는 이 체제 속에서 최대한 행정 관리를 통제하였고, 하급 전문 부서의 발전을 촉진하였다. 중앙정부에서 성, 시, 현을 거쳐 기층으로 직결되어 종적 구조 차원에서 종적 조직화와 행정조직의 계층화가 나타났으며, 등급 원칙에 따라 행정 권한과 직책을 수직적으로 구분하였다. 수직 기관은 기관의 팽창, 부서의 포화상태 및 기관의 비대화를 초래하였고, 심지어 부서 간의 이익 경쟁과 기능의 중첩을 야기시켰다. 자료에서 볼 수 있듯이 행정기구는 더 많아졌고, 성 1급 부서는 중화인민공화국 건국 초기에는 20개 미만에 불과했지만, 1958년에 40개에 이르게 되었다. 농공업 생산과 계획 경제 체제의 발전과 함께 중앙

26 Fred I. Greenstein & Nelson W. Polsby(編), 『정치학 수첩 정선(政治學手冊精選)(下卷)』, 儲復耘(역), 商務印書館, 1996, p.230.

27 Roderick MacFarquhar, John K. Fairbank(編), 『케임브리지 중화인민공화국의 역사(劍橋中華人民共和國史)(1966-1982)(上)』, 金光耀 등(역), 上海人民出版社, 1992, p.115.

기관도 계속 증가하여 1964년에는 중국공산당 중앙위원회와 국무원 부서도 152개로 늘어났다.

2. 진장의 지방정권 수립과 발전

중국공산당이 도적 소탕과 반란 진압, 항미원조(抗美援朝),[28] 토지 개혁 등 정치·경제 운동을 통해 국가 권력을 지방으로 빠르게 침투시키면서 진장의 지방사회는 크고 심각한 변화를 겪게 되었다.

① 현·구 정권의 인수 및 정권 수립

1949년 9월 해방군, 남하 간부, 지방부대의 세력에 힘입어 현급 정권은 현정부, 현당부, 경찰국, 지방법원, 조세처(稅捐處), 밭곡물처(田糧處), 감옥 및 병원을 포함한 21개 단위를 평화적으로 인수받았다. 1949년 9월 9일, 진장현 인민정부가 수립된 후 취안저우시(현 리청구(鯉城區))에 성남(1區), 성중(2區), 성북(3區)의 3개 구정부가 설립되었으며, 농촌 지역에 10개 구 정부가 수립되었다. 같은 해 10월, 현을 10개 구공소(區公所)와 1개 성관(城關, 성문 밖) 특별 구공소로 개편하였고, 구 이하는 촌을 단위로 한 농민협회를 설립하여 과도적인 민주정권으로 삼았다. 1950년 6월, 진장은 12개의 구공소, 1개의 특별 구공소, 2개의 진으로 개편되었으며, 구 이하에는 214개의 향이 있었다. 1951년 1월에는 12개의 구공소와 2개의 진(鎭)정부(이후 구공소로 변경됨)로 다시 나누어졌다. 1952년 7월, 진

---

28 역자주: 중국 학계에서는 1950년 10월 25일부터 1953년 7월 27일까지 중국인민지원군이 압록강을 넘어 북한(조선민주주의인민공화국)에 참전한 전쟁을 '항미원조전쟁(抗美援朝戰爭)'이라 부르며, 이는 한국에서 '한국전쟁'으로 불리는 같은 전쟁을 가리킨다.

장은 소구소향제(小區小鄕制)를 시행하면서 현에 20개의 구공소를 설립했으며, 구 이하에는 21개의 향, 7개의 진(향급) 및 7개의 가도주민위원회(街道居委會)[29]가 있었다. 구공소의 세분화와 소구소향제 시행의 목적은 사회적 동원의 편의성과 사회 통제의 효율성 달성이었다.

② 진장의 토지 개혁과 농촌 기층 정권 수립

토지 개혁은 당과 국가가 주도하고 중국 농촌 사회에 큰 영향을 미친 운동이었다. 중국공산당 중앙위원회의 관련 지시와 「중화인민공화국 토지 개혁법(中華人民共和國土地改革法)」에 따라 진장은 1950년 11월 말부터 1952년 6월까지 현 전역에서 토지 개혁을 실시했다. 현위원회(縣委)는 기관 간부, 부대, 농촌 활동가, 향의 주요 인물 등 총 642명으로 구성한 토지 개혁 작업팀을 각 향에 파견해 토지 개혁 작업을 지원하였다. 1950년 11월 말, 진장현은 제1차 66개 향, 제2차 69개 향, 제3차 67개 향, 제4차 8개 어업향(漁業鄕)을 대상으로 총 네 차례의 토지 개혁 운동을 실시했다. 광범위한 정책 홍보와 농민 협회 설립을 발판으로 토지 개혁 작업팀은 계급 구분, 토지 취득(또는 몰수) 및 빈농(貧農)에게 5대 재산을 분배하는 작업을 수행했다. 전략 시행에 있어서, 토지 개혁 작업팀은 주로 세 가지 방식을 사용했다. 첫 번째 방식은 사상 선행(先行)이었다. 두 번째 방식은 한 단계씩 조직적으로 연결하는 방식이었다. 작업팀이 뿌린 씨앗으로부터 자라난 '토지 개혁 뿌리(土改根子)'[30]는 빈농과 고농

---

29 역자주: 행정기관이 아닌 주민의 관리, 교육, 봉사를 위한 기층 자치 조직이다.

30 뿌리(根子)는 토지 개혁 사업에 참여한 적이 있는 열성분자(당에 충성하고 혁명적 신념과 의지가 강하며, 인품과 사업능력이 신뢰할 만한 자)를 가리킨다. 중화인민공화국 건국 초기의 토지 개혁에서 작업 대원들은 빈곤 퇴치는 물론 빈농을 도와 함께 밭에서 일했다. 점차 작업

(雇農)으로 뻗어 나갔다. 세 번째 방식은 점에서 면으로 점차 확장해 나가면서 파도식 발전(波浪式發展) 양상을 보이는 안정적인 발전 경로를 구축하는 것이었다. 운동은 중농(中農), 소농(小農), 부농, 상공업자, 노동자 등의 집단에도 영향을 미쳤다. 1952년 6월까지 토지 개혁으로 지주의 토지 13,671묘(畝), 봉건 호주 또는 악덕 지주의 공전(公田) 66,041묘, 상공업자가 점유한 토지 16,710묘, 소토지 임대인이 점유한 토지 5,327묘, 반지주식(半地主式) 부농의 토지 1,873묘, 부농의 토지 3,134묘, 기타 토지 6,960묘 등 총 119,163묘를 몰수 및 징수하였다.[31] 또한, 2,873채의 가옥, 281마리의 소, 3,285개의 농기구, 227.12톤의 잉여 곡물, 6,097개의 가재기물이 압수되어 고농과 빈하중농(貧下中農)에게 분배되었다. 토지 개혁의 성과를 보장하고자 진장현은 기본적인 토지 개혁 운동이 끝날 무렵 간부들을 조직해 2개월 동안 토지 개혁 진행 상황을 검사하였고, 분배되지 않은 모든 토지(예비용으로 남겨둔 적당량은 제외함)를 명확히 가려 토지 개혁의 남은 문제들을 해결했다. 1952년 6월, 마침내 토지 개혁이 순조롭게 완료되었다. 130,219가구의 사유 가구(私有户)를 비롯하여, 50,507가구의 공유 가구(共有户) 및 1,089가구의 단독 발행 가구(單獨發證户, 그중 1,073가구가 사회·가정 구조 속에서 취약한 지위에 놓인 여성들) 총 265,628가구가 토지 소유증(土地証)을 발급받았다.[32] 토지소유권 변동이라는 단순한 시각으로 토지 개혁을 논해서는 안 된다. 이로 인해 발생한 국가 권력과 농촌사회 사이의 중대한 관계 변화가 바로 토지 개혁이 가진 의의인 것

대원들과 친분을 쌓게 된 그들은 작업팀이 양성한 첫 번째 핵심 세력이 되었으며, 이를 '토지 개혁의 뿌리'라고 한다.

31 晉江市地方誌編纂委員會(編), 『진장시지(晉江市誌(上))』, p.152.

32 상동.

이다. 중국공산당은 호소와 투쟁, 계급 구분을 통해 새로운 국가 의식과 사회 정치 구조를 구축했다.

중화인민공화국 건국 초기, 향급 정권과 촌급 기층 조직은 사상, 계급적 입장 및 업무 수행 방식 측면에서 신정권에 부합할 수 있는 간부 집단의 조직이 시급한 과제였다. 토지 개혁의 동원, 지도, 훈련을 거쳐 성장하기 시작한 새로운 농촌 엘리트들은 심리와 행동 및 가치관에서 전통적인 향촌 권위자와는 달랐으며, 급격한 사회 변화 속에서 혁명과 생산을 함께 하는 검증 과정도 거쳤다. 현과 구에서 임명하고 배치한 간부에 비해 농민의 삶에 한층 가까웠던 그들은 업무를 더 수월하게 수행하였다. 1952년 말까지 현의 109개 향 정권과 7개 가도정권(街道政權)에 1,464명의 향 및 가도정권 위원들이 있었다. 이 간부들의 자질 향상을 위해 중국공산당은 훈련 강도를 높였다. 현급 당·정·군(黨政群) 기관이 양성한 젊은이들은 정권 건설의 새로운 의지를 잘 보여 주었다. 1952년 말까지 빈농과 고농 출신의 활동가, 공산당원, 공산주의 청년단원들이 지방 간부 대열에 합류했다.

③ 지방 정권의 공고한 구축

진장의 현급 정권 건설 초기에는 과도기와 당의 주도가 뚜렷하게 나타났다. 현위원회 서기는 4년에 두 번, 현장은 2년에 한 번 바뀌었으며, 모두 상급 기관이 임명하는 남하(南下) 간부였다. 현급 정권의 횡적 구조에서 현장은 법원장을, 구 위원회 서기(구장)는 구(법원) 재판장을, 행정은 사법, 형사 및 민사 체제를 각각 겸임하였다. 이 체제가 시행되면서 당정(黨政) 권력은 농촌 지역의 다양한 사회 개혁 운동을 보다 쉽게 관리하고 통제하게 되었다. 1956년 이후 현지의 정권 건설이 안정화되었다. 진장현 인민대표대회는 5명의 현장, 부현장, 인민위원회 위원을 선출했으며 현 인민위원회 업무기구는 판공실, 문화교육국, 위생국, 민정국, 감찰국, 인사국(편집위원회 포함), 노동국, 공안국, 화교사무국, 기록보관소, 계획위원회, 물가위원회, 통계국, 공업국, 수공업관리국, 교통국, 수전국, 농업국, 임업국, 수산국, 가축의국, 기상관측소, 재정무역판공실, 재정국, 세무국, 식량국, 물자국, 상업국, 공공판매합작사, 공상행정관리국, 전매사업관리국, 건설과, 과학기술위원회 등 37개로 증가했다. 문혁 이전까지 소수의 단위를 통폐합한 것을 제외하고는 큰 변화가 없었다.

1949년부터 1954년까지 신정권 수립의 첫 번째 단계에서 중국공산당은 농촌 사회 구조와 네트워크 및 관계를 재구성하기 위해 향(鄉)의 구분, 반혁명 진압 운동, 토지 개혁 운동을 시행했다. 민국 시기의 국민당과 비교하자면, 중국공산당 정권 건설의 기반과 경로, 그리고 방식이 확연히 달랐기 때문에 근대 이후 국가 정권 건설 실패라는 운명으로부터 벗어날 수 있었다. 토지 개혁 작업팀의 파견, 농민 협회의 권력 행사, 사상의 독립, 고충 호소, 계급 구분 등의 활동은 모두 국가 권력, 계급 의식 및 당의 정치 문화를 지역 사회에 깊이 각인시켰다. 이렇게 낡은 것에서 새로운 것으로의 사회 전환 방식은 정치통합 기능이 매우 강한 것으로, '당의 지도'라는 전능 체제의 침투성을 잘 드러낸다. 도시에서는 각급 정부에서부터 특정 단위에 이르기까지, 농촌에서는 각급 정부에서부터 농촌 사회에 이르기까지 당과 국가 권력 기구가 끊임없이 많아졌고, 그 운영 범위도 날로 확장되었다. 긍정적으로 평가하자면, 1949년 중화인민공화국 건국부터 1950년대 중반까지 불과 5~6년 만에 안정적인 정권 기본 구조를 효과적으로 구축하였다.

이러한 전능주의 정치 체제 속에서 국가 전체가 정치 주도, 정치 선행 방식으로 운영되었다. 당시 자원이 극도로 부족했던 중국이 단기간에 추월식 발전(赶超式發展)을 이루기 위해서는 정당—정부의 강력한 동원 수단으로 신속하게 자원을 집중할 수밖에 없었고, 이는 중국 역사 발전의 내재적 논리에 의해 결정된 것이었다. 한편, 이 체제 자체에는 많은 위험이 숨겨져 있었다. 국가와 사회가 긍정적인 상호작용을 구축하지 못한다면 후속 정권이 순조롭게 건설되지 않을 수 있다.[33] 1954년 전국인민대표대회의(이하 전인대) 개최와 「중화인민공화국 헌법(中華人民共和國憲法)」의 제정 당시에는 국가 정권 건설이 표준화 궤도에 진입했음을 명시했지만, 전능주의 체제는 동원적이고 혁명적이며 일련의 사회정치운동이 이끄는 것으로, 문혁이 발발하면서 국가 정권 건설은 결국 수포로 돌아가고 말았다.

④ 정권 건설에서의 진장 행정 구분

행정 구분을 살펴보면, 1956년 6월, 농업 협동화의 질적 성장과 대규모 생산 운동의 수요에 발맞춰 진장현은 8개의 구, 88개의 향, 6개의 향급진(鄉級鎮), 칭양, 안하이, 스스 3개의 현할진(縣轄鎮)[34]과 16개 주민위원회를 통합했다.

1958년 3월, 전국의 다른 지역과 마찬가지로 구(區)를 폐지하고 향(鄉)

33 劉偉, 「현대 국가로 내디디며-신중국 건국 60년 국가 정권 건설의 회고, 총결산 및 전망(邁向現代國家—新中國建國六十年國家政權建設的回顧、總結與展望)」, 『甘肅行政學院學報』, 2009(5).

34 역자주: 중국의 행정구역은 크게 성급(省級), 시급(市級), 현급(縣級), 향급(鄉級)으로 구분되며, 향급진(鄉級鎮)은 향급 규모의 진(鎮), 현할진(縣轄鎮)은 현(縣)에서 관할하는 진(鎮)을 각각 가리킨다.

을 통합했으며, 홍산(虹山), 중산(鍾山), 뤄시(羅溪), 지우난(鷲南), 마자(馬甲), 허스(河市), 솨양(雙洋), 둥싱(東星), 린하이(臨海), 스샤(石霞), 츠자오(磁竈), 쑤추오(蘇厝), 뤄산(羅山), 네이컹(內坑), 한장(蚶江), 샹즈(祥芝), 구이후(龜湖), 융닝(永寧), 야커우(衙口), 룽후(龍湖), 잉둔(英墩), 둥스(東石), 잉더우(英都), 커무(可慕), 잉린(英林), 웨이터우(圍頭), 선후(深滬), 진징(金井) 등 28개의 향과 칭양, 안하이, 스스 3개의 진(鎭)을 포함한 31개 향진(鄉鎭)이 있었다.

<표 4-1> 1956년 진장현 행정 구획[35]

구(區)	구공소 소재지	향(鄕)의 수	진(鎭)의 수	가(街)의 수	향(鄕)·진(鎭)·가(街)의 명칭
다뤄시(大羅溪)	뤄시(羅溪)	8			홍산(虹山)·쑤산(蘇山)·솽시(雙溪)·웡산(翁山)·중산(鍾山)·싼허(三合)·훙쓰(洪四)·솽허향(雙合鄕)
허스(河市)	허스(河市)	16			롄톈(蓮田)·신셩(新生)·쟈오난(蛟南)·메이산(梅山)·지우난(鷲南)·쓰팡(四方)·허스(河市)·신지(新髻)·칭위안(清源)·우펑(梧峰)·신민(新民)·우자이(梧宅)·솽양(雙洋)·비양(弼洋)·둥싱(東星)·펑윈향(鵬雲鄕)
츠뎬(池店)	츠뎬(池店)	14	1		츠뎬(池店)·즈후(紫湖)·뤄산(羅山)·시아링(霞嶺)·스시아(石霞)·난산(南山)·양다이(洋埭)·천다이(陳埭)·룽춘(融村)·윈산(芸山)·윈녠(爨茟)·린하이(臨海)·바오산(寶山)·쑤시향(蘇昔鄕), 츠자오진(磁竈鎭)
네이컹(內坑)	네이컹(內坑)	6			리산(黎山)·톈량(天亮)·장린(張林)·런쇼우(仁壽)·네이컹(內坑)·진허향(錦和鄕)

35 晉江市地方誌編纂委員會(編), 『진장시지(晉江市誌(上))』, p.20.

롄탕(蓮塘)	롄탕(蓮塘)	13	1		샹즈(祥芝)·둥포(東坡)·우훙(伍鴻)·시샹(昔上)·진린(錦林)·롄탕(蓮塘)·스후(石湖)·한장(蚶江)·룽탕(龍塘)·구이후(龜湖)·간둥(杆東)·즈잉(子英)·롄시향(聯溪鄉), 융닝진(永甯鎭)
치우(棲梧)	치우(棲梧)	11	1		다룬(大侖)·펑톈(彭田)·상궈(上郭)·호우양(後洋)·스구이(石龜)·후베이(湖北)·룽후(龍湖)·잔자이(占宅)·즈화(紫華)·반산(坂山)·푸린향(福林鄉), 야커우진(衙口鎭)
둥스(東石)	둥스(東石)	9	1		링수이(靈水)·펑산(逢山)·구타(古塔)·잉베이(英北)·팅더우(廷都)·판징(潘徑)·상탄(上壇)·위푸(玉浦)·마핑향(馬坪鄉), 둥스진(東石鎭)
진징(金井)	진징(金井)	11	2		탕둥(塘東)·윈후오(運夥)·화펑(華峰)·웨이터우(圍頭)·샹비아오(相鏢)·빙저우(丙洲)·아이췬(愛群)·푸컹(埔坑)·산하이(山海)·자파이(嘉排)·잉린향(英林鄉), 선후(深滬)·진징진(金井鎭)
칭양진(青陽鎭)				5	구이산(桂山)·메이펑(梅峰)·칭화(青華)·칭양(青陽)·롄위(蓮嶼) 주민위원회(居委會)
안하이진(安海鎭)				7	하이둥(海東)·훙타(鴻塔)·푸싱(複興)·싱셩(興勝)·안둥(安東)·안시(安西)·싱타(星塔) 주민위원회
스스진(石獅鎭)				4	신화(新華)·신후(新湖)·우싱(五星)·콴런(寬仁) 주민위원회

1958년 10월, 진장시는 '정사합일(政社合一)'[36]을 시행하면서 향을 없애고 13개의 인민공사를 설립했다. 1959년 상반기에 이르러 현은 13개의

36 역자주: '정사합일'에서 정(政)은 향(鄉), 진(鎭)과 같은 지방행정조직을, 사(社)는 경제조직의 기초단위인 인민공사를 가리킨다. 이는 인민공사를 통한 행정 기능과 생산 기능의 통합을 의미한다(http://kocw.net/home/cview.do?cid=ec6c6568c5024da6, 조준현, 경제체제론:3장 중국의 체제전환과 경제개혁, KOCW 참고).

인민공사, 202개의 생산 대대, 2173개의 생산조, 10개의 주민위원회(居委會)를 관할하게 되었다.[37]

<표 4-2> 1959년 진장현 인민공사 사대(社隊) 일람표[38]

공사(公社)	관리위원회(管委會) 소재지	생산대대(개)	주민위원회(居委會)(개)	생산대대 명칭
뤄시(羅溪)	뤄시(羅溪)	12		뤄시(羅溪)·첸시(前溪)·바이산(柏山)·싼허(三合)·젠싱(建興)·웡산(翁山)·홍산(虹山)·쑤산(蘇山)·바이펑(白鳳)·중산(鍾山)·홍쓰(洪四)·솽허(雙合)
마자(馬甲)	마자(馬甲)	10		우펑(梧峰)·호우반(後坂)·지우난(鷲南)·롄톈(蓮田)·신민(新民)·치산(祈山)·메이산(梅山)·마자(馬甲)·신젠(新建)·수이안(永安)
허스(河市)	허스(河市)	13		신지(新髻)·시아시(霞溪)·첸다이(前埭)·신난(新南)·솽양(雙洋)·우자이(梧宅)·첸양(前洋)·쟈오난(蛟南)·시산(溪山)·루톈(爐田)·허스(河市)·바이양(白洋)·관양(官洋)
츠자오(磁竈)	츠자오(磁竈)	14		간스(柑市)·다자이(大宅)·처시(車昔)·치톈(砌田)·시아옌(下沿)·거저우(割洲)·츠자오(磁竈)·양웨이(洋尾)·자이네이(宅內)·탕터우(塘頭)·바이터우(壩頭)·메이첸(梅前)·장린(張林)·쑤첸(蘇前)
쑤시(蘇昔)	신뎬(新店)	15		솽커우(雙溝)·천다이(陳埭)·화저우(華洲)·양다이(洋埭)·츠탕(赤塘)·한커우(涵口)·위녠(禦輦)·칭멍(清濛)·신뎬(新店)·츠뎬(池店)·스춘(仕春)·하이웨이(海尾)·왕시(王昔)·리우스(溜石)·쑤시(蘇昔)

37 晉江市地方誌編纂委員會(編), 『진장시지(晉江市誌(上))』, p.21.

38 상동.

칭양(青陽)	칭양(青陽)	3	1	메이펑(梅峰)·칭화(青華)·롄위(蓮嶼), 칭양(青陽) 주민위원회
뤄산(羅山)	우안제(梧垵節)	25		가오샤(高霞)·셔뎬(社店)·푸푸(福埔)·뤄샹(羅裳)·산즈(山仔)·린커우(林口)·샤탕(沙塘)·푸자오(普照)·상궈(上郭)·후거(湖格)·좡자이(莊宅)·싱톈(杏田)·우린(梧林)·링산(嶺山)·잉둔(英墩)·우안(梧垵)·탕스(塘市)·룬허우(侖後)·허우양(後洋)·다우탕(大吳塘)·우탄(梧潭)·쉬컹(許坑)·준린(後林)·췌탕(缺塘)·허우팡(後坊)
안하이(安海)	안하이(安海)	19	4	훙장(鴻江)·런쇼우(仁壽)·다산허우(大山後)·안첸(庵前)·첸린(前林)·톈량(天亮)·좡터우(莊頭)·퉁린(桐林)·네이컹(內坑)·리산(黎山)·네이후(內湖)·팅딩(亭頂)·우다이(五埭)·링수이(靈水)·훙싱(鴻星)·훙하이(鴻海)·셔탄(社壇)·커무(可慕)·컹비엔(坑邊), 훙타(鴻塔)·하이둥(海東)·푸싱(複興)·싱셩(興勝) 주민위원회
둥스(東石)	둥스(東石)			다바이산(大白山)·바춰(巴昔)·둥스(東石)·마핑(馬坪)·바이샤(白沙)·샤오시아(肖下)·쉬시캉(許西坑)·팅더우(廷都)·스쥔(石菌)·양자이(洋宅)·궈천(郭岑)·비구(壁谷)·저우컹(周坑)·판징(潘徑)
스스(石獅)	스스(石獅)	21	4	와이가오(外高)·강탕(港塘)·청컹(曾坑)·메이강(梅港)·융닝(永甯)·양시(洋昔)·허우간빙(後杆柄)·구이후(龜湖)·훙쿠(洪掘)·수이터우(水頭)·산우(三吳)·탕비엔(塘邊)·다룬(大侖)·즈잉(子英)·푸네이(浦內)·간둥(杆東)·샤디(沙堤)·룽칭(容卿)·신후(新湖)·우싱(五星)·콴런(寬仁), 신화(新華)·신후(新湖)·우싱(五星)·콴런(寬仁) 주민위원회
샹즈(祥芝)	우바오(伍堡)	13		진시(錦溪)·진린(錦林)·스후(石湖)·샹즈(祥芝)·구산(古山)·구롄(古蓮)·둥푸(東埔)·한장(蚶江)·롄탕(蓮塘)·롄다이(蓮埭)·솽후(雙湖)·우바오(伍堡)·시샹(昔上)

룽후(龍湖)	중산제(中山街)	22		중산제(中山街)·구이후(龜湖)·싱산(杏山)·룽수이랴오(龍水寮)·야커우(衙口)·푸터우(埔頭)·훙시(洪溪)·시허우(溪後)·펑톈(彭田)·신제(新街)·우컹(吾坑)·컹볜(坑邊)·탄린(檀林)·차오컹(鈔坑)·샤오후이(燒灰)·다부(大埔)·첸강(前港)·허우부(後埔)·룽위엔(龍園)·잉린(英林)·스샤(石廈)·잉시(英昔)
진징(金井)	진징(金井)	21	1	강타(港塔)·컹커우(坑口)·웨이터우(圍頭)·차오다이(鈔岱)·빙저우(丙洲)·푸자이(埔宅)·탕둥(塘東)·진징(金井)·리우장(溜江)·샹비아오(相鏢)·신스(新市)·자파이(嘉排)·커컹(柯坑)·리우산(柳山)·가오후(高湖)·윈허우(運夥)·산터우(山頭)·스전(石圳)·선후(深滬)·화산(華山)·화펑(華峰), 진징(金井) 주민위원회

1962년 9월 27일 중국공산당 제8기 중앙위원회 제10차 회의에서 통과된 「농촌 인민공사 작업 조례(개정 초안)(農村人民公社工作條例(修正草案))」에 따르면 인민공사는 '정사합일(政社合一)' 체제를 시행했다. 공사 관리위원회는 행정적으로 향 인민위원회(즉, 향 인민정부)로, 현 인민위원회(즉, 현 인민정부)와 현 인민위원회 파견 기관의 통솔을 받았다. 인민공사는 생산 건설, 재정, 무역, 민정(民政), 문화, 교육 및 위생, 치안, 민병(民兵), 민사 분쟁 조정 등의 업무에서 향 인민위원회의 권한을 행사하였고, 인민공사의 사장은 향장(鄕長)이 겸하였다. 인민공사는 관할 구역의 생산 건설, 재정, 무역, 민정, 문화 교육 및 위생, 치안, 무장 등 업무를 실질적으로 관리하는 농촌 기층 정권 기관이자 농촌 경제 단위이기도 했다. 초기에 인민공사는 노동 조직일 뿐만 아니라 군사 조직이기도 했다. 인민공사는 내부적으로는 '생산대를 기초로 하는 3급 소유제(三級所有、隊

爲基礎)'[39] 관리 모델을 시행하였다. 인민공사의 정사합일 체제에 의해 국가가 사회, 정치, 문화, 생활 및 기타 모든 분야를 통제하고, 행정 권력이 농촌 기층 사회로 깊이 침투할 수 있게 되었지만, 끝내 향진 이하의 행정화를 실현하지는 못하였다. 국가 행정 권력의 두드러진 점은 바로 계층제, 즉 '관직(官職)'의 존재이다. 인민공사의 인사제도에서 이러한 계층제의 '관직'은 '국가 간부'를 의미하며, 인민공사 체제하의 대대 대장과 서기 등의 간부는 모두 정부 계층 서열에서 제외되었다.[40]

⑤ 기층 당 조직의 건설

당 조직 측면에서 인민공사 정사합일 체제의 정치 조직의 핵심인 당의 영향력이 계속 확대되어 농촌까지 미치게 되었다. 당은 국가 정권체제를 통해 농촌사회에 지배력을 깊숙이 미쳤다. 그리고 향촌 사회의 당정합일(黨政合一)로써 조직적으로 농촌에 대한 당의 지도력을 보장하기 위해 농촌 당원을 적극적으로 양성해 완전한 향촌 기층 당 조직을 구축하였다. 1958년 10월, 진장현은 생산대에 당 지부를 설립하였다. 인민공사화가 마무리될 무렵, 진장현에는 총 13개의 공사 당 위원회, 212개의 당 지부, 2,173개의 당 소조가 설립되었다. 이러한 기층 당 조직이 설립된 후, 실질적으로 향촌 사회의 정치적 권력을 장악했다. 구체적인 내용은 다음과 같다. 첫째, 당 지부는 향촌의 다른 조직(대대 관리위원회 등)에 대한 국정 방침을 제정하고 다른 조직에 업무 지시를 내릴 권리가

---

39 역자주: 인민공사의 기본 제도로써 인민공사, 생산대대(生産大隊), 생산대(生産隊) 3급이 집단 소유하고, 생산대를 기본 생산조직 단위로 삼는 것을 의미한다.

40 於建嶸, 「인민공사의 권력 구조와 농촌 질서(人民公社的權力結構與鄕村秩序)」, 『衡陽師範學院學報(社會科學)』, 2001(5).

있다. 둘째, 필요한 경우 당 지부 지도자는 지도자로서 다른 조직의 활동에 직접 참여할 권리가 있다. 셋째, 당 지부는 마을 내 다른 조직의 지도자를 임명하거나 해임할 권한이 있다. 넷째, 다른 조직이 잘못된 경향을 보일 경우, 당 지부가 관여할 권한이 있다. 다섯째, 당 지부는 대대 내의 자원과 인력을 직접 관리할 수 있다.[41] 이렇듯, 인민공사 전체 기간 동안, 당 조직은 더욱 핵심적인 위치에 있었고 '정사합일인 대대제(大隊制) 구축의 관건은 바로 중국공산당 지부가 대대 1급에서 보편적으로 설립되는 것이었다.'[42]

일반적으로 1949년 이후 중앙 및 지방 기구는 당, 정부, 그리고 군대의 관료 기구와 그들이 통제하는 시스템 및 초급 단위의 관리 기관의 세 부분으로 구성되었으며, 이들 모두 복잡한 계층 구조를 이루었다. 당은 관료(당에서는 '간부(幹部)'로 지칭)를 제한하고, 그에 대한 정치적 통제와 단순한 구조를 유지하고자 하였다. 그러나 현실은 이와 달리 1949년 이후 중국 관료제의 발전 과정에서 두 가지 경향이 번갈아 나타나게 되었다. 한 가지 경향은 기구의 팽창과 제도화이고, 다른 한 가지 경향은 관료 기구를 규제하고 변화시키는 반작용의 등장이다.[43]

1949년 이후 정부는 과거 근거지 시기보다 더 많은 업무량을 감당해야 했고, 소련식 계획경제 체제의 수립으로 행정구조가 급속히 확대되었다. 1950년대 중반, 관료 체제의 간부 행정 등급과 급여를 대략적으

---

41 張樂天, 『이상과의 고별-인민공사 제도 연구(告別理想 - 人民公社制度研究)』, 東方出版中心, 1998, p.114.

42 沈延生, 「촌정의 흥망과 재건(村政的興衰與重建)」, 『策略與管理』, 1998(6).

43 James *R.* Townsend & Brantly Womack, 『중국 정치(中國政治)』, 顧速·董方(역), 江蘇人民出版社, 2007, pp.296-297.

로 살펴보면, 정부현(正副縣)은 14~17급에 227~145점, 정부고(正副股)는 17~22급에 145~110점이었다. 사무원(辦事員)은 22~26급에 110~92점, 급사는 28~29급에 88-85점이었다. 1956년 임금 개혁으로 국가 기관, 기업 및 사업체 등 여러 범주의 분배 제도가 구축되었다. 그중 당정기관은 직급호봉제(職務等級工資制)를 실시하여 간부를 30개 행정급으로 나누었다. 등급 기준은 정부(正部) 3~5급, 부부(副部) 5~8급, 정국(正局) 8~10급, 부국(副局) 9~12급 등으로 나뉘는 일직수급(一職數級), 등급 선상 상하교차(上下交叉)[44] 방식을 채택하였다. 등급에 따라 임금이 결정되었으며, 최고 임금과 최저 임금의 비율은 약 21:1이었다.[45] 1961년부터 1965년까지 정부 체제는 더욱 제도화되고 명확해졌다. 복잡한 임금과 직급이 확립되어 관료적 이익과 특수 기능 단체라는 새로운 계층이 만들어지고 있는 것처럼 보이기도 하였다.

1949년 이전의 혁명 포퓰리즘 전통을 그대로 유지하면서 평등과 프롤레타리아 대중 노선을 주창했던 중국공산당의 이데올로기 안에는 선천적으로 반계층화(反科層化)의 충동이 잠재되어 있었다. 최고지도자의 요구와 격려에 힘입어 때때로 모습을 드러냈던 이러한 잠재의식은 '대약진(大躍進)' 시기에는 반(反) 관료 성향으로 드러났고, 문혁 시기에

---

44 역자주: 직무는 등급과 상대적으로 독립적이지만, 완전히 분리된 것은 아니다. 특정 직무(職務)와 직급(職級)은 여러 등급(級別)에 해당될 수 있으며 상하 관계인 직무와 직급에 대응하는 등급은 서로 교차한다. 예를 들어 '국가급 부직(副職)'의 지도직의 경우 해당 공무원 등급은 '4급에서 2급'이고, 통합관리직 공무원의 직급이 '1급 순시원(巡視員)'일 경우 '13급에서 8급'에 해당한다.

45 「국무원의 임금 개혁에 관한 결정(國務院關於工資改革的決定)」(1956년 6월 16일 국무원(國務院) 전체회의 제32차 회의 통과), 冶金工業部勞動工資司(編), 『임금복지 문건 선집(工資福利文件選編)(第一冊·임금 및 장려금 부분)』, 冶金工業出版社, 1981, pp.59-62.

그 정점에 달했다.

3. 국가 관료제도의 충격(1966~1976)

1966년 발생한 문혁은 중국 현대 국가 구축사의 중대한 사건으로 1949년 이후 형성된 정치 권력과 정치 엘리트층 전반에 큰 영향을 미쳤다. 국가의 정상적인 질서도 심각하게 파괴되었으며, 정부 기구와 간부 조직도 10년 동안 비정상적인 질서 단계에 들어서게 되었다.

상술한 바와 같이 1949년 이후 중국공산당 체제에는 '마오쩌둥식 중국 특색의 사회주의 이상국'과 '소련식 관료 계획 체제'의 모순, 즉 '농민 혁명당(農民革命黨)'에서 '전문가 건설당(專家建設黨)'으로 어떻게 전환할지를 두고 두 경향 사이에 장력이 존재했다. 높은 수준의 소련식 계획은 자원을 집중시킬 수는 있지만, 행정의 경직성과 비대한 관료 체제를 초래할 수 있었다. 1950년대에 국가의 관료 관리 메커니즘은 계층화되고 전문가화된 소련식 관료 계획 체제를 참고하여 정치 권력과 정치 엘리트를 양성해 나갔다. 그러나 '마오쩌둥식 사회주의 이상국'도 대중적 기반을 가지고 있었다. 그동안 마오쩌둥은 '삼반(三反)', '오반(五反)',[46] '정풍(整風)', '대약진(大躍進)', '인민공사화(人民公社化)'를 통해 '반관료(反官僚)'를 모색하였다.

1966년 문혁이 일어나자 그해 12월부터 1968년 9월까지 지방 '조반파(造反派)'들이 정부를 장악하기 위해 실권자들과 싸웠고, 곧 혼란과 폭력

46 역자주: '삼반(三反)'운동은 부패, 낭비, 관료주의를 반대하는 개혁운동이며, '오반(五反)' 운동은 뇌물, 국영재산 강탈, 탈세, 정부 계약 사기, 국가 경제 정보 누설을 반대하는 개혁 운동이다.

으로 이어진 권력 탈취 투쟁으로 이어져 견해가 다른 군중 조직들 사이에 무력 충돌까지 벌어졌다. 이에 마오쩌둥은 계층화 관료 체제를 포기하려고 하였고, 거의 모든 국가 기구가 타격을 입었다. 많은 국가 간부들이 강제 노동 개조를 당했으며, 전문 기술자들이 통제받게 되었다. 대부분의 규정은 사라지고 민중이 지도자를 비판할 권리가 있는 새로운 유형의 참여형 민주주의로 대체되었다. 문혁 발발 직후, 각지에서 '삼결합(三結合)'을 기반으로 한 혁명위원회(革委會)가 만들어졌고,[47] 이를 정부와 당 위원회를 대체할 기관으로 삼았다. 혁명위원회 운영 초기에 마오쩌둥은 행정 관리와 정치과제를 혁명위원회에 일임하고 혁명위원회 당원들의 지도력에 의존했지만, 결국 행정기관과 당 기관을 다시 조직적으로 구분할 수밖에 없게 되었다. 1969년 중국공산당 제9차 전국대표대회 이후 국가기관이 재건되면서 일시적으로 군이 넘겨받은 행정권도 복원된 공무원 관료 기구로 돌아가게 되었다.

문혁이 진장의 정부 관료 기구와 군대에 초래한 심각한 무질서는 다음과 같다.

첫째, 정권에 대한 군의 개입과 인수이다. 1967년 2월, 중국 인민해방군은 진장의 문혁 운동에 개입하여 '삼지양군(三支兩軍, 좌파 지원·농업 지원·공업 지원, 군사 관제·군대식 훈련)'을 시행하였다. 이에 앞서 조반파 조직은 현위원회 조직부를 포함한 9개 부서와 판공실의 인장을 강탈했다.

47 '삼결합(三結合)'은 혁명 대중 조직의 지도자, 해방군 대표 및 혁명 지도 간부를 가리킨다. 1968년에 이르러, 각 성마다 혁명위원회를 설립하였다.

대중은 서로 대립하는 홍파(紅派)와 백파(白派)[48]로 분열되었다.[49] 인민공사와 다수 생산대대의 당 지부도 반란군에게 잇달아 권력을 빼앗겼고, 현과 공사의 각급 기관과 부서는 모두 마비되었으며, 당원들은 조직 생활을 중단해야만 했다. 진장의 지리적 위치를 고려한 중국공산당 중앙위원회와 중앙 군사위원회의 승인을 받아 푸저우(福州) 군관구(軍管區)는 해안 방어 전선이 외적의 공격을 받지 않도록 「푸젠 전선부대 공고(福建前線部隊公告)」를 통해 혁명좌파 대중을 강력히 지지하는 인민해방군의 입장을 표명하였다. 이후 군 간부들이 대거 지방에 투입돼 '삼지양군' 임무를 수행했다. 진장 주둔군은 진장 현의 공안국(公安局)·인민검찰원(檢察院)·법원과 우전국, 방송국 및 은행을 통제하기 시작했다. 혼란스러웠던 상황에서 군의 개입은 지방의 기본적인 사회정치적 질서를 일정 수준 유지시켰고, 특히 조반파의 무장화를 제한하는 중요한 역할을 했으며, 폭력의 유일한 독점자로서 국가 지위를 유지하는 데에도 도움이 되었다. 문혁 시기의 대중적 정치 운동은 민중을 억압하는 관료들의 손아귀에서 잠시 피할 수는 있었지만, 제약을 받지 않았던 까닭에 곧 또

---

48 역자주: 문화대혁명 시기 정치 언어에서 스스로를 '가장 혁명적'인 군중 파벌이라 규정한 홍파(紅派)는 철저한 조반(造反)을 주장하고 집권 세력을 강하게 반대하면서 자신들을 '붉은 정통(紅色正統)'으로 강조하였다. 이에 비해 다분히 폄하적 의미를 담고 있는 백파(白派)와 회파(灰派)라는 명칭은 '충분히 붉지 않다', 다시 말해 혁명적이지 않거나 불철저하다는 비판적 시각을 내포한 것으로, 대체로 집권 세력 편에 서거나 기존 간부와 보조를 맞추는 보수파로 간주되었다. '백(白)'이라는 명칭은 혁명적 맥락에서 '반동파' 혹은 '백색 정권'을 암시하는 경우가 많았고, '회(灰)'라는 명칭은 '모호하고 불철저하며 겉보기에만 혁명적인 집단'을 가리켰다. 당시 혁명 대중 조직들은 언어 투쟁에서 '백파'와 '회파'를 번갈아 사용했으나, 그 핵심적인 지칭 대상은 집권 세력을 지지하는 대중 조직으로 동일하였다. 이러한 대립은 단순한 이념적 차이를 넘어, 현실적 이해관계·사회적 성분·지역적 요인 등이 복합적으로 얽히며 종종 격렬한 충돌로 비화하였다.

49 晉江市地方誌編纂委員會(編), 『진장시지(晉江市誌(上))』, p.797.

다른 극단으로 치닫게 되었다는 점에 주목해야 한다. 계속된 정치 운동은 국가 관료 체계 전반을 크게 훼손했으며, 사회의 보편적인 거버넌스 기반도 파괴하는 결과를 초래하였다. 군의 개입과 인수는 정부 관료 기구의 무질서와 무력화를 일시적으로 완화하는 데 그쳤다. 이렇듯, 이 기간 동안은 국가 정권 건설 과정이 전면 중단되었고, 1949년 이후 국가 정권 건설의 성과가 심각하게 훼손되었다.

둘째, 정권 구조의 '일원화(一元化)'이다. 혁명위원회 출범으로 정치 질서는 일부 회복됐지만, 정권 내부의 분업이 파괴되었다. 혁명 위원회는 다양한 관리 기능을 통합하는 동시에 기존에 분업이 명확했던 부서들을 폐지했다. 1971년 10월, 진장현 혁명위원회는「현 정부 직속 유관기관 해체에 관한 통지(關於撤銷縣直有關機構的通知)」를 발표하면서 기존의 세무국, 수공업국, 식량국 및 기타 부서 폐지를 결정했으며, 이를 혁명위원회 생산처, 재정·세무·은행 서비스 센터(財稅銀服務站) 및 기타 부서가 각각 담당하게 하였다. 기존의 당정(黨政) 기구는 정치조, 사무조, 생산지휘조, 보위조의 4개 기구에 일괄적으로 포함되어 있었다.[50] 이와 같은 상황은 여러 해 동안 지속되었으며, 상술한 기관 중 법원과 검찰원은

50 진장혁명위원회 산하 4개 조직은 다음과 같다. ① 정치조(산하에 군공조(群工組), 인민보위조, 조직조, 선문조(宣文組)가 소속됨, 기존의 현위원회 조직부, 선전부, 감독위원회, 농촌공작부, 성진(城鎭)정치부, 통전부, 당 간부학교를 대체함. 기존의 현 인민위원회 인사과, 문교과, 체육위원회, 민정과, 공상과, 교민업무과, 해방부(海防部), 공안국(公安局)·인민검찰원(檢察院)·법원 및 공청단(共靑團) 현위원회, 부녀연합회(婦聯), 공회(工會), 정협(政協), 공상연합회(工商聯)를 포함함), ② 사무조(기존의 현위원회 판공실, 현 인민위원회 판공실, 기록보관소를 대체), ③ 생산지휘조(산하에 공업교통운수조, 재정무역조, 농림수산조, 민정위생조가 소속됨, 기존의 현 인민위원회 통계국, 물자국, 기획위원회, 공업교통운수국, 상업국, 공급판매협력사, 농업수전국, 식량국, 재정국, 인민은행, 수산국, 위생과, 우전국, 수련사(手聯社), 전선지원처(支前辦), 재정위원회, 물자위원회, 건설과, 노동과를 대체함), ④ 보위조는 1969년 11월 정치조에서 분리되었다.

해체되어 활동이 중단되었다. 이러한 정권 구조의 '일원화'는 이미 분업 면에서 큰 성과를 거둔 국가 관료 기구의 재통합과 단일화를 초래하였다. 결국 정상적인 정치 활동이 중단되었다.

1966년 4월, 진장은 제6기 인민대표대회 기층선거를 통해 491명의 대표를 결정했지만, 문혁의 발발로 선거를 치를 수 없게 되었다. 1966년부터 1978년까지 '사청(四清)'[51]과 '문혁'의 영향으로 현 인민대표대회가 정상적으로 개최되지 않았다. '대민주적(大民主)' 대중운동이 정치 생활의 기본 방식이 되면서 민중 참여가 동원됐지만, 법적 규제를 받지 않은 무분별하고 불법적인 행위로 인해 현대 국가 정치활동의 권위가 크게 훼손되었다.

제3절 국가의 사회 개조: 각종 사회 정치조직의 통일과 지배

1949년 이전의 중국 사회 구조는 주로 지역성(地域性), 공동체성(社區性), 혈연성(血緣性)을 특징으로 하였다. 매우 낮은 경제 사회화 정도와 분산되어 있는 정치적 영향력에, 여러 사회 조직 및 단체와의 이익관련성도 매우 낮았다. 이러한 공시적 요인들은 조직적이고 동원적인 이점을 가진 중국공산당이 다양한 사회와 정치 조직을 효율적으로 독점할 수 있게 하였다.[52] 그리고 이를 지속적으로 통합하여 단일 조직을 형성할 수 있는 능력을 갖추고 있었다. 당과 상공업 단체의 통합을 예로 들

51 역자주: 사청운동(四清運動)이란 1963년부터 1966년까지 중국 농촌에서 추진된 정치운동으로 정치, 경제, 조직, 사상 정돈을 뜻하며, 도시의 오반(五反) 운동과 함께 대표적인 사회주의 교육 운동이다.

52 張靜(主編), 『국가와 사회(國家與社會)』, 浙江人民出版社, 1998, p.219.

면, 1949년 이후 당은 기존의 상회(商會)와 공회(工業會)를 수용 및 개편하여 공업과 상업단체를 통합하는 공상업연합회(工商業聯合會)를 설립했다. 1953년 당의 주도로 중화전국공상업연합회(中華全國工商業聯合會, 이하 공상연)가 설립되었고 전국적으로 '전국 하나의 성, 하나의 시, 하나의 현(全國一省一市一縣)'의 공상연 체계가 구축되었다. 그리고 당과 공상연의 절대적이고 통일된 지도를 보장하기 위해 중앙정부는 공상연에 근무하는 주요 당원과 간부, 공영기업 당원 대표들로 구성된 각급 공상연 당 조직 설립을 결정했다. 그리고 대도시에 공상공작위원회(工商工作委員會)를 설치하고 통전부(統戰部), 재정경제위원회 당 조직(黨組), 공상연 당 조직 및 총공회(總工會, 노동조합) 등 관련 인력으로 위원을 구성하고 상공업 관련 사업(공상연 사업 포함) 정책을 통일하였다. 이로써 당과 정부는 통전부와 재경부서를 통해 상공업계 정치와 업무에 대한 지도력을 실현하였다.[53]

중국의 민주당파는 항일전쟁과 해방전쟁에서 적극적인 역할을 했다. 1948년, 중국공산당은 '5·1 구호(五一口號)'를 발표하면서 전보로 각 민주당파를 초청하여 '적극적인 정치 참여와 신중국 공동 건설'을 독려하였다.[54] 1949년 9월 중국공산당이 주도하는 중국인민정치협상회의(中國人民政治協商會議, 이하 신정협(新政協))에 각 민주당파가 참여해 헌법적 성격의 「공동강령(共同綱領)」을 제정하였다. 그리고 중화인민공화국의 기본 정치 제도 중 하나인 중국공산당이 이끄는 다당합작제(多黨合作制)를 확립함으로써 각 민주당파를 중국공산당 주위로 결속시켜 중국공산당의

---

53 鄭成林, 「1950년대 중국공산당의 공산단체에 대한 개조(1950年代中國共産黨對工商團體的改造)」, 『華中師範大學學報(人文社會科學版)』, 2007(2).

54 沙健孫, 「마오쩌둥과 신중국의 창립과 발전(毛澤東與新中國的創立與發展)」, 『求是』, 2009(16).

지도를 받도록 하였다. 또한, 중화전국총공회(中華全國總工會), 중화전국부녀연합회(中華全國婦女聯合會), 중화전국청년연합회(中華全國青年聯合會) 등 전국 조직과 새로 설립된 다양한 산업 조직 및 협회와 같은 범국가적인 사회 조직이 빠르게 관료화되고 행정화되었다.

1949년 10월 이후, 진장에는 공회(工會), 농민협회, 공산주의청년단(共青團), 부녀연합회(婦聯), 공상연, 화교연합회, 중국소년선봉대, 빈하중농협회(貧下中農協會),[55] 과학기술협회, 문학예술연합회 및 개인노동자협회와 같은 사회 조직이 앞다퉈 설립되었다. 중국공산당 진장현위원회의 통일된 지도와 통제 속에서 이 사회단체들은 각자의 특성과 임무에 따라 농민, 지식인, 청소년, 여성, 화교, 재계 인사 등과 연락망을 구축하였다. 그리고 신정권 공고화, 항미원조, 경제질서 회복, 토지 개혁, 민간의 3대 개조(三大改造)[56] 등 측면에서 모두 당과 매우 일치하는 조직 및 관리원칙을 확립하여 정부의 정령(政令) 관철에 효과적으로 협조하고 사회 각계각층이 신정권의 지도를 받아들이도록 했다.

1. 중화인민공화국 건국 초기 국가의 지방 사회 흡수

(1) 진장현 총공회: 노동자 조직의 구성 및 활동

1950년 6월, 중국공산당 진장현위원회의 주도로 현청(縣城, 현 리청구(鯉

55 역자주: 1950년 8월 20일에 중화인민공화국 정무원이 발표한 「농촌 계급 구분에 대한 결정」에 따르면 지주(地主), 부농(富農), 중농(中農, 상중농, 중농, 하중농), 빈농(貧農), 고농(雇農)으로 나뉜다.

56 역자주: 중화인민공화국 건국 초기에 중국공산당이 농업, 수공업, 자본주의 상공업 분야에 시행한 전국적인 사회주의 개조이다.

城區))에서 진장현 최초의 공회 회원 대표 대회가 개최되면서 진장현 총공회(總工會)가 설립되었다. 1951년 3월, 진장현 총공회는 칭양(靑陽)에서 첫 번째 공회대표회의를 개최하였고 시와 현이 분리된 후, 현(縣) 총공회를 설립했다. 이어서 안하이, 칭양, 스스, 융닝, 진징에 공회 사무소가 설립되었다. 1952년 8월, 진장현 총공회는 공회 판공실을 폐지했지만, 교육, 상업, 공급판매 합작사(供銷合作社), 금융, 재정 및 무역과 같은 체계의 공회와 안하이, 스스, 칭양진의 공회는 유지되었다. 1954년 3월, 진장현 총공회는 '진장현 공회 연합회(晉江縣工會聯合會)'로 변경되었다가 1958년에 다시 '진장현 총공회(晉江縣總工會)'로 바뀌었다.[57]

진장 신정권 건설 초기에 공회의 주된 기능은 민간 산업 자본의 개조와 직원의 정치적 인식 제고, 그리고 직원들을 대상으로 한 당과 신정권에 대한 교육 활동이었다. 예를 들어, 1950년부터 1953년까지 진장현 공회는 성 전역의 직원들을 동원하여 '애국 공약(愛國公約)'을 체결해 생산 경쟁, 항공기와 대포 기증, 군대 동원 및 참전 등 실제적인 행동으로 전선을 지원했다.[58] 당시 현 전역의 직원들은 총 2.153만 위안 상당의 항공기와 대포를 기부했다.[59] 1954년 정부는 칭양, 안하이, 스스 등지의 민간 산업 기업을 전면적으로 통제하고 개조하기 위해 기업들에게 국가 정책 및 법령 준수와 민간 산업 기업에 '노사 합의(勞資協商)' 제도 구축, 개조 수용을 독려하였다. 1955년에 공회는 정부의 민간 산업을 대상으로 전개한 '사회주의 개조'에 적극적으로 협력했다. 자본주의 공업

57 晉江市地方誌編纂委員會(編), 『진장시지(晉江市誌(上))』, p.841.

58 晉江市地方誌編纂委員會(編), 『진장시지(晉江市誌(上))』, p.843.

59 당시의 화폐 가치를 기준으로 함.

기업의 개조에서 정부는 자본가의 재산에 대한 점진적인 국유화 정책을 시행하였다. 또한, '국가 조세(國家稅收), 출자금 배당(股金分紅), 직원 복지 상여금(職工福利獎金) 및 기업 공동 적립금 각각 4분의 1(企業公共積累 各占四分之一)'의 방식에 따라 기업 이익을 배분하였고, 1956년 1월 말에 기업—공사 합영(企業—公私合營)과 산업 전반—공사 합영(全行業—公私合營)을 통해 개조 임무를 완수했다. 이후 정부는 자본주의 상업과 도매업에 종사하는 상인, 영세 소매상, 국가 경제, 민생과 관계있는 백화점, 면포(棉布) 등 8개 업종도 전면적으로 개조해 90% 이상을 다양한 형태의 개조에 포함시켰다. 또한, 자동차, 마차 운송, 어업, 염업, 건설업, 극장 등 산업도 1956년 말에 기본적으로 개조되었다. 1960년 중국공산당 중앙위원회의 '식량 생산을 기본으로, 철강 생산을 기본으로(以糧爲綱, 以鋼爲綱)'를 골자로 하는 방침을 관철하기 위해 현 총공회는 현 전역의 직원들을 동원하여 기술 혁신과 기술 혁명을 주요 내용으로 하는 사회주의 노동 경연대회를 실시했다.

서구의 공회와 달리 신중국의 공회 조직은 정부에 협조하는 중요한 단위로 존재하였다. 1950년대 중반 이후, 진장현 공회는 현 전역에 직장인 반일제 학교(part-time school, 業余學校)를 잇따라 설립했다. 1960년에 현에는 51개 문맹 퇴치반의 598명, 215개 소학교 학급의 6,537명, 93개 중고교 학급의 2,620명, 2개 전문대학반의 110명 수강생들에게 국가 교육 이념을 불어넣었다. 1963년 정부의 요구에 부응하여 공회 조직은 직원을 대대적으로 조직하여 격차를 줄이고 낭비를 방지했으며, '6대 우수 직원(六好職工)'[60]을 양성하기 위한 경쟁 대회를 광범위하게 실시하였

60 역자주: 정치 사상, 업무 기술, 서비스 태도, 노동 규율 준수, 협동력, 임무 완수 면에서

다. 그리고 사상적 인식 차원에서는 노동자 교육에 힘을 기울였다. 또한 공회는 노동자 계급 조직, 국가 건설 지원 및 민족 자본주의 기업의 개조 촉진에 중요한 역할을 했다.

(2) 잠시 존속했던 농민협회

1949년 11월, 전장현 농민협회 준비 위원회(農民協會籌備委員會)가 설립되었다. 1950년 7월 정무원(政務院)에서 공포한 「농민협회 조직 통칙(農民協會組織通則)」에 따르면 중국공산당 전장시위원회는 1950년 11월 전장현 농민대표대회를 개최하여 전장현 농민협회 설립을 승인했다. 현 농민협회가 설립되자 각 지역은 먼저 향을 기반으로 농민협회 준비위원회를 설립한 후 농촌 기층 사업을 책임지는 농민협회를 설립했다. 농민협회의 핵심 구성원인 빈농(貧農)과 고농(雇農) 출신 활동가들은 신정권을 도와 비적을 토벌하고 반혁명 인사를 숙청하여 농촌 지역에 중국공산당이 기층 조직을 구축할 수 있는 기반을 마련하였다. 1952년에 진장현 농민협회에는 36,229명의 회원이 있었다.[61] 토지 개혁이 완료된 후 각지의 향진 기층 정권이 수립되자 1954년 10월 진장현 정부는 농민협회의 편제 인원을 폐지했다. 이후 농민협회의 활동은 점차 자취를 감추었다.

1963년 5월, 중국공산당 중앙위원회는 조직 계급의 재조직을 요구하는 「현재 농촌 사업의 여러 문제에 관한 중국공산당 중앙위원회의 결정(초안)(中共中央關於目前農村工作中若幹問題的決定(草案)」을 발표했다. 이에 발

양호한 평가를 받는 직원을 선발하는 대회이다.

61 晉江市地方誌編纂委員會(編), 『진장시지(晉江市誌(上))』, p.844.

맞춰 여러 농촌 지역에서 빈하중농 조직을 설립하기 시작했다. 1964년, 진장현은 빈하중농협회 준비위원회를 설립했다. 이어서 1965년 2월 10일, 제1회 빈하중농 대표대회 개최와 함께 진장현 빈하중농협회를 설립하고 협회 회장과 부회장을 민주적으로 선출했다. 이후 각 공사(公社)도 공사 빈하중농협회를 설립했다. 중국공산당 중앙위원회의 배치에 따라 빈하중농협회와 현위원회 사무국이 함께 맡은 주된 역할은 빈하중농을 대대적으로 동원하여 사회주의 교육 운동에 적극적으로 참여시키는 등 정부의 '사교(社教)'[62]사업에 협조하는 것이었다.

1966년 6월, 문혁이 시작되면서 빈하중농협회는 활동을 중단했다. 1970년대 초, 빈하중농협회는 조직을 복원하고, 중앙정부의 '빈하중농이 상층건물[63]을 점령한다(貧下中農占領上層建築)'라는 지시에 따라 빈하중농관리조를 구성하여 '4관1교(四管一教, 학교·상점·의료위생·재정수지의 관리 및 귀촌 지식 청년 재교육)' 업무를 담당했다. 1978년 중국공산당 제11차 3중전회(十一届三中全會) 이후, 각급의 빈하중농협회는 점차 사라지기 시작하였고, 1982년 이후 전국 각지에서 기본적으로 자취를 감추었다.

(3) 중국 신민주주의청년단: 청년들을 위한 당의 플랫폼

1949년 4월 공식 설립된 중국 신민주주의청년단(新民主主義青年團)은 1957년 5월 '중국 공산주의청년단(中國共産主義青年團)'으로 이름을 바꾸었다. 1949년 이전부터 진장에는 신민주주의청년단이 존재했었지만,

---

62 '사교(社教)'는 1963년부터 1966년까지 중국공산당 중앙위원회가 전국 도시 및 농촌 지역에서 실시한 사회주의 교육 운동이다.

63 역자주: '상층건물(上層建築)'은 상부구조(superstructure)를 일컫는 말로 일정한 경제적 기반 위에 세워진 사회적 이데올로기 및 관련 정치·법률·제도·인프라 등을 의미한다.

수면 아래에 있었다. 신정권이 수립된 후, 진장현 노동위원회는 청년단의 영향력을 확대하고 청년들의 핵심 조직으로 그 위치를 명확히 하기 위해 각계 청년대표대회 개최를 준비하였다. 1950년 6월, 진장현위원회는 「청년단 사업에 대한 당의 지도 강화에 관한 건(關於加强黨對靑年團工作的領導)」을 발표하면서 청년단 구축 작업을 본격적으로 시작했다. 동년 말까지 현 전역의 각 향진(鄉鎮)과 중학교에는 68개의 지부와 1,235명의 단원이 있었다.[64] 청년단은 중국공산당의 유력한 조력자이자 예비군이었다.

1951년 5월 진장현에서 '각계 청년 단결, 항미원조 관철, 애국주의 교육 강화'를 주제로 열린 제1차 청년단대표대회에서는 청년단을 플랫폼으로 청년들에게 당과 신정권에 대한 교육 실시를 결정하였다. 이 교육을 통해 항미원조와 비적 토벌 및 반패권주의 투쟁에 청년들이 적극적으로 참여하기를 기대하였다. 항미원조 운동에서 현은 단원과 간부들이 앞장서고 단원들과 청년들이 앞다퉈 군에 지원하여 참전하도록 독려하였다. 통계에 따르면 현 전역에서는 전체 군인의 26%인 417명의 단원을 포함한 1,570명의 청년들이 입대했다. 입대 단원 중 청년단 지부 서기는 27명, 지부 위원은 68명, 연대 소조장은 67명으로 입대 단원의 38.9%를 차지하였다. 네이컹(內坑) 청년단 지부 위원인 야오창사(姚長沙)는 혼자서 22명의 청년을 군에 입대시켰다. 반대하는 일부 단원의 부모를 설득하기 위해 그들의 약혼녀인 단원들은 자발적으로 미래의 시부모를 찾아가 걱정을 덜어주고 약혼자의 군대 지원을 도왔다. 재학생들의 군사간부학교 지원도 이어졌다. 진장은 최전선에 있었기 때문

64 晉江市地方誌編纂委員會(編), 『진장시지(晉江市誌(上)』, p.845.

에 정부는 신정권을 공고히 하기 위해 단원과 청년들을 군대에 보내거나 민병대로 조직하여 대항력을 확장하였다. 예를 들어 홍사단(洪四團) 지부에는 13명의 민병을 포함해 18명의 단원이 있었다. 이들은 1951년 초 해방군과 손을 잡고 100여 명의 국민당군 교란 세력을 바젠산(八尖山)에서 전멸시킨 적이 있었다. 1954년 푸저우 군관구의 '반공습(反空襲)' 전략에 따라 진장의 진징(金井), 사저우(灑洲), 탕둥(塘東)의 청년단원들은 1,384개의 벙커와 515개의 방공호를 구축했다. 1958년 진먼(金門) 포격전에서 푸젠 전선(福建前線) 부대는 진장현 단원 1명에게 1등 모범상을, 12명에게 2등 모범상을 수여하였다.[65]

1955년 청년단 조직의 주요 농촌 과제는 합작 중심의 대규모 생산 운동이었다. 현 정부는 청년단위원회를 통해 단원과 청년들에게 애사(愛社) 교육을 하는 한편 농촌지부에서는 '애사'를 중심으로 한 사상 교육 활동과 '우수한 구성원이 되기 위한 노력' 관련 활동을 진행하였다. 합작화 운동에서 현의 많은 청년 단원들은 농업합작사(農業合作社)에 앞장서서 참여했다. 통계에 따르면 1955년 현 전역에서 농업합작사에 참여한 청년단원은 56,347명으로 전체 조합원의 35%를 차지하였다. 또한 현 정부는 사회주의 교육에서 청년단의 역할을 충분히 활용하였다. 1958년 6월, 제5차 청년단대표회의에서 청년단 현위원회는 '청년들을 대상으로 한 사회주의 교육은 청년단 조직의 가장 근본적인 임무이다'라고 강조하였다. 이에 청년단 현위원회는 '자본주의 사상 타파, 사회주의 사상 수립'이라는 교육 방침에 따라 단원과 청년들에게 마오쩌둥 관련 저서를 열심히 공부하도록 했으며, '사회주의만이 중국을 구할 수

65 晉江市地方誌編纂委員會(編), 『진장시지(晉江市誌(上))』, pp.846-847.

있다(只有社會主義能够救中國)'라는 이념 교육을 반복적으로 실시했다.

1960년 6월 초, 청년단 현위원회는 「청년들을 대상으로 광범위한 마오쩌둥 저서 학습 전개에 관한 통지(關於在青年中廣泛開展學習毛澤東著作的通知)」를 발표했다. 통계에 따르면 그해 현의 단원과 청년으로 구성된 학습 조직인 '마오쩌둥 선집 소조(毛澤東選集小組)'는 1,072개에 달했으며, 63,409명의 학습자, 1,083명의 지도원, 473명의 강사, 2,089편의 학습 자료, 7,498편의 학습 감상문이 있었다. 이로써 사회주의 이념에 대한 단원과 청년들의 의식이 전반적으로 향상되었다.[66] 1963년 3월, 청년단 현위원회는 현 전역의 단원과 청소년들을 조직하여 '마오 주석의 책을 배우고, 마오 주석의 말씀을 새기자(學毛主席的書, 聽毛主席的話)'라는 사상과 대중의 심리를 효과적으로 결합한 '레이펑 배우기(學雷鋒)' 활동을 시작했다. 이데올로기적 관점에서 살펴보면, 전형보도(typical reports, 典型報道)[67]를 통해 레이펑의 이미지를 구축하여 당 지도자의 권위와 중국공산당 전체의 결속력을 강화하는 한편, 3년의 어려운 시기를 거치면서 불안정해진 민심과 전선에 자리한 진장의 위치 때문에 타이완에 있던 국민당 정부는 대륙 수복을 위한 '반공대륙(反攻大陸)' 공세를 펼쳤다. 정치 사회의 정세 안정과 당과 정부의 사회적 통제 강화를 위해 진장 현위원회는 청년단 '우수 단원' 양성을 통해 바른 행실을 도덕적인 인격으로 내면화함으로써 '사람들은 나를 위해, 나는 사람들을 위해(人人爲我, 我爲人人)'라는 이상적인 국가로 청년들이 나아가기를 기대하였다.

---

66 晉江市地方誌編纂委員會(編), 『진장시지(晉江市誌(上))』, pp.847-848.

67 역자주: '전형보도'란 중국 사회에서 대표적이고 보편적인 의미를 지닌 전형적인 인물, 사건, 문제 및 경험에 대한 보도와 분석을 통해 사람들을 교육하고 지도하는 것이다. 대다수의 전형보도는 선진적인 인물이나 사건을 긍정적으로 홍보한다.

(4) 부녀연합회 설립: 여성을 대상으로 한 동원과 조직

중국공산당에 의해 여성 대중 사이의 징검다리이자 연결고리가 된 부녀연합회(婦女聯合會)는 현대 국가 정권의 중요한 사회적 기둥 중 하나였다. 원래 명칭은 '중화전국민주부녀연합회(中華全國民主婦女聯合會)'로 1949년 3월에 설립되었다. 1949년 9월 24일 진장에서 중국공산당 진장현부녀운동위원회(中共晉江縣婦女運動委員會, 이하 부운회(婦運會))와 진장현 민주부녀연합회 준비위원회(民主婦聯委員會籌備委員會)가 설립되었으며, 왕징셴(王經賢)이 부운회 서기 겸 준비위원회 주임을 맡았다. 1953년 5월에는 민주부녀연합위원회의 명칭이 민주부녀연합회(民主婦女聯合會)로, 1958년에는 다시 부녀연합회(婦女聯合會)로 바뀌었으며, 1950년 12월부터 1986년 2월까지 진장현부녀연합회는 대표 대회를 총 8번 개최했다.

중화인민공화국 건국 후, 진장현 부운회와 부녀연합회는 여성들을 적극적으로 조직하여 토지 개혁, 반혁명 진압, 항미원조 등의 운동에 투입하였고, 자식을 키워낸 어머니와 남편을 군에 보낸 아내들이 '항미원조·국가방위'의 최전선에 나서는 경우들도 생겨났다.

1950년 3월 중앙인민정부위원회는 「중화인민공화국 혼인법(中華人民共和國婚姻法, 이하 혼인법)」을 공포하면서 중화인민공화국 경내에서 '남녀 결혼의 자유, 일부일처…(중략)…부녀자와 자녀의 합법적 이익을 보호하는 신민주주의 결혼제도를 시행할 것'을 명시하였다. 1952년 10월, 진장현 여성들에게 「혼인법」이 대대적인 영향을 미치면서 오랫동안 푸젠성 남부에 존재해 온 봉건적 포판혼인(包辦婚姻)[68]제도가 폐지되었고,

68 역자주: 당사자의 동의 없이 양가의 부모 혹은 웃어른들에 의해 강제적으로 이루어지는 결혼을 의미한다.

결혼의 자유와 남녀평등의 새로운 결혼제도 확립, 결혼의 간소화, 신식 결혼과 합동 결혼 등 새로운 풍조가 등장하게 되었다. 진장의 교향(僑鄉) 여성들은 항상 교민들의 송금에 의존해 왔기에 몸을 쓰는 일을 하지 않았었다. 여성 해방을 위해 1953년 현과 각 구의 부녀연합회는 대다수의 화교 가족과 친지들을 적극적으로 조직하여 생산 노동에 참여하도록 하였고, 화교와 결혼하여 기생하던(嫁僑吃僑) 구습을 바꾸었다. 1959년 3월, 현 부녀연합회는 '기술이 뛰어난 자매(巧姐妹)' 운동을 위해 부녀자를 동원하여 열심히(苦幹) 착실하게(實幹) 능숙하게 일하는(巧幹) 기술 혁명 운동에 적극적으로 참여하게 하였다. 부녀연합회의 설립은 부녀자의 사회적·정치적 지위를 크게 향상시켰고, 신정권의 합법성과 신정권에 대한 민초들의 지지를 공고히 했다.

현대 국가 구축의 요소로써 전체 인구의 약 절반을 차지하는 중국 여성은 고도로 분산되어 있는 정치 사회 집단의 외부인이었다. 따라서 국가는 이들을 현대 국가 체계 안으로 통합하여 정권의 지지 세력으로 만들어야만 했다. 혁명 시기에 부녀항일구국연합회(婦女抗日救國聯合會)와 여성당 소조(小組) 모두 여성 세력을 통합하는 효과적인 형태였다. 중화인민공화국 건국 후 당의 집단적 속성을 부여받아 당의 지도하에 당 조직과 유사한 계층 구조를 구축한 부녀연합회와 여성을 흡수, 동원 및 조직한 국가를 통해 현대 국가 구축의 뚜렷한 특징을 알 수 있다.[69]

---

69 楊翠萍, 「조직을 향으로: 현대 국가에서의 여성 조직 구축-화베이황현의 사료분석과 실증조사를 예로 들어(組織下鄉: 現代國家中的婦女組織建構 - 以華北黃縣的史料分析與實證調查為例)」, 『婦女研究論叢』, 2009(1).

(5) 화교 연합 조직의 등장과 발전: 화교 및 본국 가족들에 대한 지도

일찍이 해외 화교들의 역량을 알아챈 중국공산당은 1937년 7월 화교류옌(안)사무소(華僑留延(安)辦事處)를 설립했다. 1946년에 설립된 옌안 화교연합회(延安華僑聯合會)는 1948년 '중국 해방구 귀국 화교 연합회(中國解放區歸國華僑聯合會)'로 이름을 바꿨다. 1950년 7월, 베이징에서 중화인민공화국 귀국 화교 연의회(歸國華僑聯誼會) 준비위원회가, 이어서 1956년 10월에는 중국 전국 귀국 화교 연합회(이하 화교연합(僑聯))이 설립되었다.

근대 이후 화교는 진장 사회와 공공관리에서 점점 더 중요한 역할을 해왔다. 지방사회에서 화교의 영향력을 없애고 신정권의 통제 체계에 편입시키기 위해 1949년 11월에 열린 진장현 각계 인민대표회의에서 신정부는 귀국한 화교들과 그 가족, 그리고 해외 거주 화교들을 연결하고 단결시키는 현 1급 조직을 설립하여 '귀국 화교 연의회(歸國華僑聯誼會)'라고 명명하였다. 1951년 4월, 칭양(青陽)의 시신(希信) 소학교에서 115명의 대표와 92명의 귀국 화교가 참석한 가운데 진장현 최초의 귀국 화교 및 가족 대표 회의가 열렸으며, 진장현 귀국 화교 연의회(歸國華僑聯誼會, 이하 현화연(縣僑聯))가 설립되었다.

1950년부터 1969년까지 진장현의 모든 향진은 현(縣) 현화연(縣僑聯)에 소속된 화교 연합 연락소, 사무처 및 지부를 잇따라 설립했다. 이 조직 플랫폼을 통해 정부는 진장 화교와 화교 가족이라는 사회적 자원을 새로운 정권 체계에 성공적으로 흡수했다. 1951년 4월 현 귀국 화교 및 가족 대표 회의에서 대표들은 지원군을 위로하기 위해 1,673위안을 기부했다. 같은 해 7월 10일, 현화연은 항미원조를 위해 회원들을 동원하여 비행기 '진장 화교호(晉江華僑號)' 1대를 기증했다. 1952년 현화연의 독려 속에서 모든 회원들은 각자의 향진에서 토지 개혁 운동에 적극적으로 참여했으며, 해외 교포의 실상을 잘 이해하고 반영할 수 있도록 '교권(僑眷)'과 '교속(僑屬)'[70]을 구분하는 근거를 제공하는 등 지원을 아끼지 않았다. 1955년 이후 현 정부는 국가 건설을 지원하기 위해 현화연을 통한 화교들의 투자와 출자를 적극적으로 독려하였고, 1965년까지 총 38,277위안을 투자했다. 1958년 여름, 현 화교 사무국은 쐉양 화교공상농장(雙陽華僑工商農場)을 설립했다. 1960년 3월부터 1961년 4월까지 현화연은 통전부와 협력하여 인도네시아의 배척으로 귀국한 총 3,212명의 귀국 화교들을 모두 쐉양 화교공상농장에 고용하였다. 1959년부터 1961년까지 국가는 일시적인 경제난에 처해 있었다. 현화연은 화교와 가족을 동원하여 해외에서 342.99만 홍콩달러(港幣)에 해당하는 11,433톤의 비료를 수입하여 고향의 농업 생산 발전을 지원했다. 그리고 인민폐 825.601만 위안에 해당하는 곡물, 기름 등 물자를 5,354톤 수입하였다. 1963년부터 1965년까지 현화연은 상류층 화교와 그 가족들을 대상으로 사회주의적 교육 운동 참여 확대를 위한 선전 활동도 하였다.[71]

일반적으로 중화인민공화국의 건국은 수많은 해외 화교들에게 새로운 민족 국가의 소속감을 안겨준 순간이었다. 오랫동안 민족 국가의 정체성을 갈구하던 해외 화교들의 열망은 새로운 민족 국가의 정체성으로 발전하여 사회주의 건설에 적극적으로 참여하도록 했다. 1966년 문혁의 발발 이후 화교 업무의 방침과 정책이 공격당하면서 해외와 관련 있는 자들은 입당, 입단, 입대, 취업, 진학에서 차별과 배척을 받게 되었

70 역자주: 교권(僑眷)은 화교와 귀국 화교의 중국 거주 직계 친족 및 오랜 시간 부양한 친족을 의미하며, 교속(僑屬)은 화교, 귀국 화교, 외국 국적 중국인과 가까운 친족을 의미한다.

71 吳泰主(編), 『진장화교지(晉江華僑志)』, p.54.

다. 당시 분위기에 중국 화교연합과 지방의 화교연합은 큰 충격에 빠졌다. 1966년, 전국화교연합 기관은 어쩔 수 없이 해산하게 되었고, 진장의 현화연 중추는 '5·7 간부학교(五七干校)'로 옮겨져 노동개조에 참여하였다. 1978년 중국공산당 제11기 중앙위원회 제3차 전체회의와 제2차 전국 귀국화교 대표자 회의가 열리기 전까지 진장 화교연합 조직은 회복되지 않았으며, 화교연합의 조직과 업무는 새로운 발전 단계에 진입하기 시작했다.

(6) 공상연합회의 개조 및 발전

상술했듯이, 민국 시기에 진장현에는 6,000명 이상의 상공업자가 있었다. 현 상회(縣商會)는 1931년에 설립되었으며 산하에 44개 공회, 총 1,567명의 회원이 있었다. 안하이, 스스 등 다른 지역에도 상회 조직이 있었다. 이러한 유형의 상회는 진장의 다양한 기존 향족 조직 및 화교 세력과 함께 지방 사회의 공공 업무에서 활발히 활동하였다.

중화인민공화국 건국 후, 신정권은 상회를 새로운 국가 통제 체계에 포함시키고자 하였다. 1950년에 현 공상과(縣工商科)의 주도하에 중국공산당이 관리하는 전지역적인 공상연합준비 소조가 조직되었다. 1952년 12월 9일, 진장현은 공상업대표대회를 개최하여 우칭치(吳清琪) 위원장을 주축으로 한 23명으로 구성된 진장현 공상연합준비위원회를 조직하였다. 이어서 1954년 12월, 현 공상연합회가 설립되었다.

국가의 국정 방침에 협력하기 위해 공상연합준비 소조는 정부의 인민승리할인공채(人民勝利摺實公債)[72] 홍보를 도왔다. 또한, 항미원조의 비

72 역자주: 인민승리할인공채(人民勝利摺實公債)는 신중국의 재정난을 극복하기 위해 1950년

행기와 포를 지원하기 위해 총 8만 위안을 모금해 기부하였고, 재정 부서에 협조해 세원(稅源)을 확대 징수하였다. 그리고 상공업자들은 사전 전선(前線) 지원 작업, 생산, 재난 구호, 사업자의 재정, 노사 관계 및 재산권 분쟁 문제 해결 등을 지원하였다. 정부는 신설한 공상연합회를 통해 민간 사업자의 회계 장부 개혁, 회계 수업 진행, 재정 및 경제 제도 개선, 자금 정리 및 확인을 진행하였다. 또한, 개인기업 합병과 공사(公私) 합병을 위한 사상 및 물적 준비를 위해 '오반(五反)' 운동을 전개하였다. '오반' 운동이 끝난 후 국가는 곡물의 일괄 구매·일괄 판매(統購統銷)를 시행하였고, 곡물 도매상(粮行)과 금은방의 민간 운영을 금하였다.

공상연합회는 관련 업자들의 직장이나 업종 변경을 지원하는 한편 정부와 함께 노동자의 단결을 촉진하고 자본가가 생산과 무역을 발전시키도록 감독하였다. 그밖에 안하이, 스스, 칭양, 진징과 같은 기층기구를 동원하여 시, 현, 집진(集鎮)[73]에서 물자 교류 회의를 수차례 조직하고 참여하였다. 공상연합회 회원들은 물자 교환의 형태로 당시 진장의 도시와 향촌 경제를 활성화했고, 외부 경제와의 벽을 무너뜨려 국가 경제와 민생 안정에 긍정적인 역할을 했다.[74]

앞서 언급한 공회(工會), 농민협회, 공산주의청년단, 부녀연합회, 공상연합회, 화교연합회, 공상연합회 등 사회 조직의 설립과 개조는 중국공산당 진장현위원회의 일괄된 지도와 통제 속에서 새로운 정권의 공고화, 항미원조, 경제 질서 회복, 토지 개혁 및 민간의 3대 개조(三大改造)

중국 인민정부가 발행한 공채의 액면가를 물가지수에 연계한 채권이다.

73 역자주: 집진(集鎮)이란 향촌과 도시 사이의 과도적 주거 지역이다.

74 晉江市地方誌編纂委員會(編), 『진장시지(晉江市誌(上))』, pp.857-858.

측면에서 모두 당과 고도의 일치성을 유지하면서 사회 대중의 힘을 하나로 모아 당의 집권 기반을 안정시켰다. 또한, 중국공산당은 일련의 사회정치적 변혁을 통해 노동자와 농민 계층의 이익 요구를 충족시켰다. 농촌에서는 토지 개혁 운동을 통해 중국 인구의 가장 큰 비중을 차지하는 토지에 대한 농민들의 갈망을 채워 주는 한편 도시에서는 관료자본의 몰수와 상공업의 사회주의 개조를 통해 민족 부르주아 계층을 새로운 사회 질서의 틀에 포함시켰다. 또한, 자본의 몰수와 개조를 통해 억압받던 프롤레타리아 계층이 해방되었고 하층민의 정치적 지위가 향상되었다.

현대 국가 구축의 특징 중 하나는 국가 정권의 사회 침투이다. 이를 위해서는 낡은 사회적 구조와 기반을 청산하여 자국에 적합한 사회적 기반을 구축해야 한다. 서구 현대 국가의 구축 과정에서 위에 언급한 특징은 주로 국가가 봉건 귀족으로 대표되는 지방 권력을 계속 무너뜨려, 사회 계약 이념을 기반으로 수립된 국가와 개인 간의 권리 및 책임에 상응하는 정권 체제, 그리고 그에 걸맞은 민주 정치 문화로 나타났다. 이는 현대 국가 구축의 '단숨에 목표까지(一步到位)'를 보여주는 것이다. 현대 사회의 기반을 갖추지 못했던 중국의 국가 구축은 새로운 국가 정권 수립에서부터 시작하였고, 이에 부합하는 특수한 사회적 기반 구조를 구축할 수밖에 없었다. 즉, 재구성한 사회를 토대로 사회를 통합하고 현대 국가 정권의 기본 틀을 만들어 사회 속에 깊이 스며든 국가 권력으로 정당과 국가, 그리고 개인을 직접적으로 연결했다.

상술한 바와 같이 국민정부가 국가 구축에 실패한 원인은 기존의 사회 구조를 완전히 바꾸지 않고 오래된 엘리트들에 의존하여 새로운 국가 정권을 수립하려 했기 때문으로, 이로 인해 정권 건설이 내향적 정교화되어 결국 적폐를 청산하기 어려워졌던 것이다. 중국공산당이 수립한 국가 정권은 새로운 국가의 성격을 충분히 이해하고 있었으며, 낡은 사회적 구조와 그 기반을 철저히 제거해야 한다는 것을 분명히 인식하고 있었다는 점이 가장 인상적이다. 그리고 낡은 세력을 청산하는 과정에서 기층 민중을 중심으로 사회와 새로운 국가 이념을 재구성함으로써 신정권 자체의 사회적 구조와 민중적 기반을 구축했다. 사회 집단의 분류 관리 외에도 중국공산당은 단위제(單位制), 호적제, 고도로 일원화된 이데올로기 등 일련의 사회 관리 체계를 통해 당과 국가의 역량을 사회의 모든 영역으로 전면 확장하였다.[75] 그리고 중국 사회와 그 구성원의 사회생활에 전례 없는 근본적인 개조와 재구성을 진행해 정치와 운동 논리가 사회생활의 구석구석까지 널리 영향을 미치도록 했다.[76]

2. 문혁 기간 동안 진장 대중 조직의 발전과 쇠퇴

문혁은 다양한 사회 계층과 집단이 참여한 대대적인 사회 운동으로 다양한 대중 조직이 등장해 발전과 성장, 연합, 분화, 와해, 그리고 재결합 등의 과정을 거쳤다. 1966년 5월 말에서 6월 초, 베이징의 일부 중학생들 사이에 조직된 '홍위병(紅衛兵)'과 '홍기 전투조(紅旗戰鬪組)'는 '문혁'에서 가장 먼저 등장한 대중 조직이라고 할 수 있다. 대중 조직은 적게는 1~2명, 많게는 100만 명을 넘어섰다. 대략적인 추정에 따르면, 문혁

75 郭聖莉, 『도시사회 재편과 신생 국가 정권 구축-건국 초기 상하이 국가 정권 구축 분석(城市社會重構與新生國家政權建構 - 建國初期上海國家政權建設分析)』, 天津人民出版社, 2006, p.158.

76 李友梅 등, 『확산에서 질서로: '제도와 생활'의 관점에서 본 중국 사회의 변천(從彌散到秩序: "制度與生活"視野下的中國社會變遷(1921-2011))』, 中國大百科全書出版社, 2011, p.96.

기간 동안 전국 도시의 단위마다 약 1/4에서 1/2 정도가, 전국적으로는 수억 명이 조직 활동에 참여했다.

문혁 시기에 각계각층의 사람들이 참여한 대중 조직은 기본적으로 산업과 시스템에 따라 형성되었다. 학생, 교사, 노동자, 농민, 간부, 예술인 등은 모두 자체적인 조직을 가지고 있었으며, 제대 및 퇴역한 군인, 지방으로 내려간 지식 청년, 도시의 무직 거주자와 가정부도 자체 조직을 가지고 있었다. 철강업계 노동자, 버스 운전기사, 석탄업계 노동자, 재정무역 종사자와 같이 산업 내 조직은 구체적인 업무 유형에 따라 형성되었다. 사람들은 동일하거나 유사한 직업, 지위, 이익 및 특수한 조건에 따라 조직화되었다.

앞서 언급했듯이 중화인민공화국 건국 이후 새로운 국가 정권은 다양한 사회와 정치 조직을 성공적으로 통합하고 지배했다. 어떤 자발적인 결사 활동도 극도의 위험으로 간주되어 금지되고 탄압될 것이었기에 진정한 의미의 사회 조직은 사실상 존재하지 않았다. 문혁 기간 동안 각종 '홍위병' 조직, 공장, 학교 내에 설립된 정치, 문화, 취미 등 다양한 분야의 대중 조직이 크게 성장하였다. 이러한 조직은 대부분 상향식(自下而上) 조직으로 정식 등록이나 업무 담당 부서가 필요하지 않았고, 많은 수가 고정된 활동 장소조차 없었다. 그러나 문혁이 끝나면서 그동안 활발했던 결사단체는 대부분 단속되거나 자취를 감추었다. 사실 이러한 대중 조직을 '운동 대중(運動群眾)'이라고 표현하는 것이 더 적절하다. 이는 절대적 권위를 지닌 최고 지도자의 지시와 중앙의 문혁 '전투 호령(戰鬪號令)'은 모든 대중 조직이 반드시 따라야 할 행동 지침으로, 이를 위반하면 순식간에 와해될 수 있기 때문이다. 일반적으로 모든 대중 조직은 미래의 권력 구조에서 자신의 위치를 확립하고자 마오쩌둥 주석의 '프롤레타리아 문화 혁명에 대한 위대한 전략적 배치(關於無産階級文化大革命的偉大戰略部署)'를 최선을 다해 숙지하고 이행하였다. 따라서 엄격한 의미에서는 명확한 조직 목표, 완전한 조직 구조, 자율성 및 독립성을 가진 민간 사회단체가 아닌 것이다.

문혁 시기의 사회 조직 또는 대중 조직마다 그 층위와 단위가 상이하다. 문혁 초기인 1966년 8월, 모든 학교, 광공업 기업, 기관, 인민공사는 자체적인 단위와 시스템에 속하는 조직을 가지고 있었다. 그러나, 같은 해 10월이 되면서 운동은 빠르게 자체적인 단위와 시스템에서부터 지역 자체의 범사회적 조직으로 발전하여, 한 지역에서도 서로 대립하는 두 개의 파벌로 나뉘게 되었다. 이와 함께 단위 내부의 여러 작은 조직들에서도 두 파벌의 조직이 나타났다. 또한 같은 지역의 다른 산업에서도 등장한 여러 파벌 조직들은 'XX 사령부(司令部)'라고 자칭하였다.

당시 진장 지역에서 활동하던 대중 조직에는 '8·29 진전 사령부(八·二九晉專司令部)', '8·29 노동자 혁명 조반 총부(八·二九工人革命造反總部)', '8·29 농민 혁명 조반 총부(八·二九農民革命造反總部)', '마오쩌둥 사상 취안저우 수호 연합 전투 총부(捍衛毛澤東思想泉州聯合戰鬪總部)', '마오쩌둥 사상 홍위병 취안저우 전투 총부(毛澤東思想紅衛兵泉州戰鬪總部)', '마오쩌둥 사상 취안저우 노동자 전투 총부(毛澤東思想泉州工人戰鬪總部)', '마오쩌둥 사상 홍위병 푸젠 혁위 민난 사령부(毛澤東思想紅衛兵福建革委會閩南司令部)', '진장 지구 혁명 조반 사령부(晉江地區革命造反司令部)', '마오쩌둥 사상 진전 기관 연합 전투 총부(毛澤東思想晉專機關聯合戰鬪總部)', '진전 공안처 무산계급 독재 병단(晉專公安處無產階級專政兵團)', '진홍 전서 공안처 일반도저 전투 병단(晉紅專署公安處一反到底戰鬪兵團)', '취안저우 홍위병 혁명간부 조반 사령부(泉州紅衛兵革命幹部造反司令部)', '취안저우 노동자 혁명 조반 총사령부

(泉州工人革命造反總司令部)' 등이 있었다. 『천전총(泉戰總)』(마오쩌둥 사상 홍위병 취안저우 전투 총부 전보(戰報) 편집부 주관), 『신진장(新晉江)』(푸젠성 8·29 진사진장 지부 주관), 『홍색 진장(紅色晉江)』(진장 홍색 조반파 투쟁·비판·개조 지휘부 홍색진장 편집위원회 주관), 『민난홍위병(閩南紅衛兵)』(마오쩌둥 사상 홍위병 푸젠 혁명위원회 민난 사령부 주관), 『사오산(韶山)』(8·29 진장지부 사오산공사 선전조 주관), 『반도저전보(反到底戰報)』(홍위병 푸젠·취안저우 반도저 전보 편집부 주관), 『공인조반보(工人造反報)』(8·29 취안저우 혁명 노동자 홍기 전투 총부 주관) 등 대부분의 조직이 자체 간행물을 발간하였다.

이 조직들은 보수파와 조반파(造反派)로 구분되었으며, 이데올로기적으로는 온건파와 급진파가 대립하기도 하였고, 특정 성(省)·시(市)·지(地)·현(縣)의 책임자, 대군사구역, 군관구(軍管區) 사령원, 정치위원, 부사령원 등과 같은 간부나 조직, 사건에 대한 견해 차이로 분쟁을 일으키기도 하였다. 문혁 기간 동안 푸젠성 남부 지역의 파벌 투쟁은 크게 '홍파(紅派)'와 '회파(灰派)'[77]의 두 진영으로 나뉘었다. 그중 '홍파'는 '대약진', '사회주의 교육 운동(社教)', '사청(四清)' 등 1949년 이후 여러 대중운동의 주축이었던 활동가들로 구성되었으며, 그 배후에는 1949년에 남하한 간부들이 있었다. 그리고 '노구파(老區派)'라고도 불린 '회파'의 배후 지지자는 1949년 이전에 푸젠성 남부에서 지하공작을 한 간부들이었다. 10년이라는 진장의 문혁 기간 동안 전기에는 '홍파'가, 후기에는 '회파'가 각각 주도적 위치를 차지했다.[78]

---

77 역자주: 제2장의 각주 48 설명 참조.

78 王銘銘, 『촌락의 시야에서 보는 문화와 권력: 민태삼촌 오론(村落視野中的文化與權力:閩台三村五論)』, 生活·讀書·新知三聯書店, 1997, p.59.

<표 4-3> 진장 지역 일부 대중 조직의 정치적 경향[79]

단위	조직 명칭	인원수	대중 조직과의 관계	주요 목표	비고
진장	8·29 노동자 혁명 조반 총부(八·二九工人革命造反總部)	수만 명	푸젠성 농업 관련 부서 조반파 혁명 위원회(福建省農業相關部門造反派革命委員會)	현지 간부 보호 및 군대 주둔 반대	회파
진장	신진장 인민 혁명 사령부(新晉江人民革命司令部)	수천 명	상동(相同)	현지 간부 보호 및 군대 주둔 반대	회파
진장	진장 홍색 조반자(晉江紅色造反者)	수천 명	푸젠성 혁명 조반 위원회(福建省革命造反委員會)	인민 무장부(人武部) 및 수팔사(守八師) 지원	홍파

푸젠성 푸저우(福州) 군관구 사령관이자 당 위원회 제1서기였던 한셴추(韓先楚)는 푸젠 주둔군의 주류파를 대표하는 인물로, '한셴추 지지(保韓)'는 '군대 옹호(擁軍)'를, '한셴추 반대(反韓)'는 '군대 반대(反軍)'를 의미했다. 푸저우의 '1·26 사건(一·二六事件)'은 이러한 배경 속에서 발발하였다. 1967년 1월 26일 푸저우 군관구 제1회 마오쩌둥 주석 저서 활동가 대회(學習毛主席著作積極分子大會) 마지막 날, 푸젠 의과대학 '동방홍(東方紅)' 전투단과 위생학교 혁자파(革字派) 조직 대표 60여 명이 푸젠성 군관구 초대소 앞에서 한셴추에게 '문혁'과 관련한 질문에 답할 것을 요구했으나 거절당했다. 이에 대표들은 강제로 군관구로 들어가 해방군 경비원과 크게 충돌하였다. 1월 28일, 중앙군사위원회는 「8조 명령(八條命令)」을 공포하여 군부대 공격을 금하였다. 중앙정부의 비호 속에서 푸젠성

79 푸젠성 당안관(福建省檔案館)의 제221-1-52, 221-1-55호 기록 정리.

의 질서를 안정시킬 수 있다는 자신감을 갖게된 한셴추는 '1·26(一·二六) 조치는 반혁명의 역류(反革命逆流)'라고 선언하는 등 자신을 반대하는 여러 조직을 금지하는 일련의 엄격한 조치를 취했다. 예를 들어, 1967년 3월 16일, 진장군 군관구는 '마오쩌둥 사상 수호 홍위병 취안저우 연합전투본부(泉聯戰總)'를 폐지하였다. 푸젠성 군사관리위원회의 통계에 따르면 군대, 인민무력부, 군사관리부서가 성 전역에서 2,000명 이상을 체포 및 구금했으며, 80개 이상의 크고 작은 조직이 금지되거나 해산되어 '반(反) 한셴추'파는 심각한 타격을 받게 되었다.[80]

1968년 11월, 푸젠성 각 지·시·현에 혁명위원회가 설립 전후로 진장의 대중 조직도 소멸하고 있었다. 전국적으로 '홍위병' 조직은 1968년 가을부터 문혁의 정치 무대에서 자취를 감추었고, 노동자 조직도 비슷한 시기에 해체되었다. 푸젠성 최전선에 위치한 진장의 대중 조직도 다른 지역과 마찬가지로 최고지도자의 전략 변화와 함께 막다른 상황으로 치닫게 되었다.

제4절 국가의 합법성 구축
: 새로운 가치관과 이데올로기 정체성의 형성

중화인민공화국 건국 초기에 직면한 시급한 문제 중 하나는 민중이 신생 민족 국가와 그 정권으로부터 정체성을 느끼게 하는 것이었다. 특히 중국처럼 광활한 영토에 많은 민족을 가진 나라의 경우 국가 정체성

80 葉青, 「푸젠성 '문혁'시기 대중 조직에 관한 연구(福建"文革"時期群眾組織研究)」, 福建師範大學 박사학위논문, 2002, p.129.

과 민족의 오랜 번영을 실현하는 것이 매우 중요한 임무였다. 이에 정체성은 국가 합법성 건설의 중요한 과제가 되었다. 합법성 건설이란 정치 권력의 행사를 합법적 권위로 만드는 것으로, 정치지도자와 집권당에 큰 권위를 부여하고 정권 기구와 그것이 제창하는 행위규범을 사회 각계각층에서 인정하는 인식의 일치성을 반영한다. 간단히 말해서, 정권의 합법성 건설은 민중이 심적으로 정권의 통치를 받아들이고 인정하도록 하는 것이다. 이를 위해서는 이데올로기적으로 국가의 존재 이유를 체계화 및 범도덕화(泛道德化)하고, 공익과 사회적 정의의 대표자로 거듭나도록 이데올로기적으로 구축하고 증명해야 했다.

1949년부터 1978년까지의 국가 합법성 구축은 중국공산당 정권에 대한 민중의 정체성을 강화하는 데 중점을 두었다. 합법성을 실현하기 위해서는 다음 세 가지의 조치를 통해 당의 가치관을 사회 전체의 정치적 정체성으로 확장해야 했다. 첫째, 사상 건설을 집권당의 사상 건설에서 모든 민중의 사상 건설로 확대한다.[81] 정치적 동원 전개, 낡은 이데올로기 타파, 봉건 문화 비판, 제국주의 문화 숙청 등이 이뤄져야 한다. 둘째, 당의 조직체계를 확립 및 개선하며, 당의 조직 원칙을 강화하고 새로운 사상과 개념을 확립한다. 마지막으로, 새로운 국가 정권에 정체성 인식을 구축한다. 이 임무를 완수하기 위한 가장 효과적인 전략 중 하나는 민중들이 공유하는 새로운 민족/국가의 기억을 재구성하여 새로운 민족/국가의 합법성을 확인하는 것이었다. 이를 위해 중국공산당은 크게 선전하는 한편 계급/혁명과 공산주의의 이상을 민중 사상 속에

81 馬翠軍, 『1949~1960 중국 국가 정권 구축의 정치사회학적 분석(1949~1960中國國家政權建 構的政治社會學分析)』, 河南大學 석사학위논문, 2002, p.27.

뿌리내리고자 다음과 같은 사상 교육을 하였다.

첫째, 새로운 국가 정체성 구축이다. 이것은 정체성 건설에서 가장 중요한 일이었다. 승리한 집권당으로서 모두의 혁명사적 기억을 되살려 합법성을 구축하는 것처럼 새로운 민족 국가에 대한 모든 민중의 소속감과 정체성을 되찾는 것이 시급한 과제였던 것이다. 또한, 다양한 주요 사건을 파악하고 민족과 국가 공동체에 대한 인식을 강화했다. 항미원조 동원에서 중국공산당은 항미원조를 신중국의 정체성 동원으로 전환하는 한편, 상징 자원(象征資源)의 사용과 논리적 귀인의 구축을 통해 개발한 새로운 민족 국가 기호체계로 애국주의와 집단주의 의식을 함양하고 강화하여, 민중이 국민 주체와 도덕 주체로서 국익 앞에서 기꺼이 자신을 희생하도록 하였다. 민중의 동원과 선전을 통해 중국공산당은 중국 민중들을 외부 침략자에 대한 저항으로부터 승리를 거둔 빛나는 역사적 서사로 재구성하여 모든 신중국의 민중들이 자랑스러운 기억을 공유할 수 있도록 하였다. 이와 같은 기억의 공유는 다시 사람들을 하나의 '상상의 공동체(想象的共同體)'로 결속시켰다.[82] 국가는 진장의 민중, 귀국 화교 및 그 가족 대표들에게 신중국 정체성을 성공적으로 깊이 인식시켰다. 사료에 따르면 1951년 4월, 진장의 귀국 화교와 그 가족 대표들은 지원군 위로에 1,673위안을 헌납하였다. 같은 해 7월 10일, 현화연은 항미원조의 부름에 회원들을 동원하여 '진장 화교호(晉江華僑號)' 비행기 1대를 기증했다.

둘째, 노선 선전과 사상 정풍(整風)이다. 1950년부터 '3대 개조(三大改

82 Benedict Anderson, 『상상하는 공동체: 민족주의의 기원과 산포(想像的共同體: 民族主義的起源與散佈)』(개정판), 吳叡人(역), 上海人民出版社, 2011, p.155.

造)'가 성공적으로 마무리될 때까지 중국공산당 진장현위원회는 대규모 선전 활동을 계속 전개했다. 그 주요 내용은 민주 정권 공고화, 국민 경제 회복, 군대와 전선(前線) 지원, 도적 토벌과 패권주의 반대, 소작료 및 이자 감면, 토지 개혁, 반혁명 진압 운동, 항미원조, 「혼인법(婚姻法)」과 「헌법(憲法)」 및 과도기적 총노선 관철이었다.

1956년 '사회주의 전면 건설 시기(全面建設社會主義時期)'에 들어선 후, 현(縣) 전역은 마오쩌둥 주석의 연설 학습과 선전을 조직했다. 1958년부터 1959년까지 총노선(總路線)과 '대약진' 및 인민공사를 대대적으로 선전했다. 1958년 4월 1일에 창간한 현위원회 기관지 『진장보(晉江報)』(三日刊)를, 7월 1일에 『진장일보(晉江日報)』로 변경하여 당의 선전 대변인으로 삼았다. 1960년부터 1962년까지 국민 경제의 '조정(調整), 공고(鞏固), 충실(充實), 제고(提高)'라는 여덟 글자 정책 문구와 '대규모 농업, 대규모 식량(大辦農業、大辦糧食)'이라는 중앙정부의 지시를 선전하고 농촌에서 사회주의를 교육했다. 1963년부터 1966년 상반기까지 현은 '마오쩌둥 저서의 학습 및 활용(活學活用毛澤東著作)', 해방군 학습, 다칭(大慶) 및 다자이(大寨) 학습대회[83]의 열기를 대대적으로 선전하였다. 생생하고 활기찬

83 역자주: 다칭(大慶)은 헤이룽장성(黑龍江省) 관할의 지급시(地級市)이다. 취약한 석유 산업의 기반에 외국 수입에만 의존해야만 했던 중국은 1960년부터 다칭에서 대규모 석유 탐사 개발을 진행했다. 많은 노동자들의 노력과 정부의 지원으로, 1963년 연간 600만 톤의 원유를 생산하는 대규모 유전을 건설해 중국이 필요로 하는 석유를 기본적으로 공급할 수 있는 수준을 이루게 되었다. 다자이(大寨)는 산시성(山西省) 진중시(晉中市) 석양현(昔陽縣)에 위치한 마을이다. 열악한 자연환경과 경제난을 극복하기 위해 제방 및 수리 시설 건설, 산지 개간을 통해 농업 생산량을 대폭 향상시켜 낙후된 식량 상황을 크게 변화시켰다. 다칭 정신과 다자이 정신은 정치적 가치를 우선시하는 자력갱생과 각고분투의 정신을 가리킨다. 1964년 '공업은 다칭을 배우고, 농업은 다자이를 배우자(工業學大慶, 農業學大寨)'라는 구호가 대대적으로 선전되어 공업과 농업 발전을 장려하는 중국의

선전을 위해 중국공산당 전장현위원회는 소설, 시, 산문, 노래, 서화 등 다양한 형식을 활용해 선전 효과를 거뒀다. 대다수 작품 내용은 타의 모범이 되는 인물과 업적 선전이 주를 이루었다. 1958년 전국적으로 민가(民歌) 대중 운동이 일어났다. 1959년 6월, 진장현은 문화 연합회를 설립하고 종합 문예 계간지인 『열조(熱潮)』를 창간했으며, 각 향진 문화시설은 잇달아 창작팀을 만들었다. 연말에 열린 전국농촌문화공작회의(全國農村文化工作會議)에서 진장현 대표는 대중의 문예 창작 경험을 소개하고 『산시문화(山西文化)』에 발표했다. 1965년 11월, 이 분야에서 큰 공헌을 한 뤄산향(羅山鄉)의 농민 작가 왕칭리(王清麗)는 중국공산당 전장현위원회 선전부의 추천으로 베이징에서 열린 '전국 청년 아마추어 문학창작 활동가 대회(全國青年業余文學創作積極分子大會)'에 참가했다.

여성들은 오랫동안 사회적 소외 집단으로 간주되어 경시되었다. 그러나 중국 현대 민족 국가의 개념이 등장한 이후 고된 노동과 억압에서 벗어난 많은 여성들이 규방이나 주방과 같은 사적인 영역에서 공공분야로 진출해 여성의 해방과 독립을 추구하기 시작했다. 중화인민공화국 건국 후 새로운 국민—국가 관계를 구축하기 위해서는 여성의 역할과 지위를 전통적인 '현모양처'에서 '국민의 어머니'로 전환하여 여성이 신중국의 정체성에서 소속감을 찾을 수 있도록 해야 했다. 1952년 「혼인법」이 공포된 후, 중국공산당 전장현위원회는 현 전체에 「혼인법」을 적극적으로 시행하였고, 구사회의 봉건적인 포판혼인(包辦婚姻)을 비판하고, 결혼의 자유의지와 남녀평등의 새로운 혼인제도 시행을 제창했다. 간소하게 혼사를 치르거나 혹은 새로운 방식으로 치르거나 혹

시대적 정신이 되었다.

은 젊은 남녀가 합동 결혼을 하는 등 새로운 풍조의 대대적인 선전을 통해 여성들이 당의 지도하에서 삶의 가치와 의의를 깨닫기를 기대하였다.

간부 조직은 새로운 가치관과 이데올로기 정체성을 형성하는 데 핵심적인 중추 역할을 했다. 따라서 중국공산당은 간부 양성과 당 기풍 쇄신을 매우 중시했다. 1950년부터 중국공산당 진장현위원회는 매년 정기적으로 당원 및 간부 양성 과정을 개최했고, 당 훈련을 담당하는 임시 부서를 설치했으며, 부고급(副股級)[84] 이상의 당원과 간부를 대상으로 훈련을 진행했다. 주요 학습 내용은 마르크스–레닌주의, 마오쩌둥 사상, 당의 기본 지식과 건설 이론, 시기별 당의 노선, 방침 및 정책 등이었다. 1960년, 진장에 설립된 현위원회 당 간부학교(縣委黨校)는 문혁 기간 동안 '마오쩌둥 사상 학습반(毛澤東思想學習班)'으로 개칭되어 혁명 대중을 양성하는 장소가 되었다.

중국공산당은 등장한 직후부터 혁명 투쟁과 건설에 부응하기 위해 혁명전쟁 시기와 사회주의 건설 시기에 걸쳐 여러 차례 정풍(整風) 또는 정당(整黨)의 형태로 당의 사상, 조직, 업무 수행 방식을 집중적으로 시정하였다. 중화인민공화국 수립 이후 당은 '반부패(反貪汙), 반낭비(反浪費), 반관료주의(反官僚主義)(이하 삼반(三反))' 운동을 전개했다. 1950년부터 1954년까지 중국공산당 진장현 각급 당 조직은 당 중앙의 요구에 따라

84 역자주: 고급(股級)은 일반적으로 고소급(股所級)이라고도 하며, 과원(科員)과 과급(科級) 사이의 직급이고, 부고급(副股級)은 현급 이하 기층 단위에만 있는 직급이다. 실제 직급은 과원급(科員級)으로 공무원법에 규정된 직급은 아니다. 구체적으로 현 직속 기관의 사무실 부주임, 업무 부서 부과장, 향진 인민정부 당정판공실 부주임, 경제발전판공실 부주임 등 이러한 간부가 부고급 간부에 해당한다.

'삼반(三反)' 운동을 결합하여 정풍·정당(整風·整黨)을 실시하였다. 당원들에게 '당원 기준의 8가지 조건(黨員標准八項條件)' 교육을 보편적으로 실시하여 당원의 등록과 심사 업무를 처리하였고, 마르크스주의 이론을 진지하게 연구해 상호비판과 자아비판을 하도록 요구했다. 1957년 초, 중국공산당 진장현위원회는 핵심 업무와 결합하여 정당·정사(整黨·整社)를 통해 간부와 대중의 관계를 해결하고자 했다. 동년 5월에 현 전역은 민중 내부 모순의 올바른 처리를 주제로 관료주의와 주관주의를 반대하는 정풍운동을 시작했다. 1960년부터 1961년까지 중국공산당 중앙위원회는 당원과 간부들이 고생을 기꺼이 감내하고 고군분투의 모범을 보이는 정풍·정사(整風·整社) 운동의 전개를 결정하였다. 이 조치로 인해 3년간의 어려운 시기 동안 큰 사회적 혼란 없이 중국은 위기를 극복할 수 있었다.

제5절 발전과 정체: 계획 체제하의 국가 흡수 능력

현대 국가의 중요한 특징 중 하나는 정부가 사회로부터 재정 자원을 얻는 침투 능력이다. 이는 현대 국가 제도 건설의 주요 임무로 현대 국가 관리 사회의 기본 구조와 현대 국가 공공 서비스의 기본 모델을 형성했다. 현대 국가에서 사회 계급 속성, 제도 구조, 경제 조직 모델 모두 국가가 목표를 달성하기 위한 전제 조건이자 핵심 보장이기 때문에 충분한 경제적 자원을 흡수할 수 있는 능력이 필요하다. 민국 시기에는 전쟁과 지방 분할로 인해 국민정부의 국가 흡수 능력 구축이 더디게 이루어졌다. 중화인민공화국 건국 후에 진행된 정권 재건, 사회주의 개조, 계획경제 체제 확립 과정에서 중앙정부와 지방정부 모두 적극적으로 국가 흡수 능력을 재건하였고, 이 기간 동안 신중국의 국가 흡수 능력이 크게 향상되었다. 그러나 문혁이 정부 체제를 파괴하면서 이러한 능력 강화는 잠시 정체되었다.

1. 중화인민공화국 건국 초기의 재정 체제와 국가 흡수 능력 구축

전통 시기 중국의 국가 재정수입은 전체 국가 경제의 극히 일부에 불과했으며, 정부 수입은 국내총생산(GDP)의 4%를 넘은 적이 없었다. 청나라가 멸망한 후 중화민국에서도 정부가 흡수한 국민 소득액은 여전히 매우 적었다. 1916년부터 1928년까지 민국 정부는 운영에 필요한 비용을 각종 국내외 대출에 크게 의존했다. 1928년 난징 국민정부가 수립된 후, 전통적인 과세 방식과 흡수 수준으로는 다양한 새로운 도전에 대처할 수 없었다. 상술한 바와 같이 난징 인민정부는 재정 체제를 전환했지만, GDP에서 국가 재정 비율은 소폭만 증가했으며 가장 좋은 시기에도 GDP의 8.8%에 불과했다.[85] 중화인민공화국 건국 초기에 국가 재정은 극도로 어려웠고, 1949년 재정수입은 좁쌀 303억 근(斤), 재정지출은 좁쌀 567억 근으로, 재정지출이 재정수입의 약 2배에 달했다.

1949년 10월 화베이(華北) 인민정부 재정부를 기반으로 설립된 중앙인민정부 재정부 부장에 보이보(薄一波)가 임명되었다. 재정부의 주요 기구에는 부장실, 판공청(辦公廳), 편역통계사(編譯統計司), 총무사(總務司), 국방재무사(國防財務司), 행정재무사(行政財務司), 외사재무사(外事財務司), 경제건설재무사(經濟建設財務司), 문교사회재무사(文敎社會財務司), 회계제도

85 王紹光, 「국가 흡수 능력의 구축-중화인민공화국 성립 초기의 경험(國家汲取能力的建構 - 中華人民共和國成立初期的經驗)」, 『中國社會科學』, 2002(1).

사(會計制度司), 재정감독사(財政監督司), 농업세사(農業稅司), 세무총국, 염무(鹽務) 총국, 식량관리총국, 인사사(人事司), 참사실(參事室) 등이 있었다.

신정권이 채택한 고도로 중앙집권적인 재정관리 체제와 엄격한 자금긴축 정책은 총공급과 총수요의 관계를 성공적으로 조절하였다. 마오쩌둥은 1950년 6월 중국공산당 제7기 중앙위원회 3중전회의 서면보고서「국가재정경제 상황의 기본적 개선을 위한 투쟁(爲爭取國家財政經濟狀況的基本好轉而鬪爭)」에서 중앙 재정 집권 강화의 필요성과 중요성을 강조했다. 이 방침의 지도하에 새로운 발전을 모색하기 위해서는 국가의 재정·경제·조세를 통합해야만 했다.

1950년 3월, 정무원이 공포한「통일국가 재정 경제 사업에 관한 결정(關於統一國家財政經濟工作的決定)」의 주요 내용은 군정 기관의 편제 및 처우, 재정 수지 관리,[86] 주요 물자 조달, 현금 관리, 전국적인 무역의 통일이었다. 이 결정은 국가 조세에 다음과 같은 중요한 조치를 마련했다. 첫째, 조세제도는 재정부가 일률적으로 제정하고, 정무원이나 중앙 인민정부 위원회의 승인을 받은 후 시행하였다. 둘째, 전국 각지에서 징수한 국가 공출미, 관세, 염세, 물품세, 공상업세는 모두 중앙 인민정부에 귀속하였다. 인지세, 유산세, 거래세, 도축세, 특별소비행위세, 임대소득세, 부동산세, 사용허가세, 목축세, 부두사용료를 포함한 기타 수입은 재정부가 각 대행정구(大行政區), 중앙정부 직할성(시) 인민정부의 예

86 재정 수입 및 지출 관리 관련 결정은 모든 지출이 예산에 포함되며, 재정부가 통일적으로 지출한다고 규정하였다. 군사비는 중앙인민정부 인민혁명군사위원회 총후방 지원부의 승인을 거친 후, 재정부에서 확인하고 지출했다. 국가 기관의 지출은 재정부가 국가 수입과 지출의 추산에 따랐다. 중앙인민정부 금고, 각급 중앙 공출미창고, 물자창고는 재정부의 명령 없이는 지출할 수 없었다. 예산결산, 감사제도, 재정감독제도를 엄격히 시행했고, 배정받지 않은 예산과 감사를 거치지 않은 회계는 존재하지 않았다.

산 상황에 따라 지방에 귀속했다. 셋째, 「전국 세정 시행 요칙(全國稅政實施要則)」, 「전국 각급 세무기관 잠정 조직 규정(全國各級稅務機關暫行組織規程)」, 「공상업세 임시 조례(工商業稅暫行條例)」, 「물품세 임시 조례(貨物稅暫行條例)」 등 신중국의 조세 법규를 잇달아 제정하고 공포하였다. 넷째, 6급 세무기구, 즉 중앙 재정부 세무총국, 각 구 세무관리국, 성과 중앙·구 직할시 세무국, 전구(專區) 세무국 및 성 직할시 세무국, 현(縣)·기(旗)·시(市)·진(鎭) 세무국과 세무소를 설립하였다. 1950년 말, 전국의 각급 세무 기구는 총 14,164개에 이르렀다.

국가 대사에 재원을 집중하기 위해 신중국의 재정 체제는 일괄적인 수입과 지출(統收統支) 모델을 선택했다. 1950년 3월, 정무원은 「1951년도 재정수지 체계 구분에 관한 결정(關於1951年度財政收支繫統劃分的決定)」에서 재정 체제가 중앙, 대구(大區), 성시(省市)의 3급 관리제도를 채택하였고, 재정수입의 경우 일괄적인 수입과 지출, 수입과 지출의 이원화(收支兩條線)[87]를 적용한다고 명시했다. 이 같은 재정 체제는 이후 몇 년간 다소 조정되었지만, 일괄적인 수입과 지출의 틀을 무너뜨리지는 못했다. 새로운 재정 체제는 혁명 전쟁 시대의 재정 분산 체제를 종식시켰고, 주요 재정수입, 자금 및 물자를 장악한 국가는 국가 대사에 재원을 집중하는 목적을 달성했다.

항미원조의 경우 정무원은 '변항(邊抗, 시장 안정)·변은(邊穩, 전쟁 지원)·변건(邊建, 경제 회복)'의 '삼변(三邊)' 재정 지침을 제시했다. 또한, 국가는 예금 동결, 수입 증대, 지출 삭감, 일괄 구매·일괄 판매, 자산 심사와 같은

87 역자주: 수입과 지출의 이원화(收支兩條線)는 중앙정부가 지방의 연간 예산에 대해 수입과 지출을 분리하고 수입과 지출을 별도로 계산하는 방법을 의미한다.

조치를 취했다. 3년 동안 중국이 조선전장(朝鲜战场), 즉 한반도 북부 전선에 직접 지출한 62억 위안은 1950년의 국가 재정 총수입(68억 위안)에 상당한 수준이었다. 한편, 경제도 빠르게 회복되었다. 1952년 말까지 전국 농공업 총생산액은 1949년 대비 75.5% 증가해 사상 최고 수준을 기록했다. 그중 공업 총생산액은 145%, 농업 총생산액은 48.5% 증가했으며, 복구하거나 새로 개통한 철도는 2.4만여 km, 도로는 12.7만 km에 달했다. 재정 상황이 호전되어 경제 회복 기간 동안 총재정수입은 361.07억 위안, 총지출은 362.19억 위안으로 수입과 지출이 균형을 이루게 되었다.

또한 상하이의 물가 안정을 예로 들자면, 당시 투기자본 행위의 만연과 기타 요인의 영향으로 상하이의 곡물, 면사, 석탄 등 원자재 및 생활용품 공급이 매우 어려운 상황이었다. 이에 중국공산당은 고도로 중앙집권화된 체제를 통해 동북과 화북 등 지역에서 조달한 대량의 물자를 적시에 시장에 투입하여 상하이의 투기 자본에 강한 충격을 가하였다. 또한, 상하이의 수급 관계를 효과적으로 조정하고 시장 가격을 안정시켜 소비형 도시에서 생산형 도시로 빠르게 전환하였다. 그밖에 후베이성 우한시(武漢市)와 같이 전국적으로 큰 영향을 미치는 대도시 등 일부 지역에서도 중국공산당의 고도로 중앙 집중화된 체제의 통일된 조정을 바탕으로 여러 어려움을 극복하고 빠르게 회복과 발전의 길로 들어섰다.

이러한 중앙집권적 체제로 인해 재원(財源) 분배 구조가 빠르게 변하였고, 재원의 운영 방향도 조정할 수 있어 중앙 재정의 흡수 능력이 크게 강화되었다. 고도의 중앙집권화 체제 없이는 새로운 민족 국가 정권을 단기간에 안정시킬 수 없다. 신정권은 도시와 향촌의 세제(稅制) 통합과 세법 제정을 통해 다양한 경제 구성 요소를 조절하는 세제의 역할을 충분히 발휘하였다. 예를 들어, 농촌에서는 통일된 농업 누진세를 확립하여 토지 소유권 개혁의 원활한 진행을 보장하였다. 그리고 도시에서는 복합 세제를 확립하고 세금 부담을 조정하여, 다양한 경제적 레버리지의 포괄적인 간접 규제 역할을 효과적으로 발휘하였다. 1953년 말까지 신정권은 4년여 만에 국가 흡수 능력을 크게 향상시켰다.

1953년부터 중국은 국민 경제 발전의 첫 5개년 계획을 시작하였고, 새로운 재정 체제는 중국의 산업화 실현을 위한 자금을 확보했다. 경제 발전, 엄격한 절약, 외채 확보 및 공채 발행을 통해, '1차 5개년 계획(一五計劃)' 기간 동안 총 1241.75억 위안의 자금을 조달했으며, 재정수입은 1952년 173.94억 위안에서 1957년 303.20억 위안으로 74.3% 증가했다. 근대 이후 최대 운영 규모에 산업화 물결의 가장 정점에 있었던 기간으로, 1949년 이전 산업 부문의 불완전한 모습을 크게 변화시키고 새로운 민족 국가 산업 발전의 틀을 마련한 시기였다.

1958년의 대약진 운동으로 당시 재정 체제는 타격을 받았고, 국가 재정은 처음으로 180억 위안 이상의 적자를 기록했다. 이에 중국은 경제 발전을 유지하기 위해 다양한 효과적인 조치를 취했다. 1962년 말에 이르러 농업 총생산액은 전년 대비 6.2% 증가한 584억 위안을 기록하며 3년 연속 감소세를 벗어나게 되었다. 농업, 경공업, 중공업의 비율 관계도 개선되었다. 국가 재정은 기본적으로 수지 균형을 달성하였고, 4년 연속 기록했던 적자 행진도 막을 내렸다. 시장 가격이 점차 하락하면서 도시와 농촌 사람들의 생활이 다소 나아졌다. 국민 경제는 비로소 고난의 구렁텅이에서 벗어나 호전되기 시작했다.

문혁 기간의 불안정한 정치 상황과 혼란스러운 사회 질서 속에서 규정 제도는 폐지되고 국가 재정은 큰 타격을 받았다. 1967년 8월, 중국공산당 중앙위원회, 국무원, 중앙군사위원회, 중앙문혁소조(中央文革小組)는

「진일보한 절약과 혁명 시행, '사회집단의 구매력' 통제 및 자금·물자·물가 관리 강화를 위한 여러 규정(關於進一步實行節約鬧革命, 控制"社會集團購買力"加强資金、物資和物價管理的若幹規定)」을 발표했다. 1968년 1월과 2월에 중국공산당 중앙위원회, 국무원, 중앙 군사위원회, 중앙문혁소조는 「반혁명 경제주의 및 투기매매 진일보 단속에 관한 통지(關於進一步打擊反革命經濟主義和投機倒把活動的通知)」와 「진일보 혁명 강화와 지출 절약에 관한 긴급 통지(關於進一步實行節約鬧革命,堅決節約開支的緊急通知)」를 발표했다. 업무를 수행할 수 있는 인력이 1,000명 이상의 규모에서 수십 명만 남아 있던 상황에서 재정부는 저우언라이(周恩來)의 지원을 받아 업무를 계속 수행하여 국가 정권의 정상적인 운영을 보장하였다. 그 구체적인 내용은 다음과 같다.

첫째, 재정부는 적극적으로 기업의 세금과 이윤 납부를 촉구했으며, 횡령과 체납을 불허하고 탈세 방지 및 소득 증대 관련 업무를 수행하였다. 또한, 은행 예금을 동결하여 사회 집단의 구매력을 통제하였다. 강력한 재정 조치로 문혁 시기에 단 4년이라는 짧은 시간 동안에만 재정 적자를 기록했다. 둘째, 국가 규정이 해이해지고 다른 중앙 부서 및 위원회의 제도와 규정이 훼손되었어도 재정부는 여전히 전문화, 계층화, 제도화의 방식을 고수하였다. 1972년 7월 다양한 기관과 기·사업체가 성실히 재정 제도를 시행하도록 재정부가 발행한 「재정 제도 발췌본(財政制度摘編)」(내부 문서)이 그 예이다. 셋째, 정기적으로 재정업무회의를 개최하여 국가 재정수입 및 지출 상황을 분석하고, 경험을 나누었다. 1967년 10월, 전국 재정 업무회의를 시작으로 1968년 9월 베이징, 항저우, 창사, 선양, 시안에서 전국 재정 업무좌담회가 동시에 개최되었다. 1970년 3월에는 전국 계획 업무회의와 재정 업무좌담회, 7월에는 전국 재정 은

행 업무 좌담회가 개최되어 재정은행의 개혁 문제를 중점적으로 논의하였다. 넷째, 정상적인 재정지출과 중점 프로젝트에 대한 지원을 보장했다. 문혁 기간 동안 국가 재정은 어려운 상황 속에서도 분배와 감독의 기능을 수행했다. 공업 부문에서는 대규모 공업 기업의 건설을 지원하였고, 교통·운송 부문에서는 여러 철도 간선과 난징 창장(長江)대교 건설을 지원하였다. 과학 기술 부문에서는 '양탄일성(兩彈一星)'이라는 주요 연구 성과의 연구·개발을 위한 재정을 투입했으며, 농업 부문에서는 수리(水利) 사업을 대대적으로 지원하였다. 요약하자면, 국가 재정은 국가 정권과 사회 정세를 안정시키는 데 중요한 역할을 하는 동시에 국가 경제 건설과 농공업 생산의 발전을 크게 지원하였다.

2. 지방정부의 흡수 능력 회복과 재정 및 조세 체제의 재건

민국 시기 진장현에 등장한 근대 산업 가운데 대부분은 화교들이 고향으로 돌아가 설립한 것이었다. 통계에 따르면 1949년 이전에 현에는 비누 산업 16개, 양초 산업 15개, 목공 산업 31개, 대나무 제품(竹蔑) 산업 21개, 신발 산업 29개, 가마 산업 40개, 장신구 산업 40개, 견사 산업 10개 및 소량의 철물, 기성복 및 인쇄와 같은 수공업이 있었고, 총 179개의 민간 공장과 2,189개의 개인 수공업장이 있었다. 그중 정미소, 양념 공장, 인쇄소, 탕기(그릇) 공장 및 전기기계 공장의 규모는 컸지만, 직원은 50명 미만에 불과했다. 1949년 말, 현의 공업 총생산액은 580만 위안으로 농공업 총생산액의 16.89%를 차지했다. 이로써 진장의 경제 규모가 농업 위주였음을 알 수 있다.

중화인민공화국 건국 후 독립적이고 비교적 완전한 사회주의 공업

체계를 목표로 당과 국가는 대규모 공업화 건설을 추진했다. 중국공산당은 1949년 이후 중국 현대 국가 구축의 책임자, 추진자, 지도자, 조직자로서 현대 국가의 경제 제도를 열심히 조사했다. 재정 제도의 구축을 살펴보면, 중국공산당 당원 간부는 징수기구에 파견되어 지도직을 맡았다. 또한, 국가는 통일된 세무기구를 설립하여 현지 인민정부와 상급 세무기관이 이중으로 지도하는 관리제도를 실시했다. 이로써 흡수 능력 면에서 신정권은 구정권보다 진장 기층 경제 사회에 더 잘 침투할 수 있었다.

(1) 지방정부의 흡수 능력 회복

새로 설립된 진장 지방정부가 흡수 능력을 회복하는 과정에서 맞닥뜨린 두 가지 중요한 제약 조건 가운데 하나는 많은 영세업자(小業主)였고, 또 다른 하나는 중국공산당이 국민정부로부터 넘겨받은 취약한 조세 징수 능력이었다. 국민정부 시기의 세금 누수를 방지하고 신정권의 흡수 능력을 높이기 위해 신정권은 다음과 같은 방식으로 흡수 능력을 높였다.

① 관리 통제(官控)를 받는 공상연합회를 통한 납세자 확정 및 세원 확대

1950년대 초, 진장현 공상연합회는 '애국주의 세금 납세 경쟁 대회(愛國主義交稅競賽)'의 열풍에 현의 상공업자를 동참시켜 상공업자의 탈세 조사 및 추징(自査補稅)을 감독하는 한편 소득세와 경상세 정산 업무를 처리했으며, 상공업자를 대상으로 하는 새로운 세법 교육을 시행하였다.[88]

---

88 中共晉江市委黨史硏究室·晉江市檔案局編, 『진장 중요 문헌 선집(晉江重要文獻選編: 第二輯

② 탈세 조사 및 추징 운동

신정권이 수립된 처음 몇 년 동안에는 세금을 탈루하는 일부 개인 상공업자들이 있었다. 1952년, 진장 솽거우향(雙溝鄉) 홍(洪) 씨 등은 단체로 위조 인장을 새겨 7,200여 만 위안[89]의 국가 세금을 탈루했다. 그리고 천타이향(陳埭鄉) 잡화점 상인 좡(庄) 씨가 두 개의 납세 관리 장부를 일 년 내내 가지고 다니면서 포탈한 영업세는 200만 위안 이상, 탈루한 세액(소득세 포함) 만해도 100여 만 위안에 달했다. 통계에 따르면 강력한 조사 및 추징 작업으로 1952년 진장현에서만 총 1,635건의 위반 사례가 적발되었다. 중화인민공화국 건국 이후 흩어져 있는 농촌 상품의 세원(稅源)에서 탈세가 자주 발생했다. 예를 들어 진징(金井)의 수산세는 한때 약 40%의 세금이 탈루된 적이 있었고, 융닝향(永寧鄉) 취안춘 양조장(泉春酒廠)은 봄, 여름, 가을에 100단(擔) 이상의 물품세를 탈루했으며, 칭양(靑陽)과 안하이(安海) 미신 제품 제조상은 고구마로 위조한 인장을 사용하여 국세를 탈루했다. 그밖에 영업 사실을 숨기거나 매출액을 은폐하거나, 영수증을 사실과 다르게 기재하는 경우 등 탈세 방식이 다양했다. 이러한 현상을 효과적으로 방지하기 위해 대중 노선을 택한 당과 정부는 대중의 신고를 장려했다.

③ 징수 방식과 관리 강화

물품세는 상주식(駐廠) 징수, 검사식 징수 및 출하식 징수의 세 가지

(1953~1956年))』, 泉州鯉城冠亞彩印公司, 2000, p.34.

89 해당 단위는 1948년 12월 1일 중국 인민은행이 설립되면서 발행된 인민폐의 단위이다. 발행 이후 1955년 5월 10일에 유통이 중지된 첫 번째 인민폐로, 현재의 인민폐와 교환 비율은 약 1:10,000이다.

징수 방식을 채택했고, 공상업세는 자진신고 및 회계 감사(自報查賬), 민주적 의결(民主評議) 및 정기 정액(定期定額)과 같은 징수 방식을 채택했다. 민간 상공업자의 개조가 완료된 후, 국유 및 집체기업(集體企業)이 과세의 주체가 되면서 자진신고와 심의가 주된 징수 방식이 되었다. 사회주의 경제 건설의 새로운 시기인 1956년 이후 세무 기관은 징수와 관리 조치를 강화하였고, 주요 제품 생산 공정에서의 오염원 통제를 보완했으며, 집체기업과 향진기업으로부터 일정 비율의 소득세를 징수하였다.

1952년 8월 화동 지역 도시 세수 특별 계좌(華東區城鎮稅收專户) 관리를 시행한 이후부터, 진장현이 점차 갖추게 된 효과적인 관리 형태를 살펴보면, 관할에 따른 통일적 향세 관리(鄉稅分片統管), 경제적 성격에 따른 전문적 도시 관리(城鎮分經濟性質), 경제의 유형 및 조직 형태에 따른 전문적 집단 관리(集體分經濟類型和組織形式專管)로 요약될 수 있다. 동종업계별로 특정 산업의 국유기업, 집체기업 및 개인사업자를 관리하는 것은 조세 부담의 균형에 도움이 되었다.[90] 산업마다 이윤율이 다르기 때문에 동종업계에 따른 통일된 관리가 산업별로 다른 세율을 제정하는 데에 유리했던 것이다.

④ 과세 평가와 조사

1956년 이후, 진장 세무 기관은 사정과 평가의 과도기적 방식을 거쳐 세율 근거 징수 방식을 시행하였다. 세율 근거 징수는 세법이 규정한 세율에 따라 세금을 계산하고 납부하는 방식이다. 과세 평가 신고서에는 납세 단위가 사업 내용을 기재하고 징수 단위가 적용 세목 및 세율,

---

90 晋江市地方誌編纂委員會(編), 『진장시지(晉江市誌(上))』, p.732.

납세 단계, 납세 기한 등을 기재하여 과세평가서를 발급했다. 세제 변경 또는 사업 종목에 변화가 있는 경우 과세 당사자는 이를 즉시 통지하고 과세평가서를 수정해야 했다. 또한, 매년 비정기적으로 전면적인 과세 조사를 실시하고, 기업은 자체 및 상호 조사를 실시했으며 조사팀은 이를 재검토했다. 세무검사소(팀)는 지정 또는 파견 조사를, 조사팀은 특별 주제 및 특별 안건 조사를 실시했으며, 진장현 세무 기관은 세금 징수를 보호 및 협조(護稅協稅)[91]했다. 일부 민간 상공업자의 탈세 행위에 대응하여 진장 세무 기관은 당원, 직원, 민병, 부녀회 및 활동가의 조세를 보호(護稅)하였고, 상인 관리 위원회, 거래소 및 공상연합회는 강력한 조세 협조(協稅) 단위였다.[92]

⑤ 향촌 재정 관리 제도의 수립

신정권은 각종 핵심 업무를 결합하여 각 향의 1952년 1월부터 7월까지 분의 회계 정리와 함께 8월부터 12월까지의 수지 예산 편성, 공공재산의 정리 및 등록 등 엄격히 관리하였다. 1952년 말까지 신정권은 모든 회계 정리를 기본적으로 마무리했으며, 향진의 횡령, 낭비, 관료주의 현상을 개선하면서 국민정부 시절 채택한 향촌이 출자하고 향촌이 지급하는 제도(村籌村支)를 개정하여 통일된 향진 재정 관리 제도를 수립하였다.[93]

요컨대 중화인민공화국 건국 후 17년 동안 진행된 제도 혁신으로 진

91 역자주: 세금 징수의 보호 및 협조(護稅協稅)는 세무당국이 부서 외부의 힘(인적, 물적, 재정적 자원 포함)을 사용하여 조세 관리를 지원하는 징수 및 관리 행위를 의미한다

92 晉江市地方誌編纂委員會(編), 『진장시지(晉江市誌(上))』, p.732.

93 晉江市地方誌編纂委員會(編), 『진장시지(晉江市誌(上))』, p.707.

장의 새로운 지방 정권의 흡수 능력이 빠르게 향상되었다. 이 기간 동안 새로운 제도는 강제, 지도, 명령, 금지, 처벌, 허가 및 동원과 같은 강력한 방식으로 추진되었다. 당시 상당히 독립적인데다가 특수한 이해집단의 어떠한 영향도 받지 않았던 새로운 지방 정권은 상급기관의 의도를 효과적으로 관철함으로써 신속하고 종합적으로 제도를 변혁하여 짧은 시간 안에 강력한 흡수 능력을 얻을 수 있었다.

(2) 진장 재정 및 조세 체제의 재건(1949년~1978년)

1949년부터 1950년까지 국가의 일괄적인 수입과 지출, 고도로 집중화된 재정 체제 시행으로 진장현의 모든 수입은 중앙정부에 귀속되었고 지출은 승인된 예산에 따라 국가 재정에서 매월 지출하였다. 1951년 3월, 정무원은 「1951년도 재정수지 시스템 구분에 관한 결정(關於1951年度財政收支繫統劃分的決定)」을 발표하여 전국을 중앙, 대행정구(大行政區), 성(시)의 3급 재정관리 체제로 구분하였다. 그중 현급 재정수지를 연계하여 승인된 금액에 따라 '수입으로 지출을 상계 처리(以收抵支)'하는 관리 방식을 시행하였다. 그해 진장의 수입과 지출이 상쇄되었고 잔여액은 25만 위안이었다. 1953년 1월, 국가가 중앙, 성, 현의 3급 재정 체제를 시행하면서 진장현은 총예산을 수립하기 시작했다. 구와 향의 수입과 지출은 현의 총예산에 포함되었고 예산외 수입과 지출이 생기기 시작했다. 1954년에 재정 관리 체제는 '세금 분할·고정 비율·지출 도급(劃稅分成·固定比例·支出包幹)'으로 조정되었으며 현급 재정수입은 고정 수입이 있었고, 고정 비율은 수입과 성·지구 특별 분배금 보조 수입(省地專項撥款補助收入)으로 나뉘었다.

1956년부터 1957년까지 진장의 현급 재정 권한이 확대되었다. 인지세, 도축세, 이자 소득세, 가축 거래세 및 문화 오락세는 현 재정수입에 귀속되었고, 농업세와 공채 수입은 분할 수입(分成收入)으로 현급 예산에 포함되었다. 1958년에 국가는 '수입에 따른 지출 결정(以收定支), 총액 분할(總額分成), 5년간 불변(五年不變)'의 재정 책임 체제를 시행하면서 곡물 기업과 상업 기업의 수입은 현에 이양해 관리하도록 하고, 상업 기업의 수입은 50%로 나누었다. 그리고 현은 향급 재정에 이양하였고, 향(인민공사)은 이를 통일적으로 관리하며 '향의 재정·향의 관리·향의 사용(鄉財鄉管鄉用)' 관리 조치를 시행하였다. 진장현은 진베이(晋北)의 3개 공사에서 수지 재정 도급제(收支財政包幹)[94]를 시범적으로 시행했다. 1959년에 재정 관리 체제는 '수지 이양(收支下放), 계획 도급(計劃包幹), 지역 조정(地區調劑), 총액 분할(總額分成), 1년에 1회 변경(一年一變)'으로 바뀌었고, 중앙의 세금을 제외한 모든 수입은 통일된 비율로 나뉘었으며 현에게 분배된 수입의 비율은 37%였다. 1961년에 중앙정부는 현에 이양했던 상업 기업의 수입을 성급 재정으로 귀속시키고 특별분배금(專項撥款) 제도를 복구시켰다. 1962년에 성은 '소고정 수입(小固定收入, 도축세, 가축 거래세 및 문화 오락세의 수입)'을 현 고정 수입으로 다시 구분한 한편, 재정수입과 지출 관리 권한을 위임해 다양한 사업 자금을 현이 자체 조정하도록 했다. 이에 현은 주요 건설 투자, 기업 유동 자금, 우대 및 구제 지출을 진행할 수 있는 권한이 생겼다.[95]

---

94 역자주: 재정도급제(財政包幹制)란 재정책임제 또는 재정 포간제라고도 한다. 이는 중앙과 지방의 쟁정 분리라는 뜻으로 일반적으로 중앙과 지방 사이에 일정한 상납과 유보 비율을 결정하여 재정수입을 나누는 것으로 지방정부로 하여금 경제개발에 대한 능동적 참여를 유발하기 위한 것이었다(성시일, 2014, 중국경제 1949~1995, 한림대학교 출판부, p.102 참조).

95 晉江市地方誌編纂委員會(編), 『진장시지(晉江市誌(上))』, p.699.

그러나 1967년에 국가는 '총액 분할(總額分成)' 재정 관리 체제 시행과 함께 현의 '소고정 수입'을 폐지했다. 1968년부터 1971년까지 모든 재정수입을 중앙정부에 상납하고 성이 재정지출을 분배하는 '수입과 지출의 이원화(收支兩條線)' 재정 관리 체제로 전환되면서 경제 발전에 대한 현급 정부의 열띤 의지가 영향을 받게 되었다. 1972년 국가는 '고정 수입과 지출(定收定支), 수지 책임(收支包幹), 상납 보장(또는 차액 보조), 잉여금 유용(留用), 1년에 한 차례씩(一年一定)'[96]의 재정 관리 체제를 시행했으며, 국유상업기업의 수입은 다시 현에 귀속되어 관리받게 되었다. 현의 재정은 절대치 책임제(絕對數包幹)에 따라 모든 초과 수입과 잉여금을 지방정부에 양도했다. 1973년에는 초과 수입의 50%는 중앙정부에 상납되었고 국유상업기업의 수입은 성이 회수했다. 1974년부터 1975년까지 국가는 '고정 비율에 따라 수입은 일정 비율을 유보하며, 초과 시 별도로 비율을 정하고, 정상 지출은 지표에 따라 책임진다(收入按固定比例留成, 超出另定分成比例, 正常支出按指標包幹)'를 요지로 하는 재정관리 체제를 시행하였고, 진장현은 3%의 유보율(retention ratio, 留成比例)을 사정하였다.

1976년부터 1979년까지 국가는 '고정 수입과 지출(定收定支), 수입과 지출 연계(收支掛鉤), 차액 상납(또는 보조)(差額上繳(或補助), 초과 수입 분배(超收分成), 1년에 한 차례씩(一年一定)' 재정관리 체제를 시행했다. 그중 1978년에 현은 '오소기업(五小企業)'[97] 수입의 25%를 중앙정부에 상납하

96 역자주: '고정 수입과 지출(定收定支)'은 재산권과 권한 등 중앙과 지방의 수입과 지출 범위를 명확하게 구분짓는 것이다. '수지 도급(收支包幹)'은 수입이 지출보다 많은 성은 차액을 책임지며, 수입이 지출보다 적은 성은 차액에 따라 중앙정부에서 보조금을 지급하는 것이다. '1년에 한 차례씩(一年一定)'은 중앙정부와 지방정부가 1년에 한 번 재정회의 협상을 통해 각 성급 행정구역의 연간 수입을 분할할 비율을 결정하는 것이다.

97 역자주: '오소기업(五小企業)'은 자원 과용, 낙후된 기술, 낮은 수준의 품질, 심한 오염도

였다. 같은 해 진장현 예산내 증액은 138만 위안, 예산외 잔액은 391만 위안으로 총 529만 위안이었다.

계획 경제 시기 진장에서 농업세는 항상 주요 재정 수입원이었지만, 1949년에는 총재정수입에서 공상업세가 농업세를 초과했다. 1952년부터 1978년까지 진장현의 연간 총농업세 수입은 50만 위안을 초과하지 않았다. 기본적으로 안정된 세율(현의 평균 세율은 1958년 11.3%, 1962년 5.54%로 변동도 있었음)과 토지 면적에 따라 농업세가 징수되었고, 이로 인해 연간 생산량이 총세수액을 결정하는 핵심 요소가 되었다. 이 기간 동안 곡물 생산을 제한하는 주요 요인은 기후 조건, 경작지 면적, 기술 및 농업제도였다.

1950년부터 1988년까지 현의 예산내 재정수입(상급기관의 보조 수입 및 전년도 잔여 수입 제외)의 누적액은 총 7.242억 위안에 달했다. 그중 각종 조세수입은 6.7952억 위안으로 전체 수입의 93.8%(공상업세는 6.0977억 위안으로 전체 수입의 84.2%, 농업세는 5,777만 위안으로 7.6%를 차지함), 기업 수입은 250만 위안으로 0.4%를 차지하며, 기타 수입은 3,968만 위안으로 5.5%, 공채 수입은 249만 위안으로 0.3%를 각각 차지하였다. 이 기간 동안 재정수입은 1961년, 1968년, 1976년 세 차례 저점을 보였다. 1961년 국민 경제가 어려웠던 시기에 진장현의 재정수입은 727만 위안으로 떨어졌다. 그러나 중앙정부가 '조정(調整)·공고(鞏固)·충실(充實)·제고(提高)'의 방침을 시행한 이후, 1963년 진장현의 재정수입은 1,310만 위안으로 사상

를 보이는 소규모 탄광, 소규모 정유, 소규모 시멘트, 소규모 유리, 소규모 화력 발전 등을 의미한다.

최고치를 기록했다.[98]

그러나 현대 국가의 지속 가능한 재정 발전 능력은 궁극적으로 상공업의 발전 수준에 달려 있다. 중화인민공화국 건국 초기에는 기업의 회계 개혁과 납세자 확정과 같은 제도 혁신을 통해 새로운 정권의 흡수 능력을 빠르게 향상시켰지만, 이는 기존 범위내에서의 조정일 뿐 증가량에는 큰 변화가 없었다. 계획경제하의 국가 흡수 능력은 전반적으로 제한된 증가량을 보였지만, 1978년 중국공산당 제11기 3중전회 이후 근본적으로 변하게 되었다. 특히 1992년 중국공산당 제14차 전국대표대회가 공식적으로 사회주의 시장경제 체제 구축 목표를 제안한 후부터 급격한 재정 총량의 증가로, 중국 현대 국가의 흡수 능력 구축은 새로운 단계에 진입하게 되었다.

98 晉江市地方誌編纂委員會(編), 『진장시지(晉江市誌(上))』, p.701.

제5장

시장경제 배경에서의 현대 행정관료 체제의 성장:

1978년 이후의 국가 관료제도 구축

문화혁명 이후 중국이 시급히 해결해야 했던 문제는 정치 동원을 해소하고 정치 질서를 회복하기 위해 어떻게 권위를 회복하고 권력의 운영을 정상화할 것인가였다. 그러나 국가 질서의 회복과 각종 업무 집행은 간부 관료제도의 복구와 재건 상황에 따라야만 한다. 이 장에서는 1978년 이후 중국 간부 관료제도에 발생한 근본적인 변화에 대해 다루고자 한다. 당과 국가가 시행한 일련의 제도화 조치는 다음과 같다. '당정 분공(黨政分工)'으로 인해 비교적 독립적인 의사 결정과 집행 권한을 갖게 된 정부는 각급 정부 조직 체계를 점차 개선했고, 제도화된 관료 훈련을 시행하였다. 또한, 혁명화(革命化)·저연령화(年輕化)·지식화(知識化) 및 전문화(專業化)된 간부 선발을 위한 '4화(四化)' 기준을 제시하였다. 그러나 이러한 변화는 하루아침에 이루어진 것이 아니다. 1978년부터 1992년까지 사회주의 시장경제가 확립되기 전에 당과 국가에게 닥친 기구의 팽창과 수축, 권력 이양과 회수 간의 장력 문제는 어떠한 의미에서는 합리적이라고 할 수 있다. 1992년 이후 비약적으로 발전한 시장경제, 가속화된 사회적 분화, 급증한 사회 문제, 대폭 증가한 정부의 업무량 등 전환기의 변화에 발맞춰 중국의 현대 행정 계층제도도 성장했으며, 이는 국가 공무원제도의 구축 및 개선에 있어 가장 큰 긍정적인 영향을 미쳤다. 그리고 행정 문책(問責)은 점차 제도화되고 규범화되었으며, 재정 지출은 점차 전문화되고 목표화되었다. 또한 법률 제도에 대한 시장경제의 수요에 의해 등장한 의법치국(依法治國)은 이 시기의 특징이다. 국가 통치의 기반이 법리적 통치(法理型統治)로 바뀌었으며, 정부 권력의 법률 제도 수립도 새로운 시대 국가 구축에 있어 중요한 내용이었다. 진장 사례를 중심으로 1978년 이후 중국 본토에서 발생한 전례 없던 정치·경제·사회 전반의 변화를 살펴봄으로써 현대적 의미에서 규범화·체계화·제도화를 향해 나아가는 중국 국가 구축을 깊이 이해할 수 있을 것이다.

제1절 질서 회복과 권력의 제도화 및 체계화

1976년 10월, '문혁(文革)'의 종식은 중국 정치 질서 정상화의 시작을 상징하였다. 기존의 기구들이 복원되고 일부 새로운 기구가 추가되었으며, 지방정부는 점차 완전한 구조를 갖추게 되었다. 그리고 1980년대 중반에 이르러 기본적인 정부의 모습을 되찾았다. 1978년 2월, 베이징에서 개최된 제5기 전국인민대표대회 제1차 회의를 통해 인민대표대회 제도가 복원되었음을 알 수 있다. 정부는 운영 정상화와 규범화를 위해 '문혁' 기간 중 파괴된 정부 기구를 복구하는 한편 1977년부터 1979년까지 38개를 증설하였다. 1981년 말까지 국무원의 행정 기구는 100개로 증가하면서 1949년 이후 기구 부서의 수가 급격히 늘어나 최고조에 달했다.[1] 정부 기구의 복구와 신설에 대해 학계에서는 현대 국가의 제도화 및 체계화적 관점에서 객관적으로 평가하지 않고, '기구팽창(機構膨脹)'으로 해석하였다.

---

1 謝慶奎(主編), 『당대 중국 정부와 정치(當代中國政府與政治)』, 高等教育出版社, 2003, p.148.

진일보한 정부 기구의 체계화 실현을 위해 1982년 중국은 제도 구축 면에서 모든 부서와 그 소속 기구의 임무와 책임 범위 명확화, 유능한 인재 선발, 지도부 배치 및 구축, 퇴직 제도 구축, 간부 교육 강화, 일부 기구의 간소화 등 정부 기구 개혁을 시작했다. 제도 개혁 후 경제 총량과 사회적 업무의 증가로 정부 업무량도 증가하면서 빠르게 '반등' 추세를 보였다. 1988년까지 국무원의 행정 기구는 72개로 늘어났고, 12개 부서 및 위원회의 체계적 관리(歸口管理)[2] 기구, 다수의 비상설 기구(非常設機構), 부급(部級) 기업 및 사업 단위 등을 설립했다.[3] 또한, 간부제도에는 심각한 관료주의, 과도한 권력 집중, 가부장제, 간부 지도자 종신제를 비롯한 여러 특권 현상도 존재했다.

1980년대에 이러한 문제를 해결하기 위해 관료제도 구축의 새로운 길을 계속 모색한 중국은 소련식 간부 관료제도 개혁을 바탕으로 한 국가공무원제도 수립을 중요한 전략으로 제시하였다. 이로써 지도층의 고령화 문제를 해결하고 간부의 세대교체를 통해 관료 체계의 활력을 유지할 수 있었다. 1980년 8월 18일, 중국공산당 중앙정치국 확대회의에서 진행된 덩샤오핑의 '당과 국가 지도 제도 개혁(黨和國家領導制度的改革)' 연설을 통해 중국 간부 제도의 개혁이 시작되었다. '제3제대(第三梯隊)'[4]와

---

2 역자주: 체계적 관리(歸口管理)는 중복 및 다중 관리를 방지하기 위해 업종별 및 체계적인 분업에 따른 관리 방식으로 사실상 국가가 부여한 권리, 맡은 책임 및 직책, 특정한 관리 경로에 따라 관리하는 것이다.

3 謝慶奎(主編), 『당대 중국 정부와 정치(當代中國政府與政治)』, p.149.

4 역자주: 1980년 초, 중국 중앙조직부의 통계에 따르면 국가 기관 30여 개 단위의 주요 지도자들의 평균 연령은 63세였다. 이에 덩샤오핑은 '현재 중앙, 성, 현 3급 당위원회의 주요 지도자들은 대부분 60~70대이다. 이 간부들이 퇴직한 후에 중대한 문제가 생길 것이다. 그렇기 때문에 지금 당장 40~50대를 선발해야 한다'고 주장하였다(中央黨史和文獻

간부 '4화(四化)'[5]를 양성한다는 방침에 따라 이·퇴직 간부 제도가 수립되었고, 국가 업무의 중심을 이동하고자 하는 수요에 부응한 많은 노간부들이 청장년 기술형 관료에게 자리를 양보하면서 관료 조직의 엘리트 전환을 실현했다. 불과 몇 년 사이에 젊고 유능한 간부들이 대거 각급 주요 직책에 임용되었다. 평화적인 권력 이양 속에서 각급 당정기구의 권력은 1949년 이전 혁명에 참여했던 옛 동지들로부터 1949년 이후 배출된 젊은 세대 간부들에게로 넘어갔다. 1980년대 '엘리트 전환(精英轉換)'을 연구한 쉬샹린(徐湘林)은 혁명 이후 현대 사회 조직 관리의 전문화를 위해 국가 기능 부서에 관리–전문가형 지식인을 임용해야 하며, 이러한 새로운 관리 및 전문가형 엘리트 집단은 산업화된 사회 거버넌스에 필요한 기술과 전문 훈련을 갖추었다고 주장하였다.[6] 1990년대에 이르러 기술형 관료를 중심으로 한 제3대 지도자 집단(장쩌민 중심)이 순조롭게 정권을 잡으면서 중국의 현대 국가 정권 교체는 제도화의 새로운 시기로 접어들었다.

공무원제도의 확립은 국가가 간부 인사 제도의 개혁을 더 강하게 추진할 수 있는 기반을 마련했다. 주지하다시피, 1949년부터 중국공산당은 '국가 간부'로서 국가 재정에서 국가 당정기구 직원, 기·사업체 관리 직원 및 모든 전문 기술 직원 등 사무직 근로자에게 임금을 지불하는

研究院, https://www.dswxyjy.org.cn/n1/2019/0228/c423731-30928844.html 참고).

5 '4화(四化)'는 혁명화(革命化), 저연령화(年輕化), 지식화(知識化), 전문화(專業化)를 의미한다. 1982년 중국공산당 제12차 전국대표대회에서 통과된 당규에 최초로 명확히 규정된 이 방침은 덩샤오핑 이론의 중요한 내용으로, 개혁개방 이후 뛰어난 자질을 갖춘 간부 조직을 구성하고자 한 당의 시도였다.

6 徐湘林, 「포스트마오(後毛) 시대의 엘리트 전환과 의존적 기술 관료의 부상 (後毛時代的精英轉換和依附性技術官僚的興起)」, 『戰略與管理』, 2001(6).

등 통합적 관리·배치·임금 제도를 시행하였다.

그러나 '국가 간부'는 현대 행정관료제 구축과 명백히 모순되는 개념으로 각종 혼란을 초래하기 쉬운 데다가 '간부'라는 개념은 적용 범위가 너무 광범위했다. 이에 당과 정부는 현대 서구의 행정 체제를 참조하여 국가 행정 기관의 인력을 별도로 배치하는 일련의 관리 체계를 구축하고자 했다. 1987년 중국공산당 제13차 전국대표대회에서 간부 인사제도 개혁의 중점을 '국가 공무원제도 수립(建立國家公務員制度)'으로 확정하였다. 1988년 3월, 제7기 전국인민대표대회 1차 회의에서는 '국가 공무원제도를 조속히 수립하고 점진적으로 시행해야 한다'고 제언하였다. 이로써 국가 공무원제도 구축은 당의 결의에서 국가의 결정으로 격상되었다.

1988년 4월, 공식적으로 설립된 중화인민공화국 인사부 산하에는 공무원 관리 책임을 전담하거나 일부 담당하는 11개 부서가 있었다. 1989년부터 공무원제도의 시범 작업에 착수하기 시작한 인사부는 먼저 감사원, 세관 본부, 국가 통계국, 국가 환경 보호국, 국가 세무국, 국가 건축자재국 등 이데올로기적으로 '중립적(中性)'인 6개의 국무원 부서를 대상으로 부서별 시범사업을 실시했다. 1992년 6월까지 전국 21개 성·시·구가 공무원제도 시범 단위로 선정되었다. 1997년 8월, 인사부는 국가 공무원제도가 기본적으로 수립되었다고 발표했다. 자료에 따르면 1998년 말까지 중국 특색의 국가 공무원 제도가 중앙·성·지방정부(시)·현·향(진)의 5급 정부 기관에 차례로 마련되었다. 이에 발맞춰 2001년 제9기 전국인민대표대회 4차 회의에서 193명의 대표가 연대하여 국가 공무원법 제정을 가속화하기 위한 안건을 제시했다. 관련 제도에 따르면 2003년 말 중국 공무원 수는 636만 명을 넘어섰다.[7] 이어서 2006년 1월 「중화인민공화국 공무원법(中華人民共和國公務員法)」(이하 공무원법)이 정식으로 시행되면서 공무원 관리의 법제화 시대의 막이 올랐다.

공무원제도의 수립은 중국 현대 국가 구축 과정에서 매우 중요한 의의가 있다. 이 제도를 통해 기본적인 현대 국가 관료 체계의 특징인 사회의 이성화에 기반한 엄격한 조직 설계와 법적 처리 및 전문 행정 관리 체계를 알 수 있다. 막스 베버는 이상적인 행정 조직 형태로서 관료제는 ① 합리적인 분업, ② 위계질서식(層級節制) 권력 체계, ③ 규정에 따른 운영 체제, ④ 표준적인 의사결정 문서, ⑤ 조직관리의 비인격화, ⑥ 업무 수요에 부합하는 전문 훈련 체제, ⑦ 합리적이고 합법적인 인사 행정제도의 기본 특징을 가지고 있다고 보았다.[8]

이 과정에서 당정 관계도 많은 반성과 조정의 과정을 거쳤다. 중국공산당 자체 제도 구축에서 덩샤오핑은 '문혁'에 대한 반성을 토대로 주요 문제는 집단에서 논의하고 결정해야 하며, 다수결로 엄격히 이행해야 한다고 강조하면서, 집단 토론 및 집단 지도 관련 제도 형태인 '중국모델(中國模式)' 버전 2.0을 제시하였다. 일반적으로 중앙정부의 4가지 형태의 집단토론에는 ① 의견을 조율하고 합의에 도달하기 위한 비공식회의인 팽두회(碰頭會), ② 서기처(書記處) 서기를 포함한 모든 상임위원회 위원이 참석하는 상임위원회 회의(常委會議), ③ 정치국 회의, ④ 중요부서 지도자, 일부 중앙위원을 비롯해 당에서 존경받는 원로들이 참석하며 토론 권한은 있지만, 표결권은 없는 정치국 확대회의(政治局擴大會議)

---

7 蔡磊 등, 「정부 관리 규모 문제에 관한 연구 보고(關於政府官員規模問題的研究報告)(下)」, 『編制問題研究』, 2007(4).

8 丁煌, 『서방행정학이 말하는 역사(西方行政學說史)(修訂版)』, 武漢大學出版社, 2004, pp.75-77.

가 있다. 이와 같은 확대회의는 주로 매우 광범위하고 중요한 문제를 다룬다. 또한 관련 부서와 위원회 지도자를 소집하여 상황을 보고하는 전문적인 정치국 확대회의도 있다.

개혁개방 초기에 '당정 분리(黨政分開)'를 내세운 중앙정부의 당초 취지는 중국 현대 국가 구축의 추진이었다. 그러나 현대화 과정 중, 특히 '규제형 정부(規制型政府)'가 확립되지 않은 상황에서 중국 현대 국가의 구축은 중국공산당의 강력하고 권위 있는 지도력과 정치 조직의 동원력에 의존해야 한다는 것을 중국의 정치 실천은 보여주었다. 1911년 신해혁명 이후 중국 현대 국가 구축의 역사를 돌이켜보면, 정당은 민족 투쟁의 지도자이자 현대 국가의 창조자인 동시에 신생 정권의 집권자이자 개혁자이기도 했다. 엄밀히 말해 중국은 현대 국가가 탄생한 뒤에 정당을 설립한 것이 아니라, 정당이 현대 국가의 성장을 이끌고 키워낸 '정당이 만들어낸 국가(政黨創設國家)'인 것이다. 따라서 중국공산당은 현대 국가 구축과 깊은 관계가 있으며, 핵심 능동자로서 반세기 이상 국가 구축의 경로와 방향을 결정해 왔다. 개혁개방 초기의 중국은 현대 경제와 사회적 기반이 미비한 상태에서 현대화 건설을 시작했지만, 높은 조직화 정도에 풍부한 경험을 갖춘 정당이 있다는 강점이 있었다. 이 강점에 힘입어 중국은 효과적인 핵심 세력을 통한 현대화 발전을 목표로 삼아 자원 통합, 국면 계획, 시너지효과 창출을 통해 '추월형' 발전을 이루었다. 기본적인 국정(國情)과 현대화 건설의 논리에 따라 권위 있는 정당에 대한 국가 구축의 수요가 결정되었다. 또한 당은 중국 현대 국가 구축의 핵심 능동자로서 중국 현대 역사와 사회 통합의 요구이기도 했다.

1989년 이후 '이당도정(以黨導政)' 모델이 개선되고, 2012년 중국공산당 제18차 전국대표대회 이후 '당의 전면적인 지도' 시대에 접어들면서 이러한 인식이 더욱 분명해졌다. 지방 당위원회는 규정에 따라 전체 국면을 아우르고 각 분야를 조율한다는 원칙으로 지방 인민대표대회, 정부, 정치협상회의(政協) 및 기타 조직에 지도적 핵심 역할을 수행하는 한편, 지방 당위원회는 법에 따라 지방 인민대표대회, 정부, 정치협상회의, 재판기관, 검찰기관의 독립적인 업무 수행과 조율, 그리고 주요 문제를 적시에 연구하고 해결하도록 지원해야 했다. 또한, 당 조직과 당원 간부는 당의 노선, 방침, 정책을 관철하고 당위원회의 중요한 결정과 업무 배치를 시행하였다.

상급 당위원회의 하급 조직인 지방 당위원회와 중앙정부의 관계를 살펴보면, 지방에서 상급 당위원회의 전략, 방침, 정책을 관철하고 행정 명령의 통일을 보장하는 책임이 있었음을 알 수 있다. 그리고 지방정부와의 관계에서는 동급 지방정부를 지도하고 감독하는 역할을 맡았다. 또한, 지방사회와의 관계를 살펴보면, 지방 당위원회는 집권당으로서 지방사회의 이익을 대표하고 통합했으며, 이를 관련 지방정부 정책으로 전환했다. 이로써 지방사회의 대표자이자 사회적 이익을 통합하는 집권 기능을 드러냈다. 마지막으로 중국공산당은 공회(工會), 청년단(青年團), 부녀연합(婦聯), 공상회(工商聯) 등을 통해 대중 조직을 주도했으며, 인민대표대회, 정치협상회의 및 각종 정부 기능 부서에 설립한 당 조직과 당위원회를 통해 국가 기구의 업무를 지도했다. 그리고 당의 업무소조(工作小組), 업무위원회(工作委員會) 등을 설립하여 관련 부서 간의 업무와 주요 공공정책의 추진과 시행을 조정했다.[9] 이러한 일련의

9 王家賀, 「현대 국가 구축 시각에서의 당대 중국 지방정부 거버넌스 연구(現代國家構建視野

제도의 수립에 힘입어 중국공산당은 국가의 정치, 경제, 사회생활 전반에서 핵심적인 지위를 확립했으며, 사실상 국가 정권 기구의 가장 중요한 부분이 되었다. 이처럼 중국 현대 국가의 정당과 국가의 관계는 '이당도정'으로 설명할 수 있으며, 서구의 정당 조직과의 뚜렷한 차이인 것이다.[10]

동시에 개혁개방은 중국의 사회경제 업무의 급속한 성장을 가져왔고 경제 성장과 함께 생겨난 사회, 환경, 치안 및 품질 검사 등 다양한 문제에는 다원적 복합성이 나타났다. 이러한 변화에 대처하기 위해 정부 부서에도 몇 가지 새로운 특징이 나타났다. 첫째, 기능 부서의 전반적인 수적 증가이다. 이는 정부 내부 분업의 심화와 폭넓고 심도 있는 정부의 사회경제 관리를 반영하는 것이다. 둘째, 사회 관리 부서와 거시경제 관리 부서의 지속적인 강화이다. 이는 정부의 사회경제적 관리 방식과 수단의 점진적인 변화를 반영한다. 셋째, 정부 내부 분업의 합리화와 기능의 전문화를 촉진한 시장경제의 발전이다. 실제로 정부 시스템의 영향력을 효과적으로 향상시켰지만, 당정과 직접적으로 관련되어 있는 많은 특정 문제들은 양측의 효과적인 조율과 공동의 임무 완수가 필요한 것으로,[11] 결코 완전히 양분될 수는 없었다.

인민대표대회는 법정 권력기관이다. 「헌법(憲法)」 제104조에서는 '현급 이상 지방 각급 인민대표대회 상무위원회가 해당 행정구역 내 각 분

中的當代中國地方政府治理研究)」, 複旦大學 석사학위논문, 2008, p.19.

10 任劍濤, 「정치, 민족과 국가—중국 현대 정당-국가 형태의 역사—이론 분석(政黨、民族與國家—中國現代政黨—國家形態的曆史—理論分析)」, 『學海』, 2010(4).

11 楊雪冬, 「시장 발달, 사회 성장 및 공권력 구축-현을 미시적 분석 단위로(市場發育、社會生長和公共權力構建—以縣為微觀分析單位)」, p.62.

야의 중점 업무 사항을 논의 및 결정한다. 동급(同級) 인민정부, 감찰위원회, 인민법원, 인민검찰원의 업무를 감독한다. 동급 인민정부의 부적절한 결정과 명령을 철회한다. 하급 인민대표대회의 부적절한 결의를 철회한다. 법률이 규정한 권한에 따라 국가 기구 직원의 임명과 해임을 결정하고, 동급 인민대표대회의 폐회 기간 동안 상급 인민대표대회의 개별 대표를 해임 및 보선(補選)한다'라고 규정하고 있다.

인민대표대회가 권력을 더 많이 행사하는 것이 현실적으로는 더 긍정적인 것으로, 21세기에 들어선 이후, 일부 지방 인민대표대회는 임명과 해임에 있어 점차 더 많은 거부권과 재정 예산 심의 제안권 및 적극적인 발의권을 행사하게 되었다. 물론 이러한 행위는 대부분 협상 민주주의(協商民主, 숙의 민주주의) 하에서 이루어지며, 이는 현대 국가의 시민권한 부여에 대한 인식과 도덕적 책임 의식이 중국 사회에서 형성되고 있음을 보여주는 것이다.[12] 어떠한 경우든 간에 이와 같은 현상은 전통 정치 체계의 권력 구조를 일정 부분 변화시킬 수 있었다.

당, 정부, 인민대표대회 간의 관계는 1978년 이후 중국 정치 권력의 기본 구조를 형성하였고, 당위원회는 지도기관, 정부는 집행기관이었으며, 인민대표대회는 당의 지도하에 정부와 그 업무 부서를 감독했다. 인민대표대회, 당위원회, 정부의 관계를 살펴보면, 당위원회는 인민대표대회와 정부를 지도하며, 정부는 당위원회의 결정을 이행하고 인민대표대회의 감독을 받는 관계였다. 그리고 인민대표대회는 당위원회의 지도하에 자신의 직책에 따라 정부와 그 업무 부서의 업무를 감독했다.

12 黃冬婭·陳川慜,「현급 인민대표대회 대표직 수행: 누가 더 적극적인가?(縣級人大代錶履職: 誰更積極?)」,『社會學研究』, 2015(4).

이 체계는 1978년 이후 국내외로 복잡했던 상황에서 현대 국가 구축에 필요한 질서와 안정, 현대 관료 체계 수립을 위한 환경과 가능성을 위해 당의 절대적 권위를 효과적으로 보장했다.

제2절 지방 계급 관료 기구의 회복과 분업 및 체계화

문혁 이후, 국가의 정치 권력 시스템 재건, 정치 질서 회복과 함께 정치적 안정을 이룬 지방급 정권에서도 합리적이고 제도적인 현대 관료 체계의 구축이 시작되었다.

1976년 12월, 푸젠성 위원회와 진장 지방 위원회의 지시에 따라 진장현 혁명위원회 정치조(革委會政治組), 생산지휘조(生産指揮組), 사무조(辦事組), 물자공급관리참(物資供應管理站)[13]을 폐지하고 진장현위원회 조직부(組織部), 연해 지역 작업부(沿海地區工作部), 현 직속 기관 위원회(縣直機關委員會), 인사국(人事局, 조직부와 공동 집무), 현 혁명위원회 농림수리판공실(農林水利辦公室), 공업교통판공실(工業交通辦公室), 계획위원회(計畫委員會) 및 물자국(物資局)을 복구했다. 각급 지도부도 조정되고 강화되었다. 현(縣) 정부·인민공사(社)·생산대대(隊)의 3급 지도부 구성원들은 현 당위원회 부서기 3명, 상무위원 2명, 부서(部)·판공실(辦)·위원회(委) 정부직(正副職)

13 역자주: 비영리단위(事業單位)의 명칭은 회계결산중심(會計核算中心), 위생감독소(衛生監督所), 보험감독관리위원회(保監會), 안전생산감찰대대(安全生産監察大隊) 등과 같이 중심(中心, 센터)·회(會)·소(所)·참(站)·대(隊)·원(院)·사(社)·대(臺)·궁(宮)·관(館) 자로 끝난다(https://www.gwy.com/sydw/224112.html 참고). 이에 중국 고유의 정부 기관 명칭을 전달하기 위해 원어 그대로 번역하였다.

지도자 8명, 정부(正副) 국장 72명, 공사(公社, 진(鎭)·장(場)[14]) 당위원회 서기 18명, 부서기 41명 및 대대 당지부 서기 252명을 포함하여 1,336명으로 늘어났다. 1978년 3월 개최된 중국공산당 진장현 제4차 전국대표대회와 진장현 제7차 인민대표대회 제1차 회의에서 새로운 중국공산당 진장현위원회, 징계검사위원회, 현 혁명위원회 부주임 및 위원, 검찰청 검사장을 선출했다.

1978년 이후 전국 성, 시, 현 지방에서 개최된 인민대표대회와 복원된 중국공산당 지방위원회는 정상적인 업무를 회복하게 된 권력 기구와 다시 제도화된 민주적 법제도의 길을 걷게 된 국가를 의미한다. 1978년에 진장은 현 인민대표대회를 개최했다. 1981년에 이르러 진장 현급 수준의 주요 정치 기구가 모두 등장했다. 국가 정권 운영의 다양한 기능을 수행하는 현위원회, 인민대표대회, 정부, 정치협상회의 및 중국공산당 규율검사 위원회를 통해 권력 체계의 내부적 분업을 알 수 있다. 이 '5대 조직(五大班子)'의 조직 구조와 상호작용 관계는 지방 국가 권력 운영의 기본 틀이 되었다. 전체 정권 시스템에서 정부 부서는 현대 관료 체계의 운영 틀을 집중적으로 구현하였다. 계속해서 진장 일부 정부 부서 주요 기구의 분업과 체계화에 대해 간략히 정리하겠다.

① 농업국

1977년 초, 농업국(農業局)은 농림국(農林局)에서 분리되었다. 1979년 농업국에서 다시 농업기계관리국과 인민공사기업관리국이 분리되었다. 농업국 산하 기구도 점차 개선되어 1977년에 현 농업기술참(農技站)을

---

14 역자주: '장(場)'의 행정 등급은 '현(縣)'과 '진(鎭)' 사이에 있다.

재건했다. 1978년부터 1983년까지 농업국 산하 현 경제 작물 관리참(縣經濟作物管理站), 현 토양 및 비료참(縣土肥站), 현 메탄가스 건설 서비스참(縣沼氣建設服務站)도 잇따라 설립되었다.

② 임업국

1977년 임업국(林業局)은 농림국에서 분리되어 국장실, 인비고(人秘股),[15] 회계실, 산림경영고(營林股), 산림개혁고(林改股) 등을 설치했다. 1978년에 5개의 임업기층작업참(林業基層工作站)이 설립되었으며, 그중 칭양(靑陽) 임업 작업참은 칭양, 츠뎬(池店), 뤄산(羅山) 등 향진과 시빈(西濱) 농장의 임업을 담당했다. 1981년 「형법(刑法)」, 「형사소송법(刑事訴訟法)」, 「산림법(森林法)」 등 국가 임업 법령의 시행에 협조하기 위해 설립된 임업공안과, 임업검사과, 시(市) 임업법원을 통해 임업 분야의 전문화 및 체계화가 크게 발전했다.

③ 향진기업관리국

향진기업관리국(鄕鎭企業管理局)은 1979년 농업국과(農業局科)에서 분리되어 세워진 것으로, 당시에는 '진장현 인민공사 기업관리국(晉江縣人民公社企業管理局)'이라고 불렸지만, 1981년에 '진장현 사대 기업관리국(晉江縣社隊企業管理局)'으로, 1984년에는 '진장현 향진기업관리국(晉江縣鄕鎭企業管理局)'으로 개칭되었다. 현의 20개 인민공사와 진에 기업 판공실도 설립되었고 생산대대(大隊)는 기업관리참(조), 책임관리사, 대기업(隊企業)을

15 역자주: '고(股)'는 과국(科局) 산하기관의 명칭으로, 인비고(人秘股)는 과급(科級) 업무기관인 고실(股室)과 국(局) 산하기관의 일상 관리 및 회의 조직 업무를 조정하는 정부 기구이다.

설립했다. 1986년에 향진기업관리국은 향진기업 제품 품질 검사참(質檢站)을 설치하여 현 전역의 향진 기업 제품을 검사 및 감독했다. 1987년에 향진기업관리국은 천다이(陳埭), 츠자오(磁竈), 칭양에 각각 고무·플라스틱, 건축 자재·도자기 및 식품 통조림을 취급하는 3개의 품질 검사참을 세웠다.

④ 건설국

1977년 1월, 진장현은 기본건설국(基本建設局)을 설립했다. 그해 11월 건축연합사(建築聯社)는 건축공정공사(建築工程公司)로 복원되었다. 1980년 9월에 설립된 진장현 기본건설 위원회는 현 전역의 기본건설과 도시, 촌락의 계획 건설 및 관리를 담당했다. 그리고 현 기본건설국을 폐지하고 설립한 현 건축공정연합공사(縣建築工程聯合公司)는 5개 현급 건축 시공 기업과 22개 공사 건축관리참(公社建築管理站)의 운영 및 관리를 담당하였다. 진장현 기본건설위원회 산하에는 인비(人秘), 도시 건설, 건축 공정, 주택 관리, 건축 자재, 환경 보호 관련 업무 및 건축 공정 품질 감독소와 같은 행정 기능을 갖춘 고실(股室)이 있었다.

⑤ 환경보호국

1984년 10월, 현 정부는 전장현 건설위원회(建委) 산하에 설립된 전장현 환경 보호 판공실(산하의 참(站)과 소(所) 포함)에는 전문대졸 이상의 간부 10명, 중등전문학교 출신 2명이 있었다. 그리고 엔지니어 2명, 보조 엔지니어 5명, 기술자 2명, 회계원 1명을 포함한 전문기술직 10명의 간부가 있었다. 1984년 12월과 1986년 1월에 현 환경 감측참(監測站)과 현 오염 물질 부담금 관리소(排汙收費監理所)가 별도로 설립되었으며, 모두 현 환경 보호 판공실의 산하 기관이었다. 1986년에 성(省) 기획위원회와 현(縣) 재정은 현 환경 관측건물과 직원 기숙사 건물을 짓기 위한 예산을 편성했으며, 건축 면적은 1,200㎡ 이상이고 모니터링 차량 1대를 갖추었다. 1988년 현 환경 보호위원회가 설립되어 부현장이 위원장을 겸임하고 건설위원회, 기획위원회, 경제위원회, 농업위원회, 과학위원회 등 16개 단위의 책임자로 위원회가 구성되었다. 위원회는 주로 현의 주요 환경 보호 문제를 조정 및 처리하고 환경 보호 사업과 경제 사업의 조화로운 발전을 추진하였다. 이것은 당시 환경 보호가 정부의 중요한 역할이었음을 보여주는 것이다.

또한 공업 관리 기구, 교통 관리 기구(교통 운수 관리참, 도로 행정 관리 기구, 교통 감독 관리 기구, 해운 관리 기구, 하천 운수 관리 기구 포함), 우편 및 통신 관리 기구, 에너지 관리 기구 등은 경제 발전의 수요에 따라 계속해서 복원되거나 설립되거나 개선되었다. 1988년까지 현 정부에는 총 45개의 작업 기구(단위 21개 포함)가 있었고, 현 지방지(地方誌) 판공실(비영리단위)을 특별히 설립했다.[16]

<표 5-1> 1988년 진장현 정부업무기구 편제와 인원 상황[17]

단위	승인된 편제 인원수					실제 인원수				그중 지도자 직위의 수			비고
	합계	행정	사업	기업	조사연구원	합계	행정	사업	기업	정직	부직	조사연구원	
	1,237	917	164	55	32	1,234	986	152	96	45	71	23	

16 晉江市地方誌編纂委員會(編), 『진장시지(晉江市誌(上))』, pp.886-887.

17 晉江市地方誌編纂委員會(編), 『진장시지(晉江市誌(上))』, pp.887-888.

정부 판공실	57	52	2		3	53	51	2		1	3	1	고충 처리(信訪) 판공실과 전선 지원(支前) 판공실 포함
체제 개혁 위원회	4	4				3	3				1		
문서국	8	2	6			8	2	6		1	1		기록보관소(檔案館) 포함
인사국	24	16	6		2	22	22			1		1	편제위원회, 퇴직 판공실 포함
노간부국	12	7	5			10					1		
민정국	21	16	4		1	24	20	4		1	2		전·퇴역 판공실, 노구(老區) 건설 위원회 판공실 포함
안전국	25	25				19	19			1	1		
공안국	300	300				288	288			2	3		
사법국	14	14				17	17			1	2		
계획 위원회	24	20	4			24	18	6		1	2		경제 협업 판공실, 광물 관리(礦管) 판공실, 계산참(計算站)
물가 위원회	15	6	9			15	7	8		1	2		물검소(物檢所)포함
통계국	22	18	4			17	15	2			1		농조대(農調隊)포함
노동국	22	17	4		1	20	17	3		1	1	1	노동서비스 회사 포함
건설 원회	19	19				21	21			1	2		환경 보호 판공실 포함

토지 관리국	25	15	10			21	15	6		1	1		철거대(拆遷隊) 포함
과학기술 위원회	20	10	8		2	16	6	10		1	1	2	과학기술개발센터, 정보소 포함
경제 위원회	27	20	6		1	28	22	6		2	1	1	계량소 포함
재래식 제당(榨糖) 판공실	5	5				3	3						
직원 교육 판공실	4	4				6	6			1	1		
검찰국	10												미조직
물자국	12	12				12	12			1	2		
교통국	22	20			2	28		28		1	2	2	
재정무역 판공실	10	10				11	11			1	1		
상업국	31	7		23	1	30	8		22	1	2	1	
식량국	33			32	1	74			74	1	1	1	
회계 감사국	28	20	8			27	20	7		1			회계감사 사무소 포함
재정국	37	24	13			35	23	12		1	1		
투기매매 단속 판공실	6	6				8	8			1			
공상행정 관리국	37	18	18		1	43	19	24		1	3	1	
농업 위원회	14	13			1	14	14			1	2	1	
수토(水土) 유지위원회 판공실	6		6			5		5		1			
농업 구획 판공실	3		3			3		3					
농업국	13	13				13	13			1	1		

임업국	9	8			1	10	10					
수전국	10	10				9	9			1	3		
수산국	8	6			2	10	10			1	2	2	
문화국	10	9			1	9	9			1	2		
교육국	20	18			2	17	17			1	2	2	
체육운동 위원회	8	7			1	6	6			1	1	1	
위생국	11	10			1	13	13			1	2	1	
애국위생 위원회	3		3			4		4					
계획출산 위원회	13	6	7			15	8	7		1	3		계획출산지도참 포함
화교 업무 판공실	14	12			2	16	16			1	2	2	
대외경제 무역 위원회	13	12			1	15	15			1	2	1	
향진기업 관리국	28	16	10		2	31	22	9		1	3	2	품질검측참 포함
제2 경공업국	3	3				3	3						

일부 학자들은 행정기구의 확대를 관료 체계의 자체적인 팽창과 불필요한 잉여 인력으로 해석하는 경향이 있지만, 특수한 역사적 배경을 이해하면 이러한 확대는 기능 기구의 확장으로, 그 이면에는 국가 관리 서비스 기능의 개선과 새로운 전문 부서의 등장에 따른 변화임을 알 수 있다. 1980년대 이후 진장 민간에는 각종 기업이 우후죽순처럼 생겨났고 직원 규모는 적게는 한두 명에서, 많게는 수십 명에 달했다. 한두 송이의 꽃이 꽃밭을 이루듯 1980년, 진장에는 700개 이상의 향진 기

업과 7,000개 이상의 개인 사업장이 등장했다.[18] 경제 활동이 늘어나면서 관리 부서도 증가하였다. 앞서 언급한 바와 같이 1984년 6월, 진장현 인민공사와 생산대대(社隊) 기업관리국은 '진장현 향진 기업관리국(晉江縣鄉鎮企業管理局)'으로 명칭을 변경하고 산하에 인비고, 생산고, 경영고, 품질검사고, 대외경제고 등을 설치했다. 같은 해에 기업관리국은 공급 및 판매 공사, 현 지방 국유 광산물 자재 공사, 현 지방 국유 세라믹 산업 공사, 현 지방 국유 자동차 부품 산업 공상, 성향진(省鄉鎮) 제품 품질 감독 및 검사소 진장참을 설치했다. 1977년 8월, 진장현의 20개 인민공사와 진에 기업 판공실이 설립되었다.[19] 1984년에는 품질감독 관리국과 환경 보호 판공실이 잇따라 설립되었다. 이렇게 설립된 관리 부서들은 당시 경제 발전 과정에서 두드러진 문제점을 반영하고 있다.

<표 5-1>에서 공상행정관리국에 승인된 편제 직원은 37명에 불과했지만, 실제 직원은 43명으로, 이는 부서의 업무량과 인력 사이에 장력이 존재했음을 의미하는 것이다. '문혁' 시기 시장 무역의 폐쇄, 개인 상공업자의 활동 금지, 상공업 기업의 등록 관리 취소 등으로 상공업 행정이 유명무실해졌다. 개혁개방 이후 각종 기업과 개인 상공업자가 급속히 성장하면서[20] 상표 및 광고 관리가 증가하기 시작했고,[21] 그에 따라 진장의 상공업 관리 업무량도 늘어났다. 경제 계약의 검증에서부

---

18 餘義林, 『민난의 용-푸젠 진장 개혁개방의 고난 실록(閩之龍—福建晉江改革開放風雨實錄)』, 作家出版社, 1996, p.22-23.

19 晉江市地方誌編纂委員會(編), 『진장시지(晉江市誌(上))』, p.336.

20 1988년 말까지 현 전역에는 6,193개의 다양한 유형의 기업이 있었다. 총등록 자본금은 6.9561억 위안, 종사자는 160,786명, 자영업자는 16,541가구, 연간 거래액은 2.8억 위안에 달했다.

21 1988년 말까지 현 전역에서 등록한 상표는 186건이다.

터 계약 분쟁의 조정에 이르기까지 공상 행정 기관의 기능이 강화되고 확장되었다. 화교 업무 판공실의 실제 인원도 승인된 편제 인원보다 많았다. 이는 개혁개방 속에서 지역 경제를 크게 발전시키고자 화교 자본을 현대적 자원으로 활용한 진장시 정부의 노력이었다. 따라서 많은 업무를 맡은 화교 업무 부서는 자금, 기술, 설비 및 정보 제공에도 적극적인 역할을 해야만 했다.

행정 계층제의 수립 과정에서 적응성이라는 특징이 나타나는 것 외에도 체제 개혁 위원회, 노간부국, 제당(制糖) 공장 관리 판공실 등과 같이 과도기적인 기구도 등장했다. 이러한 기구의 증설은 새로운 관리 수요와 업무 발전 방향을 제시했지만, 그 임시방편적인 특성으로 인해 통합적인 사고가 부족해져 농업 분야에서는 농업위원회, 농업국, 임업국, 수산국이, 경제 분야에서는 계획위원회, 물가위원회, 재정무역판공실, 공상행정관리국, 대외경제무역위원회가 공존하는 것과 같이 기구의 기능이 중복되거나 그 관계가 더 혼란스러워지는 문제가 생겨났다. 그럼에도 불구하고 새로운 기구의 증설은 농림국의 분리, 새로운 경제적 요인과 사회적 문제로 인한 정부 업무량의 증가와 같은 현대 사회 업무 관리의 전업화 및 전문화적 특성을 반영하는 것이었다. 일반적인 관행은 기존의 부서 내에 먼저 새로운 부서를 추가하고 일정 기간 동안 운영한 다음, 상급 부서에 보고하여 승인을 받아 정식 부서로 전환하는 것이었다.

제3절 '2차 창업' 시기 시장경제 발전과 정부 업무량 급증

1992년 1월 18일부터 2월 21일까지 덩샤오핑은 우창(武昌), 선전(深川),

주하이(珠海), 상하이(上海) 등 지역을 시찰한 후, 사회주의 현대 경제 제도 구축을 위한 일련의 중요한 연설을 했다. 중국 현대 국가 구축에서 중요한 의미를 지닌 정치적 선언인 '남방담화(南方談話)'는 중국 현대 국가의 공권력 구축, 시장 발전 및 사회 성장과 밀접한 상관관계가 있다.

1992년 10월 중국공산당 제14차 전국대표대회 보고서(中共十四大報告)에는 사회주의 시장경제 체제를 구축하는 것이 중국 경제 체제 개혁의 목표라고 명시되어 있다. '비공유경제는 중국 사회주의 시장경제의 중요한 구성 요소이다'라는 주장이 당헌(黨憲)에 의해 인정되면서 비공유경제 발전을 위한 좋은 제도적 환경이 조성되었고, 지방정부의 제도적 혁신을 요구하는 목소리도 높아졌다. 이것은 경제, 정치, 이데올로기를 아우르는 복잡한 구조 전반의 변화로, 그 가운데 경제 분야가 근본적이고 결정적인 역할을 했다. '특정 생산 방식에서 거버넌스 분야가 무엇인지를 결정하는 데에 있어 경제 분야의 근본적이고 결정적인 역할이 드러나며, 다른 분야는 경제 분야에 비해 독립적이다.'[22] 즉, 국가의 독립성과 시장경제에 대한 지도 및 수립을 의미한다.

중국공산당 중앙위원회 제11기 3중전회부터 1992년까지의 개혁 시기를 '1차 창업'이라 하고, 1992년 덩샤오핑의 '남방담화' 이후 개혁의 물결이 일던 시기를 '2차 창업'이라 한다. '1차 창업' 기간 동안 진장은 주로 지방 사회의 내재된 자생력에 의존하여 스스로를 발전시켰다. 본질적으로 당시 진장의 민간기업, 시장 및 산업 조직은 고전 시장경제의 특징을 띠었다. 지방정부는 지역 경제를 위한 정치적 비호(庇護) 조치를

22 郭建明, 「국가 자주성의 함의 변별, 개념 정의 및 구조 분석(國家自主性的涵義辨析、概念界定與結構分析)」, 『上海行政學院學報』, 2013(3).

취하는 데 중점을 두었으며, 기업의 특정 경영 활동이 외부의 불안정한 정치적 요인으로부터 방해받지 않도록 기본적으로 부작위 및 불간섭 조치를 취하였다.

1992년 이후 진장의 향진 기업은 비약적으로 발전하였고 2차와 3차 산업도 빠르게 발전했다. 같은 해에 진장이 현을 폐지하고 시를 세우면서 농업을 위주로 하던 현은 산업화에서 도시화로 전환되었고, 현급시(縣級市)의 사회 경제 구조가 점차 더 복잡해졌다. 그리고 혼란스러운 시장 질서, 품질이 좋지 않은 위조품의 범람, 불완전한 교통 및 도로 네트워크, 비체계적인 도시 배출 시스템, 빈번한 산업 및 환경 사고, 긴장된 노사 관계, 범죄율 증가 등과 같은 새로운 거버넌스 문제들이 등장하면서 정부의 업무량이 급격히 증가했다. 또한 추월형 국가로서 낙후와 빈곤에서 빠르게 벗어나 획기적인 발전을 이루기 위해서는 순수한 자유 시장 메커니즘에만 의존할 것이 아니라, 정부가 능동적인 역할을 발휘하여 경제 발전의 강력한 조직자이자 추진자가 되어야 했다.

진장을 구체적으로 살펴보자면, 막후에 있던 지방정부가 점차 전면에 나서 모든 경제사회 분야에서 활동하기 시작했고 자원을 동원하여 국가와 사회가 세운 자체적 목표를 달성했다. 이 과정에서 경제 현대화에 발맞춰 현대 행정 계층체제도 지속적으로 개선되었다. 이러한 변화를 분석하기 위해 먼저 '2차 창업' 시기, 시장경제 발전과 지방정부의 기능 확장 사이의 내부적 관계에 중점을 두어 살펴보겠다.

칼 폴라니(Karl Polanyi)의 『대전환: 우리 시대의 정치와 경제의 기원(大轉型: 我們時代的政治與經濟起源)』에 따르면 인류 역사에서 시장은 항상 존재해 왔지만, 시장경제는 찾아보기 어려웠다. 19세기 이전까지 인류 경제는 사회 활동에 내재화(embedding, 嵌入)되어 있었다.[23] 19세기에 이르러 인류 사회에는 완전히 자발적으로 조절되는 '이탈적(disembedding, 脫嵌)' 시장경제가 등장하였고, 사회 운영이 이 시장경제에 종속된 결과, '역행운동(反嚮運動)'이 일어났다. 이는 미국의 19세기 말부터 1920~30년대까지 발전 과정과 유사하다. 산업화 및 시장화 이후, 당시 미국에서는 과거에 접해보지 못했던 몇 가지 문제들이 발생했지만, 시장 자체가 이러한 문제를 동시에, 스스로, 그리고 효과적으로 극복할 수 없었기 때문에 연방 정부가 나서서 일련의 규정을 제정하여 시장 질서를 규제하고 외부적 효과를 내재화해야 했다.[24] 정부의 정책결정권자들은 시장이 반드시 필요한 것이지만, 사회에 '내재화'되어야 한다고 보았다. 그리고 국가가 시장경제에서 적극적인 역할을 해야 하고, 완전히 '이탈적'인 시장경제는 허용할 수 없다고 생각했다. 또 다른 한편으로 후발 국가인 경우 급속한 경제 성장을 위해서는 천연자원의 사용 외에 국가의 개입도 필요했다. 19세기 당시 영국과 같은 선진국을 따라잡기 위해 독일과 러시아는 국가가 강하게 개입하였다. 경제적으로 낙후된 국가일수록 더 많은 국가의 개입을 필요로 했다.[25] 1992년의 중국의 경우를 반추해 보면, 시장경제의 급속한 성장과 불완전한 시장경제 제도로 인해 정부가 시장을 규제하는 역할을 수행하면서 행정 수단을 계속 강화해야 했다. 또한, 정부가 중국 현대 경제 체계 발전을 전반적으로 파악하

---

23 Karl Polanyi, 『대전환: 우리 시대의 정치와 경제의 기원(大轉型: 我們時代的政治與經濟起源)』, p.3.

24 Zhiyong,Lan, 『행정관료와 현대사회(行政官僚與現代社會)』, 中山大學出版社, 2003, pp.68-69.

25 Alexander Gerschenkron, 『경제가 낙후된 역사의 투시(經濟落後的歷史透視)』, 張鳳林(역), 商務印書館, 2012, pp.9-38.

고 추진해야 했기에 정부 업무가 급속도로 늘어났다. 이 기간 동안 진장 지방정부는 경제 관리 활동에서 정부의 부재나 철수는 불가피하게 경제적 혼란을 야기시킨다는 것을 깨닫게 되었다. 이것도 진장의 '2차 창업'이 '1차 창업'과 다른 중요한 특징 중 하나이다.[26]

1. 정부의 공업 단지 건설과 산업 배치 추진

1980년대 향진 기업과 자유 시장의 발전을 겪은 후, 1990년대 초에 진장에서는 자발적 경제와 소규모 기업의 발전 경로가 부족하다는 문제점이 나타났다. 대부분의 기업은 1차 생산인 가공 및 OEM에 종사하고 있었으며, 부족한 제품 경쟁력, 심각한 환경 오염, 자발적 발전 모델의 정체 등을 겪게 되었다. 경제 성장과 발전 모델을 전환하는 과정에서 나타난 낮은 수준, 중복 건설, 심각한 자원 낭비 등의 약점을 인식한 지방정부는 진장 지역의 경제 배치에 따라 민간기업이 유리한 지역에 상대적으로 집중하도록 했다. 2차 창업 기간 동안 지방의 시(市)와 진(鎭)급 정부는 기업 발전을 위한 플랫폼을 제공하기 위해 다양한 공업 단지를 건설했다. 정부는 인적·물적·재정적 자원을 집중하여 신속한 건설과 조합 및 투자 유치 방식으로 단지를 건설하는 한편, 기술 집약적이자 수출 지향적인 기업의 경우 공업 단지 진입을 우선시하고 토지 수용, 수도 공급, 교통, 통신, 세금, 융자, 수출입 등 측면에서 우대하였다.

2차 창업 기간 동안 진장시 정부는 민영공업(民營工業) 집단을 섬유·

---

26 賀東航, 『지역 사회, 정부 및 경제 발전 - 푸젠 남부 현급시의 정치 및 사회학에 대한 고찰(地方社會、政府與經濟發展—對福建南部一座縣級市的政治社會學考察)』, 中國社會科學出版社, 2011, pp.149-151.

의류, 건축 자재, 도자기, 신발, 플라스틱 장난감, 식음료품, 기계 부품 등을 기반으로 하는 기간 산업과 염색, 제혁, 신소재, 전자 부품 및 석재 가공을 기반으로 하는 신흥 산업으로 나누고 지역 민영기업의 전반적인 수준을 근본적으로 향상시키기 위해 현지의 기간 산업을 조성하고자 노력했다. 그뿐만 아니라 신흥 산업을 지원하면서 노동 집약적에서 기술 집약적으로 진장 민영기업의 전환을 촉진함으로써 '질적' 성장을 이룰 수 있도록 지원하였다. 또한 각 향진 산업 발전의 분업 효과와 규모 효과를 높이기 위해 각 진의 전통 산업이 지닌 강점과 지역적 강점에 따른 합리적인 계획과 배치를 통해 진장을 3개 지역으로 나누어 산업 분업을 추진하였다. 3개 지역 간 산업의 합리적인 분업을 통해 지역 특성을 가진 제품 구조와 산업 사슬을 형성함으로써 지역 전문화 생산의 규모 효과를 향상시켰다. 지역마다 중점을 둔 특정 산업이 있었다. 예를 들어, 시정부가 위치한 칭양(青陽) 지역에서는 신발 제조업, 섬유 및 의류 산업을 중점적으로 육성하였다.[27] 20여 년의 배치와 추진 끝에 진장시는 2010년에 '일구구원(一區九園)' 건설[28]과 '옹만면해(擁灣麵海), 일핵양익(一核兩翼), 삼대주랑(三大走廊), 다구연동(多區聯動)'의 산업 배치를 완성하였다.[29] 진장 국제 공업 설계 단지는 진장시 정부가 10년 동안 조

27 陸學藝·朱明(主編), 『가난에서 부유로: 진장 현대화의 길(從貧窮到富裕: 晉江的現代化之路)』, 社會科學文獻出版社, 2000, pp.148-149.

28 일구구원(一區九園)에는 경제 개발구 및 우리(五裏) 종합 공업 단지, 중국 포장 인쇄 산업(진장) 기지, 선후(深滬) 중소기업 창업 단지, 성(省) 장비 제조 기지 진션 단지(金深園), 성(省) 장비 제조 기지 안네이 단지(安內園), 둥스타이즈(東石臺資) 산업 단지, 신탕(新塘) 현대 물류단지, 잉린(英林) 의류 무역 단지, 안둥(安東) 중앙제어 공업 단지가 포함된다.

29 옹만면해(擁灣麵海)는 취안저우 환만 계획(泉州環灣規劃)에 통합된 하이시(海西) 신흥 해만형(海灣型) 도시 건설을 의미한다. 일핵양익(一核兩翼)은 중심 구역(主城區)을 핵심으로 하

성한 대규모 산업화 단지이다. 보다 효과적이고 고품질의 서비스를 실현하기 위해 진장시 정부는 단지 운영을 전문 시장팀에 인계했다. 진장 국제 공업 설계 단지 관리팀 관계자는 "진장에서 공업 설계는 '전통 제조(制造)'에서 '스마트 제조(智造)'로 변하는 돌파구이다. 단지의 기반 건설은 모두 정부가 출자 지원하는 것이지만, 단지 운영은 우리 회사가 전담하고 있으며, 입주 기업들은 모두 시장화 운영을 하고 있다"[30]라고 밝힌 바 있다.

민영 경제를 더욱 발전시키고 기업 경쟁력을 강화하기 위해 현지 정부는 1990년대 중반부터 민영기업이 선진 기술 및 관리를 도입하도록 외자 유치를 지원하는 등 현대 기업 제도 구축을 적극적으로 추진했다. '중(中, 현지 자금)·중(中, 중국 내 자금)·외(外, 외국 자금)'가 결합된 기업 집단을 조직하여 가족형(家庭式)과 계약형(契約式) 민영기업이 표준화된 주식합작제(股份合作制) 기업으로 발전하도록 이끌었다. 여러 조치 가운데 진장시 정부의 핵심 과제는 현대 기업 제도 구축을 추진하는 것이었다. 21세기 초, 진장시 정부는 기업 상장 촉진 전략을 제안하는 한편 상장 기업의 발전을 지원하기 위해 설립한 '상장 판공실(上市辦公室)'[31]을 통해 지역적 특색이 뚜렷한 증권 시장의 '진장 장외시장(晉江闖塊)'이 형성

고, 진장의 서부(晉西)와 남부(晉南)를 양 날개로 하여 '시 전역을 하나의 성으로(全市一城)' 하는 건설을 추진하는 것이다. 삼대회랑(三大走廊)은 연만 전략 회랑지대(沿灣戰略走廊), 고속철도 횡단경제(crossing economy) 회랑지대(高鐵道口經濟走廊), 린쿵 집결 회랑지대(臨空集聚走廊)를 가리킨다. 다지역 연계(多區聯動)는 경제 개발 지역, 수출 가공 지역, 현대 물류 지역, 현대 서비스업 집결 지역 등 다원화된 산업 지역을 조성하는 것이다.

30 趙小菊, 「진장의 인상: 하나의 민영기업, 하나의 성(晉江印象: 一眾民企, 一座城)」, 『大眾日報』, 2014년 6월 26일 제2판.

31 中共晉江市委宣傳部(編), 「비약적인 발전의 기세—미디어가 보는 진장 2010(跨越發展風正勁—媒體看晉江 2010)」, 2011년 1월, p.79.

되었다. 2011년까지 진장에는 42개의 상장 기업이 있었으며, 이는 전국 현급시 가운데 가장 많은 숫자였다. 이러한 경제 분야의 정부와 기업 협력에 대해 진장시 관련 지도자들은 정부의 역할과 임무를 '주도(引領)와 촉진(推動)'으로 표현했다.[32]

2. 정부 주도의 시장 건설 및 질서 정비

개혁개방 초기 불량 의약품 사건이 전국적인 화제가 되면서 진장은 이미지에 큰 손상을 입게 되었다.[33] 1994년 '신용의 진장(誠信晉江)'이라는 이미지 쇄신 계획에 착수한 진장 정부는 제품 품질 인증 및 품질 체계 인증 추진, 시장의 표준화 및 현대화 촉진 등 유명 브랜드 기업을 만들기 위한 다양한 지원을 제공했다. 또한, 푸젠성에 현급 기술 감독국을 세우고 품질 감독 기구를 향진에까지 확장하는 등 관련 기구를 설립했으며, 기업에서도 품질 관리와 감독 네트워크를 구축하여 주요 산업과 제품의 품질 감독을 강화했다. 1995년 '품질 향상을 통한 이미지 제고(質量立市)' 전략을 제안한 이후 진장시 정부는 매년 현지 시장 질서를 바로잡기 위해 관련 행정 조치를 취하고 이를 관례화하였다.[34] 정부와 기업이 수년간 함께 노력한 끝에 진장은 '중국 브랜드의 도시(中國品牌

---

32 中共晉江市委宣傳部(編), 「비약적인 발전의 기세—미디어가 보는 진장2010(跨越發展風正勁—媒體看晉江2010)」, 2011년 1월, p.56.

33 1985년 6월, 진장의 천다이진(陳埭鎮) 한커우촌(涵口村) 등 일부 농민연합기업(聯户企業)이 빙탕(冰糖)과 흰목이버섯(銀耳) 등의 원료를 가공한 후, 포장에 위생 검사 코드를 부착해 건강 약품으로 판매했던 전국을 뒤흔든 불량 의약품 사건이 발생했다. 이 사건으로 인해 민영 경제가 막 시작된 진장은 전국적으로 유명세를 치렀고, 진장의 상품은 순식간에 사면초가에 빠지게 되었다.

34 晉江市地方誌編纂委員會(編), 『진장연감(晉江年鑒)(1997)』, 方誌出版社, 1998, pp.224-225.

之都)', '중국 신발의 도시(中國鞋都)', '중국 스포츠 의류의 도시(中國運動服飾之都)'와 같은 명예로운 칭호를 얻게 되었고, 지방정부가 제안했던 '브랜드화를 통한 이미지 제고(品牌立市)' 전략 계획을 실현하였다.

토지 시장 규범화를 살펴보면, 1992년 이후 더욱 활발해진 중국 부동산 시장에 다양한 형태의 토지 사용권이 부동산 시장으로 점차 유입되었다. 1992년부터 1996년까지 진장시 정부는 이를 통제하기 위해 행정배정(行政劃撥)[35] 토지 사용권의 이전·교환·임대 및 공동 개발 등을 포함해 부동산 시장을 시정하기 위한 노력을 기울였다. 그리고 정부는 토지 자원 보호, 농지 보호 구역 재심사 및 지정, 누락된 사업 용지 검사·분류·등기·인증 작업, 불법 점유지 단속 등의 과정에서 행정 기능을 강화했다. 2010년에 진장시는 현(시)급 토지 이용 종합 계획을 마무리지었다. 2013년에는 진급(鎮級) 토지 이용 종합 계획, '총량 통제(嚴控總量), 배치 최적화(優化佈局) 및 종합 개선(綜合整治)' 관리, 토지 자원의 중앙통제적(管控性)·건설적(建設性)·장려적(激勵性) 보호 강화 등을 진행하였다. 또한, 그룹 전략으로써 '삼구개조(三舊改造)'[36]를 추진하여 기존에 확보한 토지를 활성화(盤活存量)[37]하였다.[38] 농촌 토지의 건설 토지 전환 승인에

---

35 역자주: 중국에서 시행되고 있는 토지사용권 양도 유형은 크게 행정배정(劃撥), 출양(出讓), 연조(年租), 기업출자, 수탁경영의 5가지로 나뉜다. 행정배정은 개혁·개방 이전에 전체 토지에 적용했던 유형으로, 개혁개방 이후 주로 공공시설에 적용한다. 무상이며, 사용기간에 제한이 없다. 허가 없이는 재양도 등을 할 수 없다(출처: 「중국의 토지사용권 연장 시 출양금은 어떻게?」, 조성찬, 대외정책경제연구원, https://csf.kiep.go.kr/issueInfoView).

36 역자주: '삼구개조(三舊改造)'란 낡은 도시와 읍(舊城鎮), 낡은 공장 건물(舊廠房), 낡은 촌락(舊村莊)을 개조하는 것이다.

37 역자주: '활성화(盤活存量)'란 자산 통합, 기존 자산 활용 등 유휴자산의 낭비를 막기 위해 다양한 방법을 채택하는 것이다.

38 「'땅'의 집약화 '사람'의 도시화-진장시 신형도시화 추진 견문("地"集約化"人"城鎮化—晉江市

있어 기층정부는 전례 없이 관리를 강화했다.[39]

2000년대 들어서 철거와 토지 수용이 더욱 까다로워지자 '철거(拆遷)'는 진장에서 민감한 화두가 되었다. 이에 '조화로운 철거(和諧拆遷)'를 제안한 진장시 정부는 인근 지역 정착과 시민화를 촉진하는 한편 철거민용 주택 및 토지(安置房用地)를 입찰·경매·공시(土地招拍掛)의 방식으로 매도하고, 철거민용 주택이 분양주택과 마찬가지로 시장에 직접 거래될 수 있도록 하였다. 또한, 농촌 집단 토지와 주택의 경우 자산 활성화를 위해 철거민용 주택, 오피스 사무실 건물, 점포용 건물, 쇼핑몰, SOHO, 지분 및 현금 등 7가지 가운데 자율적으로 하나를 선택하도록 하는 '7가지 전환(七個換)' 방식을 통해 대중에게 더 많은 재산 이익과 처분권이 돌아가도록 했다. 철거 과정에서 정부는 과도한 임대료 보장, 주거 조건 보장, 토지 상실한 농민의 노후 보장, 60세 이상 남성과 55세 이상 여성 노인의 생활비 보조, 자선 복지 기금 지원 등 철거민의 이익을 보호하기 위한 일련의 조치를 발표했다. 철거 임무가 내려질 때마다 진장시는 각 진, 가도, 시 직속 기관에 100명의 간부를 파견하여 업무를 수행하고 집집마다 방문하도록 했으며, 크고 작은 좌담회를 통해 여러 유형의 철거 시행 계획을 수정하고 개선했다.[40] 또한, 진장시가 모든 이전(移轉) 작업조의 판공실에서 만든 감독조는 중국공산당 진장시위원회의

推進新型城鎮化見聞)」, http://zrzyt.fujian.gov.cn/xxgk/gtdt/jcdt/201411/t20141126_688015.htm, 2020년 1월 11일 방문.

39 진장시는 토지 이용 구조 조정을 통해 산업 구조의 최적화를 이끌었으며, 활용도가 낮고 생산량이 적은 산업 프로젝트에 대한 토지 공급을 엄격하게 검토해 원칙적으로 신규 건설 토지를 제공하지 않았다.

40 해당 정보는 필자가 2010년 6월 17일에 진장시 국토자원국(國土資源局)에서 조사한 것이다.

명령을 직접 받았으며, 지휘부의 관할을 받지 않았다.[41]

3. 정부의 신속한 진장 도시화 건설 추진

정부 활동 영역은 도시화 건설과 함께 확장되었다. 진장에서 현(縣)을 폐지하고 시(市)를 세운 후 정부는 기존의 농업 경제 및 업무에 대한 단일한 대응에서 복잡한 도시 경제 및 업무에 대한 대응으로 전환했다. 기존 도시와 농촌(城鄕)이 혼재된 상황을 완전히 바꾸기 위해 지방정부는 칭양(青陽, 중심 도시), 안하이(安海), 진난(晉南) 총 3개의 특색 있는 경제구역을 건설한 후, 고등급도로(高等級公路)와 현대 통신 시설을 사용하여 3개의 경제구역과 각 진을 연결하는 새로운 유형의 '중등도시(中等城市)' 건설 목표를 제안하였다.[42] 1992년 '2차 창업' 기간부터 지방정부는 도시의 기능적 배치와 환경 조성을 위한 강한 의지를 보였다. 도시 공간을 확장하는 것이 지방정부의 중요한 활동이 되었으며, 기반 시설 투자는 지방정부 업무량 증가의 '촉매제'가 되었다.

1992년 이후 도시 환경을 유지하고 개선하기 위한 지방정부의 투자는 계속해서 급격히 증가했다. 불완전한 통계에 따르면 1992년과 2002년 사이에만 진장시는 총 254.05억 위안의 고정 자산을 투자해 도시와 농촌에 큰 변화를 일으켰다.[43] 중심 시가지 건설 과정에서 진장시 정부

---

41 해당 정보는 필자가 2010년 6월 18일에 진장시 기율위원회(紀委)에서 조사한 것이다.

42 陸學藝·朱明(主編), 『가난에서 부유로: 진장 현대화의 길(從貧窮到富裕: 晉江的現代化之路)』, 社會科學文獻出版社, p.150.

43 「세계 진장 동향 친목회가 보는 30년 진장시 발전도시 편(世界晉江同鄉懇親會看三十年晉江市發展城市篇)」http://news.china.com.cn/2012-12/10/content_27370213.htm, 2020년 1월 11일 방문.

는 막대한 자금을 투자하여 많은 도시 기반 시설 구축 작업을 완수했다. 정부는 계획구역(規劃區)의 면적을 기존의 15km²에서 38km²로, 통제구역(控制區)의 면적을 45km²로 확장하였고, 시내에 10개의 기능 소구역(功能小區)을 건설하고자 했다.

이와 함께 가로등과 쓰레기 처리장 및 쓰레기 중계 처리장 설치에 투자하는 한편, 도시의 새로운 이미지 구축을 위해 일련의 홍보 활동을 진행했다. 1992년부터 2002년까지 '5종 3횡(五縱三橫)'의 도시 도로망과 관련 부대시설을 건설하는 '도로 건설 및 녹화사업(路通樹綠)'을 실시했다. 공공시설로는 청소년활동센터, 박물관, 진장 대극장, 부녀·아동활동센터, 스포츠센터 등 공공시설을 설립하고 호텔 등 상업시설에도 투자했다. 일련의 건설을 통해 진장시의 도시 기능이 점차 개선되었다.

에너지, 교통, 통신, 상수도 및 기타 기반 시설의 확충과 높아진 기준은 지방정부의 확장을 빠르게 촉진하는 '촉매제'가 되었다. 우선, 에너지 건설 측면에서 진장시 정부는 1992년 이후 칭양, 츠자오, 네이컹, 안하이, 천다이에 5개의 송·변전 발전소를 세웠고, 이어서 룽후와 츠자오에 2개의 송·변전 발전소를 확충했다. 둘째, 교통 측면에서 진장시 정부는 모든 관련 분야가 적극적으로 모은 막대한 자금으로 고속도로, 항구, 부두 및 현대 공항을 건설해 진장의 교통 상황을 크게 개선했다. 도로 건설의 경우, 시 전역의 도로를 단계적으로 나누어 확장 및 개조하였고, 기술 기준과 도로 등급을 높이기 위해 커브길, 내리막길 확장과 개조에 중점을 두었다. 현대 공항 건설의 경우에는 1994년부터 1997년까지 15,000㎡의 터미널, 27,500㎡의 계류장 및 관측탑과 같은 부대시설을 건설했다. 진장 공항의 건설은 진장과 세계의 거리를 공간적으로 단축시켰다. 셋째, 통신 측면에서 네트워크 통신 시설이 점차 대중화되고 정보화가 가속화되면서 앞서가는 세계 수준에 부합하는 현대 통신 네트워크가 형성되기 시작했다.

진장 지역의 교통 및 통신 네트워크의 현대화는 지방정부의 능력 향상에 매우 중요한 역할을 했다. '1차 창업' 당시 낙후된 정보 관리 수단과 기술, 극히 제한된 정보 기호, 당시 미흡했던 교통과 통신 수준의 제약을 받은 정보의 교환·전달·저장·보관, 그리고 매우 국한적인 정보의 출처와 적용 범위, 극히 소수에 불과한 목표 대상 등 열악한 상황 속에서 정부의 사회 관리는 낮은 수준에 효율적이지도 않았다. '2차 창업' 기간 동안 향상된 통신 기술 수준은 정보 자원에 대한 지방정부의 수요를 자극하였고, 사회 상황의 심층적인 이해와 감독을 위해 정보 수집과 관리에 참여하는 인력이 크게 늘어났다. 2015년에는 240개의 도시 및 농촌 기반 시설 프로젝트('6+1' 공정)를 시행하면서 총 110.3억 위안을 투자해 구축한 일반 도로의 '3환 4사(三環四射)'와 고속도로 '2횡 1종 2연(兩橫一縱二連)'[44] 도로 네트워크 체계는 '진과 진 간의 도로 연결(鎮鎮通公路)'과 '시가지 대중교통 전면 구축(市區公交全覆蓋)'을 실현했으며, 중심 지역의 건설 면적이 107㎢로 확장되었고 도시화율이 70%로 증가하게 되었다.[45]

---

44 역자주: 3환(三環)은 내부 환만 고속도로(內層環灣快速路), 외부 환만 고속화도로(外層環灣快速路), 서부 고속화도로(西部快速路) 및 연해 대통로(沿海大通道)를 가리키며, 4사(四射)는 쌍룽로(雙龍路), 서마(社馬)—마다이센(馬埭線), 잉룽로(英龍路), 스지다다오(世紀大道)를 가리킨다. 2횡(兩橫)은 선하이(沈海) 고속도로, 샤장취안(廈漳泉) 도시 연맹 고속도로, 1종(一縱)은 취안저우-싼밍(泉三) 고속도로, 2연(二連)은 취안저우 우회고속도로(泉州繞城高速)와 웨이터우 지선(圍頭支線)을 각각 가리킨다.

45 「2015년 진장시 국가 경제사회 발전 계획 시행 상황 및 2016년 국가 경제사회 발전 계획 초안 보고(晉江市2015年國民經濟和社會發展計劃執行情況及2016年國民經濟和社會發展計劃草案的報告)」, 2016년 1월 6일 진장시 제16기 인민대표대회 제5차 회의에서 발표.

이 과정에서 도시 건설과 도시 재생은 줄곧 진장시 정부의 핵심 사업이자 주요 과제였다. 2009년부터 진장시 정부는 '산업 고도화 및 도시 건설 가속화(産業提升、城建提速)'라는 목표를 제시하였고, 2010년을 '도시 건설의 해(城市建設年)'로 지정해 '7대 그룹·2대 체계(七大組團、兩大體係)'[46]와 소도시 건설 계획을 수립했다. 그중 '7대 그룹·2대 체계'를 통해 106개의 프로젝트가 생겨났고, 3.75만 묘(畝)의 토지 수용, 403만㎡ 철거, 75억 위안 투자 등을 시행했다. 2014년 그룹 건설을 기반으로 환하이만(環海灣) 지역의 상호 연결과 '일대일로(一帶一路)' 연선 도시 브랜드 강화를 위해 진장시 정부는 '환만 계획 건설의 해(環灣規劃建設年)'를 맞아 건설 프로젝트 440개를 계획했으며, 그중 시급(市級) 시행 프로젝트는 172개, 환만(環灣) 각 현(시, 구)는 268개였다.[47] 계획, 추진, 투자 및 감독 등 모든 새로운 도시화 건설 과정에서 정부의 모습을 찾아볼 수 있었다. 정부의 추진 없이는 이렇게 거대한 도시 재생 프로젝트를 완수할 수 없으며, 프로젝트의 상당 부분은 민간 기관이 감당할 수도 없는 규모임이 분명했다. 예를 들어, 2010년 '생태 도시(生態城市)' 건설에서 정부는 총 1.3억 위안을 투자해 241만 그루와 1.2만 묘(畝) 규모의 나무를 심었다. 또 다른 예로 '도시 격자망화 관리(全城市網格化管理)',[48] 즉 디지털화 도시

46 '7대 그룹(七大組團)'은 메이링(梅嶺)그룹, 빈장(濱江)그룹, 칭양(青陽)그룹, 청베이(城北)그룹, 안하이(安海)그룹, 진징(金井)그룹, 네이컹(內坑)그룹을, '2대체계(兩大體係)'는 도로 교통 체계와 생태환경 체계를 각각 의미한다.

47 「취안저우 환만 계획 건설의 해 막이 오르다(泉州環灣規劃建設年大幕拉開)」, http://www.quanzhou.gov.cn/zfb/xxgk/zfxxgkzl/qzdt/qzyw/201401/t20140127_141690.htm, 2020년 1월 11일 방문.

48 역자주: '도시 격자망화 관리(城市網格化管理)' 또는 '도시 그리드화 관리'는 도시 기층사회인 사구(社區)를 격자(grid)로 나누고, 해당 격자마다 '격자관리원(網格員)'을 배치하여 관리하는 것을 가리킨다. 원래 격자망화 관리는 베이징 둥청구(東城區)에서 시작된 것으

관리에서 진징진(金井鎭)에서만 150만 위안 이상을 투자해 각 마을(인민공사)의 초기 작업 착수금, 작업 추진을 위한 특별 경비, 관할 구역 교차로에 100개의 '세계의 눈(全球眼)'[49] 설치를 위한 보조금 및 전임 격자관리원(網格員)의 정보 수집에 사용했다.[50] 추후 모든 사업이 완료되면 정부의 모니터링 능력이 크게 향상될 것이고, 이는 도시 건설에서 점차 더 중요해지는 지방정부의 역할을 의미하는 것으로, 업무량도 함께 급속히 증가하게 될 것이다.

4. 외래 인구에 대한 관리

1992년 이후 진장의 민영기업 수는 계속 늘어났다. 2014년 시 전역에 15,000개 이상의 민영기업과 100만 명 이상의 이주 노동자들은 현지 경제 건설의 활력소가 되었다. 많아지고 복잡해진 외래 인구를 어떻게 관리하고 지역 경제 발전을 촉진하는 인적 자원으로 만들지가 진장시 정부가 해결할 중요한 문제가 되었다. 2000년대 이후 진장의 급속한 경제 발전과 산업 고도화 및 구조 조정으로 지방정부는 '구인난(用工荒)'이라

로 도시 유동 인구 증가와 인구학적 이질성 심화로 야기된 도시 기층사회의 휘발성, 유동성, 불안정성의 증가에 대응하기 위한 격자망화 관리의 하나의 전략으로 시작된 것이다. 현재 격자망화 관리는 지역을 막론하고 사구 관리의 가장 효과적인 방안으로 전국적인 범위에서 확산되었으며, 스마트시티 기술과 점차 결합되는 추세이다(중국인문사회연구소, https://circ.kookmin.ac.kr/xe2010/knowledgemap/13185075 참고).

49 역자주: '세계의 눈(Mega Eyes, 全球眼)'은 차이나텔레콤(中國電信)이 출시한 광대역 네트워크 기반의 이미지 원격 모니터링, 전송, 저장 및 관리를 위한 부가가치 사업이다.

50 黃偉强·秦越, 「진장 진징 전면 격자망화 사업 전면 확대 발전 추진(晉江金井全面鋪開網格化工作以點帶面推動發展)」, http://www.mnw.cn/jinjiang/news/801766.html, 2020년 1월 11일 방문.

는 중요한 문제에 직면하게 되었다. 이와 함께 이주 노동자의 임금, 복지, 근로 시간에 대한 요구 조건도 다양해졌고, 이주 노동자와 기업 간의 관계를 조정하는 것이 정부 업무의 중요한 과제가 되었다.

'2차 창업 시기'에는 진장에 유입된 외래 인구의 관리 업무 범위가 갈수록 넓어졌다. 외래 인구 관리를 강화하기 위해 1992년부터 1995년까지 진장시 정부는 「외래 인구 관리 강화에 관한 규정(關於加强外來人口管理的規定)」과 「진장시 농촌 호구 관리 규정(晉江市農村户口管理規定)」을 잇따라 공포했다. 2001년 중국공산당 진장시위원회는 '진장시 유동 인구 종합관리 영도소조(晉江市流動人口綜合管理領導小組)'를 특별히 조직했으며, 소조 구성원에는 시위원회 부서기, 정치법률위원회 서기, 인민대표대회 상무위원회 부주임, 부시장, 정치협상회의 부주석 등 지도 간부와 공안국, 법원, 검찰원, 정부 판공실, 기획경제무역위원회, 교육위원회, 민정국, 사법국, 노동국, 건설위원회, 교통국, 대외경제무역위원회, 문화체육국, 위생국, 가족계획위원회, 공상국, 기업국, 총공회(總工會), 총상회(總商會) 등 19개 부서가 참여했다.[51] 영도소조 산하의 판공실에는 종합조, 치안관리조, 노무관리조, 가족계획관리조, 법률홍보조의 5개 작업팀이 있었으며, 상급 부서에서 파견하여 상주하는 직원은 10명이었다. 또한 각 진에는 상응하는 이동식 판공실이 있었다.

외래 인구 관리를 위해 진장시 당과 정부가 구축한 등급적 관리, 분류적 관리, 중점적 관리 및 동태적 관리를 결합한 관리 체계의 네트워크는 네 가지 등급으로 나뉜다. 제1급 네트워크는 공장 치안 및 보위조

51 「중국공산당 진장시 당위원회 진장시 인민정부의 진장시 유동 인구 종합관리 영도소조 부조장 보강에 관한 통지(中共晉江市委晉江市人民政府關於充實晉江市流動人口綜合管理領導小組副組長的通知)」 참고.

(廠家治保組), 제2급 네트워크는 촌급 호적 협조 및 관리조(村級户口協管組), 제3급 네트워크는 공안 분국(分局)과 파출소에 설치된 보고참(申報站), 제4급 네트워크는 시 공안국 호적 관리과(户政科)이다. 일반적으로 외래 인구 관리는 신고, 등록, 서류 처리, 교육 관리, 검사, 공문 조사 및 동태 파악의 7가지 단계로 나뉘었다. 또한, 임대 주택을 관리하기 위해 정부는 임대 허가증을 일률적으로 처리하고 소유주와 치안책임서에 서명하도록 했다. 진장 경제가 발전함에 따라 이주 노동자에 대한 수요가 매우 증가하였고, 외래 인구 구조도 크게 변하였다. 이주 노동자가 진장에 막대한 부를 창출했지만, 한편으로는 자녀의 학교, 의료, 건강 및 사회 보장 문제, 이주 노동자 2세의 범죄 문제, 그리고 새로운 사회적 요구를 충족시키는 방법이 지방정부의 새로운 쟁점이 되었다.[52] 또한 수많은 이주 노동자들은 정부의 비상 관리에도 어려움을 가져왔다. 2010년 8월, 지진이 온다는 유언비어에 스스(石獅)에서만 100여 명이 공원해서 노숙을 했고, 진장에서는 천여 명이 광장에 모였는데 그들 대부분이 이주 노동자였다. 그뿐만 아니라, 유동적인 집단인 농민공(農民工)들의 명절 전 귀향과 명절 후 귀경으로 인해 나타나는 독특한 춘절 대이동 현상으로 인한 막대한 업무량을 미연에 방지하고자 일부 지방 당정(黨政)은 현지 주둔군과 무장 경찰 부대를 공항, 기차역, 버스 터미널에 파견해 질서를 유지하도록 했다.

진장의 외래 인구 수는 일 년 내내 약 110만 명 정도를 유지했다. 외래 인구 관리는 매우 복잡했지만, 2000년대에 들어서자 진장시 정부는

52 「세계 진장 동향 친목회가 보는 30년 진장시 발전 도시 편(世界晉江同鄉懇親會看三十年晉江市發展城市篇)」, http://news.china.com.cn/2012-12/10/content_27370213.htm, 2020년 1월 11일 방문.

'새로운 진장인(新晋江人)'으로서 우호적으로 대우할 것을 권고하면서 그들이 들어와서(進得來) 정착하고(留得住) 융화될 수 있는(融得入) 일련의 정책을 발표했다. 2011년부터 진장은 성 전역에 거주증 제도를 선도적으로 시행하였고, 이주 노동자에게 자녀 교육, 의료·위생 및 주택 보장을 포함한 30가지 시민 혜택을 제공했다. '호적 등록 기준(정착 제한 기준 落户限制)'이 전면 해지되면서 진장에 집이 없는 이주 노동자는 기업에서 등록하는 임시 진입 허가 호적인 집체호(集體户)로, 소속 단위가 없는 이주 노동자는 진(鎮) 또는 촌(村) 소재지를 공공 주소지로 하는 집체호로 정착할 수 있게 되었다. 2013년에만 1만여 명의 이주 노동자가 정착했고, 그들은 호적 인구(户籍人口)와 동일한 정치적 권리를 누리며, 당대회 대표, 인민대표대회 대표, 정치협상회의 위원 선출과 선거에 평등하게 참여할 수 있게 되었다.

5. 환경 보호 및 생태 복원의 관리

2차 창업 기간 동안 환경 보호와 민영 산업 발전 간의 관계는 지방정부의 핵심 업무가 되었다. 진장 경제가 발전하면서 환경 오염도 점차 더 심각해졌다. 환경 오염은 민영 산업화에 의해 생겨난 것이다. 이 둘의 관계를 어떻게 처리할 것인지, 그리고 지속적이고 빠른 지역의 민영 경제 발전 추세를 유지하는 동시에 발전 과정에서 환경의 질이 악화되지 않도록 하는 것은 지방자치단체가 직면한 중대한 문제였다. 진장시 정부는 환경 오염이 지역 사회 안정과 경제 발전에 미치는 영향을 피하거나 줄이는 조치를 취하는 등 환경 보호를 현지 산업 발전에서도 중요한 사안으로 다루며 환경 감독 및 관리를 강화하였다.

1990년에 진장은 기존의 환경 보호 판공실(현(縣) 건설위원회 소속)을 폐지하고 정부 1급 국(局)인 환경 보호국(環保局)을 설립했다. 1993년부터 1995년까지 칭양, 안하이, 진징, 츠자오, 천다이, 둥스 및 6개의 기층 환경 감독 관리 사무소가 설립되었으며 인력도 1988년 12명에서 59명으로 증가했다.[53] 1995년 4월, 진장시 정부는 세라믹산업의 환경 오염을 처리하기 위해 건축세라믹산업의 환경 오염을 통제하기 위한 영도소조를 조직했고, 시 환경 보호국에 소속된 판공실은 일상 업무를 담당했다. 세라믹산업의 주요 지역인 츠자오와 네이컹에도 환경 보호 문제의 관리와 감독을 전담하는 영도소조를 조직했다. 1996년에 시 환경 보호국은 츠자오와 네이컹 두 진(鎮)에 각각 공업 매연 관리·감독대(隊)를 조직했다. 이어서 시 정부는 신발 산업의 벤젠 오염을 통제하기 위해 1997년 시장이 팀장직을 맡는 영도소조를 조직하여 계획적으로 진장 신발 산업의 벤젠 오염을 분류 및 배치하고 단계적으로 통제했다. 또한 쓰레기 무단 투기 등 도시 환경에 영향을 미치는 여러 요인을 자주 특별 단속하였으며, 각 진에 계획감독대의 지부를 조직하여 정부 감독의 범위를 확대했다.

그리고 진장시 정부는 민간기업 설립의 문턱을 높였다. 설립자는 반드시 현지의 진정부 촌진 건설 관리소(鎮政府村鎮建設管理所)에서 '입지 지정 계획 의견서(選址定點規劃意見書)'를 발급받아야 했으며,[54] 이 의견서는 촌 위원회와 촌진 건설 관리소의 서명과 직인을 받아야 했다. 외국인 투자 및 칭양 시구(青陽市區)에 소재한 기업의 경우에는 계획 건설국(規劃

53 자료는 저자가 2003년 8월 21일 진장 국토 환경 보호 청사에서 시 환경 보호국 관리들과 토론하면서 얻은 것이다.

54 입지 지정 계획 의견서(選址定點規劃意見書)는 수정하거나 수정액을 사용할 수 없다.

建設局)에서도 서명과 공식 직인을 받은 후, 자격을 갖춘 환경 평가 부서에 위탁하여 환경 영향 평가표를 작성하고, 환경평가단위에서 발행한 접수증을 환경 보호국에 가지고 가서 '통지 서약서(告知承諾書)'에 서명해야 했다. 또한 부지 선정 위치는 기능구(功能區) 계획에 부합해야 하며 오염 물질 배출은 총량 통제 지표 등에 부합해야 했다.

통계에 따르면 1993년부터 1995년까지 진장시 정부는 1993년에 1,644개, 1994년에 1,063개, 1995년에 812개 등 총 3,519개의 건설 프로젝트 환경 영향 보고표(서)를 승인했다. 그리고 환경 보호 및 관리를 위해 오염을 유발한 기업에 오염 배출 수수료를 부과했으며, 오염 물질 배출 신고 및 배출 허가증 발급 업무를 시작해 610개 업체의 서류 작업을 완료하는 등 정부의 현장 감독 및 법 집행 능력도 강화되었다.

환경 보호에 대한 인식이 높아짐에 따라 환경의 질에 대한 대중의 기준이 점차 높아졌으며, 오염으로 인한 분쟁 사례도 계속 증가하였다. 따라서 환경 보호에 관한 민원 사례, 인민대표대회 및 정치협상회의가 발의한 사건 처리도 진장시 정부의 중요한 과제가 되어 1993년 55건, 1994년 67건, 1995년 57건의 사건을 각각 처리하였다. 1999년 1월부터 9월까지 진장시 정부는 211개 기업을 포함한 290건의 민원을 처리했으며, 2000년에 접수한 288건의 민원 가운데 51건은 상급 기관이 감독하는 것이었고, 2001년에는 400건 이상, 2002년에는 500건, 2003년 상반기에는 253건의 민원을 각각 접수 처리하였다.[55]

1996년 이후 진장시 정부는 환경 보호에 대한 법 집행을 강화하여 괄

55 해당 정보는 필자가 2003년 8월 21일에 진장 국토환경 보호청사에서 진행된 시 환경 보호국 관리들과의 간담회에서 얻은 자료이다.

목할 만한 성과를 거두었다. 1996년에는 236건의 환경 위반 사례를 조사 및 처리하였다. 그리고 57건의 생산을 중단하고 90건을 기한 내에 처리하였으며, 69건의 강제 집행을 신청했다. 이어서 1997년에는 수질 오염 처리에 대응하여 18개 기업의 불법 생산 설비를 철거했다. 1998년에는 71개의 벤젠 오염 신발 기업과 96개의 생산 라인을 관리했으며, 1999년에는 건축세라믹의 매연에 오염된 도염식 가마 866개를 철거하고 기준을 초과하는 매연을 배출하는 기업 80개를 처벌했다. 그리고 신발 산업에서는 '방향족(벤젠, 톨루엔, 자일렌)' 오염 사례 39건을 조사 및 처리했으며 진장 유역의 124개 수질 환경 오염 기업을 시정했다. 2000년에 정부는 356건의 환경 행정 처벌을 처리하였고, 새로 설립된 62개의 '15종의 소기업(十五小)'[56]이 문을 닫게 되었다. 이어서 2001년에는 총 296건의 환경 위반 사례를 조사 및 처리했고 26개의 새롭게 발견한 15종의 오염 소기업(十五小)을 폐쇄했다.[57] 이어서 2002년에는 총 240건을 조사하여 12개의 오염 소기업을 폐쇄했다.[58] 2003년 이후, 과학 발전과

---

56 역자주: '15종의 소기업(十五小企業)' 또는 '신 15종 소기업(新五小企業)'은 1996년 「환경 보호 강화에 관한 국무원 결정(國務院關於加强環境保護若幹問題的決定)」에서 명시적으로 금지된 오염이 심한 15종(種)의 소기업을 가리킨다. 또한 기존 국가경제무역위원회 및 국가발전개혁위원회가 폐쇄한 심각한 자원 파괴, 환경 오염, 열악한 제품 품질, 낙후된 기술 장비 및 불충분한 안전 생산 조건을 갖춘 기업을 의미한다. 구체적으로 제지(造紙), 제혁(制革), 염료(染料), 코크스(煉焦), 유황 제련(煉硫), 비소 제련(煉砷), 수은 제련(煉汞), 납·아연 제련(煉鉛鋅), 정유(煉油), 야금(選金), 농약(農藥), 전기도금(電鍍), 재래식 방식으로 생산된 석면(石棉) 제품 및 방사성 제품, 표백 등의 기업이 포함된다.

57 진장시 지방지 편찬위원회가 편찬한 1997년부터 2002년까지의 『진장연감(晉江年鑒)』의 「환경 보호」편에 기록된 자료 참조.

58 해당 정보는 필자가 2003년 8월 21일에 진장 국토 환경 보호 청사에서 진행된 시 환경보호국 공무원들과의 좌담에서 얻은 것이다.

시정 이념에 따라 진장시 정부는 환경 오염원 문제를 해결하기 위해 더 많은 노력을 기울였다. 2010년까지 진장 인근 바다에 총 3.93억 위안을 투자한 15개의 오염 통제 작업이 진행되었다. 2015년까지 진장 쓰레기 처리 및 폐기 시스템이 기본적으로 구축되었고, 마을마다 쓰레기 청소 및 운반 팀이 구성되었다.[59]

2000년대에 들어서 생태 건설에서 새로운 발전 이념을 제시한 진장시 정부는 '4녹(四綠)' 프로젝트를 적극적으로 추진하는 한편 민영기업의 '저탄소로의 변화(低碳轉身)'를 이루기 위해 '1개의 수로, 4개의 저수지, 2개의 호수(一渠四庫兩湖)'[60] 보호를 강화했다. 2009년에는 새로운 도시화 발전의 기회를 결합하여 '파란 하늘(天藍), 푸른 땅(地綠), 맑은 물(水清), 아름다운 해안(岸美)'이라는 생태·녹색 도시 슬로건을 제시했다. 이를 실현하기 위해 정부는 '시구 중점지역의 고강도 녹화(市區重點區域高强度綠化)', '간선도로 경관 개선(主幹道景觀提升)'과 같은 나무심기 사업을 시행했다. 그리고 66개 가죽 기업이 7개로 통합되었으며, 시 전역의 날염 및 가죽 산업이 점차 시가지에서 공업 단지, 교외, 개발구로 이전하게 되었다. 광산 채굴장을 폐쇄하고 623개 건축 외장 석재 기업이 철수 또는 업종을 전환했다. 건축세라믹 산업은 모두 친환경에너지 산업으로 대체되었다. 또한, 자금 조달, 세금, 토지 및 기타 우대 정책을 통해 에너지 절약, 환경 보호, 바이오 의약품, 신에너지 등 급성장하고 있는 산

59 曾紹洋, 「푸젠 진장 쓰레기 처리 체계의 기본 수립(福建晉江垃圾處理處置體係基本建立)」, 『中國城市環境衛生』, 2010(5).

60 역자주; 진장의 '1개의 수로, 4개의 저수지, 2개의 호수(一渠四庫兩湖)'에서 1개의 수로(一渠)는 구십구계(九十九溪), 4개의 저수지(四庫)는 신안(新垵), 쯔후(紫湖), 쯔시(紫溪), 다췬(達群), 2개의 호수(兩湖)는 룽후(龍湖), 후이후(滙湖)이다. 이 모두는 진장의 생태 환경에서 중요한 역할을 하며, 수자원, 홍수 방지, 관개 및 레저 활동 등의 기능을 도시에 제공한다.

업에 민간 자본의 투자를 지원하였고, 저탄소 시범 기업과 에너지 절약 선도 기업에 우대 조치를 하였다.

생태 복원 관리 측면에서 진장시 정부는 생태 환경 체계 구축과 '모두를 동원하여 진장을 푸르게(全民動員, 綠化晉江)' 활동 전개를 위해 노력했으며 '틈새 녹화사업(見縫插綠),[61] 하나의 지역은 하나의 경관(一社區一景)' 프로젝트에 중점을 두고 조경 전문가와 함께 좋은 생태 환경을 구축하기 위해 다양한 지역을 답사하고 계획했다. 그리고 정부는 '사람은 나무를 심고 마을(사구)과 기업, 학교는 경치를 꾸미며, 진과 가도는 공원을 만든다(人植一樹, 村(社區)、企、校造一景, 鎮(街道)建一公園)'라는 슬로건을 제시했다. 이 밖에 '생태 분리대(生態隔離帶)'의 이념에 따라 진장의 남북과 동서를 관통하는 두 개의 긴 회랑을 만들었다. 스지(世紀)대로에 설치된 일반 분리대 3~5배 너비의 알록달록한 꽃나무 색 분리대, 천다이와 빈하이지구(濱海片區)를 연결하는 6.9km 길이의 솽룽로(雙龍路) 둥투오(東拓) 도시 간선도로, 안하이지구(安海片區)를 연결하는 8.1km 길이의 스지대로 난투오(南拓) 도시 간선도로 등을 건설했다. 2010년 상반기, 진장시는 허핑남로(和平南路), 보란대로(博覽大道), 장빈남로(江濱南路, 진장대교와 연결)에 약 35,000만㎡의 새로운 도로 녹지대를 완성했고, 700만 위안 이상을 투자해 도시 지역의 여러 간선 도로 녹지대를 개조하여 녹화(綠化) 수준을 향상시켰다. 또한 '살기 좋은 상업 도시(宜居宜商型城市)' 건설을 목표로 도시 순환 삼림 벨트(環城林帶), 도시 관통 삼림 벨트(穿城林帶) 및 도시 숲을 조성하였고, 마을 주변의 산림화, 향촌 도로의 가로수길

61 역자주: 도시의 친환경 녹화사업을 위해 도시의 틈새나 변두리에 녹색 식물을 심는 것이다.

화, 농지와 도랑의 방풍림화, 기업과 학교 및 주거 환경의 정원화의 생태 구조를 구축하였다.[62] 진장시 정부의 환경 관리와 생태 복원을 통해 '1차 창업' 기간에 비해 지방정부의 기능이 더욱 확장되었으며, 정부의 손길이 곳곳에 미쳤음을 알 수 있다.

6. 향진 기층 정부 업무량의 동시 확장

향진급 정권 조직은 주로 향진 당위원회, 향진 인민대표대회, 향진 인민정부와 각 산하 기구의 책임자로 구성된다. 현대 국가 구축 과정에서 국가 권력의 근간이자 가장 기층 단위인 농촌의 향진까지 국가 권력의 영향력이 미쳤다. 향진 당정 조직을 매개로 하는 향진 정권의 운영은 국가 권력과 지역사회 권력이 서로 섞이고, 영향을 미치는 연결 지점이었다. 일상생활에서 농민은 주로 향진 정권을 통해 국가와 다양한 관계를 형성했다. 이러한 특수한 기능 때문에 향진 정권은 국가의 변화를 반영하는 거울이 되었다.

진장의 성장 모델에 있어 향진 기업이 발전에 미치는 기여도가 매우 중요하다. 1970~80년대에 기존 인민공사 기업(社辦企業)의 변화와 함께 마을 기업(村辦企業), 농촌연합기업(聯户辦企業), 개인 상공업자가 등장했고, 향진 기업은 빠르게 성장하여 마을 공동체(村社)에 정착했다. 2000년대 초까지 모든 향진은 고유한 산업적 특성을 지닌 기업 클러스터를 구축했다. 지역 발전의 동력이 농업에서 산업으로 전환되면서 생겨난 기업 과세, 기업 감독, 상공업 등록, 공장 건설 과정에서의 오염 배출, 외지 노동자의 치안 관리 등은 '2차 창업' 기간 동안 진장 향진 정부가 수

62 진장시 원림국(園林局), 「진장시 도시 녹화 상황 보고(晉江市城市綠化情況匯報)」, 2010년 6월.

행해야 하는 기본 업무가 되었다. 정부 인사들의 성과 평가에서 향진 기업의 생산 가치가 중요한 지표가 되자 향진 정부 인사들은 평가 순위 상승과 향진급 재정 확대를 좇게 되었고, 자연히 그들은 지역 경제 발전 참여에 적극적인 관심을 갖게 되었다.

진둥평원(晉東平原)의 '물고기와 쌀의 고향(魚米之鄕)'이라 불리는 천다이진을 예로 들면 진 전역의 해안선 길이는 13.6km, 산하에 행정촌(行政村(居))이 25개, 진 판공실(鎮辦)이 운영하는 농장이 1개 있었다. 2017년 행정구역 면적은 3,767헥타르,[63] 지역 인구는 7만 명 이상, 외래 인구는 약 30만 명이었다.[64] 경제 종합력은 여러 해 동안 푸젠성에서 선두권을, 취안저우시에서는 1위의 자리를 지켰다. 1990년대 중반, 신발 산업 클러스터가 급격히 부상하게 되면서 신발 기업이 늘어나고, 제품 구조도 다양해졌으며 운동화, 구두, 슬리퍼 및 캐주얼화가 시장에 진입하게 되었다. 신발 산업의 발전으로 섬유, 가죽, 신발 제조 기계, 신발 재료, 화학 등 관련 산업은 전례 없는 발전을 이루었다. 천다이진 신발 산업 클러스터의 형성은 지역 시장의 경제 발전, 그리고 지방정부의 지원과 매우 밀접한 관계가 있다. 향진 당위원회는 공장 유치, 기술 지도에서부터 현지 제품 판촉, 해외 전시에 이르기까지, 그리고 계획 지도에서부터 조세 금융 정책에 이르기까지 천다이진의 신발 산업 발전 지원을 최우선 과제로 삼아 산업 클러스터의 발전을 지원하여 수천 개의 흩어져 있던 신발 공장을 일정 규모의 신발 산업 클러스터로 구축하였다. 예를

63 國家統計局農村社會經濟調查司(編), 『중국현역통계연감(中國縣域統計年鑒)·2018(縣市卷鄉鎮卷)』, 中國統計出版社, 2019, p.228.

64 「천다이진 인구 수치(陳埭鎮人口數據)」, 紅黑人口庫, 2020년 2월 26일, https://www.hongheiku.com/lpxzsj/27344.html, 2021년 4월 3일 방문.

들어, 천다이진 당위원회와 진정부는 운영성이 높은 공업 단지 진입에 관한 규정과 시행 조치를 제정하였고, 공업 단지에 진입하는 신발 제조 기업에 대해 기업의 등록, 사업 승인, 토지 수용, 환경 보호 심사, 부동산 권리 증명서 및 기초 공사 절차 처리와 같은 '원스톱' 서비스를 시행하였다. 천다이진(陳埭鎮) 당위원회는 기업의 좋은 발전 환경 조성을 위해 사회 치안, 진구(鎮區) 관리, 환경 보호, 오염 방지, 안전한 생산, 토지 관리 및 수원 보호 작업부터 착수하였다. 2001년, 진 전역의 GDP는 38.29억 위안, 산업 총생산액은 65.8억 위안, 상공업 납세액은 2.94억 위안에 달했다.[65] 세계 어디에도 천다이진처럼 30㎢가 넘는 땅에 3,000개 이상의 신발기업이 분포되어 있는 고도로 밀집된 신발 제조 기업을 갖춘 나라는 없을 것이다.

경제 발전 공간을 보다 확장하기 위해 천다이진 정부는 1996년부터 2000년까지 3,500묘(畝) 면적의 진급 공업 단지 3개를 건설했다.[66] 공업 단지 개발 건설을 위한 영도소조를 설립했으며, 진 당정의 주요 지도자와 책임 지도자가 팀장, 관련 촌의 행정책임자가 부팀장, 촌락 간부와 하촌(下村) 간부가 구성원으로서 공업 단지 건설을 책임졌다. 그리고 영도소조는 수립한 일련의 육성책을 통해 사업 용지에 핵심 기업과 대규모 기업 유치를 우대하는 한편 산업 단지에 대규모 및 고급 기업 유치를 적극적으로 장려하였다. 또한 좋은 개발 환경과 설비 시설을 제공하기 위해 천다이진 정부는 총누적액 5.9296억 위안을 투자해 '1개의 채

65 천다이진(陳埭鎮) 정부, 「천다이진 공업구 발전 상황 보고(陳埭鎮工業區發展情況匯報)」(내부자료), 2002년 3월 25일.

66 천다이진(陳埭鎮) 정부, 「천다이진 공업구 발전 상황 보고(陳埭鎮工業區發展情況匯報)」(내부자료), 2002년 3월 25일.

널(一通道), 1개의 하천(一溪), 1개의 도시(一城), 2개의 물(二水), 3개의 구역(三區) 및 3개의 정류장(三站)'[67]과 같은 일련의 핵심 사업 건설을 추진했다.[68] 이어서 2000년대에 들어선 후, 진 정부는 도시 개발의 기회를 놓치지 않고 산업 전환과 결합하여 진장 국제 신발 및 섬유 도시(國際鞋紡城)를 주력으로 하는 통제 면적 5.6 ㎢의 성동신구(城東新區)를 계획했다. 산업 전시 및 매매, 산업 정보 공개와 정책 자문, 브랜드 협력 창작 서비스, 금융 통과, 디자인 지원 서비스, 물류 플랫폼, 전자 상거래, 그리고 전시 기능을 모두 갖춘 아시아태평양 지역 최대 규모의 의류·신발 원부자재 및 관련 산업의 무역 허브와 유명 전문 시장을 만들기 위해 최선을 다했다.[69]

2004년 중국공산당 진장시 제10차 전국대표대회의 정신에 입각해 각 진급 지역의 발전 모델도 진장시 정부가 제시한 소도시(小城鎮) 건설 목표를 좇아 현대형 도시로 전환되기 시작하였고, 그에 따라 많은 변화

---

67 역자주: '1개의 길(一通道), 1개의 하천(一溪), 1개의 도시(一城), 2개의 물(二水), 3개의 구역(三區) 및 3개 정류장(三站)'은 천다이진이 경제 발전 공간을 확장하기 위해 1996년부터 2000년까지 건설한 6가지 핵심 프로젝트로, 그 구체적인 내용은 다음과 같다. 1개의 길: 도시 순환 도로를 말하며 천다이진 지역과 주변 지역을 연결하는 주요 대로이다. 1개의 하천: 수질 환경을 개선하기 위한 안더우시(岸兜溪) 하천 정비 공사를 의미한다. 1개의 도시: '신발의 도시'로써 진의 이미지와 문화 분위기를 향상시키는 것이다. 2개의 물: 상수도와 하수처리장을 뜻하며 주민의 생활용수 및 환경위생을 개선하는 것이다. 3개의 구역: 기업에 발전 공간을 제공하기 위해 신발 도시 공업 단지, 신발 도시 경공업 단지, 신발 도시 조립 공업 단지의 3가지 공업 단지를 의미한다. 3개의 정류장: 주민들의 편리한 이동과 물류 운송을 위한 진장 버스정류소의 천다이 분소, 천다이 터미널, 천다이 화물 터미널의 세 가지 버스 터미널을 가리킨다. 이러한 핵심 프로젝트 건설은 천다이진의 경제 발전과 도시화 과정에 크게 기여했다.

68 晉江市地方誌編纂委員會(編),『진장연감(晉江年鑑)(2005)』, 方誌出版社, 2006, P.237.

69 晉江市地方誌編纂委員會(編),『진장연감(晉江年鑑)(2013)』, 方誌出版社, 2013, pp.439-440.

가 일어났다. 예를 들어, 진징진 정부는 '빈하이 스포츠의 고향(濱海運動之鄉)', 안하이진 정부는 '안핑차오 생태 문화 도시(安平橋生態文化城)', 둥스진 정부는 '우산의 도시(傘都之城)', 네이컹진은 '민난 창고 물류 중심 도시(閩南倉儲物流中心城)' 건설을 각각 추진했다.[70] 2005년 이후 공원, 문화 광장, 호텔, 비즈니스 빌딩, 직업 대학 등 현대 도시의 상징적인 건물에 진장의 여러 향과 진 정부가 주목하기 시작했다. 2012년 중국공산당 제18차 전국대표대회 이후 당과 국가가 제안한 '아름다운 중국(美麗中國)'이라는 새로운 이미지에 진장 각 향진의 발전은 다음 세 가지 생태형 목표 완수에 더 관심을 기울였다. 첫째, 토지 이용률을 높였다. 메이링진(梅嶺鎮)을 예로 들면 개조 이후 건축 밀도가 16.27%에서 10.42%로 감소했으며, 거주 인구의 수용 잠재력은 2만 명에서 20만 명으로 증가했다. 둘째, 1:1:1의 비율로 공공 부설 및 상업 개발 용지를 개선하고, 토지의 2/3를 공원 녹지, 기반 시설 및 철거민용 주택 건설에 사용했다. 셋째, 문화유산의 보존을 중시하면서 '통일적인 계획(統一規劃), 단계별 실시(分期實施), 보호 최우선(立足保護), 적절한 개발(適度開發)'의 원칙에 따라 전통문화를 활용하였다.

제4절 제2차 창업 시기 지방 국가의 구축: 정부 기구의 증가

정부 업무량의 증가와 정부 기능 부서 체계화의 주요 원인은 분명 경

---

70 「정부업무보고—2011년 1월 21일 진장시 제15기 인민대표대회 제5차 회의에서의 연설(政府工作報告—2011年1月21日在晉江市第十五屆人民代表大會第五次會議上的講話)」, 진장시위원회 선전부(宣傳部) 제공, 2011년 2월.

제 발전이다. 시장경제의 자체적인 한계는 과도한 이기적인 행위 규제와 시장 질서 유지를 위한 정부의 개입을, 그리고 개발도상국이 시행한 현대화 추월 전략(趕超戰略)은 정치, 경제, 사회 및 문화 분야에 대한 정부의 포괄적인 규제 강화 유지를 각각 요구했다. 2000년대에 들어서자 중국공산당은 '중앙 통제(管治)'에서 '서비스(服務)'로의 전환을 실현하기 위해 정부 기능 전환의 중요성을 강조했다. 특히 '서비스형 정부(服務型政府)'의 제안은 사회복지, 의료·위생, 체육·건강, 문화·오락, 공공사업 등을 모두 아울렀고 이러한 공공 서비스 기능은 정부가 맡아야 했다. 업무량이 늘어나면서 관련 정부 기구와 인력도 늘어났다. 그러나 이것이 정부 기구가 늘어난 충분조건은 아니며, 막대한 정부 지출은 강력한 재정적 지원이 필요했다. 계속해서 '2차 창업' 기간 동안 시급(市級) 기구의 증가, 인력 확충 및 여러 부서의 강화 등 진장 지방 국가 재건의 기본 구성 요건에 대해 전문적으로 분석하고 논의하겠다.

1. 정부 기구의 증가와 경비 증가

(1) 정부 기구의 수와 인사 규모의 증가

'2차 창업' 기간 동안 사회 경제 발전의 요구에 따라 정부는 상층건물(上層建築, 상부구조)로서 경제 기반 변화에 적응해야 했고, 인구 증가, 경제 발전 방식 및 속도의 변화는 모두 새로운 문제를 일으킬 수 있기에 관련 기능 부서를 추가해야만 했다. 진장에 새로 추가된 정부 부서는 진장 경제의 급속한 발전으로 인해 늘어난 관련 부서들로 에너지 통신, 환경 보호, 노동 감독, 도시 건설 계획, 토지 및 자원 관리, 금융 관리 등 분야와 세관, 검역 검사, 민간 항공, 고속도로 및 공항 등과 같은 단위와

도 관련이 있었다.

역대 『진장연감(晉江年鑒)』의 「인사 업무(人事工作)」와 「편제 업무(編制工作)」에는 정부 기구의 증설에 대해 상세히 기록되어 있다. 예를 들어, 1993년부터 1995년까지 중국공산당 진장시위원회 기구편제위원회(機構編制委員會, 이하 '시 편제위')의 승인을 받아 26개의 기관이 설립되었으며, 14개의 내부 과실(科室), 5개의 개칭된 단위 및 12개의 추가 단위가 조정되었다. 그중 새로 설립된 단위는 주로 건설 위원회, 환경 보호 등 부서의 업무 요구를 강화하는 역할을 수행했다.[71] 비영리단위의 늘어난 편제는 종종 정부가 직접 업무를 맡거나 단순한 서비스에 종사하기 불편한 분야였지만, 여전히 공공 서비스 분야에 속했다는 점이 눈에 띈다. 따라서 비영리단위의 편제가 늘어난 것도 정부 편제 확대 수요를 반영한 것이다. 1996년에 진장시 정부가 주요 건설 프로젝트로 진장 공항에 기상, 통신 및 항법, 운송, 화학, 석유, 영어 등 전문 인력 44명을 파견한 것과 같이 경제 건설에 필요한 인재를 다양한 분야에서 파견하였다. 그리고 정법(政法) 부서, 진장 공항 등 긴급 인재가 필요한 부서에 9명의 군대 전역 간부(軍轉幹部)를 배치했다. 1997년, 심각하게 부족한 진장시 공안부서의 경찰력, 미비한 검찰원의 자질 및 불합리한 구조에 맞서 진장시 인사국은 전문대학과 학부 졸업생을 대상으로 51명의 공안 간부와 5명의 검찰원 직원을 공개 모집했다.[72]

2000년에 시 편제위는 실질적인 필요에 따라 공공 기관의 배치를 조정하였고, 도시 건설, 사회 치안, 향진 기업 발전의 수요에 부합하기 위

71 晉江市地方誌編纂委員會(編), 『진장연감(晉江年鑒)(1996)』, 方誌出版社, 1998, p.263.

72 晉江市地方誌編纂委員會(編), 『진장연감(晉江年鑒)(1997)』, 方誌出版社, p.129.

해 토지 기록 보관소, 도난 방지 차량대대, 도시 감독대대 및 계획중대, 기업 조사 연락소, 액화 가스 관리소, 건설 공사 입찰 센터 등 여러 기관의 설립을 승인하였다.[73] 2001년, 공안과 경찰 부족 문제를 취안저우시와 푸젠성 편제위에 각각 보고한 진장시는 성과 시 편제위의 지원을 받아 일회성으로 180명의 공안 단일 행정 편제(單列行政編制)를 승인받았다.[74] 그리고 도시의 경제사회 발전의 수요에 따라 진장시는 시정부 구매센터(採購中心), 의료 보험 관리 센터, 낙뢰 방지 센터 등의 설립을 승인하였고, 시립 가족계획 기술 서비스참(市計生技術服務站)을 설립하였다. 또한 시 및 진급 가족계획 협회 편제를 조정했고, 시 유동 인구참(市流動人口站)과 시립 가족계획 사무소의 편제를 늘렸다.[75]

이렇게 새로운 기구를 추가하는 한편, 2004년부터 공공 행정 제도 개혁의 시범 작업을 시작하면서 경제사회 발전과 밀접하게 관련된 핵심 분야의 개혁, 조정 및 혁신을 강화하였고 성 차원에서 공안 공무원제도와 농촌 협조 관리원 제도(農村協管員制度)[76] 시행에 앞장섰다.[77] 2011년에는 종합적인 법 집행 체제의 개혁을 추진했다. 도시 격자망화(城市網格化) 관리와 디지털 도시 스마트 감독 관리 시스템의 실질적인 업무적 요구를 충족시키기 위해 진장시 도시 스마트 감독 관리 센터를 설립하여 도시 관리 행정법 집행팀과 함께 도시의 '도시 종합 관리(大城管)' 업

---

73 晉江市地方誌編纂委員會(編), 『진장연감(晉江年鑒)(2000)』, 中國社會科學出版社, 2001, p.132.

74 晉江市地方誌編纂委員會(編), 『진장연감(晉江年鑒)(2001)』, 方誌出版社, 2002, p.105.

75 상동.

76 역자주: 농촌 협조 관리원(農村協管員)은 상급 기관을 도와 농촌의 치안과 위생, 농가의 등록 및 관리, 토지 등기 등을 관리하며, 촌락 회의 조직 등을 담당했다.

77 晉江市地方誌編纂委員會(編), 『진장연감(晉江年鑒)(2009)』, 方誌出版社, 2010, p.238.

무 구조를 구축하였다. 또한, 시 전역의 중앙 집중식 행정 처벌권과 종합적인 도시 법 집행 체제(小城鎭綜合執法體制) 개혁의 요구를 충족하기 위해 도시에 합동 법 집행 팀을 만들어 도시 관리, 환경 보호 등 시 직속 부서가 소도시에 파견한 법 집행 기관을 전면적으로 관리 및 조정하였다.[78] 이어서 2013년에는 격자망화 관리를 기반으로 수사 전담 부서의 전문화, 교통 순찰 관리의 속지화(屬地化) 및 기층 경찰 업무의 통합화 등 공안 기관 관리 체제의 3가지 사항에 중점을 두고 조정하였다.[79]

상술한 추가 및 조정된 정부 기구 가운데 생산력 촉진 센터(生産力促進中心), 시정부 구매 센터(市政府採購中心), 토지 기록 보관실(土地檔案室), 도시 감독대대 계획중대(城監大隊規劃中隊), 기업 조사 연락참(企業調査聯絡站), 건설 공정 입찰 센터(建築工程招投標中心), 유동 인구 판공실(流動人口辦), 토지 비축 센터(土地儲備中心), 박사후 과학 연구 관리 센터(博士後科研管理中心) 등 경제와 밀접한 관련이 있는 기구들은 설립 후 관련 정부 구 사무소 산하에 소속되었다. 또한 전력공사(電力公司), 보험공사(保險公司), 중국우정(中國郵政), 차이나텔레콤(中國電信), 차이나모바일(中國移動), 차이나유니콤(中國聯通) 등 국유기업과 식품영양검사소, 품질검사소, 실험실 등 정부의 색깔이 짙은 많은 사업부가 있었다. 이 기구들 중 일부는 기관의 비영리단위 편제로 정부 관료와의 인사 교류에 참여할 수 있었다.

특히 강조하고 싶은 점은 경제와 시장 간의 연결 확대로 인해 전국 각지를 비롯해 다른 여러 국가 및 지역과 관련된 광범위한 무역 네트워크에 진장이 융화되었다는 것이다. 지방정부는 진장과 밀접한 교류가

---

78 晉江市地方誌編纂委員會(編), 『진장연감(晉江年鑒)(2011)』, 方誌出版社, 2012, p.241.

79 晉江市地方誌編纂委員會(編), 『진장연감(晉江年鑒)(2013)』, p.236.

있는 베이징, 상하이 등 지역에 사무소를 설치했고, 일부 해외 지역에도 관련 기구를 설립했다. 많은 해외 사무소가 설립되면서 비즈니스 연락과 정보 교류가 강화되었고, 진장의 영향력이 더욱 확대되어 더 넓은 사회 네트워크를 구축하게 되었다. 2001년 진장시에 설립된 베이징 사무소의 경우 진장시 정부가 관련 중앙 부서와 정보 연락을 유지하고 성급 베이징 사무소 정보처와 정기적인 컴퓨터 네트워킹 제도(計算機定時聯網制度)를 구축할 수 있도록 하는 한편, 중앙정부의 프로젝트 지원, 진장 기업의 베이징 시장 확장, 인재 도입, 진장의 경제 및 사회 발전 성과 홍보, 진장의 지명도 향상, 기타 다양한 지원 및 서비스 제공을 위한 사회 네트워크를 확장하였다.[80] 계속해서 진장시는 중국내 여러 지역에 사무소를 설치할 계획을 세웠다. 중국 남서부와 동남아 국가에 대한 정보 연구를 강화하고 안정적인 정보 연락 체계를 구축하여 서부 지역의 정보 채널을 확장하는 동시에 10개 이상의 기업을 윈난에 파견하여 시장 조사와 제품 설명회를 개최하기 위해 윈난(雲南) 쿤밍(昆明)에 주재 사무소를 설립했다. 그리고 좌담회와 같은 만남의 장을 통해 쿤밍에 거주하는 진장 출신 각계 인사와 취안저우 출신 거주민들과 교류하였다. 또한 공무원의 상호 방문, 남서부 출신 거주민들과의 교류, 쿤밍시 정부와 기업 초청 등 긴밀하고 양방향적인 경제 무역 교류를 했다.[81] 2015년 말까지 진장시의 각급 정부 기관은 <표 5-2>와 같다.

80 晉江市地方誌編纂委員會(編), 『진장연감(晉江年鑒)(2002)』, 方誌出版社, 2003, p.62.

81 晉江市地方誌編纂委員會(編), 『진장연감(晉江年鑒)(2002)』, p.63.

<표5-2> 진장시 각급 정부 기구 일람표

재정국(財政局)	사법국(司法局)	민정국(民政局)
감찰국(監察局)	공안국(公安局)	경제와 정보화국(經濟和信息化局)
발전과 개혁국(發展和改革局)	인력자원과 사회보장국(人力資源和社會保障局)	도시농촌계획국(城鄕規劃局)
주택과 도시농촌건설국(住房和城鄕建設局)	도시행정원림국(市政園林局)	교통국(交通局)
노동국(勞動局)	농업국(農業局)	수리국(水利局)
교육국(敎育局)	과학기술과 지적재산권국(科技和知識産權局)	문화체육신문출판국(文化體育新聞出版局)
위생과 계획출산국(衛生和計劃生育局)	시정부 판공실(市政府辦公室)	회계감사국(審計局)
국토자원국(國土資源局	환경 보호국(環境保護局)	타이완화교 외사국(僑臺外事局)
통계국(統計局)	항구해안경비관리 판공실(口岸與海防管理辦公室)	안전생산위원회 판공실(安全生産委員會辦公室)
행정법집행국(行政執法局)	쯔마오진 정부(紫帽鎭政府)	천하오진 정부(陳壕鎭政府)
네이컹진 정부(內坑鎭政府)	안하이진 정부(安海鎭政府)	츠자오진 정부(磁竈鎭政府)
잉린진 정부(英林鎭政府)	진징진 정부(金井鎭政府)	룽후진 정부(龍湖鎭政府)
션후진 정부(深滬鎭政府)	시빈진 정부(西濱鎭政府)	융허진 정부(永和鎭政府)
둥스진 정부(東石鎭政府)	메이링가도 사무처(梅嶺街道辦事處)	시위안가도 사무처(西園街道辦事處)
뤄산가도 사무처(羅山街道辦事處)	링위안가도 사무처(靈源街道辦事處)	신탕가도 사무처(新塘街道辦事處)

<표 5-1>과 <표 5-2> 비교를 통해 정부 기구의 증가가 명확하지 않음을 알 수 있다. 그 이유는 새로 설립된 기구들이 공개적으로 설립된 기관들에 대부분 종속되어 있기 때문이며, 더 중요한 이유는 진장이 기구 팽창에서 간소화로 이어지는 개혁을 겪었기 때문이다. 2015년에 진

장시는 공식적으로 새로운 정부 기구 개혁을 마무리 지었고, 부서 간 분할로 인한 도시의 다중 관리(多頭管理) 딜레마를 극복하기 위해 위생과 가족계획, 시장의 감독 관리, 인적 자원과 사회 보장, 공무원 관리, 산업과 정보화, 투자와 무역 관리 분야의 통합 및 강화에 주력하였다.[82] 그러나 정부 기구 개혁과 비영리단위 개혁에는 여전히 이와 같은 문제가 존재했다. 많은 정부 업무 부서가 조정을 거친 후 기·사업 단위(企事業單位)로 전환되었지만, 이러한 기·사업 단위의 지도 간부는 국가의 재정적 수혜(財政供養)를 계속 받을 수 있었으며, 정부 부서와 마찬가지로 인사 배치에 포함될 수 있었다. 따라서 비영리단위의 편제까지 고려한다면 넓은 의미의 기구 증가 수는 더욱 방대해졌다고 볼 수 있다.

(2) 정부 지출의 증가

정부의 경비 지출 증가는 정부의 기능 확대와 사회 업무 증가에 따른 불가피한 요구이자 계층구조의 규범화 및 전문화의 결과이기도 했다. 19세기 중후반 법 집행으로 얻은 '비용'의 일부 또는 전부였던 수많은 미국 연방 공무원의 수입은 공무원 급여가 법정화되기 전까지는 부패라고 볼 수 없었다.[83] 이러한 상황은 서구뿐만 아니라 개발도상국인 중국에서도 발생했으며, 정부 거버넌스의 규범화가 근본적으로 변하면

---

82 陳維曦, 「진장시 정부 기구 개혁 및 시 직속 기관·진(가도) 인사 방안 발표(晉江市政府機構改革暨市直、鎮(街道)人事調配方案出爐)」, http://www.mnw.cn/jinjiang/news/849842. html, 2020년 1월 14일 방문.

83 田雷, 「'보이지 않는' 거버넌스—19세기 미국의 국가 거버넌스 패턴에 관한 연구("看不見"的治理—美國19世紀國家治理模式探討)」, 『國外社會科學』, 2014(5); Nicholas R. Parrillo, *Against the Profit Motive: The Salary Revolution in American Government*, 1780-1940, Yale University Press, 2013, pp.111-112.

서 재정 경비는 정부 기구의 정상적인 운영을 효과적으로 보장하게 되었다. 1993년부터 진장시 정부는 행정 관리에 필요한 지출을 크게 늘리기 시작했다. 예를 들어, 1993년에 결산한 행정 관리 비용은 전년 대비 42.53% 증가한 2,178만 위안이었고, 1994년에는 전년 대비 41.18% 증가한 3,075만 위안이었다.

아래 <표 5-3>와 같이 4년 동안의 정부 행정 관리 비용 증가율을 보면 증가율이 보통 10% 이상이며, 40%에 가까웠던 경우도 있었음을 알 수 있다. 2001년까지 이 결산 경비는 1993년의 약 3.79배인 8,248만 위안으로 증가했다. 공검법(公檢法) 지출이 더 많아지면서 2001년 결산액은 1993년의 6배 이상이 되었다.[84] 특히 기타 지출[85]도 계속 늘어나 2001년 결산액은 7,360만 위안에 달했던 것이 눈에 띈다. 그리고 행정 관리 비용과 기타 지출은 각각 재정 예산 지출의 20%를 차지했다.

<표 5-3> 1993년, 1995년, 1999년, 2001년 진장 행정관리 비용과 공검법(公檢法) 등 항목 지출 증액표[86]

항목		행정관리 비용 지출	공검법 지출	기타 지출
1993년	결산액 (만 위안)	2,178	725.4	3,682.6
	증가율 (1992년 대비)	41.53%	88.17%	63.85%

84 1996년부터 2002년까지 『진장연감(晉江年鑒)』의 「통계 자료」편에 기록된 수치이다.

85 '기타 지출'에 세부 항목이 나열되지 않은 이유는 각종 접대비, 국가 또는 성급 명예 칭호 선정을 위해 지출되는 홍보비 등 정부의 특별 행정 지출이기 때문이다.

86 『진장연감(晉江年鑒)』의 해당 연도 재정 지출 상황을 참고하였다.

1995년	결산액 (만 위안)	3,404	1,847	2,710
	증가율 (1994년 대비)	10.69%	17.13%	2.03%
1999년	결산액 (만 위안)	6,132	3,048	5,679
	증가율 (1998년 대비)	14.13%	15.2%	8.81%
2001년	결산액 (만 위안)	8,218	4,376	7,360
	증가율 (2000년 대비)	14.04%	20.18%	9.36%

크게 증가한 행정 관리 비용과 점차 강해진 진장의 지방정부 기구를 보여주는 두 가지 자료가 있다. 국내총생산(GDP)의 3차 산업에서 진장시 정당 기관과 국가 기관, 그리고 사회단체가 거둔 생산액은 1995년 20,107만 위안에서 2001년 117,534만 위안으로 6년 만에 약 5.85배 증가했다.[87]

2006년 진장시의 행정 관리 비용은 2005년 대비 18.02% 증가한 16,322만 위안에 달했다.[88] 2008년 일반 공공 서비스 비용은 36,289만 위안으로, 그중 중국공산당 사무비 3,355만 위안, 정부 사무소 및 관련 기구 사무비 8,065만 위안, 인구 및 가족계획비 4,275만 위안, 조세 사무비 5,953만 위안 등이 각각 차지했다.[89] 2008년에는 일반 공공서비스 비용에서 중국공산당 사무비 등 여러 지출 항목을 제외하고도 재정 예산 지

87 晉江市地方誌編纂委員會(編), 『진장연감(晉江年鑒)(2002)』, p.392.

88 晉江市地方誌編纂委員會(編), 『진장연감(晉江年鑒)(2007)』, 方誌出版社, 2008, p.558.

89 晉江市地方誌編纂委員會(編), 『진장연감(晉江年鑒)(2009)』, p.600.

출의 5.1%를 차지했다. 이것은 진장의 강력한 재정 능력과 정부 행정 기구의 상대적 합리화를 반영하는 것이다.

2. 제2 창업 시기에 기능이 강화된 정부 부서

'2차 창업' 기간 동안 정부의 사회 경제적 기능이 크게 늘어나고 강해졌다. 기본적인 기능을 유지하면서 추가한 일부 새로운 기능들은 더 세분화되어 시행되었고, 원래 한 부서에서 전담하던 기능이 여러 부서로 나누어졌다. 기존의 대부분 부서는 '과(科)'로 불리고, 새로 수립된 부서는 '국(局)'이라 지칭되었으며, '과'는 '국' 내부의 지부로 편제되는 등 부서 명칭의 변화에서 이러한 변화를 엿볼 수 있다. 이렇게 강화된 기능 부서는 기반 시설 건설 및 관리 부서(주택과 도시·농촌 건설국, 교통국, 전력국), 경제질서부서(세무국, 공상행정관리국, 물가국, 감사국, 통계국, 재정국), 노동 인사와 사회보장부서(인사국, 인적자원과 사회보장국, 민정국), 공공 자원 관리 및 보호 부서(국토자원국, 환경 보호국), 공공 안전과 질서 부서(공안국, 법원, 검찰원, 무장 경찰 부대, 소방대대) 등 여러 분야를 포함했다.

상술한 바와 같이 진장 경제의 발전과 함께 도시의 규모도 나날이 커지고 관련 인프라 및 공공 서비스에 대한 수요도 늘어났다. 이에 진장시 정부는 교통 통신, 항구, 부두, 공항, 공공복지 기관 등과 같은 경제사회, 국가 경제, 민생과 관련된 부서 및 산업에 예산 편성과 인력 배치를 아끼지 않았다.[90] 이와 같은 대부분의 인프라 구축은 국가와 지방정부만이 담당할 수 있는 것이었으므로 관련 정부 부서(주택 및 도시·농촌 개발국, 교통국, 전력국 등)의 기능이 강화되었고 도시 계획 건설 부서의 역할

---

90 晉江市地方誌編纂委員會(編), 『진장연감(晉江年鑒)(2009)』, p.239.

이 점차 더 중요해졌다. 특히 1992년 이후 진장시 지방정부의 도시 건설 투자 규모가 꾸준히 크게 증가하여 2002년까지 총 100억 위안의 고정 자산을 투자했다.[91] 이어서 2010년에는 '7대 그룹(七大組團)·2대 체계(兩大體系)' 및 소도시 건설을 시작했으며 1년 만에 70억 위안의 자금을 편성받았다. 2012년에 진장시 기획건설과 부동산관리국(規劃建設與房産管理局)이 설립한 판공실, 법제과(法制科), 기획 관리과(規劃管理科), 건설관리과(建設管理科), 부동산관리과(房産管理科), 심사과(審批科) 등 6개의 내부 기구와 1개의 직속 기구인 건설공정 행정 법집행대대(建設工程行政執法大隊) 모두 정고급(正股級)이었으며, 산하의 11개 기업 단위를 통해 업무량의 증가세를 짐작할 수 있다.

1990년대에 들어서면서 지방정부에서 상공업과 조세의 위상과 역할이 점점 더 강해졌다. 지방정부는 경제 발전과 자체 재원 확충 등의 전략적 필요성 때문에 점차 조세 업무에 관심을 더 기울였다. 진장 경제 분야의 중요한 부서인 국세국(國稅局)은 '국세의 틀에서 벗어나 국세를 연구한다(跳出國稅研究國稅)'라는 자세로 지방 경제의 발전이라는 목표에 중점을 두고 징수 관리와 서비스 경제 간의 균형을 잡기 위해 노력하였다.[92] 또한, 지방 건설 자금을 모으는 업무를 담당하는 지방세 부서로서 적시에 충분한 세수를 확보하기 위해 주력했다. '2차 창업' 기간 동안 점점 더 다양해지고 복잡해진 진장 경제로 인해 '1차 창업' 기간보다

91 賀東航, 「현대화 과정에서 국가와 사회관계의 재정립-진장모델에 대한 시도적 해답(現代化進程中國家與社會關系的重新定位—對晉江模式的一個嘗試性解答)」, 『經濟體制比較研究』, 2005(4).

92 「진장시위원회 시정부 특별회의 자료 총집(晉江市委市政府專題會議材料匯編)」(내부자료), 2000년 8월, pp.274-278.

더 기능이 강화된 공상행정관리국은 도시의 시장 주체, 경제 활동 관리와 함께 계약, 상표, 광고, 상품 품질, 가격, 계량, 식품 위생 등도 감독해야 했다.

'2차 창업' 기간 동안 지속적으로 발전해온 진장 경제에서 인재 부족 문제가 불거졌고, 특히 민영기업의 경우 많은 고급 인재의 도입이 시급해졌다. 이러한 딜레마를 해결하는 과정에서 진장 노동 인사 부서의 역할은 계속해서 커졌다. 1999년 기존에 인사국 소속이었던 중국공산당 진장시위원회 편제위원회가 별도로 분리돼 조직부의 부부장이 위원회 주임을 맡음으로써 진장에서 인사 업무가 가진 중요성을 확인시켜 주었다. 1997년에 진장시 인사부는 1,475㎡ 규모의 장소를 마련하여, 일상 업무, 인재 교류, 인재 정보 웹사이트 운영, 인재 교육 및 관련 서류 관리 장소 등을 갖춘 인재 시장으로 사용했다. 이어서 1998년에 교향(僑鄉) 인재 정보 웹사이트가 개설되었고, 1999년에는 진장시의 중대형 민영기업에 이바지하도록 전국 각지의 인재 교류 기관, 대학 및 과학 연구 기관과 인재 교류 협력 네트워크를 구축하였으며, 2000년에는 진장시 박사후 과학 연구 유동참(博士後科研流動站)을 설립했다. 2012년에는 시위원회 조직부에 신설한 내부 기구인 '인재공작과(人才工作科)'는 '시위원회 인재 공작 판공실(市委人才工作辦公室)'이라는 조직명으로 인재사무 주임과 상근 부주임을 각각 1명씩 임명하였다. 또한 진장에서 일하는 박사, 박사후 연구원, 국내외 진장 출신 박사 등으로 구성된 진장 박사협회를 설립하였다. 이 밖에 공무원 시험, 인사 선발 채용의 제도화와 규범화 등도 진장의 노동 인사 부서에 업무량을 늘리는 계기가 되었다.

2차 창업 기간 동안 진장은 지속적으로 유입되는 외지 노동자, 무질서한 노동 시장, 늘어난 노사 분쟁과 같은 문제에 직면했다. 시 인적 자원과 사회 보장국(市人力資源和社會保障局)은 시 전역 노동 업무의 거시적인 통제, 도시와 농촌의 취업 상황, 안전한 생산 감독, 노사 분쟁의 처리, 행정 소송 및 재심 문제 등을 감독하고 조정해야 했다. 그리고 직업기술 훈련을 조직하여, 각 진(鎭)마다 업종별 취업 훈련기지를 구축했다. 직업교육학교, 중학교, 문화기술학교에서 위탁을 받아 실시된 직업훈련과 사회 단체가 설립한 다양한 직업훈련 기관을 통해 직업 능력 평가를 실시했으며, 각 기업의 관련 인력이 훈련에 참여하도록 하였다.

1990년대에는 경제 발전과 함께 진장의 환경 오염도 점차 더 심각해졌다. 민간 공장에서 사용하는 도구, 원부자재, 배출물 및 가정용 생활 쓰레기의 오염에 인구 증가, 도시화 개발 및 1인당 소비 증가 모두 환경 파괴를 계속 악화시켰다. 이에 지방정부는 인프라 구축에 쏟던 투자를 환경 보호를 위한 자금과 인력에 투자하기 위해 관련 기능을 강화했고 환경 보호 부서도 중추적인 역할을 맡게 되었다. 2006년부터 2010년까지 '11차 5개년 계획(十一五)' 기간 동안 진장시 정부가 제시한 '산업고도화(産業提升), 도시 건설 가속화(城建提速), 생태 복원(生態修復), 민생 우선(民生優先)'의 발전 전략으로 환경 보호 부서의 위상이 크게 높아졌다. 2012년에 시 환경 보호국에는 판공실, 법제과, 승인과, 오염통제과, 감독실, 직속 법 집행대대, 환경 모니터링소, 환경 정보 센터 등의 단위가 개설되었다. 2014년에 진장은 생태문명 건설 체제 메커니즘의 혁신에 부합하는 생태문명 체제 개혁을 위한 특별 작업반을 만들어 생태 건설과 녹색 발전 관련 업무를 담당하도록 했다.[93]

93 賀東航, 「생태 문명 건설의 체제 메커니즘 및 제도 혁신을 위한 진장의 경험적 연구(生態文明建設體制機制及制度創新的晉江經驗研究)」, 『中共福建省委黨校學報』, 2016(2).

국가폭력의 독점자인 경찰 조직의 규모도 급속히 늘어났다. 1978년에 각각 1만 명당 5명, 1㎢당 0.6명이었던 진장현의 경찰 인력 배치와 분포는 2003년에 1만 명당 15명, 1㎢당 2.3명으로 늘어났다.[94] 2001년부터 2006년까지 진장시 공안국은 형사 수사, 경제범죄 수사, 치안, 국내 안전 보위, 마약 퇴치, 특수경찰 등 6개 기능대대를 신설했으며, 인력 확충과 부서 증설, 정보기술 활용을 통해 치안 예방 및 통제의 효율을 높였다. 2012년에 진장시는 2,500만 위안 이상을 투자하여 사회 관리 비상 지휘 센터를 설립하였다. 110, 119, 120, 122의 '4대 통합(四臺合一)'[95] 시스템 구축을 통해 도심지 신고 체제는 신속하고 통제적인 지휘 체계를 갖추게 되었으며, '통일적 지휘(統一指揮), 연계적 처리(聯動處置), 효율적 서비스(高效服務)'의 비상 연계 메커니즘을 구축했다.[96] 현대 국가 구축을 위해서는 이러한 유형의 기구 설립이 필수적이었다.[97]

3. 지방정부 기능의 확장 추세

추후 정부의 공공 서비스 기능이 더욱 강화될 것임은 자명한 사실이었다. 그리고 국가 전체의 도시화가 가속화되면서 정부가 맡은 업무량은 정부 기관 증가의 끊임없는 원동력이 될 것이었다. 행정 심사 서

---

94 晉江市地方誌編纂委員會(編), 『진장연감(晉江年鑒)(2002)』, p.79.

95 역자주: '4대 통합(四臺合一)' 시스템은 중국의 긴급 핫라인으로 110은 경찰 신고 전화, 119는 소방 신고 전화, 120은 응급처치 전화, 122는 교통사고 신고 및 교통 관리 관련 전화이다.

96 晉江市地方誌編纂委員會(編), 『진장연감(晉江年鑒)(2013)』, p.203.

97 경찰 기구와 현대 국가의 성장 관계에 대해서는 Charles Tilly의 연구를 참고하길 바란다(Charles Tilly(ed.), *The Formation of National States in Western Europe*, Princeton University Press, 1975, pp.377-379).

비스센터(行政審批服務中心)를 예로 들면, 진장 경제의 지속 가능한 성장을 극대화하기 위해 2003년 4월, 진장시 정부가 공식적으로 설립한 이 센터를 통해 개선한 심사 과정은 정부의 '가속화(提速)'를 실현하여 지역 경제의 경쟁 구도에서 선도적인 위치를 유지할 수 있게 했다. 시정부 직속 파견기구로서 시위원회 상무위원과 시정부 상무부 시장이 주임을 겸했던[98] 해당 센터는 행정 권한 운영의 표준화, 심사·허가 절차의 간소화, 서면 서류의 단순화, 심사·허가 기간의 단축화, 부서의 충분한 승인 창구 촉진화 등 심사·허가 속도를 높이고자 노력하였다. 2012년까지, 진장시는 자체적으로 10번의 개혁을 추진했으며, 그중 제10차 개혁은 총 594영업일로 단축된 심사·허가 기간, 15개의 간소화된 심사·허가 서류, 통합, 축소된 15개의 심사·허가 항목, 조정된 5개의 프로젝트 수수료 기준 외에도 10개의 선심사 후처리(承諾件) 사항이 즉시 처리(即辦件)[99] 사항으로 전환되어 규제 대상자인 일반 대중이 매우 편리해졌다.[100] 또한 광범위한 현대 정보 기술 활용과 정보 네트워크에 기반을 둔 해당 센터를 통해 행정 관리의 시간적, 공간적 한계를 극복함으로써 정부의 '그림자'를 곳곳에서 쉽게 찾아볼 수 있게 되었다.

주목할 점은 진장시 정부 청사가 2006년 칭양진(青陽鎮)에서 이관하면서 뤄산진(羅山鎮)이 새로운 정치 중심지로 부상했다는 것이다. '2차 창업' 기간 동안 진장시 정부 청사는 계속 확장되었다. 1994년 시정부는

98 진장시 행정허가 서비스센터망(晉江市行政審批服務中心網) 참고.

99 역자주: 선심사 후처리(承諾件)는 절차가 복잡하고 현장에서 처리할 수 없는 신청 사항으로, 보다 심층적인 검토 또는 현장 조사가 필요하며, 즉시 처리(即辦件)는 간단한 절차에 완전한 신청 자료, 법적 형식에 부합하는 심사·허가 사항으로, 현장 또는 당일에 처리할 수 있다.

100 晉江市地方誌編纂委員會(編), 『진장연감(晉江年鑒)(2013)』, p.226.

칭양진 쑨춰터우(孫厝頭)에 11층짜리 사무용 건물을 지었지만, 부서와 인력이 늘어나자 일부 기관은 업무를 보기 위해 인근으로 이전했다. 진장시의 발전 구조와 행정 관리의 효과적인 운영에 적응하기 위해 시정부는 사무 회의에서 행정 센터 이전 문제를 여러 차례 논의한 끝에 뤄산진으로 이전하기로 결정했다. 그 이유는 북쪽으로는 고속도로, 동쪽으로는 천다이진(陳埭鎮)이 있는 칭양진에서는 더 이상 시정부의 부지를 확보할 수 없었기 때문이다. 새로운 행정 센터의 면적은 2,000묘(畝)에 달했으며,[101] 2006년 이후 시 정부의 모든 부서가 차례로 이전했다. 현재 진장시 정부 판공실은 뤄산가도(羅山街道) 스지대로남(世紀大道南) 남 1호, 발전과 개혁국(發展和改革局)은 둥화가(東華街) 11호, 상무국(商務局)은 롄위터우(蓮嶼頭) 대외경제무역빌딩, 감독위원회는 메이링가(梅嶺街) 쑨춰터우(孫厝頭) 1호에 각각 위치해 있다. 이처럼 분산된 정부의 업무에서 기관의 확장과 부서의 전문화 경향이 두드러진다. 사실상, 진장은 불과 10여 년 만에 현(縣)을 철수하고 시(市)를 세웠으며, 구(區)를 확장해 성(城)으로 연결되는 등 여러 차례 행정 구역이 바뀌었다.

제5절 지방 거버넌스의 제도화와 이성화

1. 지방 거버넌스의 제도적 배치: 상임위원제, 공무원시험제도, 성과평가 및 문책제도

현대 국가 구축의 가장 중요한 부분, 즉 정치 권력의 생성, 존재, 사

101 행정 센터 외에도 시 정부는 뤄산가도(羅山街道)에 상업 무역 전시 센터, 문화 센터 및 새로운 주거 구역과 같은 기능구(功能區)를 마련했다.

용, 교체의 합리화 과정에서 현대 관료 체계가 형성되었다. 시장경제의 확립과 점진적인 개선, 그리고 정부 업무의 증가는 현대 관료 체계의 전문화, 이성화, 합리화를 요구하였다. 특히 오랜 시간 '반관료적(反官僚)'인 경향을 보인 중국에서는 기구와 인사의 증가로 관료 체계가 팽창할 것이라는 주장과 함께 일부 부서의 잉여 인력, 비효율성, 과도한 권력 집중 현상도 이러한 분위기에 힘을 실었다는 점에 주목해야 한다. 그러나 비평가들은 이것이 현대 중국 국가 관료 체계의 제도화 및 이성화 과정의 일부라는 점에는 거의 주목하지 않았다. 1980년대 이후 중국의 현대 관료 체계 구축 과정에서 권력 운영의 제도화와 엘리트 선발이 쟁점이 되었다. 국가 권력은 누가 행사하고, 공무원은 어떻게 선발하고 승진시키며, 공무원 신분을 누가 얻을 수 있는지가 국가 거버넌스의 중요한 문제가 된 것이다.

중국 특색 제도하에 지방 당위원회, 지방 인민 대표 대회, 지방정부, 지방 정치협상회의, 지방 규율 검사 및 감독 기관의 5개 조직으로 구성된 완전한 지방 정치 시스템에서 지방 당위원회가 핵심적인 위치를 차지하고 있었다. 이에 정치학자인 양광빈(楊光斌)은 중국공산당의 역할을 소홀히 해서는 중국 정치의 본질을 제대로 알 수 없다고 지적하였다.[102]

진장에서 정치 권력 운영의 핵심은 중국공산당 진장시위원회와 상무위원회이었다. 앞서 언급한 바와 같이 1978년 이후 진장의 당대회, 당위원회, 상무위원회의 업무가 점차 제도화되었고 향진 수준에서도 제도화 조치를 시행하면서 「진장시 향진 당위원회 업무 잠정 조례(晉江市鄉鎮黨委工作暫行條例)」를 공포했다. 예를 들어, 서기와 현장은 제도적으로

---

102 楊光斌, 『정치학 입문(政治學導論)(第三版)』, 中國人民大學出版社, 2007, p.3.

명확한 책임 지원과 책임 제한이 있었다. 현(시)위원회 서기와 부서기, 현(시)장, 상무부현(시)장, 징계검사위원회(검찰) 서기, 조직부 부장, 선전부 부장, 정법위원회 서기, 통전부 부장, 인민무장부 정치위원회 및 공청단(共青團), 부녀연합회(婦聯)와 공회(工會)로 구성된 중국공산당 진장 현(시)위원회 상무위원회의 인원은 약 13명으로 부서기 인원의 증감에 따라 약간의 인원 변동이 있었지만, 기본적으로 큰 변화 없이 안정적이었다.[103] 진장시의 조직 구조를 살펴보면 현급 정권의 운영 형태는 중심(中心)-주변(邊緣) 구조였다. 이 '중심'은 시위원회 서기를 대표로 하는 지방당위원회를 필두로 하여, 시장, 부서기, 조직부장 등 시당위원회와 인민대표대회 당위원회 주임, 정치협상회의 주석, 마지막으로 부시장, 정부 사무주임, 재정국장 등의 순으로 정부 행정 서열이 나뉜다. 시위원회 서기로 대표되는 지방 당위원회가 주로 채택하는 '이당도정(以黨導政)'의 조직 배치는 권력 행사의 안정성과 예측 가능성을 보여준다.

중국공산당 진장시위원회 상무위원회의 권한은 세 가지 유형으로 나뉜다. 첫째, 인사 추천 및 결정 권한으로 부과급(副科級) 이상의 모든 간부를 대상으로 한다. 둘째, 주요 문제에 대한 의사 결정 권한이다. 셋째, 기타 권한이다. 상무위원회는 현급 지방 정권의 최고 의사결정 기구이지만, 권력의 행사에 있어서는 매우 구체적이고 상세했으며 다양한 분야를 아울렀다. 집단 지도와 개인 분업의 결합을 운영 원칙으로 삼은 당위원회에서 중추적인 역할을 하는 서기는 당위원회의 활동과 일상 업무를 처리하는 주요 책임을 맡았다. 전국 각지와 마찬가지로 진장의 두 핵심 인물인 서기와 현(시)장이 상무위원회에서 가진 실질적인 영

103 2005년 이후 역대 『진장연감(晉江年鑒)』의 지도자 명부 참조.

향력은 '이당도정'의 제도 배치에 따라 결정되었으며, 서기의 영향력이 더 컸다. 상무위원회에서는 현(시)장이 부서기의 직함으로 활동했으며, 상급의 인사에서도 서기의 경력이 현(시)장보다 길었고, 일반적으로 지방 현(시)장의 직위에서 서기로 승진할 수 있었다(표 5-4 참조).

<표 5-4> 1992~2021년 진장시 역대 시위원회 서기와 시장 일람표

재직 기간	시당위원회 서기	시장
1992년~1995년	施永康	何錦龍
1996년~2001년	朱明	龔清概
2002년~2005년	龔清概	楊益民
2005년~2006년	李建國	楊益民
2006년~2009년	楊益民	李建輝
2009년~2010년	楊益民	尤猛軍
2010년	尤猛軍	尤猛軍(兼)
2011년	尤猛軍	劉文儒
2012년	陳榮法	劉文儒
2015년	李建輝	劉文儒
2016년~2021년	劉文儒	張文賢

간부 임명 절차에서 조직부가 우선 추천 명단을 제공하면 서기가 팽두회(碰頭會)에서 심의를 했다. 팽두회에는 서기, 부서기, 현(시)장, 조직부 부장 등 지방 인사와 관련된 임명권자들이 참석했으며, 회의에서 그들은 추천 명단의 인물들이 맡게 될 직책과 함께 자신의 의견을 밝혔다. 그리고 명단 외의 인물도 추천할 수 있었다. 일부 핵심 직책과 주요 간부에 대한 토론과 협의를 거쳐 기본 합의에 도달한 후, 상무위원회를

열어 간부 선출을 논의했다. 정부 시스템의 정직(正職) 간부는 인민대표대회 선거를 거쳐 임명되어야 했기 때문에 상무위원회는 인민대표대회와의 관계, 실질적으로는 서기와 인민대표대회 상무위원회 주임 간의 관계를 조정해야만 했다.[104] 낙선을 피하고자 일부 지역에서는 서기가 인민대표대회 상무위원회 주임을 겸하는 방식을 채택하였다(그림 5-1 참조).

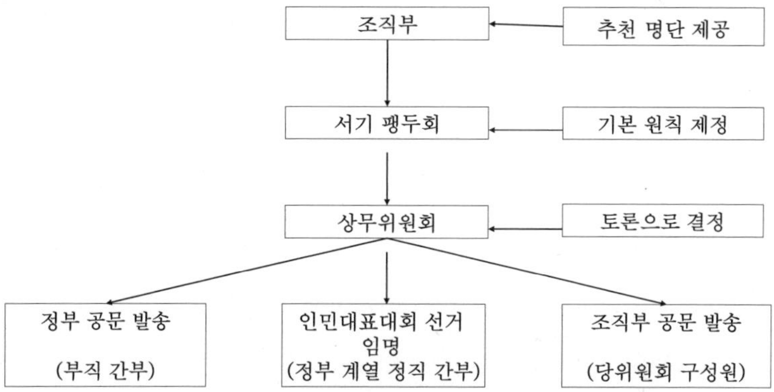

[그림 5-1] 당정(黨政) 주요 간부 임명 절차[105]

현위원회 상무위원회의 전체 이름은 '중국공산당 XX 현위원회 상무위원회(中國共産黨XX縣委員會常務委員會)'였다. 중국공산당은 정치 지도력의 핵심이었기 때문에 당의 지방 지도기관인 현위원회는 정치생활에

104 일부 성시(省市) 1급 정권에서는 성(시) 위원회 서기와 성(시) 인민대표대회 상무위원회 주임을 겸하는 관행을 채택하였다.

105 楊雪冬, 「시장 발달, 사회 성장, 공권력 구축-현을 미시적 분석 단위로(市場發育、社會生長和公共權力構建——以縣為微觀分析單位)」, pp.198-199.

있어 지방의 최고 지도 기구였으며, 상무위원회는 현(시)의 정치, 경제, 문화, 교육, 과학, 위생 등 업무를 결정하는 데 있어 선도적인 역할을 했다. 상무위원회 정책 결정은 관련 문제 담당자가 먼저 상황을 소개한 후, 상무위원회의 토론을 거쳐 최종적으로 서기가 결정하고, 담당 상무위원회가 집행하는 과정이 일반적이었다. 일부 매우 중요한 문제를 다룰 경우, 현(시) 위원회 서기는 상무위원회 토론에서 분쟁이나 충돌이 크게 발생하지 않도록 사전에 서기 팽두회를 조직해 의견을 교환하고 조정하였다. 상무위원회 개최는 비정기적으로 특정 문제에 따라 결정되었으며, 때로는 관련 기구나 부서의 책임자를 참여시켜 의견을 구하기도 하였다.

실제 정치 과정에서 상무위원회 체제는 제도적으로 서기의 권위를 확립하고 유지해 의사 결정의 통일성과 효율성을 보장했으며, 진장 경제의 급속한 발전이라는 객관적인 요구 사항도 충족했다. '2차 창업' 기간 동안 자질이 뛰어난 서기는 종종 지역에 참신한 업무 아이디어와 방식을 가져왔고, 상임위 체제(常委會體制)의 집단적 의사결정은 과도한 권력 집중에 따른 권위 남용 가능성을 낮추는 데 이바지했다.

개혁개방 이후 국가 관료 체계 구축 과정에서 공무원 조직의 등장과 발전은 중요한 내용이었다. 1987년 중국공산당 제13차 전국대표대회 보고서에는 중국의 공무원제도를 수립해야 한다고 기록되어 있다. 국무원은 1993년에 「국가 공무원 임시 조례(國家公務員暫行條例)」를 발표했다. 2005년 공포된 「공무원법(公務員法)」에는 시험·채용, 경쟁·승진, 인사교류, 성과·보수, 퇴직, 인재 개발, 회피제도 등 일련의 체계와 시행 세칙이 명확하게 규정되어 있으며, 중국 공무원은 합법한 관리의 틀 안에 포함되었다. 푸젠성은 1996년에 공무원 채용 시험 제도를 시범적으로 시행하기 시작했고, 진장은 1997년에 「진장시 중국공산당 기관 '국가 공무원 임시 조례'를 참조한 실시 방법 시행(晉江市中國共産黨機關參照試行<國家公務員暫行條例>實施辦法)」을 제정했다.

공무원 채용 절차에서 주임과원(主任科員) 이하 및 비슷한 직급의 비지도직무(非領導職務) 공무원을 채용하고, 인터넷, 케이블 TV, 공고 게시, 등록신고 등 다양한 형태로 전형 정보를 제공했으며, 필기시험, 면접시험, 신체검사, 심사평가, 채용, 공고를 포함한 전체 전형과정은 공개·평등·경쟁·우수자 선택의 원칙을 항상 준수하였다. 당위원회 시스템, 정부 부서, 법원, 검찰원, 비영리단위 등 인력 충원이 필요한 부서는 '직위설명서(職位說明書)'를 일률적으로 제출해야 했다. 그리고 소속 시스템(시 편집위원회, 시정부 판공실 등)의 심사를 통과한 후, 취안저우시 공무원국에 보고하여 통일된 모집 시험으로 대중에게 직위를 개방하였다. 고용단위의 직무 공석이 40%를 초과하는 경우 기구 편제 부서의 심사와 승인을 거친 후 조직 인사 부서에 개별 채용을 신청할 수 있었다. 직위 설정에 있어서 1차 심사를 통과한 필기시험 응시자 수와 선발 직위의 비율이 10:1 이상이어야 했으며, 규정된 비율에 도달하지 못할 경우 직위의 공개선발은 취소되었다. 또한 면접자의 비율은 일반적으로 1:3을 초과하지 않도록 미리 설정했다. 공무원 시험은 필기시험과 면접시험으로 나뉘며 공개적으로 성적을 게시하였고 필기시험에 합격한 자만이 공무원 시스템에 접속할 수 있었다. 공무원 평가와 관련하여 중국공산당 중앙조직부가 2020년 12월에 개정한 「공무원 평가 규정(公務員考核規定)」에서는 지표 평가, 평소 평가, 연간 평가 등을 포함한 민주적 평가와 정량적 평가 메커니즘을 도입했다. 연간 평가 결과는 우수(優秀), 적합(稱職), 기본 적합(基本稱職), 부적합(不稱職)의 4등급으로 구분되었으며, 여론 평가에서 70% 이상의 좋은 평가를 받지 못한 경우 승진과 포상을 받을 수 없었다. 또한 공무원의 승진, 포상 및 훈련에 있어 엄격한 절차를 따라야만 했다. 「공무원법」에는 공무원의 사직, 해고, 퇴직도 규정되어 있었다. 일반적으로 공무원 시험 및 채용의 제도화는 전문적이고 높은 자질을 갖춘 조직에 대한 국가 기관 관리 부서의 요구를 충족시켰다.

공무원제도의 시행은 진장의 공무원 공직 구조를 크게 개선했다. 2007년 관련 자료를 예로 들면 다음과 같은 특징이 있다. 첫째, 연령 구조가 더 합리적이게 되었다. 시의 과급(科級) 이상 당정 조직 217명의 평균 연령은 38.2세로 2002년보다 3.4세 낮아졌다. 그중 향진 30명의 당정 정직(正職)의 평균 연령은 39.6세였으며, 각 진에는 30세 미만의 젊은 간부와 여성 간부가 각각 1명 있었다. 네이컹(內坑)과 쯔마오진(紫帽鎭)의 당위원회 서기는 모두 여성이었다. 둘째, 교육 수준이 더 높아졌다. 시 전체 공무원 공직 중 전문대 이상의 학력이 52.97%로 전년 대비 11.16% 증가하였다. 그중 당정 정직이 전년 대비 23.3% 증가한 80%를 차지하였다. 셋째, 교류 순환 근무 범위(交流輪崗面)가 더 넓어졌다. 전근(易地), 직무순환(易崗)과 같은 인사이동은 48.5%, 당정 정직 조정 인사이동은 66.7%에 달했다.

2000년대에 들어서 국가 공무원제도는 시행 세칙을 개선하는 등 특히 공무원 시스템 관리에 큰 변화가 생겼다. 진장시는 이·퇴직제도의 확립과 부적격 공직자의 해임을 비롯한 간부 관리 및 감독 제도를 공고히 구축했다. 중국공산당 진장시위원회 조직부는 간부의 실제 성과 감독을 업무의 중점으로 두고, 간부 문제 회의제도, 담화제도, 휴가 신청제도, 수입 신고 제도, 주요 문제 보고제도 및 당조직에서의 본인 관련 문제에 대한 대중의 피드백 보고 등 다양한 제도를 제정하였다. 시 직속 기구의 개혁과 향진의 임기 만료에 따른 교체를 결합하여, 시 직속 기관과 각 진(장) 지도부와 그 구성원의 임기 목표 완수 상황을 종합적으로 점검하였다. 또한 간부 종신제 타파와 우수한 간부 선발을 위해 간부 조직에 경쟁 인센티브 메커니즘을 도입했다. 2000년에 도시의 10개 단위(부서)가 실시한 경쟁에서는 총 144명이 참가하고 61명이 부임했다.[106] 2012년까지 시의 고급(股級) 간부 경쟁보직(競爭上崗)[107]을 실시하여 총 247명이 고급 직위로 승진하였고 39명이 탈락했다. 그리고 차액 선발 경쟁(差額選拔競爭)[108] 메커니즘을 도입하여 잉린진(英林鎭)을 비롯한 9개 진(가도)에서 차액 추천, 차액 평가, 차액 투표를 통해 총 157명의 고급 간부가 차액 경쟁을 통해 선발되었다.[109]

중국의 현대 공무원제도가 확립되고 시행됨에 따라 간부 구조와 자질에 큰 변화가 생겼다. '1차 창업'과 '2차 창업'의 초기 단계에서 진장의 관료화 조직에 드러난 부족한 점 가운데 하나는 대부분의 공무원이 현지 교육계의 초중등 교사 중에서 선발되거나 차출되었으며, 교육 수

---

106 晉江市地方誌編纂委員會(編), 『진장연감(晉江年鑒)(2001)』, p.14.

107 역자주: 「당정 기관의 경쟁보직 관한 잠정 조례(黨政機關競爭上崗工作暫行條例)에 따르면 경쟁보직은 주로 중앙 및 국가 기관의 국급(局級)·처급(處級) 기구, 현급 이상 또는 업무 부서의 지도 구성원의 선발과 임명에 적용된다. 경쟁을 통한 직무 결정을 의미하는 경쟁보직은 공정성과 개방성으로 선발 기준과 절차도 모두 공개된다(https://baike.baidu.com/item/%E7%AB%9E%E4%BA%89%E4%B8%8A%E5%B2%97/10280617).

108 역자주: 차액 선발 경쟁(差額選拔競爭)은 등액선거(等額選擧)와는 다르게 입후보자가 선출해야 할 대표자보다 많은 선거이다. 중국은 1979년 선거법부터 등액선거를 차액선거로 바꿨다. 직접선거의 경우 대표 후보자의 수는 선출된 대표자의 3분의 1에서 2배 이상이어야 하며, 간접선거의 경우 대표 후보자의 수는 선출된 대표자의 5분의 1에서 2분의 1 이상이어야 한다.

109 晉江市地方誌編纂委員會(編), 『진장연감(晉江年鑒)(2013)』, p.106.

준도 일정하지 않았다는 점이다. 1997년 국가 공무원 시험을 실시한 후 이러한 상황은 급격히 변화하여 '만금유(萬金油)' 간부[110]들이 대거 축출되었으며, 관료팀의 채용, 평가 및 승진은 더욱 정규화되고 전문화되어 점차 '관료제 정신(官僚制精神)'을 갖춘 전문 관료 조직을 구축하게 되었다. 통계에 따르면 2001년 진장시 정부 기관 및 사업 단위의 공무원 수는 1993년 9,114명에서 적어도 20,204명으로 증가했다. 불과 8년 만에 진장시 정부 기관과 사업 단위의 공무원이 2배 이상 꾸준히 늘어나게 된 것이다.[111] 좋은 교육을 받고 높은 자질을 갖춘 많은 사회 엘리트가 행정 체제에 흡수되어 행정 효율성의 향상을 촉진했다. 전체 공무원 시험과 채용 체계가 점차 개선되면서 성과 평가 상벌제도와 공무원 문책제도도 규범화, 절차화, 표준화되기 시작해 관료 체계에서 개인의 권력 확장되거나 남용될 소지를 억제했다. 사실상 국가 공무원제도의 확립은 그 자체로 정부 관료 체계의 계층화와 이성화 과정이었으며, 동시에 지방 통치의 이성화를 촉진하였다.

2. 지방 거버넌스의 성과

'2차 창업' 기간 동안 정부의 이성적인 거버넌스는 진장시 현대 행정 계층제의 성장과 함께했다. 베버는 현대 국가가 전통 사회와 구별되는

110 역자주: '만금유(萬金油)'는 실제로 병을 치료할 수 없는 약이기 때문에 무엇이든 할 수 있지만, 아무것도 못 하는 사람을 비유하는 표현이다. '만금유 간부'는 부정적인 의미로, 전문적으로 자신의 직무에 정통하지 않고 독선적인 관료를 의미한다.

111 賀東航, 「현대화 과정에서 국가와 사회관계의 재정립-진장모델에 대한 시도적 해답(現代化進程中國家與社會關系的重新定位—對晉江模式的一個嘗試性解答)」, 『經濟體制比較研究』, 2005(4).

가장 큰 특징은 이성화에 있다고 보았다.[112] 이러한 이성화의 가장 두드러진 양상은 바로 계층화(科層化)이다. 그는 "정확성, 신속성, 명확성, 숙련된 기록 정리, 지속성, 신중함, 통일성, 엄격한 복종, 마찰의 최소화, 그리고 물자와 인건비의 절감은 엄격한 관료제 행정(특히 일원적 지배 체제 하에서)에서 가장 이상적인 상태에 도달한다"고 보았다. 그는 또한 이성화, 예측 가능성, 안정성을 이상적 계층제 운용의 핵심 특징으로 요약하였다.

중국 지방 거버넌스의 이성화를 분석할 때, 지방 경제 경쟁에서 정부가 맡은 중요한 역할에 주목할 필요가 있다. 그중 지방정부의 상호 경쟁, '선두 싸움(爭做龍頭)', 손익 계산 등은 모두 기업 그룹의 운영 방식과 매우 유사했다. 따라서 진장시 공무원은 '전국 100강 현(全國百强縣)'의 순위를 유지하는 것과 같은 올바른 판단과 적절한 정책을 취할 줄 알아야만 했다. 또한, 모든 향진 정부는 서로 경쟁하고 있었다. 어떤 의미에서 보면, 현재 진장이 거둔 모든 성과는 합리적인 계산의 결과인 것이다. 경제 발전과 공동 번영의 현대화는 이성화의 강력한 기반이 되었으며, 권위 유지와 '재생산(再生産)'을 위한 지방 지도자의 전략이 되었다. 공무원의 성과 평가 체계에서 지역 GDP 총액 및 성장률, 1인당 매출액, 향진 기업의 총 매출액 및 성장률, 브랜드 기업(品牌企業)의 상황이 공무원의 평가와 승진에 영향을 미치는 중요한 수치였다. 이에 진장시 정부는 영도소조와 다양한 경쟁 입찰 활동 때문에 만들어진 여러 지휘부를 통해 효과적인 조직 구조 조정을 진행했다. 예를 들어, '시 전역의 경제

---

112 Max Weber, 『베버 작품집 III-지배의 사회학(韋伯作品集III—支配社會學)』, 康樂·簡惠美(역), 廣西師範大學出版社, 2004, p.45.

사업을 공업 경제, 수출 지향형 경제, 농업 경제, 도시 경제의 4개 부분으로 나눈 후, 4개의 경제 영도소조를 조직해 시위원회의 부서기가 주도하고 전국인민대표대회, 정부, 정치협상회의의 관련 지도자와 관련 기능 부서가 함께 참여하도록 했다. 이와 같은 조직 전략에 관한 주요 내용은 '혁신 지도 메커니즘(創新領導機制)', '혁신 업무 메커니즘(創新工作機制)', '혁신 감독 메커니즘(創新監督機制)', '혁신 인센티브 메커니즘(創新激勵機制)'이었다. 각 영도소조의 핵심 구성원은 당위원회, 정부, 전국인민대표대회, 정치협상회의 출신 4명이었다. 각 영도소조는 해당 경제 발전 임무도 수행했다. 이렇게 시 당위원회(市委) 서기가 핵심이고 경제 발전을 지점으로 하는 운영 체계가 형성되었다. 이 운영 체계는 경제 발전을 중심으로 일련의 규칙을 형성하였고, 일련의 관리 및 인센티브를 위한 장기 효과(長效) 메커니즘을 도입했으며, 점차 일상적이고 제도화된 선호도로 전환되었다.

기구 설립과 권력 운영 측면에서 '2차 창업' 기간 동안 진장의 지방 계층제가 완전히 구축되었으며, 권력은 하급 기구인 과실(科室)로까지 확장되었다. 정부 기구의 설립에 있어서는 기본적으로 일체화된 구조를 취하는 한편 정부 판공실, 경제 발전국, 상무국, 공안국, 인사국, 재정국, 교육국, 사법국, 감찰국 등 부서와 같은 지방 업무와 결합하여 합리적인 분업을 수행하였다. 「중화인민공화국 지방 각급 인민대표대회와 지방 각급 인민정부 조직법(中華人民共和國地方各級人民代表大會和地方各級人民政府組織法)」의 규정에 따라 현급 정부의 국(局), 과(科) 등 업무 부서의 설립, 증가, 감소 또는 합병은 동급 인민정부가 상급 인민정부에 보고하여 승인을 받는 한편, 동급 인민대표대회 상무위원회에도 보고하여 등록해야 했다. 지방정부 기구의 인력 증감에는 구체적인 규정과 절차가 있었고, 일반적으로 각 부서와 과실(科室)에는 내부 행정 규정도 있었으며, 제도화된 운영 절차를 따랐다. 또한, 기구 편제도 정부의 합리적인 사고의 특성을 강조하였다. 2008년 진장은 기구 총량을 소폭 조정하는 것 외에도, 관련 부서에서 제출한 17개 기구 설립 신청 및 관련 56개 비영리단위의 편제 신청은 효과적인 기능 전환 및 기구 조정을 통해 내부적으로 소화하여 기구 편제가 경제 사회, 국가 경제 및 민생과 밀접한 부서 및 산업에 사용되었다.[113] 진장시위원회 위원과 정부 기구 구성원의 임명은 엄격한 절차와 규정을 따랐으며, 권한과 책임을 명확히 하기 위해 시장과 부시장은 구체적인 담당 부서와 조정 부서를 명시하였다. 일반적으로 시장은 시 정부의 전반적인 업무를 주재하고 편제하였으며, 국토 자원, 산업 단지 등의 업무를 주관했다. 시장의 업무를 보좌하기 위해 한 명의 부시장을 두었으며, 또 다른 부시장은 특정 분야를 담당하여 관련 부서의 업무를 조정하고 연락을 유지하도록 임명하였다.

권력 운영은 '2차 창업' 기간 동안 더욱 제도화되었다. 1990년대 이후 통일된 국가의 폭력 관리제도, 법제 체계, 금융제도, 조세제도, 현대 공무원제도, 통일시장제도가 점차 확립되고 개선되어 현대 국가 제도 건설 체계에 통합되었다. 2000년대가 되자 진장시 정부의 정책 결정 제도도 개선되는 경향을 보였으며, 당정 지도자의 정책 결정에 관한 관련 규정도 공포되었다. 민주집중제의 원칙을 시행하기 위해 지방 당위원회는 모든 주요 현안에 대해 당위원회와 서기 회의를, 지방과 기층 정부는 간부회의 및 정부 사무 회의를 개최해야 했으며, 정부 수장 책임

113 晉江市地方誌編纂委員會(編), 『진장연감(晉江年鑒)(2009)』, p.239.

제와 부서 수장 책임제를 채택해야 했다. 또한, 공문서, 사무 및 관리 제도도 엄격히 집행되어 모든 정책 결정과 인사, 해임, 집행 피드백 등을 서류 정리하여 등록해 놓았다. 인사 채용에서 혈연, 친인척 등의 요인이 미치는 영향이 줄어들었고, 인재 학력에 중점을 두고 전문 기술 인력과 인재가 부족한 기관에 녹색 통로(綠色通道, 간단하고 신속한 수속 절차)를 여는 등 현대 관리에 적합한 인재를 선발할 수 있는 기반이 점차 마련되었다.

교류 제도와 회피 제도는 중국 현대 국가 관료 제도 건설의 중요한 특징이다. 1990년대 이후 보편적으로 시행된 간부 교류제도와 회피제도의 일반적인 원칙은 현급 이하 간부는 현 내에서만, 지급(地級)·현급(縣級) 간부는 성·자치구·직할시에서, 중앙의 각 부서와 성급 간부는 전국적으로 교류한다는 것이다. 사실상 일종의 회의제도인 교류제도는 현급 지방정부의 관점에서 현(시) 위원회 서기와 현(시) 장이 본적지에서 일할 수 없음을 의미한다. 통계에 따르면 1993년 이후 진장 간부의 교류 순환 근무 범위가 더 넓어졌고, 전근과 직무순환과 같은 인사이동은 48.5%, 당정의 정직(正職) 조정 인사이동은 66.7%에 달했다.[114] 1996년 진장에서 보직 조정(崗位調整)과 전근을 한 간부는 67명으로 31.16%를 차지했다. 그중 시 직속 기관(市直機關)에서 현(장)에 부임한 자는 19명으로 8.83%를, 진과 진을 교류한 자는 51명으로 23.72%를 차지했다.[115] 2012년에는 시·당·정부·공공 기관의 과급(科級) 이하 직원 교류 순환 근

114 黃陵東(主編), 「국내 개발의 변천: 중국 국정 총서-백개의 현시 경제사회 추적조사·진장권(內發的變遷: 中國國情叢書—百縣市經濟社會追蹤調查·晉江卷)」, 社會科學文獻出版社, 2007, p.316.

115 상게서, p.316.

무를 전면적으로 시작했다. 혁신 성과제 직무 선택(創新實績量化積分擇崗) 방식을 통해 교류 인력은 133명에 달했으며, 인사이동은 11.86%에 달했다. 그중 118명은 주요 업무와 보조 업무 지원 계획에 따라 배치되었으며, 공정한 직무 선택을 위해 실제 성과에 따른 공개 경쟁식 채용을 지향하였다.[116]

또한 중국공산당 진장시위원회는 행정 관리 체제에 중대한 변화를 일으켰다. 1996년에 진장시는 직능 정립(定職能), 기구 정립(定機構), 편제 정립(定編制)의 '3가지 정립(三定)' 원칙에 따라 기구를 개혁했다. 당시 기구 개혁은 이성적인 제도를 바탕으로 이루어졌다. 원활한 개혁을 위해 시 당위원회와 시정부는 시 행정제도 개혁을 위한 영도소조와 시 당위원회 기구 편제위원회가 제정한 「진장시 시급 당정 기구 개혁 시행에 관한 의견(關於晉江市市級黨政機構改革的實施意見)」과 「진장시 당정기구의 '3가지 정립' 업무에 관한 의견(關於晉江市黨政機構開展"三定"工作的意見)」을 전달했다. 기구 개혁 기간 동안 시 및 진급 기관은 규정된 절차에 따른 공무원 채용 외에도 기관 외부에서의 인력 투입과 돌발적인 간부 특별채용, 독단적인 직무 능력 평가를 금지했으며, 변칙적으로 공공 자금이나 물자를 사유하거나 공금으로 여행 등을 할 수 없도록 규정하였다. 또한 재정 규율의 엄격한 준수 등 국유 자산 관리를 강화함으로써 국유 자산의 손실을 방지했다. 그리고 행정승인제도(行政審批制度) 개혁, 행정 간소화와 권한 이양(簡政放權) 기회를 통해 현지의 청렴 정치 리스크(廉政風險) 예방·통제 상황을 조사하고 행정재량권을 축소했으며, 보다 향상된 감독 및 평가 제도를 위해 개선된 '진장 공개사이트(晉江公開網)'에서 정보

---

116 晉江市地方誌編纂委員會(編), 『진장연감(晉江年鑒)(2013)』, p.106.

를 공개하고 사회적 감독을 수용하도록 했다.

개혁 이후, 진장시 행정 관리 시스템은 계층화, 서류화, 전문화를 실현했으며, 지도자 개인의 권력은 이렇게 제도화되고 전문화된 공무원 조직에 의해 제한되었다. 이러한 개혁 원칙과 조치에는 베버식 이성적 관료제의 기본 개념이 포함되어 있다. 사회의 발전과 시장의 성장으로 지방 거버넌스의 개념은 계속해서 사람들의 마음속 깊이 스며들면서 '법치(法治)'와 '거버넌스(治理)'는 점차 연해 지역(진장 포함) 관료들에게 유행어이자 시정 개념이 되었고, 기업과 사회는 정부 관리의 이성적인 권력 운영을 요구하였다. 동시에 당내 거버넌스도 제도화의 성과를 거두었다. 2012년 중국공산당 제18차 전국대표대회 이후 중국은 제도 혁신의 형태로 고용, 의사결정, 감독 등의 개혁을 강화하고 공고히 했다. 이러한 변화는 중국공산당이 사회와 시대의 변화에 끊임없이 적응하고 있음을 반영하는 것이다.

필자는 국가 관료 체제 건설을 적극적으로 평가하는 한편, 관료제와 권력의 과도한 집중으로 인한 많은 문제를 지적하는 일부 학계의 견해에 주목하였다. 그들은 서구에서 유행한 신공공관리운동(新公共管理運動)[117]으로 중국의 관료제도를 재검토하고 다원화된 거버넌스 아이디어를 제시하고자 하였다. 그러나 관료제가 성숙하지 않은 나라에서 반관료제(反官僚制) 운동을 하는 것은 사실 서구의 신공공관리운동과 이론교조주의(理論本本主義)의 영향때문이었다. 중국 관료 체제의 문제는 과

117 역자주: 신공공관리 운동은 1980년대 영국과 뉴질랜드를 중심으로 영연방제국에서 시작되었으며, 이후 1990년대에는 미국에서 정부 재창조 운동이 전개되었다. 신공공관리론은 정부 축소를 지향하는 신보수주의적/신자유주의적 정책의 추진과 더불어 광범한 공공관리 개혁을 의미한다(법률저널, http://www.lec.co.kr 참고).

도한 제도가 아니라 결핍된 제도 문화와 불완전한 제도 구축으로 인해 빚어진 결과이다. 그리고 중국에서 과도한 권력의 집중은 관료 체제 자체의 결과가 아닐 수도 있다. 현재 전 세계의 시선이 중국을 재조명하는 상황에서 우리는 1978년 이후 중국 현대 관료 체제의 성과를 이성적으로 생각할 필요가 있다.

첫째, 국가 역량 강화이다. 후발 추월형(後發趕超型) 국가로서 사회적 자원을 효율적으로 동원하고 다양한 기대에 부응하기 위해서는 거대한 계층(科層) 구조와 수천만 명의 관리들로 이뤄진 현대 정부가 뒷받침되어야만 국가 기관이 정확하고 신속하게 운영되고, 정부의 의지와 명령을 통치 대상이 지킬 수 있을 것이다. 사실, 통제주의 시대에 비해 후발추월형 국가의 통제 방식이 더 효과적이고, 시행하는 조치와 방법이 더 체계적이며, 사회 전반의 관리 수준도 질적으로 더 향상되어 있다고 할 수 있다.

둘째, 국가의 '합리화'이다. 국가는 통제주의 시절처럼 단순히 폭력을 사용하는 것이 아닌 사무와 직위 분업의 전문화, 등급화, 비인격화, 규칙화, 기술화, 업무 절차의 법제화와 체계화로 권력을 행사하며, 경험적 관리 대신 지식과 기술을 중시하게 되었다. 이러한 권력 행사 방식을 통해 많은 공무원이 문서작업에 익숙해지고 신중해졌으며 상부의 지시에 잘 따르게 되었다. 또한, 조직 운영의 지속성을 유지하고, 통제주의 기간 국가 행정 체제에 미치는 인적 요인의 영향력을 효과적으로 감소시켰으며,[118] 법치를 기반으로 한 과학적이고 민주적인 공공 행정

---

118 '한 나라의 운명을 한두 사람의 명성에 맡기는 것은 매우 건강하지 않고 위험하다'라는 덩샤오핑의 어록에서 알 수 있듯 그는 제도화된 계층 조직 구축을 주장하였다. 『덩샤오핑 문선(鄧小平文選)(제3권)』, 人民出版社, 1993, p.311.

을 실현할 수 있게 되었다. 그 중요한 원인은 이성화와 계층제가 강점인 관료 체제가 개인의 권리를 효과적으로 제한했기 때문이다. 오늘날 중국의 집권체제에서도 관료 체제는 정책 결정의 오류를 줄이는 데 효과적인 요소가 될 수 있다.

셋째, 국가 전환의 안전과 질서 보장이다. 현대 행정 체제의 건설은 중국 국가 구축의 중요한 부분이지만, 헌정(憲政) 수준이 아닌 행정 수준에 국한된 것이다. 모든 정치 체제는 먼저 권력을 얻은 후 완전한 현대 계층 정부를 수립하고, 그 기본적인 정부 기능을 수행한 후에야 비로소 이를 제한할 수 있다. 그렇지 않으면 어떤 형태로든 거버넌스에 실패할 수 있다. 권력을 공고히 하려면 기반성과 합법성이 필요하다. 현대 관료제는 사회의 엘리트를 행정적 의사결정 구조에 통합시키는 과정에서 통치 권력에 일정한 합법성을 부여함으로써 복잡한 시장경제에서 국가가 안정되도록 하였다. 이러한 '행정 흡수(行政吸納)'[119] 체제는 민주보다 질서를, 대중 참여보다는 전문가의 국정 운영을, 그리고 정체(政體) 유형보다는 거버넌스를 더 강조한다. 국가의 본질은 근본적으로 변하지 않으며, 현대화 과정에서 국가가 필요로 하는 질서를 보장한다.

넷째, 국가 경제의 고속 성장 촉진이다. 관료 체제 자체의 특징 중 하나는 이성화와 효율성의 중시이다. 글로벌 경쟁 속에서 국가가 경제 발전을 주도하는 임무는 자연스럽게 관료 체제가 맡게 되었고, 개혁개방 이후 중앙정부는 지방에 권한을 위임해 상호 경쟁을 부추겼다. 현지 현대화 목표 달성을 가속화하기 위해 지방정부는 기업가로서 '전국(성)

---

119 金耀基, 『중국 정치와 문화(中國政治與文化)』, 牛津大學出版社, 1997, pp.43-44.

선진시(현)(全國(省)先進市(縣))'과 같은 다양한 '경쟁 운동(竟賽運動)'에 참여했다. 이러한 활동은 경제, 사회, 정치, 생태, 문화, 당 건설 등과 같은 다양한 분야를 아울렀다. 진장은 '푸젠의 용(福建龍)'이 되기 위해 이 활동에 참여하여 다른 동급 지방정부와 치열한 경쟁을 벌였다. 지방정부는 경제 발전의 능동적인 주체이자 주도적인 역량이었다.

이론적으로 중국은 현대화의 후발 국가이다. 이러한 역사적 지위는 현대화 과정에서 (각급) 정부가 동원과 조직 역할을 수행하도록 하였고, 중국공산당이 핵심 활동자로서 정치 및 조직 노선을 보장하였다. 현대화 전기 중반에 이 같은 역할이 특히 두드러지게 나타났다. 일부 학자들은 중국과 인도의 발전 속도를 비교하면서 중국 관료정부의 적극적인 역할에 주목해야 한다고 보았다.[120] 발전의 관점에서 현대화와 시장화 자체는 정부 확장의 원동력 중 하나이며, 현대 국가의 중요한 부분을 구성한다. 이와 관련해서는 뒤에서 더 자세히 다루도록 하겠다.

---

120 Prasenjit Duara, 「역사와 비교 관점으로 보는 중국 개혁(從歷史和比較的觀點看中國改革)」, 程美寶(역), 『開放時代』, 2009(8).

제6장

1978년 이후 국가 능력의 형성

현대 국가의 구축 과정은 사회 전반의 인적, 물적 자원을 동원해야 하는 과정이자 국가의 역량을 지속적으로 다지고 강화하는 과정이다. 국가의 의지와 목표를 현실로 전환하는 능력을 의미하는 국가 능력에는 일반적으로 흡수 능력, 강제 능력 및 정부 집행력의 세 가지 유형이 있다. 본 장의 주요 내용은 다음과 같다.

제1절에서는 국가 흡수 능력 제도 구축에 대해 다룬다. 현대 국가의 가장 중요한 능력으로서 재정 흡수 능력 제도는 계속 강화되고 표준화되고 있으며, 무엇보다 중요한 것은 중앙과 지방 간의 관계를 조정하는 중요한 도구가 되는 것이다. 개혁개방 초기, 중앙정부는 하급 기관에 권력을 이양하고 이익을 양도한다는 이념(放權讓利)으로 '각자의 부엌에서 밥을 먹는(分竈吃飯)'[1]재정 체제를 시행하였다. 1994년 중국은 세금의 종류를 규범화하고 지방에서 중앙으로 세금을 집중시키는 분세제(分稅制)를 시행하기 시작했다. 제1절에서는 이러한 역사적 배경 속에서 진장 지방 재정 흡수 능력 제도 구축의 변천 과정을 분석하겠다.

제2절에서는 진장을 예로 들어 국가 폭력 기구로서의 경찰 조직 수립을 포함한 현대 국가 구축 과정의 강제 능력 제도 건설을 요약한다. 개혁개방 이후 당과 국가의 핵심 과제 이전과 권한 이양으로 경찰 조직

1 역자주: 1980년부터 1984년까지 대부분의 중국 성(省)에서는 중앙과 지방의 수입과 지출을 구분하여 각자 책임을 지는 예산 관리 시스템을 시행하였다.

의 관리 기능도 중대한 변화를 겪게 되었다. 인력 편제, 자금 보장, 기구 관리 권한의 이양과 함께 중앙정부는 자원을 동원하고 위험을 분산시키기 위해 사회 안정을 유지하는 권한과 책임의 대부분을 지방에 위임하였다. 2010년 이후 관리 체계와 감독 메커니즘이 조정되고 일정 부분 권력이 집중되었지만, 여전히 분권화가 주요한 권력 구조였다.

제3절은 정부의 집행력을 집중적으로 분석한다. 정부의 집행력은 의사 결정 권력의 확장으로서 지방정부가 상급 정부의 의지를 관철하는 중요한 연결 고리이자 지방 경제 사회 건설을 촉진하는 중요한 보장이다. 1978년 이후 행정 권력의 운영은 '법치화(法治化), 규범화(規範化), 기술화(技術化) 및 표준화(標準化)'[2]의 전개를 요구받아 왔으며, 이는 행정 체제 구축의 핵심 안건이었다. 또한, 행정 문책의 장기화와 공무원 채용의 규범화도 지방정부의 집행 능력을 반영하였다.

제1절 국가 흡수 능력 관련 연구 토론

흡수 능력은 국가가 사회 경제적 자원을 동원하는 능력으로, 국가 재정 흡수 능력은 국가 흡수 능력을 집중적으로 나타낸다.[3] 현대 국가의 구축은 국가가 양성하는 군대와 사법 체계, 행정 기구를 갖추고, 이들 기구가 담당하는 공적 기능을 확립하는 것을 의미한다. 이 모든 실현은 강력하고 지속 가능한 재정적 지원에 의존해야 하며, 그렇지 않으면 어

2 渠敬東·周飛舟·應星, 「전면적 지배에서 기술적 거버넌스로-중국 개혁 30년의 경험을 바탕으로 한 사회학적 분석(從總體支配到技術治理—基於中國30年改革經驗的社會學分析)」, 『中國社會科学』, 2009(6).

3 王紹光·胡鞍鋼: 『중국 국가 능력 보고(中國國家能力報告)』, 遼寧人民出版社, 1993, p.6.

떠한 목표도 달성할 수 없다.[4] 전통적인 국가의 흡수 능력은 세금 징수 권한이 지방 세력에 의해 통제되거나 국가에서 징수한 세금이 지방 세력에 의해 차단되는 등 큰 제약을 받아 왔다.[5] 이러한 흡수 능력의 약화 상태는 현대 국가의 구축 단계까지 계속되었다. 국가 재정 흡수 능력은 국가 능력의 강약과 그에 따른 결과를 반영한다. 더 중요한 것은 국가 능력의 핵심으로서 국가가 다른 능력을 실현하는 기반이 된다는 것이다. 따라서 국가 흡수 능력의 감소는 거시 경제 조절 능력의 감소, 경제적 어려움에 대한 무력감, 실업 증가 및 경기 침체와 같은 일련의 심각한 결과를 초래할 수 있으며, 궁극적으로 사회적 위기를 촉발하고 통치의 합법성을 전복시킬 수도 있다. 프랑스의 법학자이자 사상가 장 보댕(Jean Bodin)은 '재원은 국가의 신경(財力資源是國家的神經)'이라고 언급한 바 있다. 역사적 실천에서도 볼 수 있듯이 현대 국가 건설의 실패는 모두 재정 능력과 밀접한 관련이 있다. 난징 국민정부가 주도한 현대 국가 건설을 예로 들면 전면적인 재정 금융 붕괴로 인해 좌초한 국민정부는 결국 와해되고 말았다.

왕샤오광(王紹光)과 후안강(胡鞍鋼)은 일찍이 중국의 국가 재정 흡수 능력에 대한 포괄적인 분석과 평가를 했다. 『중국 국가 능력 보고(中國國家能力報告)』에서 그들은 신중국 재정 흡수 역사에 대한 조사를 기반으로 1949년 이후 불규칙한 재정 흡수 체제 등 다양한 문제가 있었지만, 국가 재정 흡수 능력이 빠르게 향상되었다고 주장했다. 80년대 이후, '각

4 王紹光: 「국가 흡수 능력의 구축—중화인민공화국 건국 초기의 경험(國家汲取能力的建設—中華人民共和國成立初期的經驗)」, 『中國社會科學』, 2002(1).

5 Richard Lachmann, 『국가와 권력(國家與權力)』, 酈菁·張昕(역), 上海人民出版社, 2013, pp.9-17.

자의 부엌에서 밥을 먹는 전면 재정 도급제(財政大包幹制)'의 시행으로 국가 재정 흡수 능력은 급격히 떨어졌고, 재정수입 비율은 1978년 31.2%에서 1992년 14.7%로 세계 최저 수준에 근접하게 감소했다.[6] 이어서 국가 재정 흡수 능력 저하 문제와 그 원인을 분석한 왕샤오광과 후안강은 재정 체제가 국가 재정 흡수 능력 저하의 주요 원인이라는 점을 지적하면서 중앙과 지방정부 간의 수직적 분권화(縱向分權), 분세제 시행, 세제(稅制)와 세율(稅率)의 획일화, 개인소득세 징수, 사회보장계획 시행을 제안하였다.[7]

그렇다면 국가 재정 흡수 능력은 어떻게 측정하는 것일까? 왕샤오광과 후안강은 정부 재정수입과 국민 수입 또는 국민 총생산액의 비율을 국가 재정 흡수 능력을 측정하는 데에 주로 사용했으며, 그 계산 공식은 '국가 재정 흡수 능력=예산 수입/국민 수입'이다. 중앙정부와 지방정부의 목표 이익이 일치하지 않을 때, 국가 재정 흡수 능력은 중앙 재정수입(또는 지출)이 국민 수입에서 차지하는 비중, 즉 '국가 흡수 능력=중앙 예산 수입/국가 수입'으로 정의된다.[8] 이렇듯, 국가 재정 흡수 능력은 정부가 사용할 수 있는 자원이 전체 사회 자원에서 차지하는 비율을 반영하고, 재정 체제는 국가 재정 흡수 능력의 크기와 변화 방향을 결정하여 국가의 의지와 목표를 달성할 수 있는 능력을 결정한다. 현대 국가에서 재정의 주요 원천은 세수이며 국가 능력의 향상은 세수 증가와 직접적인 관계가 있다.[9] 따라서 정상적인 상황에서 세수는 국가 재

6 王紹光·胡鞍鋼, 『중국 국가 능력 보고(中國國家能力報告)』, p.6.

7 상게서, p.16.

8 상게서, pp.12-13.

9 王紹光, 「국가 흡수 능력의 구축—중화인민공화국 건국 초기의 경험(國家汲取能力的建設—

정 흡수 능력을 결정하는 핵심 지표인 것이다. 영국의 정치 활동가 에드먼드 버크(Edmund Burke)는 국가의 세수는 곧 국가 그 자체라고 지적하였다. 조지프 슘페터(Joseph Schumpeter)도 현대 국가에서 재정이 중요한 위치를 차지하기 때문에 현대 국가를 '조세 국가(稅收國家)'라고 지칭하였다.[10] 현대 국가의 기능 확장과 정부 업무량의 증가와 함께 국가의 재정 요구와 의존도가 더욱 분명해졌다. 이에 따라 국가는 세금을 통합하고 더 많은 세원을 확보하여 세원의 안정성과 증가세를 유지해야만 했다. 또한, 국가 조세 징수 관리 체계에 주목할 필요가 있다. 관세 통합 징수, 중앙은행 설립, 국채 발행과 같은 제도적 혁신은 합리적인 인구와 지리적 규모의 결합을 위해 필요한 이성적인 관리 방법을 제공하여 현대 국가가 효과적으로 운영될 수 있도록 했다.

이 절에서는 진장을 예로 들어 국가 재정 흡수 능력을 분석하기 위해 국민 수입에서 재정수입이 차지하는 비율에 중점을 두고, 조세와 지방 동급 재정이 국민 수입에서 차지하는 비율을 종합적으로 분석하는 동시에 재정 감독 체제, 현대 조세 기술 및 경제 성장과 같은 요인이 재정 흡수에 미치는 영향을 살펴보고자 한다. 들어가기에 앞서 필자가 지방, 중앙 및 동급 도시 중부 지역의 재정 흡수 능력을 분석한 결과에 따르면 재정 체제에서 왕샤오광이 강조한 바와는 달리 지방 재정 흡수 능력의 향상은 경제 성장과 경제 총량에 더 크게 의존한다는 점을 밝히는 바이다.

中華人民共和國成立初期的經驗)」, 「中國社會科學」, 2002(1).

10 馬駿, 「중국 재정 국가 전환: 조세 국가로 향하는가?(中國財政國家轉型: 走向稅收國家?)」, 『吉林大學社會科學學報』, 2011(1).

1. 진장 재정 체제와 재정 흡수 능력

지방정부의 재정 흡수 능력이란 공공 자원 확보, 공공재 제공, 관할 거주민들의 공적 요구를 충족시키는 지방정부의 능력을 의미한다. 중국에서는 지방정부가 재정 체제와 조세제도를 결정할 권한이 없기 때문에 재정 흡수 능력은 지방정부의 주관적인 노력과 객관적인 환경 간에 이뤄진 상호작용의 결과였다. 이상의 분석을 통해 재정 흡수 능력은 다양한 요인과 밀접한 관련이 있으며, 경제 상황, 재정 체제, 조세 감독 및 관리, 합법성은 모두 중요한 요인이기 때문에 재정 흡수 능력을 단순히 판단할 수는 없다는 결론을 도출해 낼 수 있다.

1980년 이전에 진장은 다른 지역과 마찬가지로 일괄적인 수입과 지출(統收統支) 재정 체제를 시행했다. 현급 재정은 자율성 없이 징수한만큼 상납하고, 상급 기관에서 요청한 만큼 내려보냈다. 1981년, '수입과 지출의 계획된 관리(定收定支), 전년도 결산 수입을 초과하는 당해 연도 결산 수입의 증액분을 일정한 비율로 분배(增收分成), 수입과 지출 연결(收支掛鉤),[11] 1년에 한 차례씩(一年一定)' 제도 시행과 함께 늘어난 수입의 40%를 현 정부에 남기게 되면서부터 현급 정부는 재정 자율성을 갖기 시작했다. 1982년부터 1984년까지 시행한 '중앙과 지방의 수입과 지출의 구분(劃分收支), 기준 승인(核定基數), 누진 적용 추가 납입(遞增繳補), 단계별 도급(分級包幹)' 제도에는 상공업세를 성 재정의 50% 상납해야 하며, 이후 매년 10%씩 인상한다는 규정도 있었다. 이어서 1985년부터 1987년까지는 '수입과 지출의 구분(劃分收支), 고정액 추가 납입(定額繳補),

11 역자주: 수입과 지출 연결(收支掛鉤)이란 중앙정부가 지방의 연간 예산을 수입과 지출을 연계하여 계산하고, 수입유보율과 지출 배분을 결정하는 방식을 의미한다.

수입 증가 및 분배(增收分成), 단계별 도급(分級包幹)' 제도로 전환되어 영업세, 제품세, 부가가치세, 상공업 통일세(工商統一稅)는 고정적으로 40% 납부하고, 수입 증가분을 30% 더 납부해야 했다. 다시 말해 이 네 가지 세금의 경우, 1위안씩 수입이 늘 때마다 0.7위안(7角)을 내야 하는 것이다. 1988년에는 '수입과 지출의 구분(劃分收支), 기준 승인(核定基數), 고정액 추가 납입(定額繳補), 수입 증가액 유보(增收多留), 분류별 도급제(分類包幹), 자체 균형(自求平衡)'이라는 새로운 체제를 시행했다. 진장의 고정 납입액(定額上繳數)은 1987년도의 체제와 세액에 따라 결정되었다. 즉 영업세, 제품세, 부가가치세, 상공업 통일세는 40%인 2381.9만 위안을, 초과수입 기수액(超收入基數)은 30%인 953.9만 위안을 납부해야 했으며 총액은 3335.8만 위안이었다. 이 금액을 초과하는 부분은 수입 증수(增收) 부분으로, 현과 시는 이를 7:3으로 나누어 30%를 시에 납부하였다.[12] 재정 체제상 변동이 잦았지만, 이 기간 동안 지방의 재정 자주권은 기본적으로 확대되는 추세임을 알 수 있다.

재정 자주권의 확대는 더 많은 재정수입을 확보하고자 하는 지방정부에게 의지와 동력을 불어넣었다. 1978년 1,480만 위안이었던 진장현의 재정수입은 1987년 5.53배 증가한 8,183만 위안에 달하였고, 연평균 증가량은 745만 위안이었다. 1978년 15,704만 위안이었던 진장현의 국민총생산액(GNP)은 1987년 79,958만 위안으로 5배 이상 증가하였다. 이 기간 동안 진장현의 재정 증가율은 GNP 증가율과 기본적으로 동일했다. 1980년 진장현의 재정수입은 GNP의 7.4%를, 1987년에는 8.7%를 각각 차지했다. 이렇듯, 1980년대 진장현의 재정수입은 계속해서 크게 증

12 丁偉誌·劉樹勛(主編), 『중국 국정 총서—백현시 경제사회 조사·진장권(中國國情叢書—百縣市經濟社會調查·晉江卷)』, 中國大百科全書出版社, 1992, pp.205-206.

가했고 GNP도 크게 증가했지만, GNP에서 차지하는 재정수입의 비율은 소폭 상승했을 뿐 여전히 낮은 수준을 유지했다.

재정 흡수 능력을 살펴볼 때 GNP 대비 재정수입 비율만 따지는 것은 객관적이지 않다. 지방 재정수입 중 지역마다 상이한 재정 보고서(財政報表) 작성 방식으로 인해 상납 수입(上解收入)[13] 및 상급 기관 반환 수입이 재정수입에 포함될 수 있기 때문이다. 따라서 진장의 재정 상태를 살펴볼 때에는 조세 부분에 주목해야 한다. <표 6-1>에서 볼 수 있듯이 진장의 조세수입은 기본적으로 재정수입의 90% 이상을 차지했다. 이렇듯 사회총생산에서의 조세수입 비율도 재정 흡수 능력을 측정하는 중요한 기준이 될 수 있다.

1982년부터 1987년까지 진장의 총세수 연평균 증가세가 다소 빠르고 조세수입의 비율도 비교적 늘어난 추세를 보였지만, 사회총생산액에서 조세수입의 비율은 매우 낮아졌고 심지어 소폭 하락세까지 보였다. 이와 같이 진장의 국민총생산 대비 재정수입 비율은 소폭 상승한 반면 사회총생산액 대비 조세수입 비율은 소폭 하락한 것을 어떻게 설명할 수 있을까? 재정수입 중 기업 수입은 1985년부터 1987년까지 마이너스 성장세를 보였고 이 당시 재정수입의 중요한 부분이었던 상공업 벌금 및 몰수금(工商罰沒收入)은 1987년에는 481.8만 위안으로 총재정수입의 6%를 차지했다. 상급 재정 반환도 진장에 충분한 재원을 제공했다. 이를 통해 사회총생산액에서 조세수입 비율의 하락세를 설명할 수 있다. 당시 재정수입에서 차지하는 비중이 매우 작았고, 기업의 손실을 보전하

13 역자주: 상납 수입(上解收入)이란 지방이 관련 법률 및 법규 또는 재정 체제 규정에 따라 중앙정부에 상납하는 각종 수입을 의미한다(中國政府網, https://www.gov.cn/2008ysbg/content_929237.htm).

는 데 사용되었던 진장의 국영기업과 현(縣) 산하 집체기업의 수입은 재정의 증대에 도움이 되지 않았음은 물론, 부정적인 영향까지 미쳤던 것이다.

<표 6-1> 진장현 1982년~1987년 재정수입 중 조세수입의 상황[14]

연도	재정수입 합계 (예산 내, 만 위안)	기업 수입 (만 위안)	각 항목 조세수입 (만 위안)	기타 수입 (만 위안)	사회총생산액에서 조세수입의 비율 (현재가치, %)	사회총생산액에서의 조세수입 중 비농업 생산액의 비율 (%)
1982년	2,559	126	2,391	42	4	6
1983년	3,203	460	2,576	167	3.8	5.5
1984년	3,610	112	3,401	97	3.06	4.2
1985년	5,137	752	5,586	303	3.9	5.3
1986년	7,198	223	6,681	740	4.17	5.51
1987년	8,183	509	7,791	901	3.78	5.1

1982년부터 1988년까지의 중앙 국가 재정 흡수 능력을 분석한 결과, 왕샤오광은 1980년대 이후 국민 총생산에서 중앙 재정수입(채무 수입 제외)의 비율이 1978년 31.2%에서 1988년에는 16.7%, 1992년에는 14.7%로 계속 줄어들었다고 지적하면서[15] 지방 자치권의 확대와 '단계별 도급(分級包幹)' 재정 체제가 핵심 원인이라고 보았다. 그러나 진장 개혁개

14 자료 출처: 晉江市地方誌編纂委員會(編), 『진장시지(晉江市誌(上))』, p.701; 丁偉誌·劉樹勛(主編), 『중국 국정 총서—백현시 경제사회 조사·진장권(中國國情叢書—百縣市經濟社會調查·晉江卷)』, p.201; 晉江市委宣傳部가 2011년 1월에 제공한 자료를 참고했으며, '재정수입 합계' 중 '상급 재정 보조 수입'은 포함하지 않았다.

15 王紹光·胡鞍鋼, 『중국 국가 능력 보고(中國國家能力報告)』, p.46.

방의 재정력 분석을 통해 지방정부가 사회에서 흡수하는 자원의 양은 상당히 제한적이며 기본적으로 낮은 수준의 성장세를 유지하고 있었음을 알 수 있다. 지방 국가 재정 흡수 능력과 중앙 국가 재정 흡수 능력 사이에는 필연적인 음의 상관 관계가 존재하지 않는다. 이 기간 동안 국가 재정 권력의 이양과 재정 자주권의 강화에도 불구하고, 향상되지 않은 진장 지방 국가의 재정 흡수 능력은 경제 성장, 조세 징수 및 관리 체계와 같은 여러 다른 요인을 고려해야 한다.

개혁개방 이후 급격히 확대된 진장현의 재정수입 기반은 정부의 일상적인 활동과 재정지출을 보장했다. 통계에 따르면 진장현의 재정수입은 1978년 1,480만 위안, 1980년 1,851만 위안, 1982년 2,559만 위안, 1987년 8,183만 위안으로 늘어났다. 1978년부터 1987년까지 6,703만 위안이나 증가했지만, 1949년부터 1978년까지는 177만 위안에서 불과 1,480만 위안으로 증가하는 데에 그쳤다.

1992년, 현을 폐지하고 시를 설립하면서 재정 제도에서 고정액 상납제(定額上繳)를 시행한 데 이어 1994년에는 재정 및 조세 체제를 개혁하고 분세제를 추진했다. 분세제는 시장경제 국가에서 일반적으로 시행하는 재정 체제로, 세금 종류에 따라 중앙과 지방 수입원을 구분하는 재정 관리 체제이지만, 국가마다 차이점이 있었다. 중국 분세제의 주요 내용은 ① 중앙과 지방의 직권과 지출 구분, ② 중앙과 지방의 수입 구분 및 중앙과 지방의 세무 기관을 각각 설립, ③ 정부 간 재정 이전 지급제도(財政轉移支付制度), ④ 예산 편제 및 자금 배치, 그리고 새로운 조건에 따른 중앙과 지방의 예산 편성 보고이다.[16] 사실 분세제의 진정

16 晉江市地方誌編纂委員會(編), 『진장연감(晉江年鑒)(1996)』, p.137.

한 의미는 중앙과 지방 재정이 자체적으로 징수하고 지출하여(自收自支) 스스로 균형을 찾는 것이다. 새로운 세제가 시행된 후 국가세와 지방세 기구가 분리되었고, 진장시는 상급 기관이 제안한 기존 세무 인력의 '60:40(六四開)'과 재산 및 채무의 '50:50(對半開)'의 지시 정신에 따라 구분하였다. 1994년 9월에 동시에 설립된 국가 세무국과 지방 세무국은 칭양진(青陽鎮) 신다제(新大街) 옛 세무국 부지에서 업무를 처리했다. 1995년 12월, 진장시 세무국은 쩡징(曾井) 단지로 이전했다. 두 세무국은 각각 13개의 징수 분점과 쯔마오(紫帽), 시빈(西濱) 세무소를 파견 단위로 설립했다. 국세 시스템은 국가세무총국의 수직적 지도 관리 체제를 시행하였고, 지방세 시스템은 성 인민정부와 국가세무총국의 이중 지도를 받으며, 성 정부의 지도가 주축을 이루는 관리 체제를 시행했다.[17]

두 세무국이 분리된 후, 국세 시스템은 부가가치세, 소비세, 중앙 기업 및 지방 금융 기업 소득세, 거래 무역시장에서 자영업자가 납부하는 부가가치세, 개인소득세, 외국 관련 기업의 부가가치세, 소비세, 기업 소득세, 수출세 환급 관리, 에너지 교통 기금, 중앙세 체납 과태료, 중앙세와 공유세에 따라 부과되는 교육비 부가세 및 지방정부가 징수를 위탁한 수수료를 담당했다. 그리고 지방세 시스템은 영업세, 자원세, 도시 유지 건설세, 도시 토지 사용세, 인지세, 차량 및 선박 사용세, 부동산세, 도축세, 고정 자산 투자 방향 조정세, 개인 소득세, 지방 기업 소득세, 토지 부가가치세, 지방세의 체납금과 벌금, 영업세에 부과되는 교육비 부가세 외에 이미 징수한 사회사업 발전비, 기반시설 부가비, 농촌 공업화(以工建農) 자금, 농촌교육사업비 부가세 등 지방자치단체가

---

17 晉江市地方誌編纂委員會(編), 『진장연감(晉江年鑒)(1996)』, p.138.

징수를 위탁한 세금의 징수 및 관리를 책임졌다.[18]

1993년 진장시 재정수입의 총결산액은 전년 대비 약 1.3억 위안 순증가한 35075.7만 위안으로, 증가율은 59.27%에 달했다. 이어서 1994년에는 25.33% 증가하여 43,960만 위안, 1995년에는 24.18% 증가하여 54,588만 위안을 기록했다. 1991년부터 1998년까지 진장시의 국민총생산(GNP)은 14.46배 증가한 반면 재정수입은 5배 증가에 그쳐 GNP 증가율에 크게 뒤처졌고, GNP에서 재정수입이 차지하는 비율은 해마다 감소했다.

1998년 이후 진장시의 GDP 대비 재정수입 비율이 증가하기 시작했지만, 여전히 낮은 성장세를 유지했다. 주목할 점은 재정수입의 증가율이 GDP의 증가율을 넘어서기 시작하면서 지방 재정 흡수 능력의 향상이 여실히 드러났다는 점이다. 2001년 진장시의 재정수입 증가율은 24.1%, GDP 증가율은 8.5%였다. 2006년 자료에 따르면 재정수입의 증가율은 25.7%로 점차 상승하기 시작했고, GDP 대비 재정수입 비율도 9.8%로 급증하였다. 2009년 진장시의 GDP는 775.86억 위안으로 11.9%, 총재정수입은 81.53억 위안으로 13.8% 각각 증가했으며, GDP 대비 재정수입 비율은 10.5%로 진장 역사상 가장 높은 수치를 기록했다. 이어서 2015년 진장시 GDP는 전년 대비 8.6% 상승한 1620.47억 위안, 총 공공 예산 수입은 1.15% 늘어난 200.29억 위안으로 증가했다. 이 수치는 경제 성장과 재정 흡수 능력의 동시 증가를 반영한다.

지방정부의 재정수지를 분석할 때 재정상납(財政上解)과 상급 기관의 보조도 중요하게 다뤄야 한다. 세제 개혁 이후 중앙정부의 재정 흡수

18 晉江市地方誌編纂委員會(編), 『진장연감(晉江年鑒)(1996)』, p.138.

능력이 급격히 향상되어 1993년 총재정수입에서 지방 재정수입의 비율은 22.93%를 차지했다. 이후 이 비율은 1994년 36.21%, 1995년 42.81%, 1998년 60.7%로 해마다 증가했다.[19] 2005년에는 중앙정부의 양세 수입(兩稅收入)[20]이 동급 예산 재정수입을 초과했다. 그 이후로 전체 재정수입에서 중앙정부의 양세 수입이 차지하는 비율은 기본적으로 60% 정도였다. 따라서 지방 재정 능력을 살펴볼 때 보다 정확한 표현 방식은 GDP 대비 지방 재정수입의 비율이다.

재정 총수입의 분세제(分稅制) 개혁 후, 국세는 지방의 영향을 받지 않고, 전문 징수 기구에서 징수하고 관리하게 되었다. 중앙정부의 재정 흡수 능력이 향상됨과 동시에 진장시 지방 동급 재정수입이 GDP에서 차지하는 비율은 1994년, 1995년, 1996년, 1998년, 2000년, 2005년, 2006년, 2010년, 2015년에 각각 2.27%, 2.24%, 2.40%, 2.04%, 2.60%, 3.85%, 4.30%, 5.0%, 7.2%를 차지했다.[21] GDP 대비 지방 재정수입의 비율은 지방 국가 재정 흡수 능력의 점진적인 증가세도 반영하지만, 같은 기간 GDP 대비 중앙 국가 재정수입의 비율과 비교하자면 진장시에는 여전히 큰 격차가 존재했다. 2002년 GDP 대비 재정수입 비율이 15.51%였던 중앙정부의 당시 수치[22]를 통해 지방 재정 흡수 능력이 여전히 개선의 여지가 많았다는 것을 알 수 있다.

2010년 이후 급격히 증가한 진장시의 지방 재정수입의 증가율이 GDP

19 晉江市地方誌編纂委員會(編), 『진장연감(晉江年鑒)(1996)』, p.136.

20 역자주: 양세 수입(兩稅收入)이란 내자기업 소득세와 외자기업 소득세를 의미한다.

21 자료 출처: 역대 『진장연감(晉江年鑒)』 재정 수지 부분 및 국민 경제와 사회 발전 주요지표 통계표.

22 자료 출처: 晉江市委宣傳部가 2011년 1월에 제공한 자료(GDP 대비 세입 비율 부분에 관해).

증가율보다 점차 높아지면서 지방 국가 재정 흡수 능력도 향상되었다. 전장시의 경제 총량 기반이 컸기 때문에 전장시의 재정수입도 충분히 큰 기반을 가지고 수입과 지출의 균형을 유지할 수 있게 된 것이다.

이 책에서는 자료의 문제로 지방 예산 외 자금에 대해서는 다루지 않겠다. 그러나 방대한 규모에 예산 내 재정수입에 상응하는 기능을 갖춘 지방 예산 외 자금도 실제 재정 흡수 능력의 중요한 부분이다.

2. 진장의 재정 흡수 능력 변화의 경제 구조적 원인

'2차 창업' 시기에 접어든 진장시의 문화 교육 및 위생 사업비, 공안국·검찰원·법원(公檢法, 이하 공·검·법) 지출 등 공공지출은 해마다 증가했다. 그러나 높은 재정 흡수 능력을 보장했던 진장시의 경제 구조는 매년 연말 이월 잉여금(年終滾存結余)을 회전할 수 있었다.

개혁개방 이후 독자적인 지역 경제 발전의 길을 걸어온 진장의 경제 구조는 30여 년의 시간 동안 두 차례의 발전 단계를 거쳤다. 이 두 차례의 발전을 통해 지속 가능한 재정 성장과 경제 구조 전환을 유기적으로 결합할 수 있는 메커니즘을 구축하여 국가 기능 확장 과정에서 발생하는 비용 지출의 딜레마를 완화했고, 경제 발전과 국가 재정 강화라는 두 마리 토끼를 모두 잡았다. 그중 경제 성장과 경제 구조 조정은 진장 재정 성장의 핵심 원인이다. 진장의 농촌 공업화 경제 구조는 1978년부터 시작되었다. 1978년, 생산 경영 자주권을 지닌 진장 농민들은 농촌 공업화 건설에 적극적으로 참여했다. 그리고 진장의 독특한 교향 배경과 해양 기반 상공 문화도 진장의 민간 자본에 큰 발전 기회를 마련해 주었다. 정부와 민간의 합동 추진으로 향촌에 작은 공장이 우후죽순처럼 늘어나게 되었다.

화교의 자금(僑資)에 의존한 진장 농촌 공업화의 주된 형태는 연합자금 모집(聯户集資)[23]으로, 다양한 자금 모집 내용에 자금 모집자는 자발적으로 상호 이익을 도모하며 자유롭게 손을 잡았다. 소유권과 경영권을 결합한 연합자금 모집에서 투자자는 생산자이자 관리자였으며, 분배는 노동 및 주식 배당금에 따라 결정되었다. 운영 메커니즘은 주로 시장 메커니즘을 기반으로 한 시장 수요에 따라 '시장-기술-원자재'와 '원자재-시장-기술'이 서로 결합된 방식을 따랐으며, 경영방식은 유휴주택(閑房), 유휴 자본(閑資), 유휴 노동력(閑散勞動力)인 '3가지 유휴(三閑)'를 기반으로 원자재가공(來料加工), 견본가공(來樣加工), 부품조립(來件配套) 및 구상무역(補償貿易)이 결합된 '삼래일보(三來一補)'의 형식으로 전개되었다.

산업 구조는 노동 집약적인 소규모 기업이 주를 이루었고, 기업 마케팅은 지역 사회 공급과 판매 조직(供銷隊伍)이 맡았다. 이와 같은 연합자금 모집 방식은 대중에게 뿌리를 두고, 연합 생산 도급 책임제(聯產承包責任制)[24] 시행을 통해 농촌 상품 경제의 발전이라는 객관적인 수요에 부응하였다. 동시에 농촌의 다양한 생산 요소의 효과적인 조합에도 도움

---

23 연합자금 모집 사무소(聯户集資辦)의 향진기업은 진장 천다이진 주민들에 의해 처음 설립되었다. 당시 진은 20개의 집체 기업 면허를 신청했으며, 산하에 190개 이상의 독립 회계 및 손익을 자체 부담하는 연합자금 모집기업이 있었으며, 기업의 계좌는 진에서 관리하고 특정 관리 수수료를 납입했다. 연합자금 모집은 대부분 친척과 친구의 협력으로 이루어졌으며 자발적으로 결합하고 자유롭게 배당받았다.

24 역자주: '聯產承包', '包幹制라고도 하며, 집체경제단위(集體經濟單位)의 통일된 조직하에 생산 수행자가 생산량, 노동시간, 비용 등을 계약하고 도급 생산을 맡아 생산량이 초과되면 보상을 받고, 생산량이 감소되면 처벌을 받는 농업 생산 및 운영 관리 방식이자 책임 제도이다(https://baike.baidu.com/item/%E8%81%94%E4%BA%A7%E6%89%BF%E5%8C%85/22471556?fr=ge_ala).

이 되었으며, 당시 농촌의 재정 상태와 관리 수준과 농민들의 사회심리적 특성에도 부합하였다. 따라서 이 책임제는 등장과 동시에 높은 성장세를 보이며 진장 농촌 지역에서 빠르게 발전했다. 무엇보다 중요한 것은 천다이진(陳埭鎮)의 경험[25]을 바탕으로 지방정부가 1983년에 일련의 조치를 취했다는 점이다. 현지에서 원자재를 구입하고(就地收購), 현지에서 가공하며(就地加工), 현지에서 판매하도록(就地銷售) 하는 향진기업의 '3가지 현지(三就地)' 규정을 깬 정부는 자금 모집을 통한 농민들의 기업 설립, 고용, 주식 배당, 공급 및 판매 직원의 업무량에 따른 성과급 지급, 시세에 따른 가격 측정을 허용하는 등 농민의 향진기업 설립을 크게 독려하였다.

통계에 따르면 1978년 진장현에 있던 1,141개의 사대기업(社隊企業, 1984년 정부와 사회 조직이 분리된 후 '향진기업'으로 바뀜)[26]에는 51,961명의 직원이 근무했고 총수입은 4,212만 위안이었다.[27] 1983년까지 향진기업은 2,271개, 직원은 122,818명, 기업 총수입은 24,592만 위안으로 1978년에 비해 각각 99%, 136% 및 403% 증가했다.[28] 1983년 말, 진장현 천다이진에서 열린 사대기업 현지 회의에서 푸젠성 정부는 천다이를 '푸젠 향진기업의 한 송이 꽃(福建鄉鎮企業一枝花)'이라고 칭하며, 공식 매체가 성 전역에 천다이의 경험을 널리 홍보하도록 지시했다. 그 후, 진장 연합자

---

25 王開明, 「'천다이의 한 송이 꽃'에서 '취안저우 모델'로(從"陳埭一枝花"到"泉州模式")」, 『福建改革』, 1999(5).

26 역자주: 사대기업(社隊企業)이란 인민공사에서 직접 운영하는 기업과 그 하위 단위인 생산대대('촌'에 해당)에서 운영하는 기업을 의미한다.

27 晉江市地方誌編纂委員會(編), 『진장시지(晉江市誌(上))』, pp.304-306.

28 상계서, p.305.

금 모집 향진기업은 더 빠른 추세로 발전해 나갔다. 1984년까지 향진기업은 3,968개, 직원은 161,069명, 기업 총수입은 55,458만 위안으로 1983년에 비해 각각 74.7%, 31.1%, 125.5% 증가했다. 그중 연합자금 모집 기업의 수는 전체 향진기업의 70.4%, 종사자의 49.3%, 기업 총수입의 57.9%를 각각 차지했다. 향진 공업의 총수입은 48,705만 위안으로 그해 현의 전체 공업생산액 55,237만 위안의 88%를 차지해 재정 조세에 매우 크게 기여하였다. 이렇듯, 시장 지향적, 외자 의존형, 연합자금 모집을 주요 형태로, '작은 외국 제품(小洋貨)' 생산을 특징으로, '삼래일보(三來一補)' 길을 열어 향진기업의 발전을 위한 '진장 모델'을 기본적으로 확립했다.[29]

진장 재정수입의 급격한 증가는 향진기업의 발전에 힘입은 것이었다. <표 6-2>에서 볼 수 있듯이, 1979년부터 1984년까지 재정수입은 빠르게 증가했으나, 그 증가폭이 크지 않았던 이유는 당시 진장의 민영경제가 아직 걸음마 단계에 있었기 때문이다. 당시에는 계획경제인지 시장경제인지에 대한 이념적 논쟁이 계속되었고, '이중체제(雙軌制)' 운영 등 여러 난관에도 부딪혀 있었다. 동시에 개혁개방 초기 향진기업의 경영난으로 인해 지방정부는 향진기업의 발전과 성장을 촉진하기 위해 일부 기업의 소득세와 제품세도 상당 부분 감면하면서 1984년 세수입 총액도 줄어들고 재정수입의 증가도 둔화되었다. 1985년 진장현 정부가 이러한 조치들을 시정하면서 조세수입이 증가하기 시작했고, 재정수입도 연평균 1,000만 위안 이상으로 크게 늘어났다. 따라서 향진기

29 丁偉誌·劉樹勛(主編), 『중국 국정 총서—백현시 경제사회 조사·진장권(中國國情叢書—百縣市經濟社會調查·晉江卷)』 중 '향진기업(鄉鎮企業)'; 晉江市地方誌編纂委員會(編), 『진장시지(晉江市誌(上))』 중 '향진기업(鄉鎮企業).'

업의 발전 상황은 진장의 재정·조세 증감과 직접적인 연관이 있을 뿐만 아니라 조세수입과 재정수입 증가의 근본적인 원인이고, 향진기업의 발전 추세와 조세 납부 상황은 진장 재정수입에 핵심적인 영향을 미쳤음을 알 수 있다. 1979년 진장현 향진기업의 조세수입은 295만 위안으로 재정수입의 16.4%에 불과했다. 1987년까지 총조세수입은 14,534만 위안에 달했으며 그중 공상세는 7722.7만 위안, 농업세는 266만 위안, 계약세는 2.7만 위안이었다.[30] 1988년까지 향진기업이 진장에 납부한 5136.9만 위안의 세금은 재정수입의 50.28%를 차지했다.[31] 또한 기업의 불법 운영에 대한 벌금 수입도 재정수입의 상당한 부분을 차지했다. 1980년대 진장현의 전체 조세수입 중 가장 큰 비중을 차지했던 공상세의 주요 원천은 당시 급속하게 발전하던 향진기업이었다.

<표 6-2> 1979~1987년 진장현 향진기업 발전과 재정 조세 기여(財稅貢獻) 통계표[32]

연도	향진기업 합계 (개)	향진기업 총수입 (만 위안)	종사자 수 (명)	총인구 대비 종사자 수 비율(%)	조세수입 (만 위안)	이윤과 세금 총액 (만 위안)	재정수입 합계 (만 위안)
1979	1,434	7,866	78,016		295	1,306	1,800
1980	1,733	12,710	99,499	27.7	374	2,078	2,100
1981	1,944	17,127	115,083	32.8	581	2,692	2,300

30 丁偉誌·劉樹勛(主編), 『중국 국정 총서—백현시 경제사회 조사·진장권(中國國情叢書—百縣市經濟社會調查·晉江卷)』, p.208.

31 晉江市地方誌編纂委員會(編), 『진장시지(晉江市誌(上))』, p.303.

32 丁偉誌·劉樹勛(主編), 『중국 국정 총서—백현시 경제사회 조사·진장권(中國國情叢書—百縣市經濟社會調查·晉江卷)』 중 '향진기업(鄉鎮企業)'; 晉江市地方誌編纂委員會(編), 『진장시지(晉江市誌(上))』 중 '향진기업(鄉鎮企業).'

1982	1,936	18,508	103,209	28.5	901	2,920	3,700
1983	2,271	21,592	122,818	33.2	1,233	3,129	4,200
1984	3,968	55,458	161,069	42.0	2,091	8,411	4,600
1985	5,581	73,268	161,886	42.1	3,563	11,353	5,100
1986	5,418	80,642	167,916	41.5	4,184	12,027	7,200
1987	5,840	99,018	177,143	42.6	5,098	14,534	8,800

1992년 덩샤오핑의 '남방담화'와 그 이후의 제도 개혁은 진장의 급속한 발전에 계기를 마련해 주었다. 진장 경제의 급속한 발전을 목도한 현지의 당정 지도자들은 현급 행정 체제로 인한 불편과 한계를 점차 더 인식하게 되었다. 1992년 3월 6일, 국무원의 승인을 받아 진장은 현을 폐지하고 시를 세웠다. 이는 진장이 농업현(農業縣)으로서 종말을 고하고, 동남 연해에 자리한 새로운 유형의 교향 도시로서 탈바꿈했음을 의미하는 것이다. 이로써 두 번째 발전 단계에 진입한 진장 경제에는 경제 도약, 도시 건설의 전면적인 확장, 민영기업의 집단화 및 산업 클러스터화(集群化)가 등장했다. 또한, 향진기업과 삼자(三資)기업에서 종합개발구, 삼자 기업 단지, 향진기업군을 주체로 하는 다단계, 다기능, 다형태의 새로운 수출 지향형 경제 구조로 발전했다. 구체적으로 보자면, 노동집약적 업종을 위주로 하는 경공업 구조가 점차 기술집약적 형태로 변하게 되었다. 중소형 위주의 기업 구조는 점차 지역화 전문 생산경영 구조로, 그리고 기업집단 회사(企業集團公司)로 변모하였다. '신진장모델(新晉江模式)', '진장의 속도(晉江速度)', '진장의 이점(晉江效益)'에 세계가 주목하였다. 이와 함께 진장의 산업 구조와 경제 구조에 큰 변화를 가져다준 '2차 창업'으로 인해 조세 구조에 변화가 생겨 재정수입이 급

격히 증가하게 되었다.

실제로 진장 민영기업이 발전하면서 1차 산업이 지역 총생산에서 차지하는 비중은 1990년 19.32%에서 2015년 1.1%로 급격히 감소한 반면 2차와 3차 산업의 비중은 크게 증가하게 되었다. 진장 재정수입의 조세 구조를 다룬 연구에서도 이와 똑같은 결론을 얻을 수 있었다. 2001년의 경우 진장의 조세수입에서 공상세(工商稅)가 차지하는 비중은 97.89%이었던 반면 농업세, 농지점용세, 농림 특산세(特産稅) 및 계약세는 2.01%에 불과했다[33].

또한 지방 세수 증가 측면에서 생산·생육(生育)의 세원을 촉진하는 것은 예로부터 진장 정부가 추진해 오던 중요한 정책이었다. 진장은 일부 외자 기업의 에너지 및 교통 기반 시설에 대한 소득세 투자를 우대하였다. 그리고 1992년부터 1994년까지 667만 위안의 수출세 환급을 승인하는 등 일부 세금 감면을 통한 장기적인 편의를 제공했고 수출 기업과 사정이 어려운 기업을 적극적으로 지원하였다. 예를 들어, 1995년 천다이진 세무 부서가 펑터우촌(鵬頭村)의 헝파(恒發) 신발 산업에 40명 이상의 숙련공을 알선하면서 회사의 연간 생산량은 500만 위안 이상, 세금은 53만 위안 증가했다. 그리고 생산성이 낮고 오염도가 높은 연료용 가마(燃煤窯)를 개조할 계획이었던 츠자오진(磁竈鎭)의 화타이 그룹(華泰集團)을 도와 온갖 방법을 강구하던 끝에, 세무 부서는 장저우(漳州)에서 고급 엔지니어를 초빙하였다. 그 결과 화타이그룹의 당해 생산액은 300여 만 위안에 달해 9만여 위안의 지방세를 증수할 수 있게 되었다.[34]

---

33 晉江市地方誌編纂委員會(編), 『진장연감(晉江年鑒)(2002)』, p.424.

34 晉江市地方誌編纂委員會(編), 『진장연감(晉江年鑒)(1996)』, p.137.

주목할 점은 2009년까지 GDP에서 진장의 총재정수입이 차지하는 비중이 계속 증가하여 10.5%에 달했다는 것이다.[35] 그러나 GDP에서 지방 동급 재정수입의 비중은 여전히 매우 낮은 수준을 유지하고 있었다. 지방 재정수입, 특히 지방정부의 기반이었던 동급 재정수입에는 여전히 개선의 여지가 많았다. 자료의 제약 때문에 이 책에서는 세수외(稅收外) 재정수입에 대해서는 자세히 다루지 않았다. 세외 수입(非稅收)도 지방 재정수입을 늘리는 중요한 경로이다. 예를 들어, 토지 재정은 조세수입에 포함되지 않지만,[36] 많은 지방정부는 실제로 지방 재정수입의 일종인 토지 사용권 양도 수입에 의존하여 지방 재정지출을 유지했고, 지방정부는 큰 이익을 얻을 수 있었다. 지방의 세외수입은 재정수입에 포함되지 않았기 때문에 지방 재정 능력은 중서부 지역에서 큰 차이를 보였으며, 재정외 자금은 지방 재정의 흡수 능력을 결정하는 중요한 지표가 되었다. 강력한 경제 능력을 갖추게 된 진장은 지방정부의 재정지출에 거대한 기반을 제공할 수 있었고, 경제적으로 낙후된 일부 중서부 지역에서는 예산 외 재정, 상급 정부에 대한 의존, 재정 능력 부족으로 인해 기능을 충분히 발휘하지 못한 지방정부가 더 많은 재원 확보를 위해 기

---

35 晉江市統計局, 「진장시 2009년 국민 경제와 사회 발전 통계공보(晉江市2009年國民經濟和社會發展統計公報)」, http;//www.jinjiang.gov.cn/xxgk/tjxx/tjgb/201002/t20100210_979596.htm, 2020년 1월 16일 방문.

36 중국공산당 제18차 전국대표대회는 「정부의 전구경 예산 결산에 대한 검토와 감독 강화(加强對政府全口徑預算決算的審查和監督)」를 제안하면서 공공 재정, 정부 기금 및 국유 자본 운용 수입 등을 포함한 정부의 모든 수입과 지출을 일괄적으로 관리하도록 했다. 이에 따라 토지 양도금이 예산 외 수입으로 쓰이는 상황이 점차 없어지게 되었다(역자주: 전구경 예산(全口徑預算)이란 예산 내 자금과 예산 외 자금을 일괄적으로 정부의 법정 예산 범위에 포함시키도록 법으로 규정한 것이다).

존의 자원을 과도하게 개발하는[37] 등 상급 보조에 대한 의존도와 자체 재정 흡수 능력의 약화 때문에 부정적인 효과가 발생하기도 했다.

3. 현대 국가 공공 재정 체계의 초보적 구축: 재정·조세 징수 관리와 예산 관리

(1) 재정·조세 징수 및 관리 체계의 구축

재정·조세 징수 관리의 높은 효율성은 국가 재정 흡수 능력 향상을 보장하는 중요한 요소이다. 일찍이 1980년대 초반에 진장의 조세수입이 GDP에서 차지하는 비중이 작았던 중요한 이유는 엄격하지 않았던 조세 징수와 관리로 인한 세금 탈루 현상이 많이 존재했기 때문이다. 개혁개방 이후 진장의 민간 경제는 빠르게 발전했고 지방정부는 용인과 격려를 아끼지 않았다. 그러나 주요 납세자인 연합자금 모집기업(聯户集資企業), 독자 경영기업(獨營企業), 개인 경영업자(個體商販)들의 기업 재무 제도가 불완전했기 때문에 8급 누진세(八級累進稅)[38] 또는 35%의 세율로 소득세를 부과할 수 없었고, 사업 수입, 품종 및 소득세율에 따라 징수율을 계산할 수밖에 없었다. '집단소유제(集體)'를 사칭하여 2년 동안 향진기업에게 소득세를 감면해 주는 혜택을 누렸던 일부 사영기업[39]을

37 중앙·성·지방정부(시)·현·향(진)의 「재정 집권과 지방정부의 행위 변화-구원의 손길에서 약탈의 손아귀로(財政集權與地方政府行為變化—從援助之手到攫取之手)」, 『經濟學(季刊)』, 2002(1).

38 역자주: 8급 누진세(八級累進稅)는 납세 대상을 액수에 따라 8등급으로 나누고 각 등급에 규정된 세율로 과세액을 계산하는 것이다.

39 역자주: 집단소유제 기업(集體所有企業)이란 행정 단위인 지역의 전체 인민이 공유(共有)하는 기업 형태를 의미하며, 사영기업(私營企業)은 8인 이상의 피고용인을 고용하고 있는

선별해 세금을 징수하고 관리하기도 어려웠다.[40] 아울러 세무 기관의 불충분한 강제력, 부족한 인력 및 열악한 장비로 인해 징수 효율성이 떨어졌다. 1987년에 진장현에는 241명의 세무 정직원이 있었고 23,570개의 주요 납세 단위가 있었다. 민간 경제가 발달하면서 진장이 한 달에 계산해야 하는 세금 계산서는 산간벽지에 위치한 현의 1년 치 세금 계산서보다 많았고, 당시에는 계산을 수작업으로 해야 했으며 운송 수단도 제한적이어서 기층 세금의 징수 효율이 낮았다. 이러한 취약점을 보완하기 위해 매년 세무 검사를 전면적으로 실시한 진장현이 1986년에 추납한 세금은 당해 실제 세수액의 3.4%, 1987년 추납한 세금은 6.4%를 차지했다. 세무조사는 기업에 등록된 납세자만을 대상으로 했으며, 다수의 자영업자에게는 여전히 고정액 징수제(定額征收制度)를 적용했지만, 일반적으로 세금 할당량(稅收定額)이 너무 낮아 자주 조정해야만 했다. 한 차례의 대폭적인 조정에서 조정 범위는 70%, 조정폭은 40%에 달했다.[41] 따라서 완전한 재정·조세 징수 및 관리 체계의 구축은 국가 재정 흡수 능력에 큰 도움이 되었다. 그러나 1980년대에 진장은 일정하고 효과적인 재정·조세 징수 체계를 구축하지는 못했다.

1990년대에 들어서자 재정 감독 체계 구축에 중점을 둔 진장의 재정·조세 체계 수립에서 조세 징수 관리의 기술화와 재정·조세 감독 강화가 두드러지게 나타났다. 재정·조세 감독 측면에서 재무 검사, 특히

영리 목적의 소규모 기업 조직을 의미한다(https://library.krihs.re.kr/bbs/content/2_521).

40 丁偉誌·劉樹勛(主編), 『중국 국정 총서—백현시 경제사회 조사·진장권(中國國情叢書—百縣市經濟社會調查·晉江卷)』, p.209.

41 丁偉誌·劉樹勛(主編), 『중국 국정 총서—백현시 경제사회 조사·진장권(中國國情叢書—百縣市經濟社會調查·晉江卷)』, p.210.

예산 외 자금의 정리와 검사를 강화하는 것이 당시 업무의 핵심이 되었다. 1993년 재무 검사에서 규율 위반 금액이 1503.32만 위안으로 지방 동급 재정수입의 6.6%를 차지했으며, 1994년에는 8.7%, 1995년에는 10.08%에 달했다. 엄격한 재무 검사와 표준화된 집행도 재정수입 증가의 중요한 원인임을 알 수 있다. 이와 함께 세무 사찰도 강화되었다. 진장에서는 수많은 중소기업과 조세의 분산성 때문에 숨겨진 세원과 신흥 산업의 탈세가 심각했다. 1993년에는 3,647가구를 대상으로 진행된 세무조사를 통해 2929.4만 위안의 추납 과징금, 773만 위안의 미납 세금, 1995년에는 3,078만 위안의 추납 과징금, 1717.5만 위안의 미납 세금을 각각 회수함으로써 조세 감독과 관리의 필요성을 잘 보여 주었다. 1998년에는 총 281개의 기업을 대상으로 세무조사 진행, 383만 위안의 미납 세금 회수, 532개의 누락된 가구 정리, 75만 위안의 지방세와 2,139만 위안의 세금을 조사 및 추징(査補)했다.[42] 세금 탈루가 상대적으로 적으면 추징해야 하는 세금도 줄어들기에(비교 가능한 물가 수준에 따라) 조세 징수 및 관리가 성과를 거두었음을 알 수 있었다. 또한 영수증 관리 강화도 1998년부터 중점적으로 다룬 사안이었다.

1990년대 이후 진장의 재정·조세 징수와 관리 기술이 크게 향상되었다는 점이 인상적이다. 1993년 진장은 조세 전자화와 재무 관리 네트워크화를 구축했으며, 컴퓨터 개발 영도소조를 설립한 세무 부서는 재무회계 응용 소프트웨어 기술 개발에 착수하였고, 당해에 22대의 마이크로컴퓨터를 구입하여 담당자를 교육시켰다. 납세자의 산발적인 분산과 자금 및 인력 기술 조건의 한계를 고려한 진장 세무 부서는 주요 시범

42 자료 출처: 1994년부터 1999까지 『진장연감(晉江年鑑)』 총정리.

운영과 점진적인 확장 전략을 선택했다. 이어서 1994년에는 납세자가 집중된 해외 지점과 안하이(磁竈), 칭양(青陽), 천다이(陳埭), 츠자오(磁竈) 등 지점을 시범 지역으로 선정하여 마이크로컴퓨터 정보 관리 및 회계 전산 모니터링을 시작했다.

1995년 국세 해외 지국(國稅涉外分局), 국세 안후이 지국(國稅安海分局), 지방세 안후이 지국(地稅安海分局), 지방세 츠자오 지국(地稅磁竈分局)에서 실시한 납세 신고 카드(컴퓨터 IC 카드) 시스템을 통해 세금 영수증 자동 인쇄를 비롯하여 출납 창구와 네트워크를 연결한 세무와 은행 서비스의 일체화(稅銀一體化), 납세 신고의 모든 과정에 대한 엄격한 모니터링 및 신속한 피드백 체계를 구축했으며 월평균 1.1만 개의 전자 청구서가 발행되었다. 이로써 납세자의 업무 처리가 편리해졌고 업무 효율도 향상되었으며, 전통적인 세무 전문 관리원의 관후(管户)[43]가 변하면서 인력 충원을 통해 세무 감사 능력도 강화되었다.[44] 그리고 부가가치세 전용 영수증(增值稅專用發票) 수령·판매·재고에 대한 전산 관리를 실시했고, 조세 회계의 전산화를 촉진 및 대중화했다. 일반적으로는 한자 범용재무제표(通用報表) 소프트웨어를 사용해 플로피 디스크를 상급 기관에 제출했다. 컴퓨터 기술의 응용은 정부의 징수 및 관리 능력을 크게 향상시켰고, 정부 영향의 대중화와 심화를 위한 기반과 수단을 마련했다. 같은 기간 동안 국세국의 모든 하위 단위는 공문서 처리 시스템을 적용해서 공문서 온라인 운영과 원격 수집을 시행했다. 2010년 이후, 진장은 조세 위험 관리 시스템 개발 및 운영, 디지털 정보 센터 설립 외에

---

43 역자주: 관후(管户)는 현지 조세 부서 관할 구역의 납세 단위이다.

44 晉江市地方誌編纂委員會(編), 『진장연감(晉江年鑒)(1996)』, p.138.

전력·상공업·공안 등 기타 부서의 제삼자 정보 수집 및 활용을 통한 데이터 분석, 위험 식별, 조사 및 임무 전달 등을 시작했다. 이 시스템은 2012년 4분기에만 777건의 다양한 위험 관리에 대한 특별 조기 경보 소식 발령, 230가구의 위험 지점 제거, 145.35만 위안의 세금과 체납액을 조사 및 추징했다. 또한 진장은 의류, 섬유, 전자, 기계 등 수출 기업의 일상적 세원 관리와 세금 환급 관리 기능을 통합하여 수출 조세 관리 지국 관리 범위에 포함시키는 '투자 관리와 투자 회수의 결합(管退結合)' 관리 모델을 적극적으로 모색하였다. 2002년 수출 세수 관리 지국(出口稅收管理分局)은 1,493만 위안의 매입 세액을 찾아 냈으며, 세금 환급을 중단시킨 31개의 기업으로부터 환수한 세액은 2,071만 위안에 달했다. 이로써 자체 운영 수출 기업의 수출 세금 환급 편취를 효과적으로 방지했다.[45]

현대 조세 체계를 구축하는 과정에서 재정·조세 인사 제도(財稅人事制度)를 크게 개혁하는 것도 현대 국가가 재정 흡수 능력을 강화하기 위한 중요한 노력의 일환이었다. 모든 조세의 징수 및 관리는 사람의 집행과 불가분의 관계이다. 2001년, 기관과 인사 개혁을 성공적으로 마무리 지은 진장 국세국은 기관의 6개 과실(科室)을 5개로 줄이고 징수·관리·감사의 3가지 분리 모델에 따라 4개의 직속국(直屬局)을 설치했으며, 13개의 기층 지국을 9개로 줄였다. 같은 해에 진장 지방 세무국은 기구 및 인사 개혁을 시작하여 기관 책임자 순환 근무제도(輪崗制度)를 시행했다. 시국(市局) 기관 과실(科室)은 100% 순환 근무를 시행했으며, 기층 지점은 츠뎬(池店), 선후(深滬) 지점 외에 전면 순환 근무를 시행하여 그

45 晉江市地方誌編纂委員會(編), 『진장연감(晉江年鑒)(2013)』, p.217.

비율이 90%[46]에 달했다. 간부 인사 조정은 세무 부서의 감독 관리를 강화함으로써 국가와 지방 세무 기구의 청렴한 운영과 세금 징수 효율성 향상에 도움이 되었다.

(2) 현대 예산 국가의 지방적 시도

'한 나라의 거버넌스 능력은 예산 능력에 크게 좌우된다고 해도 과언이 아니다. 만약 당신이 예산을 쓸 수 없다면, 당신은 어떻게 거버넌스를 운영할 것인가?'[47] 예산은 현대 국가의 중요한 상징이 되었다. '조세 국가(稅收國家)'는 '예산 국가(預算國家)'의 전제 단계일 뿐, 현대적 조세 체계의 확립이 현대 국가의 예산 감독과 관리 체계를 갖췄다는 의미는 아니다. 현대 예산 국가가 수립되어야만 합법적인 국가의 재정 흡수와 분배가 이루어져 통합적이고 효과적인 감독을 받을 수 있다. 따라서 예산 국가의 구축은 재정 흡수의 정당성, 재정과 정책적 문책의 운용성, 민주 정치의 성장 및 수립과 관련이 있다. 예산이 공개되지 않고, 비민주적이며, 감독을 받지 않는다면 민주주의는 불가능한 것이다. 따라서 예산 체계는 현대 국가 구축의 중요한 부분이다.

왕샤오광에 따르면 현대 예산은 정부 기관의 법적 절차에 따라 승인된 일정 기간의 재정 수지 계획이어야 한다. 단순히 재정 데이터의 기록, 수집, 추정 및 총정리가 아닌 계획으로, 반드시 행정 수뇌부가 준비하고 제출해야 한다. 이 계획은 포괄성, 명확한 분류성, 통일성, 정확성,

---

46 晉江市地方誌編纂委員會(編), 『진장연감(晉江年鑒)(2002)』, p.196.

47 王紹光·馬駿, 「'예산 국가'로 가는 재정 전환과 국가 건설(走向"預算國家"—財政轉型與國家建設)」, 『公共行政評論』, 2008(1).

엄격성, 유효성에 구속력을 갖춰야 하며, 반드시 대의 기관의 비준과 권한을 부여받은 후에 실행되고 대중에게 공개되어야 한다.[48] 현대 예산의 두 가지 기본 특징은 재정의 집중적인 통합성(財政集中統一)과 예산 감독이다. 1999년에 예산 개혁을 시작하면서 중국은 '예산 국가'를 향해 나아가기 시작했다. 공공 재정의 틀을 구축하는 과정에서 중앙 국가의 역할이 명확하게 드러났다. 진장이 현대 공공 재정 체계 구축을 단계적으로 추진한 과정은 다음과 같다.

첫째, 예산 외 자금 관리를 강화하고 통합적인 재정(財政統一) 운영을 촉진하였다. 비예산 재정(非預算財政)이 정규적인 재정 제도에 미친 영향은 오랜 기간 진장 정부를 힘들게 한 난제였다. '제2 재정(第二財政)'이라고도 하는 비예산 재정은 예산 외 자금과 자체 조달 자금으로 구성되어 있으며, 교육, 의료, 농업 투자, 도로 유지 및 건설과 같은 프로젝트에도 사용되었다. 1980년대 후반 이후 예산 외 자금과 자체 조달 자금이 급격히 증가하여 지방 재정수입을 보충하였다. 진장에서는 예산 외 자금의 상당 부분을 기업이 출자하였다. 비예산 재정의 발전으로 지방정부의 재정 부담이 크게 줄어든 반면 지방정부에 대안적인 과세 방안을 마련하여 공식적인 재정 제도의 완전성을 저해했고,[49] 지방정부의 재정 조정 능력도 약화시키고 말았다. 예산 내외 관리의 '양장피(兩張皮) 현상'[50]

48 王紹光·馬駿, 「'예산 국가'로 가는 재정 전환과 국가 건설(走向"預算國家"—財政轉型與國家建設)」, 『公共行政評論』, 2008(1).

49 黃佩華, 「재정 개혁과 성급 이하의 재정(財政改革和省級以下的財政)」, 董彦彬·銀溫泉(역), 『經濟社會體制比較』, 1991(6).

50 역자주: '양장피 현상(資金體外循環)'은 공식과 비공식 상황에서 서로 다른 모습을 보이는 현상으로, 허위 보고서 작성, 재정 데이터 조작 등 조직의 투명성과 신뢰성을 훼손하며 재정 체제의 불안정성을 야기할 수 있다.

과 '자금의 외부 순환(資金體外循環) 현상'[51]을 시정하기 위해 진장은 '두 가지 정리(兩清), 두 가지 통제(兩控), 두 가지 분리(兩分)'의 효과적인 관리 모델을 수립하였고, 재정수입의 직접적인 수단을 통해 예산 외 자금을 표준화된 관리 체계에 포함시켰다. 주요 방식은 청구서 발행과 자금 수납 분리제도(票款分離制度), 수입과 지출의 이원화(收支兩條線) 및 국고 통일적 지급 제도(國庫統一支付)이다. 전장시 규정에 따르면 예산 외 자금의 소유권은 시정부에 있으며, 규정된 금액을 즉시 국고나 재무 전용 계좌에 납부해야만 했다. 그리고 지출을 예산 내 자금의 통합 배치와 결합하여 수입과 지출의 이원화를 시행하는 한편 예산 외 자금 지표 관리 체계와 '준국고(準國庫)' 제도를 구축했다.

둘째, 청구서와 관련된 징수와 처벌 행위에 대한 감독을 강화했다. 모든 행정 벌금은 성 재정에서 일괄적으로 인쇄한 청구서를 사용했으며, '증명서 수령(憑證領票), 총량 통제(總量控制), 보상교환(交舊換新), 청구서 발행과 자금 수납 통합(票款同行)'을 시행하였고, 통합 수령, 통합 사용, 통합 반납·폐기, 통합 보관 및 통합 감독을 통해 새로운 청구서 관리 체계를 구축했다. 은행 계좌 정리, 표준화된 청구서 관리 및 수금 행위를 바탕으로 진장시는 모든 부서와 단위에서 진정한 의미의 '돈이 보이지 않는 수금(收費不見錢)'을 이루었고 '비밀 금고(小金庫)'의 싹을 없애기 위해 노력했다. 1998년, 진장시는 공·검·법(公檢法)을 포함한 25개 사법·행정·법 집행 부서를 대상으로 벌금과 몰수에 대한 '과태료 부과와 징수 기관 분리(罰繳分離)' 제도를 시행했다. 이어서 2000년에 「진장시 행

51 역자주: '자금의 외부 순환(資金體外循環) 현상'은 대량의 자금 특히 현금이 재정부나 은행 감독에서 벗어나 이동하는 것을 의미한다(https://baike.baidu.com/item/%E8%B5%84%E9%87%91%E4%BD%93%E5%A4%96%E5%BE%AA%E7%8E%AF/9715980).

정 사업성 청구서 발행과 자금 수납 분리에 관한 잠정 규정(晉江市行政事業性收費票款分離暫行規定)」과 그 시행 조치를 발표한 진장시는 118개의 은행 대리 접수처를 지정했으며, 대중의 편의를 위해 중앙집중형 납부 방식(centralized payment mood, 集中匯繳)[52]을 적용하여 개별적이거나 산발적인 소액을 제외한 137개 단위 및 19개 진(가도)의 모든 요금 항목은 '단위 어음 발행(單位開票), 은행 수취(銀行收款), 재정 통합 관리(財政統管)'의 어음 분리 제도를 시행하였다. 그리고 컴퓨터 네트워크화 관리를 시행하여 대리 접수 지점을 통해 자금을 재정 전용계좌(財政專户)에 직접 납입하는 진정한 통합 지급 및 '하나의 창구(一個窗口)' 서비스를 구체화한 동시에 국고 통일적 지급 체계도 시작하였다.

셋째, 국고 중앙 집중식 수납 제도(國庫集中收付制度)의 개혁을 추진했다. 2006년에 진장시의 재정 투자와 융자 기반 구축, 그리고 정부 조달 프로젝트 자금은 국고에서 최종 지불자에게 직접 지급되었으며,[53] 나아가 국고 단일 계좌 체계(國庫單一賬户體系)와 자금 수납 정보 관리 네트워크의 발판을 마련하였다. 2012년, 더욱 심화된 재정 예산 체제 개혁을 통해 예산 외 수입은 기본적으로 예산 관리에 포함되었으며, 예산 편제는 점차 더 과학적이고 엄격해졌다. 그리고 예산 단위 제로 잔액 계좌(零余額賬户) 개혁[54]도 추진해 자금 사용의 효율성을 높였다. 또한, 예산

---

52 역자주: '匯繳'은 기업이 정기적으로 얻은 수입을 일정 비율 또는 정해진 방법에 따라 세무 당국에 납부하는 행위이며, 중앙집중형 납부 방식(centralized payment mood, 集中匯繳)이란 징수 기관이 관련 법률 및 규정에 따라 징수된 미지급 수입을 국고 단일 계좌(國庫單一賬户) 또는 예산 외 자금 전용 계좌로 일괄 납부하는 것이다.

53 晉江市地方誌編纂委員會(編), 『진장연감(晉江年鑒)(2007)』, p.254.

54 역자주: 제로 잔액 계좌(Zero Balance Account, 零余額賬户)는 재정 부서 및 예산 단위가 상업은행에 개설한 계좌로, 재정 직접 지급 및 재정 승인 지급 및 정산에 사용된다.

집행에 대한 동적 감독 관리 체계 개선, 국고 중앙 집중식 지급, 재정 투자 프로젝트 심사, 정부 조달 및 행정 비영리 부문의 자산 관리 등 4가지 관리 플랫폼에서 중요한 역할을 했다.[55]

마지막으로 재정의 투명성을 높였다. 2006년에 진장시는 재정국과 회계 처리 센터 및 정부 조달 웹사이트를 개설했으며, 「진장시 재정국 온라인 업무 공개 제도(晉江市財政局網上辦事公開制度)」를 제정하여[56] 민주적 심의 활동에 착수했다. 2012년, 국고 지급 센터에 바로 인계되어 처리된 진장시의 예산 지급은 총 7,206건에 총 직접 지급액은 98.74억 위안이었고, 비규범적 지급으로 인한 반려 지출(糾正拒付不合規支出)은 257건에 2,278만 위안이었다. 감사국(審計局) 소액 규모 프로젝트 등록, 공동 심사 기구(助審機構)의 임의 번호 지정, 주요 프로젝트 사전 심사와 같은 제도 등 연간 심의한 프로젝트는 488개에 그 비용은 총 90.6억 위안으로, 6.57억 위안을 절감했으며, 절감률은 7.26%였다. 한 해 동안 정부는 집중적으로 368개 비차(批次)[57]의 조달 계획을 집중적으로 추진하여 예산은 6.3억 위안, 절감한 자금은 4,877만 위안, 절감률은 7.74%를 달성했다. 그리고 도시 공유 주택 관리 정보 시스템을 구축하여 철거민용 주택 건설과 유통 관리를 표준화했다.[58] 이렇듯, 투명한 재정 제도 구축으로 진장시의 예산 관리는 편제 방법과 세부 부서의 예산에서도 큰 진

---

55 晉江市地方誌編纂委員會(編), 『진장연감(晉江年鑒)(2013)』, p.245.

56 晉江市地方誌編纂委員會(編), 『진장연감(晉江年鑒)(2007)』, p.254.

57 역자주: 비차(批次)란 정부 조달 활동에서 일정 기간 내에 여러 조달 항목이나 품목을 모아 통합하고, 이를 하나의 통일된 입찰 또는 협상 단위로 조직하는 조달 시행 횟수를 말한다.

58 晉江市地方誌編纂委員會(編), 『진장연감(晉江年鑒)(2013)』, p.245.

전을 이루었다.

제2절 국가 강제력의 공고화

국가의 강제 기구(예: 군대, 경찰, 법정, 교도소 등)가 뒷받침되어야 하는 국가 강제력은 위반자에 대한 국가의 강제적 조치로 나타난다. 과거 학계에서는 국가의 흡수 능력, 감독 관리 능력, 인증 능력, 재분배 능력, 통솔 능력에 관한 연구에서 큰 성과를 거두었지만, 국가의 강제 능력에 관한 연구는 상대적으로 미비했다. 왕샤오광은 국가 강제력의 근간이 폭력에 있지만, 강제력의 강화는 공공질서 유지에 필수적일 뿐 아니라 오히려 폭력을 줄이는 데 필요한 조건 중 하나라고 보았다. 또한 국가 강제력이 향상되면 현대 국가가 갖추어야 할 다른 역량의 향상도 함께 보장되므로 중시해야 한다고 보았다. 중국의 현대 국가 능력을 분석할 때 강제 능력으로써의 경찰 시스템을 반드시 살펴봐야 한다. 중국에서는 경찰(공안) 부서가 법원·검찰원에 비해 강제 기능을 수행하는 경우가 많기 때문에 경찰력 구축을 핵심 분석 대상으로 논의하겠다.

1. 현대 국가의 경찰력 구축—기능, 기구 및 편제의 완전성

현대 국가 강제적 능력의 주체이자 중국공산당이 손에 쥔 '칼자루'였던 공안경찰부대는 중국공산당의 장기 집권을 수호하는 중요한 기능을 맡았다. 신중국의 공안경찰부대는 원래 중국공산당 중앙군사위원회 공안부에서부터 조직된 것이어서 '공안 성격의 당(公安姓黨)'이기도 했다. 일찍이 중화인민공화국 건국 초기에 중국공산당은 공안경찰부대의 조직 지도 체제를 수립했다. '통제주의(統制主義)'와 고도의 정치적 동원 시대에 사회 치안 상황은 비교적 안정적이었다. 공안 기관의 인력 편제 규모와 재정지출은 상당히 낮은 수준으로 인구 1만 명당 경찰 수는 약 3명에 불과했고, 당시 인구 1만 명당 연평균 사건 발생률은 7~8건으로 세계 평균보다 월등히 낮은 수준이었다. 사회 치안 상태가 좋았던 1950~60년대는 1949년 이후 경찰력이 가장 적었고 범죄율도 세계에서 가장 낮았던 시기였다. 1956년, 중국의 인구 1만 명당 연평균 사건 발생률은 2.9건에 불과했다.[59]

개혁개방 이후부터 계속된 시장경제의 발전과 함께 진장의 사회경제도 끊임없이 변화하였다. 사회집단은 사회자원의 점유(占有) 차이에 따라 분화되었으며, 많은 외부인의 유입과 함께 지층 구조와 같은 사회적 차이 체계 구조의 등장으로 이익의 분화가 더욱 뚜렷해졌고, 사회 내부의 안정 유지에 대한 압박도 계속해서 커져갔다. 여기에서 주목할 점은 1983년 국가안전부가 설립되면서 공안부는 더 이상 국가 안보를 책임지지 않게 되었으며, 사회 안정을 유지하기 위한 치안 관리 업무가 국가 안보 사업과 분리 및 전문화되어, 현대 국가 강제적 능력의 주체인 공안경찰부대가 강화되고 전문화되기 시작했다는 것이다. 계속해서 진장을 예로 들어 경찰 조직의 기능, 내부 조직 및 편제 보완 과정을 분석하겠다.

1983년부터 1984년까지 진장현 공안기관은 중국공산당 중앙위원회와 전국인민대표대회 상무위원회의 관련 결정을 시행하는 한편 약 1

---

59 樊鵬·易君健, 「지방 분권, 사회 범죄, 국가 강제 능력 향상—개혁기 중국 공안 재정 비용 발전의 실증분석(地方分權、社會犯罪與國家强制能力增長—基於改革時期中國公安財政經費發展的實證分析)」, 『世界經濟文匯』, 2009(2).

년 동안 '엄격한 단속(嚴打)'을 실시했다. 1987년까지 진장현은 폭력배와 211개의 도둑 조직 등 총 932명을 소탕하였고, 수제 무기를 비롯한 대량의 탄약, 흉기, 음란물을 압수했다.[60] 1993년에 시는 접수한 2,487건의 각종 형사 사건 가운데 1,955건을 적발했으며 320개의 범죄 조직에 1,259명의 조직원을 소탕했다.

상술했듯이 계속 늘어나는 각종 형사 사건과 심각해진 '매춘·도박·마약(黃賭毒)' 때문에 치안 상황이 심각해져 사회 치안을 유지하는 임무가 더욱 중요해졌다. 이에 따라 공안 기관의 조직과 인력 편제도 늘어났다. 1980년대에 중국 공안기관의 인력 편제는 국가의 통일적 지도를 적용했으며, 중앙과 성 차원의 분급 관리 때문에 공안기관의 인력 편제는 크게 확대되지 않았다. 1988년 현에는 32개의 보위과(고(股))가 있었고 경제경찰중대 1개, 분대 1개, 소대 6개, 경찰관 69명이 있었다.[61] 1990년대에 들어서면서 진장현(시) 공안부의 기능이 급격히 확대되었다. 1993년부터 1995년까지 진장시 공안국에는 판공실, 정공과(政工科), 정보과(政保科), 보위과(保衛科) 등의 부서와 실(室), 소(所), 대대(大隊), 17개의 전문대(專業隊)가 있었다. 그리고 기층에는 5개의 공안국과 12개의 파출소, 교통경찰대대, 국경경비대대, 소방대대, 경제경찰대대, 무장 경찰중대와 보안회사가 있었다.[62] 2000년대가 되어 새롭고 복잡한 사회경제적 상황에 놓이게 되자, 2001년부터 2006년까지 진장시 공안국은 형사 수사, 경제범죄 수사, 치안 관리, 마약 단속 등의 업무를 수행하는 기능대

---

60 晉江市地方誌編纂委員會(編), 『진장시지(晉江市誌(上))』, p.912.

61 상게서, p.910.

62 晉江市地方誌編纂委員會(編), 『진장연감(晉江年鑒)(1996)』, p.245-246.

대를 신설했다.

<표 6-3> 2007년 진장시 경찰 조직 구조[63]

조직 내 기구	법 집행 업무 기구	지휘센터(指揮中心, 판공실(辦公室)의 복수 간판 사용)
		형사수사대대
		교통관리대대
		치안관리대대(폭발 위험물 감독 관리대대(爆炸危險物品監管大隊)의 복수 간판 사용)
		법제(法制)대대(서신 방문 처리 판공실(信訪辦公室)의 복수 간판 사용)
		경제범죄수사대대
		출입국관리대대
		마약단속대대(마약 단속 위원회 판공실(禁毒委員會辦公室)의 복수 간판 사용)
	종합관리기구	정치업무실(政工室)
		경찰업무보장실(警務保障室)
파출소 및 감독 관리 장소	파출소	칭양(青陽), 메이링(梅嶺), 시위안(西園), 뤄산(羅山), 링위안(靈源), 신탕(新塘), 안하이(安海), 천다이(陳埭), 츠자오(磁竈), 진징(金井), 츠뎬(池店), 네이컹(內坑), 둥스(東石), 융허(永和), 룽후(龍湖), 잉린(英林), 선후(深滬) 등 20개 파출소
	감독관리 장소	진장시 구치소(看守所)
		진장시 유치장(拘留所)
기타 기구	기율감찰기구	기율검사위원회(紀委, 감찰실과 기타 협력 업무처로 감독대대(督察大隊)와 회계감사실(審計室)의 복수 간판 사용)
		기관 당위원회 설치

63 자료 출처: 晉江公安公眾服務網.

현역 및 공안 서열 단위		무장중대(무장 경찰 현역 편제)
		국경 수비대대(무장 경찰 현역 편제)
		소방대대(무장 경찰 현역 편제)
		삼림 공안 분국(森林公安分局)과 연해 삼림 파출소(沿海森林派出所)

앞서 언급한 바와 같이 1984년 이전까지는 공안기관 인력 편제가 당 중앙의 통일된 지도하에 있었다. 1984년부터 공안 특별 편제가 별도로 시행되기 시작했고, 중앙정부는 각급 공안기관의 편제 총정원을 일괄적으로 조사하여 결정한 후 단계적으로 하달하여 특별 배치하였다.[64] 1978년 진장현의 경찰력 배치는 인구 1만 명당 5명, 그 분포는 1㎢당 0.6명에 불과했지만, 2003년에 들어서는 인구 1만 명당 12명, 1㎢당 2.3명으로 4배나 늘어났다.[65] 그러나 미국 등 다른 나라와 비교했을 때는 여전히 그 차이가 컸다.[66]

2010년 당시 기층 일선(一線) 인민경찰(民警) 1,016명(평균 연령 36.3세), 과급(科級) 이상 간부 170명 등 총 1,058명의 민경이 있었던 진장시 공안국은 푸젠성에서 민경이 가장 많은 현급 공안 기관 중 하나였다. 그리고 3개의 종합 관리 기구, 9개의 법 집행 기구, 2개의 감옥, 20개의 기층 파출소가 있었다. 경찰 수의 증가 외에 관리 메커니즘도 조정되었다.

---

64 樊鵬·汪衛華·王紹光, 「중국 국가 강제 능력 구축의 궤적과 논리(中國國家强制能力建設的軌跡與邏輯)」, 『經濟社會體制比較』, 2009(5).

65 晉江市地方誌編纂委員會(編), 『진장시지(晉江市誌(下))』, p.907; 晉江市地方誌編纂委員會(編), 『진장연감(晉江年鑒)(2002)』, p.79.

66 「중국 인구 1만 명당 12명으로 경찰력이 매우 부족한 실정(中國每萬人僅12警察警力存在嚴重不足的現象)」,南方網, 2003년 2월 21일, http://news.southcn, com/community/shms/200302210310.htm, 2021년 4월 3일 방문.

2012년에 진장시 공안국은 조직 인센티브 메커니즘의 개혁을 적극적으로 추진하기 위한 「진장시 공안국 기능 배치 기구 설립 및 인력 편제에 관한 규정(晉江市公安局職能配置機構設置和人員編制規定)」을 제정하여 진장시 편집 위원회의 승인을 받았다. 개혁 후 국(局) 전체에서 승인된 과급(科級) 직위는 478개로 254개가 늘어났으며, 과급 직위 배치율은 16.4%에서 42.3%로 늘어났다. 8년 동안 인사 고과를 받지 않은 일부 고급(股級) 간부들을 대상으로 진장시 공안국은 개방성, 공정성, 공평성의 원칙에 따라 12월 초에 고급 간부 인사 고과를 시작하여, 총 301명의 간부를 인사이동하고 253명의 고급 간부를 기용하여 사회 각계각층과 민경으로부터 긍정적인 평가를 받았다.[67]

진장시 공안 기관의 기능 증가와 조직 강화는 심각한 사회 치안 압박, 복잡한 관리 업무량과 밀접한 관련이 있었다. 2000년부터 진장시의 형사 사건 접수(해결) 건수, 치안 사건 단속 건수, 110 경찰 접수 처리 건수, 출입국 신청자 수, 교도소 수감자 수, 교통 사건 수, 유동 인구 수 모두 성 전역의 동급 현(시)에서 1위를 차지했으며, 그중에서도 형사사건의 총건수는 성의 여러 지급시(地級市)를 넘어섰다.[68] 1992년부터 중국은 국제 통용 관례에 따라 경찰 계급제(警銜制)를 시행하기 시작했다. 행정직과 경찰 계급에 따른 경찰 조직의 체계적인 수직적·동급 관계 형성을 의미하는 경찰 계급제의 시행은 현대 국가 경찰 기구의 계급제 구축 및 개선을 촉진했다. 1992년 9월 12일, 중국공산당 중앙위원회와 국무원이 제정한 「인민경찰 계급 표시 양식 및 패용 방법(人民警察警銜標誌

67 晉江市地方誌編纂委員會(編), 『진장연감(晉江年鑒)(2013)』, p.211.

68 자료 출처: 晉江市委宣傳部가 2011년 1월 제공한 자료.

式樣和佩帶辦法)」의 공포와 시행은 중국 공안 기관의 정규화 건설의 중요한 이정표이자 경찰 조직의 법제화와 규범화 구축이 새로운 역사적 단계에 진입했음을 의미한다. 2002년까지 중국에는 약 170만 명의 경찰관이 있었다. 170만 명의 인민경찰에는 4,000여 명의 각급 경감(警監), 42만여 명의 각급 경독(警督), 100만여 명의 각급 경사(警司), 22만여 명의 각급 경원(警員)이 있었다.

경찰 계급 제도는 경찰 조직의 전반적인 자질과 법 집행 수준을 크게 향상시켰다. 각급 공안기관은 '승진을 위해서는 훈련을 받아야 한다(凡晉(升)必訓)'라는 지침에 따라 민경 훈련 제도 구축에 힘썼다. 중국은 1992년부터 2002년까지 경사를 훈련시켜 경독으로, 경독은 경감으로 20여 만명을 승진시켜 훈련의 제약 메커니즘을 단계적으로 구축했다.[69] 2009년 9월부터 2010년 8월까지 공안부는 각급 지도 간부 1.6만 명을 훈련시켰으며, 전국에 2,000개 이상의 각급 훈련 기지를 설립했다. 이로써 합리적인 배치와 완전한 기능을 갖춘 4급 훈련 기지 네트워크가 구축되었다. 또한 공안기관의 '금순공정(金盾工程)'[70]이 2003년에 전면 시행되었으며, 2011년 2월까지 정보 네트워크가 전국 성급 공안청(국)부터 478개의 시국(市局), 3,361개의 분현국(分縣局) 및 7만 개 이상의 기층소대

---

69 鄔煥慶, 「현재 중국에 임용된 경찰은 170여만 명(我國目前有授銜警察近170萬)」, https;//www.china-court.org/article/detail/2002/06/id/7358.shtml, 2020년 1월 11일 방문.

70 역자주: '황금 방패 프로젝트'라고도 하는 '금순공정(金盾工程)'은 실질적인 공안 통신 네트워크와 컴퓨터 정보 시스템 구축 프로젝트로, 중국 공안기관이 현대 정보통신기술을 이용하여 일괄적 지휘, 신속한 대응, 범죄단속 능력 등을 강화하고 공안 업무의 효율성과 수사 및 사건 해결 수준을 향상시키는 것이다(https://baike.baidu.com/item/%E9%87%91%E7%9B%BE%E5%B7%A5%E7%A8%8B/9092338?fr=ge_ala).

(基層所隊)까지 아우르면서, 접속망 점유율은 99%에 달하게 되었다.[71]

1978년 이후의 중국 공안기관 설립 상황을 살펴보면, 보다 전문화되고 분업이 명확해진 경찰대 편제를 통해 현대 국가 구축의 계층화 특징을 알 수 있다. 그리고 2007년 진장의 공안기관 조직 구조를 정리한 <표 6-3>을 통해 1993년부터 1995년까지 일부 전문 부서가 새로 추가되었으며, 전반적인 조직 구조가 더욱 체계화되었음을 알 수 있다.

많은 수의 외래인구 유입이 진장의 공안 관리 체계와 거버넌스 능력 현대화에 좋은 계기가 되었다는 점이 인상적이다. 1980년대에 진장이 노동 집약적 경제로 발전하면서 외래인구에 크게 의존하게 되었고, 그 수도 급격히 증가해 외래 인구 관리는 진장 지방 국가 공안 시스템의 중요한 기능이 되었다. 진장현 공안국이 외래인구 등록 관리를 시작한 1985년 현에 등록된 외래인구는 19,201명이었고, 1988년에는 39,455명에 달했다.[72] 2010년 진장시의 외래인구는 100만 명을 넘어섰고 이주노동자의 자녀는 14.2만 명에 이르렀다.[73] 따라서 외래인구의 사회 관리 강화가 진장시 정부의 중요한 책임이 되었다. 1992년부터 1995년까지 진장시 정부는 「외래인구 관리 강화에 관한 규정(關於加强外來人口管理的規定)」 및 「진장시 농촌 호적 관리에 관한 규정(晉江市農村户口管理規定)」을 잇따라 공포했다. 2001년, 진장시 정부가 진장시 유동 인구 종합 관리를 위해 특별히 조직한 영도소조는 시위원회 부서기, 정법위원회 서기,

71 「난관을 극복하고 끊임없이 심화되는 중국의 사법 체제 개혁(我國司法體制機制改革在攻堅克難中不斷深化)≫, http://news.cntv.cn/law/20110216/103709_9.shtml, 2020년 1월 11일 방문.

72 晉江市地方誌編纂委員會(編), 『진장시지(晉江市誌(上))』, p.908.

73 「10만 이주노동자 자녀 진장에서 설레며 학교로(十萬外來工子女晉江喜上學)」, http://www.chinadaily.com.cn/dfpd/fj/2010-03/03/content_9532315_2.htm, 2020년 1월 11일 방문.

인민대표대회 상무위원회 부주임, 부시장 및 정치협상회의 부주석으로 구성되었고, 공안국, 법원, 검찰원, 정부 판공실, 기획경제무역위원회, 교육위원회, 민정국, 사법국, 노동국, 건설위원회, 교통국, 대외경제무역위원회, 문화체육국, 위생국, 가족계획위원회, 공상국, 기업국, 총공회, 총상회 등 19개 부서가 참여했다. 영도소조 산하의 판공실에는 종합조, 치안관리조, 노무관리조, 가족계획관리조, 법률홍보조의 5개 작업조가 있었으며, 위의 19개 부서에서 파견된 직원들이 영도소조 판공실에 상주하며 업무를 처리했다. 영도소조의 인원 편제는 10명이었고, 각 진에는 이동 판공실(流動辦)도 있었다.

당시 진장시 경찰력은 다양한 분야와 장소에 투입되어 기본적으로 모든 가도(街道)와 사구(社區)에 배치되어 있었다. 매년 춘절에는 사회 치안과 안정을 위해 진장의 기차역, 버스정류장에 무장 경찰 근무소를 증설하였다. 그밖에 사람들이 많이 모이는 쇼핑 장소나 공공장소에도 상시 무장 경찰 근무소를 설치했으며, 보안요원, 교통경찰, 순경, 형사, 구역 담당 경찰 등 다양한 유형의 경찰도 쉽게 찾아볼 수 있었다. 또한 지역 빅데이터와 사회 거버넌스 체계의 결합을 적극적으로 추진하였고, 나아가 진장시위원회가 '6가지 능력 강화(增强六種能力)'[74]를 차세대 공안 조직 구축의 주요 과제로 삼으면서 경찰 거버넌스 능력이 크게 현대화되었다.

74 역자주: 6가지 능력이란 정치적 리더십(政治引領能力), 개혁 혁신 능력(改革創新能力), 기층 기초 능력(基層基礎能力), 과학 기술 지원 능력(科技支撑能力), 법 집행 및 감독 능력(執法監督能力), 팀 관리 능력(隊伍管理能力)을 의미한다(黑龍江省人民政府網, http://gat.hlj.gov.cn/gat/c103766/202304/c00_31565933.shtml).

2. 중국 현대 국가 공안, 검찰, 법원, 무장 경찰 구축을 위한 경비 보장

재정지출은 공공 안전 체계의 확장을 반영하는 거울이다. 1990년대에 들어서면서 진장의 공공 안전을 위해 급격히 증가한 재정지출은 사회 공공 안전 거버넌스의 시급성을 반영하는 동시에 강제력 구축에 대한 국가의 노력을 반영한 것이다. 1995년 공포된 「중화인민공화국 인민경찰법(中華人民共和國人民警察法)」 제37조에는 '인민경찰의 경비는 국가가 보장한다. 인민경찰의 경비는 분권 원칙에 따라 중앙 및 지방정부 예산에 각각 편성된다'고 명시되어 있다. '분권적 보장 및 분권적 관리(分級保障, 分級管理)'의 재정 관리 체제의 영향을 받아 공안 기관의 경비는 주로 동급 지방 재정에서 부담하였다. 1996년에 전국 공안 계획 재무 회의(全國公安計劃財務會議)는 중앙이 지방에게, 상급 기관이 하급 기관에게 공안 경비를 보조하는 제도 구축을 제안했다. 그 이후로 지방 공안에 대한 중앙정부의 보조는 주로 주요 프로젝트 건설에 집중되었다.[75] 기관의 증설과 인력 확충은 모두 재정 지원과 뗄 수 없는 관계이다. 진장 시 공·검·법(公檢法) 지출과 무장 경찰 지출이 재정지출에서 차지하는 비율을 정리한 <표 6-4>를 통해 지방정부의 강제적 능력 상황을 알 수 있다.

---

75 樊鵬·汪衛華·王紹光, 「중국 국가 강제 능력 구축의 궤적과 논리(中國國家强制能力建設的軌跡與邏輯)」, 『經濟社會體制比較』, 2009(5).

<표 6-4> 재정지출에서의 진장시 공·검·법 지출과 무장 경찰 지출 비율[76]

연도	재정지출에서의 공·검·법 지출 비율(%)	무장 경찰 지출(만 위안)	재정지출에서의 공·검·법 지출과 무장 경찰 지출 비율(%)
1993	2.58		
1996	5.8		
1997	6.05		
1999	6.36		
2000	6.17	190	6.49
2001	6.28	249	6.66
2004	5.6	390	5.9
2005	6.35	449	6.64
2006	5.8	500	6.15

<표 6-4>에서 볼 수 있듯이 1993년부터 2006년까지 진장시 공·검·법 지출이 재정지출에서 차지하는 비율은 2.58%에서 5.8%로 늘어났다. 또한, 공안 지출이 공·검·법 지출의 대부분을 차지하는 것으로 보아 이 비율의 증가는 경찰력에 사용된 총재정지출의 증가뿐만 아니라 국가의 강제적 능력을 중시하고 지지하는 진장시 정부의 의지를 반영한 것이다. 2004년에는 진장이 공·검·법에 지출한 비율이 급격히 줄어들었다. 이는 지방정부가 2003년 11월 공포한 「공안 업무의 진일보 강화와 개선을 위한 중국공산당 중앙위원회의 결정(中共中央關於進一步加强和改進公安工作的決定)」의 내용인 '수입과 지출의 디커플링(脫鉤), 전액 보장, 핵심 강조 및 단계적 시행의 원칙에 따라 공안 경비 보장 메커니즘을 구

76 자료 출처: 역대 『진장연감(晉江年鑒)』 중의 재정지출 상황 통계표.

축한다. 공안 기관의 장비 배치, 각종 경비 지출 할당액 등의 기준을 연구하고 제정하며, 권한 분담 원칙에 따라 중앙 재정과 지방 재정이 분담하여 보장한다'에 따른 것이지, 국가의 강제적 능력 구축을 위한 재정지출을 줄인 것이 아니다. 이로써 국가의 강제적 능력 구축을 위한 재정지출에는 중앙정부와 지방정부 간의 복잡한 힘겨루기가 있음을 알 수 있다.

2000년 『진장 연감(晉江年鑒)』에 따르면 공·검·법 지출 외에도 무장 경찰 지출이 별도로 다뤄지기 시작했다. 중국 무장 경찰부대는 내위부대(內衛部隊)와 경종부대(警種部隊)로 구성되었으며 성(자치구, 직할시) 총대(總隊)와 기동사(機動師)는 내위부대에, 황금(黃金)·삼림(森林)·수전(水電)·교통부대는 경종부대에, 공안 국경 수비, 소방, 경비부대는 무장 경찰에 각각 포함되었다. 이렇듯, 무장 경찰부대는 공안과 밀접한 관련이 있다. 무장 경찰부대는 집행권과 사법권이 없었으며, 사실상 대부분 지방 공안 작전에 협조하여 지방 임무를 수행했다. 재정 총지출에서 차지하는 공·검·법 총지출과 무장 경찰 총지출 비율로 볼 때, 국방 지출을 제외하고 지방정부는 일반적으로 국가 강제적 능력 구축을 위해 재정 총지출의 6% 이상을 지출하고 있었다. 2008년 진장시의 공공 안전 지출은 20,433만 위안이었고 그중 무장 경찰 지출은 1,638만 위안, 공안 지출은 13,649만 위안이었다.[77] 이는 2006년 500만 위안이었던 무장 경찰 지출에 비해 무려 1,138만 위안 늘어난 것으로, 매년 569만 위안이 증가했다. 경비 지출 내용 면에서 진장시는 인프라 구축 강화에 중점을 두었다. 2006년부터 인프라와 파출소 판공실 구축에 총 2.7억 위안 이상을

77 晉江市地方誌編纂委員會(編), 『진장연감(晉江年鑒)(2009)』, p.600.

투자했으며, 시 전역의 공안 민경을 위한 단일 경찰 장비(單警裝備)[78]를 갖추었고 1급 파출소 표준에 따라 모든 파출소 민경의 보호 장비를 마련했다. 2010년에 진장시가 공안 업무에 지출한 1.5억여 위안은 판공실 건설, 인프라 재건 및 확장, 사무 설비 구매, 수도·전기·주유 및 출장 경비 등에 주로 사용되었다. 시 공안 민경의 1인당 공공경비는 약 7만 위안으로 성급 기준을 크게 초과했다.[79]

신뢰할 수 있는 재정은 진장의 공고한 강제적 능력 구축과 경찰 업무 시스템의 다양한 국가급 칭호와 포상 수여에 일정 부분 도움이 되었다. 교통 경찰대대 1중대는 2007년에 '전국 우수 공안 기층 단위(全國優秀公安基層單位)'로 선정되었고, 시 구치소는 국가 공안부로부터 '전국 공안 감독 관리 부서의 정보 기술 응용 시범 단위(全國公安監管部門信息技術應用示範單位)'로 지정되었으며, 형사 수사대는 2009년에 공안부로부터 '전국 공안 기관 법 집행 시범 단위(全國公安機關執法示範單位)'로 선정되었다. 2019년에는 전국 '인민이 만족하는 공무원 집단(人民滿意的公務員集體)'에 선정되었고, 잉린 파출소(英林所), 둥스 파출소(東石所), 츠뎬 파출소(池店所), 뤄산 파출소(羅山所), 안하이 파출소(安海所) 등은 공안부로부터 '1급 공안 파출소(一級公安派出所)'로 각각 선정되었다.[80]

물론 국가의 강제적 능력 구축은 지역마다 분명한 차이가 있었다. 재정적 압박이 있었던 일부 지역의 경우, 국가에서 요구하는 '1개의 구역에 1명의 경찰(一區一警)'과 '1개의 구역에 다수의 경찰(一區多警)' 기준

---

78 역자주: 단일 경찰 장비(單警裝備)는 법 집행 요원이 업무 수행과 법 집행 과정에서 갖추어야 하는 개인 기본 장비를 의미한다.

79 자료 출처: 2011년 1월에 晉江市委宣傳部가 제공한 자료.

80 자료 출처: 2011년 1월에 晉江市委宣傳部가 제공한 자료.

이 2004년에 들어서야 비로소 실현되었다. 2005년에 중앙정부는 지방의 자체적인 편제를 철회하고, 30만여 명 이상의 국가 편제를 한 번에 늘렸으며, 공안부가 예비 승인한 지방 편제를 국가 편제로 전환했다. 2009년부터 2010년까지 재정부는 총 680억 위안 이상의 중앙 정법 이전 지급 자금(中央政法轉移支付資金)[81]을 마련했다.[82] 이것은 정부의 재정 자원이 통제 가능하고 감당할 수 있는 범위 내에서 구축되었다.[83] 강제적 능력의 국가화를 구현하기 위해서는 중앙 국가가 지속 가능한 재정 지원과 보장을 제공해야 한다. 그렇지 않으면 강제적 능력의 순결성은 물론 강제력의 합법성과 권위성도 유지할 수 없다.

제3절 정부의 집행력

프랜시스 후쿠야마는 자신의 저서에서 현대 국가 건설에 있어 국가 능력의 핵심 지표는 정부의 집행력이라고 보았다.[84]

제도화된 현대 정치 체계를 형성하는 과정에서 일부 국가는 표면적으로는 비교적 완벽한 정부 조직과 관리 제도 문건을 갖춘 것처럼 보였

---

81 역자주: 중앙 정법 이전 지급 자금(中央政法轉移支付資金)은 기층 정법 기관(공안, 사법, 감찰 등)의 자금 보장 수준을 높이고 정법 기관의 사건 처리 조건을 개선하고자 중앙 및 성급 재정에서 기층 정법 기관을 위해 마련한 특별 기금을 의미한다.

82 新華社記者, 「공정하고 효율적이며 권위 있는 사법 제도 수립을 위한 분투 -난관을 극복하고 끊임없이 심화되는 중국의 사법 체계 개혁(為建設公正高效權威司法制度砥礪奮進—我國司法體系改革在攻堅克難中不斷深化)」, 『人民法院報』, 2010년 2월 16일 第2版.

83 樊鵬·汪衛華·王紹光, 「중국 국가 강제 능력 구축의 궤적과 논리(中國國家强制能力建設的軌跡與邏輯)」, 『經濟社會體制比較』, 2009(5).

84 Francis Fukuyama, 「국가 구축: 21세기의 국가 거버넌스와 세계 질서(國家構建: 21世紀的國家治理與世界秩序)」, p.7.

지만, 실상은 정부의 효율적인 집행력 부족으로 이와 같은 제도는 '빈 껍데기 제도'로 전락해 버렸고, 이에 정부의 거버넌스 체계와 능력도 심각하게 약화되었다.

정부의 집행력에 대한 논의에서 '집행력(執行力)'이라는 개념은 행정법, 즉 행정 행위의 집행력 분야에서 처음 사용되었으며, 이후 상공업 기업 관리 분야에서도 사용되었다. 래리 보시디(Larry Bossidy)와 램 차란(Ram Charan)은 '가장 기본적인 의미에서 집행은 현실을 드러내며, 현실에 따라 행동을 취하는 체계화된 방식이다'라고 주장했다.[85] 집행이란 실무적으로 운영되는 세부 사항인 것이다. 이후 '집행력'은 경제·정치 분야로까지 확장되었다. 토머스 우드로 윌슨(Thomas Woodrow Wilson)은 공공행정을 공법(公法)의 상세하고 체계적인 집행 활동이라고 보았다.[86] 그리고 제임스 W. 페슬러(James W. Fesler)와 도널드 F. 케틀(Donald F. Kettl)은 '정부 관리에 종사하는 한, 그들은 집행을 걱정하게 된다'고 생각했다.[87] 이후 정책 연구의 도입과 함께 정부 집행 활동은 주로 공공 정책 집행으로 제한되었다. 찰스 O. 존스(Charles O. Jones)는 '정책 집행은 하나의 정책을 실행에 옮기는 활동으로, 많은 활동 중에서도 해석, 조직, 적용의 세 가지가 가장 중요하다'고 제언하였다.[88] 정부의 집행을 분류하

---

85 Larry Bossidy & Ram Charan, 『집행: 임무를 완수하는 학문(執行: 如何完成任務的學問)』, 劉祥亞 등(역), 機械工業出版社, 2008, p.19.

86 魏中龍, 「어떻게 기업의 집행력을 기르고 향상시켜야 하는가?(如何培育和提升企業的執行力)」, 『北京工商大學學報(社會科學版)』, 2003(6).

87 James W. Fesler & Donald F. Kettl, 『공공행정학 신론: 행정 과정의 정치(公共行政學新論: 行政過程的政治(第二版))』, 陳振明·朱芳芳등(역), 中國人民大學出版社, 2002, p.332.

88 Charles O. Jones, *An Introduction to the Study of Public Policy*, 2nd Edition, Duxbury Press, 1977,p. 139.

면서 왕춘잉(王春英)은 운동식 집중적 집행 과정(運動式的集中執行過程)과 일상적인 행정 과정 두 가지 측면의 관련 문제를 제시했다. 전자는 주로 단계성이 강한 주요 정책의 집행에 적합하고, 후자는 정부의 일상 업무로, 직간접적으로 어떤 정책을 집행하는 것이다.[89] 물론 정부의 집행력에 관한 연구에서 집중적으로 다룬 것은 정책 집행이었지만, 정책 수립과 정책 감독의 중요성을 간과하지도 않았다. 지방 수준에서 현급 정부의 정책 집행은 정책 수립보다 더 일상적인 활동이다. 궈지(郭濟)는 정책을 효과적으로 시행하는 것이 지방정부의 주요 기능 중 하나로, '기층 정부(현, 향 정부)는 특히 상급 정부가 제정한 정책, 규정, 내려진 지침 및 업무를 관철시키기 위해 노력하는 시행에 중점을 두었다' 고 제언했다.[90] 진장에서 지방정부의 주요 업무 지표는 대부분 상급 정부의 업무 분해 및 하달에서 비롯된다. 따라서 구체적인 집행은 지방정부의 주요한 기능으로, 이에 발맞춰 중앙의 정책과 상급 기관의 의사결정이 현실화되어야 하며 지방정부의 집행력이 핵심 요소인 것이다.

이 절에서는 진장을 분석 대상으로 주요 정책 시행과 일상 업무 집행의 두 가지 측면에서 지방정부 집행력의 변화를 분석하고, 고유한 지방 특성과 국가 능력 구축에 미치는 영향을 다루겠다.

1. 주요 정책 집행력

그레이엄 앨리슨(Graham T Allison)은 정부 업무에서 있어 정부 정책 목표의 실현은 10%의 계획 수립과 90%의 효과적인 집행에 달려 있다고

89 王春英, 『당대 중국 정부(當代中國政府)』, 河南人民出版社, 2004, p.299.

90 郭濟(主編), 『정부 권리 운영관리학(政府權利運籌學)』, 人民出版社, 2003, p.80.

지적했다.[91] 중국은 '고위급에 의한 추진(高位推動)' 방식과 중국공산당의 '정치적 잠재력'을 빌려 주요 정책을 집행한다. 이것은 현대 국가 구축 과정에서 형성된 중국의 주요 공공 정책 집행의 특징이기도 하다. 중국 공산당은 공공 정책 의사 결정의 주체이자 정책 목표의 설계자, 이익 표현의 수집자, 공공 정책의 의사 결정자, 집행자 및 감독자이기도 하다.[92] 주요 공공정책을 시행하기 위해서는 각급 당위원회가 위의 5가지 역할을 담당해야 하며, 계층적 조정과 다중 속성(多屬性) 협력에 영향을 미치는 핵심 요소는 당위원회의 태도이다.

각급 당 위원회가 중요하게 생각하는 공공행정이라면 성심껏 조직하고 시행하여야, 그 공공 정책은 뚜렷한 성과를 얻을 수 있을 것이다. 이때 실제로 매우 효과적인 것으로 입증된 '중국공산당 xx 업무 영도소조(中共xx工作領導小組)'의 메커니즘도 활성화되어야 한다. 이러한 업무소조는 임무적 소조에 속하는 편성으로, 빈틈없고 구체적인 업무 집행과 의사 결정을 위해 만들어진 업무 기구는 크게 두 가지 유형으로 나뉜다.

첫 번째 유형은 '중국공산당 중앙위원회 타이완 업무 영도소조(中共中央對臺工作領導小組)', '중앙 재정 영도소조(中央財經領導小組)', '중앙 외교 업무 영도소조(中央外事工作領導小組)', '중앙 농촌 업무 영도소조(中央農村工作領導小組)', '중앙 선전 사상 업무 영도소조(中央宣傳思想工作領導小組)'와 같은 상설형 영도소조(常設性領導小組)이다. 일반적으로 당의 행정기관 인력은 행정 기구의 인력보다 훨씬 적지만, 인적 구성이 매우 뛰어나다.

---

91 陳振明, 『공공정책 분석(公共政策分析)』, 中國人民大學出版社, 2003, p.226.

92 汪偉全, 「공공 정책 결정 중의 정당 요소를 논하다(論公共決策中的政黨因素)」, 『理論探討』, 2007(4).

따라서 '당의 영도'라는 '중국 특색'을 반영하는 것이 매우 중요하므로 그 역사적 기원을 정리할 필요가 있다.

1949년 중화인민공화국 건국 초기에 신정권은 '당정 분리(黨政分離)'를 중시하여 당이 정부 부서에 미치는 영향을 피하는 경향을 보였다. 그러나 중앙정부가 국가 세제 개편 등 중요한 문제를 사전에 당중앙에 보고하지 않자, 당중앙은 정부 부서에 대한 지도력 강화를 강조하기 시작했다. 1953년 3월, 당중앙이 발표한 「중앙인민정부 시스템의 각 부서에 대한 중앙 지시보고제도 강화 및 정부의 업무에 대한 중앙정부의 지도력 강화에 관한 결정(關於加强中央人民政府系統各部門向中央請示報告制度及加强中央對於政府工作領導的決定)」에 따르면 모든 정부 부서의 당 조직은 당중앙의 지도를 직접적으로 받으며, 정부 업무의 모든 주요하고 중요한 방침, 정책, 계획 및 중점 사항은 사전에 당중앙에 보고한 후, 승인을 받은 후에야 비로소 시행할 수 있었다. 또한 국무원의 주요 지도자들이 보다 분명하고 직접적으로 중앙정부를 책임지도록 하기 위해 중앙정부는 계획, 재정, 정치·법률, 외교, 교통, 농림, 노동, 문화·교육의 주요 분야를 다시 구분한 한편 전문 인력이 직접 지도하도록 하였다. 이것이 중앙 업무 영도소조(中央工作領導小組)의 가장 초기 형태이다. 1958년 중국공산당 제8기 중앙위원회 제4중 전회 이후, 재정, 정치·법률, 외교, 과학, 문화·교육 등의 소조(小組)을 만들기로 결정한 당중앙은 전문 인력을 파견하여 부서별 지도(分口領導)를 맡겼다. 이 그룹들은 중앙정치국과 서기처(書記處)의 직속 기관으로 업무를 직접 보고하였다. 국가 국정 방침은 정치국, 구체적으로 서기처에 배치되었으며 구체적인 집행과 세부 의사 결정은 정부 기구와 그 당 그룹이 결정하였다. 이후로 중국에서는 행정 기관이 당의 각급 기관에 대한 책임을 지고 당 위원회가 부서 내 당그룹을 통해 행정 기관에 지시를 내리며, 각 행정 부서가 당 그룹을 통해 당 위원회에 보고하고 지시를 요청하는 메커니즘이 시작되었다. 두 번째 유형은 임시형 영도소조(臨時性領導小組)이다. 이러한 소조는 일반적으로 특정한 주요 공공 정책을 추진하기 위해 조직되었다. 여기에서 당의 행정 담당 기구 책임자와 행정기관 책임자 간의 관계를 살펴볼 필요가 있다. 행정기관의 책임자에 비해 당의 행정 담당 기구의 책임자는 당과 정부 모두에서 비교적 높은 지위를 차지했다. 이는 당의 행정 담당 기구가 행정기관을 이끌고 있다는 사실을 보여주는 것으로, 행정기관의 임무를 조정하여 순조롭게 완수하기 위해서는 지위가 높은 지도자를 당의 행정 담당 기구의 책임자로 임명하는 것이 효율적이었다.

계속해서 진장 중심업무지구 건설 정책의 집행을 예로 들어 정책 집행의 전반적인 과정을 간략하게 살펴보겠다. 도시 재건, 주택 철거, 철거민 정착 보상과 시민 권리, 정부 역할, 부동산 매매자의 게임(地產商的博弈) 등과 관련이 있는 집행 과정을 통해 정책의 중요성을 알 수 있다.

2009년 9월 30일, 취안저우시(泉州市) 당서기 쉬강(徐鋼)은 진장을 조사한 후, "진장 공업 단지 남안(南岸) 건설은 취안저우의 '루자쭈이(陸家嘴)'[93]가 될 것이고 빈장 업무지구(濱江商務區) 건설에 박차를 가해야 한다…(중략)…앞으로 기업 본부 업무지구, 세계취안상빌딩(世界泉商大厦),

---

93 역자주: 상하이 푸둥신구(浦東新區)에 위치한 루자쭈이 금융무역구(陸家嘴金融貿易區)는 중국 최초의 금융무역구이자 상하이에서 가장 중요한 금융 클러스터로 2020년 말까지 12개의 국가급 요소 시장과 금융 인프라, 6,000개 이상의 중외 금융 기관을 갖추었으며, 중국 최초의 신규 외국인 투자 지주 회사, 최초의 외국인 투자 보험 지주 회사 등 다수의 상징적인 금융 분야 개방 프로젝트가 진행되고 있다(上海浦東, https://www.pudong.gov.cn > ghjh_zxgh).

세계무역센터에 상인들이 운집할 것이다…(중략)…이곳은 강력한 도심지가 될 것이다"라는 감상을 남겼다.[94] 이 프로젝트는 2008년에 시작되었다. 동년 9월 취안저우시 정부 경제 자문단은 시정부에 「취안저우시 현대 중앙업무지구 건설 계획 및 3차 산업 발전 촉진에 관한 건의(關於規劃建設泉州市現代中央商務區, 促進第三産業發展的建議)」를 전달하면서 제안한 '취안저우시 현대 중심업무지구(泉州市現代中心商務區, CBD)' 건설 계획에는 '1개의 구역, 2개의 분구(一區兩片)', 즉 취안저우시 현대 중심업무지구(펑쩌 분구(豐澤片))와 취안저우시 현대 중심업무지구(진장 분구(晉江片))가 포함되었다. 이로써 CBD 프로젝트는 취안저우시 당위원회와 시정부의 의지로 결정한 것임을 알 수 있다.

진장 분구 중심업무지구는 중앙업무지구, 중앙 수랑(水廊), 그리고 진장 해변 녹지대가 공공분야의 골격을 이루며, 그 주변에 자리한 특색 있는 주민 생활 단지는 각각 서부의 후빈사구(湖濱社區), 동부의 화위안소구(花園小區), 동부의 타이구 소구(太古小區)로 구분된다. 취안저우와 진장 정부의 요구에 따라 취안저우의 '루자쭈이(陸家嘴)'로 조성된 이곳은 취안저우의 최고급 업무지구 중 하나이자 국제적인 업무지구가 될 것이다. 전반적인 프로젝트 건설은 '정부 주도·시장 운영(政府主導·市場運作)'의 개발 모델을 적용했다. 진장 분구 중심업무지구 건설의 세 가지 핵심은 ① 계획, ② 투자 유치·건설, ③ 철거 및 정착으로 프로젝트의 전반적인 실시 과정은 지방정부의 집행 능력을 연구하는 데 좋은 참고자료가 되었다.

---

94 「빈장의 조직이 강을 따라 진장 남쪽 기슭에 가서 우뚝 솟았다(濱江組團逐水來晉江南岸露崢嶸)」, 網易新聞, 2010년 6월 12일, https://news.163.com/10/0612/08/68VC9F6R00014AED.html, 2010년 12월 8일 방문.

계획 건설에 있어 중국공산당 취안저우시위원회, 진장시위원회와 시정부는 이 사업의 지도자이자 의사 결정권자였으며, 그중에서도 취안저우시위원회에게 가장 큰 거시적 계획 권한이 있었다. 중심업무지구 건설에서 두 분구는 모두 취안저우 시내에 가까워야 했다. 진장시위원회와 시정부는 이 프로젝트의 직접적인 책임자이자 시행자였다. 진장 분구 도시건설 계획은 취안저우시위원회에 보고하여 승인을 받아야 했다. 2009년 4월 20일까지 통제적 세부 계획을 수립한 후, 5월에는 진장 하류 리우빈(溜濱) 수문에서 진장대교까지의 홍수방지 제방 공사 예비 계획 설계를, 6월 중순에는 도시 설계를 마무리 짓고 전면적인 인프라 구축을 시작했다. 도시 설계는 진장시 정부가 국제적으로 유명한 부동산 연구 기관인 존스 랑 라살(Jones Lang LaSalle)에 이 분구에 대한 프로젝트 기획을 의뢰했으며, 디자인 회사 EDAW와 중국 도시 계획 및 설계 연구소 샤먼 지부에 통제적 세부 계획 수립을 의뢰하였다. 또한 이 프로젝트를 위해 특별히 설립된 진장시 도시 계획 건설 위원회에는 공무원 9명, 전문 학자 10명, 대중 자문 대표 11명(각계 명망 있는 인사)이 있었다.

투자 유치 건설 상황을 살펴보면 정부는 5개의 토지를 일괄적으로 개간했다. 예를 들어, 취안상빌딩(泉商大廈)은 취안저우시위원회 통일전선공작부(統戰部)와 공상업연합회(工商聯)가 손을 잡고 설립한 취안저우시 취안상(泉商) 투자주식회사의 계획, 설계 및 건설을 통해 세계적인 '취안상의 집(泉商之家)'으로 자리매김했다. 2010년 6월, 진장은 시 인민대표대회 상무위원회 주임이 총책임자인 빈장 조직 건설 사업 본부, 즉 '빈장 판공실(濱江辦)'을 조직해 프로젝트에 정부가 하나부터 열까지 챙겨주는 보모와 같은 전면적인(保姆式) 서비스를 제공하였고, 빈장 업무지구 프로젝트를 '간단하고 신속한 수속 절차(綠色通道)'에 포함하는 것을 허가하였다. 국가 개발은행은 취안저우 빈장 중앙업무지구와 빈하이 레저 산업벨트(産業帶) 개발을 위해 진장시 정부에 70억 위안을 대출해 줬다. 그리고 진장시 정부는 9개 구역의 토지에 번호를 부여하여 높은 가격을 제시한 사람이 입찰을 받도록 했다. 입찰자는 정부 또는 그 기능 부서였으며, 입찰 장소는 진장시 국토자원국 3층 토지 이용 관리과였다.[95] 진장시 정부는 입찰과 선발 기준을 엄격하게 통제했다.

철거와 정착은 이 프로젝트의 최우선 과제가 되었다. 츠뎬 시터우춘(池店溪頭村)을 예로 들면, "2009년 마을이 철거되기 전에 525가구가 있었고 철거가 필요한 건축 면적은 약 35만㎡, 가구당 평균은 600㎡가 넘었었다"[96]라는 빈장 업무지구(濱江商務區) 건설개발 프로젝트 판공실 주임의 말을 통해 철거가 매우 어려웠음을 알 수 있다. 중국공산당 진장시 당위원회와 시정부는 토지와 주택의 철거, 보상 및 정착 업무를 총괄하는 도시 건설 관리 영도소조 판공실을 조직해 여러 공문서를 잇따라 작성하고 공포했으며, '일표부결(一票否決)'[97]을 주요 임무 수행에 대한 평가 기준으로 사용했다. 이렇게 강한 정치적 잠재력에 따라 프로젝트와 관련 있는 여러 향진의 기층정부는 신속하게 조치를 취하여 해당 지역

95 「진장시 국토자원국 국유토지 사용권 양도 공고(晉江市國土資源局國有土地使用權掛牌出讓公告)晉國土資告字[2010]331号)」, http://www.tudinct.com/news/show-22573.html, 2020년 1월 16일 방문.

96 林淑芳, 「취안저우 빈장 상업지구 토지 수용 및 철거 지도 방안 마련(泉州濱江商務區征地拆遷指導方案將出臺)」, http://www. fjsen.com/d/2009-09/30/content_1125729.htm, 2020년 1월 16일 방문.

97 역자주: 일표부결(一票否決)이란 단 하나의 항목이라도 불합격이 되면 전체 불합격 처리를 하는 것이다.

의 토지와 주택 철거, 보상 및 정착 업무 준비와 세부 계획을 수립하였고, 촌 당지부 위원회와 촌민위원회(村兩委), 촌민 대표, 철거민 대표가 참여하는 다양한 형식의 좌담회와 15차례의 의견 수렴 회의를 개최했다. 그리고 40여 차례의 크고 작은 회의 토론과 수십 차례의 수정 보완을 거쳐 진장시 정부는 「진장시 빈장 단체 조직 1기안 이주 보상 실시 방안(晉江市濱江組團一期安征遷補償實施方案)」을 발표해 철거민들이 철거 보상 조치를 명확히 알 수 있도록 했다.

조치가 공포된 후 2010년 10월 18일, 진장시 빈장 그룹 1기(시터우촌(溪頭村)과 리우스촌(溜石村)) 수용 및 이주 배치 지휘부(이하 '수용·이주부')가 수용과 이동에 관한 통지를 발표했다. '白+黑'과 '5+2'의 정신[98]을 계승한 수용·이주부 직원들은 번거로움을 마다하지 않고, 마을의 각 가구를 방문하여 철거민들에게 조치와 빈장 업무지구의 아름다운 미래를 소개하면서 손익 계산과 함께 경제적 실리를 함께 따져 보았다. 10월 25일, 수용·이주부는 사전 계약을 시작했다. 11월 1일 사전 계약이 종료될 무렵, 전체의 65.25%를 차지하는 총 564채의 주택이 계약을 체결하였고, 11월 2일, 철거된 81가구가 두 차례의 추첨을 통해 주택 선택 순서번호가 결정되어 1단계 이주 작업에 들어갔다. 예정된 작업 목표에 따라 2010년 12월 31일 빈장 단체의 1기 수용 및 이주 단계가 완료되었다. 전체 이주 작업은 매우 광범위하고 어려웠지만, 통제할 수 있는 범위 내에 있어 강압적이고 폭력적인 사건은 발생하지 않았다.

전반적인 취안저우 중심업무지구 건설에서 중국공산당 진장시 당위

98 역자주: '白+黑'과 '5+2'의 정신이란 밤낮을 가리지 않고, 평일(5일)에 주말(2일)을 더하여 휴일도 없이 주 7일간 일해야 한다는 정신을 의미한다.

원회와 시정부는 주요 정책 결정자이자 집행자였다. 이러한 대규모 건설과 철거 사업에서 합리적인 계획, 순조로운 입찰, 안정적인 철거와 건설을 실현하는 것은 지방 국가의 능력을 시험하는 큰 도전이었다. 집행의 전반적인 과정을 분석하면 주요 결정을 집행하는 지방정부의 능력이 중국공산당 진장시 당위원회와 시정부를 중심으로 하는 집행 체계를 형성했음을 분명히 알 수 있다.

2008년에 진장시는 도시 계획 건설 위원회를 설립한 후, 시위원회 서기를 위원장으로 임명했다. 2009년에 조직한 도시 격자망화(網格化) 관리를 위한 영도소조에서도 시위원회 서기가 그룹장을 맡았으며, 산하에 판공실과 많은 기능 부서를 설치함으로써 도시 전체의 재건 집행을 위한 지도 기구를 갖추었다. 당과 정부의 최고 지도자가 영도소조의 그룹장이자 위원장이었기 때문에 관련 기구는 참여 부서를 조율할 수 있는 충분한 권한을 갖게 되었다. 2009년 8월, 진장시는 토지 개발, 부동산 개발, 자산 관리, 투자 계획, 관리 자문, 공사 설계, 건설, 기술 자문 등을 담당하는 도시 건설 투자 개발 유한책임회사 설립에 이어서 빈장 업무지구 개발투자 유한회사(濱江商務區開發投資有限公司), 도시·주택 철거 유한회사(城市房屋拆遷有限公司)를 설립하여 각각 투자 개발과 주택 철거 업무를 맡길 계획을 수립했다. 이를 위해 정부는 해당 지역 각 진의 당위원회 서기를 주축으로 철거민용 주택 건설 관리를 위한 영도소조를 조직하였고, 구체적인 추진 사항을 정기적으로 시위원회 상무위원회에 보고하도록 했다. 이로써 비로소 전반적인 도시 재건 프로젝트는 정부 주도부터 시장 운영, 세부적인 업무까지 회사가 전담하는 체계적인 집행 기구를 형성하게 되어 행정 집행의 효율성과 정부 집행력의 향상뿐만 아니라 독특한 지방정부 집행 체계 형성에도 도움이 되었다.

이상의 내용을 통해 집행력 자체는 단순한 집행이 아니라 다양한 조직, 조정, 공공 관계가 수반된다는 것을 알 수 있다. 또한 전략적인 운용, 종합적인 기획, 효과적인 동원도 정부 정책의 진실성과 효과적인 집행을 보장하는 중요한 요소였다. 2009년 9월, 진장시 도시 건설 관리 영도소조 판공실의 한 관계자는 "토지 수용 및 철거 사업 공고일부터 기초공사 승인, 주택 및 토지 용도 변경, 주택 건설 승인, 토지 이전과 같은 관련 업무 처리가 중단되었다. 토지 수용 및 철거 범위 내의 단위와 개인은 건물을 신축, 확장, 재건 또는 리모델링할 수 없었다. 또한, 2006년 3월 17일 이전에 신축한 주택은 보상이 아닌 건축 원가를 지급했고, 2006년 3월 17일 이후 신축한 주택은 이주 비용을 보상하지 않고 철거민 스스로 철거하도록 했다."라고 언급한 바 있다.[99] 철거 계약과 합의는 정치적인 것이 아니라 행정적이고 전략적인 것이다. 정책 집행은 정부, 기업, 철거민 간의 다자간 게임으로, 게임 우위를 점하기 위해 다양한 전략을 유연하게 사용하는 것은 정부의 집행력을 높이는 중요한 방식이자 지방 국가 역량을 드러내는 중요한 부분이기도 하다.

현대 국가의 몇 가지 중요한 능력을 분석하면 국가의 강제력과 정부 집행력 향상은 재정 흡수 능력과 관련이 있으며, 계층제 구축, 핵심 능동자의 역할과도 중요한 관련이 있음을 분명히 알 수 있다. 특히 핵심 능동자인 중국공산당은 지방 공공정책 집행에서 중요한 역할을 하면서 당의 '영도소조'가 부각되었다.

상술한 바와 같이 거시정책과 지방적 지식 사이의 장력, 부서 간 종

---

99 林淑芳, 「취안저우 빈장 상업지구 토지 수용 및 철거 지도 방안 마련(泉州濱江商務區征地拆遷指導方案將出臺)」, http://www. fjsen.com/d/2009-09/30/content_1125729.htm, 2020년 1월 16일 방문.

적·횡적 분할(條塊分割), 재량권의 존재는 정책 집행 과정에서 왜곡, 눈속이기, 졸속 행정 처리 또는 허황된 정책으로 이어질 수 있었다. 당위원회가 주도하는 특정 공공정책에 대한 과업적 영도소조는 조정과 소통은 물론, '하급 기관의 상황을 상급 기관에 전달하는(下情上傳)' 역할도 효과적으로 수행할 수 있으며, 집행 마찰 비용을 줄이는 동시에 정책 집행을 감독할 수도 있다. 더 중요한 것은, 결과적으로 형성된 강력한 정책 추진력은 일반적인 서방 국가에서는 찾아보기 힘든 완충 기능과 조정 기능을 모두 갖추었다는 것이다. 이러한 중국 특색을 지닌 당이 주도하는 공공정책 집행 메커니즘, 즉 '고위급에 의한 추진'은 당의 권위로써 정책 집행의 효율성을 실현했다.[100]

2. 일상 업무 집행력

정부의 일상 업무를 분석할 때는 먼저 정부 행위가 조직 행위임을 명확히 하고, 조직 시스템의 변화에서부터 정부의 일상 업무 집행력을 살펴봐야 한다. 중국 정부 체제의 많은 개혁과 함께 정부의 일상적인 행위도 많은 변화를 겪었다. 그리고 모든 조직 행위는 개별 행동의 집합체로 지역 문화와 사회 환경에서 이뤄지며, 일상적인 업무 집행에 있어 더욱 뚜렷한 지방적 특징을 띈다. 계속해서 집행자의 자질 향상, 조직 목표의 명확성, 감독의 신뢰성, 재량권의 크기, 장려 정책과 문화 환경 측면에서 살펴보겠다.

1978년 이후 전반적으로 정부 업무 계층화가 확립되면서 점차 계층

---

100 賀東航·孔繁斌, 「공공정책 집행의 중국 경험(公共政策執行的中國經驗)」, 『中國社會科學』, 2011(5).

화와 제도화가 지방정부 지도자 개인의 결단을 대체하게 되었다. 중앙과 성급 정부에 비해 현급 지방정부는 사회와 접점이 있었지만, 현급 지도자는 동급 지역 내에서 여전히 비교적 큰 지방 권한을 가지고 있었다. 따라서 지방 지도자의 현지 발전 방향, 계획 및 의도는 지방정부의 실천에서 중점적인 내용이 되었다. 1997년 이후, 진장은 공무원 임용 시험을 시작했다. 20여 년의 발전을 거쳐 정부 집행 시스템에 유입된 많은 젊은 간부와 고학력 공무원들은 정치적 직위와 앞날에 대한 기대가 비교적 컸다. 이에 그들의 업무 처리 적극성을 고취시키는 한편 그들이 갖춘 전문적 자질로 정부 업무 집행의 효율성과 전문성을 향상시켰다.

네 차례의 지방정부 제도 개혁 후, 진장시의 정부 업무 계층화 체계가 구축되었으며, 계층제의 수립 및 개선과 함께 직위 책임(崗位責任) 목표도 점차 분명해졌다. 정부 기구는 업무에 따른 직위 배치(因事設崗)와 명확한 책임을 강조하였고, 모든 부서와 직원은 자신들의 임무와 책임을 수행해야 했다. 지방정부의 업무는 일반적으로 중국공산당 진장시위원회 상무위원회 위원들이 분담해서 맡았으며, 정부 부서 지도자들이 업무를 직접 책임져 각 하급 기관으로 하달했다. 새로운 임무가 내려지면 각 부서는 부서 회의를 소집하거나, 여러 부서의 협조가 필요한 경우에는 실무 회의를 소집했고, 업무 분담에 따른 각 분야의 시정부 주요 지도자들이 특정 업무를 분장하였다. 일반적으로 정규적인 임무와 업무 회의가 열린 후 하달된 구체적인 목표와 업무는 바로 각 부서와 과실에 전달되었고, 보다 세부적인 것은 과실 지도자가 집행을 책임지고 실무자에게 직접 전달했다. 사무실 위치를 살펴보면, 중국공산당 진장시위원회의 부서는 메이링가도(梅嶺街道) 메이산로(梅山路) 1호에 주로 모여 있었고, 정부는 기능 부서에 따라 각기 다른 장소에서 업무를 처리했다. 기구의 지리적 위치에서 당의 집중적 리더십과 정부 업무 집행의 차이성이 나타났다.

정부의 일상적인 업무 집행에 대한 효과적인 감독은 사실상 어려웠다. 그러나 지역적 환경에서 비공식적인 감독 메커니즘의 존재는 공식적인 감독을 일정 부분 보완해 주었다. 조직 체계의 감독에는 상급 기관이 하급 기관을, 동급 기관 간에, 하급 기관이 상급 기관을 감독하는 유형이 있었다. 중국의 계층화된 체계에서는 하급 기관이 상급 기관을 감독할 때에는 운용성이 강하지 않았지만, 효과적인 감독 체계의 구축에 방해가 되지도 않았다. 효과적인 직급별 임금체계(職級工資體系)가 구축된 상황에서 하급 공무원들은 월급과 복리후생을 걱정할 필요가 없었다. 그러나 공무원의 비체제적 자원은 비공식적인 복리후생과 네트워크 자원으로 구성되었으며, 공무에 충실하고 일상 업무를 잘 수행하는 것이 상부의 인정을 받는 전제조건이었다. 사실 일상 환경에서 하급 공무원은 특별한 리더십과 협의 능력을 드러낼 필요도, 스스로 의사결정을 할 필요도 없이 상부의 행정 명령을 충실히 이행하기만 하면 되었다. 그러나 같은 과실과 부서에 경쟁자가 많을 경우 승진 경쟁과 다양한 상급 기관의 선택지 때문에 능력 요인의 중요성이 더욱 부각되었다. 능력이 뛰어난 사람은 일상 업무를 더 잘 수행할 수 있었던 반면, 능력이 부족한 사람은 게으름을 피우거나 늑장을 부려 업무 집행에 문제를 초래한다든가, 또는 정책을 집행하는 과정에서도 형식만 중시한다든가, 또는 용두사미로 끝난다든가, 또는 눈 가리고 아웅하시기식으로 업무를 처리했다. 따라서 기층정치에서는 능력이 뛰어난 소수의 사람들이 많은 일을 전부 떠맡게 되었고, 일거리에 비해 인력이 남아도는 현상이 다수 발생했지만, 전반적인 기층 수준에서의 정책 집행 효과에는 영향을 미치지는 않았다. 그 이유는 대부분의 경우 동료 관계와 인정 문화를 고려하여 능력이 뛰어난 사람이 자발적으로 더 많은 업무를 수행했으며, 업무가 지연되거나 제대로 집행되지 않는 한 담당 업무 수장도 이를 묵인했기 때문이다. 바로 이와 같은 경쟁적인 승진 메커니즘과 인정 문화가 정부 집행의 효율성을 크게 향상시켰다. 대조적으로, 여러 부서의 협력이 필요한 업무는 정부의 일상적인 업무 집행력에 더 큰 도전을 안겨주었다. 이러한 상황에서는 전문적인 '당의 업무 영도소조'를 만드는 것이 해결책이었다.

재량권의 분배와 권한의 집중은 항상 파악하기 어려운 문제였다. 계층화된 체계에서 모든 계급과 부서는 책임과 함께 특정 권한을 부여받았다. 정부가 일상 업무를 집행할 때 권력은 결코 일상 업무의 범위를 벗어나서는 안 되지만, 이론적으로 상응하는 공간과 능력이 부족해서도 안 되었다. 일상 업무를 처리하는 데 필요한 권한이 없는 경우, 집행 부서는 해당 업무를 처리할 때마다 반드시 상급 기관에게 보고해야만 했고, 이로써 집행 비용이 늘어났을 뿐만 아니라 그 효율성도 떨어졌다. 그러나 권력을 하급 기관에 이양하는 것은 위험할 수도 있었다. 권한 부여는 곧 위험 부여를 의미하는 것이기 때문에 조직의 하위 계급이 그 위험 부담을 감수해야 했기 때문이다.[101] 따라서 과도한 재량권과 지나치게 집중된 의사결정 권한 모두 정부 집행력에 영향을 미칠 수 있었다. 진장의 경우 같은 계층제의 동급 부서에서도 더 큰 권력을 가진 자

---

101 Francis Fukuyama, 『국가 구축: 21세기의 국가 거버넌스와 세계 질서(國家構建: 21世紀的國家治理與世界秩序)』, p.110.

가 더 큰 자주적인 집행 권한을 가지는 동시에 기구의 증가, 인력 확장 및 그에 상응하는 권력의 부패로 이어질 가능성도 더 컸다. 그뿐만 아니라 정부 부서에 동일한 권한을 위임하더라도 각 부서마다 격차가 커져 부동산, 의료위생 부서와 같은 일부 전문적인 부서는 빠르게 우위를 차지하는 반면에 교육, 통계, 사법부와 같은 일부 사무적인 부서는 불리한 위치에 놓이게 될 수도 있었다. 이렇듯, 재량권의 크기 외에도 부서 차원의 격차는 정부의 집행력에 더 큰 걸림돌이 되고 부서 간 경쟁의 불리한 지위는 '고립 효과(孤島效應)'와 협력의 딜레마를 초래하기 쉬운 것이다.[102]

문화와 인센티브의 관점에서 볼 때 궁극적으로 조직 내부의 개인에 의해 생겨난 전반적인 행위인 정부 행위는 문화에 대해 다양하게 해석할 여지를 제공한다. 문화와 제도가 여러 측면에서 밀접한 관련이 있다고 제언한 새로운 제도경제학은 제도를 개인의 선택을 제한하는 공식적이고 불문율적인 규칙으로 정의하였다. 필자는 진장의 당정 공직자들과 대화하면서 '진장 정신'에 대한 공감과 노력의 의지를 깊게 느낄 수 있었다. 공식적인 규칙은 수시로 변경될 수 있지만, 정부의 집행력을 바꾸는 데에 반드시 즉각적인 효과를 낼 수 있는 것은 아니었다. 비공식적인 규칙과 문화적 요인도 시대의 흐름에 따라 변할 수 있지만, 경로의존성(path dependence, 路徑依賴)이 높아 공식적인 규칙과 관료 체계 운영에 영향을 미치는 중요한 요소가 되었다. 1978년 이후, 진장의 전통적인 상공 정신과 교향 문화는 새로운 '진장 정신'의 정체성으로 발

---

102 賀東航·孔繁斌, 「공공정책 집행의 중국 경험(公共政策執行的中國經驗)」, 『中國社會科學』, 2011(5).

전하여 지방정부 공무원의 행동으로 내재화되었으며, 역대 지방정부들로 하여금 진장을 위한 실질적인 성과를 창출할 책임이 있다고 믿게끔 했다. 그러나 효율적인 국가 강제력이 국가에 의해 완전한 정치적 통합과 사회 구성원의 동원이 이루어진다는 것을 의미하는 것은 아니다. 국가에 대한 대중의 정치적 정체성과 국가의 합법성 구축도 중요한 요소이며, 기초적인 권력의 요소이기도 하다.[103] 이에 관해서는 7장과 8장에서 전문적으로 분석하겠다

103 국가가 사실상 대중 사회에 침투하여 그 통치 영역에서 '물자 보급 방식'을 제공하여 효과적으로 정치적 결정을 관철할 수 있는 능력을 의미하는 하부구조적 권력(infrastructural power, 基礎性權力)은 전제적 권력(despotic power, 專斷性權力)과 상대적인 개념으로 마이클 만이 처음 제시했다(Michael Mann, 『국가 자치권: 그 시작, 메커니즘과 결과(國家自治權: 其始源、機制與結果)』; 汪民安·陳永國·張雲鵬(編), 『현대성 기본 독본(現代性基本讀本)(下)』, 河南大學出版社, 2005, p.591).

제7장

합법성 건설의 전환:

1978년 이후의 합법성 건설

현대 국가와 전통 국가의 가장 뚜렷한 차이점은 '국가 통치자가 존재하는 포괄적인 합법성의 이유', 즉 현대 국가 정권은 포괄적인 합법성에 의해 뒷받침되어야 한다는 것이다.

제1절 합법성 이론과 중국 현대 국가의 합법성 구조

현대 국가에서 통치는 단순히 물질적, 정서적 동기나 가치의 합리적인 동기만에 의해서 유지될 수 없다. 베버는 "어떠한 통치도 그것의 '합법성'에 대한 믿음을 고취시키고 유지하고자 한다"고 주장했다.[1] 그의 주장에 따르면 모든 통치 지배 시스템은 통치의 정당성을 포함한 합법성이 뒷받침되어야 한다. 독일의 사회학자인 위르겐 하버마스(Jürgen Habermas)는 "합법성이란 올바르고 공정한 존재로서 인정받고자 하는 어떠한 정치 질서에 좋은 근거가 있다는 것을 의미한다. 하나의 합법적인 질서는 인정받아야 한다. 합법성은 어떠한 정치 질서가 인정받는 가치임을 의미한다. 이와 같은 정의는 합법성은 논쟁의 여지가 있는 유효성의 요구이며, 통치 질서의 안정성은 자체적으로(또는 최소한도로) 사실

1 Max *Weber*, 『경제와 사회(經濟與社會(上卷)』, 林榮遠(역), 商務印書館, 1997, p.239.

상 인정을 받는 것에 달려 있음을 강조하는 것이다"라고 보았다.[2] 이후의 논의에서 그는 합법성을 규범주의 논의와 경험주의 논의의 두 가지 유형으로 크게 나누었다. 규범주의 논의에 따르면 합법성의 기초가 되는 어떠한 영원한 미덕과 정의에 부합하는 통치는 대중의 지지와 동의를 받지 않더라도 합법성을 갖는다. 반면에 경험주의 논의는 피지배자의 믿음과 동의 여부 등 운영 차원에서 합법성을 결정하는 데 중점을 두고 있다. 합법성의 인정 주체는 피지배자이기 때문에 사회적 가치 시스템이 합법성에 큰 영향을 미치게 되는 것이다.

합법성은 사회의 가치 규범 시스템, 즉 사회의 '제도 모델은 사회 시스템의 가치 기반에 따라 합법화된다'라고 주장한 미국의 사회학자 탤컷 파슨스(Talcott Parsons)는 '합법성의 요소는 구체적 상황에서 항상 경험의 문제이며, 선험적으로 결정해서는 안 된다'라고 강조했다.[3] 그리고 정부와 사회관계의 관점에서 합법성에 대한 논의는 공동체주의, 기능주의 및 거버넌스 이론과 같은 다양한 이론을 형성했다. 공통된 도덕적 기준과 시민적 미덕을 바탕으로 한 공동체주의는 정치적 의사결정의 적절한 제정 방법 제시를 통해 일관된 동의를 구하는 것이 정치적 지도력의 핵심이며, 상징적 행위, 신화, 의식 및 지지 행동은 정권의 합법성을 구축하고 유지하기 위한 중요한 구성 요소라고 보았다. 기능주의 이론에 따르면 시민은 공공 서비스의 가장 중요한 소비자이자 사용자이며, 서비스 제공의 효율성이 정권 합법성의 가장 중요한 토대를 구성한다. 따라서 정부는 지역의 특수한 환경과 특정한 요구에 더 잘 적응하

---

2 Jürgen Habermas, 『교류와 사회 진화(交往與社會進化)』, 張博樹(역), 重慶出版社, 1989, p.184.

3 Talcott Parsons, 『사회 행동의 구조(社會行動的結構)』, 張明德 등(역), 譯林出版社, 2012, pp.395-401.

도록 국가 정책을 조정해야 한다. 공공재 제공 방식은 다양할 수 있으며 지방정부, 사기업, 자원봉사 단체 등이 참여할 수도 있다. 그러나 이러한 활동은 명확한 권위 구조를 기반으로 해야 하며, 선출된 정치인은 공공 서비스의 공평성과 공정성을 향상시키기 위해 과정 전반을 이끌고 통제해야 한다. 마지막으로 거버넌스 이론에 따르면 단일 사회 구성원이나 단체는 충분한 지식이나 자원, 또는 복잡한 경제 사회 문제를 처리할 수 있는 권한을 가지고 있지 않다. 그리고 좋은 거버넌스는 정부, 비정부조직 및 기타 사회단체 간의 좋은 협력의 결과이자 집권의 합법성을 이루는 핵심이다. 국가는 정부와 사회가 함께 참여하고 구성하는 권력 분산 조직 네트워크의 집합체가 되었고, 사회 거버넌스 네트워크의 구축과 관리는 공공관리의 핵심 기능이 되었다. 이렇듯, 사회의 발전과 사람들의 관념적 의식 변화에 따라 끊임없이 변화하는 합법성의 개념은 심리적인 가치 차원과 인식 주체의 외부적 환경의 두 가지 기본적인 사실에서 비롯된다는 것을 알 수 있다.[4] 헌팅턴이 이를 두고 정치 분석가들도 가능한 한 피해야 할 파악하기 쉽지 않은 개념이라고 언급한 것도 이 때문이다.[5]

위의 합법성 개념에 대한 간략한 검토를 통해 합법성이 합법성의 구성, 기초의 유지 및 정치 권력의 주체와 객체 간의 관계를 기반으로 하는 몇 가지 복잡한 개념을 실질적으로 포괄하기 때문에 정치 분석의 핵심 개념임을 알 수 있다. 계속해서 합법성의 기초가 역사적 시기별로 어떻게 변천해 왔는지에 대해 집중적으로 살펴보겠다. 베버는 합법성

---

4 王浦劬(主編), 『정치학 기초(政治學基礎)』, 北京大學出版社, 2005, p.55.

5 Samuel P. Huntington, 『제3의 물결—20세기 후반 민주화 물결(第三波—20世紀後期民主化浪潮)』, 劉軍寧(역), 上海三聯書店, 1998, p.54.

의 확립 기초에 따라 전통형(신성한 역사와 오랜 관습), 카리스마형(개인적 매력, 영웅적 기질, 인격적 신념) 및 법리형(공식적인 법규의 틀)의 3가지 유형으로 구분하면서, 역사적으로는 이 세 가지의 순수한 합법성 유형이 존재하지 않으며 실제로는 이들 유형이 서로 결합한다고 보았다.

현대 국가 체계의 '민주'가 역사 발전의 불가피한 추세가 된 배경 속에서 합법성에 관해 논의할 때면 다른 유형의 구성 요소를 무시하고 법리적 합법성을 인정하는 경향을 보이는 경우가 많다. 베버는 효과적인 정치적 통치 질서의 두 가지 측면을 구체적으로 확립했다. 하나는 객관적인 요인으로 복종하는 습관이나 관습, 그리고 강제적인 법률의 존재이다. 또 다른 하나는 주관적인 요인으로 피지배자는 통치자에게 복종할 의무를 형성했다. 그러나 그는 국가 통치자의 경제적 성과 추구와 그에 따른 실용적 복지가 정권 합법성의 기초가 될 수 있다는 점을 간과하였다. 이에 국가가 사회 경제 분야에 깊숙이 개입하고 각종 규제를 통해 사회 경제 생활 분야에 영향을 미치게 되면서 '새로운 합법화의 형식'을 모색하는 것이 시급한 문제가 되었다. 다시 말해, 합법성 구축에는 새로운 공간과 내용이 있어야 했다. '국가 혹은 정부가 실현하는 지배는 필연적으로 통치 대상에 대한 일정한 의무를 수반한다. 만약 이러한 의무를 다하지 못한다면, 통치 대상이 권력 주체를 승인·인정·복종하는 데 부정적인 영향을 미칠 수 있다.'[6]

1978년 이후 중국의 정치적 합법성 구축은 법리적 기반 외에도 경제적 성과도 합법성의 또 다른 원천이 되었다. 베버 이후, 지안프란코 폿

6 趙海軍, 「정부 합법성의 실과 득을 논하다(淺論政府合法性的失與得)」, 『中共太原市委黨校學報』, 2010(1).

지(Gianfranco Poggi)가 제안한 네 번째 유형의 합법성인 사회적 행복주의는 국가가 통치의 합법성을 찾고 소비자에게 끊임없이 늘어나는 상품과 공공시설을 제공하며, 경제 발전과 다양한 복지 제공을 통해 사회의 상대적 안정을 유지하는 것을 의미한다. 이를 바탕으로 일부 학자들은 합법성 기초의 새로운 구조를 제시했다 그 구조를 두 단계로 요약하면 ① 제도 규범 기초인 법리적인 제도는 현대 합법성의 중요한 기반이다. ② 효과적인 기초는 구체적인 정치 권력의 행위를 통해 사회에 정치적 관리 및 통치의 실제 성과를 이루는 것이다.

지금까지 합법성의 개념과 이론을 반추해 보았다. 계속해서 진장의 실제 경험과 결합하여 1978년 이후 변화된 중국의 합법성 기초와 이러한 변화와 함께 나타난 정치 발전 경로의 독특성과 합리성을 설명하고, 이를 토대로 새로운 합법성 기초의 원천을 제시하고자 한다.

제2절 지방 정권의 합법성 재건

문혁 이후에도 대중은 중국공산당의 통치 주체로서 여전히 신중국의 발전 전망에 대해 큰 기대를 품고 있었다. 1978년 이후 합법성을 회복하고 재건하는 것이 중국의 최우선 과제가 되었다. 중국공산당의 주도하에 누명·날조·오심 사건(冤假錯案)을 바로잡고 국가 기구를 정상화하는 작업을 대대적으로 벌이면서 지방정권도 잇따라 움직이기 시작하였다.

1. 당정 지도부의 재건과 핵심 능동자의 회복

헌팅턴은 후발 개발도상국의 경우, 정치 질서의 확립이 우선적으로 선행되어야 하며, 정치적 안정을 확보하는 것이 합리적이라고 보았다. 이러한 판단 하에, 이들 국가는 '권위주의 체제(威權體制)'를 구축하게 된다고 분석하였다. 혼란스러운 사회에서 정부가 합법성을 얻는 최우선적인 과제는 사회 질서를 재건하고 사회 안정을 회복하여 권위 있는 국가 정권 체계를 확립하는 것임은 분명하다. 정치적 합법성의 형성에 있어서 질서 회복이 핵심이며, 합법성은 상당 부분 정치 질서에 대한 인정과 동의를 바탕으로 구축된다고 보는 일부 견해도 있었다.

1976년 10월, '사인방(四人幫)'의 몰락 이후 권위와 질서를 재건해야 하는 임무에서 진장현도 예외는 아니었다. 1976년 12월, 푸젠성 위원회와 진장 지방정부 위원회의 지시에 따라 진장은 현위원회 조직부, 연해 지역 작업부, 현 직속 기관 위원회, 인사국(조직부와 함께 공동 업무 처리), 현 혁명위원회 농림수 판공실, 공업·교통 판공실, 계획위원회, 물자국을 복원하는 한편, 현 혁명위원회의 정치조, 생산지휘조, 사무조, 자재공급 관리참을 폐지하였다. 같은 해 12월, 푸저우(福州) 군사 구역(軍區)은 수백 명의 군관을 진장현 직속 기관의 13개 주요 단위와 13개 인민공사, 5개 공장에 파견해 지방의 사상 비판 운동을 이끌도록 했다. 1977년 1월, 현위원회는 선전부와 통일전선부를 복원하는 한편 혁명위원회 선전조와 통일전선조를 폐지했다. 1977년 초, 현위원회는 각급 지도부를 조정했다. 총 1,336명으로 조정된 현(縣)·인민공사(社)·생산대대(隊)의 3급 지도부 구성원에는 현위원회 상무위원과 부서기 5명, 부서, 판공실, 위원회 및 국 정부직 80명과 공사(진·장) 당 위원회 위원 및 부서기 69명이 있었다. 그해 138명이 면직되었다.[7] 동년 3월에 성(省)·지(地)·현(縣)은 공

7 晉江市地方誌編纂委員會(編), 『진장시지(晉江市誌(上))』, p.801.

동으로 구성한 340명의 작업반을 스스(石獅), 안하이(安海), 네이컹(內坑), 잉린(英林) 등 9개 공사와 26개 기층 단위에 배치했다. 5월, 중국공산당 진장현위원회는 '사인방' 판공실 설립을 공개적으로 비판했다. 8월에는 성 위원회 공문의 요지(文件精神)에 따라 정책 사업 업무 기구를 회복하고 개선했다. 1978년 3월, 인민대회 제도가 복원되었고, 잇따라 개최된 중국공산당 진장현 제4차 대표대회와 진장현 제7기 인민대표대회 제1차 회의에서 새로운 중국공산당 전장현위원회, 기율검사위원회, 현혁명위원회 주임, 부주임 및 위원, 검찰원 검찰장을 선출했다.[8] 1년 여의 노력 끝에 진장에서는 기본적인 당과 국가 정권 체계가 복원되었다.

중국공산당은 중화인민공화국의 핵심 능동자로서 정권의 합법성 구축을 주도하는 세력이었다. 그러나 '당의 훌륭한 전통과 기풍이 심각하게 파괴되고 당의 규율이 해이해졌으며, 개인주의와 무정부주의 사상이 난무하고 있다'[9]라는 기록에서 알 수 있듯, 10년의 '문혁'을 거치며 당 조직은 심각한 타격을 입었다. 1978년 이후 핵심 능동자인 중국공산당의 조직 구축이 의제로 떠올랐다. 상급 기관의 지시에 따라 중국공산당 진장현위원회는 당 조직과 간부 조직 구축을 강화했으며, 시위원회 조직부는 당 훈련반과 당 학교 단기 훈련반 개설 및 집중 수업 형식을 통해 당원들을 조직하여 당의 11기 5중전회 정신과 「당내 정치 생활에 관한 몇 가지 준칙(關於黨內政治生活的若幹準則)」, 그리고 당의 11기 6중전회 정신과 「건국 이래 당의 몇 가지 역사적 문제에 관한 결의(關於建國以來黨

---

8 晉江市地方誌編纂委員會(編), 『진장시지(晉江市誌(上))』, p.886.

9 王新生, 「당의 선진성 건설의 역사적 과정과 경험(黨的先進性建設歷史進程及歷史經驗)」, http;//www.71.cn/2015/0618/818424_4.shtml, 2021년 6월 18일 방문.

的若幹歷史問題的決議)」를 교육했다. 통계에 따르면 1978년부터 1980년까지 진장현의 훈련에 참여한 당원은 훈련 대상 인원의 80% 이상에 달했으며, 개설한 지부 위원 합동 훈련반에서 지부 위원 864명이 훈련을 받았다. 1981년 이후 일반 당원의 교육 업무도 점차 체계화되어 매년 훈련에 참여하는 약 1.5만 명의 당원들의 자질을 향상시키고 중국공산당 지방 당 학교의 훈련 메커니즘을 재건했다.[10]

2. 정부 집권의 기초를 안정시키기 위한 지방사회의 관계 개선

10년의 문혁은 거대한 국가기구를 마비시켰을 뿐만 아니라 국가와 사회 사이의 긴장 관계를 조성했다. 따라서 문화혁명 이후 정부의 역량 강화와 함께 또 다른 중요한 과제는 집권 기반을 안정시키기 위해 지방사회의 관계를 개선하는 것이었다.

(1) 정치 엘리트 집단 안정화

① 반란 평정

공식 문건에 따르면 문화 혁명 10년 동안 진장현은 '조직 청산(清理隊伍)', '부정부패·투기·낭비 반대 운동(一打三反)', '5·16 조사(清査五一六)' 등의 운동을 통해 정치 엘리트 집단에서 총 11,045명의 '반역자', '간첩', '가짜 당원', '계급 이색 분자' 및 '반혁명 분자'를 적발했으며 그중 8,732명이 미입건되었고 2,313명이 입건되었다. 1978년부터 1981년까지 진장현 정부는 1,850건의 정치 엘리트 검토 자료를 정리하여 당사자에

10 晉江市地方誌編纂委員會(編), 『진장시지(晉江市誌)(上)』, p.804.

게 반환된 것을 제외한 폐기해야 할 나머지 자료들은 모두 폐기했으며, 지급이 정지됐거나 보류되었던 9명의 간부에게 임금을 재지급하였다.

② 우파 시정

1978년 10월부터 진장은 재조사에 응한 296명에 대해 전면 재조사를 진행해 293명이 시정되었고 98명이 배치되었다. 이미 사망한 자에 대해서는 정책 규정에 따라 장례비와 위로금을 추가 지급했고, 생활이 어려워 지원을 요구한 자를 대상으로 심사와 승인을 거쳐 184명에게 총 4.772만 위안의 보조비를 지급했다

③ 현지 출신 정치 엘리트의 정치적 지위 회복

1949년 신정권이 수립된 후, 많은 북부 지역의 간부들이 남하하여 진장에 터를 잡았다. 푸젠에서 벌어진 1958년 '반지방주의(反地方主義)'와 1959년 '반우경(反右傾)' 운동의 '반지방주의 보충수업(反地方主義補課)'을 통해 진장 지하당과 옛 혁명 근거지의 기층 정치 엘리트들은 큰 타격을 받게 되었다. 진장 지역 산하의 각 현에 남하한 북부 지역 출신의 간부가 투입되면서 다수의 지역 정치 엘리트들이 인민재판을 받거나, 해임 또는 제명되었다. 대규모의 조정을 거쳐 현급 이상 주요 지도자의 70%가 북방 간부로, 지방위원회의 주요 지도자도 남하 해방군 간부로 바뀌었으며, 원래 관직을 맡고 있던 본토 간부들은 남하한 북방 출신의 간부들에게 자리를 양보했다. 이를 당시 현지인들은 '북공(北貢)'이라고 일컬었다.[11] 현지 정치 엘리트와 외부에서 유입된 정치 엘리트 간의 관계

11 중화인민공화국 건국 후, 남부 지역으로 내려온 대부분의 진장 간부는 푸젠성 남부 지

를 조정하기 위해 1982년「푸젠 지하당 문제의 올바른 처리에 관한 좌담회 요지(關於正確處理福建地下黨問題座談會紀要)」를 발표한 중국공산당 푸젠성 위원회는 지하당 문제를 공정하게 해결할 것을 제안했다. 진장현 위원회는 즉시 특별 영도소조를 구성하고 사무소를 설립했으며, 여러 차례 회의를 열어 토론하고 연구했다. 이 과정은 1986년에서야 마무리되었다. 이 기간 동안 현은 지하당 문제와 관련된 총 500건의 민원을 접수했으며, 199건의 형사 항고 사건을 수리하고, 186건을 재검토했다. 그중에는 당적(党籍) 회복이 42건(5건의 징계 처분 변경), 공직 회복 11건, 기타 징계 처분 취소 12건이 포함되었고, 총 12.03만 위안의 보조금이 지급되었다. 그리고 191건의 관련 사건을 모두 시정하여 사건에 연루되어 훼손되었던 명예를 회복시켰다. 또한 30개의 역사적 의문점을 해결하고 혁명적 이미지와 정치적 지위를 회복하게 된 본토 출신 지하당에게 업무를 적절히 배치하였다.[12]

(2) 화교 및 화교 가족과의 관계 개선

1978년 개혁개방 이후, 진장현 정부가 화교 자본을 현대화의 자원으로 활용하고자 시도하면서 해외 진장인과 중국 내 화교 가족과의 관계 재건이 의제로 떠올랐다. 이에 정부의 준법적 이미지를 만들어 해외 진장인들의 공감을 얻어야 했다.

『진장화교지(晉江華僑誌)』에 따르면 진장은 1978년부터 1984년까지 역

역 사람들에겐 북부 지역인 산둥(山東), 산시(山西) 등 지역에서 왔기 때문에 '북공(北貢)'이라고 불러졌다.

12 中共晉江市委黨史研究室(編), 『중국공산당 진장 지방사 특집 총집(中共晉江地方史專題匯編)(一)』, 泉州鯉城冠亞彩印公司, 2001, p.45.

대 정치운동 중 '해외 관계'로 인한 누명·날조·오심 사건 51건에 연루된 54명을 재조사한 후 시정해 모두의 명예를 회복하게 했다. 1979년 1월, 중국공산당 중앙위원회가 발표한 「지주와 부농분자의 오명 벗기 문제와 지주와 부자 자녀 성분 문제에 관한 중국공산당 중앙위원회의 결정(中共中央關於地主、富農分子摘帽問題和地、富子女成份問題的決定)」에 따라 진장은 총 288가구의 화교 지주와 부농의 계급 성분을 변경했다.

1984년 중국공산당 중앙위원회 판공청(辦公廳)과 국무원 판공청이 「화교 개인 주택 정책 시행 가속화에 관한 의견(關於加快落實華僑私房政策的意見)」을 하달하자, 진장현 정부는 천옌위안(陳淵源) 현장을 그룹장으로 삼아 이 업무를 담당하는 '주택 정책 시행 영도소조(落房領導小組)'를 설립했다. 1988년 정부는 '문혁'이 앗아간 352가구의 화교 개인 주택과 총 면적 5.9㎡의 토지는 물론, 소유권과 사용권도 모두 돌려주었다. 정부는 1960년대 초, 간소화 및 분권화(精簡下放)[13]로 인해 귀국한 화교 및 화교 자녀 360명을 대상으로 회수 절차를 진행했다. 재산이 몰수된 통일전선(統一戰線) 대상자, 화교 가족 등의 손실에 대한 환가 보상(折價補償)은 총 2.8625만 위안이었다. 정부는 화교 보호 정책을 거듭 강조하는 한편 교포들의 애국심, 애향심을 기리고, 본적(祖籍) 구축에 기여하도록 독려했다. 정부와 해외 진장인 간의 급속한 관계 개선에 해외 진장인들과 그 가족들은 빠르게 보답하기 시작했고, 다양한 형태로 거액이 진장에 유입되었다. 통계에 따르면 1980년 초, 매년 2.5억 홍콩달러가 진장에

13 역자주: 간소화 및 분권화(精簡下放)는 효율성과 유연성을 향상시키기 위한 조직 구조 및 관리 체계의 간소화와 권력 이양을 의미한다. 계급과 절차의 단순화, 의사 결정 및 대응 가속화, 조직의 혁신과 발전 촉진을 위해 하위 조직에게 의사 결정 및 실행을 위임하는 것이다.

직접 유입되었고, 해외 화교로부터의 송금분 3~4천만 홍콩달러를 추가하면, 이는 같은 시기 진장 재정수입의 10배를 훨씬 웃도는 규모였다. 이는 정권의 합법성을 안정시키는 데에 중요한 영향을 미쳤을 뿐만 아니라 개혁 및 개방적인 이미지를 갖추게 된 정권에 대한 해외 진장인들의 지지를 반영하는 것이었다.[14]

1978년 이후 지방정부의 노력에 감화된 해외 진장인들이 공익사업에 기부하는 금액과 프로젝트도 점차 더 많아졌다. 그들은 교육사업 발전, 의료 및 문화 시설 설립에 적극적으로 기여했을 뿐만 아니라 정부를 도와 교통, 조명, 식수 및 농지 기반 건설 등의 어려움을 해결하도록 지원했다. 더 중요한 것은, 다양한 형태로 진장에 자금, 기술 및 설비 등을 도입했다는 점이다.

(3) 상공업자를 위한 정책 실시

중국공산당 중앙위원회[1979] 84호 문서의 요지에 따라 진장현은 1980년에 '3소(三小)'[15]를 구별하는 작업을 수행했다. 당시 현에는 1,874명의 상공업자가 있었으며, 재조사 결과, 국유 및 공사합영기업(公私合營企業)에 유입된 영세업자, 소규모 수공업자 및 기타 노동자가 기존의 상공업자와 구별되어 노동자로 인정되었다. 현은 기존의 상공업자에서 84%를 차지하던 총 1,575명을 구별해냈다. 당시 자산 심사에 따르면 이들의 자금은 기존 상공업자 자금 총액의 46.17%를 차지했으며, 구별하

---

14 吳泰(主編), 『진장화교지(晉江華僑誌)』, pp.125-130.

15 역자주: '3소(三小)'는 각각 小商小贩(영세업자), 小手工业者(소규모 수공업자), 小业主(소상공인)를 의미한다.

지 않는 상공업자는 299명으로 기존의 16%를 차지했고, 자금은 기존의 53.83%를 차지했다. 또한 정부는 기존 상공업자 우대 정책을 시행하여 기존 상공업자 가운데 21명을 간부급 대우로 승인했고, 현 공상연(工商聯)의 복원과 안하이·스스진 공상연의 활동 재개, 공상연의 주소 복원, 지방 공상연의 역사 자료 수집 등을 지원했다. 1960년대 초 간소화 및 분권화된 22명의 기존 상공업자에 대해서도 배치를 시행했다.[16]

이상의 조치들은 중국공산당과 국가 정권, 사회 각 분야의 관계 조정, 부정적인 요소의 긍정적인 요소로의 전환, 각계각층 인사들의 정권 재인식 활성화, 사회 안정과 새로운 시기의 정권 기반을 공고히 하는 데 중요한 역할을 했다. 당시 합법성 재건의 대상이 주로 당과 사회 각 분야의 엘리트였다는 것을 다양한 정책과 조치를 통해 잘 알 수 있다. 이 과정에서 현지의 정치 엘리트가 지방 정권 기구에 차례대로 진입하는 것이 매우 중요했으며, 화교, 화교 가족, 상공업자 등 사회 경제 엘리트의 정치적 동의를 얻어야만 핵심 능동자의 정치적 통치에 대한 사회 전체의 '동의'를 얻을 수 있었다.

제3절 합법성 기초의 전환: 거버넌스의 유효성

세이무어 마틴 립셋(Seymour Martin Lipset)은 정부의 유효성을 가리켜 "이 제도는 대다수의 국민, 대규모 상업이나 군대와 같은 세력 집단의 눈에는 정부의 기본 기능을 충족할 수 있는 수준의 실질적인 정치적 성

---

16 中共晉江市委黨史研究室(編), 『중국공산당 진장 지방사 특집 총집(中共晉江地方史專題匯編)(一)』, 泉州鯉城冠亞彩印公司, 2001, p.34.

과"라고 정의했다.[17] 따라서 효과적인 정부는 폭력의 합법적 사용 독점화, 자원 추출, 민족 통일성 형성 및 대중 동원, 사회와 경제 규제, 정부 기관의 내부 결속 유지, 자원 재분배 등 효과적인 거버넌스를 실현할 수 있다.[18] 효과적인 정부 거버넌스가 없다면 경제와 사회의 발전, 그리고 지속 가능한 발전이 불가능하며, 정치적 합법성의 구축을 논할 수도 없다.[19]

1. 정치적 합법성 전환의 배경

1978년 이후 중국공산당은 경제 건설을 핵심으로 시장경제를 건설하고 인민에게 더 많은 재화와 더 나은 삶을 제공하는 방식을 취했다. 이는 네 번째 합법성의 원천, 즉 사회 경제적 성과가 계속 집권할 수 있는 근거가 되었다.

1978년 당의 제11기 3중전회에서 개혁개방의 전략적 결정과 경제 건설 중심의 발전 전략을 수립했다. "근본적으로 말해 수중에 물건이 많아지면, 우리는 각종 모순과 문제를 처리할 때 주동적인 위치에 서게 된다(從根本上說, 手頭東西多了, 我們在處理各種矛盾和問題時就立於主動地位)"[20]라고 덩샤오핑이 언급한 바와 같이 당의 최고 정책 결정자들은 발전이 모순

17 Seymour Martin Lipset, 『정치인: 정치의 사회 기초(政治人: 政治的社會基礎)』, 劉鋼敏·聶蓉(역), 商務印書館, 1993, p.53.

18 王紹光, 「효과적인 정부와 민주(有效的政府與民主)」, 『戰略與管理』, 2002(6).

19 世界銀行 『1997年世界發展報告』 편집부, 『1997년 세계은행 발전보고서—세계를 변화시키는 정부(1997年世界銀行發展報告—變革世界中的政府)』, 蔡秋生 등(역), 中國財政經濟出版社, 1997, p.15.

20 『덩샤오핑 문선(鄧小平文選)第三集(第三卷)』, 人民出版社, 1993, p.377.

을 해결하고, 사회 통합을 실현하는 근본적인 방법이라는 것을 인식하게 되었다.

1970년대 '동아시아 모델(東亞模式)'의 성공은 중국에 시사하는 바가 컸다. 개혁개방사 연구 관련 자료를 보면 '문혁'이 끝난 후, 정부와 민간에는 오랜 기간 중국의 미래 발전을 바라보는 세 가지 관점이 존재했음을 알 수 있다. 첫 번째 관점은 1950년대 계획경제를 회복하는 것이다. 두 번째 관점은 시장경제의 추진과 더불어 정치적으로는 개혁과 민주화를 병행하는 것이다. 그리고 세 번째 관점은 경제 발전을 주도하는 동시에, 계획경제에서 시장경제로의 체제 전환을 적극적으로 추진하고, 아울러 당의 지도력과 사회주의 제도를 강화하는 것이다. 세 번째 전략적 관점을 선택한 덩샤오핑은 1992년 '남방담화' 이후 '중국 특색의 사회주의 시장경제' 구조를 공식화했다.

진장의 정치적 합법성 구축 전환은 이러한 배경 속에서 일어났다. 1970년대 말, 지역민들은 경제 발전에 대한 열망으로 한발 앞서 나갔다. 지방정부는 주도적으로 경제체제의 이념 논쟁을 희석시키고, '논쟁하지 않음(不爭論)'과 '조용한 경영(悶聲經營)'이라는 전략을 취해[21] 민영경제의 발전을 장려하여 놀라운 경제적 성과를 거두었으며, 집권 합법성의 기초를 크게 강화하였다. 1992년 덩샤오핑의 '남방담화'와 중국공산당 제14차 전국대표대회 이후, 진장의 민영 경제가 '2차 창업' 시기에 접어들자 시장경제 체제가 점차 개선되었고, 정부의 합리적인 성과를 내포한 합법성이 보다 명확하게 해석되었다.

---

21 陳玉華, 「신경제 단체의 정치 참여 및 정치 통합(新經濟群體的政治參與及政治整合(1979—2009))」, 華中師範大學 박사학위논문, 2010, p.37.

2. 정부 거버넌스 성과의 지방 실천

지난 몇 년간의 진장 정부 업무보고서를 살펴보면 정부가 구축한 합법성의 구조와 논리가 뚜렷이 드러난다. 일반적으로 지방정부 업무보고서의 첫 번째 부분은 주로 성과, 즉 '업무 회고(工作回顧)' 또는 '성과 회고(成績回顧)'를 서술하고 있으며, 두 번째 부분은 다음 해 또는 향후의 성과 전망, 즉 '주요 목표(主要目標)'에 중점을 두고 있다. 세 번째 부분은 주로 두 번째 부분에서 제안한 과제에 대한 '작업 배치(工作安排)'를 다루고 있지만, 2000년대에 들어 지방정부가 자체 건설에 중점을 두기 시작하면서 정부 업무 보고서의 세 번째 부분은 정부 업무 기풍 구축, 법에 따른 행정 및 집행력을 중점적으로 다루기 시작했다. 역대 정부 업무 보고서에서는 지역 내 총생산액, 농공업 총생산액, 총재정수입, 순이익, 각종 지표의 성장률, 산업 구조 비율, 2차 및 3차 산업의 성장 상황, 각종 기업의 증가 수, 브랜드 기업의 증가 수 등 데이터 기술 방식을 사용하는 것이 전형적인 특징이었으며, '강화(增强)', '최적화(優化)', '개선(完善)', '향상(提升)', '발전(進步)', 제고(提高)' 등의 보고 용어가 자주 사용되었다. 이 보고서에는 분명한 하나의 논리가 내재되어 있다. 그것은 괄목할 만한 성장 수치가 중국공산당의 지도 아래 인민의 행복, 사회의 안정과 조화, 그리고 정부의 합법성을 반영한다는 것이다.

『진장 연감(晉江年鑒)』에서는 이와 같은 내용을 쉽게 찾아볼 수 있다. 1985년, 현 전역의 GDP는 5.42억 위안으로 1980년 대비 123.97%, 연평균 17.5% 증가했다. 농공업 총생산액은 10.32억 위안, 농민 1인당 순수익은 525위안으로 306.97%, 연평균 32.41% 각각 증가했다. 1995년, 경제 사회 발전 사상 첫 도약을 하게 된 진장은 급속하고 효율적인 발전 상태에 진입했다. 1990년과 비교하여 진장시의 1995년 GNP는 128.01억 위안으로 9.1배, 연평균 58.7%가 증가했으며, 1인당 GNP는 13,067위안으로 전년도 동기 대비 8.16배, 연평균 55.7%가 증가했다. 농공업 총생산액은 230.67억 위안으로 동기 대비 9배, 연평균 58.6% 증가했으며, 농민의 1인당 순수익은 4,321위안으로 동기 대비 3.27배, 연평균 33% 증가했다.[22] 2000년에는 시 전역의 GDP가 88.36%, 연평균 13.5% 증가한 279.48억 위안으로, 성 평균보다 3%p 높은 수준을 기록하면서 전성 10대 지역(全省十强)에서 1위를 차지한 동시에 전국 100대 지역(全國百强)에 선정되었다. 1인당 GDP는 73.52%, 연평균 11.6% 증가한 27,535위안으로 성 평균보다 2배 이상 높았다.

1995년에 전반적으로 샤오캉(小康)[23]을 실현한 진장시는 푸젠성의 첫 번째 샤오캉 현(시)이 되었으며, '전국 샤오캉 선진 현(시)(全國小康先進縣(市))'이라는 칭호를 수여받았다. 이어서 1996년에 진장시는 '부유한 샤오캉 건설 계획(寬裕型小康建設規劃)'을 수립하고 시행했다.[24] 2000년까지 시 전역 전체 행정촌의 68.6%를 차지하는 262개 행정촌(行政村)[25]이 부유한 샤오캉 상태에 이르렀다. 1인당 순수익은 5,972위안에 달했고, 농민의 60% 이상이 짓게 된 새 가옥의 1인당 주택 면적은 43㎡ 정도였다. 2000년에 실시된 표본조사 가운데 가구당 고급 내구재 보유 수량을 살펴보면, 오토바이 95대, TV 130대(컬러TV 126대 포함), 세탁기 50대, 냉장

---

22 이와 유사한 내용은 역대 정부 업무보고를 참고하길 바란다.

23 역자주: 샤오캉(小康)은 의식주 문제가 해결된 이상적 사회를 의미한다.

24 晉江市地方誌編纂委員會(編), 『진장연감(晉江年鑒)(2000)』, p.156.

25 역자주: 행정촌은 「중화인민공화국 촌민위원회 조직법(中華人民共和國村民委員會組織法)」에 따라 설립된 촌민위원회의 촌민 자치 관리 범위로 인접한 몇 개의 작은 마을로 구성된 중국 기층 대중 자치 단위이다(https://baike.baidu.com/item/%E8%A1%8C%E6%94%BF%E6%9D%91/2125109).

고 83대, 비디오 69대, 에어컨 21대, 휴대전화 66대, 오디오 기기 53대로 나타났다. 시 전역의 도시와 농촌 저축 예금은 102.73억 위안으로 1995년 대비 1.99배 증가했다.[26] 그리고 '통일된 계획(統一規劃), 현지 상황에 따른 적절한 대책(因地制宜), 녹화 및 미화(綠化美化), 인간과 동물의 분리(人畜分開), 아름다운 환경(環境優美)'의 요구에 발맞춰 오래된 마을 개조, 새로운 마을 건설, 마을 외관 개선을 통해 형성된 여러 '마을 개선 시범촌(改舊建新示範村)'들이 만족스러운 결과를 얻었고 주민들의 생활 수준도 급격히 향상되었다.

「2011년 진장시 인민정부 업무보고(2011 年晉江市人民政府工作報告)」에 따르면 11차 5개년 계획(十一五) 기간 동안 농민의 1인당 순수익은 7,625위안에서 10,542위안으로 증가했으며, 연평균 6.6% 상승했다. 도시 거주자의 1인당 가처분 소득은 15,554위안에서 21,858위안으로, 연평균 12% 증가했다. 그리고 도시와 농촌 주민의 1인당 저축 예금 잔액이 2.32만 위안에서 4.37만 위안으로, 연평균 13.5% 증가했다. 인구 1천 명당 생활용 자동차는 73대에서 149대로, 연평균 15.3% 증가했다.[27]

「2014년 진장시 인민정부 업무보고(2014年晉江市人民政府工作報告)」의 일부 내용을 발췌해 살펴보면 다음과 같다.

2014년, 상급 당위원회, 정부 및 시위원회의 올바른 지도와 시 인민대표대회 업무 감독, 법률 감독 및 시 정치협상회의의 민주적인 감독하에, 당의 18차 전국대표대회(十八大), 18기 3중(十八屆三中), 4중 전회(四中

26 晉江市地方誌編纂委員會(編), 『진장연감(晉江年鑒)(2001)』, p.4.

27 「2011년 진장시 인민정부 업무보고(2011年晉江市人民政府工作報告)」, http;//www.jinjiang.gov.cn/xxgk/ghjh/zfgzbg/201202/t20120203_977216.htm, 2020년 1월 11일 방문.

全會) 및 시진핑 총서기의 일련의 중요한 연설 정신을 철저히 관철하였다. 또한 '5개 성의 공동 건설(五城同創)'[28]의 전체적인 배치에 따라 성장 안정, 구조 조정, 개혁 촉진, 민생 보장에 중점을 두고 끊임없이 '진장 경험'을 발전시켜 나갔으며, 과학이 비약적으로 발전하여 새로운 성과를 거두었다. 현 지역의 기본적인 경제 경쟁력은 전국 100대 현 중 5위를 유지하고 있다…(중략)…우리는 경제 뉴노멀(new normal, 新常態) 적응, '안정 속 성장 추구(穩中求進)'의 전반적인 기조 고수, 질과 속도의 종합적인 고려, 성장 목표의 실무적인 조정, 효과적인 하강 압박(下行壓力) 대응, 전반적인 경제 안정화를 적극적으로 추진했다. GDP는 9.5% 증가한 1,492억 위안을 달성할 것으로 예상되며, 총 공공 재정 수입은 198.02억 위안으로 8.33% 증가했다. 연간 매출액 2천만 위안 이상인 공업 기업(規上工業) 생산액은 3,290억 위안으로 11.2% 증가했고, 사회 전체의 고정 자산 투자는 766억 위안으로 21.2% 증가했으며, 도시와 농촌 주민의 1인당 가처분 소득은 각각 3.7만 위안과 1.7만 위안으로, 각각 9.6%와 10.6%의 양호한 성장 추세를 유지했다.[29]

상술한 정부 업무 보고의 핵심 내용은 경제 성장률이다. 전체 경제 성장에 상응하는 1인당 GDP와 1인당 순수익 및 성장률로 사람들의 생활 수준을 가늠할 수 있다. 이러한 수치 이면에 있는 정부의 유효성에 대한 논증은 진장이 갖추고 있는 완전한 정부 구조와 운영 모델이 정부

28 역자주: 5개 성의 공동 건설(五城同創)은 성급 문명 도시(省級文明城市), 성급 법치 도시(省級法治城市), 성급 정원 도시(省級園林城市), 국가 산림 도시(國家森林城市) 및 국가 보건 도시(國家衛生城市)를 구축하는 것이다(https://baike.baidu.com/item/%E4%BA%94%E5%9F%8E%E5%90%8C%E5%88%9B?fromModule=lemma_search-box 20240705).

29 「2014년 진장시 인민정부 업무보고(2014年晉江市人民政府工作報告)」, http://www.jinjiang.gov.cn/xxgk/ghjh/zfgzbg/201504/t20150429_977288. htm, 2020년 1월 11일 방문.

유효성 지원 체계의 핵심임을 잘 드러낸다.

실제로 중앙부터 지방까지 정부의 유효성에 대한 국가의 강조는 정부가 관리하는 수치 지표로 설명된다. 정부의 유효성에 관한 보고와도 매우 유사한 중앙정부와 각급 지방정부의 정부 업무보고는 정부 주요 공무원을 대상으로 한 성과 평가 체계의 다양한 지표를 중점적으로 다루었다. 진장시 정부 업무 보고의 세 번째 부분에서 새로운 목표와 과제의 실행을 위한 '업무 배치(工作安排)'를 설명하는 경우가 많았다. 전국인민대표대회 회의가 끝날 때마다 직급별로 회의를 개최한 진장시 정부와 산하 부서는 임무 분배, 업무 배치, 실질적인 시행을 통해 수직적 압박 모델과 수평적 경쟁 모델을 수립했다. 다양한 정부 지표에 대한 경쟁과 분투에는 각급 정부 주요 지도자의 평가 및 승진은 물론 상응하는 정치적 책임도 포함되었다. 또한 많은 중요한 문제에서 상급 기관은 하급 기관에 대한 '일표부결권(一票否決權)'을 가지고 있어 '반기업화(半企業化)'[30]의 지방정부 경쟁 모델을 형성했다.

3. 합법성 기초를 지속적으로 확대하기 위한 전략: 경제 엘리트의 영입과 적절한 정치 텍스트 선택

진장 정부의 효과적인 지지 체계에서 무시할 수 없는 숨겨진 현상은 지역 엘리트의 흡수였다. 앞서 언급한 바와 같이 1980년대에 중국 정부 내부적으로 이뤄진 대규모의 정치 엘리트 전환과 기술 관료의 부상은 심층적으로 국가 정권의 합법성이 개인의 권위와 이념 및 정치적 동원

30 楊雪冬, 『시장 발달, 사회 성장 및 공권력 구축-현을 미시적 분석 단위로(市場發育、社會生長和公共權力構建—以縣為微觀分析單位)』, p.155.

에서부터 경제 발전과 정부의 유효성 향상으로 점차 전환된 것을 반영한다. 지방 민영기업가는 중국 동부 연해 경제 성장을 촉진하는 중요한 세력이었기 때문에 민영기업주를 정치적으로 흡수해야만 했다. 진장의 민영기업주는 다음과 같은 정치적 흡수 발전 과정을 거쳤다. 이제 막 발걸음을 뗀 진장의 민영 경제가 급속하게 발전하기 시작한 1980년대에는 기업주 엘리트 조직 계층이 아직 형성 중이었고 흡수 현상도 뚜렷하지 않았다. 1992년 이후 '비공유제 경제는 중국 사회주의 시장경제의 중요한 구성요소(非公有制經濟是我國社會主義市場經濟的重要組成部分)'라는 정치적 인정과 함께 정부는 민영기업주 엘리트들을 중국공산당에 적극적으로 영입하거나 인민대표대회와 정치협상회(이하 정협회)의 활동 참여를 유도했다. 기업 발전을 위한 정책적 지원을 얻기 위해 기꺼이 참여한 민영기업주 엘리트들은 점차 더 많은 수가 주도적으로 국가 체제에 진입하기 시작하였고, 새로운 통합 및 협력 모델을 형성했다.

통계에 따르면 2010년 진장시에는 300명이 넘는 비공유제 경제 대표 인사가 각급 인민대표대회 대표와 전국 정협회 위원을 맡았다. 그중 전국인민대표대회 대표와 전국 정협회 위원이 각각 1명, 푸젠성 인민대표대회 대표 6명, 정협회 위원 8명, 취안저우시 인민대표대회 대표 14명, 정협회 위원 18명, 진장시 인민대표대회 대표 94명, 정협회 위원 212명이 있었다. 인민대표대회와 정협회의 인원수 제약으로 인해 비공유제 경제 인사의 정치 참여에는 경쟁도 벌어졌다. 그들은 독특한 지위와 시장에 대한 깊은 이해를 바탕으로 정치적 의사 결정에 적극적으로 참여했고 자문이나 조언을 아끼지 않았다. 과거 인민대표대회와 정협회에서 비공유제 경제 인사가 제출한 제안은 대부분 시 인민대표대회와 정협회에서 채택되었다. 예를 들어, 진장시 정협회 11기 2차 회의에서 공상연(工商聯) 위원들은 도로 교통, 오염 개선 및 도시 건설에 대한 44개의 제안을 제출하여 유관부서의 주목을 받았다. 일부 기업은 국가 체제에 더 잘 융화되기 위해 자발적으로 기업 내부에 당 조직을 설립했다.[31] 동시에 정부는 기업 엘리트들을 지원하기 위해 적극적으로 교류의 장을 마련했다. 진장시 정부는 수년 동안 음력 정월 초사흘에 진장 출신 전국 주요 중소도시 비공유제 경제 대표 인사의 신춘 좌담회나 여러 도시의 대표 인사들을 초청한 좌담회를 마련하여 진장 경제 사회 발전 계획을 논의하고 진장 출신 상공업계 인사와의 친목을 도모했다. 이러한 행사는 대부분 중국공산당 진장시위원회 통전부에서 관련 부서와 연락을 취해 진행했다.

일련의 급속한 경제 성과를 바탕으로 정부의 정치적 합법성이 점차 구축되었다. 진장 현지 사회 및 경제 분야의 엘리트들이 전국인민대표대회, 정협회 등 국가 체제에 대거 진출하여 국가에 대한 정치적 정체성을 심화시켰다. 무엇보다 이 같은 전시효과는 국가에 대한 정치적 공감대 확산과 공고화에도 기여했다. 어떠한 측면에서 보면 합법성의 구축이 사회적 인정을 얻기 위해서는 국가가 자국의 이념을 표현할 적절

---

31 자료출처: 2011년 1월에 진장시위원회 선전부에서 제공한 내부 자료이다. 기업이 주도적으로 당 조직을 설립하는 동안 중국공산당도 기업에 많은 지원을 제공하고 조직 통제를 강화했다. 예를 들어, 기업 당조직을 위한 경비 보조 메커니즘을 구축했다. 2010년에 진장시는 당원 15명 이상의 23개 기업에 당 건설 기본자금 14.6만 위안을 지급했으며, 치피랑(七匹狼), 징바(勁霸) 등 기업의 주요 당 건설 활동자금 16.7만 위안을 반환 형식으로 지급했다. 취안저우시의 대표적인 비공유제 기업이자 당 건설사업 단위인 헝안(恒安), 안타(安踏) 기업에 당원 교육 보조금으로 3.6만 위안을 지급했다. 또 다른 예는 우수한 간부를 선발하여 기업에 재직시키는 것이었다. 진장시는 비공유제기업 당 건설의 대표적인 단위를 육성하고 요우란파(優蘭發), 더얼후이(德爾惠), 칭메이(清美) 등 회사에 당 위원회, 기율검사위원회, 당 간부 학교를 설립했다.

한 정치적 텍스트를 선택할 필요도 있다.[32] 이념 표현의 서면 형식인 정치적 텍스트는 제도, 이념과 함께 국가가 구축한 유기적 구조를 구성하며, 제도와 이념을 반영하고 뒷받침하는 한편 자체 논리적 관성을 통해 이를 제약하고 영향을 미치기도 한다. 정치 속의 언어는 어떠한 단어, 개념, 인식론의 문제일뿐만 아니라 전반적인 '논술 체제(闡述體制)'이다. 합법성 구축의 관점에서 정치인은 청중을 말이나 글로 설득하고 정치 구조의 총체적 논리에 따라야 한다.

사회 전체의 공감대를 구축하기 위해 '2차 창업' 시기로 접어든 1990년대에 진장시 정부 선전 기구는 진장 발전의 핵심 가치로 삼고자 '진장 정신'을 홍보하기 시작했다.[33] 1994년, 진장시 상무위원회는 진장 정신 연구를 '5대 기본 프로젝트(五項基礎工程)' 중 하나로 지정할 것을 결정했으며, 중국공산당 푸젠성 위원회 당학교와 손잡고 '진장 정신 연구 과제팀(晉江精神研究課題組)'을 조직했다. 진장시위원회 판공실과 선전부의 도움으로 과제팀은 1995년 11월에 연구를 마무리를 짓고, 『진장 정신 탐구(晉江精神探索)』라는 제목으로 19만 자의 전문 서적을 인민 출판사에서 출판했다. 또한 '신의 성실(誠信), 겸손(謙恭), 단결(團結), 투쟁(拼搏)'의 진장 정신을 적극적으로 홍보하고 교육하기 위해 1993년 진장시 위원회 선전부와 푸젠 TV가 공동으로 TV 특별 영화 '교향의 빛(僑鄉之光)'을 제작했다. 1994년 3월, 진장시위원회 선전부, 문명판공실, 공청단 시위원회, 교육국이 공동으로 개최한 '우리의 고장 바로 알고 우리

---

32 楊雪冬, 『시장 발달, 사회 성장 및 공권력 구축-현을 미시적 분석 단위로(市場發育、社會生長和公共權力構建—以縣為微觀分析單位)』, p.208.

33 裘思, 『진장 정신 탐구(晉江精神探索)』, 人民出版社, 1995, p.1.

의 진장을 만들어, 우리 화교의 고향을 아름답게 가꾸자(知我古邑、建我晉江、美我僑鄕)'를 주제로 하는 연설 대회를 통해 개혁개방 이후 진장 각 전선의 눈부신 성과와 선진 모범 인물을 찬양하고 각 향에서 수상자들의 순회공연을 진행하였다.

이 기간 동안 앞다퉈 출판된 『진장 정신 탐구(晉江精神探索)』, 『세기의 예언(世紀預言)』, 『푸젠 바다의 명주—진장시 건설 3주년 기념 책자(閩海明珠—晉江建市三周年紀念冊)』, 『진장 모델 및 농촌 현대화(晉江模式與農村現代化)』 등 '진장 정신'으로 대표되는 일련의 정치적 텍스트와 선전 자료에는 몇 가지 뚜렷한 특징이 있다. 첫째, 개혁, 천하 주도형 정신, 경제 발전이 이 시기 정치적 텍스트의 주제가 되었다. 각 분야와 시기별 텍스트 모두 개혁개방의 중요성을 강조하였고, 경제 발전이 모든 조치의 근본적인 목적이 되었다. 진장 정신 가운데 '감히 천하를 앞지른다(敢爲天下先)'라는 의미의 '천하 주도형 정신'은 진취적인 기업과 경제 및 정치 엘리트의 신념이 되었다. 둘째, 텍스트 논증 과정에서 새로운 논리 구조가 형성되었다. 즉 덩샤오핑 이론, '3가지 대표' 중요 사상("三個代表"重要思想) 및 과학적 발전 개념을 논증의 근거로 삼고, '3가지 이점(三個有利於)', '발전만이 절대적 진리(發展才是硬道理)', '삼강(三講)',[34] '선진성 유지

34 역자주: '3가지 대표' 중요 사상("三個代表"重要思想)의 주요 내용은 다음과 같다. 중국공산당은 항상 중국 선진 생산력의 발전 요구를 대표하고, 항상 중국 선진 문화의 발전 방향을 대표하며, 항상 중국의 가장 광범위한 인민의 근본 이익을 대표한다. '3가지 대표' 중요 사상은 중국공산당의 입당, 집권, 힘의 근간이다. '3가지 이점(三個有利於)'이란 1992년 남방담화 이후, 덩샤오핑이 제시한 관점으로 사회주의 사회의 생산력 발전에 도움이 되는지, 사회주의 국가의 종합적인 국력 강화에 도움이 되는지, 인민의 생활 수준을 향상시키는 데 도움이 되는지 여부를 가리킨다. '삼강(三講)'은 1995년 장쩌민이 베이징을 시찰하며 간부 교육에서 강조한 '배움과 정치, 바른 기풍을 논하다(講學習, 講政治, 講正氣)'를 의미한다(https://baike.baidu.com/item/%E2%80%9C%E4%B8%89%E4%B8%AA%E4%BB%A3%E8%A

(保持先進性)' 등을 원칙으로 삼아 구체적인 문제를 논의하였다. 셋째, 경제 건설과 관련된 어휘가 텍스트에 많이 유입되었다. '개혁(改革)', '개방(開放)', '발전(發展)' 등이 텍스트에 자주 사용되는 기초 어휘였고, '투자(投資)', '도입 및 유치(引入引進)', '대내적 인도 및 대외적 협력(內引外聯)', '효율(效率)', '효익(效益)', '사회 융화(和諧社會)' 등 일부 전문 어휘도 등장했다. 넷째, 숫자를 많이 사용했다. 이것은 경제 업무의 중요성을 나타낼 뿐만 아니라 국가의 디지털 거버넌스 능력의 향상을 반영하는 것이다. 독자들에게 디지털의 사용은 국가 건설의 성과를 보다 직관적으로 이해하는 데 도움이 될 수 있다. 요컨대, 정치적 텍스트는 국가 집권 이념과 거버넌스 구조의 기본적인 특성을 반영하며, 이는 현대 국가 정체성 또는 합법성 구축의 근간인 것이다.[35]

제4절 합법성 기초의 새로운 발전: 신민주주의

현대 국가의 발전은 공권력, 시장경제, 사회 성장 간에 선의의 관계를 추구하는 것이다. 2000년대에 들어선 지 얼마 되지 않아 중국 경제 발전이 괄목할 만한 성과를 거둔 후, 중국공산당은 국가 건설에서 경제가 사회 윤리와 분리될 수 없고, 사회 규범도 시장 규칙에만 의해 정의되어서는 안 되며, 그렇지 않을 경우 정부가 아무리 발전 효율이 높더라도 합법성에 여전히 문제가 생길 수 있다는 사실을 인지했다. 경제의

1%A8%E2%80%9D%E9%87%8D%E8%A6%81%E6%80%9D%E6%83%B3/2523227?fr=ge_ala 등 참조).

35 林尚立, 「현대 국가 정체성 구축의 정치적 논리(現代國家認同建構的政治邏輯)」, 『中國社會科學』, 2013(8).

기적은 현대 국가 구축의 일부일 뿐이며, 사회적 공정에 기초한 사회 복지, 사회 보장, 사회 재분배 제도도 국가 건설의 중요한 부분인 것이다. 2000년대 초반, 특히 2012년 이후의 합법성 구축은 새로운 변화와 조정에 직면하게 되었다.

1. 경제 성과의 합법성 난국

'현대 국가의 권력은 인민으로부터 나오고, 인민과 국가의 관계는 국가의 합법성, 즉 국가의 생존과 발전을 직접적으로 결정한다. 인민의 지지와 사회의 협력을 받는 국가 정권만이 안정적이고 효율적인 국가 정권이다.'[36] 정부의 유효성을 합법성의 기초로 삼는 것 중 첫째는 공공 질서, 의무교육, 의료 보건, 기반 시설 등 필요한 공공서비스를 대중에게 제공하는 것이다. 복지 국가의 전시효과로 지방 공공재의 질과 수준에 대한 대중의 요구가 계속 높아졌다. 이러한 공공재 수요를 충족시킬 수 있는지는 지방정부의 재정 기반에 달려 있다. 둘째, 여기에서의 유효성은 '성과의 합법성(績效合法性)' 의미도 포함되어 있으며, 이는 국가 지도자 조직이 합법성을 얻기 위해 보다 진취적이고 적극적으로 성과를 창출하는 것을 의미한다.[37] 이와 같은 추상적인 개념은 정치가의 입을 통해 구체적이고 형상화된 해석을 얻는다. "…(전략)…현행 정책의 변화 여부를 판단하는 주요 근거는 현 정책이 옳은 것인지 아닌지, 국

---

36 林尚立, 「현대 국가 정체성 구축의 정치적 논리(現代國家認同建構的政治邏輯)」, 『中國社會科學』, 2013(8).

37 趙鼎新, 「성과의 합법성, 국가 자주성과 중국 경제 발전(績效合法性、國家自主性與中國經濟發展)」, https://www.guancha.cn/zhaodinxin/2013_07_17_158804.shtml, 2020년 1월 16일 방문.

가에 옳은 것인지 아닌지, 인민에게 옳은 것인지 아닌지, 인민의 삶이 점차 나아지고 있는지이다. 나는 인민의 눈이 밝다고 믿는다. 현행 정책이 변경될 경우, 인민의 생활 수준은 불가피하게 하락할 것이다. 만약 인민이 현재의 정책이 옳다고 여긴다면, 그것을 바꾸려는 자는 그 누구든 타도해야 한다"[38]라는 덩샤오핑의 어록에서 알 수 있듯, 그는 인민의 물질적 생활과 합법성의 중요성을 강조했다. 즉, 정부의 유효성을 내포한 합법성 구축은 정부가 인민에게 끊임없이 늘어난 상품과 공공시설을 제공하고, 경제 발전과 인민 생활 수준 향상을 통해 정부 집권의 유효성을 부각시켜 충족된 대중의 기대로 정부에 대한 신뢰와 지지를 대신하는 것이다.

물론 경제적 성과를 합법성의 기초가 되는 원천 중 하나로 사용하는 것에는 위험 요소도 따른다. 어느 국가나 정부도 관할지역 경제가 영구적으로 고속 성장할 수는 없기 때문에 고속 성장의 경제 성과가 둔화되기 시작하면 합법성의 딜레마가 생겨날 수 있다. 그리고 성과 공약이 지켜지면 민중의 욕구과 정부에 대한 기대치가 높아져 정부의 성장 부담이 커질 수도 있다. 립셋(Lipset)은 일찍이 합법성과 유효성에 대해 전문적으로 분석한 결과, 일부 국가에서 유효성은 높지만, 합법성은 낮거나 유효성은 낮지만, 합법성은 높은 상황을 발견했다. 이는 유효성이 반드시 합법성을 가져오는 것은 아니며, 합법성이 반드시 효과를 가져오는 것도 아님을 의미하는 것이다. 따라서 헌팅턴이 지적한 바와 같이 '합법성을 정치적 성과 위에 구축하고자 하는 노력은 정치적 성과에 곤

38 『덩샤오핑 문선(鄧小平文選)(第三卷)』, 人民出版社, 1993, pp.173-174.

란한 상황을 초래할 수도 있다.'[39]

중국에서는 최근 몇 년간 정치적 합법성의 딜레마가 점차 드러났고, 정치적 합법성과 경제 발전 사이의 장력도 날로 증가하였다. 경제가 일정 수준까지 발전하자, 시장으로부터의 자발성이 초래한 사회적 분화가 심각해져 정치적 합법성과 경제가 부적상관관계를 보였다. 중국은 선진국보다 3배 높은 GDP 성장률을 유지했고, 지니계수도 빠르게 상승했다. 2010년 세계은행의 통계 분석에 따르면 중국의 지니계수는 0.47로, 소득 분배에서 가장 심각한 차이를 보이는 국가 중 하나가 되었다. 경제의 도약과 사회의 심각한 분화가 양립하고 있는 것이었다. 이는 수천 년간 전해 내려온 '백성은 가난을 두려워하는 것이 아니라 균등하지 못한 것을 두려워한다(不患寡而患不均)'는 사상, 즉 빈부 균등(均貧富)'의 문화적 전통을 가진 나라가 반드시 마주해야 할 문제였다.[40]

진장에서 이러한 난국은 지방정부의 심각한 GDP 의존과 지방 민영 부문의 경제적 이익 추구라는 전형적인 양상을 보였다. 그 결과, 경제 발전 방식의 전환과 사회사업에 대한 재정 투입 확대, 그리고 사회 공평 문제의 해결이 제약을 받게 되었으며, 다양한 이해 관계의 충돌과 사회적 갈등이 지속적으로 발생하게 되었다. 진장 제조업 기지의 구축과 중등 규모 도시(中等城市)의 획기적인 건설 과정에서, 특히 도시화와 공업화가 진행되는 과정 중 도시 철거, 표준화된 노동 환경 조성, 안전 생산, 유동 인구 관리 등을 구체적으로 시행하는 단계에서, 토지를 상

---

39 Samuel P. *Huntington*, 『제3의 물결—20세기 후반 민주화 물결(第三波—20世紀後期民主化浪潮)』, p.59.

40 徐勇, 「신민본주의를 향해-중국 개혁 발전의 방향 및 전환(走向新民本主義—中國改革發展的路向及轉變)」, 『探索與爭鳴』, 2003(9).

실한 농민의 정착 문제, 임금 체불, 치안 불안, 부패, 사회보장제도의 미비 등 사회적 화합과 안정을 저해하는 다양한 문제가 나타났다. 이로 인해 새로운 사회적 모순이 끊임없이 발생하였으며, 언제든지 격화될 가능성도 존재하였다. 1990년대부터 진장의 민원 처리 수와 규모가 증가했고, 그 수준도 현급시에서 지급시, 성, 심지어 중앙정부로 점차 확대되었다. 2010년 진장시 민원 상황을 예로 들면, 진장시 대중은 전년 동기 대비 각각 29.4%, 9.7% 증가한 36회차, 연인원 316명이 성급 부서에 민원을 제기했다. 그리고 전년 동기 대비 각각 20%, 33.5% 증가한 12회차, 연인원 279명이 집단 민원을 제기했다. 그리고 전년 동기대비 동기 대비 각각 2.2%, 44.4% 증가한 94회차, 784명이 취안저우에 민원을 제기했으며. 전년 동기 대비 각각 16%와 58.2% 증가한 29회차, 666명이 동급시에 집단 민원을 제기했다. 또한 전년 동기 대비 21% 감소하고 14.2% 증가한 384회차와 4,015명이 동급시에 민원을 제기했고, 전년 동기 대비 2.6% 감소하고, 24.1% 증가한 150회차와 3,594명이 집단 민원을 제기했다.[41] 이러한 민원 수준은 정부에 대한 대중의 정치적 정체성이 줄어드는 경향을 분명히 보여주는 것이다. 이는 지방정부보다 중앙정부 대한 정체성이 강하고, 동급 정부보다 상급 정부에 대한 정체성이 강하다는 것을 의미한다. 전체적으로 사회적 모순과 충돌의 증가는 지방 정권의 합법성이 모든 면에서 의심받고 있음을 보여주며, 합법성의 기초를 조정하는 것이 지방정부의 시급한 과제가 되었다.

41 자료 출처: 2011년 1월 2일에 晉江市宣傳部가 제공한 자료.

2. 신민본주의의 기본 내용

끊임없는 사회적 분쟁과 갈등으로 인해 정부의 합법성 구축 변화와 발전은 외부에서 '적신호'가 켜졌다. 급속한 경제 성장만으로는 진장의 모든 사람들이 혜택을 누릴 수도 없었고, 오히려 '불공평'한 현상이 생겨나거나 확대되어 대중의 불만과 의혹을 불러일으켰다. 이러한 관점에서 볼 때 민본주의의 구현은 대중에게 정부가 베푸는 은혜가 아니라, 대중이 정부에게 요구하고 정부가 수행해야 하는 책임이자 '포용적 국가 개념(包容性國家觀念)'[42]의 구현으로 합법성 구축의 중요한 구성 요소였다.

상술한 새로운 발전 요구를 맞닥뜨린 중국공산당 진장시위원회는 대중으로부터 얻은 공공 재정을 어떻게 대중에게 사용할 것인지, 지속 가능한 경제 성장과 사회 발전의 합리적인 균형을 어떻게 실현할 것인지와 같은 문제 해결을 위해 신민본주의(新民本主義)를 집권 합법성 발전의 핵심으로 삼았다. 2002년, 진장시위원회는 사회 안정의 측면에서 '자선의 진장(慈善晉江)' 건설을 제안했고, 2004년 말에는 '조화로운 사회(和諧社會)' 건설을 공포했다. 2011년에는 '행복한 진장 건설(打造幸福晉江)'을 「진장시 국민 경제와 사회 발전 제12차 5개년 계획요강(晉江市國民經濟和社會發展第十二個五年規劃綱要)」(이하 12차 5개년 계획(十二五規劃))에 명시하고, 나아가 '실력의 진장(實力晉江), 개방의 진장(開放晉江), 혁신의 진장(創新晉江), 평안의 진장(平安晉江), 조화의 진장(和諧晉江)'의 '오위일체(五位一體)'를 구축했다. 이 일련의 민생 이념은 중국공산당의 신민본주의 건설 노력

---

42 祝靈君, 「이성 국가의 관점에서 본 현대 국가 거버넌스의 몇 가지 특징(從理性國家的角度看現代國家治理的幾個特征)」, 『黨政幹部學刊』, 2014(6).

을 강조하는 것으로, 구체적인 내용은 다음과 같다.

첫째, 정치적 담화와 텍스트의 전환이다. 주지하다시피 오랫동안 지방정부의 주요 정치적 성과 중 하나는 GDP 성장률이었다. 이에 각급 기층 조직과 관리들이 현지 발전을 위한 프로젝트 사업 선택, 자금 유치, 원자재 확보, 제품 판매, 이윤 추구에 주력하면서 많은 경제적 '담화(話語)'가 형성되었다. 2002년부터 사회의 조화로운 발전이 반복적으로 강조되어 '자선의 진장'이라는 새로운 용어가 시 지도자의 연설에 등장하기 시작했고, 이어서 각 향과 진의 기층 관리들의 입에도 오르내리기 시작했다. 필자는 2003년부터 당정(黨政) 문서와 선전자료에 속속 등장했던 '최저생활보장 지원책(低保救助)으로 도시와 농촌의 특수 생계 곤란 계층(特殊困難群眾) 적극 지원', '다양한 사회적 모순 해소(化解各類社會矛盾)', '민생에 대한 관심(關註民生)', '과학 발전관 확립(樹立科學發展觀)', '조화로운 사회 구축(構建社會和諧)', '사람 중심, 진장 사랑(以人爲本, 愛在晉江)' 등의 슬로건과 정치 텍스트에 주목했다.[43] 또한, 사회 계층 간의 상호 개방과 평등 진입(平等進入)에 대한 올바른 인식, 적절한 보상과 상호 이익이 이뤄지는 각 계층의 관계 구축 등 당과 정부 관계자들의 인식에도 변화가 생겼다. 이러한 인식의 변화에 발맞춰 중국공산당 진장시 당위원회와 시정부는 '재정 지원은 생계 곤란 계층, 기층의 취약한 부분, 농촌 사회 사업을 우대해야 한다'라는 '세 가지 우대(三個傾斜)' 정책을 제시해 다양한 계층이 발전 성과를 함께 나눌 수 있도록 했다. 발전 지표에서는 GDP 성장률 외에도 사회보장 범위, 교육 상태, 도시 및 농촌 소

43 賀東航, 「지방 사회 전통과 정부의 주도성-푸젠 진장 자선총회가 국가와 사회관계 구축에 시사하는 바(地方社群傳統與政府主動性—福建晉江慈善總會對構建國家與社會關係的啟示)」, 『華中師範大學學報(人文社會科學版)』, 2005(5).

득 격차 등 인민 생활 수준을 포함한 평가 지표도 지방 당 위원회의 간부 평가 범주에 포함되었다.

둘째, '민본의 진장(民本晉江)' 실천이다. 정부는 경제 발전에 의무가 있는 한편 인민의 생존 및 발전 촉진, 양호한 생활환경 조성, 주민 생활수준 향상 등 민생 업무에서 더 막중한 책임을 져야 한다. 사회보장 측면에서 진장 당정부서는 사회 통합 노후보험제도, 실업보험제도, 의료보험제도 등을 적극적으로 구축했다.[44]

도시화가 발전하면서 진장은 사회보장제도의 기본적인 구축을 바탕으로 사회 보장의 도시·농촌 일체화(城鄕一體)를 적극적으로 추진했다. 1998년 1월 1일부터 푸젠성에서 최저생활보장제도(低保制度)의 도·농 일체화를 실현하는 데 앞장선 진장은 최저생활보장 기준을 당초 1인당 월 120위안에서 2020년 720위안으로 수차례 인상했다. 이어서 2006년에는 푸젠성에서 새로운 유형의 도·농 일체화 협력 의료 제도 시행에 앞장섰고, 그 결과 100% 시행률에, 참여자 수는 77.73만 명으로 참여율 80.78%에 달했다. 같은 해에 토지 수용자를 위한 시범 양로보험 시행에도 앞장섰다. 또한 의료, 교육, 위생 등 분야에서도 큰 성과를 거두었으며 '배우고자 하는 자에게는 교육이(學有所教), 나이든 자에게는 소득이(老有所得), 병이 든 자에게는 치료가(病有所醫), 나이가 든 자에게는 돌봄이(老有所養), 살 곳이 필요한 자에게는 집이 있다(住有所居)'라는 목표를 이루기 위해 노력했다. 「2014년 진장시 인민정부 업무보고(2014年晉江市人民政府工作報告)」 중 사회사업에 관해 다룬 부분에서는 '동급 지출의

44 晉江市地方誌編纂委員會(編), 『진장연감(晉江年鑒)(1999)』, 中國社會科學出版社, 2000.; 『진장연감(晉江年鑒)(2001)』에서 개황, 발전총론 중 '인민 생활(人民生活)'에 관한 내용.

66%를 차지하는 53.37억 위안을 인민 생활 건설에 투자했고, 7개 민생 생활 보장 체계(民生保障體系)[45]를 지속적으로 개선했다. 그리고 사회 쟁점과 어려움을 효과적으로 해결했다. 시민을 위한 20개의 실용적인 프로젝트가 모두 시행되었으며, 대중이 가장 바라는 16개의 프로젝트가 착실히 추진되었다'라고 기록되어 있다.[46] 또한 사회보장, 보장성 주택(保障性住房), 대중교통, 식품 안전, 교육, 의료, 사회복지 등 분야에 관련 조치들을 취했다. 이는 민생 사업에 대한 진장시 당정의 관심과 투자뿐만 아니라 민생 수요에 따른 정부의 기능 확장을 반영하는 것이다.

셋째, '자선의 진장(慈善晉江)' 시행이다. 사회 빈부 분화와 격차 확대의 배경 속에서 진장시 정부는 자선사업을 통해 서로 다른 사회 계층의 대립각 완화, 부유층에 대한 적대감과 보복 행위 감소, 사회 균열 봉합, 나아가 빈곤층이 느끼는 원망과 분노, 차별을 해결하고자 했다. 2002년 진장시위원회는 전국 최초의 현급시 자선총회를 조직했다. 시 당위원회 서기가 조장을 맡았고, 시 당위원회 부서기, 시 인민대표대회 부주임, 시정부 부시장, 시정협회 부주임이 부조장을 맡았다. 관련 부서 및 각 진(장)의 지도자가 구성원으로서 진장 자선총회 준비 업무소조를 조직하여 자선총회의 준비 및 설립을 전담하였다. 2002년부터 2014년까지 민영기업을 주축으로 진장 각계는 자선총회에 20억 위안 이상을 기부했다. 이 기금은 '사회 복지(社會福利), 개안수술(復明), 보행 지원(助行), 학습 지원(助學), 어려움 해결(解困)'의 5대 자선 프로젝트에 사용되어져

45 역자주: 7개 민생 생활 보장 체계(民生保障體系)는 민생, 고용, 교육, 의료, 거주, 안정, 환경, 사회보장을 의미한다.

46 「2014년 진장시 인민정부 업무보고(2014年晉江市人民政府工作報告)」, http://www. jinjiang.gov.cn/xxgk/ghjh/zfgzbg/201504/t20150429_977288.htm, 2020년 1월 11일 방문.

10만 명 이상의 사람들이 혜택을 받았다. 이렇듯, 자선 사업이 발전하면서 사회적 약자는 긴급한 지원을 받게 되었고, 당과 정부의 합법성이 맞닥뜨린 도전의 압박도 다소 가벼워졌다. 예를 들어, 2009년에 진장은 새로운 도시 건설을 시작했다. 9개 주요 단체의 재건 작업에 협조한 진장 자선총회는 토지가 수용된 최저생계수급자가 양로보험에 가입할 수 있도록 자금을 투자했고, 이주 후 생계에 어려움을 겪는 가정을 지원하여 진장 도시 철거의 순조로운 진행에 일조하였다.

넷째, '평안의 진장(平安晉江)' 구축이다. 진장시 당정은 공중 보건, 교육, 환경 보호와 같은 공공재를 대중에게 제공하는 동시에 효과적인 정치적 안정과 양호한 법질서를 보장해야 했다. 이것은 경제 성장과 사회 발전의 전제이자 사람들이 인정하는 최소한의 정부 마지노선이었으며, 공공 공급과 사회 질서는 서로 상부상조하는 관계였기 때문이다. 진장은 외지 노동자 관리에 있어 이 점에 각별히 유의했다. 거대한 규모의 외래인구는 진장의 경제 성장에 크게 기여했지만, 도시 발전과 사회 질서에는 큰 부담을 초래했다. 이에 진장시 당정은 외지 노동자가 현지의 정체성을 익히도록 많은 노력을 기울였다. 예를 들어 처음 개최된 기업 외지 노동자 문화제에는 130여 개 민영기업의 외지 노동자 약 2만 명이 직접 참여했다.[47] 법 집행 측면에서도 보다 인간적인 외래인구 관리 조치가 취해졌다. 2002년 진장시 천다이진(陳埭鎮) 샤촌(霞村)에 외지 노동자 자녀 학교를 설립했으며,[48] 외지 노동자에게 가족과의 화상

47 黃世宏·王建新, 「사랑으로 조화의 진장, 자선의 진장을 만들다-진장에서 온 시리즈 보도 세 번째(用愛心編織和諧晉江慈善晉江—來自晉江的系列報道之三)」, 『泉州晚報』, 2005년 2월 19일(第4版).

48 「방안에 책 읽는 소리가 울려퍼져(過渡房裏書聲瑯)」, 『人民日報』, 2010년 3월 23일(第12版).

만남, '원스톱(一站式)' 등록증 처리 및 숙박업소식(旅館式) 임대 주택 서비스 제공 등 다양한 활동을 통해 유동 인구 관리 모델을 최적화하였다.[49] 또한, 진장 지역 주민들을 대상으로 사회 예절 교육 강화와 이주 노동자에 대한 우호적인 태도 고취를 위해 당의 선전 부서는 '현대적 사고방식 정립(立現代觀念), 현대 도시 건설(建現代城市), 현대인으로 살아가기(做現代人)'를 주제로 하는 활동을 전개했다. 외지 노동자의 민생 보장 및 최적화된 관리는 사회 질서의 안정에 크게 기여했다. 「진장시 2010년 정부 업무 보고(晉江市2010年政府工作報告)」에 따르면 '평안의 진장' 건설 활동을 확대하면서 성 전역에서 '숙박업소식' 임대 주택 서비스 관리 모델 시행에 앞장선 결과, 대중의 사회 치안 만족도가 94.33%에 달했고, 산업재해 건수도 20.3% 감소했다. 20건의 노동 쟁의 예방 및 조정 조치, 15건의 유동 인구 서비스 관리 조치를 시행으로, 10건 이상의 노동 쟁의 건수가 56.55% 감소하게 되었다. 그밖에 지진 재해 지역이었던 펑저우시(彭州市) 퉁지진(通濟鎭)에 3,276만 위안의 재건 비용을 지원했다. 연간 민생 보장 지출은 20.7% 증가한 19.26억 위안이었다.[50]

다섯째, '조화의 진장(和諧晉江)' 조성이다. 조화로운 사회를 구축할 때 국가와 사회의 친화성을 강화하기 위해 진장시 당정은 국가와 사회 간의 평등을 고취하는 모델을 수립하고자 노력했다. 예를 들어, 진장 자선총회가 설립된 지 얼마 지나지 않아 정부는 의식적으로 자선총회의 정체성을 희미하게 하였고, 시장 지향적 운영과 기업화 관리를 통해 자

49 殷燕召, 「푸젠 유동 인구 관리모델 최적화(福建優化流動人口管理模式)」, 『光明日報』, 2010년 1월 4일(第6版).

50 「진장시 2010년 정부 업무보고(晉江市2010年政府工作報告)」, http://www.jinjiang.gov.cn/xxgk/ghjh/zfgzbg/201004/t20100409_977244.htm, 2020년 1월 11일 방문.

선총회가 시장에 진입할 수 있도록 했다. 이와 같은 행위의 목표는 진장의 지역 전통을 통합하여, 공권력의 지지를 통해 사회 조직의 발전에 유리한 환경을 조성하고, 사회 관리 구조를 다원적이자 다차원적인 관리로 전환하여 정부와 시민이 진정한 의미에서 협력하도록 하기 위함이었다.[51] 정부의 관점에서 자선총회가 강조한 '민(民)'은 시민이다. 특히 민영기업주가 자발적이고 적극적으로 사회 참여를 하는 데 도움이 되어 자선 단체의 자생력을 높일 수 있었다. 이로써 진장에서는 보다 광범위하고 장기적인 조화로운 사회 건설이 이루어졌다. 또한 정부 입장에서는 자선총회와 같은 사회 조직에 민중이 참여하여 조화로운 사회 건설에 함께 나서도록 하는 것이 중요했다. 이는 개인에게 사회 생활에 참여할 수 있는 장을 제공함과 동시에, 사회가 국가에 대립하는 상황을 우려하지 않으면서도 당과 사회 간의 긍정적 상호작용을 구축하는 데 도움이 되는 방식이었다.

2010년 푸젠성은 '행복 지수(幸福指數)'라는 개념을 제시했다. 2011년에 중국공산당 진장시위원회는 '12차 5개년 계획(十二五)'에 '행복의 진장(幸福晉江)'을 포함시켰다. 2010년 12월에 열린 중국공산당 진장시 제11기 대표 제5차 회의에서 '12차 5개년 계획' 기간 동안 진장시위원회는 '산업 고도화(產業提升) 및 도시 건설 가속화(城建提速)'의 기본 전략을 시행하면서 강한 종합 실력, 높은 삶의 질, 좋은 개발 환경을 갖춘 현대 산업 기지와 해안 조경 도시로의 성장을 위해 노력할 것을 강조했다. 2011년, 진장시위원회의 연구 사업은 '산업, 도시, 환경, 민생'의 4대

51 賀東航, 「지방 사회 전통과 정부의 주도성-푸젠 진장 자선총회가 국가와 사회관계 구축에 시사하는 바(地方社群傳統與政府主動性—福建晉江慈善總會對構建國家與社會關係的啟示)」, 『華中師範大學學報(人文社會科學版)』, 2005(5).

프로젝트의 실시에 중점을 두었다.[52] 이렇듯, '민본의 진장', '자선의 진장', '평안의 진장', '조화의 진장' 등 '신민본주의'를 핵심으로 하는 정부 건설과 사회 발전 내용이 국민의 행복지수에 포함되었다. 또한, 정부 집권의 합법성, 민생 건설은 인민의 행복과 밀접한 관계를 맺게 되면서 점차 진장 발전의 새로운 방향을 확립해 나갔다. 중국 경제가 세계 경제에 보다 적극적으로 참여하고 인민의 시장 인식과 국제 인식이 높아지게 되면서 개인화되고 다양화된 가치관이 빠르게 '시장을 개척'해 나갔다. 세대 간의 갈등과 의사소통 장벽이 어디에나 존재하게 되었고, 청년 세대가 재구성한 가치 정체성 체계는 종전의 가치 기준과 큰 차이가 있었다. 많은 가치관이 세계화, 다원화, 정보화 사회와 같은 요인들로 인해 변하면서 공시성이 나타났고, 합법성에 대한 가치 정체성 체계는 새로운 시험에 직면하게 되었다.

2012년 이후, 급속한 경제 성장세가 '뉴노멀' 국면에 접어들고, 성과가 둔화된 상황에서 중국공산당은 전면적인 샤오캉 사회 구축에 박차를 가했다. 반빈곤(反貧困)을 정권 합법성 구축의 중요한 기조로 삼고, 사회 빈부격차 완화와 사회질서 안정을 목표로 하는 빈곤 퇴치 프로젝트를 전국에서 대대적으로 전개해 사회주의 제도의 본질적 특징인 '공동부유(共同富裕)'를 실현했다. 진정한 서민정치인 '민생정치(民生政治)'는 최대 다수의 생존 환경 개선에서 출발하여 경제사회적 권리의 발전으로 정치적 권리의 발전을 이끌며, 최대 다수의 물질적·문화적 요구를

52 劉瑩瑩·湯震宇, 「경제 강도시 건설, 행복한 진장 조성(建設經濟強市, 打造幸福晉江)」, http://news.ijjnews.com/system/2010/12/19/000055552.shtml, 2020년 1월 11일 방문.

최대한 직접적으로 충족시킨다.[53] 따라서 '신민본주의'와 '인민 중심(以人民爲中心)' 이념의 실천은 중국 전통문화의 '샤오캉 사회'와 '대동이상(大同理想)'에 부합했을 뿐만 아니라, 정당, 국가, 사회, 심지어 시장의 다원적이고 조화로운 관계를 재구성하는 데 도움이 되었다.

이상의 분석을 통해 정치적 합법성의 근간은 불변하는 것이 아니라 환경과 사회 구조의 변화에 발맞춰 끊임없이 적응하고 변화하는 뚜렷한 동태적 특성을 보인다는 것을 알 수 있다. 진장의 정치적 합법성 실천과 텍스트 서술에서 나타난 '행복지수'와 '행복의 진장' 실천은 종전의 정치 경제 성과를 넘어서는 것이었다. 당과 정부는 경제 성장을 계속 강조하는 한편 정치적 실천에서는 사회사업 발전, 민생 보장 및 삶의 질 향상은 물론 인민의 존엄한 삶을 강조했다. 예를 들어, 진장의 '12차 5개년 계획'에서 수립한 발전 목표 중 하나였던 도시 거주자의 1인당 소득과 농민의 1인당 순수익 면에서도 큰 성과를 거두었고, 그 연평균 증가율은 각각 11%와 8.8%이었다.[54] 그리고 1인당 가처분 소득도 크게 증가했다. 중국공산당 제19차 전국대표대회(中共十九大) 이후 하나의 관용어가 된 '인민의 아름다운 삶(人民美好生活)'은 대중적이고 서민적이며 일상적인 동시에 직설적인 표현으로 중국공산당 집권의 새로운 이념과 주제를 잘 드러냈다. 그리고 정권의 합법성 구축의 측면에서 보면, 중국공산당과 민중 사이의 심리적 거리를 단번에 좁혀 많은 민중의

53 陳明明, 「민생 정치를 기본 방향으로 하는 정치 발전 전략(以民生政治為基本導向的政治發展戰略)」, 『江蘇社會科學』, 2012(2).

54 「진장시 국민 경제와 사회 발전 제12차 5개년 계획 요강(晉江市國民經濟和社會發展第十二個五年規劃綱要)」, http://www.jinjiang.gov.cn/xxgk/ghjh/ghgy/201101/t20110113_976037.htm, 2020년 1월 11일 방문.

수용과 지지를 받게 되었다. 물론 합법성의 변화가 서구식 민주주의관에서 비롯된 것은 아니다. 수많은 중국인이 생각하는 '민주(民主)'는 사실상 보호자(監護人)의 담화에 기초하고 있으며, '민주'는 '인민을 위해 봉사하는(爲人民服務)' 정부가 백성을 책임지는 것을 의미한다. 사실, 대다수 중국인은 서구와는 다른 기준으로 '민주'와 '합법성'을 이해하고 있다. 그리고 미래 중국의 합법성 기초는 더 복잡한 체계의 정체성일 수도 있다. 따라서 새로운 역사적 조건에서 정치적 합법성의 재구성에 관한 텍스트 기술과 정치적 실천은 끝나지 않는 막중한 과제가 될 것이다.

제8장

국가가 구축한 사회 기반:

1978년 이후 민간 사회의 성장

현대 국가의 구축 과정은 국가 자체의 성장 과정인 동시에 민간 사회의 성장 과정이기도 하다. 사회의 성장은 국가 내부의 제도적 구성 요소에 속하지는 않지만, 긴밀한 상호작용·상호감독·상호형성의 관계 속에서 이루어지는 현대 공권력의 구축과 사회의 성장은 현대 국가 구축의 기초를 이루는 부분이다. 또한 사회 역량의 성장과 완전성은 경제적, 정치적 불평등이 서로 강화되는 악순환을 타파하여 국가 민주를 다지게 하였다.[1] 사실 '민간 사회(民間社會)'라는 용어를 들어 개혁개방 이후의 사회를 설명하는 것이 중국의 맥락에 있어 더 적합하다. 여기에서 '민간 사회'는 전통사회의 공동체일 뿐만 아니라, 다양한 가치를 추구하며 보다 넓은 분야에서 시민의 정치 참여를 촉진하고, 현대 국가 구축 모델을 형성할 수 있는 각종 업계협회, 민간 공익단체, 지역사회단체, 이익단체, 동료단체, 공제조합, 친목 조직, 일부 대중의 자발적 조직 등 다양한 현대적 민간 조직을 포함한다.[2] 이는 현대 국가 구축에 없어서는 안 될 중요한 연결 고리이자 사회적 기반이다.

---

1 Iris Marion Young, 『포용과 민주(包容與民主)』, 彭斌·劉明(譯), 江蘇人民出版社, 2013, pp.193-194.

2 俞可平, 「중국 시민 사회 연구의 몇 가지 문제(中國公民社會硏究的若幹問題)」, 『中共中央黨校學報』, 2007(6).

제1절 민간 풀뿌리 사회단체의 부흥

진장의 전통사회에서는 매우 활발히 운영되는 민간 조직이 널리 퍼져 있었다. 개혁개방 이후 전통적인 풀뿌리 성격(草根性)을 지닌 사회단체의 부흥과 활성화는 주로 견고한 사회적 기반에서 비롯되었다. 2장에서 다룬 진장의 지역 사회사를 살펴보면, 이 지역은 오랜 해양형 상공 문화, 유서 깊은 가족 전통, 풍부한 해외 화교 자원을 갖추고 있다. 그리고 전통 생활에서 수리 공사를 책임지는 연장회(联庄会, 마을 연합회), 재해 예방 및 구호 조직인 의사(義社), 신을 모시는 묘회(廟會) 등 많은 민간 조직과 사회 네트워크가 활발하게 이루어지고 있음을 알 수 있다. 근대에 들어 다양한 정치, 사회, 문화 조직이 푸젠성 남부에 등장했고, 복잡한 사회 조직 네트워크는 지방 사회에서 뿌리내리고 발전할 수 있는 기회를 얻게 되었다. 특히 화교와 지방 세력은 기존 지방 사회에 있던 초급 사회단체 조직(혈연과 지연으로 맺어진 조직)에 힘입어 지방 사회의 공공 업무에 적극적으로 참여했다. 푸젠성 남부의 독특한 사회정치적 구조와 짙은 화교 문화의 색채, 그리고 강한 종족 세력은 근대 국가 정권의 권한 이양과 침투를 어느 정도 성공적으로 저지해 냈다. 1949년 이후 강력한 이데올로기 침투로 인해 민간의 풀뿌리 조직은 지하로 숨어들거나, 향촌 권력의 무대에서 물러나거나, 정부적 성격을 띠는 조직으로 전환되어 선전적 의미를 지닌 정치적 책임을 맡고 국가 권력의 일부가 되기도 했다.

1980년대 이후 농촌 가족 연합 생산 도급 책임제(農村家庭聯產承包責任制)가 시행되자 생산과 경영 활동이 점차 가정화 및 개인화되었고, 국가에 의한 사회 통제가 점차 완화되었으며, 끊어졌던 해외와 향토사회 간의 연결이 활성화되었다. 이러한 요인들이 전통적인 사회관계 네트워크의 회복을 위한 커다란 발전의 기회를 가져오면서, 다양한 전통적 풀뿌리 사회단체들이 다시 부활하였다. 종사회(宗祠會), 노인회(老人會), 정씨회족회(丁氏回族會), 태원학회(太原學會), 우순협회(虞舜協會), 비간협회(比幹協會), 마조회(媽祖會), 도교협회, 가족 또는 해외재단 등과 같이 역사적·사회적·문화적으로 형성된 풀뿌리 사회 조직이 재건되었다. 일부 진장의 민간 풀뿌리 사회단체를 <표 8-1>과 같이 정리하였다.

<표 8-1> 진장의 일부 민간 풀뿌리 사회단체[3]

명칭	활동 분야
둥스 텐허우 사무소 (東石天後事務所)	1197년 설립되어 1949년 이후 파괴됨. 1986년 해외의 많은 해외 화교들과 공익에 관심있는 남녀노소가 기부하였고, 이후 설립된 텐허우 사무소가 이를 관리함.
진장시 비간 학술 연구회 (晉江市比幹學術硏究會)	은(殷)나라의 비간(比幹) 역사문화에 대한 연구를 전개하여, 샤오(肖)·장(張)·린(林)·예(葉)의 4대 성씨 가문과 인적 네트워크를 구축함.
진장시 남영시사 (晉江市南英詩社)	전통 시사(詩詞) 창작을 위주로 함.
진장 텐허우궁 사무관리소 (晉江天後宮事務管理所)	민간 종교 신앙 활동을 전개함.
진장시 타이위안 학술 연구회 (晉江市太原學術硏究會)	공익사업에 기여함.
진장시 마조문화 연구회 (晉江市媽祖文化硏究會)	마조(媽祖) 문화 연구 수행 및 노인과 현인을 공경하는 전통을 계승함.

3 자료 출처: 진장시 민정국(民政局) 제공.

쯔마오진 자선회 (紫帽鎮慈善會)	사회복지와 공익 활동을 전개함.
안하이 샹바오당 자선회 (安海饗保堂慈善會)	100년 이상의 역사가 있음. 필리핀 화교와 일부 향신(鄉紳)들에 의해 설립되었으며, 약품 조달, 사망자 입관 등 활동을 수행함. 개혁개방 후 복원되어 공익사업을 전개함.
진장시 우순 학술연구회 (晉江市虞舜學術研究會)	상고시대 우순(虞舜)과 순예(舜裔)의 역사 문화 자료를 수집 및 연구함.
진장시 오문화 역사 인물 연구회 (晉江市吳文化歷史人物研究會)	문사(文史) 자료와 연구 성과를 출판함.
진장시 남음협회 (晉江市南音協會)	민간 문화예술 사회단체 활동을 전개함.
천원둥 사회 복지 자선회 (陳文棟社會福利慈善會)	사회 복지와 공익 활동을 전개함.
칭양 벽립 공익사업회 (青陽壁立公益事業會)	1910년에 설립됨. 주로 자금을 모아 학교 설립, 빈곤 구제, 재해 구제 등의 활동을 하였으며, 개혁개방 이후 해외 진장인들이 귀향하여 재건했음.
룽장음사 (龍江吟社)	청나라 도광(道光) 연간에 설립되었으며, 과거 '도사(弢社)'라고 불림. 심신 수양과 정서 함양을 위해 '문인은 무예를 배우고 무인은 학문을 배울 것'을 제창함. 1980년에 복원되어 정기 출판 간행물인 『룽장음(龍江吟)』을 발간함.
진장시 시랑 학술 연구회 (晉江市施瑯學術研究會)	시랑(施瑯)의 학술 연구를 조직적으로 수행함.

예로부터 남동쪽 해안에는 민간 종교 조직이 발달해 왔다. 개혁개방 이후 복원된 진장의 민간 종교 관련 사회단체들은 민간 종교활동 외에도 사회 사업에 적극 참여했으며, 매년 다양한 자선활동을 벌였다. 그리고 사람들이 원하는 적절한 여가 오락 활동을 통한 긍정적인 변화와 함께 일상생활에서 자신의 본분을 다하여 잠재력을 발휘하고 신념을 지키는 방법 등을 가르쳤다. 또한 일부 민간 전통 조직은 학술 세미나,

도서 출판, 유학, 지역 사회 교화 등의 활동을 지원했다. 예를 들어, 진장시 비간 학술연구회(比幹學術研究會)는 매년 린(林) 씨 가문의 일부 구성원과 함께 린 씨 가문의 근거지인 허난성(河南省) 웨이후이시(衛輝市)에서 '린 씨 종친회(林姓宗親會)' 행사를 개최한다.

진장의 대다수 민간 풀뿌리 조직은 종묘를 재건하고 조상을 모시는 등 문화 교류성과 견고한 역사적 기반 및 전통을 가지고 있다. 전통의 부흥은 여러 요인이 함께 영향을 미치는 것으로, 정치적 통제의 약화 외에도 지역의 발달한 상공업 활동과 밀접한 관련이 있다. 현지의 민영기업가와 상인 집단은 상공업 활동에서 '재물신(財神)'의 보호와 다양한 사회적 네트워크의 지원이 필요하며, 민간 기반의 사회단체는 풍부한 사회적 관계와 자본을 가지고 있다.[4] 이러한 기능적 대체는 사회적 신용을 가져올 뿐만 아니라 지역의 자주성도 강화할 수 있다. 물론 더 중요한 것은 진장 현대 경제의 급속한 발전은 동업공회(同業公會), 업계협회(行業協會)와 같은 현대적 사회 조직의 등장에 영향을 미쳤다. 계속해서 진장 현대적 사회 조직의 발전 상황을 살펴보겠다.

제2절 사회 계층화와 현대적 사회 조직의 출현

민간 사회의 성장은 시장경제와 불가분의 관계이며, 시장경제의 발전, 시장 주체의 다원화, 계약 관계의 자주성은 다원화된 사회 계층을 만들어 냈다. 개혁개방 이후, 전통적인 농민 계층 이외에도 성장과 발

4 陸學藝, 『진장 모델의 새로운 발전- 중국 현역 현대화의 길 모색(晉江模式新發展一中國縣域現代化道路探索)』, 社會科學文獻出版社, 2007, p.248.

전의 속도가 매우 빠른 여러 새로운 계층이 등장하였다.

1. 시장경제와 사회 분층

일찍이 1970년대 중반에 진장의 민영 경제가 시작되었고 계획경제 체제 속에서 사대기업(社隊企業)이 등장했다. 1978년 이후 각종 향진 기업의 이름을 빌린 사영기업이 우후죽순처럼 등장하면서 사회 구조도 변하기 시작했다. 초기 '진장 모델'의 특징은 '세 가지 주축(三為主)'인 소상공인(小老板), 개인사업자(個體户), 소기업주(小企業主)가 주도하는 산업화 발전 모델로, 이 발전 모델에서 사영기업가(私營企業家) 집단이 형성되었다. 1990년대 이후 2차 창업 기간 동안 급속히 발전한 진장의 시장경제와 민영기업에 의해 역량 있는 기업가 계층이 형성되었고, 다른 계층도 급속하게 성장했다.

경제적 자원의 점유 상황이 변하면서 신분 지위의 차이와 사회 구조도 다시 분화되었다. 진장시의 사회 계층은 크게 정부 관리자 계층(政府管理者階層), 민영기업주 계층(民營企業主階層), 경영인 계층(經理人員階層), 전문가 계층(專業人士), 개인 상공업 종사자 계층(個體工商户階層), 외부 인력 계층(外來人員階層) 및 현지 시(촌)민 계층(當地市(村)民階層)으로 나눌 수 있다.

(1) 정부 관리자 계층

정부 관리자 계층은 주로 진장시 당정, 사업 및 사회단체, 기관 단위에서 실질적인 행정 관리 권한을 행사하는 부과급(副科級) 이상의 지도 간부와 기층 간부를 가리킨다. 진장 사회의 핵심 자원인 조직 자원과 행정 자원을 장악한 지방 정치 엘리트 계층은 진장의 사회 계층구조에서 주도적인 계층인 동시에 경제 발전 및 시장화 개혁의 주요 추진자이자 조직자였다. 그들의 이익 관계, 정치적 태도, 자질적 특성, 행동 지향은 모두 진장 지역의 사회 정치 생태에 영향을 미쳤다.

개혁개방 이후, 특히 1990년대 이후 진장의 당정 관리자 계층의 수가 증가했고 권력도 확장되었다. 수적으로 많지는 않았지만,[5] 자원과 권력을 손에 쥐고 있었기 때문에 사회와 국가 관계에서 주도적인 역할을 했다.

(2) 민영기업주 계층

1978년 이후 개혁개방 정책은 진장인들에게 시장경제에서 재능을 발휘할 수 있는 무대를 마련해 주었고, '진장 화교들의 축적된 해외 개척 경험에 현재의 빈곤 상황을 벗어나 부를 이루고자 하는 욕구'[6]를 불러일으켰다. 수많은 향진 기업이 진장에 등장했고, 수만 명의 진장인들은 시장을 개척하기 위해 이곳저곳을 돌아다녔다. '아무리 힘들지라도 최선을 다해야 하고, 남에게 무시당해서는 안 된다(輸人不輸陣)'라는 일념으로 진장인들이 경쟁하듯 곳곳에 기업을 세우는 새로운 현상과 함께 민영기업주 계층이 등장하게 되었다. 부실했던 기존의 국영기업, 집체기업을 뒤로 하고 민영 경제가 경제 성장의 주역이 된 것이다. 시장경제의 주요 조직자이자 실천자로서 민영기업주 계층은 진장의 경제 도약에 큰 기여를 했다.[7] 진장 사회의 주요 경제적 자원에 일부 정치적 자

---

5 黃陵東, 『내발적 변천: 중국 국정 총서-백현시 경제사회 추적 조사·진장권(內發的變遷: 中國國情叢書—百縣市經濟社會跟蹤調查·晉江卷)』, pp.172-173.

6 費孝通·羅涵先, 『향진 경제 비교 모델(鄉鎮經濟比較模式)』, 重慶出版社, 1988, pp.158-159.

7 진장시 제16기 인민대표대회 제5차 회의 대표자 명단에서 정리하였다.

원도 손에 쥔 그들 중 일부는 진장시 각급 인민대표대회 대표와 정치협상회의 위원직도 맡았다. 그리고 소수의 엘리트 기업가는 취안저우시, 푸젠성, 나아가 전국인민대표대회 대표직까지 맡았다. 2016년 총 316명의 진장시 인민대표대회 대표 중, 민영기업주와 상회(商會) 조직원이 141명으로 44.62%를 차지했다.[8]

2차 창업 시기에 정치 참여의식이 크게 높아진 진장시의 일부 민영기업주들은 일찍이 중국공산당 당원이 되었다. 경제 엘리트가 된 후에는 당 대표회의 대표로 영입되어 자신의 정치적 신분과 지위로 정부의 의사결정에 참여하거나 심지어 영향을 미칠 수 있게 되었다. 이 계층 내에서도 기업가마다 자본 규모가 달랐으며, 사회적 지위와 명성도 차이가 컸다. 보다 높은 지위를 얻고자 했던 많은 민영기업주들은 계층 간의 순환과 연결을 위해 차세대가 국가 공무원 시스템에 진입하기를 바랐다. 진장 민영기업주 계층은 정부 등 각계와 밀접했으며, 이는 시민 사회의 성장에 큰 영향을 미쳤다. 시장의 치열한 경쟁 속에서 민영기업주 계층은 공정한 경쟁의식 형성과 자신의 능력 향상을 위해 노력했고, 차세대의 종합적인 자질 함양에 중점을 두었다. 그리고 그들은 정부나 다른 단체와의 교류에 적극적으로 참여하고 요구 사항을 표현하는 행동 의식도 갖추었다. 정치에 참여한 경제 엘리트는 정치 엘리트와 적극적으로 상호 교류함으로써 시민 사회 참여 의식과 협력 의식을 기를 수 있었다.

---

8 黃陵東, 『내발적 변천: 중국 국정 총서-백현시 경제사회 추적 조사·진장권(內發的變遷: 中國國情叢書—百縣市經濟社會跟蹤調查·晉江卷)』, p.175.

(3) 경영인 계층

경영인 계층은 주로 진장의 중대형 기업에서 기업주 신분이 아닌 중간 및 고위 관리자를 의미한다. 1990년대 후반 이후, 진장 기업은 소유권과 관리권을 적절히 분리하기 시작했고, 많은 민영기업주가 전문 경영인을 고용하여 기업을 운영하고 관리하도록 했다. 이로써 전국 각지의 수많은 '화이트칼라'들이 진장에 유입되었다. 우수한 학력과 전문 지식, 그리고 높은 직업적 명성을 지닌 경영인 계층은 진장 시장경제의 역동적 역량이자, 현대 경영관리 기술과 경제 체제 발전 방향을 대표하는 현시대 진장 사회 계층 구조의 주도적 집단 중 하나이다. 2000년대에 들어서 진장 경제의 전환과 성장, 그리고 도시 발전의 질적 향상으로 인해 브랜드 혁신과 기술 혁신이 진장 발전의 새로운 목표가 되었으며, 그에 발맞춰 기업의 경영인 계층이 진장의 경제·사회·생활 분야에 미치는 영향도 더욱 커졌다.

기업의 규모와 경제적 이익의 차이에 따라 경영인 계층의 소득과 경제적 지위, 사회적 지위에도 차이가 있었다. 2007년 통계에 따르면 일부 대형 민영기업의 고위 관리 인력의 연봉은 70만~150만 위안에 달했으며, 기업의 지분을 보유한 경우도 있었고, 사회적 지위는 상위권에 속했다. 중간 규모 민영기업의 고위 관리 인력의 연봉은 30만~60만 위안에 달했고 사회적 지위는 중상위권에 속했다. 그리고 소규모 민영기업의 고위 관리 인력의 연봉은 15만~30만 위안에, 사회적 지위는 중위권에 속했다.[9] 특히, 진장시의 경영인 계층과 민영기업주 계층 사이에

9 黃陵東,『내발적 변천: 중국 국정 총서-백현시 경제사회 추적 조사·진장권(內發的變遷: 中國國情叢書—百縣市經濟社會跟蹤調查·晉江卷)』, pp.176-177.

는 명확한 경계가 없었다. 중소기업은 대부분 가족 기업이었으며, 많은 수의 총관리자가 민영기업의 기업주이거나 기업의 주요 주주 중 하나였다.[10] 그러나 경제가 발전하고 기업이 가족화에서 현대 기업제로 전환되면서 진장은 전문 경영인 시장을 조성하였다. 이에 안정적인 계층을 이루게 된 경영인들은 고등교육을 받은 자가 대부분이었고, 박사학위 소지자도 있었다. 자신의 이익을 보호하고자 그들이 갖춘 강력한 권리 의식은 민간 사회의 권리 의식 함양에 도움이 되었다. 그리고 기업의 중고급 관리층으로서 민영기업의 일부 사회 공익사업과 대부분의 자선 활동을 직접 계획하거나 시행하여 기업이 사회 참여의 주역이 되도록 했다. 또한 경영인 계층은 민간 사회가 성장하면서 필요하게 된 양질의 시민 참여에도 적극적으로 참여하였다.

(4) 전문가 계층

전문가 계층은 주로 체제 내외부의 기사업(企事業) 단위에서 전문적이고 기술적인 업무에 종사하는 인력을 가리킨다. 진장에서 전문가 계층은 대체로 과학, 교육, 문화 및 보건에 종사하는 집단과 체제 외부의 전문 기술 인력 집단의 두 가지 집단으로 나뉜다.

전문 지식과 많은 문화 자원을 가지고 있는 과학, 교육, 문화 및 위생 집단은 진장의 사회·경제·문화 발전에 크게 기여하였으며, 사회의 전반적인 문화적 소양을 향상시켜 공공 정신 함양, 민간 사회 표준화, 시민 교육 강화, 시민의식 고취에 있어 대체할 수 없는 역할을 수행했다. 그러나 엄격한 규정에 따라 언행을 조심해야 하는 체제 내부의 인력인

10 상게서, p.76.

그들은 사회 활동에 참여할 수 있는 범위가 업무상 필요에 그치는 경우가 많았다. 민영기업의 연구개발 인력이 주를 이루는 체제 외부의 다수 전문기술 인력 집단은, 진장 지역의 기업 및 기술 발전에 일정한 영향력과 발언권, 강하면서도 유연한 자율성을 지니고 있다. 이들은 꾸준한 노력으로 상위 계층으로 진입하고 있으며, 향후 이 계층의 비중은 더욱 확대되어 민간 사회의 발전에 긍정적으로 작용할 것이다.

(5) 개인 상공업 종사자 계층

개인 상공업 종사자 계층은 일정량의 개인 자본을 보유하고 생산, 유통, 서비스 등의 경영 활동을 하거나, 금융 채권 시장에 투자하여 생계를 유지하는 집단을 주로 의미한다. 예를 들어, 진장 현지의 소기업주(小業主)나 개인 상공업자(個體工商户), 자가 고용자(自我雇傭者), 개인 노동자(個體勞動者), 소액 개인투자자(小股民), 소액주주(小股東), 소규모 임대 사업자(出租少量房屋者), 그리고 진장 제품을 판매하는 상당수의 자영업자(個體業主)들은 대부분 진장 사회에서 중하위층에 속한다. 2005년 전체 진장 사회에서 개인 상공업 종사자 계층이 차지한 비율은 전국의 4.2%보다 높은 5.63%정도였다.[11]

개혁개방 초기에 진장에는 기본적으로 산업이 없었다. 당시 '삼현(三閑, 유휴주택, 유휴 자본, 유휴 노동력)' 자원을 사용하여 각고의 노력으로 소규모 사업을 일구어가던 기업가들에 의해 많은 개인 상공업자들이 등장하게 되었다. 진장 경제가 급속하게 발전하면서 현재 이 계층은 농

---

11 黃陵東, 『내발적 변천: 중국 국정 총서-백현시 경제사회 추적 조사·진장권(內發的變遷: 中國國情叢書—百縣市經濟社會跟蹤調查·晉江卷)』, p.180.

민, 도시 실업자, 그리고 일부 외지인 출신이 주를 이루고 있으며, 필요로 하는 기술 수준이 높지 않고 노동력을 흡수하는 능력이 강한 까닭에 그 규모가 점차 커지고 있다. 주로 개인의 충분한 자치를 기반으로 하는 현대 사회의 생산 생활 과정에서 개인은 의식적이고 자발적으로 공공이익을 추구한다.[12] 부족한 자질과 낮은 사회공공 활동의 참여도라는 문제점도 있지만, 미래 민간 사회의 성장에 있어 이 계층의 성장 잠재력은 여전히 매우 크다.

(6) 외부 인력 계층

외부 인력은 호구 등기(户口登記)와 현 거주지가 일치하지 않는 사람을 뜻한다. 실제로, 다른 성(省)이나 시(市)에 호적을 두고 반년 이상 타 지역에 거주하는 인구 중에서는 농민공이 대다수를 차지한다. 개혁개방 이후 진장에 유입된 수많은 외부 인력은 지역의 경제 사회 발전과 산업 전환 및 성장에 크게 기여했다. 2012년 말, 진장의 외부 인력은 전체 상주인구의 약 54%를 차지하는 124만 명이었다.[13] 진장의 호적 인구는 107만 명으로 외부 인력보다 불과 17만 명 많았다. 주로 젊은 노동력이었던 외부 인력 중에는 16~45세의 청년 노동력이 전체의 78%를 차지했으며, 일반적으로 교육 수준이 높지 않아 50% 이상이 고졸 이하의 학력이었다. 진장 지역 외부 인력의 특징 가운데 하나는 주로 다양한 민영기업에서 근무한다는 점이며, 또 다른 하나는 거주지가 비교적 분

12 葉汝賢·黎玉琴, 「시민 사회, 시민 정신과 집단 행동(公民社會、公民精神和集體行動)」, 『馬克思主義與現實』, 2006(3).

13 晉江市地方誌編纂委員會, 『진장연감(晉江年鑒)(2013)』, p.41.

산되어 있고, 인력의 유동성이 점차 약화되고 있다는 점이다

최근 몇 년 동안 진장의 일부 대기업들은 외래 직원의 소속감을 높이고자 직원과 상호작용하는 기업 문화를 빠르게 정착해 나갔고, 기업의 긍정적인 영향력을 강화하였다. 예를 들어 중국의 스포츠용품 기업인 361°는 회사를 따뜻한 '직원들의 집'으로 조성하기 위해 문화 오락 센터, 문화 회랑, 심리 클리닉 등의 설립에 거금을 투자하여 직원들이 심적으로 회사에 동화되고 진장에 융화되도록 했다.

(7) 현지의 시(촌)민 계층

진장 현지 촌민들의 시민화된 집단, 즉 도시 시민으로 변모한 향촌 농민의 집단인 이 계층은 진장의 산업화와 도시화 이후 그 수가 증가했다. 진장의 도시화 실천 과정에서 지역 촌민의 시민화는 신분 전환, 권리 동화 및 도시 정체성의 세 가지 특징을 띠는 매우 특수하고도 복잡한 사회 변화 과정이었다. 또한, 다양한 규모와 형태를 보인 지역 촌민의 시민화는 산업화, 토지 수용, 주택 철거 및 정착, 호적 개혁, 촌민 위원회(村民委員會) 폐지 및 사구 주민위원회(社區街道居民委員會) 시행과 같은 공공 정책과 정부 조치가 진행됨에 따라 점차 활성화되었다. 그 당시 진장 대부분의 촌민들은 완전히 또는 부분적으로 신분을 전환했다. 직업적 신분을 변경하고 더 이상 농업 생산이나 운영에 종사하지 않거나, 또는 사구(社区)의 신분을 변경하고 더 이상 전통적인 마을에 거주하지 않거나, 또는 호적 신분을 변경하고 더 이상 농민 호적에 속하지 않게 되었다.

권리의 측면에서 보면, 시민화된 진장 촌민 집단은 기존의 농촌과 농민 권리 체계에서 벗어났지만, 도시와 시민 권리 체계에 완전히 진입하

지는 못했다. 그러나 그들의 집에 세 들어 사는 외부 인력들의 눈에는 부럽기만 한 대상이었기에 외부 인력 계층은 이 집단을 같은 계층의 농민으로 보지 않고 진장의 '도시인(城里人)'으로 여겼다.

요컨대, 개혁개방 이후 신분제의 계층 구조는 점차 경제적 요인에 기초한 시장 지향적 계층 구조로 변화했다. 전반적인 경제와 사회 발전으로 향상된 모든 계층의 생활 수준에 의해 촉진된 양질의 민간 사회 성장은 현대 국가 구축에 필요한 사회적 기반을 다졌다. 또한 사회 구조의 중간 계층인 부르주아 계급은 진장 민간 사회의 성장은 물론 발전 방향과도 직접적인 관련이 있었다.

2. 현대 동업공회 및 업계협회의 설립

경제적으로 발전된 지역에서 업계협회, 상회 등 사회 조직은 대부분 시장과 산업 발전의 요구에 발맞춰 설립되었으며, 체제 외부의 성장 특징이 뚜렷했다.[14] 1978년 이후 진장 농촌 지역에서는 소형화(小型化)와 분산화(分散化)를 특징으로 하는 민영기업이 빠르게 발전했으며, 산업 변화 때문에 직업 분업과 사회 구조의 분화가 생겨나자 민영기업주 집단이 등장했다. 기업 간의 경쟁을 피하고 동종 업계와 협력하기 위해 동업공회 조직이 등장하기 시작했지만, 1980년대까지만 해도 그 성장은 더디기만 했다. 이러한 상황 속에서 안하이진 의류 동업공회(安海布業服裝同業公會)가 설립되었다.

1990년대 이후 점차 다양해진 모든 계층의 이익 관계, 심화된 경쟁,

---

14 蔡建旺, 「참여형 사회 거버넌스의 원저우 삼중주-사회 조직적 시각으로(參與式社會治理的溫州三重奏—基於社會組織的視角)」, 『中國民政』, 2014(5).

복잡해진 게임 등의 어려운 상황 속에서 같은 직업, 같은 신분, 같은 이익 관계에 따라 모인 민영기업의 주요 집단들이 조직한 동업공회는 같은 업계의 회원들에게 관련 서비스와 관리를 제공하고, 상호 간의 이익 관계 및 정부 간의 관계를 조정했다. 이 기간 동안 많은 동업공회 및 업계협회가 등장했다.[15] 시장 규칙에 따라 회원들은 협약 제정, 업계의 문제 조정, 동종 기업의 자율성 감독, 회원 기업의 이익 보호 및 사회 서비스 제공 등 다양한 역할을 수행했다. 안하이진(安海鎭)의 장난감, 방직품, 담배, 주류, 식품, 기계·금속, 건축 자재, 가죽 산업, 오토바이, 뤄산진(羅山鎭)의 자동차와 식품, 그리고 천다이진(陳埭鎭)의 신발 재료, 인쇄, 재배·양식, 칭양진(靑陽鎭)의 의류, 선후진(深滬鎭)의 반바지, 네이컹진(內坑鎭)의 슬리퍼, 둥스진(東石鎭)의 우산 산업, 방직·의류, 그리고 시가 관할하는 미용과 석재산업 등 진장에 설립된 20여 개의 동업공회에는 15,000여 개의 기업이 참여하고 있고, 진장 경제의 중요한 산업에 널리

15 기업을 주체로 다양한 업계별로 조직되어 자율적 역할을 수행하는 경제 조직은 상품경제 발전과 시장 경쟁의 산물이다. 이러한 조직은 민국 시기에 '동업공회'라고 불렸다. 중화인민공화국 건국 이후부터 사회주의 개조 전까지 동업공회는 경제 분야에서 중요한 역할을 해왔다. 1956년 이후 계획경제 체제가 확립되면서 동업공회는 점차 정부의 전문 경제 관리부서로 대체되었다. 정부는 생산 경영활동에 대한 부서 관리를 실시하는 한편 기업을 직접 운영하였고, 기존의 역할을 잃게 된 동업공회는 폐지되었다. 1980년대에 정부 기능의 전환과 시장경제 체제의 성장과 발전으로 다양한 업계협회와 동업공회 등과 같은 경제 분야의 사회단체가 잇따라 설립되었다. 현재의 업계 조직을 업계협회와 동업공회의 두 가지 유형으로 나눌 수 있다. 우선, 정부 경제 관리 부서에 의존적이며 하향식으로 조직 및 설립되는 동시에 사회단체 관리 부서의 등록을 거치고 기존의 계획경제 체제의 흔적이 있는 업종별 중개 조직을 '업계협회'라고 한다. 그리고 상향식으로 구성되는 동종 업종에, 지도자와 실무 인력을 자체적으로 선발 및 고용하며, 자체적으로 자금을 조달하고 업무를 처리하는 민간 조직을 '동업공회'라고 한다. 동업공회는 주로 비공유제 기업 또는 상급의 주관 부서가 없는 민영기업으로 구성된 업종별 중개 조직이다.

펴져 있다.

<표 8-2> 진장시 일부 동업공회와 업계협회 일람표[16]

순번	단위 명칭	설립 연도	순번	단위 명칭	설립 연도
1	안하이 포목·의류 동업공회 (安海布業服裝同業公會)	1989	2	안하이 장난감 동업공회 (安海玩具同業公會)	1992
3	안하이 방직 동업공회 (安海紡織同業公會)	1993	4	안하이 담배·주류·식품·잡화 동업공회 (安海煙酒食雜同業公會)	2001
5	안하이 기계 금속 동업공회 (安海機械五金同業公會)	2001	6	천다이 인쇄 동업공회 (陳埭印刷同業公會)	1995
7	안하이 건축자재 동업공회 (安海建材同業公會)	1997	8	천다이 신발 재료 동업공회 (陳埭鞋材同業公會)	1997
9	안하이 제혁업 동업공회 (安海皮業同業公會)	1998	10	안하이 오토바이 동업공회 (安海摩托車同業公會)	1998
11	선후 반바지 동업공회 (深滬短褲同業公會)	1998	12	뤄산 식품 동업공회 (羅山食品同業公會)	1998
13	칭양 의류 동업공회 (青陽服裝同業公會)	1988	14	푸푸 자동자 시장 동업공회 (福埔機動車市場同業公會)	1999
15	천다이진 재배·양식 동업공회 (陳埭鎮種植養殖同業公會)	1999	16	진장시 미용 동업공회 (晉江市美容美發同業公會)	1999
17	진장시 석재업 동업공회 (晉江市石業同業公會)	2000	18	진장시 둥스 우산 제조업 동업공회 (晉江市東石傘業公會)	-

16 진장시 총상회(總商會)와 민정국(民政局)이 제공한 자료를 편집함.

19	진장시 둥스 방직의류 동업공회 (晉江市龍湖拉鏈五金同業公會)	-	20	진장시 룽후 지퍼금속 동업공회 (晉江市龍湖拉鏈五金同業公會)	-
21	진장시 룽후 방직·의류 동업공회 (晉江市龍湖紡織服裝同業公會)	-	22	진장시 식품 업계협회 (晉江市食品行業協會)	1999
23	진장시 기계·야금 공정협회 (晉江市機械冶金工程協會)	2001	24	진장시 신발 제조 공업협회 (晉江市制鞋工業協會)	2003
25	진장시 포장 인쇄협회 (晉江市包裝印刷協會)	1999	26	진장시 실내장식 협회 (晉江市室內裝飾協會)	1999
27	진장시 건축업협회 (晉江市建築業協會)	1999	28	진장시 농사 전문농가 협회 (晉江市種糧專業户協會)	1999
29	진장시 도로 화물 적재·운수협회 (晉江市道路貨物配載運輸協會)	2000	30	진장시 선후 어업협회 (晉江市深滬漁業協會)	2000
31	진장시 농사 업계협회 (晉江市糧食行業協會)	2002	32	진장시 방직·의류 과학기술 발전 촉진회 (晉江市紡織服裝科技發展促進會)	2003
33	진장시 신발 제조 공업협회 (晉江市制鞋工業協會)	2003	34	진장시 총상회 (晉江市總商會)	2003
35	진장 정제유 업계협회 (晉江成品油行業協會)	2003	36	진장시 칭양 건축자재 동업공회 (晉江市青陽建材同業公會)	2005
37	진장시 방직·의류 협회 (晉江市紡織服裝協會)	2005	38	진장시 안하이진 식용버섯 협회(晉江市安海鎮食用菌協會)	2006
39	진장시 둥스 우산 제조업 협회 (晉江市東石傘業協會)	2006	40	진장 장례(葬禮) 업계협회 (晉江殯葬行業協會)	2008
41	진장 중개조직 협회 (晉江中介組織協會)	2008	42	진장시 장비 제조업 협회 (晉江市裝備制造業協會)	2009
43	진장시 의약 업계협회 (晉江市醫藥行業協會)	2009			

업계협회 분야에서 가장 눈에 띄는 것은 2003년 4월에 설립된 진장 신발 제조 공업협회이다. 진장의 중요한 경제적 지주인 신발 산업 클러스터는 운영 기업이 3,000개 이상에 종사자 수는 15만 명 이상이다. 연간 생산하는 운동화와 트레킹화 수량은 중국 총생산량의 1/4을 차지하는 5억 켤레를 이상으로, 연간 생산액은 150억 위안에 달한다. 2001년 제3회 진장 국제 신발 박람회 개막식에서 진장은 '중국 신발의 도시(中國鞋都)'라는 명예 칭호를 수여받았다. '중국 신발의 도시'를 더욱 잘 조성하기 위해 진장시 경제무역국은 'ANTA(安踏)', 'Xtep(特步)' 등 중국 유명 브랜드를 포함한 20개 이상의 기업이 참여하는 진장시 신발 공업협회를 설립했다. 2009년에 이르러 진장은 중국 최대의 트레킹화, 운동화 생산 기지이자 세계에서 중요한 운동화 생산 기지가 되었고, 시 전역에만 3,016개의 신발 기업이 있었다.[17] 진장시 업계협회와 동업공회의 대대적인 설립은 일반적으로 세 가지 요구조건을 충족해야 한다.

첫째, 1990년대 진장 지역 시장경제 발전의 수요에 부합해야 한다. 시장경제와 업계 조직은 한 쌍의 '쌍둥이'로 강한 호환성을 가지고 있다. 일반적으로 시장경제가 발달한 모든 국가와 지역에서 일찍부터 발전하기 시작한 업계 조직은 이미 완벽하게 규범화되었다. 서유럽 국가들은 자본주의 초기 자유경쟁을 거쳐 동업공회를 설립하기 시작한 지 벌써 200년이 넘었고, 동업공회 존재의 합리성과 필요성에는 이미 사회적 합의가 이루어졌다. 동업공회는 시장에서 기업의 불공정 경쟁과 맹목적인 경쟁을 해결하고 기업의 시장 행동을 규범화하며 시장의 발전

17 中共晉江市委宣傳部(編), 「비약적인 발전의 바람—매체가 보는 진장 2010(跨越發展風正勁—媒體看晉江 2010)」, 2011년 1월, p.89.

과 개선에도 도움이 된다. 민영 경제가 고도로 발달한 진장 지역에서 정부는 민영기업 간의 관계를 바로잡고 지역 시장경제의 자체 개선을 촉진하기 위해 이러한 중개 조직을 매개로 간접적인 관리를 실시하고자 했다.

둘째, 민영기업 자체 발전의 내부적 수요에 부합해야 한다. 제한된 시장 점유율 때문에 많은 기업이 생존을 위해 가격을 낮추거나 악의적인 경쟁으로 '공멸'에 이르기도 한다. 1990년대에 진장에서 이와 같은 상황이 발생하여 산업과 기업 발전에 막대한 피해를 끼쳤다. 낮은 품질과 기술 수준이라는 악순환의 고리를 벗어나지 못한 많은 기업들은 중국 내 동종업계와의 경쟁을 힘겨워했다. 그리고 가격 전쟁은 기업의 경제적 이익을 감소시키고 발전 잠재력을 약화시켰다. 불안과 우려 속에서 현지의 많은 민영기업주들은 정부와 기업 간, 기업과 기업 간의 관계 조정, 산업 관리 강화, 외로운 싸움을 이어가는 기업들의 난관 극복과 산업 전체의 공동 이익 보호, 그리고 중소기업의 경쟁력과 위기 대응 능력 강화를 책임지고 수행할 수 있는 권위 있는 조직을 기대하였다.

마지막 요구조건은 대내외 경제 활동의 전개이다. 동종업계 기업의 대표적인 조직인 동업공회 안에서 회원들은 깊은 공감대와 많은 보편적인 문제를 공유하고 서로 활발히 교류하며, 효과적인 서비스도 제공받을 수 있다. 그리고 진장과 홍콩, 마카오, 타이완의 경제 무역 교류가 점차 더 빈번해짐에 따라 민영기업은 동업공회의 강점에 기대어 대외 교류에 참여할 수 있었고, 이는 민영기업의 중국 내외 시장 개발과 기술 혁신에 도움이 되었다.

그러나 다양한 산업의 불균형한 발전 때문에 동업공회와 업계협회의 설립 모델도 다양해졌다. 첫 번째 유형은 진장시 식품 업계협회(晉江市食

品行業協會)와 같이 정부의 요구로 설립되고, 정부의 규정에 따라 권한을 부여받아 업계를 관리하는 협회이다. 이 협회는 음료, 유제품, 통조림의 세 지부를 잇달아 설립했다. 그리고 각 진(鎮)에 식품 업계의 향진(鄉鎮) 및 개인 기업체 관리를 강화하기 위해 진급 식품 업계협회 지부(鎮級食品行業協會分會)를 설립했다. 두 번째 유형은 진장시 도로 화물 적재·운수협회(晉江市道路貨物配載運輸協會)와 같이 산업 본사(국, 工業總公司(局))에 소속되어 업계 조정 활동을 하는 협회이다. 진장시 교통국이 주도하여 설립한 이 협회의 주된 임무는 여러 화물 터미널과 운송 회사 간의 관계 조정, 분쟁 처리, 경영 행위 표준화이다. 회원은 국유, 집체 및 사영 기업으로 구성되어 있다. 세 번째 유형은 자발적 혹은 자의적으로 설립되는 것으로, 동종 업계의 민영기업이 법에 따라 설립한 독립적인 법인 자격을 가진 중개 조직이다. 진장시 총상회(總商會)에 등록되어 있는 기층 조직인 이러한 유형의 조직들은 '자발적인 가입(自願入會), 자체적인 지도자 선택(自選領導), 자체적인 고용(自聘人員), 자체적인 자금 조달(自籌經費), 자주적인 업무 처리(自主會務)'의 조직 원칙을 시행하는 동시에 자체적으로 규정을 제정하고 정보를 교환한다. 예를 들어, 진장시 석재업 동업공회(晉江市石業同業公會), 안하이 장난감 동업공회(安海玩具同業公會), 칭양 의류 동업공회(青陽服裝同業公會), 천다이 신발 자재 동업공회(陳埭鞋材同業公會) 및 각 진의 상회가 있다. 필자는 진장의 다양한 업계협회와 동업공회를 분석한 결과, 동업공회의 수가 업계협회보다 훨씬 많다는 사실을 확인하였다. 다시 말해, 진장의 사회 조직들은 비교적 독립적인 성격을 지니며, 설립에서부터 자금 조달·관리·봉사에 이르기까지 자발적으로 운영되고 있었다. 현재 이익 조정, 이익 교류, 정보 교환, 상호 연계 및 사회적 신뢰를 기반으로, 동업공회 내부에서는 시장의 합리적 특성과 사회적 책임 메커니즘이 점차 확립되고 있으며, 외부와의 이익 조정 또한 효과적으로 이루어지고 있다.

다양한 유형의 동업공회와 업계협회에는 다음과 같은 주요 특징이 있다. 첫째, 상향식이며, 동종 업계 기업주가 자발적으로 조직한다. 회원의 대다수는 소기업이고, 이사회와 상무이사회도 조직되어 있다. 회장직의 임기는 보통 3~4년으로 민주적 선거를 통해 선출되며, 대부분은 업계에서 풍부한 경험, 두터운 신망, 우수한 생산 및 경영 능력을 갖추었고, 적극적으로 협회 업무에 참여할 수 있는 유명한 기업의 경영주가 맡고 있다. 둘째, 업계협회는 종종 행정 구역, 부서, 소유제를 뛰어넘어 협력한다. 셋째, 대부분의 업계협회는 중개적, 민간적, 서비스적 및 상호 지원적인 특성이 있다. 이에 비해 동업공회는 더 민간적이며 일부 업계협회도 자율적인 기능을 한다. 넷째, 활동 경비는 자체 조달한다. 영향력 있는 동업공회와 업계협회는 자체적으로 구매한 사무 공간과 교통 수단을 보유하고 있다. 다섯째, 정부는 동업공회와 업계협회의 후원자로서 관련 기능을 점차 부여하여 업무의 정상적인 발전을 보장한다. 그리고 정부의 유관부서와 협력하여 동업공회와 업계협회가 산업의 보조 관리 기능을 수행할 수 있도록 한다.

필자는 빠르게 발전하는 진장의 동업공회와 업계협회에 발맞춰 다른 유형의 현지 사회단체도 발전하고 있다는 점에 주목했다. 2001년부터 다양한 현지 사회단체가 급격히 증가했으며, 그중에서도 전문적 사회단체와 연합적 사회단체가 빠르게 발전했다. 또한, 등록되지 않은 수많은 상업적 사회단체와 민간의 비공식적 조직도 존재했다. 이렇듯, 산업적 조직은 진장에서 매우 지배적인 위치를 차지하고 있었다.

1998년「사회단체 등록 관리 규정(社會團體登記管理條例)」제39조에는

'본 조례 시행 전에 설립된 사회단체는 본 조례 시행일로부터 1년 이내에 본 조례의 관련 규정에 따라 재등록을 신청해야 한다'라고 규정되어 있다. 진장은 이 조례를 공포하면서 시 전역 사회단체의 재등록을 시작했다.[18] 정부가 사회단체를 정비하고 재등록하면서 진장의 사회단체 수는 급격히 감소했다. 민간 사회 조직의 모호한 역할과 불명확한 포지셔닝은 사회 조직에 대한 정부의 신뢰에 부정적인 영향을 미쳤고, 이에 정부는 일부 사회 조직을 부속 기관으로 전환하여 상응하는 통제를 하게 되었다. 그러나 정부의 통제 때문에 일부 사회 조직은 발전 공간이 제한되어 특정 사회 업무를 책임지는 사회 조직을 설립하지 못하게 되었고, 정부 역시 사회 업무를 관리하는 데 행정 비용이 늘어났다.

진장에 존재하는 다수의 동업공회와 업계협회 등 사회조직들은 진장 경제의 발전 속도와 수준을 입증하는 사례라 할 수 있다. 그러나 다양한 사회 계층이 자발적으로 설립한 비영리 조직과 같이 보다 광범위한 사회 조직의 발전은 광둥(廣東) 지역에는 못 미치는 수준이었다. 1991년부터 2010년까지 진장의 다양한 사회 조직 상황을 정리한 <표 8-3>에 따르면, 상업적 기능을 가진 조직의 성장세가 가장 두드러지며, 그 뒤를 민간 공익적 조직과 사회복지적 조직이 잇고 있다. 진장 민간 사회의 미래 발전 구상은 이러한 민간 공익 및 사회 복지적 조직을 증설하는 데에 있으며, 이는 긍정적인 국가와 사회 관계의 구축에 기여할 것으로 보인다.

18 자료 출처: 2011년 1월 12일에 진장시위원회 선전부(宣傳部)에서 제공한 자료.

<표 8-3> 진장시 사회단체의 성격 통계표[19]

시기	사회단체 총개수	상업적 (산업적)	학술적	전문적	연합적	인구 대비 사회단체 비율
1991년~1998년	135	18	58	13	46	
1999년	31	5	14	2	10	
2000년	52	7	23	5	17	
2001년	100	12	32	14	42	
2005년	148	35	39	24	50	1:7006
2006년	164	42	41	25	56	1:6343
2007년	181	44	44	31	62	1:5770
2008년	202	49	44	45	64	1:5200
2009년	226	53	46	60	67	1:4685
2010년	243	52	52	64	75	1:4407

제3절 국가와 사회관계의 조정과 재구성

국가와 사회관계의 재구축 과정에서 국가와 사회가 공공 생활의 협력 거버넌스를 실현하는 것은 인류 사회 공공 업무 거버넌스의 이상적인 모델이며, 새로운 유형의 국가와 사회관계를 구축하는 중요한 접근 방식이기도 하다. 서양에서 국가와 사회의 관계는 주로 다음과 같은 단계를 거쳤다. 제1단계, 국가 정권과 종교 세력의 이원 대립으로 유한한 국가의 모습이 등장했다. 제2단계, 절대주의적 중앙집권제로 들어선 국가가 개인과의 관계를 직접 정의했다. 제3단계, 민족 국가가 형성됨에 따라 국가 정권과 민간 사회의 분리가 시작되었다. 제4단계, 자유

19 자료 출처: 2011년 1월 12일에 진장시위원회 선전부(宣傳部)에서 제공한 자료.

시장경제 시기에 국가가 민간 사회의 '야경꾼'이 되었다. 제5단계, 제2차 세계대전 후 복지국가가 사회경제와 국가 민주화 구축에 적극적으로 개입하여 국가와 사회가 서로 영향을 미치는 구조를 형성했다. 제6단계, 1990년대 이후 국가와 사회가 점차 협력하는 방향으로 나아갔다. 미국의 빌 클린턴 정부와 영국의 토니 블레어 정부를 주축으로, 정부와 시장이 협력하는 '제3의 길(第三條道路)'을 시도하여 국가와 사회의 관계를 재구축했다. 명·청 시대와 같은 중국 전통 사회에서 국가와 사회관계는 '관리와 백성이 의기투합(官民相得)'하는 관계로, 사회관리에서 '공치(共治)'의 정치적 전통을 시행했다. 민간 세력은 다리, 나루터, 도로, 우물 건설부터 농경지 수리 건설, 전통적인 학교인 서원(書院)과 의학(義學)의 대중화, 구제와 방어책 시행까지 다양한 공공 문제에 참여했다.[20] 이로써 예로부터 중국에는 국가와 사회의 관계가 조화롭게 공존했고, '공치'를 시행하는 문화적 전통이 있었음을 알 수 있다.

현대 이론에 따라 국가와 사회의 관계를 재구축하기 위해서는 사회의 자율 영역을 확대하고 국가 개입의 범위를 축소하는 한편, 국가 기능을 재정의하여 민간 사회의 보호자이자 감독자, 그리고 조정자가 되어야 한다.[21] 이는 민간 사회의 성장과 현대 국가 구축이 상호보완적인 관계이며, 강한 국가 제도가 없다면 많은 시민 조직의 요구에 효과적으로 대응할 수 없음을 의미한다. 마찬가지로 민간 사회가 완전히 구축되지 않는다면 효율적으로 책임지는 현대 국가의 형성도 보장할 수 없다.

---

20 王日根,「명·청 시기 사회 관리에서 관민의 '자역'과 '공역'(明清時期社會管理中官民的"自域"與"共域")」,『文史哲』, 2006(4).

21 樊紅敏,「시민사회 발달과 중국 현대 국가 구성의 의의 분석(公民社會發育與中國現代國家建構意義探析)」,『鄭州大學學報(哲學社會科學版)』, 2006(4).

새로운 국가와 사회관계는 '강한 국가—강한 사회'의 모델인 것이다.[22] 이러한 관점에서 볼 때 국가 능력은 보유하고 있는 자원뿐만 아니라 정책을 시행하는 동안 민간 사회로부터 지지를 받는 능력에서 비롯되는 것이다. 이에 마이클 만은 국가의 능력을 국가의 자원 사용 능력, 사회적 관계 조정 능력, 사회적 침투 및 자원 흡수 능력으로 구분했다.[23] 그의 이론은 민간 사회의 성장이 현대 국가 구축에 긍정적인 의미가 있음을 시사한다.

1. 진장 기업가의 사회적 책임과 공공정신 형성

현대 국가 구축은 시민 사회의 발전과 불가분의 관계로, 시민의 참여에 달려 있다. 따라서 협력에 참여하고 사회에 봉사하는 공공정신과 시민 문화의 구축은 민간 사회의 기초이자 국가와 사회가 긍정적인 관계를 유지하는 데 없어서는 안 될 요소이다. 가브리엘 알몬드(G. Almond)와 시드니 버바(S. Verba)에 따르면 시민 문화는 특정한 사상·문화 환경과 경제·사회의 제도적 환경에서 성장한다. 그리고 장기간의 사회화 과정을 거쳐 심리적으로 축적된 정치적 태도와 가치 지향은 정치 시스템과 그 운영 수준의 개념적 근거이다.[24] 참여형 정치 문화인 시민 문화를 통해 시민은 적극적으로 정치 과정에 참여하여 좋은 사회 거버넌스를 실

---

22 賀東航, 『지방 사회, 정부 및 경제 발전 - 푸젠 남부 현급시의 정치 및 사회학에 대한 고찰(地方社會、政府與經濟發展—對福建南部一座縣級市的政治社會學考察)』, p.163.

23 史煥高, 「권력과 국가: 마이클 만(사회 권력의 원천)을 평하며(權力與國家: 評邁克爾·曼(社會權力的來源))」, 『政治與法律評論』, 2011(1).

24 Gabriel A. Almond & Sidney Verba, 『시민 문화—5개국의 정치 태도와 민주(公民文化—五國的政治態度和民主)』, 馬殿君 등(역), 浙江人民出版社, 1989, pp.8-9.

현하고, 국가의 민주화 구축을 촉진한다. 따라서 건강하고 긍정적인 시민 문화는 국가와 사회의 긍정적인 상호작용을 형성하는 데 매우 중요하다. 개혁개방 이후, 역사적으로 전해 내려온 관민공치(官民共治)의 전통, 진장의 경제력과 경제 기반, 지방정부가 강조하는 '진장의 정신'이 진장의 지방 국가와 사회의 관계를 형성하였다.

국가와 사회관계의 형성은 지역 경제의 거대한 발전과 밀접한 관계가 있다. 진장시 인민정부의 기록에 따르면 2014년 시의 지역 GDP는 1492. 9억 위안으로 전년 대비 9.8% 증가했다. 그리고 도시 거주자의 1인당 가처분 소득은 37,070위안으로 전년 대비 9.6%, 농촌 거주자의 1인당 가처분 소득은 16,611위안으로 전년 대비 10.6% 각각 증가한 것으로 나타났다.[25] 진장의 현역 경제 기본 경쟁력(縣域經濟基本競爭力)은 전국 100대 현과 시(全國百强縣市)에서 5위를 기록했고, 현역 경제력(縣域經濟實力)은 2020년에 이어 2021년에도 성에서 1위를 차지했다. 양호한 경제적 기반은 현대 시민 문화 형성을 위한 토대를 마련해 주었다. 또한 진장 민간 사회의 성장 과정에서 사회에 환원하고자 끊임없이 노력했던 많은 민영기업가들의 책임감은 시민 문화에 있어 없어서는 안 될 요소이다. 사회적 책임에서 비롯된 진장 기업가의 사회 건설 참여에 대한 공공정신은 경제 활동 과정에서 정부와의 적극적인 상호작용을 촉진하였으며, 국가와 사회의 관계 재구축에도 기여하였다.

'브랜드의 도시(品牌之都)'로 불리는 진장에는 운동화 및 의류 기업인 안타(安踏, Anta), 361°, 터부(特步, Xtep)와 화장지 신샹인(心相印)을 생산하

25 晋江市人民政府, 「2014년 진장시 경제 운영 상황에 관한 통보(關於2014年晋江市經濟運行情況的通報)」, http://www.jinjiang.gov.cn/xxgk/tjxx/tjgb/201503/t20150316_979784.htm, 2020년 1월 11일 방문.

는 형안 그룹(룹(恒安集團), 의류 브랜드 기업인 리랑(利郎, LILANG), 치파이(柒牌), 진바(勁霸, K-BOXING), 치피랑(七匹狼, SEPTWOLVES), 지우무왕(九牧王, Joeone), 지퍼 생산 선도 기업인 쉰싱(潯興, SBS), 그리고 식품 브랜드인 크레용샤오신(蠟筆小新), 판판(盼盼, PANPAN FOODS), 친친(親親, Qinqin) 등 널리 알려진 친숙한 기업 그룹들이 있다. 진장 기업가는 기업가 정신이 강했다. '닭의 머리가 될지언정 봉황의 꼬리가 되지는 않겠다(寧為雞頭, 不當鳳尾)'는 진장 사람들의 말버릇 중 하나였다. 호적 인구가 100만 명이 넘는 진장에는 크고 작은 민간기업이 수만 개에 달한다. '사장의 꿈'을 품은 많은 사람들이 앞다퉈 창업을 시작했고 적극적으로 사업을 추진했다. 바로 이렇게 '끝까지 싸워야 이긴다(愛拼才會贏)'라는 정신으로 무장한 수백 개의 진장 기업은 '중국 유명 브랜드(中國名牌)', '중국 유명 상표(中國馳名商標)', '국제 유명 브랜드(國際知名品牌)'로 거듭났다. 아울러 형안 그룹의 홍콩 상장 시범 운영과 시정부의 대폭적인 지원으로 진장 기업의 상장 열기도 뜨거워졌다.

이렇게 많은 경제 기적을 이룬 진장의 기업가들은 기업가 정신과 사회적 책임을 끝까지 버리지 않았다. 사회적 책임감은 기업가를 평가하는 중요한 척도로, 강한 사회적 책임감 없이는 훌륭한 기업가가 될 수 없다. 기업가는 이러한 사회적 책임감을 가지고 있어야만 시장 활동에서 정부와 긍정적인 상호 관계를 구축하고, 국가와 사회 사이의 공공지대(公共地帶)에서 사회에 환원할 수 있다. 계속된 중앙집권의 강화에도 불구하고, 전통적인 민간 사회는 비교적 큰 자체 운영 공간을 유지하고 있었으며, 세금 징수, 수리 활동 전개, 교육 사업 시행 등 사회 관리에는 관리와 인민이 모두 역할을 할 수 있는 활동 영역이 있었다.[26] 현대 사

26 王日根, 「명·청 시기 사회 관리에서 관민의 '자역'과 '공역'(明清時期社會管理中官民的"自域"

회에 이르러 역사적 전통을 계승한 진장의 기업가들이 몇몇 분야의 사회 공공 건설에 참여해 사회 발전을 촉진했다. 기업가의 참여로 형성된 시민 문화와 공공정신은 기업가가 짊어진 사회적 책임을 나타낸다. 진장 기업가의 사회적 책임은 주로 다음과 같은 측면에서 드러났다.

첫째, 진장 기업의 고군분투 정신과 위험에 대한 위기 의식은 기업가의 사회적 책임이라고 할 수 있다. 부를 추구하는 과정에서 나타나는 지구력과 책임 정신(擔當精神)[27]에서 기업가의 사회적 책임감은 더 막중해진다. 자수성가형이 대다수인 진장의 기업가들은 창업 초기에는 비교적 힘들었지만, 끊임없는 분투 끝에 많은 부를 축적하게 되었다. 그들이 창업에서 보여준 고군분투 정신에는 개인적 사상과 사회적 책임감이 녹아 있다. 예를 들어 진장시 자선총회 쉬롄제(許連捷) 회장은 어린 시절, 가난한 집안 형편으로 형제 셋이 사당과 돼지우리에서 잠을 자야 했으며, 초등학교조차 마치지 못한 채 학업을 중단하고 집으로 돌아와 부모를 도와 생계를 꾸려야 했다. 1985년 헝안(恒安) 그룹을 세운 그는 현재 '실업의 대부(實業教父)'가 되었다. 1986년 여름, 중학교를 졸업한 16세의 딩즈충(丁誌忠)은 신발 600켤레를 가지고 베이징으로 건너가 '안타(安踏)' 브랜드를 창업했다. 갖은 고생을 겪은 쉬롄제와 딩즈충의 창업 경험은 수많은 진장 기업과 기업가의 성장 과정을 여실히 보여준다. 강한 창업 정신에 뛰어난 위기 대응 의식을 갖춘 진장 기업가들은 기업

與"共域"」, 『文史哲』, 2006(4).

27 역자주: 책임 정신(擔當精神)이란 당원과 간부가 원칙을 견지하고 성실하게 책임을 지며, 옳고 그름, 모순, 위기에 용감하게 맞서고, 실수에 대해서는 책임을 지고, 나쁜 풍조에 맞서 단호히 투쟁하는 정신을 의미한다(https://baike.baidu.com/item/%E6%8B%85%E5%BD%93%E7%B2%BE%E7%A5%9E/21599703).

후계자 양성에 특별한 관심을 기울였다. '재벌 2세(富二代)'의 '재력 과시(炫富)'와 '가산 탕진(敗家)'이라는 일부 부정적인 이미지와 달리, 자녀 교육과 양육에 각별한 관심을 기울인 진장 '1세대' 기업가들의 노력 덕분에, 자녀가 경영을 이어받은 기업의 비율이 최소 50%에 달해 다른 지역보다 현저히 높은 수준을 보였다. 진장 기업가들은 돈이나 집보다도 어떻게 하면 다음 세대가 창업정신을 이어받아, '재벌 2세'가 아닌 '창업 2세'로 거듭날지가 더 가치있는 문제라고 여겼다. 창업정신은 사회적 가치를 지향하는 기업가를 형상화한 것으로 현대 민간 사회 구축에 긍정적인 의미가 있다.

둘째, 진장의 기업가는 적극적인 자선사업 참여와 사회 환원 등 기업가로서의 사회적 책임을 다하고자 했다. 민간 사회의 필수적인 부분인 자선사업은 빈곤을 구제하고 사회 분화 문제를 해결하는 수단이다. 자선사업이 발달한 사회라면 사회 조직의 공공사업 참여도가 높고, 사회 조직과 정부의 관계도 비교적 원만하여 국가와 사회 사이에 긍정적인 상호작용 관계를 형성할 수 있다. 오랫동안 자선사업을 해온 진장의 기업가들은 조성한 자선기금을 기부하는 방식으로 사회적 책임을 이행했다. 예를 들어, 쉬롄제는 1998년 막대한 홍수 재해가 났을 때 100만 위안을 기부한 데 이어서 2002년에는 교육사업 발전을 위해 화교 대학에 600만 위안을 기부했다. 푸젠성 남부에서는 관혼상제가 성대하게 치러지는 것이 흔한 일이었다. 2003년, 진장시 자선총회는 이사진들에게 오랜 풍습의 타파, 혼례와 장례의 간소화, 부조금 기부에 관한 의견을 제안했다. 2012년까지 진장시 자선총회가 기부받은 15억 위안 이상의 기부금에는 축의금만 6억 위안에 달했다. 나라와 고향을 사랑하고, 선행과 자선을 베푸는 정신을 발휘한 진장인들은 재활, 학업 지원, 빈곤 구제, 주거 안정을 위한 자선 구호사업에 기부금을 사용하여 많은 사람들에게 혜택이 돌아가도록 했다. 그리고 원촨(汶川) 지진, 인도양 쓰나미 등 중국 안팎의 주요 재해에 기부를 아끼지 않았다. 예를 들어, 안타 그룹은 원촨 지진 피해 지역에 총 1,000만 위안 이상의 기부금과 구호품을 기부했다. 수년에 걸쳐 안타 그룹은 '안타성 100가지 공익 계획(安踏星100公益計劃)' 등의 활동을 통해 공익사업에 활발히 참여했다. 2008년 안타는 민정부(民政部)로부터 '중화 자선상(中華慈善獎)'을 수여받았다. 2003년 진장시 인민대표대회 상무위원회의 심의와 승인을 거쳐 매년 12월 18일이 '진장 자선의 날(晋江慈善日)'로 지정되었다. 이는 전국에서도 찾아보기 어려운 사례이다. '사회 봉사'를 목표로, 정부와 민간이 협력하는 조직인 진장시 자선총회는 이사회 제도를 시행하고 있다. 회장은 민영기업이, 상무 부회장은 시 민정국 부국장이 각각 맡고 있고 민영기업가가 전체 이사회의 절대다수를 차지한다. 자선총회에서 민간 세력이 큰 부분을 차지한다는 것은 기업과 정부 모두가 사회 공익사업에서 사회적 책임의 일부를 부담해야 한다는 것을 의미한다. 시민 문화가 발달한 지역에서는 민영기업이 이러한 상호작용을 통해서 더 많은 사회적 책임을 질 수 있다. 투명한 기부금 운영 상황 공개, 협력 정신 증진, 깊은 교류를 통한 불우이웃의 어려움 이해 및 사회적 책임감 고취를 위해 진장시 자선총회는 가정 방문과 같은 자선 활동에 기부자들을 자주 참여시켰다. 민간 사회의 구축은 사회 조직의 적극적인 참여뿐만 아니라 시민 정신의 함양도 필요하다. 진장의 자선 사업을 통해 참여한 많은 사람들은 광범위한 협력 정신과 참여 의식을 고취하여 민간 사회를 위한 정신적 기반과 문화적 기반을 마련하였다.

셋째, 제품의 품질과 기업의 신용이다. 창업 초기에 제품의 품질 문제로 비판을 받았던 진장 기업은 제품의 품질과 기업의 신용에 더 많은 관심을 기울였다. 진장 기업의 높은 브랜드 인지도는 기업의 인지도와 신용도를 높이는 중요한 수단이었다. 다수의 기업이 유명 연예인을 모델로 기용하여, 스타 마케팅을 통해 자사 제품의 이미지를 제고하였다. 국제시장을 겨냥한 많은 진장 기업들은 외국 바이어의 신뢰를 얻기 위해 SA8000, BSCI, SEDEX, WRAP 등과 같은 국제 표준 인증을 얻고자 했다. 이러한 노력을 통해 진장 기업의 사회적 책임 의식은 유럽, 미국 등 많은 나라의 사회 각계각층에서 광범위한 인정을 받게 되었다. 기업의 사회적 책임은 제품의 품질과 직접적인 관련이 있다. 제품의 품질을 중시하는 것은 곧 신뢰와 협력의 정신이 내재된 기업의 사회적 책임을 강조하는 것이다. 또한 기업은 신의와 성실을 지켜야만 고품질의 제품을 생산할 수 있으며, 기업 제품의 품질은 굳건한 신뢰를 바탕으로 한 민간 사회를 형성하기 위한 정량적 지표로 기능한다. 우수한 제품의 품질은 기업가의 강한 사회적 책임감과, 민간 사회의 건전한 시민 의식, 깊은 상호 신뢰 및 폭넓은 협력 정신을 입증한다.

넷째, 진장 민영기업의 '인본(人本)' 문화이다. 대다수의 진장 노동자는 민영기업에 취업한다. 외지 취업자들은 대부분의 시간을 민영기업 내에서 보내며, 그들의 주요 사회적 교류와 인간관계 또한 기업 내부에 집중되어 있다. 이렇게 기업은 사회 관리의 중요한 매개체이기 때문에 기업과 기업가는 사회적 책임을 지고, 관리와 서비스를 강화하고 개선해야 한다. 구체적으로 말하자면, 기업은 직원을 하나의 부품이 아닌 기업의 주인으로 존중해야 하며, 직원의 정당한 권익을 보호하고 업무 환경을 개선해야 한다. 진장 기업이 매우 중시하는 브랜드 구축은 기업 직원의 노력에 달린 것이기에 기업은 직원의 자질 함양, 직원의 성장과 복지에 많은 관심을 기울였다. 일찍이 2000년대 초 안타그룹의 채용 공고에는 중등전문학교를 졸업한 일선 근로자를 대상으로 비교적 높은 임금, 5대 보험과 공적금(五險一金),[28] 주 5일제, 주거비, 식비, 시즌 의류권, 팀 구성비, 유급 휴가와 병가 등 다양한 복리후생이 포함되어 있었다. 기업의 책임은 직원들이 소속감을 느낄 수 있도록 기업 문화를 조성하여 조화로운 커뮤니케이션 환경을 만드는 것이다. 이러한 환경 속에서 직원들은 자연스럽게 기업의 생산과 사회 공익사업에 적극적으로 참여하게 된다. 그리고 사회 활동 참여를 통해 민간 사회의 성장에 긍정적인 의미가 매우 큰 협력(合作), 상호 이익(互惠), 포용(包容) 및 평화(和平)의 공공 정신을 기를 수 있다.

다섯째, 국가사업에 대한 지원이다. 예를 들어, 중국 스포츠 사업의 발전을 위한 안타 그룹의 적극적인 지원은 기업과 중국 스포츠 간의 긴밀한 관계뿐만 아니라 기업이 중국의 프로 스포츠 발전에 기여한 공로를 잘 보여준다. '안타' 브랜드의 성공은 중국 스포츠의 급속한 발전에 힘입은 것이며, 중국 스포츠의 활발한 성장 또한 안타 제품에 막대한 비즈니스 기회를 제공하였다. 이에 기업은 국가사업에 참여하면서 정부의 업무를 지원하고 제품 판매를 위한 시장도 개척해 나갔다. 중국 올림픽 위원회 후원과 선수 지원은 모두 안타 그룹의 비즈니스적 행동에 국가적 사명이 더해진 것이다. 국가사업에 참여하면서 기업은 정부와의 긴밀한 관계 유지, 공공사업 발전 촉진, 지역 대중의 적극적인 참여 유도를 통해 국가의 정체성을 강화했다.

---

28 역자주: 5대 보험과 공적금(五險一金)은 양로 보험, 의료 보험, 실업 보험, 산재 보험 및 출산·육아 보험 등 5가지 보험에 주택 공적금(住房公積金)을 의미한다(https://baike.baidu.com/item/%E4%BA%94%E9%99%A9%E4%B8%80%E9%87%91/637098).

이상의 내용을 통해 알 수 있는 것은 기업의 사회적 책임과 기여가 우선적으로 기업 자체가 추구하는 평등의 정신과 자유 계약의 정신에서 나타난다는 점이다. 이는 민간사회가 절실히 필요로 하는 기본적 공공정신이기도 하다. 또한 기업가의 사회적 책임은 주로 사회와 경제 발전에 대한 적극적인 기여를 통해 구체적으로 드러난다. 기업가의 적극적인 사회 자선 참여와 국가 공공사업의 발전 지원은 기업가의 사회적 책임을 반영한다. 그뿐만 아니라 사회와 국가의 긍정적인 상호작용을 실현하고 민간 사회의 참여 의식과 공공 정신을 함양함으로써 현대 국가의 사회적 기반을 공고히 한다.

2. 민간 사회의 참여와 지방 거버넌스

진장의 실질적인 민간 사회의 발달은 1978년 개혁개방 이후 시작되었다. 특히 1990년대 이후 시장경제가 전면적으로 시행되면서 국가의 통제력이 약화되기 시작했고, 통제 수단도 다양해졌다. 이러한 환경 속에서 진장의 사회 세력은 강한 지방자치와 연합 전통문화(抱團文化)[29]를 기반으로 빠르게 회복되었고, 사회의 자주성은 점차 강해져 국가 역량과 균형 잡힌 상호 보완 관계를 형성했다. 사회의 발달은 여러 측면에서 근대 화교와 같은 역할을 수행했다. 푸젠성 남부 교향에서는 고령의 교포들이 자금을 기부하여 건립한 사당, 불당, 도로, 우물 등을 곳곳에

---

29 역자주: 연합 전통문화(抱團文化)는 중국의 유구한 전통 문화로 많은 개별 힘이 모여 비교적 안정적이고 강력한 능력을 형성하는 현상을 의미한다. 연합 문화와 파벌 문화(幫派文化)는 비교적 유사한 것으로, 중국의 일부 지역에서 파벌 조직을 결성하여 함께 사업을 시작하거나 외부 세력에 저항하는 상황에서 연합 문화가 잘 드러난다(https://baike.baidu.com/item/%E6%8A%B1%E5%9B%A2%E6%96%87%E5%8C%96/18619111?fr=ge_ala).

서 쉽게 찾아볼 수 있다. 그들은 일찍이 향촌 사회와 공공관리에서 매우 중요한 역할을 해왔다.[30] 또한, 진장의 민간 종족 전통과 종교 조직도 중요한 사회적 상호 지원과 교화 기능을 수행했다. 족연(族緣) 관계는 경제와 사회의 발전에 따라 그 역할이 점차 확대되었으며, 지방 공동체의 전통과 자치 형태도 다시 등장하기 시작하였다. 동시에 다수의 민간 종교 조직들은 종교 활동에 참여하는 한편, 매년 열리는 종교 행사를 여가·오락 활동, 우호·친절·책임감 교육 등을 아우르는 공익적 자선사업으로 발전시켰다.

1978년 이후 시장경제가 발전하면서 '국가—사회'의 이원적 거버넌스 모델에 '시장 거버넌스'의 관리 패턴이 녹아들게 되었다. 이로써 '국가—시장—사회'의 계층적 거버넌스 패러다임이 형성되었고, 계층을 기반으로 협력하는 다원적 협력 거버넌스가 실현되었다. 계층적 거버넌스의 주요 특징은 합리적인 분업으로, 국가, 시장 및 사회가 각자의 자리에서 각자의 소임을 하는 것이다. 또한, 지방정부 권력을 의미하는 국가 권력은 사회 사무에 함부로 간섭하거나 시장 운영을 방해하지 못하며, 규정된 재산권 행사, 질서 유지, 공정성 제공, 재분배 등의 기능만 수행한다. 일반적으로 국가는 질서 있는 생산을 책임지고 사회와 시장은 동력의 공급을 책임진다. 정치학자 런젠타오(任劍濤)가 '국가 거버넌스의 최소주의(國家治理的簡約主義)'라고도 칭한 이러한 계층적 거버넌스 구조는 국가 권력 기관과 사회 자치 조직, 그리고 시장 기업 기구가 현대 정치·법률·관리의 원칙에 따라 각자 원활하게 운영되어야 한다는

30 賀東航, 「지방 사회집단의 전통과 정부의 주도성-푸젠 진장 자선총회가 국가와 사회 관계 구축에 시사하는 점(地方社群傳統與政府主動性—福建晉江慈善總會對構 建國家與社會關係的啟示)」, 『華中師範大學學報(人文社會科學版)』, 2005(5).

이념을 강조한다.[31] 진장에서 이와 같은 계층적 거버넌스 구조는 그 강점을 십분 발휘했다. 진장은 풍부한 민간 자본, 발달한 사회 세력, 그리고 충분히 성장한 민간 사회를 갖추고 있었으며, 시장경제의 원칙과 계약의 정신은 진장 지역에서 충분히 수용되어 진장인의 일상생활 속에 깊이 뿌리내렸다. 정부는 공적 책임을 지는 책임자로서 자연적 기능을 수행하는 것 외에도 필요한 사회적 공공재를 제공해야 하며 시장과 사회의 경계에서 권력 개입을 막아야 했다.

다원적 협력은 주로 정책 지원, 발전 지도, 의사 결정 자문, 사회 공공재 공급 참여 등의 분야에서 이루어진다. 시장 발전을 지원하는 측면에서 진장 정부는 사회경제 발전을 이끌고 지원하는 역할을 수행했다. 진장은 민간 자본의 기반이 탄탄하였으나, 발전 초기에는 자본이 분산되어 대규모의 집적 효과를 이루지 못하였다. 외부 자본이나 외국 자본의 '침공'에 맞서기 위해 중소기업들은 자발적으로 동업공회를 결성했고, 정부 또한 세금, 토지, 금융 등 여러 분야의 우대 정책을 통해 중소기업의 발전을 보호하는 등 중요한 역할을 수행하였다. 그리고 발전 지도 측면에서 정부는 기업이 이익을 얻고 해를 피하도록, 그리고 많은 산업 위기에 대처하도록 적절하게 이끌었다. 의사 결정 자문 측면에서 정부와 기업은 다양한 동업공회, 업계협회와 함께 중요한 역할을 수행했다. 의사 결정 문제에 직면했을 때 모든 당사자는 시의적절하게 의사소통하고 상호작용을 함으로써 궁극적으로 상생할 수 있는 조건을 조성하였다. 이는 진장이 경제·사회 발전에서 두드러진 성과를 거둘 수 있었던 원인을 설명해주는 것이기도 하다. 민간상회(民間商會)인 동업공회와

31 任劍濤,「국가 거버넌스의 최소주의(國家治理的簡約主義)」,『開放時代』, 2010(7).

반관반민(半官半民)의 특징을 띠는 업계협회 모두 회원들에게 뿌리를 두고 있으며, 기층 기업과 광범위하면서도 긴밀한 관계가 있다.

기층 수준에 대한 이해를 바탕으로 동업공회는 정부에게 운영 가능하고 혁신적인 제안을 많이 제시했다. 경제 발전의 직접적인 참여자로서 기업은 정부의 발전 정책에 매우 중요한 정보를 제공할 수 있다. 그 대표적인 사례로 안하이 건축 자재 동업공회(安海建材同業公會)와 안하이 제혁업 동업공회(安海皮業同業公會)를 들 수 있다. 이 두 협회는 조사한 내용을 '상황 보고(情況反映)'와 '내부 참조 특집호(內參專刊)'의 형태로 관련 정부 부서에 보고했으며, 시 지도자가 중요하게 생각하는 경우, 관련 부서를 소집하여 이 문제를 논의했다.[32] 정부의 정책 결정 과정에서 장기간 중요한 역할을 해온 안하이상회(安海商會)는 1913년에 설립되었다. 산하에 있는 여러 동업공회[33]는 진장에서 활약하고 있는 민간 사회단체로 전국, 성, 시, 진의 당대표, 인민대표대회 대표, 정치협상회의 위원이 다수 포진해 있어 정부와 매우 밀접한 관련이 있다. 안하이 상회는 정부에 '대안하이(大安海)' 인식 확립(1998년), 출국 절차 간소화, 해외시장 개척(2000년) 등을 건의한 바 있다.[34] 동업공회는 한편으로 자체적인 역량을 통해 권위를 확립할 수 있었고, 나아가 정부의 일부 기능을 일

32 晉江市總商會, 『진장시 동업공회 건설의 실천과 사고(關於晉江市同業公會建設的實踐與思考)』, 2002년 6월 유인본(油印本).

33 안하이 포목 의류 동업공회(安海布業服裝同業公會), 안하이 장난감 동업공회(安海玩具同業公會), 안하이 방직 동업공회(安海紡織同業公會), 안하이 담배·주류·식품·잡화 동업공회(安海煙酒食雜同業公會), 안하이 기계금속 동업공회(安海機械五金同業公會), 안하이 건축 자재 동업공회(安海建材同業公會), 안하이 제혁업 동업공회(安海皮業同業公會), 안하이 자동차 동업공회(安海機動車同業公會), 전신은 안하이 오토바이 동업공회(安海摩托車同業公會) 등이다.

34 安海商會常務理事會, 「과거 총결산 및 새해 회무 업무 계획(總結過去、規劃新一年會務工作)」, 『安海商訊』, 2001(1). 해당 제안은 추후 정부에 의해 채택됨.

정 부분 대체할 수도 있었으며, 그 관리 효과 또한 정부에 뒤지지 않았다. 다른 한편으로 정부의 관점에서 보았을 때, 경제 발전과 제도 변화에 따르는 비용을 고려하여 정부는 동업공회와 업계협회 등 사회단체형 조직에 일부 주변적 권리(peripheral right, 外圍權利)를 위임하였으며, 이는 기능 전환 중인 정부에 유리하게 작용하였다.

진장의 사회 중개조직은 정부의 행정 활동에 협조하고 공공서비스의 제공에 참여하는 존재이지, 반대 세력으로서 기능하는 조직이 아니었다. 예를 들어, 1998년에 설립된 안하이 제혁업 동업공회는 「안하이진 커무 공업지구의 환경 보호 규정 제도(安海鎮可慕工業區環保規章制度)」 개정에 적극 참여하여, 제혁업으로 인한 수질오염을 줄이고 관련 부서의 인력 부족과 소통 미흡을 해결하도록 도왔다. 뤄산진(羅山鎮) 푸푸(福埔) 자동차 시장 동업공회는 시 공안국 차량관리소와 함께 설립한 자동차 등록 센터(機動車登記服務站)에서 제공하는 원스톱 서비스의 혜택을 공회 회원과 정부 부서 모두 누리도록 하였다. 진장시 신발 제조 공업협회는 지방정부의 '신뢰의 진장(誠信晉江)' 조성에 협력하기 위해 「문서의 6: 성신창의서(文件之六: 誠信倡議書)」[35]를 특별히 제정하였다. 이러한 조치들은 업계와 정부가 좋은 관계를 맺을 수 있는 기반을 마련하였다.

정부 부서의 통계 자료로는 큰 비중에다가 분산되어 있는 진장의 민영 경제를 가늠하기 어려운 경우가 많았다. 하지만 업계의 리더인 동업공회와 업계협회의 회장은 시장 상황과 구체적인 정보를 정확하게 파악할 수 있었기 때문에 관련 정부 부서는 그들에게 관심을 기울였다.

---

35 진장시 신발 제조 공업협회 준비조(晉江市制鞋工業協會籌備組), 진장시 신발 제조 공업협회 제1차 회원대회 회의 자료, 「성신창의서(诚信倡议书)」 2003년 1월 8일.

최근 몇 년간 진장의 지방 지도자들은 동업공회와 업계협회의 회장, 비서장, 민영기업 대표와 자주 좌담회를 열어 발전 관련 문제를 논의하였고, 동업공회와 업계협회는 진장의 사회 경제 발전 계획을 수립하기 위한 정부의 '참모'가 되었다.

업계 자율성 측면에서도 동업공회와 업계협회는 중요한 역할을 했다. '작은 상품(小商品), 큰 시장(大市場)'을 표방하는 진장의 민영 경제에서 작은 상품은 모조하기 쉬운 단순한 기술에 가격 저하와 출혈 경쟁을 일으키기 쉽다. 이에 따라 부실 작업으로 위조품이나 불량품을 생산하게 되면서 결국 단순히 수익을 못 올리는 문제가 아니라 시장에서 완전히 도태되게 된다. 이러한 '자멸' 현상은 많은 산업에서 흔히 볼 수 있으며, 적절하게 통제하지 않으면 업계의 생존에 치명적인 재앙을 초래할 수 있다. 1992년 이후 이러한 악의적인 경쟁에 대처하고 산업 관리를 강화하기 위해 동업공회와 업계협회가 설립되었다. 정부의 지원을 받은 여러 동업공회와 업계협회는 다양한 자율 활동을 시작하는 한편 권리 보호 품종의 확인 및 측정, 개조품과 위조품의 차이, 권리 보호 신청 절차, 권리 보호 조치, 권리 침해 책임 등을 규정한 「권리 보호 협약(維權公約)」과 「관리 조치(管理辦法)」 등을 제정하였다. 예를 들어, 천다이 신발 자재 동업공회의 규정에 따르면 공급업체에 신발 자재를 도매할 때, 동일한 품질, 수량, 원산지에서 포장된 제품의 경우 도매 판매 가격을 통일해야 하며, 고의적인 가격 인하, 위장 덤핑, 가격 인상과 같은 부당한 조치를 취해서는 안 된다. 위반자가 있을 경우 공회는 해당 회원에게 보이콧을 통보한다.[36] 동업공회의 이러한 조치는 기업의 악의적

36 자료는 저자가 2001년 8월 6일에 진행된 천다이(陳埭) 신발 자재 동업공회 부회장과의

인 경쟁을 효과적으로 억제하고 시장의 질서 있는 운영을 보장했다. 그리고 동업공회와 업계협회는 기술 서비스, 품질 인증 및 공익사업 추진 분야에서 정부와 적극적으로 협력하거나 어떠한 기능을 수행하는 데 앞장섰다. '2차 창업' 기간 동안 민간 경제력이 증가하고 지방정부의 재정력이 확장됨에 따라 많은 회원들이 다양한 사회 공익 조직에 기꺼이 참여했다. 예를 들어, 진장 신발 제조 산업 협회의 헌장에는 '중화민족의 우수한 전통 미덕을 널리 알리고 사회에 환원하며 빈곤 구제, 학업 지원, 노인 지원, 장애 지원 등 공공복지 활동을 적극적으로 전개하여 기업의 경제적, 사회적 이익 모두를 얻고자 노력한다.'라고 명시되어 있다.[37] 빈곤 퇴치 사업에 비공유제 경제인의 참여를 독려하는 정부의 요구에 부응하기 위해 1994년 진장시의 12개 동업공회와 업계협회는 공동으로 기부 궐기대회를 개최하였고, 여러 동업공회 기업주가 기부하였다. 천다이(陳埭) 신발 자재 동업공회와 뤄산(羅山) 식품 동업공회의 기업주는 진장시 총상회의 인솔하에 푸젠 서부의 빈곤 지역을 시찰했다. 1998년 창장(長江) 유역과 쑹화강(松花江) 유역에서 홍수 재해가 발생하자 각 동업공회는 이재민 구제 궐기 대회에서 민영기업의 기부금을 적극적으로 동원했다. 안하이 상회 산하의 동업공회가 1998년부터 2000년까지 기부한 총 1,226만 위안은 옛 혁명의 기점촌(老區基點村) 지원, 안하이 시아쉬(下墟) 골목과 싼리(三裏) 거리의 중남부 도로 개조 지원, 가난한 학생 지원, 지역 노인 활동 후원 등에 사용되었다.[38]

인터뷰 기록에서 발췌하였다.

37 晉江市制鞋工業協會, 「진장시 신발 제조 공업 업계협회 규정(晉江市制鞋工業行業協會章程)」, 2003년 4월 18일.

38 安海商會常務理事會, 「과거 총결산 및 새해 회무 업무 계획(總結過去、規劃新一年會務工

진장시 자선총회의 설립은 진장의 동업공회와 업계협회, 그리고 정부가 함께 노력한 결과이다. 2002년, 진장시 정부는 1,000만 위안을 착수금으로 내놓았고, 진장시 자선총회는 국내외에서 성금 7,554만 위안을 마련했으며, 기부금 총액이 10만 위안 이상인 개인과 기업만 148명(개)으로 이들 모두 여러 업계협회와 동업공회의 핵심 회원이었다.[39] 2014년 안안(安安) (중국) 유한공사가 500만 위안을 기부하면서 진장시 자선총회의 성금은 20억 위안을 돌파했다. 이 자금은 빈곤 퇴치, 학업 지원, 청각 지원, 정착 등의 복지 사업에 널리 사용되었다(표 8-4 참조).

<표 8-4> 진장시 자선총회 자선 자금 비용 지출 내역(2014년 4월 30일까지)[40]

프로젝트	인원수	금액(만 위안)
빈곤 퇴치	18,011	4871.7787
이주 어려움 지원	2,896	1908.9588
학업 지원	12,536	2316.18
보행 지원	675	375.7116
청각 지원	931	207.29642
개안 수술	1,442	526.36
정착	399	947
영상 문화 프로젝트	2,200	339.187

作)」, 『安海商訊』, 2001(1).

39 자료는 2002년 12월 17일에 진장시 당위원회 서기가 언론에 진장시 자선총회의 준비 상황을 소개한 것이다.

40 闕楊娜, 「진장시 자선총회 기부금 20억 돌파, 전국 1위 규모(晉江市慈善總會善款突破20億元善款規模位列全國第一)」, http://news,ijjnews.com/system/2014/05/09/010716530.shtml, 2020년 1월 17일 방문.

토지 몰수자 양로보험	1,431	750.1852
엄마 사랑 프로젝트(關愛母親工程)	792	145.4
최저생활 보장제도·신형 농촌 합작 의료제도 프로젝트(低保新農合工程)	91,734	288.36
고아와 5대 생활 보호 대상자 진료(孤兒助養五保門診)[41]	810	43.2
향촌 양로원		220
기타 자선	20,296	2111.8681
기부 프로젝트		82873.575951

상술한 바와 같이, 진장의 실천은 국가와 사회가 협력적으로 거버넌스를 수행할 수 있음을 충분히 입증하였다. 이는 이른바 '진장 모델'의 핵심적 특징으로, 이상적인 협력 거버넌스 모델을 논의하고 전망하기 위한 현실적인 근거를 제공한다. 협력 거버넌스 모델은 실질적으로 다중심(多中心) 거버넌스 모델과 공통점이 있지만, 전자는 거버넌스 주체의 행위 형태를 강조하고 있고, 후자는 거버넌스 주체의 다원화에 중점을 두고 있다. 다중심 거버넌스 모델(多中心治理模式)은 다중심의 공공 행동 체계—정부와 시장 및 사회의 상호호혜 협력의 행동 전략과 함께 학습한 정책 과정을 모두 아우르는 것으로, 그 실천적 형태는 일종의 협력 거버넌스로 나타난다.

진장에서 시장경제의 급속한 발전은 민간 사회의 성장을 촉진했지만, 유럽과 미국의 국가 및 사회관계 모델과는 다르다. 중국에서 민간

---

41 역자주: 5대 생활 보호 대상자를 의미하는 '五保户'에는 노인, 장애인, 16세 미만 농민, 노동 능력이나 수입이 없어 생계를 유지하거나 부양 의무를 수행할 수 없는 사람이 포함된다.

사회는 현대 국가에 의존도가 높으며, 국가는 시장과 민간 사회의 역할에서 벗어날 수 없다. 이로써 독특한 '국가와 사회의 이중 의존(國家與社會雙依附)' 모델이 형성되었다. 물론 중국의 현대 국가 구축 과정에서 국가의 능동성과 주도성은 더욱 강하게 나타날 수 있다.

3. 국가와 사회의 '쌍강(雙强)' 모델: 중국 민간 사회의 성장 특징

중국에 도입된 '국가-사회' 이론은 중국의 국가와 사회 관계 구축에 다수의 특수성을 가져왔다. 그러나 민간사회 자체에 존재하는 비합리적 요소를 인식하지 못한 채 발전을 방임해서는 안 된다. 또한 중국 특유의 민간사회 성장세와 후발국으로서의 상황 역시 국가-사회 간 이원적 구조를 단정짓는 근거가 될 수는 없다. 따라서 우리는 중국 민간 사회의 구체적인 성장 과정을 비교 분석할 필요가 있다.

진장을 예로 들면, 중국 민간 사회의 성장은 다음과 같은 특징을 보인다. ① 사회단체와 조직의 설립에는 상응하는 부속단체(挂靠单位)가 있어야 하며, 자체적으로 조직을 계획하거나 관리하는 단체일지라도 독립성과 자치성은 제한된다. ② 진장의 주요 민간 조직, 동업공회, 업계협회는 대부분 기업 엘리트 조직이다. 기층사회나 업계 내부의 소기업과는 거의 교류가 없으며, 취약한 단체 구성원인 경우에는 단체에 대한 신뢰와 지지가 미약하다. 진장 신발 제조 업계협회를 살펴보면, 회원 기업은 3,000개 이상이지만, 주요 회원은 20개 이상에 불과하다. 필자는 엘리트에 관한 연구를 통해 압박형 체제에서 새로운 정치와 경제 엘리트들이 협력하여 이러한 단체와 조직에 결정적인 영향을 미친다는 것을 발견했다. ③ 사회적 구조 층위는 근본적으로 전체 민간 사회의 성격을 결정한다. 소득 격차의 확대와 사회 구조적 층위에서의 상대적 안정은 사회 계층의 효과적인 순환과 개방성을 방해하여 사회 계층 간의 신뢰 부족을 초래한다. 이렇게 민간 사회는 높은 정부 의존도, 유지할 수 없는 독립성, 낮은 세속화 정도의 특징을 갖고 있다. 그리고 낮은 독립성은 민간 사회의 외부적 효과를 약화시켜 국가 권력을 효과적으로 제한할 수 없었다. 또한, 동급 구성원들 간의 관계가 긴밀하지 않고, 타협·온화·관용·상호 신뢰·공공정신·협력정신이 부족한 점은 민간사회의 지지 기반과 명성 제고에 부정적 영향을 미쳤으며, 내부적 효율성 또한 저하되었다. 따라서 진장의 사회 구조에서 조롱박 구조(生梨型結構)[42]와 과도기적 특징이 나타날 때 민간 사회의 구축도 뚜렷한 과도기적 특징을 보였다. 그러나 진장과 중국 전체의 민간 사회 성장을 비교하자면 진장이 상대적으로 앞서 있다.

국가와 사회 간의 상대적 강도에 따라 일반적으로 거버넌스 모델을 '강한 국가—약한 사회' 모델, '약한 국가—약한 사회' 모델, '약한 국가—강한 사회' 모델, '강한 국가-강한 사회' 모델의 4가지 유형으로 나눌 수 있다. 국가와 사회관계에서 시장 실패와 정부 실패가 공존하는 실패한 국가 거버넌스 모델인 '약한 국가—약한 사회' 모델은 심각한 사회 정치의 '시칠리아화(西西里化)'[43]를 초래할 수도 있다. 그리고 '강한 국가—약

42 역자주: 일종의 불균형한 사회 구조를 원문에서는 '중국의 배 모양(生梨型)' 구조로 묘사하였다. 윗부분은 작고 아랫부분이 큰 모양인 중국 배 모양과 같이 중·고소득층은 적은 반면 저소득층이 큰 비중을 차지하는 사회 구조로, 사회의 빈부격차가 크고 중산층이 약한 구조를 의미한다.

43 역자주: '시칠리아화(西西里化)'는 공인된 사회적 규칙과 최소한의 사회적 신뢰가 매우 부족한 환경에서 이익에 따라 흑사회 조직과 지방정부 조직이 서로 결탁하여 생겨나는 것으로, 노골적으로 폭력을 사용해 사회 운영의 주요 메커니즘을 유지하는 기

한 사회' 모델의 실패는 권력의 사회 침투를 지나치게 강조하고 전체주의적 거버넌스를 주장한다면, 정치학자 쩌우당(鄒讜)이 언급했던 바와 같이 '총체적 위기(總體性危機)'를 초래할 수 있다는 것이 역사에 의해 증명되었다. '약한 국가-강한 사회' 모델은 서양 시민 사회가 주도한 제도 변화 과정에서 그 강점을 입증했지만, 지나친 시민 사회 강조는 국가 기능의 약화와 비효율을 초래하였다. 따라서 국가와 사회의 '쌍강(雙强)' 모델은 우리가 추구하는 '최상의 정치적 상품(上乘政治產品)'이 되어야 한다. 이렇게 유형학적으로 중국을 분류하는 것은 중국 국가의 성장과 사회 발전 과정에서 내재된 논리를 파악하는 데 도움이 될 것이다.

앞서 언급했듯이 이상적인 '작은 국가—큰 사회' 모델은 중국의 실제 정치에 적용될 수 없다. 개혁개방 이전에 '강한 국가—약한 사회'의 총체적 거버넌스를 모델로 삼아 고도로 집중된 권력과 고도로 독점된 자원이 주요 특징이었던 중국에서 독립적인 사회 세력은 성장하기 어려웠다. 1978년 이후 중국의 민간 사회가 발전하면서 조정과 재편을 크게 겪은 국가와 사회의 관계는 점차 더 다음과 같이 균형 잡힌 상태를 보였다. ① 국가적 차원: 첫째, 국가의 사회적 통제 범위가 크게 축소되고 국가가 직접 통제하는 사회적 자원의 상대량과 절대량이 크게 줄어들었다. 둘째, 국가의 사회적 통제 수단이 점차 다양화되어 행정 명령과 계획 명령에 거의 전적으로 의존하던 기존의 상황을 변화시켰고, 경제, 법률 및 기타 사회적 통제 방식의 역할이 점차 더 커졌다. 셋째, 이러한 변화에 발맞춰 국가 자체의 권력 구조도 조정되었으며, 지방정부, 기

형적인 질서 생태이다(https://baike.baidu.com/item/%E8%A5%BF%E8%A5%BF%E9%87%8C%E5%8C%96/10873867).

업, 심지어 개인이 사회 자원을 점유하고 처리하는 자주권이 계속 확대되었다. 넷째, 국가는 경제 발전의 주도자이자 추진자이다. ② 사회적 성장 차원: 첫째, 깊고 오랜 진장의 지역 전통을 등에 업은 사회적 성장은 정치적 통제가 느슨해진 후 자주성이 급격히 확대되었다. 진장 동업공회의 수가 산업협회보다 많다는 것이 그 증거이다. 둘째, 민영기업의 발전 모델을 대표하는 기업 엘리트로서 진장은 특수한 신분(기업 지도자, 업계협회 또는 동업공회 회원, 정치협상회의 또는 전국인민대표대회 참여) 때문에 경제, 정치, 문화, 교향, 가족 등 여러 분야를 포함하는 시민 사회의 성장 과정에서 큰 역할을 했다. 이러한 역할은 주로 정부와의 상호작용, 업계의 자율화, 교육·컨설팅 활동, 비즈니스 활동, 공익사업 등에서 드러났다. 셋째, 동업공회는 산업 이익과 발전 게임에서 상당한 권위와 힘을 지녔다.

중국의 경제와 정치 개혁의 기본 목표 중 하나는 과거처럼 국가가 사회를 전반적으로 통제하던 상황을 바꾸는 것이었다. 그러나 이는 국가 밖에서 국가로부터 독립적이면서도 압력을 가할 수 있는 사회 활동 공간이나 사회관계 네트워크를 형성하는 것과는 다른 것이다. 그 첫 번째 이유는 현대 국가의 기능이 필연적으로 사회생활의 여러 영역에 폭넓게 개입할 것을 요구하기 때문이다. 그리고 두 번째 이유는 중국의 현대화가 지닌 특성상, 국가가 사회·경제 분야에서 주도권을 유지하도록 요구하기 때문이다. 국가로부터 독립적이면서도 국가에 맞서는 시민 사회는 사회와 경제적 혼란, 나아가 정치적 불안만 초래할 뿐이다. '강한 국가-약한 사회' 모델도 진장의 현상을 설명할 수 없다. 그 이유는 현지의 정치, 경제 엘리트 연맹이 민간 사회에 힘을 실어주고, 민영기업의 엘리트도 정부 업적의 중요한 조력자이기 때문이다. 이를 바탕으로 필자는 '강한 국가-강한 사회' 모델을 제시하였다. 강한 정부성, 짙은 국가적인 색채, 지방성을 띠는 사회는 쇠퇴하지 않고 오히려 다채로운 모습을 보여줄 것이다. 전통적이고 동양적이며, 본토적인 요소뿐만 아니라 현대적이고 서양적이며 세계적인 요소를 모두 갖추고 있는 다양한 사회 중개 조직은 '강한 사회'의 상황을 반영하는 새로운 이익 관계를 계속해서 만들어 내고 있다.

그렇다면 국가와 사회관계에서 어떻게 하면 '강한 사회'를 이룰 수 있을까? 필자는 앞서 지방성이라는 전통이 핵심적인 역할을 하며, 정부의 '양도(讓渡)' 행위도 중요한 작용을 한다고 지적한 바 있다. 진장에서는 특히 전통적인 가족 제도, 교향의 전통, 상공업 문화가 민간 사회를 활성화시켰다. 또한 기준수가 크고 총개수가 많은 지방적인 사회단체도 매우 활발하고 광범위한 사회적 영향력을 유지하고 있다.

1990년대 이후 지방정부와 사회가 손을 잡게 되면서 국가와 사회 간의 상호작용이 강제적 대체 관계가 아닌 자발적 대체 또는 교환적 대체 관계가 되었다. 지방정부의 상호 경쟁으로 인해 정부는 경제 발전에서 기업의 발전과 사회 자치 분야를 적극적으로 지원하고 거래 비용을 줄이기 위한 소통 창구를 구축했다. 민영기업도 여러 이유로 정부와의 다양한 공식 및 비공식 관계 구축에 앞장섰다. 다양한 유형의 사회단체는 정부의 지원과 도움을 받아 정부 의사 결정, 정부 자문, 공공 서비스, 비즈니스 경영 등과 같은 다양한 분야의 활동에 참여할 수 있었으며, 기업과 사회단체의 영향력이 실질적으로 확장되어 사회에서도 강력한 지위를 확립하였다. 진장의 다양한 성격의 모임, 좌담회, 연회, 살롱 등 수많은 행사들에는 항상 정부의 지원이 있었다. 따라서 '강한 국가'란 실질적인 정부의 역할 변화와 경제, 사회에 미치는 중대한 영향에 관한 것이다. 반면에 '강한 사회'에서는 민간 사회, 특히 기업 엘리트 집단이 정부와 협력하고 거버넌스를 하는 역할의 중요성이 보다 명확하게 나타난다. 중국공산당 제18기 중앙위원회 3중전회에서 「국가 거버넌스 체계와 거버넌스 능력의 현대화 추진(推進國家治理體系和治理能力現代化化)」을 제안한 후, 이어서 「사회 거버넌스 체계와 거버넌스 능력의 현대 추진(推進社會治理體系和治理能力現代)」을 제안했다. 진장의 국가-사회 '쌍강(雙强)' 모델은 새로운 시대의 국가 및 사회 거버넌스 체계 현대화 구축에 중요한 참고적 가치를 지닌다.

제9장

맺음말:

복선형 성장

이 책은 진장시를 대상으로 미시적 접근에서부터 거시적 접근까지 한 세기에 걸친 중국의 현대 국가 성장사를 고찰하였다. 진장을 사례로 한 본 연구의 결과가 중국 전역에 적용될 수 있는가에 대해서는 섣부른 일반화라는 비판이 제기될 여지가 분명히 존재한다. 필자는 중국 현대 국가 구축에 있어 지역적 특수성이 중요한 조건이라는 전제하에, 남방 연해 도시인 진장의 지역적 특수성에 주목하였다. 중국의 독특한 '접점 정치(接點政治)'로서 현(縣) 정부가 중간에서 수행하는 매개체 역할은 국가와 사회, 정권과 민중의 중요한 '접점'이라고 생각한다.[1] 근대 이후 진장 역시 다른 지역과 마찬가지로 중화 민족의 위대한 '중국몽(中國夢)'을 좇는 과정을 거치며 중국이 구축한 거시적 역사의 장을 공유해 왔다. 현급시(縣級市)인 진장이 한 세기 넘게 겪은 정치, 경제, 사회 변화를 살펴보면, 국가와 사회, 국가와 시장 간의 상호작용에서 나타나는 현대 국가 구축의 구체적인 양상을 더 잘 이해할 수 있다. 따라서 필자는 현대 국가의 현지화 실천(本土實踐)에 따라 관료 기구, 국가 능력, 합법성 기초, 민중 사회 등 4대 요소로 현대 국가 구축이 지닌 함의를 요약하고, 이 4대 요소를 골자로 1911년부터 현재에 이르기까지 100여 년

---

1 徐勇, 「'접점정치' 농촌 집단적 사건의 현역 분석—하나의 분석 틀 및 몇몇 사례를 예로 들어("接點政治"農村群體性事件的縣域分析— 一個分析框架及以若幹個案爲例)」, 『華中師範大學學報(人文社會科學版)』, 2009(6).

에 걸친 진장의 현대 국가 구축 과정을 분석하였다.

현대 국가 구축을 분석하는 과정에서 역사를 단계별로 기술하면 시기별로 국가 구축의 전형적인 특징을 보다 명확히 알 수 있다. 그러나 단선적 발전 과정이 아닌 역사는 각 단계에서 고유한 세분화 모형(fragmenting model, 分段模式)을 드러낸다. 시기마다 정치와 사회 분야에서 다양한 힘겨루기와 여러 경제적 요인들이 혼재된 것을 찾아볼 수 있고, 역사 속에 숨겨진 다양성의 서사도 발견할 수 있다. 따라서 시기마다 비교와 재통합을 하는 것이 매우 중요하다.

이로써 '복선적(復線的) 역사' 서술이 일정 부분 재현되면서, 역사의 가능성과 다양성, 그리고 복잡성이 부각되어 국가 구축 역사에 대한 객관적인 서술에 도움이 될 것이다. 다시 말해, 현대 국가 구축의 함의와 요소를 충분히 파악한 토대 위에서 국가 구축에 영향을 미치는 몇몇 요소와 국가 구축의 경계를 형성하는 몇 가지 관계를 깊이 파악하고 분석해야 한다. 바로 이러한 관계의 상호작용과 발전 과정에서 비로소 중국 현대 국가가 성장하는 구체적인 시공간 세계가 만들어지기 때문이다. 계속해서 국가와 정당, 국가와 시장, 국가와 사회라는 세 가지 조합이 중국 국가 구축에 각각 미친 영향을 분석하고, 나아가 중국 현대 국가의 미래 구축에 영향을 미치는 기회와 도전을 전망하고자 한다.

제1절 국가와 정당—당도국의 논리와 실천

현대 국가 구축의 여러 단계에서 군주와 정당은 차례로 국가 구축의 핵심적인 주도자 역할을 수행하였다. 15세기부터 절대주의 국가 형태로 등장한 현대 국가의 핵심 내용 중 하나는 바로 권력의 집중화 과정이다. 국가의 핵심 주도자인 군주는 전쟁을 통해 교회, 왕국, 공국(公國), 도시, 농장 등 수많은 정치적 실체들로 분리된 서유럽을 몇몇의 대국으로 통일시켰다. 이로써 지역 사회 정치조직의 할거(割據) 상태를 타파하고 정치 권력을 변방 지역으로까지 확대해 흩어져 있던 정치적 정체성을 통일하였다.[2] 19세기 이후, 현대적 정치가 등장하면서 그 근본적 상징 중 하나로써 정당은[3] 후발 개발도상국 건설에서 핵심 주도자 역할을 더욱 활발히 수행하였다. 그리고 새로운 정치 조직으로서 정당은 광범위한 대중적 기반, 지속성, 자체 강령 및 정책, 엄격한 조직 형태 등 몇 가지 뚜렷한 강점을 갖추고 있었다.

20세기 초, 후발 개발도상국이었던 중국이 현대 국가로 거듭나면서 사회의 낮은 조직률을 극복하기 위한 현대식 정당이 등장하였다. 그러나 초기 창당된 정당은 실천적 측면에서는 서구식 정당과 유사하였으나, 통제력·통합력·동원력의 측면에서는 모두 뚜렷한 차이를 보였다. 러시아식 볼셰비키 정당 형태가 중국에 도입된 이후, 정치 생활에서 추진자이자 규범자, 그리고 관리자로서 정당이 거둔 성과가 빠르게 나타났다. 중국 국민당은 개편 후 당의(黨義, 이데올로기)·당장(黨章, 강령과 조직구조)·당규(黨規, 규율·규정·제도)를 통일하였다. 그리고 광둥(廣東)과 후난(湖南) 등 남부 지역의 하부조직 구조를 조직하면서 '임무 완수를 기본 가치 지향으로 삼고 임무의 정당성에 따라 정치적 수용성을 추구한다'[4]

---

2 Fernand Braudel, 『15~18세기 물질문명·경제·자본주의(제2권) 형형색색의 교환(15至18世紀的物質文明、經濟和資本主義(第二卷)形形色色的交換)』, 顧良(역), 生活·讀書·新知三聯書店, 1993, pp. 566-567.

3 Giovanni Sartori, 『정당과 정당체제(政黨與政黨體制)』, 王明進(역), 商務印書館, 2006, p. 47.

4 唐文玉·馬西恒·夏軍, 「당 건설 문화와 정당 전환—중국공산당 전환 연구의 새로운 시

라고 강조하였다. 동시에 이 조직에 들어온 정치 엘리트(당원)가 1920년대 국가 독립과 구축의 주요 책임자가 되었다.

중국 국민당은 '이당치국(以黨治國)'을 시도하였지만, 쑨원의 '당 국가 체제'의 실천은 정치적 위기를 대비하기 위한 것이었고, 후계자인 장제스는 당내에서의 입지를 생각하여 이를 적극적으로 지지하지 않았다. 여기에 군벌 할거(軍閥割據)에 시국 불안까지 겹쳐 엄밀한 의미에서 국민당의 '당 국가 체제'로서의 국가 구축은 실패로 끝났다. 그러나 중화민국이 수립된 이후, 「중화민국 헌법(中華民國憲法)」의 공포를 비롯해 의회 제도, 현대 경찰 제도, 교육 및 재정 제도의 확립 등 다양한 측면에서 현대 국가의 특징을 드러냈다. 재정과 조세 수입 및 사회 관리의 필요에 따라 정부는 관료 체계를 기층(基層)으로 확장하려고 시도하였고, 전국적으로 지방자치 운동도 시작하였다. 또한, 하향식 침투와 상향식 집중이라는 양방향 운동을 통해 현대 관료 체계를 구축하여 기층을 통합하고 통제하고자 하였다. 그러나 중국 국민당 지도부의 정권 약화는 국가의 기층사회를 효과적으로 통제하고 합법성을 제고하지 못했을 뿐만 아니라 오히려 지방 정권의 '무장화(武裝化)', 국가 정권의 내향적 정교화 및 영리 브로커(중개인)의 풀뿌리 착취로 이어져 무장력에 대한 완전한 독점 및 국가 권력의 효과적인 집중을 달성하지 못했다.

중국 국민당의 실패를 되짚어 보면 한 가지 중요한 시사점이 있다. 낙후된 후발 개발도상국의 '민중을 일깨우기 위해서는(喚醒民眾)'[5] 국가 정권 구축의 책임자이자 권력을 기층까지 분배할 수 있는 뒷받침으로

각(黨建文化與政黨轉型—中國共產黨轉型研究的新視野)」, 『理論月刊』, 2011(8).

5 John Fitzgerald, 『Awakening China: Politics, Culture, and Class in the Nationalist Revolution(喚醒中國：國民革命中的政治、文化與階級)』, p.451.

서의 강력한 정당이 필요하다. 힘없는 민족 국가와 시민 사회에서 중국공산당은 그 치밀한 기층조직과 고도로 집중된 권력 구조로 지방에 대한 중앙의 절대적 권위를 실현해야 하기 때문이다. 1927년부터 1949년까지 22년 동안 중국공산당은 강력한 조직 구조와 통합 능력으로 기층 민중을 효과적으로 동원하여 투쟁에 참여한 끝에 정권을 장악하였다.

1949년 중화인민공화국 수립 이후, 주권 국가의 기본적인 틀은 세웠지만, 민족 국가 구축의 임무와 경제 발전에 대한 압박은 여전히 시급한 과제였다. 이에 중국공산당은 집권 이념에 변화를 주었고, 1980년대 들어 '혁명—개조 정당(革命—改造政黨)'에서 '개혁—발전 정당(改革—發展政黨)'으로 진정한 의미의 탈바꿈을 하였다.[6] 이 기간에 국가 정권의 재건과 관료 체제의 구축, 인재 영입과 전환, 그리고 계획경제와 시장경제의 제도적 배치, 사회관리의 기본 구조 모두 당의 고위직이 추진하였으며, 당의 권위로써 보장받게 되었다. 이를 두고 저명한 외교관인 천밍밍(陳明明)은 '나 아니면 누가 적임자겠는가(舍我其誰)'라는 민족 부흥의 정신과 적극적으로 국가대계(國家大計)를 주관하는 강한 역사적 사명감으로, 당이 중국 사회의 안정적인 변혁을 위해 '장기 집권 추구'라는 전략 목표를 세운 것이라고 평가하였다. 따라서 당은 국가 체제에서 최고 정치 지도력의 지위와 전체 사회정치 생활의 축, 그리고 지배적 역할을 수호해야 하며, 당의 '중앙권위(中央權威)'와 '집중통일(集中統一)'을 중국 현대 국가가 구축한 제도적 요구 중 하나로 활용해야 한다. 그 운영 논리, 권력 배분, 실행 방식은 당의치국(黨義治國), 당조치국(黨組治國), 당

6 陳明明, 『혁명과 현대화 사이에서—당치 국가에 관한 관찰과 토론(在革命與現代化之間——關於黨治國家的一個觀察與討論)』, 復旦大學出版社, 2015, p.119.

기치국(黨紀治國), 당수치국(黨首治國), 당원치국(黨員治國)의 특징을 짙게 띤다.[7] 이와 같은 의미에서 중국의 현대 국가는 하나의 '당도국(黨道國)' 체제라고 볼 수 있다. 중국공산당이 국가 구축에서 차지하는 위상을 논하자면, 중국공산당의 권력 중심적 지위는 필연적으로 '당정불분(黨政不分, 당과 정부를 분리하지 않음)'의 폐단을 초래할 수밖에 없다는 회의적인 견해도 제기되고 있다.[8] '문혁'과 같은 특정한 시기에서의 '당정불분'은 당시 복잡한 사회정치적 요인이 복합적으로 작용한 결과였다. 예를 들면 당정(黨政) 간에는 독단적 권력 집중과 계층 등 분업 간의 충돌, 그리고 정치적 동원과 이성적인 일상 규칙 운영 간의 모순이 존재하였다.

개혁개방 이후, 중국은 국가 건설과 발전의 필요에 따라 집권당의 역할을 재정의하였다. 그리고 '당(黨)의 영도 제도 체계'를 보다 효과적인 국가 거버넌스 모델로 삼아 당정 간의 협조와 결합,[9] 당의 영도·인민의 주인의식·법치국가의 유기적 통일,[10] 당정 관계의 합리화,[11] 당정 관계의 규범화,[12] 당정 관계의 법치화[13] 등을 포함한 중국 특색의 당정 구조

7 陳明明, 「이중논리의 상호작용에 있어서의 당치와 법치(雙重邏輯交互作用中的黨治與法治)」, 『學術月刊』, 2019(1).

8 張書林, 「최근 몇 년간 당정관계 문제 연구 총론(近年來黨政關係問題研究綜述)」, 『理論與現代化』, 2007(1).

9 林尙立, 「당정관계 건설의 제도적 배치(黨政關係建設的制度安排)」, 『理論參考』, 2002(8).

10 羅顯華, 「당정관계의 합리성에 대한 논설(論理順黨政關係)」, 『探索』2003(4).

11 楊宏山, 「중국 당정 관계의 진화와 발전에 대한 시론(試論中國黨政關係的演進與發展)」, 『雲南行政學院學報』, 2000(1).

12 朱光磊·周振超, 「당정관계의 규범화와 당의 집권능력 건설(黨政關係規範化與黨的執政能力建設)」, 『中國黨政幹部論壇』, 2005(1).

13 王英津, 「우리나라 당정 관계의 법치화에 대하여(論我國黨政關係的法治化)」, 『理論學刊』, 2000(3).

를 모색하였다. 40여 년 동안 중국이 모색해 온 중국 특색의 사회주의 정치 제도는 현대 국가 건설에 있어 참고할 만한 중국의 표본적 가치가 많다.

1978년 이후 진장 정치 발전의 과정을 살펴보면, '당도국' 모델은 '당정(黨政)' 간의 관계를 효과적으로 조절하여 '당정불분' 또는 '이당대정(以黨代政, 당이 정부를 대신함)'이라는 폐해를 낳기는커녕, 이성적 정권 구축과 발전형 국가라는 이중 과제에 전력을 다하는 중국 국정에 더 부합하는 것이다. 사회적 복잡도가 높은 후발 개발도상국으로서 정부 거버넌스의 제도적 역량 부족은 사회공공문제를 더 복잡하게 하였고, 이로 인해 자원을 통합하고 정책을 시행하기 위해서는 동원식 운동형 거버넌스(mobilized campaign-styled governance, 動員式的運動治理)를 통해 정책을 시행할 필요가 있었다.[14] 이와 함께 추월식 발전에 힘쓰는 지방정부는 강한 자주 목표와 자원 동원 능력, 그리고 능동성을 발휘할 수 있는 충분한 활동공간이 필요하였다. 이때 집권당 정부의 '일원화된 지도력'을 강화하는 것은 필연적인 것이었다. "규제형(規制型) 정부가 확립되지 않았을 때, 국가기관은 중국공산당의 조직력과 권위의 지지가 부족하였고, 국가 자원을 원활하게 동원할 수도, 국가 정책을 실행할 수도, 사회 질서를 효과적으로 수호할 수도 없었으며, 국가의 빠른 경제 발전 성과를 보장할 수 없었다…(중략)…따라서 '이당영정(以黨領政, 당이 정권을 주도함)' 자체는 제도적 계획이자 전략적 고려이기도 하다".[15]

---

14 唐賢興, 「정책 수단의 선택과 정부의 사회적 동원능력—운동형 거버넌스에 대한 해석(政策工具的選擇與政府的社會動員能力—對"運動式治理"的一個解釋)」, 學習與探索, 2009(3).

15 賀東航·謝偉民, 「중국공산당과 현대 국가 간의 상호작용 과정 연구(中國共産黨與現代國家互動歷程硏究)」, 『經濟社會體制比較』, 2011(4).

우선, 1978년 이후의 당과 국가의 관계사를 살펴보면, '당도국(黨導國)' 모델은 처음에는 행정관료 체계에 대한 복원과 개선으로 나타났다. 1978년 이후, 중국공산당의 주도로 중국은 빠르게 기존의 정부 기능 체계를 회복하였고, 급속한 경제 발전과 함께 정부의 업무량이 급격히 증가하자 기능 부서를 확충하고 공무원을 늘렸다. 당과 국가의 관계는 집권당의 정치적 영도와 정치 노선 마련을 통해 조직과 이데올로기 측면에서 행정관료 체계를 이끌어가는 당정구조에서 나타났다.

다음으로 '당도국'은 국가 발전 방향에 대한 인도와 정부 부서의 통합으로 나타났다. 거시적 발전 차원에서 중국공산당은 성과 합법성의 위기에 직면했을 때, 국가가 '신민본주의(新民本主義)'의 합법성을 재구성하도록 유도하였으며, 국가 발전 지향과 관련된 중대한 사안을 결정하는 과정에서 주도적인 역할을 수행하였다. 그리고 정책 운용 측면에서는 '당의 XX 업무 영도소조'의 운영 메커니즘을 실시하였고, 당 위원회가 주도하여 조직한 영도소조는 관료제의 종적·횡적 관계(條塊關系)를 타파하고 부서 간 협의를 강화했으며, 정치 권위, 행정 자원 및 물질 동원 능력을 통해 정책 집행을 촉진할 수 있었다.[16]

마지막으로 '당도국'은 사회 통합의 강화로 나타났다. 당은 기층 당 조직을 재정비하고 발전시켜 당원 수를 확대하였고, 당원의 자질 향상, 조직 제도 건설 강화 등의 방식을 통해 사회 조직에 당 건설 업무위원회, 사회 조직 연합 당 조직, 관련 작업 부서를 설립하거나 명확히 하였다. 그리고 사회 조직의 당 건설 업무 정례회의 제도를 구축 및 개선하

---

16 賀東航·孔繁斌, 「공공 정책 집행의 중국 경험(公共政策執行的中國經驗)」, 『中國社會科學』, 2011(5).

였으며, '점(點)·선(線)·면(面)' 체계로 사회 조직에 대한 당의 관리를 추진하는 등 '3+1' 모델을 취하였다. 「2016년 중국공산당 당내 통계 공보(中國共産黨黨內統計公報)」에 따르면 전국 사회 조직 법인 중 58.9%를 차지하는 289,000개의 당 조직이 설립되어 있다.[17] 사회 조직 및 사회 조직 내부 당 조직 건설의 관점에서 보면, 사회 조직의 수와 당 기층 조직이 확대·강화됨에 따라 사회 조직 내에서의 당 조직도 급격히 확장되는 양상을 유지하였다. 2000년대 들어서 당은 '당의 영도(領導)'를 전방위적으로 실현하기 위해 비공유제기업(非公有制企業)에서도 당 지부를 만들 것을 요구하였다.

진장의 사례를 보면 '당도국' 모델에서의 국가와 정당 관계는 현지 발전의 길을 닦으면서 괄목할 만한 성과를 거두었다. 그 내용은 다음과 같다. 첫째, 제도화된 건설의 성과를 가장 뚜렷하게 보여주는 증거인 물질적 성취이다. 2015년 두 가지 주요 경제 지표인 국민총생산(GNP)과 국가 재정수입에서 진장은 각각 1978년의 1,353배와 1,031배[18]로, 전국 현(시)급에서 5위를 차지했다. 이러한 통계 외에도 인프라 구축, 국민의 생활 수준 등 여러 측면에서 놀라운 성과를 거두었다. 둘째, 제도적 성취이다. 진장의 간부 선발과 교육 시스템이 나날이 개선되었으며, 정부

---

17 중국공산당 중앙조직부(中共中央組織部), 『2016년 중국공산당 당내 통계 공보(2016 年中國共産黨黨內統計公報)』, http://cpc.people.com.cn/n1/2017/0630/C64387-29375750.html, 2020년 1월 17일 방문.

18 1978년 진장의 국민총생산액(GNP)은 15,701만 위안, 재정수입은 1,480만 위안에 달했고 2015년에는 각각 1,620억 위안, 200.29억 위안에 달했다(『진장시 2015년 국민 경제사회 발전계획 이행 상황 및 2016년 국민 경제사회 발전계획 초안 보고(晉江市 2015年國民經濟與社會發展計劃執行情況及2016年國民經濟和社會發展計劃草案的報告)—2016년 1월 6일 진장시(晉江市) 제16회 인민대표대회 제5차 회의(第十六屆人民代表大會第五次會議上))』.

기관의 설립으로 전반적인 규모 효과를 보았고, 제도화된 건설의 개념은 각 정책 분야에 큰 영향을 미쳤다. 셋째, 질서와 안전이다. 모든 국가와 지역은 현대화 과정에서 필연적으로 사회적 동요와 불안정을 겪는다. 40여 년 동안 진장은 급속한 경제 발전과 급격한 사회 변화를 겪으면서 많은 이주 인구의 유입과 함께 새로운 사회적 모순이 야기되었고, 이는 사회 질서와 안전에 영향을 미쳤다. 그러나 상대적으로 우세한 조건을 갖춘 진장은 사회 질서와 안전에서도 여전히 높은 수준을 유지하였다. 이로써 '당도국'의 국가와 정당 관계는 권력의 집중을 보장하며, 경제 건설에서 국가가 이룬 큰 성과도 보장한다는 것을 알 수 있다.

현대 국가 건설에서 경제 건설에 대한 요구의 고효율과 권력 집중화는 특정 상황에서 상호보완적이다. 중국공산당이 헌법이 부여한 영도적 지위를 바탕으로 '당도국' 정치 제도는사실상 국가 최고 권력자, 지도자, 정책결정자로서, 국가 안정을 효과적으로 보장하였고 경제건설을 주도하였다. 그리고 경제의 고속 성장을 실현하여 기존의 국가 계획경제 체제를 신속하게 중국 특색 사회주의 시장경제 체제로 전환하였다. 이는 계획경제하의 국가 권위(독단적 권리)를 유지하면서 시장경제의 발전을 이용하여 국가의 기초적 권리를 확대한 것이다.

'당도국' 제도는 정치 지도자가 이끄는 국가의 발전 방향이기에 국가는 발 빠르게 치국(治國) 이념을 전환하였다. '혁신(創新), 조화(協調), 친환경(綠色), 개방(開放), 공유(共享)'의 5대 발전이념을 제시하여 새로운 발전관으로 경제 전환을 추진하였고, 백성을 근본으로 하는 '이민위본(以民爲本)'과 '인민 중심(以人民爲中心)'을 제시하여 행복(幸福), 안녕(平安), 자선(慈善) 등 민본이념을 제창하였다. 개혁개방 이후 중국의 전환은 사회문제에서 비롯된 것이지만, 동력은 정당으로부터 나왔음을 알 수 있다.

중국공산당은 유연한 학습과 조정 능력으로 사회적 요구를 당의 민본 이념(民本理念)에 반영하였고, 특유의 '당도국' 정치 제도를 통해 이를 국가 목표로 전환하였다.

제2절 국가와 시장

현대 국가 구축 과정에서 시장은 무시할 수 없는 요소이다. 국가는 사회 조직과 자연 자원을 둘러싼 사회 대중의 행동 요구에 부응해야 하며, 시장의 억압성에 맞서 보편적이고 사회적인 이익을 대표해야 한다. 한편, 시장은 억압적 성격을 지니고 있으나 사회 전체의 물질적 기반을 구성한다. 새로운 문명은 시장 원칙에 의해 갖춰지고 만들어지며, 그 존속 여부는 시장 자체에 달려 있다. 시장경제가 발전하는 과정에서 국가는 항상 이 두 가지 모순된 추진력의 결합체이다.[19] 국가 구축은 어떤 의미에서는 국가와 시장의 관계를 조정하고, 국가 공권력이 합리적인 과정으로 운영되도록 촉진하는 것이다. 중국 현대 국가에서 굴곡진 성장을 거치면서 눈부시게 발전한 100년의 시장경제 역사를 살펴보면 다음과 같다.

20세기 전반의 중국 현대 국가 건설에서 민국 시기의 역대 정부는 시장 발전을 거부하지 않았다. 민국 시기에 상품 경제는 발전했지만, 통일되고 개방된 시장을 형성하지는 못했고 지방 분할과 전쟁은 현대 시장의 형성을 가로막았다. 이 시기에 중국 동남부 연해안에서는 인쇄업

19 Karl Polanyi, 『대전환: 우리 시대의 정치와 경제 기원(大轉型:我們時代的政治與經濟起源)』, p.134.

을 비롯하여 섬유, 전기, 비누, 신발, 요업 및 장신구 산업 등 근대산업이 등장하였다. 항일전쟁이 발발하자 각지의 교통이 차단되었고, 해외 교민들의 송금도 끊겨 제품을 수출할 수 없게 되면서 공장은 불황에 빠졌다. 항일전쟁이 끝난 후 해방전쟁이 다시 발발하자 공장들이 잇달아 문을 닫게 되었다.

1949년 이후 계획경제 체제가 국민 경제생활을 주도하고 국가가 경제 분야를 완전히 통제하면서 어느 정도 상품교환이 이루어졌지만, 국가는 기본적으로 자유시장을 배척하는 태도를 취하였다. 중앙정부와 각급 지방정부는 경제적으로 통일된 계획생산과 계획소비를 시행하였고 시장은 상당히 더디게 발전하였다. 1978년 이후 민영 경제가 중국 동남부 연해안의 일부 성시(省市)에서 시작되면서 농촌 지역에 다양한 사회 및 단체 기업이 속속 설립되었으며, 1980년대에는 각지에서 민영기업이 크게 부상했다. 그러나 당시 향진기업의 시장 운영은 여전히 중국 국내 정세의 영향과 억압을 받았다. 그러나 지방정부는 민간 경제의 발전을 묵인하거나 암묵적으로 지지하는 태도를 취하며 사실상 더 큰 자유와 자주권을 부여하였다. 이 과정에서 민영기업은 지방정부의 계획에 따라 '적응적 조정(適應性調整)'을 통해 이데올로기로 인한 리스크를 피하였고, '연계자금 조달(聯户集資)', '예속경영(掛靠經營)',[20] '삼자기업(三資企業)' 방식으로 경영하는 등 '합법적' 경영 자격을 획득하였다. 민영 경제가 중국의 국내 정세를 앞서고는 있었지만, 전반적으로 시장경제 체제가 확립된 것은 1992년 덩샤오핑의 '남방담화'와 중국공산당 14

20 역자주: 예속경영(掛靠經營)이란 실질적으로는 독립적인 기업이 명목상으로는 다른 기업이나 조직에 소속되어 있는 것과 같이 꾸며 놓은 후 실제로는 독립 경영을 하고 보호비를 정기적으로 상납하는 변칙적 기업형태이다.

차 전국대표대회 이후였고, 이는 중국의 민영 경제가 '2차 창업'에 진입했음을 의미하는 것이다. 그 후 정부와 시장은 점차 상호작용 구조를 형성했으며, 시장 발전과 공권력 구축은 상호작용 속에서 성장하였다.

그동안 정치계와 학계는 국가와 시장의 관계 포지셔닝 문제를 놓고 일대 담론을 벌이며 거시정책의 향방을 결정하고 있었다. 1978년 제기된 '계획경제와 시장경제의 결합(計劃經濟與市場經濟相結合)'[21]에서 시작하여 '계획경제를 시행함과 동시에 시장경제의 보조적 역할을 발휘한다(實行計劃經濟,同時發揮市場調節的輔助作用)'까지, 그리고 다시 '계획경제를 위주로 시장경제를 보조수단으로 삼는다(計劃經濟爲主,市場調節爲輔)'에서 '정부는 시장 조절을, 시장은 기업을 선도한다(政府調節市場、市場引導企業)'에 이르기까지, 이후 1992년 중국공산당 제14차 전국대표대회가 '사회주의 시장경제 체제 구축(建立社會主義市場經濟體制)'을 제창하면서 비로소 시장경제가 자원 배분의 기본 방식임을 공식화하였다. 이러한 논의는 주로 정치 집권과 시장 분권 사이의 관계를 반영한다.

진장의 국가와 시장 관계는 실제로 이러한 변화의 특성을 반영하며 세 가지 발전 단계를 거쳤다.

첫 번째 단계는 시장은 확장기에, 국가는 무위이치(無爲而治, 인위적인 수단 없이 나라를 다스림)에 처해있는 상황이었다. 1978년 이후 '진장 모델'의 형성 과정에서 시장의 점진적인 도입과 함께 진장 정부의 간부들은 현

---

21 1978년 7월부터 9까지, 중국 국무원(國務院)은 현대화 건설의 가속화를 위한 방침을 강구하는 이론공작회의(務虛會議)를 개최하였다. 리셴녠(李先念) 부총리는 회의를 총결산하며 '계획경제와 시장경제의 결합(計劃經濟與市場經濟相結合)'이라는 관점을 제기하였다. 『30년 돌아보기: 계획경제에서 사회주의 시장경제까지(回首30年: 從計劃經濟到社會主義市場經濟)』 및 http://www.china.com.cn/news/txt/2008-11/26/content_16833613.htm, 2020년 1월 17일 방문.

지의 구체적인 상황과 대중의 이익에 따라 국가 정책을 유연하게 시행하였다. 국가 정책에 부합하지 않는 경제 행위를 공개적으로 지지하지는 않았지만, 단호하게 반대하지 않고 묵인하는 경우가 많았다. 지방정부의 이러한 태도는 사실 국민에게 시장 수요에 따라 생산과 경영할 수 있도록 하는 큰 자유와 자주권을 보장하는 것으로 이것은 진장의 초기 시장경제가 빠르게 발전할 수 있었던 이유 중 하나이다. 민영기업은 지방정부의 계획에 따라 '적응적 조정'을 통해 이데올로기로 인한 리스크를 피함으로써 연계자금 조달기업과 같은 모호한 개념을 민영기업에 씌워 합법적인 신분을 제공하는 등의 방식으로 합법적 경영 자격을 획득하였다.

두 번째 단계에서는 국가가 시장을 주도하고 촉진하였다. 1990년대 중반, 정부는 '보호자'에서 '안내자'로 역할을 진일보 전환하였다. 정부는 경제 구조를 주도하는 것을 비롯하여 외자 유치를 위해 우대 정책을 제공하는 등 민영기업의 발전을 지원했으며, 시장 규제 및 시정을 통해 장기적으로 산업 구조를 최적화하고 공업과 산업을 합리적으로 배치하는 등 주도적으로 경제 분야에 참여하였다. 진장시 당정과 유관부서는 매년 기업을 조직해 성 안팎으로 개최된 전시 판매회, 무역회, 조정회, 국경 무역회 등을 통해 교향(僑鄕)의 제품을 적극적으로 홍보하고 경제 협력을 강화하였다. 또한, 부동산, 전력 등 분야의 국유 기업을 설립하기 위해 자금을 조달하였다. 이렇게 '정부가 무대를 마련하고, 기업이 그 위에서 공연하게 한다'는 일념으로 진장 민영기업의 발전을 위한 광범위한 발전 플랫폼과 양호한 외부 환경을 마련하였다. 이것은 중앙정부 차원의 전환과 거의 동시에 벌어진 일이었다. 중앙정부는 1990년대 중후반까지 시장경제의 촉진자이자 참여자 역할을 적극적으로 수행했으며, 지방정부가 성과평가에 자극을 받아 주도적으로 시장친화적이 되도록 다양한 평가 지표를 발표하였다.

이 과정에서 정부는 시장 요인을 통해 기업과의 연대를 강화하였다. 우선, 민영기업과 정부의 연대는 정부의 개혁 추진력에 일정 부분 힘이 되었다.[22] 이와 함께 새로운 경제 집단인 기업 엘리트가 등장하였고, 인민대표대회와 정치협상회의를 통해 국가 체제로 진입하여 새로운 '경제—정치—문화' 연합을 형성하였다. 이 체제가 바로 진장 경제의 급속한 성장을 촉진한 것이다. 다른 한편으로, 정부는 민영기업의 압박 속에서 내부적 타협을 통해 '밤의 경비대' 역할을 수행하였다. 즉, 경제 발전의 추진자로서 정부의 역할은 종종 중립적인 '심판자'로서의 역할을 제약하였으며, 정부의 성과에 대한 관심은 시장의 규제와 쇄신에 대한 기대를 훨씬 넘어섰다. 지방 국가 권력은 시장 질서가 성장을 저해하지 않는 한, 강한 시장친화적·자본친화적 성향을 보여왔다.

개혁개방 이후 진장 산업은 자체 산업 클러스터를 형성하였고 유명 브랜드가 부상하였다. 2012년 3월 20일까지 진장은 신발 산업에서만 31개의 '중국저명상표(中國馳名商標)', 9개의 중국 유명 브랜드 제품, 36개의 국가 검사 면제 제품을 획득했으며, 국가의 인증을 받은 '국자호(國字號)' 브랜드의 총개수는 당시 전국 운동화 산업의 절반 이상을 차지하였다.[23] 치열한 시장경쟁에서 살아남으려면 환경, 사회와 더욱 화합하여 지속 가능한 경제 발전을 도모해야 한다. 최근 몇 년 동안 진장시 정부는 기

22 黃宗智, 「개혁의 국가체제: 경제 기적과 사회 위기의 동일한 근원(改革中的國家體制：經濟奇跡和社會危機的同一根源)」, 『開放時代』, 2009(4).

23 진장시 경제무역국(晉江市經濟貿易局), 「진장시 제조산업 발전 상황 소개(晉江市制造産業發展情況介紹)」를 참조. 2012년 3월 20일 저자가 조사한 자료임.

업의 구조조정 후 상장 지원, 가족 기업의 현대 주식제 기업으로의 진화, 에너지 절약 및 오염물질 배출 감소 전면 확대, 순환 경제 발전, 자원 환경의 적재 능력 향상, 기업의 첨단 기술 도입 및 연구 개발 장려, 제조업의 현대화를 가속화하였다. 진장은 전자, 바이오제약, 기계 등 기술, 자금 집약적 산업으로의 업그레이드를 위한 주요 플랫폼인 경제 단지를 조성하였다. 이를 통해 기업 관리 최적화, 기술 혁신 및 경제 구조의 업그레이드를 효과적으로 추진할 수 있었다. 동시에 도·농(城鄉) 일체화의 전반적인 발전, 생태 환경 보호 건설, 공공 서비스 시스템의 개선, 교육·의료·고용과 같은 민생 보장 체계의 지속적인 개선은 진장 경제의 지속 가능한 발전을 위한 강력한 사회적 기반을 제공하였다.

세 번째 단계에서는 국가의 시장 감독이 강화되었다. 시장의 급속한 확장은 불합리한 시장의 하드웨어 배치, 불규칙한 시장 질서, 신용 부족 및 침해와 같은 많은 문제를 야기하였다. 경제 발전이 '뉴노멀'에 진입하고 국가의 생태 문명 건설이 가속화됨에 따라 중국은 급속한 시장 발전에서 비롯된 국가 발전의 불균형, 불일치 및 지속 불가능한 문제를 해결하고 발전에 대한 대중의 기대에 부응하기 위해 혁신 발전, 조화 발전, 친환경 발전, 개방 발전 및 공유 발전으로 대표되는 '신시대(新時代)' 경제 사회 발전의 새로운 이념인 5대 이념을 확립하였다. 이에 따라 정부는 전문 감독, 사회 감독, 행정 감독, 기술 감독을 갖추고 보완하였고, 시장에 대한 불시검사의 상시화와 집중·정밀화의 결합을 통해 일상적인 감독을 강화하였다. 그리고 원생태(原生態), 저탄소 배출, 환경 보호 등 지역적 특색 기준 제정을 보다 중시하는 동시에 상공(商工), 품질감독, 위생, 공안, 검찰 등의 부서는 데이터의 상호연동을 실현하여 건강제품, 의약품, 의료기기 및 농촌 '5마오 식품(五毛食品, 불량식품)', 영세 식료품 공장에 대한 감독을 강화하였다.

'중국 모델'의 성공은 중국 정부가 사회주의 시장경제를 채택하고 무분별한 시장경제 모델을 구축하지 않았기에 이룰 수 있었다. 개혁개방 초기부터 정부는 대규모의 산업 발전 추진과 광범위하고 심층적인 경제 개입으로 국내시장을 보호하였다. 21세기에 들어서자 중국 정부는 개입을 통한 빈부 격차 완화, 강력한 재정 드라이브 구현, 금융 버블 억제, 전면적인 혁신 등을 추진하였다. 혁신과 산업 고도화는 중국 경제 성공의 중요한 요소이다. 1980년대 이후, 중국 정부는 과학 기술의 진보, 기술 혁신 및 산업 업그레이드를 직접 추진함과 동시에, 경제 발전에 필수적인 교통 인프라를 확충하기 위해 적극적으로 기반 시설 건설을 추진하였으며, 철도·고속도로·항공 등 주요 교통망의 건설을 가속화하였다. 특히 토지의 국유화는 중국 경제의 성공에 결정적인 역할을 하였으며, 이를 통해 저렴한 비용으로 대규모 인프라를 구축할 수 있었다. 중국 경제의 성공은 단순히 시장경제의 성공이 아니라 시장경제와 정부가 함께 노력한 결과라고 할 수 있다.

국가의 시장 개입은 중국이 최초가 아니다. 미국도 건국 초기에 식민지 연합에서 연방(聯邦)으로 가는 중앙집권적 과정을 거쳤으며, 현대 금융과 신용 시스템 구축, 산업 및 과학기술 진보 촉진 등 여러 분야에 국가의 그림자가 드리워져 있다. 미국 경제 발전의 역사에서 세 가지 중요한 전환이 있었는데, 앞의 두 차례 전환 모두 정부의 역할을 강화하여 미국 경제가 놀라운 발전을 이룬 것이다.[24] 프리드리히 리스트(Georg

24 黃樹東, 『미국 정부와 시장 관계의 진실(美國政府和市場關系的眞相)』, https://www.sohu.com/a/238482770_425345, 2020년 1월 17일 방문.

Friedrich List)의 발전형 국가는 중국 모델과 이전 아시아의 국가 발전주의 모델 및 초창기 유럽·미국의 국가 주도형 발전체제 사이의 연속성을 보여준다.[25] 차이점이라면 중국의 국가 건설은 경제 발전을 둘러싼 장기적인 수요가 많았으며, 이는 결국 통치 질서를 안정시키는 데 도움이 되었다는 것이다.[26]

제3절 국가와 사회

현대 국가의 구축은 국가와 사회, 시장 관계의 합리화를 끊임없이 추구하는 지속적인 역사적 과정이다. 일반적으로 시장경제가 발전함에 따라 현대 국가의 발전 과정에서 주체성, 평등성, 참여성을 갖춘 현대 시민의식이 생겨나며, 정부와 상대적으로 독립적인 민간 사회가 형성된다. 이처럼 스스로 움직이는 민간 사회는 현대 국가 구축의 중요한 부분은 아니지만, 현대 국가 구축의 바탕이 되는 요소이다.

20세기 전반에 이미 초기 형태를 갖추었던 중국의 민간 사회는 끊임없이 성장하였고, 각종 사회 조직과 신문 여론이 등장하기 시작하였다. 게다가 국민정부 집권당의 정치적 힘이 약화되면서 사회 분야의 활동 공간이 확대되었고, 그 결과 각종 사회단체, 비정치적 민간 조직, 학술 조직 등이 일정한 생존 기반을 확보하게 되었다.

---

25 Shaun Breslin, 「중국 모델과 글로벌 위기: 프리드리히 리스트으로부터 중국 거버넌스 모델까지(中國模式與全球危機: 從弗裏德裏希·李斯特到中國治理模式)」, 馮瑾編(역), 『當代世界與社會主義』, 2012(1).

26 David Waldner, 『국가 구축과 개발도상(國家建構與後發展)』, 劉娟鳳·包剛升(역), 吉林出版集團有限責任公司, 2011, pp. 2-5.

1949년 중화인민공화국 수립 이후, 국가가 정치, 경제, 사회 전반을 주도하여 점차 일원화된 국가—사회(國家—社會) 모델을 확립했으며, 여러 사회 조직과 단체는 반드시 정부 당정기관의 해당 부서에 예속되어야 했다. 그리고 사회 조직 내에는 그에 상응하는 중국공산당의 조직이 구축되었다. 1978년 이후 국가의 사회 통제가 점차 완화되기 시작하면서 전반적인 사회 구조가 다음과 같이 분화되었다.

첫째, 농촌에서는 '전통의 부흥'이 일어나면서 전통적인 사회 조직이 다시 활성화되었다. 진장에서는 종묘회, 노인회, 정씨회족회(丁氏回族會), 태원학회(太原學會), 우순협회(虞舜協會), 비간협회(比幹協會), 마조회(媽祖會), 도교협회, 어업협회, 양곡 재배협회, 가족 또는 해외재단 등 역사, 사회, 문화를 위해 만들어진 일부 풀뿌리 사회 조직이 다시 결성되었다. 이러한 '혈연(血緣)', '지연(地緣)', '업연(業緣)'으로 뭉친 민간 조직의 부활은 진장 민간 사회의 활성화를 이끌었고, 민간의 종족(宗族) 조직도 이 시기에 활성화되었다. 일례로 진장의 시씨(施氏) 종친회는 매년 현지 정부가 승인한 '시랑(施琅)의 타이완 수복 XX 주년 기념' 세미나 형식으로 종친 행사를 열고 해외에 거주하는 진장 출신 시씨 종친들을 관련 행사에 초청하였다. 수백 년에 걸쳐 전승·축적되어 온 전통 민간 사회의 회복은 중국인의 가슴 깊이 뿌리내려 있으며, 깊은 사회적 공감과 지지 기반을 지니고 있다. 이러한 전통은 지역 의식과 민간 조직에 기초한 것으로, 그 매개체의 부흥은 농촌 민중의 공감과 응집력을 불러일으켰다. 또한 신앙과 종족적 유대를 통해 민중을 해당 사회 조직에 재통합함으로써 시장경제의 급속한 발전으로 인한 농촌 지역의 '원자화(原子化)'[27] 충격

27 역자주: 대중화된 현대 사회에서 각 개인이 낱낱의 개체로 고립된 채 살아가는 현상을 의미한다.

을 완화하였다.

둘째, 도시 지역에서는 시장경제의 발전과 민간 경제조직의 출현으로 도시의 일자리 분업과 사회구조의 분화가 촉진되었고, 다양한 이해관계와 경쟁구조가 이익공동체의 결속을 촉진하였다. 1978년 이후, 사회주의 시장경제 발전 과정에서 정당이나 정부와 같은 전통적인 조직 형태를 벗어난 중개조직, 사회단체, 재단, 민간 비기업(非企業) 조직, 각종 대중단체 등 다양한 민간 사회 조직이 등장했다. 이것이 바로 중국 사회의 새로운 이익 요구에 부응하고자 생겨난 '양신(兩新)' 조직이다.[28] 이러한 '양신' 조직은 사회가 마땅히 가져야 하는 책임과 의무를 지고 국가의 확장하기 불편한 영역에서 정부의 여러 기능을 대체하여 다원화된 협력과 거버넌스를 실현하는 데 큰 의의가 있다.

셋째, 민간 사회의 실천에서 부각되는 사회 발전은 중국 국가 구축에 중요한 의미가 있다.

(1) 민간 사회의 실천은 국가와 사회의 관계를 재구성하여 현대 국가를 형성한다. 시장경제가 나날이 확장됨에 따라 중국 현대 국가 구축이 가진 중대한 과제 중 하나는 '국가 기능을 전문적으로 수행하며 분수(分殊)[29]와 유한정부(有限政府, 작은 정부)를 원칙으로 하는 국가기구의 재구

28 양신(兩新) 조직은 신경제(新經濟) 조직과 신사회(新社會) 조직의 약칭이다. 신경제 조직은 사영기업, 외자기업, 홍콩·마카오·타이완(港澳臺) 투자기업, 주식합작기업, 민영과학기술 기업, 자영업자, 혼합소유제(混合所有制) 경제조직 등 각종 비국유(非國有)·집체(集體)·독자적인 경제조직을 뜻하며, 신사회 조직은 사회 단체와 민간 비기업(非企業) 기구의 총칭이다.

29 역자주: 국가 분수성(國家分殊性)은 사회의 독립성에 비해 조직과 구조에서 국가가 '형식'에서 사회와 독립하고 사회와 분리되는 특성을 의미한다.

축'이다.[30] 정부의 권한 이양(放權)의 전제는 시장 질서의 안정을 보장하는 것이고, 핵심은 정부 관리에서 사회 자체 관리로의 전환을 실현하기 위한 신뢰할 수 있는 제3자 조직을 찾는 것으로, 민간의 중개조직은 이 기능을 계승하기에 적합한 주체이다. 진장의 푸푸(福埔) 자동차 시장 동업공회와 시 공안국 차량 관리소의 협력을 예로 들면, 정부 부서, 공회 회원부터 대중에 이르기까지 모두가 혜택을 받았다.[31] 이와 같은 사례는 너무나도 많아서 일일이 열거할 수가 없다. 이 민간 조직들은 정부가 양도한 공간에서 '자발적 대체(自願性替代)' 또는 '교환적 대체(交換性替代)'를 이뤄냈다. 이러한 대체는 회원과 대상에게 관련 서비스를 제공하고 정부와의 관계를 조율하여 강력한 사회적 기능을 발휘하였고, 자체적인 풍부한 사회 자본을 활용하여 조직 간의 협력 거래 비용을 절감하였다. 또한, 일자리 제공, 인재 육성, 관리 정보 제공 등을 통해 사회를 통합하고 지역사회 공동체 등을 구축하였다.[32] 이와 같은 역할은 정부의 사회적 관리 비용과 위탁자에 대한 감독 비용을 크게 줄여 상생(雙贏)을 이루는 협력의 일종인 것이다.

(2) 민간 사회는 현대 공공 정신을 탄생시키고 성장시켰다. 단순한 사회적 구조가 아닌 민간 사회는 이러한 구조를 형성하는 문화적 전통도 포함하며, 개인의 자유와 권리는 물론 시민의 책임과 참여의 미덕도 중

---

30 樊紅敏, 「시민사회의 발달과 중국 현대 국가 구축의 의미에 관한 연구(公民社會發育與中國現代國家建構意義探析)」, 『鄭州大學學報(哲學社會科學版)』, 2006(4).

31 賀東航, 「현대화 과정에서 국가와 사회관계의 재정립 —진장 모델에 대한 하나의 시도적 해답(現代化進程中國家與社會關系的重新定位—對晉江模式的一個嘗試性解答)」, 『經濟社會體制比較』, 2005(4).

32 陸學藝 『진장 모델의 새로운 발전—중국 현역 현대화의 길 모색(晉江模式新發展—中國縣域現代化道路探索)』, p.248.

시한다.[33] 예를 들어, 진장시 자선총회의 성장과 발전 과정에서 일부 민영기업가들은 자선총회를 플랫폼으로 사회적 책임을 주도적으로 지고 지역 사회의 독특한 자선 문화를 형성하였다.[34] 이 과정에서 기업가 집단은 자연스럽게 공공 정신이 함양되었고, 정치 참여 능력과 수준도 향상되었다.

필자는 중국 민간 사회의 성장에 대한 조사를 통해 중국 민간 사회가 훌륭한 거버넌스 성과를 거두었지만, 여전히 몇 가지 문제가 있음을 발견하였다. 첫째, 심각한 불균형성이 존재한다. 경제 분야의 조직이 사회, 교육, 환경 보호 등 분야의 사회단체에 비해 월등히 많지만, 자선총회를 제외하고는 공익적 사회단체의 활동이 부진하고 그 영향력도 미미하다. 둘째, 사회단체 구성원의 구성상, 조직 엘리트가 단체를 주도하며 엘리트와 기층 구성원 간의 연결고리가 긴밀하지 못하다. 또한, 많은 단체가 전반적으로 사회적 책임과 사회적 신뢰 및 사회적 통합력이 부족하다. 이를 근거로 민간 사회는 사실상 여전히 부유상태(浮游狀態)에 처해 있는 것으로 판단할 수 있다. 셋째, 동업공회는 기업의 자체 조직인 경우가 대부분이지만, 여전히 후원 단위(掛靠單位)[35]의 한계를 벗

33 陳健民, 「중국에서 시민사회 이념을 어떻게 잘 적용할 수 있는가(如何在中國用好公民社會理念)」, 『探索與爭鳴』, 2007(7).

34 賀東航, 「지방 공동체 전통과 정부의 주도성—국가와 사회관계 구축에 대한 푸젠 진장 자선총회의 시사점(地方社群傳統與政府主動性—福建晉江慈善總會對構建國家與社會關系的啟示)」, 『華中師範大學學報(人文社會科學版)』, 2005(5).

35 역자주: 중국에서 사회 조직이 합법적으로 활동하려면 정부에 정식으로 등록하여 허가를 받아야만 한다. 그런데 사회 조직이 정부에 등록을 신청하기 위해서는 먼저 자신을 후원해줄 공공기관이나 조직을 찾아야 한다. 법률 용어로는 이를 '업무주관 단위(業務主管單位)'라고 부르고, 일반적으로는 '후원 단위(掛靠單位)라고 한다(조영남, 2022, 현대정치연구, p.170 참조).

어날 수 없으며, 정부의 영향으로 종속적 특징이 두드러지게 나타난다. 또한 많은 사회단체들이 아직 경제적 독립을 이루지 못했으며, 정부 조직 체계의 영향으로 인해 사회단체 내부에서 관료화 경향이 나타나고 있다. 넷째, 진장의 다양한 사회단체 가운데 상업적 사회단체는 뚜렷한 주도권을 가지고 있다. 경제적으로 독립되어 있고 상당한 수준의 주체성과 행동력이 있음에도 불구하고 경제적 이익을 추구하는 상업적 사회단체는 성과에 관심이 많은 정부와 동맹을 쉽게 맺는 경우가 많다.

진정한 민간의 사회적 효과를 총체적으로 정리하면 다음과 같다. 첫째는 협력 관습과 공공 정신을 함양하는 것이다. 둘째는 상호 신뢰적·호혜적·온건적·타협적·양해적·관용적 성품을 함양하여 단체 활동에서 서로를 신뢰하고, 타협하며 포용하는 습관을 기르는 것이다. 셋째는 어떻게 회의를 하고 대중 앞에서 말을 해야 하는지, 그리고 어떻게 편지를 쓰고 프로젝트를 조직하며 토론해야 하는지 등 사람들과 교류하며 함께 일하는 커뮤니케이션 능력을 함양하는 것이다.[36] 이러한 측면에서 보면, 진장의 민간 사회는 아직 갈 길이 멀다. 시장경제의 발전과 민중의 권리의식 각성, 인터넷 커뮤니티의 등장은 중국의 국가 구축 면모를 크게 부각시킬 것이다. 린샹리(林尙立)는 "사회 역량의 독자적 성장은 중국 정치 생활의 기존 권력 구도를 크게 변화시켜, '당국일체(黨國一體)'라는 일원화된 권력 구조를 당의 영도를 핵심으로 하는 당·국가·사회 삼자(三者)의 상호작용적 3차원 권력 구조로 전환시켰다. 이에 대응하여 중국 정치 발전의 동력 구조도 단일 역량 추진에서 다원 역량 추진으로 전환되었으며, 경제와 사회 및 지방정부의 이익 요구와 발전

36 王紹光, 「'시민사회', 악을 물리치다("公民社會"袪魅)」, 『綠葉』, 2009(7).

기대로부터 점차 중국의 정치 발전을 촉진하는 중요한 추진력이 되었다…(후략)…"라고 보았다.[37]

중국 제도의 특수성[38]에 기반한 '중국 모델'의 주요 특징은 중국공산당의 지도 아래 행정 주도로 전개되며, 강한 '행정성(行政性)'과 '국가성(國家性)'의 색채를 띠고 있다는 점이다. 그러나 이는 사회의 부진을 의미하는 것이 아니다. 오히려 중국 사회는 전통성과 현대성을 아우르는 다양한 사회 조직이 공존하며, 새로운 이익을 지속적으로 제기하는 다채로운 '강한 사회(强社会)'의 면모를 보이고 있다. 이와 같은 국가와 사회의 '쌍강(雙强)'모델[39]은 '강력한 국가와 강한 사회가 동시에 출현하여 시간의 흐름 속에서 상호 균형을 이루고 서로를 견제함으로써 더 높은 수준의 자유를 실현한다'는 특징을 지닌다.[40] 따라서 국가(정당 포함)와 사회의 관계는 음의 상관관계가 아니라, 공생하고 공존하는(共生共存) 관계이다.

37 林尙立, 「민주적 성장: '개체 자주'에서 '사회 공평'으로—2005년 중국 정치 발전의 의의 해석(民主的成長: 從"個體自主"到"社會公平"」—解讀2005年中國政治發展的意義)」, 『毛澤東鄧小平理論硏究』, 2006(3).

38 申林·梁偉, 「국가 능력 강화와 국가 권력 규범: 현대 국가 건설의 이중 사명(强化國家能力與規範國家權力: 現代國家構建的雙重使命)」, 『雲南行政學院學報』, 2015(3).

39 賀東航, 「현대화 과정에서 국가와 사회관계의 재정립 —진장 모델에 대한 하나의 시도적 해답(現代化進程中國家與社會關系的重新定位—對晉江模式的一個嘗試性解答)」, 『經濟社會體制比較』, 2005(4).

40 Francis Fukuyama, 『정치 질서의 기원: 전 인류 시대에서 프랑스 대혁명에 이르기까지(政治秩序的起源：從前人類時代到法國大革命)』, p.183, 廣西師範大學出版社.

제4절 국가 구축의 형세와 도전

앞서 서술한 바와 같이 국가와 정당, 국가와 시장, 국가와 사회의 관계는 '정당—국가—사회—시장'의 관계 사슬로 구성할 수 있다. 관계 사슬의 단계별로 '힘의 강약'을 줄 세우면 중국에서는 정당의 힘이 국가보다 크고 국가의 힘이 시장보다 크며 시장의 힘이 사회보다 크게 나타난다. 그 사이의 장력은 중국 국가 구축의 형세이자 도전이 된다.

필자는 지역적 제도의 혁신, 급속한 도시화, 네트워크 사회의 부상, 합법성 전환, 세계화와 탈세계화의 지지와 압력, 제도화와 민주화의 장력 등 6가지 측면이 오늘날 중국 국가 구축의 주요한 동력이자 도전을 구성한다고 보고 있다.

1. 지역적 제도 혁신과 국가 통일성의 장력

1978년 이전의 중국은 중앙 국가에서 지방 국가에 이르기까지 모두 고도로 중앙집중적이고 상대적으로 동질성을 띠는 정치 생태구조 체계였다. 1978년 이후 중앙정부로부터 지방기관으로의 권한 이양과 인센티브 정책, 그리고 일명 '각자의 부엌에서 밥을 먹는 것(分竈吃飯)'과 같이 중앙과 지방을 분리한 다양한 재정도급(財政包幹) 체제로 인해 지방은 기회와 이익이 상대적으로 독립적인 권력 구조체계를 형성하게 되었다. 지방 지도층의 다수는 자신의 임기 내에 일정한 성과를 달성하기를 기대하였다. 동시에 1980년대 중앙정부는 개혁과 발전 과정에 지방정부가 적극적으로 참여하도록 장려하기 위하여 '권리 이양 및 이익 양도(放權讓利)' 조치를 취하였다. 이러한 요인이 겹치면서 연해의 광둥(廣東)과 저장(浙江), 충칭(重慶)과 구이저우(貴州) 서부 등에서도 지방 지도자들은 끊임없이 개혁의 활로를 찾았으며, 다양한 제도적 혁신을 실천하였다. 이어서 '현지 발전을 가속화하기 위해 각지의 지방정부는 다양한 노력을 통해 경쟁우위를 확보하고자 하였으며, 그 결과 상급자는 물론 중앙정부의 주목을 받아 정책 및 자금 등 자원 투자를 유치할 수 있었고, 사회 자금의 유입 또한 가능해져 이른바 '투자 지대(投資窪地)'를 형성할 수 있게 되었다.'[41] 1990년대 중후반 이후, 지방정부는 다층적·다각도적·다분야의 제도 혁신을 추진함으로 일종의 '지방정부 혁신' 거버넌스 시류를 형성할 수 있었다.

지역적 제도의 혁신은 크게 정치 개혁, 행정 개혁 및 공공 서비스의 세 가지 범주로 나눌 수 있다. 혁신 분야의 관점에서 살펴보면, 이론적 차원의 정부 혁신, 제도적 차원의 정부 혁신, 인적 차원의 정부 혁신 및 운영 차원의 정부 혁신이 있다.[42] 구체적인 혁신 조치의 관점에서 살펴보면, 정부 혁신은 체제 개혁, 정무 공개, 책임제, 업무 기풍 구축, 전자정무, 통합적 법 집행, 공무원 관리 등으로 나눌 수 있다.[43] 지방 혁신은 행정 비용 절감, 행정 효율성 향상, 정부 대응 강화 등의 작용을 했으며 관할 구역 내 대중에게 혜택을 가져다주었다.[44] 따라서 지방정부는 제도 혁신에 대한 현실적인 수요와 강력한 추진력을 가지고 있다.

---

41 楊雪冬, 「중국 지방정부 혁신: 특징과 문제점(中國地方政府創新: 特點和問題)」, 『甘肅行政學院學報』, 2007(4).

42 謝慶奎, 「서비스형 정부 건설의 기본 경로: 정부 혁신(服務型政府建設的基本途徑: 政府創新)」, 『北京大學學報(哲學社會科學版)』, 2005(1).

43 吳知論 편저, 『중국 지방정부 관리 혁신(中國地方政府管理創新)』, 人民出版社, 2004, p. 67.

44 吳建南·馬亮·楊宇謙, 「중국 지방정부 혁신의 동기·특징과 성과—'중국 지방정부 혁신상'에 기초한 다사례 텍스트 분석(中國地方政府創新的動因特徵與績效—基于"中國地方政府創新獎"的多案例文本分 析)」, 『管理世界』, 2007(8).

지역적 제도 혁신은 중국의 개혁과 발전에 중요한 경험을 제공하였으며, 다수의 실천을 통해 그 실행 가능성이 입증된 개혁들은 모두 지방에서 먼저 모색된 후 전국적으로 추진되었다. 일부 학자들은 이러한 개혁 모델을 '계층적 정책 실험(分級制政策試驗)'이라고 일컫었다.[45] 이러한 실험의 원동력이 상향식인지 하향식인지 보다 중요한 사실은 이러한 불확실한 상태의 시행착오와 실험이 전국 범주의 정치적 결정에 신뢰할 수 있는 경험적 논증과 정치적 지원을 제공해 주었다는 것이다. 1980년대 안후이성(安徽省)의 농촌 개혁이나 후베이성(湖北省) 우한시(武漢)의 국유기업 개혁은 각각 전국의 농촌과 도시 개혁에 돌파구를 마련하였다. 따라서 특정 개혁이 깊은 수렁에 빠질 때마다 중앙정부 차원에서 새로운 방법으로 교착 상태를 돌파하기 위해서는 지역 혁신 실험이 반드시 필요하다.

또한, 지방정부의 자주성과 이기심은 흔히 서로 얽혀 있다. 자주성은 적극적이고 활동적인 것으로, 지방 거버넌스를 활성화하는 요인이 된다. 반면 이기심은 국가 권위의 '파편화'를 초래하는 요인으로, '위에는 정책이 있고 아래에는 대책이 있다(上有政策, 下有對策)'라는 말이 있듯이, 정부가 정책을 내놓으면 민간은 빠져나갈 궁리를 하는 사회적 부조리가 발생할 수 있다. 국가는 이러한 '파편화(碎片化)' 현상으로 인해 거버넌스 주체가 다원화되고 분열되며, 그 결과 중앙정부의 권위가 약화됨으로써 지방정부에 대한 통제력과 구속력이 약화되어 일부 공공 정책의 시행이 지연될 것을 우려한다. 무엇보다 국가의 권위가 '파편화'되면 '통치권 분할(治權分割)'로 이어질 수 있고, '통치권 분할'의 극단적 결

45 Sebastian Heilmann, 「중국 경제 도약의 계층적 정책 실험(中國經濟騰飛中的分級制政策試驗)」, 石磊(역), 『開放時代』, 2008(5).

과는 한 국가의 '주권 분할(主權分割)', 또는 '거버넌스 붕괴(治理破碎)'로 이어질 수 있다는 우려도 있다. 현재 중국은 경제사회 전환의 중요한 단계에 있다. 만약 지방의 이기심이 높아지고 지방정부가 특정한 이익의 대변인이 된다면, 사회적 불공평을 초래할 수 있다. 국가 거버넌스 구조에서 국가 통일성과 지역 자주성('전체'와 '파편') 사이에는 항상 중앙과 지방의 힘겨루기와 관련된 장력이 존재해 왔다. 이러한 상황에서 '중앙의 권위(中央權威)'가 자주 거론되어 당 중앙의 권위를 수호하고 당의 지도적 핵심을 확립하며, 분산주의(分散主義)와 지역주의에 반대해야 한다는 주장이 강조된다. 중국의 현대 국가 구축이 새로운 시대에 접어들면서 이러한 추세는 더욱 두드러질 것으로 보인다.

2012년 중국공산당 제18차 전국대표대회 이후, 중앙정부는 정책의 정층설계(top-level design, 頂層設計)와 전면적인 설계 임무를 맡았다. 이 시기의 지방 개혁은 규정대로 한 치의 오차도 없이 진행되었으며, 지역 활력과 혁신이 크게 감소하였다. 정치적 잠재력이 큰 정치 분위기는 상급 기관이 제정하면 하급 기관은 시행하는 상명하복(上命下服)으로 인해 상하 간의 소통이 부족하다고 바라보는 시각도 있다. 예를 들어, 일부 지방정부는 지역 실정에 맞게 정책을 전환할 엄두를 내지 못하거나, 상급 정부가 수립한 정책에 대해 누구도 건설적인 의견을 제시하지 못하고 따르기만 하는 상황으로 변질되어 지방의 장점을 살리지 못하였다. 더욱 심각한 것은 기존 체제 속에 존재했던 '오로지 권력만을 쳐다보는(唯權是瞻)' 현상도 함께 극단화되어 '앉아서 명령만을 기다리는(坐等上令)' 상황을 초래하였다는 점이다. 또 다른 예를 들면, 중요한 정책을 집행해야 한다는 것을 알면서도 해당 지자체는 상급자나 동급 지도자가 직접 지시한 뒤에야 이를 중요시 여겨 집행하게 되고, 그것만이 국가에

대해 충성을 다하는 길이라고 생각하는 것이다.[46]

따라서 지방을 주체로 하는 개혁의 경우, 어떻게 바꾸고 어떻게 변해야 할지는 스스로 해결해야 한다. 그리고 지역적 혁신과 전국적 제도 통합 간의 관계 조율, 지역적 혁신을 위한 거시적 제도 지원과 인센티브 제공을 통한 보다 선도적인 제약의 틀 구축, 지역적 혁신의 단계적 추진 등은 현재 중국 국가 구축에 있어 시급히 연구해야 할 과제이다.

2. 급속한 도시화와 잃어버린 농촌 사회

'정당—국가—사회—시장'의 관계 사슬 가운데 '사회—시장'의 관계 사슬에서 급속한 도시화 과정과 잃어버린 농촌 사회라는 현대 국가 구축의 문제점이 대두되었다.

도시화와 산업화의 비율적 관점에서 볼 때, 중국의 도시화 수준은 다른 국가나 지역에 비해 매우 빠르게 성장했다. 1978년부터 2016년까지 중국의 도시 상주인구는 1.7억 명에서 7.93억 명으로 증가했고, 상주인구의 도시화율은 17.92%에서 57.35%로 증가했으며, 도시 호적 인구는 5.77억 명, 호적 도시화율은 43.9%로 나타났다. 호적 도시화율은 상주인구의 도시화율보다 13.45% 낮은 수치인 약 1.83억 명으로 이들은 '농민공(農民工)'이라고 불린다. 통계에 따르면 1978년부터 2015년까지 전국 도시 수는 193개에서 656개로 증가했으며, 그중 직할시(直轄市)는 4개, 지급시(地級市)는 291개, 현급시(縣級市)는 361개이다. 중국은 대도시,

46 賀東航·孔繁斌, 「중국 공공정책 집행의 정치적 잠재력—최근 20년간의 농촌 산림 개혁 정책에 근거한 분석(中國公共政策執行中的政治勢能—基於近20年農村林改政策的分析)」, 『中國社會科學』, 2019(4).

중소도시, 소도시를 각각 중심, 뼈대, 주춧돌로 삼아 다차원적 도시 등급 체계를 형성하였다.[47] 생산 요소 집적, 인적 자본 축적, 현대 기술 혁신으로 상징되는 도시화는 중국 경제의 기적을 가져왔다.

그러나 이와 동시에 토지 도시화에 뒤처진 농업 이전 인구의 시민화(앞서 서술한 바와 같이 2억여 명이 시민 대우를 받지 못하는 농촌 호적 인구임), 환경 오염 및 생태 파괴, 주택 공급의 구조적 모순, 불법적인 토지 사용 금지의 위반, 도농(城鄉) 간·지역 간·다양한 사회 계층 간의 소득 격차 심화 등 심각한 문제가 나타나게 되었다. 토지 재정과 GDP 경쟁의 영향으로, 중국의 도시화는 주로 도시 공간의 확장과 인프라 구축에 중점을 두었으며, 고용과 사회 복지 분야는 상대적으로 소홀히 다루어졌다. 1992년 이후 중국 전역에 놀라운 규모의 인프라와 부대시설 공사가 속속 진행되면서 거의 모든 도시가 도시 건설 프로젝트를 가속화하였다. 진장과 같은 3선(三線) 도시에서도 정부는 '도시 건설 가속화(城建提速)'라는 슬로건을 내걸었고 지게차, 크레인, 불도저, 로드롤러 등이 곳곳에서 눈에 띄었다. 그러나 급속한 도시화는 도시와 사회 전반에 전국적인 토지 자원 부족, 인구 증가의 압력 상승, 토지자원의 낭비 심화, 경작지의 급속한 감소, 농촌 노동력의 과도한 이전, 철거로 인한 집단적 사건(mass incident, 群性事件) 등 심각한 경제와 사회적 문제를 야기하였다. 그뿐만 아니라 인구 이동, 복잡한 치안, 노동 분쟁, 무허가 주택 건설, 생산 규정 위반 등 도시 사회의 안정과 발전에 심각한 영향을 미치는 사회

---

47 胡存智, 『신형 도시화와 빈곤퇴치 혁신의 몇 가지 사고(新型城鎭化與扶貧創新的幾點思考)』, http://www.ciudsrc.com/new_zazhi/fengmian/yiqiwuqi/2017-06-08/115532.html, 2020년 1월 17일 방문.

관리 문제도 나타났다. 또한 '스프롤 현상(urban sprawl, 城市蔓延)'[48]으로 인해 정부는 전면적인 발전 이념과 재원을 가지고 교육·위생·의료·고용 등 사회보장과 공공서비스에 충분한 투자를 해야만 했다. 이는 실제로 현대 중국 국가의 도시화 과정에서 '약점'이 되었다.

급속한 도시화는 농촌 상실을 초래하였다. 중국의 급속한 도시화는 농촌 지역에 대량의 일자리를 창출해 농촌 지역의 생산 및 생활 방식의 변화를 촉진하는 데 크게 기여하였다. 그러나 급속한 도시화로 농촌 지역의 수많은 청장년 노동력이 도시나 발달 지역으로 유출되면서 농촌 지역의 고령화와 저층화가 심각해졌으며 농촌 간부와 교사 인력이 부족해졌다. 일부 농촌 지역의 엘리트 조직은 구성원의 고령화와 기층조직을 뒷받침할 인력의 부족으로 인해 조직 체계가 전반적으로 낙후되었다. 또한 농촌 경제와 사회 발전을 주도하여 농가를 빈곤에서 벗어나 부유하게 이끌어야 할 지도자의 관리 능력과 혁신 능력도 부족한 실정이었다. 농촌 진흥은 국가와 사회의 공동 노력이 요구되지만, 농촌 사회의 현실적 제약으로 인해 국가는 불가피하게 농촌에 대한 투자와 지원, 개선의 책임을 일방적으로 떠맡을 수밖에 없었다. 21세기부터 국가가 공업으로 농업을 부양하고(工業反哺農業),[49] 도시로 농촌을 지원하는 정책을 시행함으로써 다양한 농업 혜택 정책과 공공 재정이 농촌으로 확대되었다. 2012년부터 국가는 빈곤 퇴치(脫貧攻堅) 전략, 아름다운 향촌 건설, 농촌 활성화 전략의 3대 행동(三大行動)을 잇달아 시행하였다.

---

48 역자주: 도시 스프롤 현상(urban sprawl)이란 도시와 그 교외 지역의 가장자리가 농촌지역으로 팽창되어 나가는 현상을 의미한다.

49 역자주: '공업이 농업을 부양하다(工業反哺農業)'는 새로운 유형의 공농(工農)관계와 도농(都農) 관계를 함축한 표현으로 농업이 공업을 부양했던 과거의 승화이자 전환이다.

특히 빈곤을 타파하기 위해 1,000만 명이 넘는 전국 각지의 간부들이 빈곤 구제 대상 지원에 투입되었다. 그리고 향촌 거버넌스에 필요한 엘리트 부족 문제를 해결하기 위해 마을 주재 제1서기(書記)와 대학생 선발 및 파견, 대학생의 마을 관리 등 제도가 점차 구축되었다.

개혁개방 이후 두 번째로 다양한 국가적 상징을 담고 있는 조치들이 집중되어 중국 농촌 사회의 거버넌스 및 행동 양식을 형성했다. 1978년 개혁개방 초기의 첫 번째 농촌 사회 변혁(變革)은 시장이 농촌 사회의 거버넌스와 규칙에 큰 영향을 미치게 하였으며, 그 결과 시장의 힘이 강화되고 국가(정당)는 수동적으로 영향을 받는 양상으로 나타났다. 두 번째 변혁은 국가가 농촌 사회와 거버넌스 규칙의 구축에 주도적으로 참여함으로써 국가의 역량이 강화되는 양상을 보였다. 현대 국가 구축의 배경에서 이 문제를 체계적으로 생각해보면 중국 현대 국가 구축의 후반부 과정에 새로운 현상이 나타났음을 알 수 있다. 첫째, 국가 권력의 향촌(鄕村) 사회 대규모 '회귀(回歸)'에는 제도적이고 기술화된 특징을 가지고 있다. 둘째, 촌급(村級) 조직 구축의 중심이 촌민자치(村民自治)에서 정당의 기층조직 구축으로 전환되었고, 기층 정당조직으로 다양한 촌급 조직 구축과 농촌의 모든 사업을 이끌었다.

3. 네트워크 사회의 부상과 정치 생태계의 변화

현대 국가 구축 과정에서 현대 국가 영향의 보급과 심화에 있어 중요한 수단인 인터넷의 등장으로 사회와 시장 및 정당의 발전이 촉진되었고, '정당—국가—사회—시장'의 관계가 더욱 복잡하고 다양해졌다.

네트워크 사회의 도래는 중국 민중에게 네트워크 매체라는 편리하고 효과적인 발언 채널을 제공하였고, 여론(輿論) 형성과 민간 사회의 육성을 위한 플랫폼을 마련하였다. 동시에 전통적인 정치적 어젠다 설정에도 일정한 변화를 가져오면서 중국 특색의 현대 국가 발전 흐름에 큰 영향을 미쳤다. 네트워크 공간의 수많은 내재적 규칙은 낮은 문턱, 평등화 및 탈중심화(去中心化)와 같은 정보 전파의 많은 새로운 특징을 결정한다. 이러한 특징으로 인해 각 정보 단말기는 편리하게 시공간을 초월하여 정보를 전파하고 공유할 수 있게 되었다. 일반 대중은 저비용으로 정보 전파의 자주성과 의사 표현의 발언권을 얻을 수 있게 되었다. 또한, 인터넷 정보의 전파는 공간이나 시간의 장벽이 없다. QQ, BBS, 웨이보(微博), 위챗(Wechat) 등의 플랫폼을 통해 짧은 시간에 빠르게 전파되고 충분히 논의되면서 중요한 사회적 영향력을 지닌 여론을 형성할 수 있게 되었다. 그뿐만 아니라 인터넷에서 쟁점이 된 여론은 수많은 인터넷 사건·사고들에서 볼 수 있듯 강한 집결 효과를 가진다. '온라인 토론은 대중매체에 보도 거리를 제공하고, 반대로 언론보도가 가져오는 새로운 증거와 이슈들은 어젠다의 인식범위를 넓힌다. 누리꾼의 열정은 온라인 토론에 새로운 활력을 제공하고, 언론 보도와 온라인 토론은 상호작용하여 사건의 진상에 대한 이해, 사건이 가진 의미에 대한 인지 또는 정책 의제에 모두 영향을 미친다.'[50] 이로써 기존의 하향식 어젠다 설정 모델에 변화가 생겼다. 최근 몇 년간 온라인상에서의 부패 척결에 대한 열기가 끊임없이 이어지고 있다. 대중이 인터넷을 통해 밝히는 부패 문제는 정부와 기율 검사위원회가 부패를 처벌하는 중요

---

50 林雪霏, 「네트워크 매체의 공공분야 거버넌스 잠재력과 장벽—공공 공간 구축과 정책 어젠다 설정에 관한 연구(網絡媒介的公共領域治理潛能及其障礙—基於公共空間的構建和政策議程設置的探討)」, 『甘肅行政學院學報』, 2010(5).

한 정보원이 되었고, 레이전푸(雷振富), 덩원가오(鄧文高) 등 고위직 공무원들이 줄줄이 자리에서 물러났다. 또한, 온라인상의 국정 질문과 공익 활동의 활성화는 인터넷이라는 매체를 통해 대중이 의사 표현, 정치 참여, 사회적 자아 조직 능력을 어느 정도 습득했음을 보여준다. 이는 정부 권력의 감시, 민간 사회의 발달, 그리고 민중의 편리한 정치 참여에 긍정적인 역할을 할 것이다.

그러나 인터넷 정치 참여에는 몇 가지 문제점이 있다. 하나는 인터넷 여론의 '다수의 횡포(多數人暴政)' 현상이다. 공적 사안이나 정부 정책에 대한 토론과 인터넷 여론 형성에 있어 이른바 오피니언 리더(여론 주도층)가 여론의 방향을 좌우하는 모습을 자주 볼 수 있다. '침묵의 나선(spiral of silence, 沈默的螺旋)' 아래서 천만 누리꾼의 자주성과 표현의 권리는 사라지게 된다.[51] 일반적으로 인터넷 게시판이나 위챗, 웨이보에서 사람들은 자신이 찬성하는 관점의 조회수가 높거나, 리트윗 양과 댓글이 많을 때 적극적으로 참여하여 더욱 널리 퍼지도록 한다. 반면 소수의 입장에 서 있다고 느끼면 그 어젠다에는 침묵하는 경향이 있다. 이렇게 거짓된 여론 환경으로 인해 '가짜 민심(假民意)'이 성행하게 되고,[52] 일탈 행위에 어떤 합법성을 부여하는 '다수의 횡포' 위험을 초래할 가능성이 크다.[53] 둘째, 온라인 정치 참여는 비이성과 왜곡을 초래할 수 있다. 인터넷은 개방적이고 폭넓은 참여가 가능한 평등하고 자유로운 공간이다. 이러한 이유에서 정보 전파와 생산의 주체로서 정보의 진위 여부에

---

51 郭慶光,『미디어학 강좌(傳播學教程)』, 中國人民大學出版社, 1999, p.220.

52 賀東航,「역대 전염병 시험에서 인터넷 포퓰리즘의 역충격에 대한 경계(警惕疫情大考中網絡民粹主義反向沖擊)」,『人民論壇』, 2020(8).

53 劉祖華,「인터넷 여론과 공공 결정(網絡民意與公共決策)」,『黨政論壇』, 2007(5).

대한 판단력을 잃기 쉽고, 이성적 사고 훈련이 부족한 젊은이들이 인터넷에 자주 노출되기 때문에 격양된 감정이 확산되기 쉽다. 그리고 인터넷상에서 쉽게 찾아볼 수 있는 무지성적인 매도와 공공연한 도발, 심지어 언어폭력까지, 이 모두 현재 인터넷 정치 참여의 비이성적이고 극단적인 면을 일정 부분 반영하고 있다.[54] 셋째, 공식 기사의 주류 의견이 민간 여론에 부딪혔을 때 공중분해가 되거나 해체될 위험이 있다. 대중의 사고방식, 가치관, 정치 성향 등이 크게 변화하면서 일부 소극적이고 비주도적인 정치의식이 주도적 정치의식에 도전하게 되었다.[55] 이러한 도전은 발언권을 다투며 행사하는 과정에서 더욱 부각될 것이므로 충분한 주의를 기울일 필요가 있다.

또한, 빅데이터 시대의 도래가 현대 국가 거버넌스에 새로운 도전을 제기했다는 점에 주목해야 한다. 스몰데이터(small data, 小數據) 시대에는 행정부처가 공포한 체계적인 행정법규나 전체 사회 구성원 중 다수의 의지에 따라 제정된 법률에 의거해 정부가 사회를 관리하거나 국가 관리 권력을 행사해야만 했다. 그리고 정부와 관련 공공 관리 기구가 전 국민의 민원을 수집하고 분석하기란 매우 어려운 일이었으며, 수많은 사회 데이터의 구조적 분포로 인해 정부가 전반적인 민원 정보를 확보하기는 더더욱 어려운 일이었다. 따라서 국가와 정부가 만든 법규와 제도는 대체로 다수의 의지를 반영할 수밖에 없었다. 빅데이터 기술의 보급과 사용으로 정보 수집, 점유, 분석 및 예측 능력이 과거에 비해 훨씬

---

54 婁成武·劉力銳, 「인터넷 정치 동원: 일종의 비대칭 태세(論網絡政治動員: 一種非對稱態勢)」, 『政治學研究』, 2010(2).

55 賀東航, 「도전 및 대응: 코로나 시기 중국 사회의 사조 연구(挑戰與應對: 全民抗疫時期的中國社會思潮研究)」, 『四川大學學報(哲學社會科學版)』, 2020(4).

앞서게 되었다. 빅데이터 기술의 포괄적인 정보 수집, 심심층적인 데이터 분석, 그리고 효율적인 정보 피드백으로 인해 중국 현대 국가의 거버넌스에는 다음과 같은 몇 가지 긍정적인 측면이 나타났다.[56]

첫째, 포괄적인 빅데이터 정보 수집은 다원적 주체가 중국 국가 거버넌스에 참여할 수 있도록 하였다. 중국 현대 국가 거버넌스의 특징은 당의 영도를 강조하는 것으로, 중국의 근본적인 정치 제도(체제)인 인민대표대회제(人民代表大會制)로서의 조직구조는 인민들이 현(縣)·향급(鄉級) 인민대표대회 대표를 선출하고, 다시 현·향급의 대표가 시(市)·구급(區級)의 대표를 선출한 후, 단계별로 성(省)·전국급의 대표를 선출하여 대중을 대변하는 것이었다. 이것이 바로 중국식 여론 표현 메커니즘이었다. 그러나 온라인 및 이동식 플랫폼이 등장하면서 언제든지 자신의 의사를 전달할 수 있게 되었다. 인터넷, 모바일 및 SNS(위챗, 웨이보 등)를 통해 대중은 실시간으로 국가와 사회 거버넌스 활동에 함께 참여하여 거버넌스의 전 과정을 실시간으로 추적할 수 있게 되었고, 거버넌스의 정보 피드백을 즉각적으로 얻을 수 있게 되었다.

둘째, 빅데이터 기술은 조사 대상에 대한 맞춤형 정보 수집을 가능하게 하였다. 전국 인구조사를 예로 들면 정부가 사전에 제정한 서식에 따라 사회구성원이 차례대로 기본정보를 기재한 후, 통계 부서에 제출하여 통계 결과를 산출한다. 이러한 상향식 트리 통계(樹形統計) 방식은 스몰데이터 시대에는 실현 가능한 방법이었으나, 빅데이터 시대에 들어서면서 그 한계가 점차 드러나고 있다. 이러한 인구조사 방식은 조사

---

56 舒前毅, 「빅데이터 기술과 국가 거버넌스 현대화(大數據技術與國家治理現代化)」, 『湖北行政學院學報』, 2016(6).

대상의 개인 정보를 충분히 수집하지 못하는 경우가 많으며, 실효성 또한 낮다. 빅데이터 시대에 정부는 대중이 은행에 남겨둔 기본정보, 인터넷 쇼핑 시 남긴 데이터 흔적을 바탕으로 대중의 개인 정보를 얻을 수 있다. 또한, 관련 관계에 근거하여 더 많은 비구조적 데이터를 찾아낼 수도 있어 중국 인구의 전반적인 상황, 지역과 성별 차이에 따른 상황, 연령 구조 상황을 보다 완벽하게 인지하게 되었다.

셋째, 빅데이터 기술은 사회 거버넌스의 전 과정 정보화를 실현하였다. 빅데이터 시대에는 개인들의 일상적인 행위가 데이터 형태로 흔적이 남게 되며, 이동식 하드디스크와 인터넷 클라우드 등에 대량으로 저장된 것이 전체 데이터베이스에 포함되어 개인의 전 과정을 추적할 수 있는 자취를 만들어낸다. 이로써 개인에 대한 국가의 부분적이고 간헐적인 거버넌스는 동태적인 데이터로 추적하는 전면적이고 투명한 거버넌스로 전환될 수 있다. 이것은 스몰데이터 시대에는 실현하기 어려운 것이다.

넷째, 대중이 전방위적이고 전천후적으로 거버넌스에 참여할 수 있게 되었다. 전통적인 국가 거버넌스 구조는 정부를 핵심으로 하여 대중의 요구가 아래에서 위로 전달되는 계층화된 관료 체제 구조였다. 즉 대중이 계층화를 통해 의견과 요구를 전달하고 정치에 참여하는 것이다. 빅데이터 시대의 도래와 함께 필연적으로 정부 거버넌스 메커니즘 시대에 발맞춰 변화해야 하며 대중과 정부의 소통 채널을 확대해야 한다. 예를 들어, 온라인 소셜네트워크 플랫폼 연구 개발로 성장한 텐센트(Tencent, 騰訊科技有限公司)의 경우, 정부 환경 보호 부서와 공동으로 위챗 플랫폼에 '도시 서비스(城市服務)' 기능을 출시하여 사람들이 일상생활에서 휴대전화나 기타 촬영 기기로 주변 환경 오염 상황을 기록하도록 장려하고, 위챗 플랫폼을 통해 환경 보호 부서에 민원을 제기하여 환경 안전을 보장하는 동시에 정부의 실시간 모니터링을 강화하는 개방적인 거버넌스 구조를 구축하였다.

다섯째, 빅데이터 기술은 정부의 전자정부화를 가능하게 하였다. 스몰데이터 시대에는 기업에 대한 정부 부서의 행정 승인이 주로 직인(職印)의 숫자로 반영되었고, 기업이 어떠한 행정 허가를 받으려면 행정 승인을 통과하기 위해 많은 부서를 거쳐야만 했다. 빅데이터 시대에는 이러한 문제들이 기술적으로 쉽게 해결될 것이다. 인터넷 사무 소프트웨어를 통해 다양한 정부 부서가 수평적으로 빠르게 연결될 수 있고, '인터넷+정무(政務)'의 전자 사무 모델과 전자 인증 시스템을 구축할 수 있다. 저장성(浙江省) 정부 부서가 시작한 한번의 방문으로 모든 업무를 해결하는 '원스톱 서비스' 개혁이 바로 이 기술 지원을 기반으로 한 것이다. 그러나 한편으로 빅데이터는 중국 현대 국가 거버넌스에 도전장도 내밀었다.

첫째, 국가 거버넌스는 대중의 사생활 보호라는 새로운 난제에 직면해 있다. 국가 정부 부서와 교류할 때 시민들은 신분을 증명할 수 있는 다양한 데이터 정보를 제공할 것을 요구받는 경우가 있다. 예를 들어, 2020년 중국의 전 국민이 코로나19에 맞서 싸우고 있을 때, 빅데이터 기술이 중요한 역할을 한 것은 사실이지만, 사용 과정에서 개인 일정, 대인 관계 정보 등 대량의 사적인 개인 정보와 깊은 관련이 있었고, 개인정보 유출 및 불법 이용에 대한 대중의 우려를 불러일으켰다. 빅데이터 시대에는 데이터를 수집하거나 분석·추출하는 주체가 항상 유리한 위치에 있는 반면, 데이터 생산자인 일반 대중은 대체로 취약한 위치에 놓여 있다. 이로 인해 시민의 프라이버시와 관련된 정보를 보호하기가 점점 더 어려워지고 있다. 따라서 빅데이터 시대에 새롭게 대두된 국민의 사생활 보호 문제를 해결하기 위해 국가 거버넌스 차원에서 새로운 사회 규범 및 관련 법령을 고려하고 제정해야 한다.[57]

둘째, 빅데이터는 사회의 빈부(貧富) 상황에 영향을 미칠 수 있다. 빅데이터는 실생활에서 '디지털 격차(數字鴻溝)'를 초래할 수 있다. 이른바 디지털 격차란 일종의 기술 격차로, 선진 기술의 성과를 공평하게 공유하지 못함으로써 '부익부 빈익빈' 현상이 발생하는 것을 의미한다.[58] 자산가들은 자신의 탄탄한 경제력과 자원을 바탕으로 빅데이터 기술을 이용하여 일반인의 데이터 정보를 수집하고, 그 속에서 비즈니스 기회와 부를 충분히 찾아낼 수 있지만, 일반 대중들은 기본적으로 이에 '대응할 힘'이 없다. 이렇듯 일반 대중은 불가피하게 점점 더 상대방의 무료 '데이터 생산자'가 될 수밖에 없고, 막강한 자본을 장악한 쪽은 빅데이터 시대에 '디지털 패권'[59]을 쥐거나 '디지털 독재'[60]를 할 수도 있다. 이러한 '디지털 격차'의 출현은 '빅데이터 기술의 소외화'를 초래하여 비인도적이자 비인간적이며 비자유적인 상황으로 이어질 수 있다.[61] 데이터를 어떻게 수집하고 보상 메커니즘과 정기적인 점검 및 책임 메커니즘을

---

57 陸曉靑, 「빅데이터 기술과 국가 거버넌스 현대화(大數據技術與國家治理現代化)」, 『知識經濟』, 2018(6).

58 邱仁宗·黃雯·翟曉梅, 「빅데이터 기술의 윤리적 문제(大數據技術的倫理問題)」, 『科學與社會』, 2014(1).

59 舒前毅, 「빅데이터 기술과 국가 거버넌스의 현대화(大數據技術與國家治理現代化)」, 『湖北行政學院學報』, 2016(6).

60 黃欣榮, 「빅데이터 기술의 윤리적 반성(大數據技術的倫理反思)」, 『新疆師範大學學報(哲學社會科學版)』, 2015(3).

61 陳仕偉, 「빅데이터 기술 이화의 윤리 거버넌스(大數據技術異化的倫理治理)」, 『自然辯證法研究』, 2016(1).

수립하여 대중의 사생활 침해를 방지하며, '디지털 격차'가 '빈부 격차'로 심화되지 않도록 할 것인지가 인터넷 빅데이터 시대에 국가가 중시해야 할 과제이자 난제가 되었다.

셋째, 국가는 빅데이터 정보에 대한 심층 분석을 통해 기존의 시각적 한계를 극복하고 사회의 모든 산업, 각 부서 및 다양한 그룹을 전면적으로 통제할 수 있다. 예를 들어, 국가는 반대 의견의 정보 출처를 효율적으로 관리할 수 있다. 이는 전통적인 미디어 시대에 비해 여론을 더 빠르고 효과적으로 통제할 수 있어 비경쟁적인 정치 시스템을 구현하는 현대 국가를 더욱 탄력적으로 만든다. 중국이 2020년 코로나19 예방 및 통제에서 보여준 제도의 '정치적 잠재력'과 거버넌스 강점이 또 다른 예이다.[62]

정리하자면, 인터넷 빅데이터 시대의 도래는 국가의 정치 생태계를 크게 변화시키고 있다. 미래의 국가 구축에서 빅데이터가 가져오는 기회와 인터넷 정치 참여 확대로 인한 새로운 문제와 도전, 그리고 어떻게 전환할 것인가에 주목해야 한다. 그중에서도 국가의 선택과 제도적 지도가 매우 중요하다. 공공이익과 공공업무 및 공공의지를 바탕으로 합리적인 정치문화를 핵심으로 하는 사이버 사회를 구축하여, 건전하고 질서 있는 인터넷 정치 생활의 발전과 시민의 전면적인 발전 실현을 목표로 삼아야 한다. 이 목표의 실현은 체계적인 프로젝트의 하나로, 사물에 대한 공정한 법과 제도를 보장해야 하며, 시민의 자주적 표현과 자기 규제에 의한 참여, 개방성, 투명성, 포용성을 원칙으로 하는 공공

62 賀東航·孔繁斌, 「중대 공공정책의 '정치적 잠재력' 장단점 분석—정치 세력 연구의 확대에 대한 겸론(重大公共政策「政治勢能」優劣利弊分析—兼論政治勢能研究的拓展)」, 『公共管理與政策評論』, 2020(4).

규제 방법이 필요하다. 또한, 공공 기관, 공공 인물, 누리꾼 집단과 평등하게 교류하고 협상하는 상호작용 대책이 필요하다. 이러한 필수 조건을 어떻게 구축하고 상호 수용을 가능하게 할 것인가는 미래의 중국 현대 국가 구축이 반드시 대비해야 하는 중대한 과제이다.

4. 합법성 전환과 이데올로기의 멀티트랙 체제 장력

개혁개방 이후 중국 현대 국가 구축의 주요 성과는 한 국가의 국력과 부의 핵심 지표인 GDP의 성장이다. 이는 중국공산당 집권 이후, 특히 최근 40여 년의 제도적 성과를 직관적으로 반영하며 정권의 합법성을 강화하는 기능을 가지고 있다. 그러나 GDP 성장을 정권의 합법성으로 삼기에는 다음과 같이 수많은 잠재적 위험이 있다.

첫째, 경제 성장을 통해 합법적 자원을 축적하는 데에는 한계가 있다. 일반 대중의 시각에서 볼 때, GDP의 고속 성장이 반드시 실질적 이익을 가져오거나 행복감을 높이는 것은 아니며, 오히려 상대적 박탈감을 심화시킬 수 있다. 2000년대에 들어서 일부 중국 민중은 국가 경제의 고속 성장 혜택을 체감하지 못할 뿐 아니라, 오히려 생활이 점점 더 팍팍해지고 있다는 인식을 가지게 되었다. 립셋(Lipset)이 '유효성이 반드시 합법성을 가져오는 것은 아니다'라고 주장한 바와 같이 성과 합법성만을 맹목적으로 추구한다면, 단일 성과 합법성 전략(單一的績效合法性策略)은 사회적 수요 구조의 다양화와 변동성에 자유롭게 대처할 수 없기 때문에 합법성의 딜레마를 초래할 것이다.

개혁개방 초기, 가난에서 벗어나 부유해지는 데 급급했던 중국 민중들은 '발전이 당연한 도리이다(發展是硬道理)'라는 정치 구호에 크게 공감했다. 생활 수준이 향상되고 삶의 질이 개선됨에 따라 일부 사람들은 '개발형 발전 모델(開發型發展模式)'을 수용하는 정도가 점차 줄어들었다. 이와 동시에 경제 성장은 일부 부정적인 영향을 가져왔다. 장기적이지 않고 눈앞의 이익만을 좇는 발전 구상은 생태 환경을 파괴하고, 자원을 낭비했으며, 세대 간의 갈등을 야기하였다. 그리고 자본이 고도로 집중되어 사회 계층의 고착화 추세가 심해지면서 계층 간의 격차도 날로 커졌으며, 권력 부패와 도덕적 해이가 공무원 사회를 부패시키고 있다. 이익 분배 및 공유 메커니즘의 부재는 집단적 사건의 발생으로 이어졌다. 발전 성과를 함께 누리던 민중들은 경제적 이익을 추구하는 데 따른 어려움에 직면하게 되었다. 이러한 어려움은 일부 사람들의 불만과 의문을 불러일으켰고 정부는 장기간 축적한 합법성을 소모하게 되었다. 따라서 정부는 GDP 성장률을 계속 추구할 것인지, 아니면 합법성의 원천을 적절한 시기에 합리적으로 전환할 것인지를 고민해야 한다. 이 전환은 과거의 성과 합법성(績效合法性)을 부정하는 것이 아니라, 도의적 합법성(道義合法性)을 도입하여 'GDP 유일주의(唯GDP主義)'나 'GDP 결정론'에 대한 편향을 바로잡고 교정을 해야 한다는 것이다.

합법성 기초는 다양한 합법성 자원 요소로 구성된 복잡한 시스템으로 경제 성장은 물론 정권의 합법성을 유지하는 기능도 있지만, 'GDP 유일주의'는 정권의 합법성을 보장한다는 당초의 취지에서 벗어난 것이다. 'GDP 주의'의 수수께끼에서 벗어나기 위해서는 제도 구축 외에도 도덕 구축 즉, 사회 전환기 민중의 보편적인 가치 요구를 발견하기 위해 노력하고, 가치 관념을 통합해야 한다. 신념을 재구성하고, 민중이 받아들이기 쉬운 언어로 재해석하고 표현함으로써 도의적 합법성의 전환을 실현해야 한다. 'GDP 유일주의'와 비교하여 특정 가치 개념과 제도적 배치에 대한 대중의 보편적인 인식과 충성심이야말로 더욱 지속적이고 안정적인 합법성의 원천이다. 따라서 중국의 현대 국가 구축에서 국가의 합법성을 배양하고 축적하는 데 많은 관심을 기울여야 하며, 사회 전체의 부를 늘리는 것을 비롯해 광범위한 도덕적 정체성 체계와 공정하고 정의로운 제도적 장치를 구축하는 것이 더욱 중요하다. 도덕적 정체성이란 현지화와 현대화가 결합된 공공 정체성과 도덕적 가치를 구축하는 것이다. 시장경제의 부상으로 이성적인 사고와 계약 정신이 등장하였고, 인간의 궁극적 관심을 쉽게 해소할 수 있게 되었다. 정무직 공무원들은 '정치 업적 선수권대회(政績錦標賽)'[63]에 몰두해 있고, 사무직 공무원들은 현대 관료 체제 조직에서 점차 경직되어 가고 있다. 그리고 기업가와 상인들은 전력을 다해 이윤을 추구하고 있으며, 일반 민중들은 기본적인 도덕적 정신이 결여되어 있다. 도덕 문화의 균열은 국가 구축과 성장에 큰 걸림돌이 될 것이다. 따라서 중국은 친화적이고 침투적인 정체성 시스템을 구축해야 한다. 집권당의 관점에서 볼 때, 현대적이고 이성적인 '의법치국(依法治國)'의 거버넌스 경로에서 덕으로써 나라를 다스리는 '이덕치국(以德治國)'을 계속 견지하고 덕성(德性)을 자각해야 한다. 그리고 '천하의 백성들이 모두 귀의하기를 바라는 위민사상(天下歸往的爲民思想)'의 정신으로 합법성의 도덕 기반을 확립하고 경제 국가가 아닌 도덕 국가를 만들어야 한다. 어떠한 책임도 순수한 외부적 설정에 불과한 것이 아니며, 또한 어떠한 책임도 구체적

---

63 역자주: '정치 업적 선수권 대회(政績錦標賽)'는 여러 하위 정부 부서의 행정장관을 대상으로 상급 정부가 만든 승진 경쟁의 일종으로, 경쟁 우승자는 승진의 기회를 얻고, 경쟁 기준은 상급 정부가 제정한다.

인 개인의 신념을 통해서만 실질적으로 작용할 수 있다.[64] 따라서 공공 행정 분야에서는 기술주의가 강조하는 효율성과 효익 외에도, 행정직원이 도덕적 자각에 기초하여 공적 책임을 이행할 것을 요구해야 한다. 그리고 민간 사회 분야에서 민중은 공중도덕 의식을 길러야 한다.

현대 공공 생활은 고도로 사회화된 영역에서 전개되며, 이 영역에서 벗어나면 개인은 생존을 유지할 수 없다. 왜냐하면 사회에서의 생존 자체가 개인과 사회 전체의 원칙적인 조화라는 전제하에 놓여 있기 때문이다.[65] 따라서 개인은 자신을 책임지는 동시에 타인을 위해 책임져야 한다. 그래야만 국가 거버넌스에 안정성과 지속가능성이 나타날 수 있다. 공정, 평등, 정의를 강조하는 것은 바로 제도적 배치와 공공 생활의 설계에서의 공정, 평등, 정의의 개념을 강조하는 것으로, 이러한 개념은 인류의 정신적 귀결점이다. 도덕적 합법성의 전환을 실현하기 위해서는 인류가 공동으로 추구하는 보편적 가치를 재조명해야 하며, 현실적이고 구체적인 인간의 생활 방식과 정신적 수요를 충분히 존중하고 배려해야 한다.[66] 이를 위해 집권자는 포용적인 정당을 구축하여 여러 가치관의 충격에 보다 개방적인 자세로 대응하며, 중국 전통문화(유가 사상의 민본주의 등)에서 자양분을 섭취할 뿐만 아니라, 신념을 전제로 하여 가치관과 경제 성과('GDP 유일주의'가 아님)가 함께 정권의 합법성을 수

64 張康之, 『공공행정의 윤리적 시각을 찾아서(尋找公共行政的倫理視角)』, 中國人民大學出版社, 2002, p.257.

65 Georg Simmel, 『사회는 어떻게 가능한가(社會是如何可能的)』, 林榮遠(편역), 廣西師範大學出版社, 2002, p.371.

66 林尙立 등, 『정치건설과 국가성장(政治建設與國家成長)』, 中國大百科全書出版社, 2008, p.271.

호하는 효과를 발휘할 수 있도록 노력해야 한다. 또한, 공정하고 정의로운 사회 운영체제 구축의 관점에서 정치와 사회의 대화 및 이익공유 메커니즘을 확립할 필요가 있다. 정치적 이익의 표현으로써 합법성은 그것이 증명한 정치 체제가 가능한 한 정의롭고 자명하며 필수적이라는 것을 상징한다.[67] 이는 정치 구조 설계, 정치 제도 배치에서 합법성을 강조할 뿐만 아니라, 제도 설계의 공익성과 도덕성을 배려하고 절차적 정의를 추구하면서 실질적 정의를 배려해야 한다는 의미다.

둘째, 이데올로기 내부에는 복잡한 계층 구조가 존재한다. 수신자마다 서로 다른 발화 체계를 사용하여 공식 이데올로기의 불완전한 담론을 초래하는 경우가 많다. 1978년 이후, 지배 엘리트 내부에는 '정치적 올바름(political correctness, 政治正確)'이라는 담론 체계가 여전히 존재하였다. 우선, 국가는 '멀티트랙 전략(multitrack strategy, 多軌策略)'이라는 표현을 채택하는 것이 적절할 것이다. 지배 엘리트에 대한 공식적인 이데올로기는 추상적이고, 상대적으로 조작할 수 없는 개념적 정책과 고전 마르크스 레닌주의를 연결하여 통치 엘리트들이 소위 말하는 '공식 이데올로기(正式意識形態)'를 형성한다. 다른 한편으로는 사회 대중을 겨냥한 비공식 이데올로기를 통해 국가는 현세에서 볼 수 있는 세속적인 사명(산업화, 현대화, 중화민족 부흥 등)을 대중의 목표로 삼고 있다. 또한, 공식 담론 체계는 시효 문제로 피통치자에 대한 대응이 뒤처지는 경우가 많아 총체적 인식의 연속성에 허점이 드러나기에, 이를 보완하는 현상이 나타난다. 이데올로기의 '멀티트랙 전략' 담론은 당초 국가가 정권의 합법

67 Jean-Marc·Sigoud, 『무엇이 정치의 합법성인가(什麼是政治的合法性?)』, 王雪梅(역), 『外國法譯評』, 1997(2).

성을 유지하기 위한 중요한 책략이었지만,[68] 실천 과정에서 불완전하고 체계적이지 못하며 논리적 일관성 등의 문제가 발생해 국가 정책의 선순환적 전환에 장애가 되었다. 따라서 이데올로기와 성과, 그리고 합법성 간의 관계에 대한 이론과 논의를 보완하고 연속적인 총체적 인지적 틀을 구축하는 것은 중국 현대 국가 구축의 또 다른 주요 과제가 될 것이다.

5. 세계화와 탈세계화의 지지와 압박

현대 국가 구축에서는 외부적 요인이 매우 중요하다. 중국 성장의 외부적 요인을 간과해서는 20세기 전반의 중국 정치를 깊이 이해하기 어렵다. 이 가운데 전쟁과 세계화는 중국 현대 국가 구축에 있어 중요한 두 가지 외부적 요인이다.

20세기 전반 중국의 성장에 영향을 미친 외부적 요인은 주로 전쟁이었다. 전쟁에 대한 대응은 중국 현대 국가의 발전 방향을 형성한 중요한 요소가 되었다. 장기간 이어진 전쟁 환경은 1949년 이후 중국 국민당과 중국공산당의 전쟁 동원 사고와 사회 통합 및 군사화 관리 모델을 형성했으며 이러한 특징은 중국 대륙과 타이완 지역에서 오랫동안 지속되었다. 20세기 전반에 걸쳐 중국에서는 국공(國共, 중국 국민당과 공산당) 쌍방이 모두 민족주의와 애국주의의 전쟁에서 최고의 정의(正義)와 합법성을 얻고자 노력하였다. 중국 국민당은 줄곧 반제국주의, 반식민지, 정치 동원으로서의 항전(抗戰), 재정 흡수, 물자 비축, 지방 통제 등을 주

---

68 鄧正來, 「생존적 지혜와 중국 발전 연구 논강(生存性智慧與中國發展研究論綱)」, 『中國農業大學學報(社會科學版)』, 2010(4).

요 통치 기반으로 삼았다. 이러한 구조로 인해 중국 내 다른 주요 계급의 발언권이 제약되었으며, 현대 국가 대의기관과 헌법의 진정한 운영에 불리하게 작용하여 결국 독재(獨裁)라는 오명을 뒤집어썼다.

개혁개방 이후 세계화는 중국의 현대 국가 구축에 영향을 미치는 중요한 외부 요인으로써 중국 시장경제의 발전에 초기 동력을 제공하였다. 외부 자금의 유입, 선진 기술과 관리 경험의 모방 및 학습에서부터 외부 시장 개척에 이르기까지 중국은 주도적으로 세계에 진출하였고, 외부의 자원과 경험을 흡수하여 세계 시장과 중국의 값싼 노동력을 결합하였다. 이로써 개혁개방 40여 년 동안 경제 도약을 뒷받침하는 '후발주자의 강점(優勢)'을 갖추게 된 중국은 '세계의 공장'이 되었고 이는 중국 현대 국가 건설에 성과 합법성을 지속적으로 제공해 주었다. 실제로 무궁무진한 외부 자원 기술, 넓고 경쟁이 치열한 세계 시장은 중국 시장경제의 발전과 성장을 위한 공간을 마련하였다.

이와 함께 중국은 심각한 세계화 압력에 직면해 있다. 첫째, 세계화 자체가 민족 국가의 기존 국경과 주권 지역에도 영향을 미치고 있다. 자본의 초국가적 이동은 어느 나라든 무시할 수는 없는 문제로 후발 개발도상국은 시장화와 세계화의 승자가 될 수도 있지만, 세계 금융을 통제할 수 없기 때문에 항상 강대국의 위험 전가를 감수하는 희생양이 될 준비도 되어 있다. 따라서 국제 자본에 지나치게 의존하면 민족 국가가 제대로 구축되지 않을 수 있다. 둘째, 글로벌 자본과 금융은 현대 국가의 역량 강화에 대한 요구가 매우 높으며 정부가 핵심 대응자이자 거시적 통제의 주체가 된다. 특히 2000년대 들어 글로벌 금융 가상화와 버블화의 충격 속에서 중국 정부가 더 완벽한 법체계를 갖추고 금융 규제를 할 수 있을지, 그리고 충격에 대처할 강한 능력이 있는지는 세계화가 중국의 현대 국가 구축에 안겨 준 새롭고 시급한 난제이다.[69] 셋째, 세계화는 국경 문제를 민족 국가 구축 과정의 큰 걸림돌이 되게 할 수 있다. 예를 들어 라싸(拉薩)의 '3·14' 사건과 신장(新疆)의 '7·15' 사건은 모두 국제적 요인의 영향을 피할 수 없다. 넷째, 세계화는 각국의 민주적 이슈에 많은 관심이 있다. 따라서 중국 특색의 민주적 정치 경로를 대외적으로 어떻게 보편적인 표현으로 설명하느냐가 중요한 도전이 되고 있다. 다섯째, 국제사회에서 활발하게 활동하고 있는 중국 정치인들은 중국의 국제적 이미지에 매우 민감할 뿐만 아니라, 중국도 국제사회로부터 고립되기를 원하지 않는다. 여섯째, 국제무대에서의 중국의 적극적인 참여는 국제 규제의 효력을 강화하였고, 개방의 혜택도 있었다. 그러나 국제 규범의 제약을 받아 '민주와 인권 규범에 위반된다'는 비난의 목소리도 국제적으로 수시로 제기되면서, 중국 현대 국가의 성장은 국내외의 이중적 도전에 직면하게 되었다.

세계화 과정에서도 탈세계화 현상이 나타나고 있다. 탈세계화란 세계화와 상반되는 과정으로 경제·무역·기술 등 여러 차원의 탈통합화(去整合化)를 일컫는 말로 보호무역주의의 전형이다.[70] 탈세계화는 중국 현대 국가가 구축한 외부 환경에 큰 변화를 일으켜 국내 거버넌스 주체를 비롯해 거버넌스의 구조·환경·문화 및 거버넌스 효과에 영향을 미친다.

---

69 글로벌 금융 위기의 충격으로 2011년 원저우(溫州)에서는 민영기업가의 투신 및 '야반도주'사건이 잇따라 발생했다. 직접적인 원인은 민영기업의 오랜 사채 압박과 원가 상승이다.

70 王孝松, 「트럼프의 무역정책 입장 및 미중 무역 발전 전망(特朗普的貿易政策立場及中美貿易發展前景展望)」, 『中國工業經濟』, 2017(6).

첫째, 세계화의 중요한 추진자였던 일부 서방 국가들은 탈세계화를 부르짖는 적극적인 추진자로 탈바꿈하여 전 세계 자유 무역에 영향을 미치고 있으며, 이로 인해 글로벌 시장체제에서 중국의 이익 구조도 피해를 보았다. 예를 들어 미국은 중국을 겨냥해 보호무역주의를 펴고 있다. 최근 몇 년 동안 끊임없이 고조되는 미국과 중국의 무역 갈등 속에 국제 경제 규범이 크게 파괴되었다. 이에 중국은 자국 이익을 지키기 위해 미국산 제품에 대한 관세 인상 등의 조치를 취할 수밖에 없었다. 미국과 중국의 구조적 갈등 속에서 이러한 무역 마찰은 외부적 요인에서 내부적 요인으로 확대되어 그 범위가 점차 확산될 것이다. 이러한 경제적 탈세계화는 정치로까지 번져 다른 나라와의 국제공조에 영향을 미칠 수 있고, 국제 정치무대에서 중국의 영향력이 제한될 수 있다. 또한, 탈세계화는 외압을 중국 현대 국가 구축의 동력으로 전환시킬 수도 있다. 탈세계화는 세계화의 저항을 일정 부분 완화시키는 동시에, 세계 경제 발전에 새로운 동력을 부여하여 세계화 발전의 지속 가능성을 체계적으로 높일 수 있다. 아울러 이념과 제도의 변화를 통해 기존의 세계화 형태를 재구성하고, 새로운 국제 패러다임을 형성할 수도 있다. 중국은 이번 기회를 발판 삼아 국제문제에 참여하여 주도적으로 아시아, 아프리카, 라틴아메리카 등 광범위한 개발도상국과의 국제 협력을 강화함으로써 새로운 국제 정치의 경제 질서를 구축해 세계에서 목소리를 높일 수 있을 것이다. '일대일로 구상(BRI: Belt and Road Initiative, 一帶一路倡議)'은 중국이 탈세계화 추세 속에서 내놓은 '최상의 처방책'으로, 세계화의 흐름에 적지 않은 충격을 주었다. 이로 인해 일부 국가들은 더 이상 이를 통해 초과 자본 수익을 얻기 어려워졌으나, 동시에 중국이 제안한 일대일로 구상을 비롯한 지역 협력의 새로운 패러다임에는 새로운 발전 공간이 열리게 되었다.[71] 이렇듯, '일대일로' 건설의 순조로운 진행을 통해 세계 2위 경제 대국인 중국이 세계 각국과 함께 힘을 합쳐 난관을 헤쳐 나가고자 함을 세계에 선포했다. 끊임없이 변화하는 국내외 정세와 주변 외교의 새로운 안보관에 입각한 이 중대한 계획은, 유라시아 대륙을 관통하며 정치·경제·외교·안보 등 여러 분야를 포괄하는 종합 전략이다. 이 계획은 육해 총괄(陸海統籌), 동서 양립(東西兼顧), 폭넓은 적용성, 강한 포용성, 높은 반사 효과 등의 특징을 지니며, 모든 참여 국가에 실질적 혜택을 제공하는 웅대한 구상이라 할 수 있다.

둘째, 탈세계화는 글로벌 거버넌스의 공감대를 훼손하며 글로벌 리스크 사회 거버넌스의 문화적 기반을 흔들어 결핍된 글로벌 가치 및 문화 공감대는 글로벌 리스크 사회 거버넌스 앞에 놓인 '장애물'을 '양자 상태 파편화(fragmentation of quantum states, 量子態碎片化)' 거버넌스 상태로 만들기 쉽다. 이러한 '양자 상태 파편화' 구도는 중국에 큰 충격을 가해 불확실성 리스크가 커질 수 있다. 특히 글로벌 리스크 사회 거버넌스의 주도국인 미국이 일련의 예측 불가능한 탈세계화 정책을 추진하면서, 중국은 갑작스러운 탈세계화의 충격에 직면하게 되었다. 기존의 리스크 모니터링 체계와 조기경보 메커니즘만으로는 이에 효과적으로 대응하기 어렵다.

다시 말해, 인권·테러·무역·금융·보건·기후변화·사이버공간 등 외부 요인들이 중국의 현행 국가 규칙에 도전할 수 있는 상황이다. 따라서 중국은 효과적인 제도화 대응 메커니즘을 구축하고, 문화의 육성·조성·

---

71 詹建興, 「일대일로하에서의 세계화와 탈세계화 연구(“一帶一路”下全球化與“逆全球化”研究)」, 『河南社會科學』, 2017(10).

통합을 통해 거버넌스 지향과 인지 구조를 최적화할 필요가 있다.

6. 제도화와 민주화의 장력

제도화와 민주화는 모두 국가 구축의 핵심적 요소이지만, 민주에 대한 대중의 열망은 종종 제도화의 중요성을 간과하게 만든다.

'경쟁 선거'로 상징되는 서구식 민주주의는 일찍이 많은 개발도상국들이 실천하였으나, 적지 않은 '국가 실패' 사례가 나타났다. 한 나라가 국가 구축과 민주 건설이라는 이중 과제를 동시에 안고 있을 때, 두 과제 중 어느 것을 우선해야 하는지에 대해 숙고할 필요가 있다.[72] 정치의 제도화가 급박한 상황에서 민주화를 하는 것은 국가 능력을 약화시키고 효율적인 현대 국가 구축의 가능성을 낮아지게 할 수 있다.[73]

중국 정치 및 국가 관계 전문가인 정용니엔(鄭永年)은 현대 국가 제도의 구축을 세 가지 유형으로 나눌 수 있다고 보았다. 첫 번째 제도는 민주화 이전에 확립되어야 하며, 일단 민주화가 이루어진 이후에는 현대 국가에 필요한 제도를 새로 만들거나 정비하기가 어렵다. 두 번째 제도는 비록 민주화 이전에 형성되었더라도, 민주화의 진행에 따라 변화할 수 있다. 세 번째 제도는 반드시 민주화 이후에 마련되어야 한다. 첫 번째 제도는 현대 국가의 기본 제도이다. 어떠한 나라도 국방·외교·법률·조세·재정·금융제도를 비롯해 중앙과 지방의 관계·의료보험·사회

72 包剛升, 『국가 재건, 조직화된 폭력과 정치 전환—1911~1937년 중국의 민주 전환은 왜 실패했는가(國家重建、組織化暴力與政治轉型—1911~1937年中國民主轉型為什麼會失敗?)』, 陳明明(編), 復旦政治學評論(第十三輯)』, 上海人民出版社, 2013, pp.1-18.

73 包剛升, 『민주 붕괴의 정치학(民主崩潰的政治學)』, 商務印書館, 2011, pp.111-113.

복지·교육제도 등과 같은 제도가 없으면 현대 국가라고 할 수 없다. 선진국에서 이러한 기본 제도는 모두 민주화 이전에 만들어진 것으로 그 중 일부 제도는 민주화 이후 크게 달라졌다. 후발 개발도상국에서 효율적인 민주적 제도를 수립하는 것은 쉽지 않은 일이다. 민주화가 시작된 지 여러 해가 지났지만, 이러한 현대 국가의 기본 제도가 아직 구축되지 않은 나라도 있다. 한 국가가 민주화될 수는 있지만, 반드시 강대해질 수 있는 것은 아니다. 이러한 기본 제도가 있으면 민주(民主)는 항상 통합의 요인이 되고, 그렇지 않으면 민주는 항상 분화(分化)의 힘이 된다. 민주적 선거와 같은 세 번째 유형의 제도는 민주화가 일어난 후에야 크게 발전할 수 있다. 그러나 이런 제도라도 민주화 이전에 일정한 제도와 게임 규칙이 있어야 하며 그렇지 않으면 민주화는 혼란스러운 과정이 될 수 있다.[74] 따라서 일단 민주화가 되면 어떤 면에서는 국가 제도가 더 이상 확립될 수 없기 때문에 성공적인 국가 구축은 제도화가 선행되고, 비민주화 방식으로 제도화되어 민주주의를 추구하는 경우가 많다. 많은 부정적인 것을 민주화와 연관시키고 싶지 않지만, 이것이 현실이다. 라틴아메리카의 급속한 민주화 추진 뒤에는 폭력, 치안 불안, 정국 혼란이 따랐다. 비경쟁적 정치 제도를 시행하는 국가에서도 기층 정치 운영에서 민주적 절차는 사실상 일부 기층 공무원들의 권력 추구에 새로운 수단을 제공했을 뿐만 아니라, 기층 간부(幹部) 임용에서 민주적 절차의 추진은 기층 간부의 승진과 관련된 영향을 가중시켰으며, '득표 네트워크(拉票網)'와 관계 운영의 이중 고리 모델(雙環模型)을 형

74 鄭永年, 『중국 모델—경험과 난국(中國模式—經驗與困局)』, 浙江人民出版社, 2010, p.89.

성하였다.[75] 따라서 '민주화'는 양날의 검이다. '선진(先進)'과 같은 '민주화' 정치개혁이 오히려 사회 불안과 경제 침체의 원인이 될 수 있음을 후발 개발도상국의 역사를 통해 알 수 있다. 민주화는 필연적으로 정치 통치의 합법성을 토대로 한 변화와 관련이 있다. 이에 따른 권력 구조와 정치 구조의 변화와 함께 강력하고 끈기 있으며 포용적인 제도가 뒷받침되지 않는 한 사회질서의 혼란을 초래하기 때문이다. 국가 구축에서 민주는 후발 개발도상국이 추구하는 목표와 가치로서 사회 공평 실현, 시민권 수호, 반부패, 언론개방, 정부에 대한 감독 등 대중의 다양한 기대를 담고 있다. 그러나 때로는 그 이상의 가치와 기능을 부여받아, 마치 모든 정치적 난제를 해결할 수 있다고 과도하게 이상화되어 있기도 하다. 이성적이고 견고한 현대적 국가 구축이 바탕이 되어야만 이러한 압력과 도전에 대처할 수 있다.

오늘날 우수한 제도적 시스템을 구축하는 것은 중국 정치 문명 발전의 가장 큰 요구이자 중국 정치 발전과 성숙의 핵심 가치이기도 하다. 제도는 한 나라의 정치·경제·사회 분야의 제도뿐만 아니라 특정 사회의 전통적 관습·행위·문화적 모형과 제도를 구성하는 규칙·규정·규약 등을 포함해야 한다. 정치 현대화에서 모든 정치 공동체와 국가는 개인의 권리와 공권력의 범위와 경계를 합리적으로 정의하고, 개인의 자유와 사회 기체의 정상적인 운영을 합법적으로 보장하기 때문에 안정적이고 지속적인 현대 제도 시스템을 구축하기 위해 고안되었다. 덩샤오핑(鄧小平)은 "…(전략)…지도제도, 조직제도 문제는 보다 근본적이고 전

75 馮軍旗, 「중현 '정치가족' 현상 조사(中縣「政治家族」現象調查)」, 『南方周末』, 2011년 9월1일(B09).

반적이며, 안정적이고 장기적이다"라고 지적하였다.[76] 그가 언급한 바가 바로 이 이치이다. 따라서 제도화는 중국이 국가 정권의 합리적 운영을 실현하는 요체다. 또한 인민이 주인이 되고 촌민의 자치가 당의 영도와 어떻게 통일될 것인지와 같은 민주화의 중국 특색 실천도 실천 과정에서 끊임없이 답해야 할 과제이다.[77]

제5절 국가가 구축한 중국 본토의 특징 —복선형·양자상태·공시성

현대 국가 구축의 역사를 살펴보면, 각 국가는 국가 구축 과정에서 유사한 과제에 직면하였고, 비슷한 요인들의 영향과 작용을 받았다. 그러나 이러한 공통성을 공유하면서도, 국가별 국가 구축 과정이 서로 다른 양상을 보이는 것은 각국의 역사·문화·권력 구조에서 비롯된 이질성 때문이다.

1. 중국 현대 국가가 구축한 시공간의 중첩

유구한 역사와 제도적 전통을 지닌 중국에서 서구로부터 유래한 현대 국가 제도는 반드시 현지화 과정을 거쳐야 한다. 이 전환 과정은 능동적으로 흡수 및 참고한 후의 재구성이자 '수토불복(水土不服, 풍토에 적응하지 못함)'에 직면한 후의 혁신으로, 중국 현대 국가 구축의 복잡성과

---

76 『덩샤오핑 문선(鄧小平文選(第二卷))』, 人民出版社, 1999년, p.333.

77 Melanie Manion,The Electoral Connection in the Chinese Country-side, *American Political Science Review*, Vol. 90, No. 4, 1996, p.745.

특수성을 엿볼 수 있다. 20세기 발전의 관점에서 중국은 기본적으로 '전통에서 현대로, 계획에서 시장으로, 폐쇄에서 개방으로 나아가는 삼중(三重) 사회 전환'을 경험했다.[78] 전통과 현대의 복잡한 관계는 급격한 변화 속에서 뒤엉켜 있다. 전통은 중국 현지 요소의 핵심으로 현행의 도덕, 사상, 작풍, 심지어 제도에도 전통의 깊은 낙인이 새겨져 있다. 현지 환경에 스며든 핵심 능동자, 계급 관계, 지역 지식, 제도 시스템, 사회 시스템은 필연적으로 중국의 국가 건설의 특수성으로 나타난다.

양쉐둥 교수는 현대 중국의 정치 발전을 이해하려면 시간 차원, 공간 차원, 리스크 차원을 고려해야 한다고 보았다.[79] 시간적 차원에서 중국의 국가 구축에 투영하면 다시점 좌표(多重時間坐標)가 주는 딜레마를 발견할 수 있다. 이러한 시간 좌표는 세계 시간, 중국 시간, 지방 시간 및 개인 시간으로 구성된다. 이렇게 서로 다른 시간 척도를 선택하여 중국 현대 국가 구축의 성과를 평가하면 두 가지 문제를 발견할 수 있다. 첫 번째 문제는 제도적 유산의 시기적 중첩 문제이다. 중국의 국가 건설은 목표 설정이 시기마다 달랐기 때문에, 일부 제도는 혁명 시기에 기원하여 이후의 건설 시기나 개혁 시기의 제도와 종종 장력을 형성하기도 한다. 결과적으로 전체 현대 국가 제도 체계의 활력에 영향을 미쳐 제도의 이상적인 목표와 개인적 감상 사이에 차이를 만들어 정치 발전이 항상 사회적 기대에 뒤떨어지거나 어긋난다고 느끼게 한다. 두 번째 문제

---

78 唐皇鳳, 「변혁적 정당: 중국 집권당 건설의 역사적 경험과 미래 비전에 대한 이론적 해석(變革型政黨: 對中國執政黨建設歷史經驗與未來願景的一種理論解讀)」, 『武漢大學學報(哲學社會科學版)』 2013(3).

79 楊雪冬, 「개혁개방 이후, 중국 정치 변화의 삼중 차원에 대한 이해(理解改革開放以來中國政治變化的三重維度)」, 『中央社會主義學院學報』, 2018(5).

는 '버스 따라잡기' 효과(赶公共汽車效應, 이번 기회를 놓치면 다음에도 잡지 못한다)이다. 이는 주로 정책 분야에서 나타나는 것으로, 일부 사회 집단은 자신들이 '따라잡을 수 없다'라고 생각하면서 불안감과 박탈감, 그리고 낙오감을 느끼게 된다. 공간적 차원 측면에서 중국의 지역 및 공간의 다양성은 다양한 거버넌스 논리를 보여주며 상호 간에는 교차성, 부합성 및 모순성이 존재하여 국가 거버넌스의 복잡성을 초래한다. 리스크 차원의 관점에서 중국은 오랫동안 국가 중심의 리스크 관리 메커니즘을 형성해 왔다. 개혁개방 이후, 사회 주체는 더 큰 자율성을 확보하였으나, 정당과 국가는 여전히 '정당-국가-사회-시장'의 경계를 넘어 사회와 시장이 부담해야 할 리스크를 감수하고 있다. 이러한 독단적인 권력 행사는 오히려 국가 역량의 강화를 저해한다. 또한, 중국의 국가 구축은 복잡하고 변화무쌍한 국제 정세 속에서 다양한 혼란에 직면해 있다.

2. 국가가 구축한 중국 본토의 특징: 복선형· 양자 상태·공시성

사실 중국의 현대 국가 구축은 바로, 이 고도로 모순된 비논리적인 세계와 수많은 불확실한 요소 속에서 진화하며 전개되고 있다. 주관적이고 복잡한 요소가 뚜렷한 중국 현대 국가의 청사진에 대한 분석은 매우 신중해야 한다. 일차원적인 인과관계로 결정할 수 있는 것이 아니고, 다차원적인 인과관계로 함께 현대 국가 구축의 청사진을 구성해야 한다. 양자 이론적인 사고방식으로 중국의 현대 국가 구축을 살펴보려면 다음과 같은 몇 가지 중요한 현지화 특성을 파악해야 한다.

첫째, 중국의 국가 구축은 통시적으로 볼 때 발전의 복선형이 두드러지게 나타난다.

복선형적 발전관(復線發展觀)은 선형적 사관(線性史觀)에 대한 반성과 탈구축(deconstruction)을 기반으로 제기되었다. 과거의 선형적 사관은 역사적 발전을 연속적이고 일차원적이며 일방적인 진화적 발전으로 간주하였다. 일반적으로 안정적인 역사적 주체를 가지고 있는 것이 특징 중 하나로, 이에 근거하여 흩어져 있는 사건을 선택적으로 역사에 기록한다. 그 이면에는 선형적 목적론과 진화론적 철학이 깔려 있다. 현대 국가 구축의 중국 경로를 복선형적 사관으로 바라보면, 그 시사점은 매우 크다. 복선형적 사관의 시각에서 중국의 국가 구축 과정을 재조명하면 두 가지 값진 발견을 찾아볼 수 있다.

그 하나는 기존 민족 국가의 독단적인 단선적 서사를 타파하고, 그것의 통제하에 억압되거나 소멸된 다른 발전의 단서를 발굴하면, 중국 현대 국가 구축에 존재하는 여러 발전의 단서를 찾을 수 있다. 다른 하나는 선형적 역사가 일반적으로 국가 구축의 진화를 방대하게 서술할 때 역사의 단절은 연속성 원칙에 부합하지 않기 때문에 역사 서사에서 사라지는 경향이 있다. 그러나 복선형적 사관에 따르면 역사는 항상 낙후에서 진보로 나아가는 것이 아니며, 그 발전 과정은 때로 반전되기도 한다. 역사의 복잡한 권력 관계와 진화 과정을 재현하기 위해서는 특정한 역사적 순간에 사회적 배경을 복원하는 것이 관건이라고 할 수 있다. 이 책은 진장의 지방 국가 구축 과정을 사례로 '국가 지상(國家至上)'이나 '사회 지상(社會至上)'또는 '시장 지상(市場至上)'으로써의 단순한 열거가 아닌 정당, 관료 체계, 시장과 사회의 다원적 주체 간의 상호작용, 상호 통합 및 상호 촉진의 과정을 보여주고 설명하고자 하였다. 9장에서 앞의 세 절은 국가와 정당, 국가와 시장, 국가와 사회의 세 가지 단서를 중점적으로 요약하였다. 연구 영역을 전국으로, 더 나아가 전 세계의 범위로 확대한다면, 국가와 군대, 정당과 군대, 국내와 국제, 중앙과 지방, 주체 민족과 소수민족이라는 다섯 가지 단서도 그 안에 포함된다고 볼 수 있다. 이렇게 서로 관련 있는 단서들 중 국가와 정당, 국가와 시장, 국가와 사회, 국내 및 국제, 중앙 및 지방과 같은 중요한 단서는 아직 재구성 과정에 있으며 제도화되지 않은 많은 것들이 잠재적인 제도적 리스크를 내포하고 있다. 예컨대 '체제 내 집단 간 수익감 차이가 다양한 형태의 체제 내 권력 유지 행위를 유발하여 제도의 권위와 공신력을 갉아먹고 있다'[80]는 것이다. 따라서 중국의 현대 국가 구축 과정에서 제도 구축과 제도 해소가 동시에 진행되며, 정당과 군대, 국가와 시장과 같은 일부 제도는 우선적으로 설계되고 효과적으로 처리 및 강화된다. 중국은 개혁개방 후 현급 지역(縣域) 정부의 경쟁을 이용하여 지방 국가가 시장경제에 적극적으로 참여하도록 장려하였다. 지방 국가가 보유한 풍부한 자원을 활용하여 시장 주체를 육성, 보장 및 표준화하였고 그들의 발전과 성장을 보호했다. 그러나 국가 및 사회관계와 같은 일부 제도는 약화되거나 무시되었고 선순환되지 않았다. 시장경제 발전 초기에 결성된 정치경제동맹(政商聯盟)과 지방 국가의 관심은 주로 경제 발전 분야에 집중되어 있었기 때문에 사회에 대한 중시와 육성이 상대적으로 약했으며, 사회의 자치와 정치·경제를 지탱하고 보완하는 능력 또한 상대적으로 제한적이었다. 이는 국가와 경제의 단서가 압박한 결과로도 어느 정도 이해할 수 있다. 결론적으로, 이 여덟 가지 단서에는 각각 고유한 관찰의 시각이 존재하며, 다양한 정치 및 사회

80 楊雪冬, 「개혁개방 이후, 중국 정치 변화의 삼중 차원에 대한 이해(理解改革開放以來中國政治變化的三重維度)」, 『中央社會主義學院學報』, 2018(5).

세력들이 서로 얽혀 상호 영향을 미치고 있다. 또한 일부 우발적 요인이나 결정적 시점의 전환은 중국의 국가 구축을 전혀 다른 방향으로 이끌 수 있다. 이러한 복선형 발전의 특징은 국가 구축 과정의 '굴곡지고 파상적(波狀的)인 복선형의 발전'을 결정짓는다.[81] 이는 불가지론(不可知論)이나 역사적 허무주의를 의미하는 것이 아니며, 열린 시야로 미래를 바라볼 때 민주화를 어떻게 할 것인가에 대한 단선적 사고가 아닌 현대적 국가 거버넌스 체계[82]와 거버넌스 역량 강화가 더 중요할 수 있다는 것을 의미한다.

둘째, 중국 국가가 구축한 공시성의 특징을 파악해야 한다.

구체적으로 말하면, 100여 년간 이뤄진 중국의 현대 국가 구축은 복잡한 역사적 시공간의 중첩이다. ① 공간적 시제의 차이로 표현되며, 지역마다 근대, 현대에서부터 탈현대에 이르기까지 다양한 시간대를 점유한다. ② 더 중요한 것은 시간적 시제의 중첩으로, 이는 현대 구축의 다중 단서에서 비롯된다. ③ 현대 국가 구축의 중국 현지적 특성은 공시성이다. 중국은 약 960만㎢의 국토 면적을 보유하고 있으며, 동부·중부·서부 세 지역은 지리·기후 조건, 교통 위치, 경제 기반, 민족 문화 등 여러 측면에서 뚜렷한 차이를 보인다. 중국의 국가 구축은 필연적으로 거버넌스 규모의 도전에 직면하게 되었으며, '국가는 그 관할 영토와 그곳에 사는 민중의 공간 규모와 실제 내용을 통솔·관리·통합한다'

---

81 賀東航, 「중국 현대 국가의 구축, 성장 및 현재 정세 - 지방으로부터의 시도적 해답(中國現代國家的構建、成長與目前情勢—來自地方的嘗試性解答)」, 『東南學術』, 2006(4).

82 '국가 거버넌스 체계(國家治理體系)'는 2013년 11월 중국공산당 제18기 중앙위원회 삼중전회(三中全會)에서 처음 제안된 국정 운영(治國理政) 제도 체계이다. 중국에서 국가 거버넌스 체계는 중국공산당이 인민을 지도하여 국가를 효과적으로 통치할 수 있도록 한다.

라는 결정을 내리게 되었다.[83] 현재 '규모(規模)'를 핵심 변수로 설정한 국가 구축 연구는 드물며, 대부분 단순히 '국토가 넓고 자원이 풍부하다(地大物博, 資源豊富)'는 수준의 서술에 머물고 있다. 그러나 국가 건설과 거버넌스의 관점에서 볼 때, 거대하고 복잡한 국가 규모는 국가 구축 임무를 복잡하게 만들고 핵심 능동자에게 무거운 부담을 지울 수 있다.

개혁개방 이후 중국은 지역발전의 불균형 문제가 더욱 두드러졌다. 베이징, 상하이, 광저우, 충칭과 같은 대규모 도시는 급속한 발전, 완비된 인프라, 발달한 정보통신 설비 등을 갖추고 있고, 경제 집적 효과(集聚效應)가 크며 1인당 재산 보유량도 중국 1위 수준이다. 이들 도시는 뉴욕이나 파리, 도쿄와 같은 선진국의 유명 도시들과 비슷한 수준에 이미 도달하여 세계적인 반열에 올라섰다. 이들 도시에 거주하는 사람들은 자기 가치와 성취감, 공평함을 추구하는 경향이 있으며, 그들의 생활방식, 사고방식, 권리의식은 점차 더 선진국의 기준을 참고하고 있다. 그러나 구이저우(貴州), 광시(广西), 닝샤(宁夏), 간쑤(甘肅) 및 기타 지역에서는 현대 과학 기술의 발전이 가져온 편리함과 편안함을 누릴 수 없으며, 현대 도시 생활과 그들 사이에는 큰 간극이 존재한다. 그리고 시민의 권익이나 사회 공익에 관심을 기울일 여유도 의식도 없고, 사상적으로는 '양아방노(養兒防老, 자식을 키워 노후를 대비함)', '안토중천(安土重遷, 오랫동안 산 곳을 떠나지 못함)'과 같은 전통적인 가치관을 더 많이 유지하고 있다. 이렇듯, 중국의 국가 구축에는 공시성이 존재하며, 여러 요소가 동일한 국가의 관할하에 공존하면서 공간적 시제 차이를 드러내고 있음

83 周雪光, 「국가 거버넌스 규모와 그 부담비용에 대한 사고(國家治理規模及其負荷成本的思考)」, 『吉林大學社會科學學報』, 2013(1).

을 알 수 있다. 이러한 공시성은 우선적으로 국가 구축 과제를 더욱 복잡하게 만든다.

셋째, 중국 현대 국가 건설의 또 다른 특징은 양자 얽힘(quantum entanglement, 量子糾纏)이다.

양자론적 사고에서 입자는 멀리 떨어진 공간을 가로지르는 사건에 의해 영향을 받을 수 있다. 이러한 복잡한 원거리 상호작용은 불가분(不可分)의 원리로 설명할 수 있다. 두 개의 아원자(亞原子, 원자보다 작은 세계) 입자가 상호작용한 후에는 서로 다른 위치에 있더라도 연결이 유지되며, 아무리 멀리 떨어져 있어도 한 입자의 어떤 상태 측정은 자발적으로 다른 입자에 영향을 미친다. 이 원리는 중국 현대 국가 구축에서 각 요소가 상호 연결된 복잡한 전체의 일부이며, 각각의 일부는 전체에 영향을 미친다는 것을 시사한다. 세계는 기본 구조상 서로 연결되어 있기 때문에 전체적으로 세계를 보아야 하며, 전체가 발생하여 부분을 결정하는 동시에, 부분 또한 전체적인 정보를 포괄하고 있다. 다시 말해 양자 세계는 서로 연결된 에너지의 장이다. 현재 중국 현대 국가 구축 과정에는 지방 자주성과 국가 통일성, 급속한 도시화와 잃어버린 농촌 사회, 정부의 역할 기능 전환과 사회주의 시장경제 발전, 인터넷 빅데이터 사회의 도래와 정치 생태의 변화, 합법성의 전환과 이데올로기 이원화 제도(雙軌制, 서로 다른 두 체제를 병행하는 제도)의 장력, 세계화와 탈세계화의 지지와 압박, 국가 구축에서 제도화와 민주화의 장력 등 일곱 쌍의 양자 얽힘이 존재한다. 매 쌍의 얽힌 양자는 연관 관계가 매우 긴밀하며 하나의 양자 상태가 변하게 되면 다른 양자 상태도 순식간에 변한다.

넷째, 중국 현대 국가가 구축한 청사진에서 인간의 역할과 같은 일부 주관적 요소가 다시 강조되어야 한다.

고전 물리학의 세계에서 인간은 기본적으로 수동적인 상태에 있으며, 근본적인 숙명성을 가지고 있다. 따라서 자연의 법칙에 복종하고 순응할 수밖에 없으며, 인간의 작용력은 거의 간과되어 왔다. 인간은 자연 물리 세계의 관찰자일 뿐, 참여자로서 자연의 법칙에 영향을 미치는 것은 아니다. 그러나 양자역학 이론에서는 인간이 주체로서 행동 측정이나 조작 과정 또는 인간 자체의 참여는 결과를 결정하거나 변화시킨다. 양자 사고의 범주에서 인간은 주도적이고 심지어 결정적인 역할을 한다. 알렉산더 웬트(Alexander Wendt)는 인간의 의식의 주체성과 사물의 확률성을 사회과학으로 가져올 수 있고 또 가져와야 한다고 주장했다.[84] 이러한 사고를 바탕으로 볼 때, 중국의 현대 국가 구축 과정에서 정치 지도자의 역할은 결코 등한시할 수 없다. 품위 있고 높은 도덕성을 지닌 정치 지도자는 현대 국가 구축의 주체 중 하나로서 사회 발전을 촉진하고, 일정한 사회 질서를 유지하며, 사회 조정과 기관 인원 및 조직 구성원에게 영향을 미칠 수 있다. 정치 지도자 선출 메커니즘에서 경쟁식 정당 선출이 아닌 조직부 추천을 통한 '현인(賢人)'식의 현능정치(賢能政治)[85]를 채택할 수 있다. 또한, 사회학자인 다니엘 벨(Daniel A. Bell)이 언급한 바처럼 '현능정치'라는 선출 메커니즘을 통해 평균 이상의 재능과 덕목을 갖춘 정치 지도자를 배출할 수 있다.[86]

---

84 Alexander Wendt, *Quantum Mind and Social Science : Unifying Physical and Social Ontology*, Cambridge University Press, 2015, pp.285-290.

85 역자주: 캐나다의 정치학자 다니엘 벨은 『차이나 모델: 중국의 정치지도자들은 왜 유능한가』라는 책에서 중국의 독특한 정치 체제를 '현능(賢能)정치'라고 명명하였다. 현능정치란 능력뿐만 아니라 덕성을 가진 정치지도자를 선발하는 중국식 정치적 능력주의를 뜻한다.

86 Daniel A. Bell, 「현능정치는 좋은 것이다(賢能政治是個好東西)」, 『當代世界』, 2012(8).

3. 국가 구축의 도전에 직면한 두 가지 중요한 지향점 해결

중국 현대 국가 구축의 복선형, 공시성 및 양자 상태 등의 특징은 미래의 국가 구축에 굴곡성, 복잡성 및 긴장성이 존재한다는 것을 시사한다. 다양한 문명이 교차하고 다양한 이데올로기가 서로 영향을 미치며 다양한 생산 방식과 시스템 모두 가취성(可取性)이 있다. 발전 상황에 어떻게 대처하고 잠재적 위험을 해결할 것인가에 대해서는 물리학자인 닐스 보어(Niels Bohr)의 '상보성 원리(互補理論)'를 통해 파동-입자 이중성(波粒二象性)을 설명할 수 있다. 입자 모형과 파동 모형은 동일한 실재에 대한 두 가지 상호보완적인 서술로, 각각은 부분적으로만 정확하며 제한된 범위 내에서만 적용될 수 있다. 입자성(粒子性)과 파동성(波動性)은 서로 양립할 수 없고, 서로 배타적이지만, 둘을 합쳐야만 하나의 현상을 완전하게 설명할 수 있다. 이는 양자가 상호보완적이라는 의미로, 존재의 상반된 형태는 결국 하나의 실체로 통일된다는 것이 바로 상보성 원리(互補理論)이다.[87] 상보성 원리를 통해 양자역학을 해석한 이후, 닐스 보어는 이 상보성 개념을 인류 사회의 영역으로까지 확장하였으며, 이 영역에서도 일정한 형태의 상호보완적 관계가 존재한다.[88] 마찬가지로, 상보성 원리로 중국의 현대 국가 구축이 직면한 문제를 이해하고 해결할 수 있다. 두 가지 방법을 제시하면 다음과 같다.

첫째, 지방의 자주성을 고취시킨다.

---

87 戈革,「닐스 보어의 사상에 관한 몇 가지 역사적 고찰(關於尼耳斯·玻爾思想的幾點歷史考察)」,『自然雜誌』, 1985(8).

88 程民治,「과학과 인문학의 융합을 포용하는 보어의 상호보완 원리(包容科學與人文合流的玻爾互補原理)」,『第十六次全國原子、原子核物理研討會暨全國近代物理研究會第九屆年會論文集』, 2006년 7월.

복선성(複線性)·공시성(共時性)·양자 상태(量子態)에 의해 규정된 중국의 국가 구축이 '일률적(一刀切)' 제도 배치와 엄격하고 경직된 정책 규정을 취한다면, 현대 사회의 현실에 적응할 수 없을 것이다. 국가 구축은 지방정부에 권한을 위임하고 지방의 자주성을 장려하여 중앙정부의 거버넌스 부담을 줄여야 한다. 이 책에서 말한 바와 같이, 중국의 국가 구축은 결코 단방향적인 것이 아니라 하향식 정층설계와 상향식 기층 탐색을 병행하는 것이다. 이 두 가지 서로 다른 대향적(對向的) 탐색 모델은 중앙 및 지방, 국가 및 사회적 차원에서 어느 정도 상호 배타적이지만 상호보완적이기도 하다. 기층 탐색의 주력군은 현급 지역(縣域)에 더 집중되어 있으며, 이는 이 책이 '지방 국가'에 대해 연구 관점을 제시하는 중요한 이유이자 중국 국가 구축의 특징 중 하나이다.

중국의 현대 국가 정권 건설에서 현급(縣級) 정권은 매우 중요한 위치에 있다. 현급 정권은 현재 중국 행정 구조에서는 제도적 구조를 완전하게 갖춘 최저층급(最低層級) 정권으로, 도시 정치와 농촌 정치의 접합부에 있는 국가 권력의 말단이기 때문이다. 1978년 개혁개방 이후 지방의 자주성이 인정받기 시작하였고, 중앙 국가의 적절한 분권과 시장화는 1급 이익 주체로서 현(縣)의 자아의식을 회복시켰을 뿐만 아니라, 각 현이 자기 이익의 극대화를 추구할 수 있는 공간과 인센티브를 제공하였다. 그 이후로 현(縣)은 경제 발전과 제도 혁신의 중요한 기층(基層) 단위가 되었으며 지방정부의 혁신 행위가 활성화되었다. 이러한 풀뿌리 제도 혁신은 중국 국가 전체의 거시적 흐름에서 근본적으로 벗어나지 못했지만, 현급 지방 국가를 구체화하고 활기차게 만들었다. 지방 국가로서의 현의 역할은 경제 분야에서 특히 두드러지며 국가 전체의 제도 혁신을 주도한다. 현대 국가의 조직 구조, 제도 설계 및 경제 모델은 기층 혁신의 완전한 축소판이다. 이것은 전체에 대한 부분적 영향이자 거시적 영향에 대한 미시적 영향의 표현이다.

'통제와 거버넌스의 역설(控制與治理悖論)'은 중앙집권체제의 보편적인 딜레마이며, 이러한 어려움은 지방 자주성을 통해 효과적으로 해결될 수 있다. 이는 지방정부가 지방 정치를 할 때는 지역의 실정과 결합하고, 중앙, 시장, 사회와의 관계를 처리할 때는 독립성과 능동성을 유지할 수 있도록 요구한다. 현재 중국은 뉴노멀 경제 발전을 모색하고 있으며 현대화 건설의 심층 확장과 경제, 사회, 정치, 문화 및 생태의 '5위 일체(五位一體)'[89] 건설과 '4개 전면(四個全面)'[90]의 전략적 요구 등 국내외적으로 더욱 심각한 도전에 직면해 있다. 이러한 도전은 대부분 현급 지역의 정권에게 돌아갈 것이며, 현급 정부에 '더 큰 주도성과 창조성으로 지역의 발전을 구상, 계획 및 지도할 것'을 요구한다.[91] 그리고 현급 행정관은 공공 서비스를 강화하고 사회 모순에 직면할 때 거버넌스의 지혜를 사용하여 적절한 견제와 완충 역할을 충분히 발휘해야 한다.[92] 중국 현대화 발전에서 지방 국가로서의 현급 지역 정권의 실천적 공헌이 규범적인 제도적 배치에 부여된 역할 범주에서 크게 벗어나 있

---

89 '5위 일체(五位一體)' 건설은 중국공산당 제18차 전국대표대회에서 공표한 새로운 제안 중 하나로 경제 건설, 정치 건설, 문화 건설, 사회 건설, 생태 문명 건설을 포함한다.

90 '4대 전면(四個全面)'은 2014년 12월 시진핑 중국 국가 주석이 장쑤(江蘇)성을 시찰할 때 제시한 것으로, 구체적으로는 전면적인 샤오캉 사회(小康社會, 의식주 문제가 해결된 이상적 사회) 건설, 전면적인 개혁 심화, 전면적인 의법치국(依法治國, 법에 의한 통치), 전면적인 종엄치당(從嚴治黨, 엄격한 당 통치)을 의미한다.

91 賀東航·劉傑, 「 제2기 현대화 시기 중국 현치 개혁의 실현 경로(第二期現代化時期我國縣治改革的實現路徑)」, 『人民論壇』, 2012(12).

92 상동.

음을 알 수 있다. 따라서 우리는 지방 국가가 위치한 관할 구역의 역사 문화, 사회 구조, 경제 수준, 통치자의 주관적 능력과 개념의 차이를 존중해야 한다. '군현을 잘 다스려야 천하가 평안하다(郡縣治, 天下安)'라는 표현은 역사의 계승일 뿐만 아니라 현대 국가의 구축과 발전을 위한 '중국 경험'의 중요한 부분이다.

둘째, 핵심적인 능동자가 있어야 한다.

양자 상태는 모든 양자 얽힘을 중앙에서 제어하는 중심이 있어야 하는 혼돈 상태에 있다. 지방에는 다양한 자주성이 있으며, 만약 그 발전을 고려하지 않을 경우 중앙 개발 목표의 지방 편차를 초래하거나 지방 간의 불균형을 더욱 악화시킬 수 있다. 따라서 국가 통일성으로 다양한 지역성을 규제하는 것이 필요하다. 중국처럼 '양자(量子)가 얽힌 거대한 장'에는 핵심 능동자가 필요하다. 중국 현대 국가는 정당 주도로 구축됐기 때문에 중국공산당은 현대 국가의 핵심 능동자다. 중국 현대 국가 구축의 전제조건은 '당도국'의 시각이 있어야 한다는 것이다. 중국공산당은 중화인민공화국 정치 체제의 건설자이자 집권자로서 '정당—국가' 형태의 정당적 특성을 형성하였다. ① 사상적 기초로서 정교하고 체계적인 이론과 학설을 가지고 있다. ② 미래 사회의 비전에 관한 설정을 분투 목표로 삼는다. ③ 목표를 달성하기 위한 수단으로 치밀하게 설계되며, 이론적 지원을 받는 전략 및 책략이 있다. ④ 중앙과 지방 및 기층 조직의 통일되고 치밀한 네트워크를 행동의 버팀목으로 삼는다. ⑤ 성숙하고 경험과 열정이 풍부한 전문화된 정치 엘리트 집단을 협조적 행위의 '총참모부'로 삼는다. ⑥ 공산주의를 위해 헌신을 다할 것을 제창하는 정신교육을 당원의 도덕률(道德律)로 삼는다. 중국공산당은 중국의 세계적 위치, 중국의 역사와 국정, 중국 사회의 요구에 따라 전쟁,

혁명, 건설, 개혁 과정에서 중국의 특성에 부합하는 중국 특색의 제도화 메커니즘을 창조적으로 발전시켰으며, 이는 중국이 민주화를 향해 나아가는 중요한 자원이다. 중국공산당이 현대 국가 건설의 대체할 수 없는 영도적 힘이라고 강조하는 것은 중국의 국가 상황, 즉 사회 구조, 역사 문화, 자원 보유, 문제의 위기에 대한 인식에서 비롯된 것이다. 주관적으로 볼 때, 중국공산당은 민족 부흥을 '나 아니면 누가 책임지겠는가(非我莫屬)'라는 정신으로 이끌고 있으며, 국가의 대업을 '도리상 기꺼이 맡아야 한다(義不容辭)'는 강한 역사적 사명감으로 가득 차 있다. 객관적으로는, 이러한 태도가 중국 사회의 안정적인 변혁을 보장하는 권위의 역할을 수행하고 있다.[93] 현재 다양한 변화가 중첩된 현대화 후반부 과정에 들어선 중국은 복잡다단한 정치적·경제적 문제에 대응하고 있다. 개혁과 발전의 다중 목표를 달성하기 위해 2012년 중국공산당 제18차 전국인민대표대회 이후 중국은 관료제의 절차적 경직성과 형식주의의 고질병을 '당의 전면적인 영도(領導)'로 돌파한 것은 긍정적인 의미가 있다.

이 책의 실천적 의의는 현재 근대 이래 최고의 발전기에 있는 중국과 전례 없는 큰 변화를 겪고 있는 세계, 이 두 존재가 서로 얽히고 뒤섞여 격동하고 있다는 데에 있다.[94] '변(變)'은 현대 중국의 국가 구축이 순탄치 않음을 보여주는 현시대의 핵심 키워드이다. 불안정성, 불확실

---

93 陳明明, 「하나의 정치형태로서의 정당—국가와 그 중국 국가 건설이 지닌 의의(作爲一種政治形態的政黨—國家及其對中國國家建設的意義)」, 『江蘇社會科學』, 2015(2).

94 侯麗軍·白潔·鄭明達, 「민족 부흥을 위해 봉사하고 인류 진보를 촉진하자-시진핑 총서기 중앙외사공작회의 중요연설이 일으킨 뜨거운 반향(服務民族復興、促進人類進步—習近平總書記在中央外事工作會議上的重要講話引起熱烈反響)」, http://www.xinhuanet.com/politics/2018-06/24/c_1123026158.html, 2020년 1월 17일 방문.

성, 복잡성, 모호성 등 이 시대의 양자 얽힘 특징 때문에 우리는 변화하는 세계의 정치 경제 환경 속에서 중국공산당의 '영도력 체계(領導力系)' 확장과 심화에 의존해야 하며 이로써 강력한 정치적 잠재력을 구축해야 한다.[95] 이러한 정치적 잠재력은 중국 현대 국가 건설의 지지력이자 원동력이며, 국가 거버넌스 현대화의 '중국 경험'과 '중국 방안(方案)'을 구성한다. 따라서 중국은 중국공산당의 영도 하에 앞으로 나아가야 할 법치적 힘을 결집하여 경제와 종합 국력의 발전을 계속 추진해야 한다. 그리고 건전하고 완전한 국가의 제도 체계를 구축하고, 시민의 권리와 사회 복지 체계를 구축 발전시켜 현대 국가 건설의 사명을 완수해야 한다.

이 책은 지방 국가 차원의 연구와 복선형적 역사에 근거한 서사 방법이 탈서양 중심화의 중국식 경험에 대한 이해를 제공했다는 점에서 이론적 의의가 있다. 그보다 더 중요한 의의는 정치학자들에게 독창적인 개념을 구축할 기회를 제공함으로써 다양한 외부 이론과 가치 인용을 통해 중국의 학술적 자주성을 유지하고 현대 국가가 구축한 토착 이론을 모색할 수 있게 한다는 데 있다. 미국의 중국 근현대사 연구의 권위자인 필립 A. 쿤(Philip A. Kuhn)은 다음과 같이 언급하였다.

"현대성(現代性)이 다양한 형태로 존재하고, 다양한 대안적 선택이 공존하는 세상에서 정치 역사가 강조해야 할 것은 다양한 민족문화와 역사적 경험이 어우러진 다양한 '내부(內部)' 서사이다. 이러한 서술은 경제력의 변화나 제국주의 강권의 압력 속에서 각국이 상응하는 변화를

---

95 賀東航·孔凡斌, 「중국 공공정책 집행의 정치적 잠재력—최근 20년간의 농촌 산림 개혁 정책에 근거한 분석(中國公共政策執行中的政治勢能—基于近20年農村林改政策的分析)」, 『中國社會科學』, 2019(4).

겪을 때, 그 '외부(外部)'의 측면이 여전히 중요한 의미를 지닌다는 점을 보여준다. 그러나 현대 국가가 어떻게 저마다의 독특한 헌정(憲政) 구조를 형성하게 되었는가 하는 근본적 질문에 대한 해답은, '외부적' 사관(史觀)만으로는 충분히 설명될 수 없다."[96]

---

96 Philip A. Kuhn, 『중국 현대 국가의 기원(中國現代國家的起源)』, 陳兼·陳之宏(역), 生活·讀書·新知三聯書店, 2013, p.2.

찾아보기

ㅊ

ㅌ

ㅍ

ㅎ

저자 후기

이 책에서 다루고자 했던 내용이 모두 마무리되었다.

베이징대학교 출판사의 순웨이링(孫維玲) 씨에게 진심으로 감사드린다. 여러 차례 원고가 지연되었음에도 불구하고 끝까지 인내심을 잃지 않고 지속적인 격려와 성원을 보내 주신 덕분에, 나는 약속을 저버릴 수 없었다. 추천의 글을 써 주신 저명한 정치학자이자 화중사범대학교의 문과 수석 교수이신 쉬융(徐勇) 교수님께도 깊은 감사의 말씀을 전한다.

국가 구축 이론 연구에 매진하는 여러 전문가와 학자들께도 감사의 뜻을 전한다. 그들의 이론적 성찰은 내 연구에 큰 영감을 주었으며, 그들로부터 풍부한 학문적 자양분과 경험을 얻을 수 있었다.

특히 내가 샤먼대학교에서 박사학위를 수학하던 시절, 양쉐둥(楊雪冬) 교수의 박사 논문 「시장 발달, 사회 성장과 공공 권력 구축—현을 미시 분석 단위로(市場髮育、社會生長和公共權力構建—以縣爲微觀分析單位)」를 탐독하며 큰 감명을 받았었다. 그 후 나는 여러 차례 양쉐둥 교수와 편지를 주고받았고, 항상 따뜻한 답장을 받았다.

2004년부터 2006년까지 화중사범대학교에서 정치학 박사후 연구원으로 재직하며 발표한 첫 보고서인 「중국 현대 국가의 구축과 성장—지방에서 얻은 시도적 해답(中國現代國家的構建與成長—緣自地方的嘗試性解答)」을 바탕으로 집필한 이 책은 수년간 이어온 연구의 결실이다.

역사학을 수학한 정치학자인 나는 학부부터 박사과정에 이르기까지 줄곧 역사를 전공해 왔다. 샤먼대학교 역사학과는 '화남학파(華南學派)'의 주요 거점 중 하나로, 교수님들은 나의 학문적 훈련과 사고 방식에 지대한 영향을 미쳤다. 연구생에게 요구되는 이론과 방법론의 수준은 매우 높았으며, 실증적 연구를 중시한 그들은 연구 결과가 반드시 객관적 사실과 증거에 기초해야 함을 강조하였다.

특히 역사학을 사회과학의 '종합 학문'으로 인식하며, 학생들에게 교차 학문적 지식 체계와 폭넓은 학문적 관심을 갖출 것을 요구하였다. 이러한 학문적 전통 속에서 교수님들은 정치학, 인류학 등 다양한 분야의 이론과 방법을 가르쳐 주셨다. 1990년대 중반에 샤먼대학교 역사학과에서 대학원 과정을 시작했다. 첫 수업인 <역사학 방법 개론>에서 정전만(鄭振滿) 교수님은 선형적 역사 방법의 기원과 미비점을 소개하며 국가 발전의 역사적 과정을 복선적 역사 관점에서 바라보도록 권장하셨다. 정 교수님은 이러한 시각을 통해 서양의 도시 국가와 대의제 국가, 발리의 '극장 국가', 그리고 '대통일(大一統)'의 중화 제국 국가 형태를 모두 살펴볼 수 있다고 강조하셨다. 또한 이 연구 방법을 사용으로 미국 학자 프랜시스 후쿠야마의 『역사의 종말과 최후의 인간』을 평가해 보도록 지도하셨다. 우리는 후쿠야마의 이러한 선형적 서사가 정치 발전론의 가치와 목적을 제한하며, 한 국가의 자원 조건, 문화 전통, 사회 구조 등 '지방성' 요소를 간과하고 있다고 보는 '민주 전환 패러다임' 정치 발전 서사를 되짚어 보았다. 이러한 성찰적 방법론이 깊은 영향을 미친 덕분에 당시 사회 중심의 국가 기층 행정 기구인 현·시·구·상급 부서가 향에 파견한 기구의 개혁과 기층 민주 정치 '촌민 자치(村民自治)' 연구 열풍 속에서도 가치의 관점이 아닌 거버넌스의 관점에서 연구를 지속할 수 있었다. 또한, '화남학파'는 현장 조사와 지역 연구의 중요성을 특히 강조하며, 문헌 수집과 실증 분석에 주목하였다. 1996년, 지도 교수님과 함께 푸젠성 남부 교향 지역에서 현장 조사를 진행하며 '공간의 역사' 연구 접근법에 바로 돌입하였다. 2000년부터 2004년까지는 동남 연해의 한 지역 거버넌스 사례를 통해 중국 현대 국가의 성장을 논의하였고, 서구 모델과는 판이한 문제와 분야에서부터 중국 국가 전환의 역사적 논리와 지방 거버넌스에 대한 중국적 경험을 이론적으로 설명하였다. 이는 샤먼대학교 중국 근현대사 박사 학위의 논문 주제가 되었으며(지도 교수: 다이이펑(戴一峰) 교수), 정치학의 국가 이론이 연구의 중요한 이론적 자원이 되었다.

2004년 9월, 박사 학위를 취득한 후 화중사범대학교에서 쉬융(徐勇) 교수의 정치학 박사후 연구원으로 일하게 되었다. 당시 화중사범대학교 정치학연구원(政治學硏究院)은 국가 중점 학과, 1급 학과 박사 과정 및 교육부 인문 사회 과학 중점 연구 기지를 갖춘 '5성급(五星級)' 기관이었다. 화중사범대학교가 정치학 분야에서 이룬 자랑스러운 성과는 바로 쉬 교수님께서 말씀하셨던 '전략가의 안목으로 심은 꽃이 맺은 열매'인 것이다. 쉬 교수님의 노력으로 정치학의 '화중사대 교풍(校風)'이 구축되어 정치학과 다른 학문 간의 융합이 시작되었다. 이로써 중국 농촌 정치에 대한 정치학자들의 상상력과 표현 어휘가 풍부해졌고, 연구 시야도 넓어졌다. 개념 설정, 방법 적용 및 이론 구축 등 여러 측면에서 독창적인 견해를 제시한 '화중사대 교풍'으로 인해 정치학계에 빠르게

'현장 학파(田野學派)'가 형성되었다. 쉬 교수님은 또한 인재를 발굴하는 재능이 뛰어나, 학계에서 많은 우수한 인재를 양성하였다. 곁에 뛰어난 인재들이 항상 가득했던 쉬 교수님께 가르침을 받을 수 있었던 것은 내 평생의 자산이다. 또한 쉬 교수님은 내 연구를 적극 지원해 주셨고, 10년이 넘는 시간 동안 학술 연구에 고민이 생길 때마다 그에게 조언을 구하곤 했다.

쉬 교수님의 제안으로 조직한 현대 국가 세미나를 통해 국가 구축의 기층 거버넌스 메커니즘, 지역 차별적 사회적 힘, 시장, 동력 메커니즘 등의 문제에 대해 여러 차례 다양한 의견을 나눌 수 있었다. 후쿠야마의 『국가 구축—21세기 국가 거버넌스와 세계 질서(國家構建—21世紀的國家治理與世界秩序)』가 출판된 이후, 우리는 국가 개념에 포함된 조직의 설계와 관리, 정치 체계 설계, 합법성 기초, 문화 및 사회 구조 등의 요소에 대해 분석하고 논의하였다.

세미나에서 나는 국가가 구축한 사례 연구법을 분석하자고 제안했다. 광활한 영토에 현(縣)만 해도 수천 개에 달하는 중국에서는 국가 구축 표본을 잘 선택하여 관찰하는 것이 매우 중요하므로, 특색있는 동시에 전형적인 지역을 선정하여 사례 연구를 수행해야 했다. 진장은 사례 연구에 필요한 '전형성, 대표성, 특수한 관계성'의 세 가지 특성을 모두 갖춘 가치 있는 표본이었다. 또한, 진장의 물질적 성취와 제도적 성취는 중국의 성장과 함께 발맞춘 것으로, 이는 중국 국가 발전 속도의 축소판이라고 할 수 있다. 게다가 지방 정부 부서에는 있는 나와 친분이 두터운 동창들이 가까이에서 현장 조사를 수행하는 데 큰 도움을 주는 등 진장은 나와 '특별한 관계'가 있는 지역이다. '실지 조사법(實地調査法)'이라고도 하는 현장 조사는 인류학, 사회학, 민족학 연구에서 널리 사용되고 있다. 정치학자들이 현장 조사를 채택할 경우, 연구 대상의 계층성과 규모적 차이, 그리고 체제적 제한으로 인해 어려움을 겪을 수 있다. 연구 방법으로써 현장 조사는 주로 촌(村), 향(鄕), 진(鎭)과 같은 하위 정치 실체에 적합하며 더 높은 계층의 정치 실체에 적용하는 것은 상당히 어려운 일이다. 그러나 정치학 연구에는 '현장 정신'이 필요하다. 쉬 교수님이 화중사범대학교에서 일찍이 주창한 '현장 정치학'에는 '현장 정신'에 대한 기대감이 담겨 있었다. 오늘날까지 중국 현대 국가 구축에 관한 대부분의 연구는 거시적 이론의 연역에 기반을 두고 있었다. 그러나 거시적 차원에서 국가 수준의 정치 생태를 살펴볼 경우, 자료와 이론 등 여러 요인의 제약과 함께 인터뷰와 조사를 수행하기도 어려운 까닭에 중국 국가 구축의 실질적인 상황을 완전히 보여줄 수 없었다. 그리고 미시적 차원(마을 수준)에서 중국 국가 구축을 연구할 경우, 비공식 제도의 범주에 속하는 향촌(鄕村)에는 국가 기구가 존재하지 않기 때문에 이 역시 중국 현대 국가 구축을 직접적으로 관찰하기에는 어려움이 따랐다. 마을 차원에서의 미시적 연구에서 벗어나는 연구도 있었지만, 이러한 접근 방식은 국가 구축과 마을의 서사를 효과적으로 연결하지 못하게 하여, 연구 대상의 교차와 전환을 혼란스럽게 했다. 따라서 층위별 연구 사례를 통해서만이 국가 수준에 대한 비교적 완전한 서술 공간을 제공할 수 있으며, 역사적 연구에 필요한 행위자(국가, 성, 시의 다양한 이해관계자들)가 모두 참여할 수 있게 된다. 다양한 차원에서 이 복잡하고 변화하는 거대한 정치체 상황에 접근함으로써 이러한 상황들이 서로 얽히고설키게 되어 연구 결과가 현실에 점차 가까워진다. 이로써 중국 국가 발전의 방향, 순서와 층위를 발견할 수 있으며, 현대 국가 구축에서 이론적으로나 실제적으로 존재하는 중국과 서구 국가 간의 유사점과 차이점을 묻고 답할 수 있는 것이다.

쉬 교수님의 주도로 우리의 연구 성과는 『동남학술(東南學術)』2006(4)에 게재되었다. 그 중, 내 논문인 「중국 현대 국가의 구축, 성장 및 현재 상황—지방에서 찾은 시도적 해답(中國現代國家的構建、成長與日前情勢—來自地方的嚐試性解答)」에서는 개혁개방 이후 중국 현대 행정 계층 제도의 발전과 사회 성장의 과정을 조사하였으며, 하나의 지역 사례를 통해 중국 국가 전환 과정에서 나타난 복잡한 사회와 정치적 차원, 즉 복선 상태를 다루었다. 이는 중국 현대 국가 건설이 복잡한 역사적 시간과 공간의 중첩으로 가득 차 있으며, 공간 영역에서의 시제적 구분(時態分殊)을 나타내고, 각 지역이 근대, 현대, 탈현대 등 서로 다른 시간대에서 '차지'하고 있음을 의미하는 것이다. 사회적 관념과 생산 방식은 비연속적이며, 전체적으로 양자 얽힘 상태이고 중국, 서구, 소련의 색채가 혼합되어 있다. 국가 건설은 정당, 관료 체계, 시장 및 사회의 다원적 주체 간의 상호 작용, 상호 침투 및 상호 촉진 과정으로 나타난다. 이 연구는 황쭝즈(黃宗智) 선생님의 주목을 받았으며, 그는 「중국 소농 경제의 과거와 현재—슐츠 이론의 옳고 그름(中國小農經濟的過去和現在—舒爾茨理論的對錯)」에서 국가 구축에 관한 나의 연구 성과를 인용하였다.

2006년 박사후 연구를 마친 후, 화중사범대학교에 남아 정치학 연구원으로 근무했다. 20세기와 21세기 초, 학계에서 큰 주목을 받은 '사회 중심' 이론의 연구 경향은 가치 판단의 일종으로 자리 잡기도 했다. 내가 이 책에서 제시하는 관점은 가치적 판단이 아닌 학리적(學理的) 관점이다. 중국 현대 국가 구축에서 국가와 사회 간에 나타난 새로운 상호 작용 양식은 '국가 사회화'와 '사회 국가화'라는 새로운 분석 틀을 통해 해석할 수 있다고 생각한다. 이 분석 틀은 전통적인 국가와 사회 간의 이원적 대립 이론의 한계를 보완할 수 있다. 이러한 대체 방식은 국가와 사회가 각자의 이익을 합리적으로 고려하여 한쪽이 다른 쪽을 대체하는 데 동의함으로써 양측 모두에게 이익이 될 수 있도록 한다. 여기에서 대체는 대체 당사자인 양측이 자원 흐름의 이전을 통해 '상생(win-win)'의 결과를 이루는 것과 같은 국가와 사회 간의 '교환' 관계를 반영한다. 정부가 사회에 특정 사무를 관리할 수 있도록 공간을 양도함으로써(국가 사회화), 제도적 결정자인 국가와 사회가 '상생'의 효과를 거두게 되는 것이다. 다른 한편으로, 일부 민간 자치 조직의 경우, '국가의 존재'를 국가의 특정 '상징 기호'로 표시하여 지역 사회 관리(사회 국가화)에 보다 효율적으로 참여할 수 있다.

2009년 이후, 농촌 임업 개혁 정책에 관한 국가 사회과학 기금의 중대 프로젝트를 맡게 되면서 연구 방향이 이론에서 실증으로, 국가 발전에서 정책 과정으로 바뀌게 되었다. 실제로, 국가 구축이라는 주제는 추상적이고 거대한 이론과 구체적 경험 간의 연결이 필요하다. 이러한 문제를 해결하기 위해서 연구 전략은 거대한 이론과 구체적인 경험 간에 '다리'를 세워야만 한다. 이 '다리'는 바로 정책 과정 분석을 통해 정책 집행에서의 중국 국가 제도 특성을 파악하는 것이다. 일련의 중대한 공공 정책의 선택, 제정, 시행 및 진화를 포함한 국가 구축 과정 자체에서 정치 지도자의 가치관, 행정 기구, 사회적 요구 및 해당 정책이 처한 구조적 요인을 발견할 수 있다. 이는 '정치 시스템은 그 운영 규칙에 따라 이러한 수요와 지원을 공공 정책 형태로 전환한다'라고 쉬샹린(徐湘林) 교수님이 언급한 바와 같다. 정책연구소에서 제안한 개념, 이론 분석 틀, 연구 접근 방식 및 방법은 국가 구축 과정에서의 가치 목표에 대한 혼란에서 벗어나, 국가 구축의 본토적 특징을 관찰할 수 있도록 도왔다. 이에 따라 나는 농촌 임업 개혁 정책에 주안점을 두고, 복잡한 정부 간 관계와 조직 네트워크의 배경 속에서 중국의 주요 공공 정책이 어떻게 제정되어 최종적으로 시행되는지를 심층 분석하였으며, 당정 관계, 정부 간 관계 및 정부 거버넌스 등 중국 고유의 제도적 배경을 가진 주제를 연구하였다. 그 과정에서 '중국 모델'의 특징 중 하나인 '고위급 추진(高位推動)' 작업 방식(당의 업무 영도소조 설립)이 공공 정책 집행에서 수행하는 역할을 발견했다. '당의 지도가 존재한다(黨的領導在場)'는 것은 중국 현대 국가의 근본적인 속성이다. 중국 정치 제도 내에는 당과 정부라는 두 개의 서로 다른 시스템이 존재하며, 권력 지위도 다르다. 중국 특색 제도의 본질은 '당의 지도'이기 때문에, 당정이 공동으로 발행한 문서는 정부 부서가 단독으로 발행한 문서와 다른 위계를 가진다. 고위 정책은 모두 당의 명의로 발행되며, 이를 '고위 추진'이라고 칭한다. 이 연구의 주요 성과는 콩판빈(孔繁斌)과 함께 집필한 「공공 정책 집행의 중국 경험(公共政策執行的中國經驗)」(『중국사회과학(中國社會科學)』, 2011(5))에서 찾아볼 수 있다. '당이 이끄는 국가 제도 체계(黨領導國家制度體繫)'는 중국 현대 국가 구축의 가장 중요한 본토적 특성으로, 중국 현대 국가의 구축은 정당을 정치의 중심 축으로 삼고, 각급 정부의 모든 주요 사항은 동급 수준의 당 위원회에 보고하여 당 위원회의 논의와 승인을 거쳐야만 집행될 수 있음을 의미한다. 그리고 '동서남북과 중앙 모두 당이 이끈다(東西南北中, 黨是領導一切的)'는 중국 현대 국가 구축에서 당의 지도 제도 체계는 새로운 형태의 공공 권력이며, 당이 국가 정권을 수립하고 이끌며, 당의 전면적인 지도 아래 국가 제도와 거버넌스 능력의 현대화를 이룰 수 있음을 의미한다. 따라서 나는 중국 현대 국가 구축 연구의 기본 축으로써 '정당 중심'의 연구에 깊이를 더했다.

2014년, 특별 초빙 교수로 샤먼대학교에 재직하면서 맡게 된 주요 임무는 중국공산당의 치국이정(治國理政)을 연구하는 것이었다. 이 무렵 현대 국가에 대한 내 생각에 새로운 장이 열렸다. 사실, 공공 정책의 '고위 추진' 뒤에 숨겨진 중국 특색의 정치 제도 배치를 더욱 깊이 탐구할 필요가 있었다. 중국공산당의 치국이정을 연구하는 과정에서, 우리 팀은 2016년 9월에 권력 구조와 '권력에 둘러싸인 힘'을 개념화한 '정치적 잠재력(政治勢能, policy potential energy)'이라는 개념을 제시하였다. 이후, 이 분석 틀을 활용하여 현대 국가 성장 과정에서의 치국이정 특징을 설명해 나갔다. 이른바 '정치적 잠재력'이란 중국 특색의 정치 제도와 밀접한 관련이 있으며, 중국공산당 수립과 건국의 중요한 기반으로, 강한 이데올로기, 효율적인 조직 동원과도 관련이 있다. 일찍이 중국의 혁명, 건설 및 개혁 과정에서 당이 정부를 이끄는 통일된 의지와 의사 결정 추진으로 세계가 주목하는 국가 거버넌스 효과를 이끌어낸 바 있다. 여기에는 '가치적 정치적 잠재력', '제도적 정치적 잠재력' 및 '일원화 정치적 잠재력'이 포함된다.

2018년, 특별초빙 교수로 푸단대학교 사회과학고등연구원에 전임 연구원으로 있으면서 원고를 다듬을 시간이 많아졌다. 이 책에서는 중국 현대 국가 구축에서 '당이 이끄는 국가' 체제가 등장한 네트워크와 배경, 그리고 1917년부터 '당의 전면적 지도' 시대에 이르기까지의 과정을 다루었다. 1917년 러시아 10월 혁명 이후 등장한 '당치제(黨治制)'라는 새로운 정치 형태가 중국에 도입되었고, 이로 인해 중국은 봉건제와 군현제를 넘어서는 제3의 국가 거버넌스 제도인 '당의 지도' 거버넌스 제도를 구축하게 되었다. 이 제도는 정치적 안정성, 정책 통합, 사회 공정성 측면에서든 경제 발전의 활력, 국가 지향적 가치 체계, 엘리트 인재 선발 및 인민과의 연대 측면에서든 모두 창의적인 새로운 국가 거버넌스 모델로 평가되었다. 내가 구축한 이론적 분석 틀인 '고위 추진—정치적 잠재력(高位推動—政治勢能)'은 저우쉐광(週雪光) 교수님의 관심을 받았다. 2019년, 양광빈(楊光斌) 교수님이 주창한 역사 정치학이 중국 정치학자들의 큰 호응을 얻었다. 과거에는 정태적 구조 기능주의가 중국 정치학의 주류였지만, 역사 정치학은 장기간에 걸쳐 다양한 가치, 제도, 메커니즘의 기원과 진화를 분석하여 현대 국가의 다양한 형성 과정과 그로 인해 만들어진 여러 현대 국가 형태를 연구하는 데 도움이 된다. 또한 장기적이고 광범위한 역사 비교를 통해 비교 정치학에 대역사적 시각을 접목할 수도 있다.

2019년 중국 인민대학교 정치학 포럼에서 열린 '역사 정치학적 시각에서 본 현대 중국 국가 건설(曆史政治學視野下的當代中國國家建設)' 학술 세미나에서, 나는 중국 현대 국가의 '하나의 본질, 두 개의 기본 축(一個本質, 兩條主線)'에 관한 연구 소견을 발표했다. '하나의 본질'은 중국공산당이 국가를 이끄는 체제, 즉 '당도국(黨導國)' 체제를 의미하며, '두 개의 기본 축'은 '국가와 사회, 국가와 시장'을 의미한다. 또한 중국 정치학 연구자들이 '시공간적 소양(時空素養)' 관점을 갖추어야 한다고 주장했다. 사실 이 책의 원래 제목은 '국가 구축의 중국 경로—역사 정치학적 고찰(國家構建的中國路徑——項曆史政治學的考察)'이었었다. 역사 정치학을 통해 국가와 지역, 시장, 시공간 등의 요소를 연결하여 '시공간 현장'으로 나아가 국가 구축의 중국 경로를 장기적인 그림으로 보여주고자 했던 것이다.

책의 마지막 장에서 언급한 여러 측면은 중국 국가 구축의 주요 동력이자 도전이다. 그중 '지역적 제도 혁신과 국가 통일성의 장력' 부분을 살펴보면, 2017년 중국공산당 제19차 전국대표대회에서 선포한 '중국공산당의 지도는 중국 특색 사회주의의 가장 본질적인 특성'이라는 선언으로 인해 '당의 전면적 지도'가 중국 현대 국가 건설의 모든 측면을 더욱 이끌게 되었음을 알 수 있다. 그러나 중국공산당의 거버넌스는 항상 '방임'과 '통제'의 두 가지 방식을 취해왔기 때문에 국가 구축 과정에서 지방의 자주성과 지역 혁신은 여전히 존재할 뿐만 아니라 장려될 것이다., '통제와 거버넌스의 역설'은 중앙 집권 체제에서 흔히 나타나는 어려움이며, 지역의 자주성을 통해 효과적인 거버넌스를 실현할 수 있다. 그리고 '네트워크 사회의 부상과 정치 생태계의 변화' 부분을 살펴보면, 2020년 팬데믹에 대응한 중국의 국가 거버넌스가 세계적으로 주목받는 성과를 거두었으며, 이는 빅데이터 거버넌스가 이미 중국 현대 국가의 모든 분야와 측면, 단계에 들어섰음을 알 수 있다. 앞으로 미래 국가 구축에서 빅데이터의 역할과 위상을 정치학적 관점에서 실용적이고 이론적으로 결합하는 연구가 필요하다. 국가 거버넌스의 한계는 기술 보유량의 한계에 의해 결정되며, 빅데이터 시대에 국가 거버넌스의 한계는 빅데이터 기술과 장악력에 의해 결정된다. 그러나 빅데이터는 국가 구축에 있어 '양날의 검'이라고 할 수 있다. 빅데이터 기술은 국가 영향력의 보편화와 심화를 위한 기반과 수단을 제공하여 국가 정체성의 구축을 촉진하는 한편, 빅데이터와 네트워크는 사회와 시장의 발전을 촉진하고 상대적 독립성을 강화한다. 특히 기층 민중들이 목소리를 낼 수 있는 장을 마련함으로써 국가, 사회, 시장 간의 관계를 더욱 복잡하고 다양하게 만든다. 이는 2020년 팬데믹 동안 나타난 다양한 네트워크 사회 사조(思潮)에서 특히 뚜렷하게 드러났다. 이어서 '세계화와 탈세계화의 지지와 압박' 부분을 살펴보면, 세계화는 중국 현대 국가 구축에 긍정적인 영향을 미쳤으며, 중국 개혁개방 40년간 이뤄진 경제 도약의 중요한 요인으로써 중국 현대 국가 구축에 지속적으로 성과의 합법성을 제공했음을 알 수 있다. 그러나 2018년 이후, 중국은 '100년만의 대변화'에 대응하기 위해 자체 전략을 전환했고, 외부 압력에 저항하기 위해 내부 순환 운영 메커니즘을 적극적으로 구축했다. 세계화 과정에서 발생하는 다양한 이탈 심리는 전략적 관점에서든 이념적 관점에서든 모두 중국 국가 구축의 과정과 제도 구축에 영향을 미친다. '제도화와 민주화의 장력'에 대해 논의할 때, 일부 연구자들은 정치 발전을 민주화 구축이나 정치 현대화와 결부시키는 경향이 있다. '민주—비민주'라는 이분적 가치 판단의 관점에서 민주화는 국가 발전의 원동력으로 간주되지만, 만약 우리가 중국 현대 국가 성장에서 거둔 제도적 성과를 세계 각국의 좌표에 놓고 학리적으로 비교한다면, '민주—비민주'라는 이분적 가치 대립의 논쟁을 피할 수 있을 것이다.

현대 국가의 중국 경로 연구에서, 과거 학계는 주로 정당—국가, 국가—사회, 국가—시장, 이 세 가지 관계를 연구의 실마리로 삼아왔다. 그러나 이러한 접근은 중국 현대 국가 구축의 특성을 온전히 설명하지 못한다. 따라서 필자는 '하나의 본질, 두 개의 기본 축'이라는 시각에서 중국 국가 구축을 살펴볼 것을 주장하는 바이다. 잘 알려진 바와 같이, 중국 국가 제도의 가장 중요한 차별점은 '당이 이끄는 국가'이다. 중국 현대 국가 구축에서 정당은 기본 이념, 발전 방향, 발전 동력, 발전 능력 및 제도 체계를 제공한다. 중국 국가 구축에 필요한 동원 능력, 통합 능력, 추출 능력, 사회화 능력, 보장 능력 등은 사실상 중국공산당이 집행하는 정치적 잠재력에 의해 결정되며, 중국공산당의 정치적 잠재력은 국가 거버넌스 능력의 강약을 결정할 수 있다. 집필하는 과정에서 이러한 점들을 고려하여 내용과 구성을 계속 수정하고 보완하다 보니 원고 마감이 다소 지연되었다. 초고를 출판사에 보낸 후, 인쇄까지 꼬박 한 해가 지나갔다. 연구 관점이 책에 충분히 드러나지 않았다는 점은 아쉬움으로 남는다. 완벽하게 이뤄내기란 어려운 일이다. 그러나 남은 아쉬움은 앞으로 '지도력 체계와 정치적 잠재력: 중국공산당과 중국 현대 국가 거버넌스(領導力繫與政治勢能: 中國共産黨與中國現代國家治理)' 과제 연구에서 쏟아낼 것이다.

필자가 재직하고 있는 푸단대학교 사회과학고등연구원은 글로벌 시각과 중국 문제 의식을 갖춘 연구 기지로, '중국 재발견'과 '현대 중국에 대한 심도 있는 연구 촉진'을 학문적 이념으로 삼아 중국 사회과학 담론 체계를 세계에 널리 알리는 데에 힘쓰고 있다. 연구에 많은 편의를 제공해 주시고 이 책의 진행에 깊은 관심을 가져 주신 원장 궈수젠(郭蘇建) 교수님과 부원장 쑨궈둥(郭蘇建) 교수님께도 깊은 감사의 말씀을 전한다. 간간이 빨리 책을 완성하여 출판하라고 격려하고 재촉해 주신 덕분에 게을리할 수 없었다. 궈수젠 교수님은 미국 유학을 마친 정치학 박사로, 탄탄한 정치학 내공과 엄격한 학문 정신을 갖추고 계셔서 큰 도움이 되었다. 또한, 연구실 동료들의 지지에도 감사드린다.

오랜 세월 동안, 학계의 여러 전문가 동료들께 많은 조언을 구하고 소통을 해오며, 초고도 보여준 적이 있다. 이 자리를 빌려 꽁포요우(工浦幼), 저우광제(週光解), 친위청(秦玉成), 저우핑(週平), 런젠타오(任劍濤), 징위에진(景躍進), 천밍밍(陳明明), 샤오빈(肖濱), 잉스(應顯), 리우융화(劉永華), 린쉐카오(林雪靠) 교수님께 감사의 말씀을 전한다. 또한, 국가 구축 연구 세미나 그룹의 후배들에게 감사드린다. 함께 많은 학문적 충돌을 경험하면서 많은 것들을 배웠다.

현장 조사에 참여해 주었던 나의 많은 석박사 과정 학생들의 진지한 노력에 큰 감동을 받았다. 특히, 원고에 몇 가지 제안을 해준 예포(耶波)와 원고를 교정해 준 양징광(楊景光)에게 감사드린다.

푸젠성 취안저우시와 진장시 관련 부서 및 지도자들의 지원에도 감사드린다. 특히, 아낌없는 도움을 준 내 대학 동기 황스지(黃世界)에게 감사드린다. 직무 경험이 풍부한 그는 향진의 기층 단위부터 차근차근 시급 지도부의 자리로 올라갔으며, 당 위원회 선전부에서 행정 지도자의 위치로 성장하였다. 이는 많은 '60년대생'과 '70년대생' 간부들의 성장 과정이기도 하며, 중국 현대 국가의 정치 엘리트 선발 메커니즘을 생생하게 보여주는 산증인이기도 하다.

2021년은 중국공산당 창당 100주년이 되는 해이다. 중국 제도를 다룬 저서와 논문은 이미 적지 않지만, 나는 중국 국가의 100년 성장 경로를 보다 이상적이고 시의적으로 조명하는 책을, 특히 역사정치학적 관점에서 집필하고자 하였다. 이 책이 현대 중국의 발전 과정을 이해하는 데 도움을 주고, 미래 국가 건설의 제도화를 모색하는 데 기여하기를 바란다. 부족한 점은 학계의 여러 전문가들께서 고견으로 바로잡아 주시기를 바란다.

賀東航

2021년 7월 16일

역자 후기

『중국식 현대 국가 구축의 길』은 '진장'을 중심 사례로 중국의 현대 국가 구축 과정을 심도 있게 탐구한 연구서이다. 이 책을 옮기는 과정은 단순한 언어 전환을 넘어 학문적 사고를 새롭게 다듬는 경험이었다. 지난 1년 반 동안의 번역과 교정은 단순히 문장을 옮기는 차원을 넘어, 이론적 맥락과 역사적 배경을 새롭게 이해하는 과정이었다.

번역은 언제나 쉽지 않지만, 특히 '국가 구축'처럼 방대한 주제를 다루는 경우 그 어려움은 배가된다. 복잡한 이론 전개와 역사·정치적 맥락, 그리고 저자의 치밀한 논증은 역자로 하여금 끊임없이 고심하게 만들었다. 원문의 정신을 충실히 살리면서도 한국어 독자가 자연스럽게 읽히도록 표현하는 일은 늘 고민이 따랐다. 핵심 개념 하나의 번역어를 두고도 여러 차례 논의를 거듭했고, 긴 문장의 구조를 어떻게 재구성할지를 두고도 깊이 숙고해야 했다. 이 과정은 인내의 시험이자 학문적 성찰의 시간이기도 했다.

이 책이 세상에 나오기까지는 여러 사람의 도움이 있었다. 무엇보다도 함께 번역에 참여한 호세전 교수님께 깊은 경의를 표한다. 후 교수님은 본 프로젝트를 직접 기획·신청하여 국가 사회과학기금 학술 외국어 번역 프로젝트에 선정되는 성과를 이끌어냈고, 그 과정에서 보여준 학문적 기획력과 추진력은 큰 귀감이 되었다. 프로젝트가 안정적으로 추진될 수 있었던 것은 전적으로 후 교수님의 수고와 헌신 덕분이었다.

또한, 이번 출판이 순조롭게 이루어질 수 있도록 끝까지 정성을 다해 주신 이대현 사장님, 이태곤 이사님, 안혜진 팀장님을 비롯한 도서출판 역락의 관계자분들께 진심으로 감사드린다.

중국의 학술 저작을 우리말로 옮기는 일은 단순한 번역을 넘어, 두 언어와 학문 세계를 잇는 가교를 놓는 작업이라 생각한다. 이번 번역 경험은 강의실에서 학생들과 함께 한중·중한 통번역의 실제와 이론을 토론하는 데 큰 자산이 될 것이며, 교육 현장에서 활용할 수 있는 생생한 자료가 되어 줄 것이다. 이러한 학문적 교류와 교육적 환원은 역자로서 느끼는 가장 큰 보람이자 감사의 이유이기도 하다.

이 책이 현대 국가 구축과 국가 거버넌스라는 주제에 관심을 가진 독자들에게 작은 길잡이가 되기를 바란다. 우리의 노력이 관련 학문적 논의에 기여할 수 있다면, 지난 시간의 노고는 충분히 보람 있을 것이다. 번역에는 언제나 아쉬움이 남기 마련이다. 본문에서 미흡한 부분이 있더라도 너그럽게 이해해 주시길 바란다.

끝으로, 가족들의 응원과 지지가 없었다면 이 작업을 끝내기 어려웠을 것이다. 언제나 곁에서 힘이 되어 준 가족에게 깊이 감사드린다.

2025년 10월

다롄외국어대학교 교정에서

김해령

저자 소개

허둥항(賀東航)

푸단대학교 석좌교수이자 사회과학고등연구원 및 국제관계·공공사무학원 전임연구원이다. 주요 연구 분야는 정당 건설, 국가 전환, 공공정책, 지방 기층 거버넌스 등 중국 정치 전반에 걸쳐 있다. 지금까지 중국 사회과학기금 중대 프로젝트와 성부급(省部級, 성장 및 장관급) 연구 과제를 포함하여 40여 건의 연구를 주관했으며, 최상위 학술지인 『중국사회과학(中國社會科學)』을 비롯한 주요 핵심 학술지에 100편 이상의 논문을 발표하였다. 또한 학술 저서 5권을 출간했으며, 중국식 국가 제도 속에서 '정치적 잠재력(政治勢能)'이라는 현상·개념·이론을 제시하여 학문적 성과를 축적해 왔다. 그의 다수 연구 성과는 성부급 학술상을 수상하였다.

역자 소개

호세전(胡世前)

중국 동북재경대학교 공공관리학원 교수이자 박사생 지도교수이다. 주요 연구 분야는 국가 거버넌스 현대화, 공공관리와 공공정책, 지역국가 연구, 한·중 번역 등이다. 지금까지 국가 및 성부급 차원의 연구 과제 20여 건을 주관하였으며, 중국과 해외의 핵심 학술지에 40여 편의 논문을 발표하였다. 정책 자문 성과는 성부급(省部級, 성장 및 장관급) 이상 지도자에게 20여 차례 채택되었고, 학술 저서 3권과 교재 2권을 집필·주편하였다. 다수의 연구 성과는 성부급 학술상을 수상하였다.

김해령 金楷昤

중국 베이징어언대학교 대외한어연구중심에서 문학박사 학위를 받았으며, 현재 다롄외국어대학교 한국어대학 외국인 교수로 재직 중이다. 주요 연구 분야는 제2언어 습득과 중·한 통번역이다. 『제2언어 습득 및 중국어 학습』 출간을 비롯해 다양한 번역 프로젝트와 관광 홍보물 번역에 참여하였으며, 국가 및 성급 연구 과제와 교재 편찬에도 다수 참여하였다. 한·중 양국의 주요 학술지에 10여 편의 논문을 발표하였다.